Aplicaciones gráficas con Python 3

Aplicaciones gráficas con Python 3

Alberto Cuevas Álvarez

La ley prohíbe fotocopiar este libro

Aplicaciones gráficas con Python 3
© Alberto Cuevas Álvarez
© De la edición: Ra-Ma 2018
© De la edición: ABG Colecciones 2020

MARCAS COMERCIALES. Las designaciones utilizadas por las empresas para distinguir sus productos (hardware, software, sistemas operativos, etc.) suelen ser marcas registradas. RA-MA ha intentado a lo largo de este libro distinguir las marcas comerciales de los términos descriptivos, siguiendo el estilo que utiliza el fabricante, sin intención de infringir la marca y solo en beneficio del propietario de la misma. Los datos de los ejemplos y pantallas son ficticios a no ser que se especifique lo contrario.

RA-MA es marca comercial registrada.

Se ha puesto el máximo empeño en ofrecer al lector una información completa y precisa. Sin embargo, RA-MA Editorial no asume ninguna responsabilidad derivada de su uso ni tampoco de cualquier violación de patentes ni otros derechos de terceras partes que pudieran ocurrir. Esta publicación tiene por objeto proporcionar unos conocimientos precisos y acreditados sobre el tema tratado. Su venta no supone para el editor ninguna forma de asistencia legal, administrativa o de ningún otro tipo. En caso de precisarse asesoría legal u otra forma de ayuda experta, deben buscarse los servicios de un profesional competente.

Reservados todos los derechos de publicación en cualquier idioma.

Según lo dispuesto en el Código Penal vigente, ninguna parte de este libro puede ser reproducida, grabada en sistema de almacenamiento o transmitida en forma alguna ni por cualquier procedimiento, ya sea electrónico, mecánico, reprográfico, magnético o cualquier otro sin autorización previa y por escrito de RA-MA; su contenido está protegido por la ley vigente, que establece penas de prisión y/o multas a quienes, intencionadamente, reprodujeren o plagiaren, en todo o en parte, una obra literaria, artística o científica.

Editado por:
RA-MA Editorial
Madrid, España

Colección American Book Group - Informática y Computación - Volumen 6.

ISBN No. 978-168-165-703-5

Biblioteca del Congreso de los Estados Unidos de América: Número de control 2019935022
www.americanbookgroup.com/publishing.php

Maquetación: Antonio García Tomé
Diseño de portada: Antonio García Tomé
Arte: Kjpargeter / Freepik
Código para acceder al contenido en línea: 9788499647265

*Para Mónica Inés,
por un futuro juntos.
Te quiero.*

ÍNDICE

PRÓLOGO 11

CAPÍTULO 1. PROGRAMACIÓN GRÁFICA EN PYTHON MEDIANTE PYQT (I) 15
    1.1   ENTORNOS GRÁFICOS. LIBRERÍA QT 15
    1.2   PYQT. QUÉ ES Y PARA QUÉ SIRVE 17
            1.2.1   Instalación de PyQt en nuestro ordenador.. 17
            1.2.2   Uso de PyQt directamente desde código Python 20
            1.2.3   Uso de Qt Designer para diseñar interfaz gráfico. Elementos que lo componen (Widgets, MainWindow, Dialog) 25
    1.3   WIDGETS FUNDAMENTALES DE QT DESIGNER 37
            1.3.1   Esquemas (Layouts) 38
            1.3.2   Botones (Buttons) 43
            1.3.3   Elementos de visualización (Display Widgets) 55
            1.3.4   Elementos de entrada (Input Widgets) 65
    1.4   PROGRAMANDO SENCILLAS APLICACIONES GRÁFICAS 79
    1.5   MANEJO DE EVENTOS EN PYQT4 84
            1.5.1   Signals/Slots en PyQt4 85
            1.5.2   Event handler en PyQt4 102
            1.5.3   Señales en widgets fundamentales 116

CAPÍTULO 2. PROGRAMACIÓN GRÁFICA EN PYTHON MEDIANTE PYQT (II) 121
    2.1   WIDGETS AVANZADOS DE QT DESIGNER 121
            2.1.1   Uso de los contenedores Widget, Frame y GroupBox 121
            2.1.2   Uso de Text Edit, List Widget y Table Widget 128
            2.1.3   Uso de Tab Widget, Stacked Widget y Tool Box 144
    2.2   PROGRAMAR APLICACIONES GRÁFICAS DE TIPO VENTANA PRINCIPAL 159
            2.2.1   Desarrollo de una sencilla aplicación gráfica tipo ventana principal ... 160

- 2.2.2 Uso de separadores (splitters) ... 178
- 2.2.3 Trabajar con varios documentos ... 185
- 2.2.4 Métodos y señales de las clases usadas en el tema ... 191
- 2.3 EJEMPLOS DE APLICACIONES GRÁFICAS SENCILLAS CON QT DESIGNER ... 203
  - 2.3.1 Calculadora simple ... 203
  - 2.3.2 Inmobiliaria ... 209
- 2.4 MÁS CLASES DE PYQT ... 210

CAPÍTULO 3. GENERACIÓN DE GRÁFICOS EN PYTHON MEDIANTE MATPLOTLIB (I) ... 215

- 3.1 GENERACIÓN DE GRÁFICOS EN PYTHON CON MATPLOTLIB ... 215
- 3.2 INSTALACIÓN DE MATPLOTLIB. CREACIÓN DE UN ENTORNO VIRTUAL CON ANACONDA ... 216
- 3.3 USO DE MATPLOTLIB ... 222
  - 3.3.1 Uso de matplotlib directamente: módulo pyplot ... 223
  - 3.3.2 Uso de matplotlib mediante los objetos de su librería ... 255
- 3.4 USO DE MATPLOTLIB EN 3D ... 267
  - 3.4.1 Curvas en 3D. Uso de plot() ... 268
  - 3.4.2 Gráficos de dispersión en 3D. Uso de scatter() ... 273
  - 3.4.3 Barras en 3D. Uso de bar3d() ... 275
  - 3.4.4 Superficies en 3D. Uso de plot_surface() ... 282
  - 3.4.5 Superficies en 3D. Uso de plot_wireframe() ... 287
  - 3.4.6 Superficies en 3D. Uso de plot_trisurf() ... 289
  - 3.4.7 Curvas de nivel. Uso de contour() y contourf() ... 291
  - 3.4.8 Campo vectorial en 3D. Uso de quiver() ... 298
  - 3.4.9 Texto en 3D. Uso de text() ... 301
  - 3.4.10 Uso de elementos 2D en entorno 3D ... 303

CAPÍTULO 4. GENERACIÓN DE GRÁFICOS EN PYTHON MEDIANTE MATPLOTLIB (II) ... 305

- 4.1 LA ARQUITECTURA DE MATPLOTLIB ... 305
  - 4.1.1 El nivel backend ... 307
  - 4.1.2 El nivel artist ... 308
  - 4.1.3 El nivel scripting ... 310
- 4.2 CLASES DE MATPLOTLIB COMPATIBLES CON PYQT ... 314
- 4.3 MANEJO DE EVENTOS EN MATPLOTLIB ... 318
- 4.4 INSERCIÓN DE GRÁFICO DE MATPLOTLIB EN APLICACIÓN CREADA CON QT DESIGNER ... 332
- 4.5 USO INTERACTIVO DE MATPLOTLIB EN UNA APLICACIÓN PYQT ... 341

CAPÍTULO 5. CÁLCULOS NUMÉRICOS MEDIANTE NUMPY ... 347

- 5.1 CREACIÓN DE ARRAYS. ATRIBUTOS ... 349
- 5.2 CAMBIAR LA FORMA DE LOS ARRAYS ... 359

5.3	ACCESO A LOS ELEMENTOS DEL ARRAY	363
5.4	BROADCASTING	368
5.5	DIVISIÓN DE LOS ARRAYS	371
5.6	UNIÓN Y APILADO DE ARRAYS	374
5.7	GENERACIÓN DE ARRAYS ALEATORIOS	378
5.8	PERMUTAR LOS ELEMENTOS DE LOS ARRAYS	380
5.9	ORDENACIÓN DE ARRAYS	381
5.10	BÚSQUEDA DE ELEMENTOS EN ARRAYS	383
5.11	ESTADÍSTICA EN ARRAYS	387
5.12	FUNCIONES MATEMÁTICAS CON ARRAYS	390

CAPÍTULO 6. EJEMPLOS DE APLICACIONES GRÁFICAS 393

6.1	CÁLCULO MENTAL	393
6.2	ACIERTA PALABRAS	400
6.3	SOPA DE LETRAS	409
6.4	SUDOKU	418
6.5	RESERVAS DE HOTEL	429
6.6	RECETARIO	439
6.7	COMPRAS EN FRUTERÍA	448
6.8	DISTANCIA ENTRE PUNTOS	462
6.9	BALONES	467
6.10	GENERACIÓN DE RUTA AZAROSA	472
6.11	PÓKER	480
6.12	BINGO	488
6.13	AJEDREZ	497
6.14	NÚMEROS RACIONALES	500
6.15	COMBINATORIA	511
6.16	CÁLCULO DE PI MEDIANTE EL MÉTODO DE MONTE CARLO	523
6.17	REPRESENTACIÓN DE SUPERFICIES 3D	530

APÉNDICE A. INSTALACIÓN DE PYTHON Y PYSCRIPTER 543

A.1	INSTALAR PYTHON EN NUESTRO ORDENADOR	543
A.2	INSTALAR Y CONFIGURAR PYSCRIPTER EN NUESTRO ORDENADOR	546
A.3	CONFIGURAR LA VARIABLE DE USUARIO PYTHONPATH	552

APÉNDICE B. MISCELÁNEA 555

B.1	FUNCIONES LAMBDA, MAP() Y FILTER()	555
B.2	FUNCIONES REDUCE() Y PARTIAL()	557
B.3	EVALUACIÓN Y EJECUCIÓN DE CÓDIGO. FUNCIONES EVAL() Y EXEC()	559
B.4	MÉTODOS ESPECIALES O MÁGICOS	563

- B.5 TIPOS FUNDAMENTALES EN PYTHON 3 565
  - B.5.1 Métodos de la clase str() 566
  - B.5.2 Métodos de la clase list() 568
  - B.5.3 Métodos de la clase tuple() 569
  - B.5.4 Métodos de la clase set() 569
  - B.5.5 Métodos de la clase dict() 570
- B.6 FUNCIONES INTERNAS DE PYTHON 3 571
- B.7 LIBRERÍA ESTÁNDAR DE PYTHON 3 574
  - B.7.1 Módulo os 574
  - B.7.2 Módulo os.path 575
  - B.7.3 Módulo sys 576
  - B.7.4 Módulo random 577
  - B.7.5 Módulo math 577
  - B.7.6 Módulo time 578
  - B.7.7 Módulo calendar 579

APÉNDICE C. CLASES PRINCIPALES DE MATPLOTLIB 581
- C.1 LA CLASE ARTIST 582
- C.2 LA CLASE FIGURE 583
- C.3 LA CLASE AXES 584
- C.4 LA CLASE AXIS 590
- C.5 LA CLASE AXES3D 593

APÉNDICE D. PRIMITIVAS EN EL NIVEL ARTIST DE MATPLOTLIB 601
- D.1 LINE2D 604
- D.2 RECTANGLE 605
- D.3 ELLIPSE 606
- D.4 ARC 606
- D.5 CIRCLE 607
- D.6 WEDGE 607
- D.7 ARROW 607
- D.8 REGULARPOLYGON 607
- D.9 CIRCLEPOLYGON 608
- D.10 POLYGON 608
- D.11 FANCYARROW 608
- D.12 FANCYARROWPATCH 609
- D.13 FANCYBBOXPATCH 611
- D.14 CONNECTIONPATCH 612
- D.15 OFFSETIMAGE 613
- D.16 ANNOTATIONBBOX 613

BIBLIOGRAFÍA 619

MATERIAL ADICIONAL 621

ÍNDICE ALFABÉTICO 623

PRÓLOGO

El presente libro tiene un objetivo claro: crear aplicaciones gráficas complejas con Python 3. Lo conseguiremos mediante tres librerías[1] de su ecosistema:

- **PyQt4**, que enlaza con la biblioteca gráfica Qt4 o Qt5 para poder ser usada en Python.
- **matplotlib**, empleada para generar gráficos en dos y tres dimensiones.
- **NumPy**, especializada en el cálculo numérico.

La primera nos proporcionará la base para el desarrollo de la aplicación gráfica, la segunda la posibilidad de insertar en ella gráficos 2D o 3D e interactuar con ellos, y la tercera, además de ser fundamental para matplotlib, nos aportará comodidad y potencia de cálculo en los casos necesarios.

La versiones usadas en el libro son las siguientes:

- Intérprete **Python**: **3.3.5** (versión de 32 bits)
- PyQt4: 4.10.4 (sobre Qt 5.2.0, versión de 32 bits)
- matplotlib: 1.4.3
- NumPy: 1.9.2

---

1. Todas son software libre o disponen de una licencia libre.

¿Por qué elegir una versión del intérprete Python antigua[2] y, además, de 32 bits? El motivo es aprovechar el uso de ordenadores antiguos cuyo sistema operativo podría no permitir ejecutar la versión más moderna de Python. La elección de la versión del intérprete marca, por compatibilidad, las de PyQt4[3], matplotlib y NumPy. He considerado que a efectos didácticos (e incluso prácticos) no conlleva ninguna desventaja teniendo en cuenta el objetivo del libro.

¿Por qué he elegido las librerías Qt y matplotlib[4] respecto a otras alternativas? En el primer caso por considerar que su potencia y las herramientas de las que dispone para facilitar su uso son superiores al resto. En el segundo porque matplotlib es un pilar fundamental en el ecosistema Python (sobre todo si trabajamos en 2D) y su conocimiento es fundamental.

He usado el sistema operativo **Windows 8.1**, sin hacer referencias a cómo actuar en uno distinto. Lo he hecho pensando en la simplicidad y considerando que la adaptación a otro entorno es muy sencilla si se dispone de conocimientos básicos sobre él. Dado el caso tendríamos que descargar y usar las herramientas de las que hablo en el libro diseñadas para nuestro sistema operativo.

Como IDE[5] he empleado **PyScripter 2.5.3** (versión 32 bits), que solo funciona bajo Windows. Considero que se adapta, por velocidad y facilidad de uso, perfectamente a nuestros objetivos. En octubre de 2017 salió una nueva versión, la 3.0.2.

En el caso de no trabajar con Windows estaríamos obligados a cambiar de IDE, en cuyo caso mi recomendación sería **PyCharm**[6].

Se presuponen conocimientos fundamentales de Python 3, así como de su tratamiento de ficheros, teniendo como base mi anterior libro "Python 3, Curso Práctico" (Editorial Ra-Ma). El que nos ocupa se divide en 6 capítulos y 4 apéndices. En los dos primeros conoceremos cómo crear aplicaciones gráficas con PyQt4. Los dos siguientes tratarán sobre el funcionamiento y la estructura de matplotlib, así como la forma en que podemos insertarlo en nuestra aplicación. El capítulo 5

---

2. En el momento de escribir este prólogo (noviembre de 2017) la versión actual de Python 3 es la 3.6.3.
3. La propia elección de PyQt4 en detrimento de la más moderna PyQt5 (que trabaja sobre Qt5) es debido a motivos de compatibilidad.
4. Su elección marca claramente el uso de NumPy.
5. Entorno integrado de desarrollo (Integrated Development Environment).
6. https://www.jetbrains.com/pycharm/

hace una presentación de NumPy, listando además las funciones y métodos que he considerado de mayor interés para nosotros. En el sexto capítulo se presentan 17 aplicaciones completas (inicialmente planteadas como ejercicios) detallando el proceso de diseño y comentando el código creado. Los apéndices tratan de cosas como la instalación inicial de Python, una serie de elementos usados en el libro que no están incluidos en "Python 3, Curso Práctico" y tablas resumen sobre clases (atributos y métodos), funciones y librerías. He intentado hacer de ellos una guía de consulta útil en cualquier momento.

Los códigos desarrollados por mí son creaciones personales no exentas de posibles defectos, por lo que animo al lector a mejorar y perfeccionar cualquiera de ellos que aparezca en el libro. Sí he intentado que los códigos funcionen correctamente y estén libres de errores fundamentales, usando solamente lo aprendido en "Python 3, Curso Práctico" y los añadidos que incluyo en el actual. No he seguido, por motivos de claridad, de forma estricta la recomendación de PEP-8 sobre la longitud máxima de caracteres por línea.

En la redacción no he usado por lo general elementos distintivos[7] para variables, funciones o similares, por lo que cuando leamos debemos tener ésto siempre en mente de cara a una correcta interpretación. El motivo de hacerlo de esa manera es el conseguir tener un texto más uniforme. Al comentar los códigos coloco una 'L' antes del número para referenciar la línea, haciendo más evidente que estamos tratando con una de ellas.

La resolución de pantalla que he empleado para la creación de los códigos ha sido de 1920x1080 píxeles. En algunos casos, sobre todo en las aplicaciones del capítulo 6, si el lector no dispone de tanta resolución en su pantalla, puede modificar el tamaño de los diseños (están en los ficheros con extensión ui) que adjunto para adaptarlos a la que tengamos.

En la web del libro tendremos para descargar todo el material necesario a la hora de seguirlo. Entre él está la carpeta **Ejercicios_Python_Resueltos**, que debemos colocar inicialmente en el escritorio de nuestro sistema. Antes de empezar con el primer capítulo es necesario tener Python y PyScripter instalados (salvo que el lector quiera usar su propio IDE, o que nos veamos obligados a ello por trabajar en un sistema operativo distinto de Windows), además de configurar varios elementos, por lo que debemos realizar todo lo indicado en el Apéndice A.

Espero que el lector disfrute de Python y de las herramientas de su ecosistema que trato en el libro, pudiendo al final del mismo desarrollar aplicaciones de todo tipo.

---

7. Poner en cursiva, en negrita o de otro color, por ejemplo.

1

PROGRAMACIÓN GRÁFICA EN PYTHON MEDIANTE PYQT (I)

En este capítulo conoceremos los elementos fundamentales que componen la librería PyQt, cómo funciona esta, y el manejo de eventos dentro de ella, lo que nos permitirá desarrollar alguna sencilla aplicación gráfica.

1.1 ENTORNOS GRÁFICOS. LIBRERÍA QT

Podemos dividir de forma muy genérica las aplicaciones con las que trabajamos en nuestro ordenador en dos tipos: de modo texto y gráficas. En las primeras representamos en la pantalla solamente caracteres, mientras que en las segundas disponemos de distintos elementos gráficos (botones, cuadros de texto, ventanas, menús...) para tratar la información.

Un ejemplo de aplicación en modo texto es la siguiente:

Como ejemplo de aplicación gráfica tenemos:

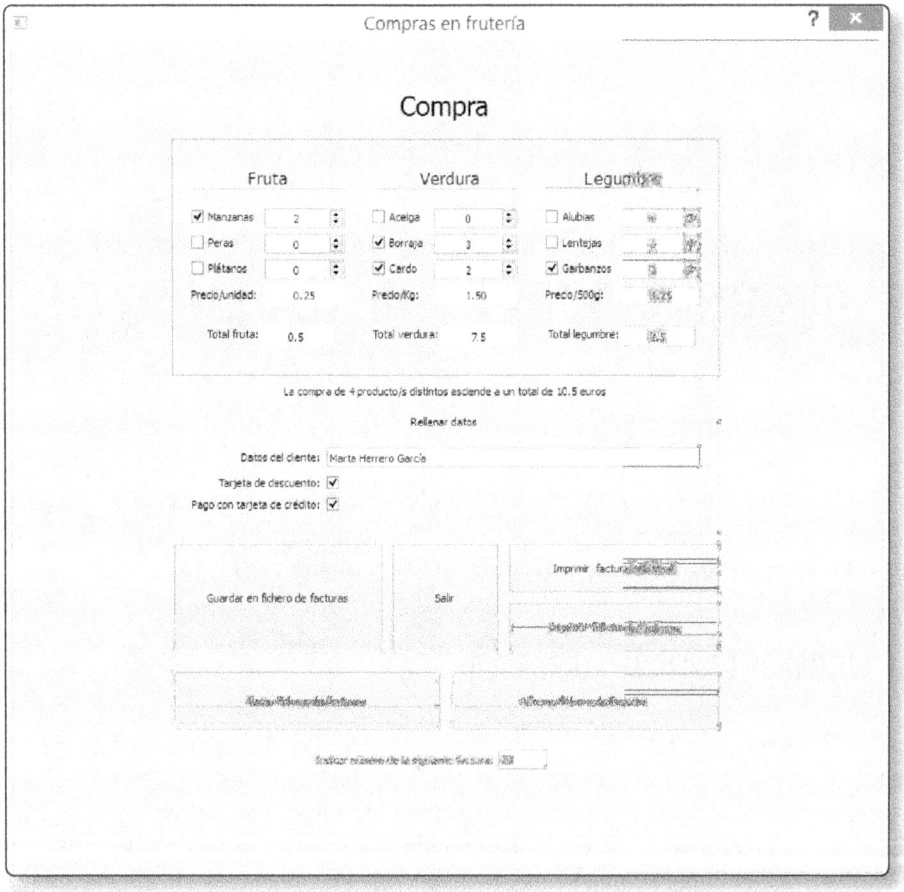

Nuestro objetivo será diseñar aplicaciones gráficas como la indicada, donde los datos se introducen mediante casillas, botones y varios elementos más dentro de lo que se denomina un GUI (Graphics User Interface), que es un interfaz (conexión) entre el usuario y la aplicación que nos permite interactuar con él de forma gráfica. Eso se consigue mediante unas herramientas diseñadas específicamente para crearlos. En nuestro caso usaremos el **toolkit**[8] **Qt**, que es un entorno multiplataforma[9] (incluye Windows, GNU/Linux y Mac OS X) para el desarrollo de aplicaciones de tipo GUI.

---

8. Podríamos traducirlo como grupo de herramientas.
9. Desarrollado originariamente por la empresa Trolltech y mantenida en la actualidad como software libre de código abierto a través de Qt Project.

Mediante él podremos usar todos los elementos necesarios para crear una propia. Qt proporciona, por tanto, herramientas para el diseño de aplicaciones gráficas y una serie de clases con las que manejar cada uno de los elementos que las componen.

Además de Qt, existen otras herramientas que podríamos usar en Python. Entre ellas destacaremos tres:

- ▼ Tkinter: viene en la instalación por defecto de Python, por lo que la tenemos ya instalada en nuestro ordenador y podemos considerarla como la herramienta estándar para el diseño de interfaces gráficos. Es simple y sencilla de usar.

- ▼ GTK+: una librería al estilo de Qt muy usada en el entorno GNU/Linux. En ella se basa el sistema de escritorio GNOME[10].

- ▼ WxPython: es una librería escrita en C++ que nos permite crear aplicaciones gráficas multiplataforma.

He considerado conveniente saltar el aprendizaje de cualquiera de ellas para centrarnos en Qt ya que será la que usemos en el desarrollo de nuestras aplicaciones[11] dentro del entorno Windows.

1.2 PYQT. QUÉ ES Y PARA QUÉ SIRVE

El toolkit Qt está escrito en C++, con lo cual no podremos usarlo directamente en nuestros programas Python. Para lograrlo usaremos **PyQt**, que son una serie de enlaces (bindings) a la librerías Qt para permitirnos usar estas en nuestro código. PyQt nos hace de enlace entre él (escrito en Python) y las librerías Qt (escritas en C++) para poder generar un GUI completo programado desde Python.

1.2.1 Instalación de PyQt en nuestro ordenador

Para poder usar PyQt debemos instalar la versión adecuada que corresponda a la que tengamos de Python y a nuestro sistema operativo. Hay dos versiones básicas: PyQt4 (trabaja sobre Qt4 o Qt5) y PyQt5 (trabaja sobre Qt5). Nosotros

---

10. Otro sistema de escritorio muy famoso en GNU/Linux, KDE, está basado en las librerías Qt.
11. La elección de Qt en detrimento de las demás se basa en criterios personales sobre elementos como su facilidad de uso o potencia.

usaremos **PyQt4** (sobre Qt5) en Windows 8.1 y con el intérprete Python 3.3.5 de 32 bits[12]. Para descargar el software iremos a la siguiente dirección web:

http://www.riverbankcomputing.co.uk/software/pyqt/download

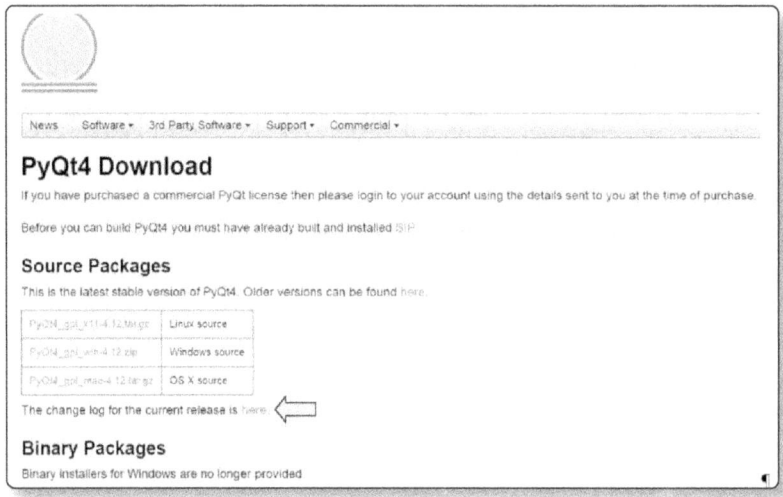

Como no vamos a usar la última versión haremos clic donde indica la flecha para descargar versiones antiguas. Tras ello nos aparecerá otra página en la que haremos clic de nuevo sobre la carpeta PyQt-4.10.4, obteniendo:

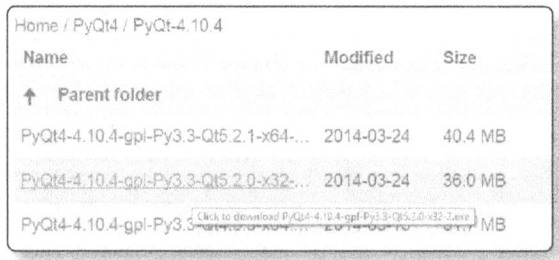

Pulsando en el enlace indicado en la imagen superior, comenzaremos a descargar el fichero de nombre **PyQt4-4.10.4-gpl-Py3.3-Qt5.2.0-x32-2.exe**.

---

12. La elección de las versiones tanto del intérprete Python como de PyQt están orientadas a garantizar una máxima compatibilidad entre ambos, y también para tener en cuenta equipos con una cierta antigüedad donde versiones superiores no funcionarían.

PyQt necesita para funcionar al toolkit Qt, por lo cual este será cargado en nuestro sistema en su proceso de instalación. En el nombre del fichero se indican las distintas versiones de cada uno de los elementos, es decir, PyQt4 versión 4.10.4 sobre Qt versión 5.2.0 para Python 3.3 de 32 bits. Tras ejecutar el fichero descargado aparecerán sucesivamente las siguientes pantallas:

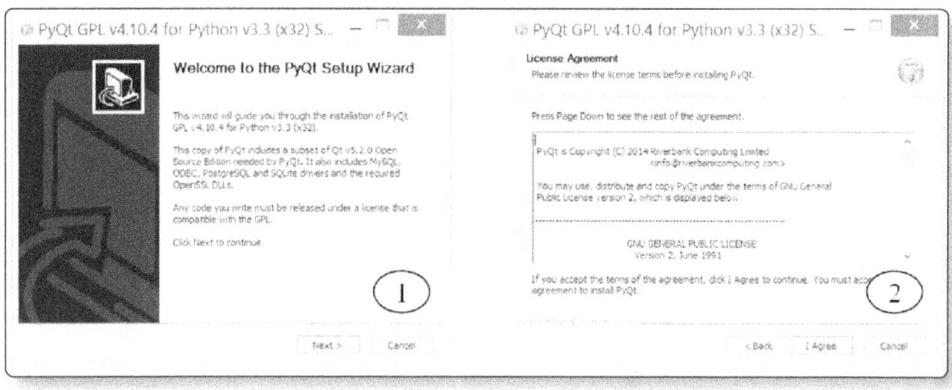

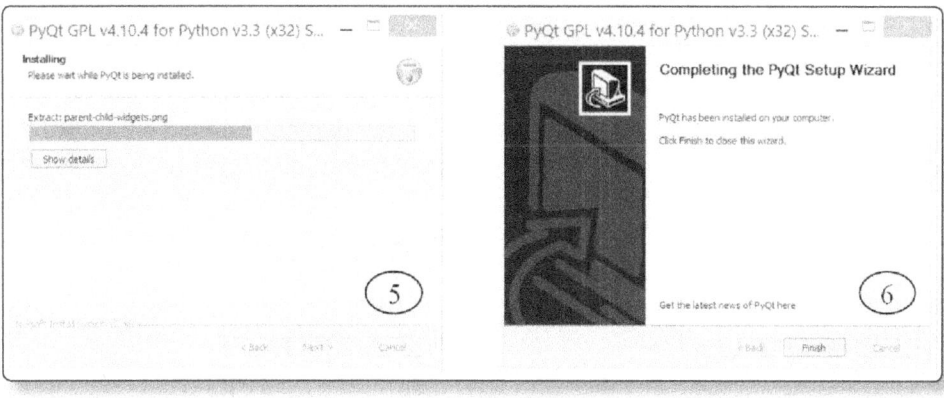

Tras hacer clic en Finish tendremos instalado PyQt en nuestro sistema. Podemos acceder al menú Aplicaciones de Windows y observarlo:

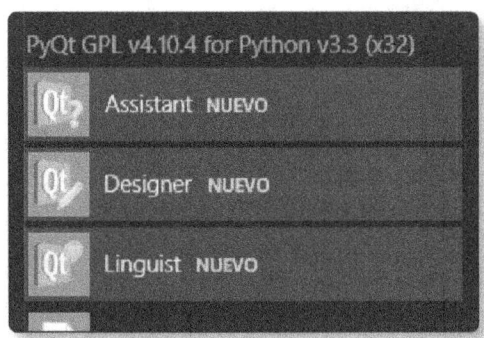

Haremos clic en Designer y nos ejecutará la aplicación Qt Designer. La anclaremos a la barra de tareas de Windows usando el botón derecho del ratón y posteriormente saldremos de ella[13] cerrando la ventana emergente central que nos aparece[14], haciendo lo propio a continuación con la ventana principal de la aplicación[15].

1.2.2 Uso de PyQt directamente desde código Python

Una vez que tenemos PyQt instalado en las carpetas adecuadas de nuestro sistema, podremos hacer uso de sus elementos importándolos en nuestro código Python. PyQt se compone de multitud de clases agrupadas en librerías o módulos. Cada una de esas clases representa a los distintos elementos gráficos (ventanas, botones, etiquetas…) que podemos usar, y cuyo manejo efectuaremos mediante una gran cantidad de métodos predefinidos que vienen con ellas. A pesar de ser una metodología a la que estamos acostumbrados en nuestros programas Python (importar librerías para usar las clases incluidas en ellas) no es desde luego la más cómoda ni la más utilizada para diseñar y crear aplicaciones de tipo GUI, dado que, al margen de no disponer de ninguna ayuda visual, debemos tener un total conocimiento de las clases y métodos involucrados en nuestra aplicación, cosa nada fácil, y menos si somos noveles en el uso de las librerías gráficas. No tardaremos en ver que es precisamente Qt Designer la herramienta que nos ayudará a diseñar de forma gráfica

---

13. Estudiaremos con posterioridad el funcionamiento de Qt Designer y cada uno de sus componentes.
14. O pulsando en el botón Close que nos aparece en su parte inferior derecha.
15. Para ello podemos cerrar directamente la ventana o mediante en menú File → Quit.

nuestras aplicaciones. Esa será la forma habitual en la que trabajaremos, pero antes sería interesante visualizar un ejemplo de código en Python que nos genere una sencilla aplicación gráfica. En nuestro caso consistirá en una pequeña ventana (con título) en la que aparezca justo en su centro un botón el cual, al pulsarlo, haga que salgamos de la aplicación. El código que realiza todo ello, y que guardaremos en nuestra carpeta con el nombre **ejemplo_GUI.pyw** es el siguiente:

```python
import sys
from PyQt4 import QtGui, QtCore

class ejemplo_GUI(QtGui.QWidget):
    def __init__(self):
        super().__init__()
        self.setGeometry(350, 100, 300, 300)
        self.setWindowTitle('Primer Ejemplo de GUI con PyQt')
        salir = QtGui.QPushButton('Salir', self)
        salir.setGeometry(100, 100, 100, 100)
        salir.clicked.connect(self.close)

app = QtGui.QApplication(sys.argv)
mi_app = ejemplo_GUI()
mi_app.show()
sys.exit(app.exec_())
```

Lo primero que nos puede llamar la atención es que la extensión del nombre del fichero haya sido pyw. Con ello simplemente indicamos que, de cara a su ejecución, se use pythonw.exe, que es el intérprete de Python en modo gráfico (o no-consola) y que tenemos en la carpeta correspondiente. Si accedemos a nuestra carpeta Ejercicios_Python_Resueltos observaremos que el tipo de fichero que hemos creado nos lo marca como "Python archive (no console)" o "Archivo PYW" en lugar del habitual "Python archive" o "Archivo PY" de los ficheros con extensión py. Incluso aparece con un icono distinto a estos últimos:

Estando en la carpeta del fichero, lo podemos ejecutar de varias maneras:

1. Haciendo doble clic sobre el icono del fichero.

2. Desde PyScripter o cualquier otro IDE. En PyScripter es importante tener activa la opción "motor de Python" como remoto.

3. Abriendo una ventana de comandos mediante Shift + botón derecho del ratón y tecleando posteriormente[16]:

   pythonw ejemplo_GUI.pyw

Tras ello aparecerá en nuestra pantalla una ventana similar[17] a la siguiente:

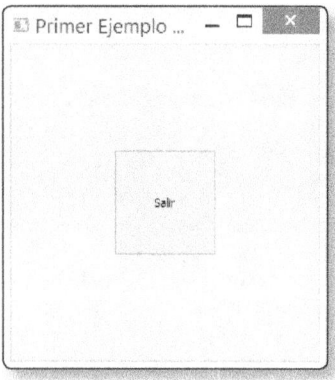

Podremos maximizar, minimizar o modificar su tamaño original de la manera habitual en las ventanas de Windows, actuando con el ratón sobre los botones o los límites de esta. Al hacer clic en el botón Salir, la aplicación finaliza. De igual manera lo haría si pulsamos el botón Cerrar de la ventana.

A pesar de que aún desconocemos los elementos que componen el código que ha dado lugar a esta primera aplicación gráfica en Python, procederé a una explicación superficial del mismo. La intención es hacernos una idea general de cómo funciona:

- ▶ En la línea L2 se importa el módulo sys, que contendrá parámetros del sistema necesarios para iniciar la aplicación.

- ▶ En la línea L3 importamos, desde PyQt4, los módulos QtGui y QtCore. En el primero tenemos todas las clases para representar elementos gráficos (de ahí lo de Gui) y la segunda (de "core", núcleo) nos permite, entre otras cosas, comunicar estos elementos con acciones concretas.

---

16. Si pusiésemos en el comando python en lugar de pythonw el sistema sabría interpretarlo y lo ejecutaría correctamente.

17. Depende del sistema la ventana puede variar de aspecto. Incluso dentro del mismo sistema podemos darle una apariencia u otra eligiendo entre una serie de opciones.

▼ En la línea L5 tenemos la cabecera de la definición de la clase ejemplo_GUI, que será la base (o contenedor) de nuestra aplicación. Está construida sobre la clase QWidget de la librería QtGui, que es la clase en la que están basadas todos los elementos gráficos de los que dispondremos. Un widget lo interpretaremos de forma genérica como un elemento gráfico de la interfaz entre el usuario y el programa, es decir: un botón, un selector, una zona para contener texto...

▼ En las líneas L6-12 definimos el inicializador de la clase. Al no indicar en L6 ningún valor para el parámetro parent, se interpreta parent = None, por lo que se tratará de una ventana. En la línea L7 llamamos al inicializador de la clase en la que nos basamos, en este caso QWidget. En L8 usamos el método setGeometry() de la citada clase para colocar un widget en las coordenadas de pantalla (350, 100) y con tamaño 300x300 puntos. Mediante el método setWindowTitle() colocamos posteriormente un título a la ventana del widget. En L10 creamos un widget de tipo botón mediante la clase QPushButton, donde le indicamos dos argumentos: el primero indica el nombre con el que aparecerá el botón y el segundo el widget padre (en nuestro caso self, que representa al widget contenedor principal) en el que se insertará. En la línea L11 usamos el método setGeometry() de QPushButton para colocarlo en las coordenadas (100,100) respecto al elemento que lo contiene, y un tamaño de 100x100 puntos. Las coordenadas y dimensiones creadas son las siguientes:

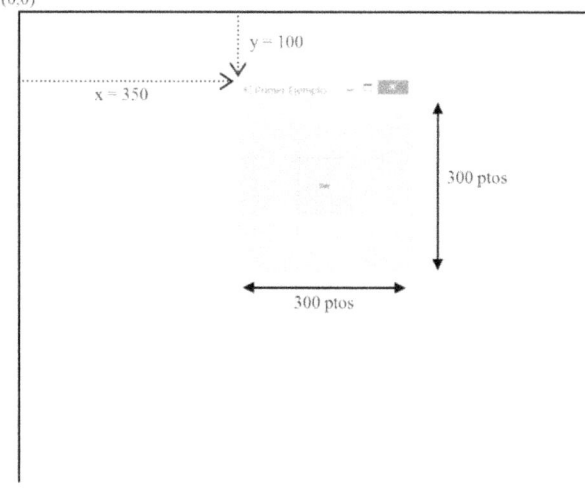

Se coloca la esquina superior izquierda de la ventana en las coordenadas de pantalla x e y indicadas en los dos primeros argumentos, en nuestro caso el punto (350,100) y posteriormente indicamos la anchura y la altura de la ventana. Hemos elegido en ambos casos 300 puntos, por lo que nuestra ventana tendrá un área interna cuadrada de 300 puntos de lado (la superficie de color gris en la imagen superior).

En el caso del botón dentro del widget contenedor, las coordenadas x e y parten de la esquina superior izquierda de la pantalla, donde tienen valor (0,0), y se desplazan horizontalmente hacia la derecha en el caso de x y hacia abajo verticalmente en el caso de y. En el ejemplo hemos creado un botón cuadrado de lado 100:

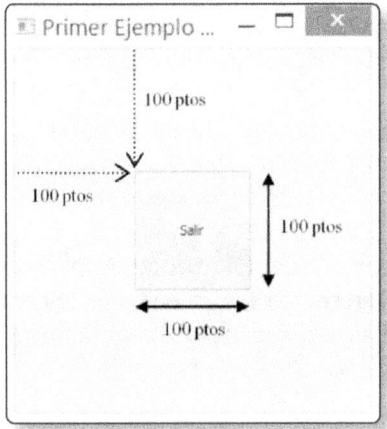

En la línea L12 conectamos la pulsación del botón con la salida de la aplicación. En PyQt hay dos formas de procesar los eventos o acciones que ocurren en los elementos que componen la aplicación. Una de ellas (la de más alto nivel) es mediante lo que se denomina signal/slots[18]. Cuando algo ocurre en la aplicación (léase pulsar una tecla o hacer clic en un elemento) se genera una señal (signal) que, si está conectada con un slot[19] (que será cualquier objeto llamable de Python, generalmente una función o un método) hace que se ejecute este. En nuestro ejemplo conectamos, mediante el método connect(), la señal generada al hacer clic sobre el botón con el método close() del widget contenedor principal

---

18. La otra (de más bajo nivel) son los manejadores de eventos (event handler).
19. No hay una traducción totalmente satisfactoria, por lo que mantendré el término inglés.

(representado mediante self). Más adelante trataremos todos estos temas de forma más profunda.

▼ En la línea L14 creamos nuestro objeto aplicación (que llamaremos app) a partir de la clase QApplication del módulo QtGui. Para que se pueda inicializar correctamente le pasamos los argumentos de la línea de comandos usados al ejecutar el programa mediante sys.argv.

▼ En la línea L15 creamos un objeto llamado mi_app a partir de la clase ejemplo_GUI que hemos construido, y posteriormente lo visualizamos en la línea L16 mediante el uso del método show().

▼ En la línea L17 el método exec_ (se añade un guión bajo ya que exec es una palabra reservada de Python) hace que nuestra aplicación entre en un bucle (event handling loop[20]) a la espera de que se produzcan acciones. Para poder salir de la aplicación (cosa que hará al llamar a una función de salida o cerrando directamente la ventana) de forma correcta (liberando los recursos que usa el programa y enviando las señales de salida correcta) es para lo que usamos sys.exit.

Hemos podido ver un primer y sencillo ejemplo de programación de aplicación gráfica usando única y exclusivamente el editor de código. Es fácil darse cuenta de que una aplicación grande, con multitud de elementos, sería muy poco práctico programarla así. Por ese motivo usaremos Qt Designer, que viene con nuestra instalación PyQt y que ya tenemos anclada a la barra de tareas de Windows.

1.2.3 Uso de Qt Designer para diseñar interfaz gráfico. Elementos que lo componen (Widgets, MainWindow, Dialog)

Comenté con anterioridad que Qt Designer es un programa usado para diseñar, de forma cómoda y gráfica, aplicaciones de tipo GUI. Tenemos ya el botón del programa añadido a la barra de herramientas de Windows, por lo que al hacer clic en él nos aparecerá la pantalla principal, cuyo elemento central presentamos:

---

20. Podríamos traducirlo como "bucle para el manejo de eventos".

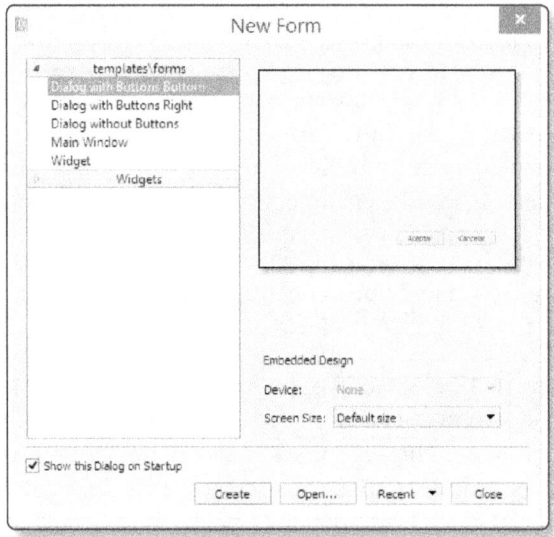

Cualquier aplicación gráfica debe tener un widget (considerándolo en su acepción genérica) principal que contiene al resto de elementos. Qt designer nos permite usar para ello 5 plantillas predefinidas, tres para diálogos (con botones abajo, con botones a la derecha y sin botones), una para una ventana principal y otra para un widget. ¿Qué diferencia exacta hay entre ellas?

- Un **widget** comentamos que podríamos considerarlo en general como un elemento gráfico de los que aparecen en la interfaz. Habrá de multitud de tipos con propiedades particulares, y los veremos con posterioridad. El widget que aparece en las plantillas es un widget genérico. Usa la clase **QWidget**.

- Un **diálogo** se compone de un objeto de la clase **QDialog** (una subclase de QWidget) y, opcionalmente, de una serie de botones para aceptar, rechazar o salir de él.

  Puede ser de dos tipos, modal o modeless[21], que, respectivamente, bloquean o no la interacción del usuario con las demás partes del programa cuando el diálogo está abierto.

- Una **ventana principal** (Main Window) se compone (luego puede tenerlos o no en nuestra aplicación) de los siguientes elementos: barra de menús, barra de herramientas, barra de estado y un widget principal central. Usa la clase **QMainWindow**, que es una subclase de QWidget.

---

21. Mantendré el término inglés al no tener una traducción directa satisfactoria.

Además de esas 5 plantillas, tenemos otra serie de widgets que pueden ser usados como contenedores principales. Lograremos visualizarlos haciendo clic sobre la flecha que aparece a la izquierda del rótulo widgets. Nos aparecerán 10 de ellos, varios de los cuales conoceremos más adelante.

Una aplicación gráfica compleja puede constar de:

▼ Una ventana principal, con su barra de menús, barra de herramientas y barra de estado.

▼ Multitud de widgets insertados en su widget principal.

▼ Múltiples diálogos emergentes.

En esta primera aproximación a Qt Designer solo querremos generar la misma aplicación creada con anterioridad directamente mediante código. Para ello seleccionaremos Widget[22] dentro de Templates/Form y haremos clic en Create. Tras ello obtendremos en pantalla algo muy similar a lo siguiente:

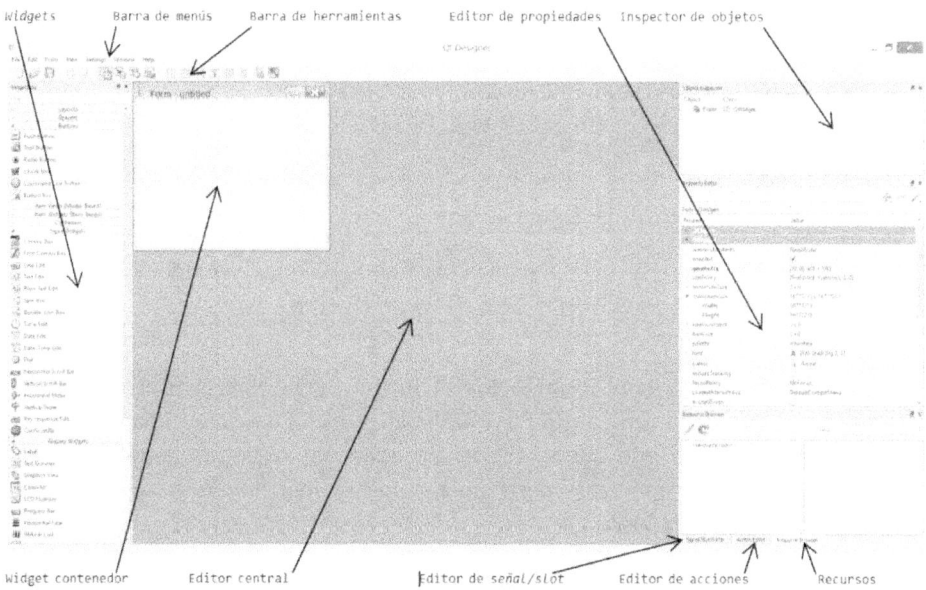

---

22. Recordemos que usamos la clase QWidget como base para nuestra aplicación GUI hecha enteramente mediante código.

Haremos un repaso breve de qué es y para qué sirven cada uno de los elementos que aparecen en este momento en pantalla:

- **Barra de menús**: en ella tenemos los distintos menús que componen la aplicación.

- **Barra de herramientas**: en ella disponemos de botones que ejecutan de forma directa los comandos más utilizados.

- **Widget Box**: es una caja donde tenemos los distintos widgets divididos en grupos.

- **Editor central**: en él crearemos de forma gráfica la aplicación sobre la base de un elemento contenedor principal. En nuestro caso particular elegimos un widget genérico.

- **Object inspector**: nos indicará los elementos (objetos) que vamos incluyendo en nuestra aplicación, así como si unos están contenidos en otros.

- **Property editor**: en él aparecen las propiedades de los objetos que componen nuestra aplicación.

- **Resource Browser**: mostrará los recursos que tenemos disponibles, como puede ser un fichero con la imagen de un logo.

- **Signal/Slot editor**: nos indicará los pares señal/slot de nuestra aplicación creados desde Qt Designer.

- **Action editor**: en él aparecen las distintas acciones[23] creadas (por ejemplo para su uso en los menús de nuestra aplicación).

Una vez que se han definido los elementos genéricos que componen Qt Designer indicaremos la forma en la que trabajar con ella de cara a diseñar nuestra aplicación gráfica. Para ello intentaremos reproducir el sencillo ejemplo visto en el apartado 1.2.2, algo que nos mostrará cualitativamente la forma de actuar en aplicaciones más complejas.

En el primer ejemplo de aplicación gráfica que vimos creamos código para generar una ventana con un botón central que nos permitía, haciendo clic en él, abandonar la aplicación. La ventana de esta aparecía en las coordenadas (350,100) de

---

23. Veremos en el siguiente capítulo qué es exactamente una acción y cómo tratarla.

la pantalla y su espacio interior era de tamaño 100x100 puntos. Ahora comenzaremos usando Qt Designer para el diseño de la interfaz, y lo primero que tendremos que indicar es el tipo de formulario que contendrá nuestra aplicación, ya que como comentamos anteriormente hay varios widgets que sirven para ello. No necesitamos ni menús ni cajas de botones, por lo que elegiremos widget en la ventana de nuevo formulario que nos aparece al iniciar Qt Designer (o, si hemos estado trabajando con otros esquemas, al seleccionar el menú File→New):

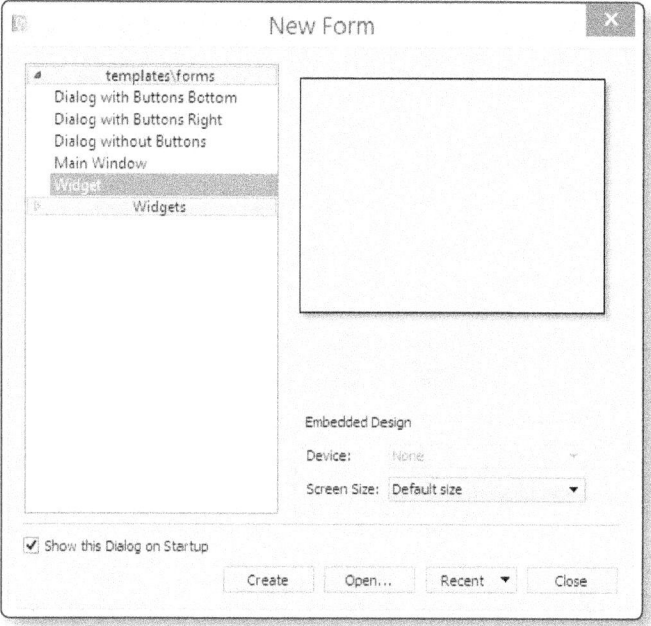

En ella también podemos cambiar el tamaño que tendrá este elemento contenedor mediante la opción Screen Size[24]. Tras hacer clic en Create aparece un formulario de nombre Form basado en la clase Qwidget con un tamaño predeterminado pero que podemos variar:

---

24. En nuestro caso mantendremos la opción Default size seleccionada.

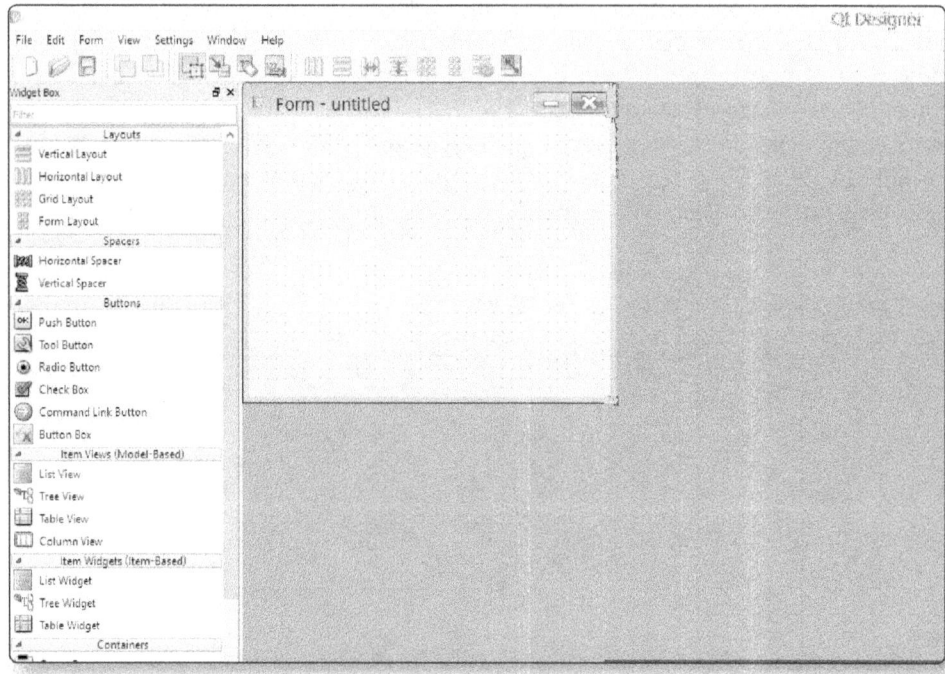

Cambiar el tamaño del formulario al que deseamos es sencillo: daremos valor 300 tanto a Height como a Width en la característica geometry de QWidget que tenemos en la ventana Editor de propiedades en la parte derecha de la pantalla. En su propiedad windowTitle colocamos "Primer Ejemplo de GUI con PyQt". Posteriormente arrastramos hasta nuestro contenedor un botón pulsador (Push Button) desde el Widget box de la parte izquierda de la pantalla:

A continuación daremos el valor 100 a X, Y, Height y Width en la propiedad geometry del botón. Es muy importante en todo momento saber qué elemento tenemos seleccionado, ya que las propiedades que aparecen (y que podemos modificar) en el editor de propiedades de la derecha actuarán sobre él. Cambiamos la propiedad Text (que tiene el valor "PushButton" por defecto) del botón a "Salir" y ya tenemos parte de la aplicación hecha. Faltaría indicar el comportamiento que queremos cuando pulsamos el botón. Eso vimos que se puede hacer (aunque no de forma exclusiva) mediante Signals/Slots, que ejecuta un código cuando se emite una señal generada al ocurrir algún tipo de evento en los elementos que componen la aplicación. Pulsaremos el botón Edit Signals/Slots de la barra de herramientas:

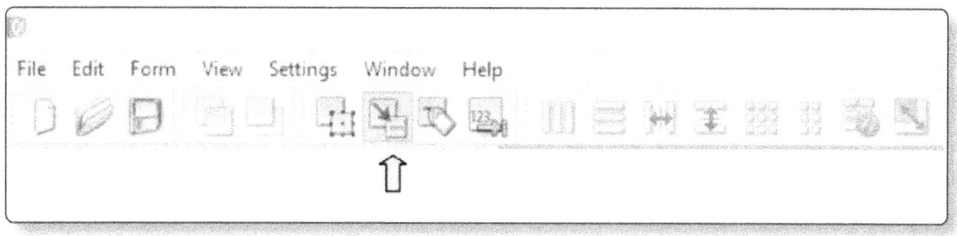

También lo conseguiríamos mediante el menú Edit → Edit Signals/Slots (o pulsando F4). El aspecto del formulario cambia entonces al colocarnos con el ratón encima de alguno de sus elementos. Si llevamos el ratón hasta el botón, este adquiere un color rojo. Haciendo clic en él y arrastrando hacia el formulario, obtendremos lo siguiente:

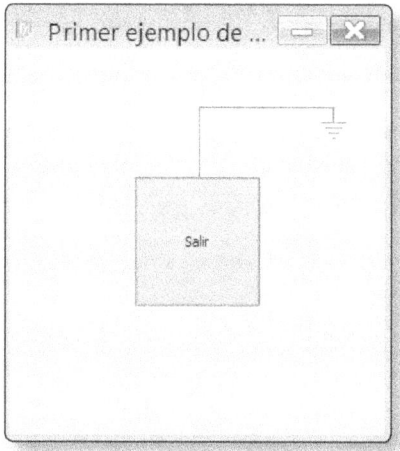

Al soltar nos aparecerá la ventana de configuración de conexión. Si activamos la opción Show signals and slots inherited from Qwidget, obtendremos:

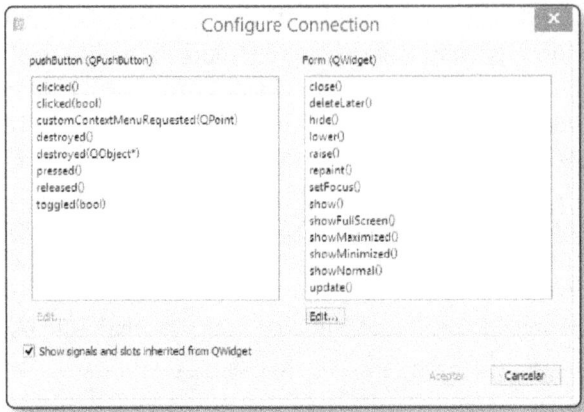

Visualizaremos entonces los dos elementos que conectamos: a la izquierda nuestro botón pulsador (basado en la clase QPushButton y de nombre pushButton, el nombre por defecto) y a la derecha el formulario (de nombre por defecto Form y basado en la clase QWidget). La lista de elementos de la izquierda se refiere a los posibles eventos que se pueden dar sobre nuestro botón, como hacer clic (clicked), presionarlo (pressed) o liberarlo (released), mientras que la lista de la derecha (que variará dependiendo del evento seleccionado) indica las posibles acciones predefinidas (los slots, en este caso métodos de QWidget) que puede hacer nuestro formulario, como cerrarse (close), ocultarse (hide) o actualizarse (update).

Esta conexión que hemos hecho con los dos elementos de nuestra aplicación puede hacerse entre cualquier par de ellos. Tendremos la posibilidad no solo de conectar señales y slots predefinidos, sino de crear ambos de forma personalizada para adecuarse a nuestras necesidades. Todo ello lo veremos en último tema de este capítulo.

Siguiendo con nuestro intento de repetir el ejemplo de código que hicimos en 1.2.2, conectaremos la señal clicked() con el método close(), haciendo clic en ambos y pulsando posteriormente Aceptar, obteniendo:

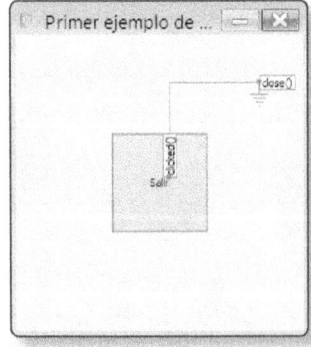

Se nos indica gráficamente la conexión existente entre los elementos. Si la seleccionásemos y pulsásemos la tecla Supr (o haciendo clic con el botón derecho del ratón y eligiendo la opción Delete) podríamos eliminarla (algo que no haremos).

Ya tenemos configurado todo lo posible en Qt Designer para nuestra aplicación. En el caso de querer volver al modo de edición de widgets solo tendríamos que seleccionar el menú Edit → Edit Widgets, pulsar F3 o seleccionar el botón Edit Widgets de la barra de herramientas:

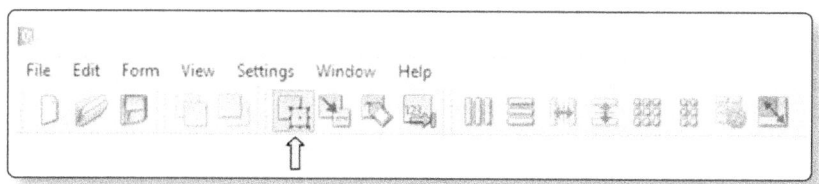

Guardaremos el diseño en nuestra carpeta con el nombre **ejemplo_GUI_qtdesigner**, y el programa añadirá automáticamente una extensión ui. El fichero creado de esta manera es de tipo XML (eXtensible Markup Language), que es un metalenguaje usado para almacenar datos e intercambiar información entre diferentes plataformas[25]. En él se almacenan los datos del diseño creado, pero no podremos usarlo directamente desde nuestro código Python. Para ello había que convertirlo a código Python ejecutando en modo consola el comando **pyuic4** con el siguiente formato[26]:

```
pyuic4 nombre_fichero_ui > nombre_fichero_py
```

Por lo tanto, accedemos mediante Windows a nuestra carpeta, abrimos una ventana de comandos allí[27], y tecleamos:

```
pyuic4 ejemplo_GUI_qtdesigner.ui > ejemplo_GUI_qtdesigner.py
```

Se nos generará el fichero **ejemplo_GUI_qtdesigner.py**, que nos servirá de base para nuestra aplicación. Si lo abrimos con PyScripter tendremos lo siguiente:

---

25. Desarrollado por el World Wide Web Consortium (W3C) se suele asociar con su aplicación en Internet, pero su uso va más allá.

26. Con nombre_fichero_ui y nombre_fichero_py nos refererimos de forma genérica a la dirección completa de ambos ficheros. Al estar en nuestra carpeta solo necesitamos el nombre (incluyendo extensión).

27. Haciendo clic con el botón derecho del ratón mientras tenemos pulsada la tecla Shift y seleccionando Abrir ventana de comandos aquí.

```python
# -*- coding: utf-8 -*-

# Form implementation generated from reading ui file 'ejemplo_GUI_qtdesigner.ui'
#
# Created: Mon May 15 23:33:47 2017
#      by: PyQt4 UI code generator 4.10.4
#
# WARNING! All changes made in this file will be lost!

from PyQt4 import QtCore, QtGui

try:
    _fromUtf8 = QtCore.QString.fromUtf8
except AttributeError:
    def _fromUtf8(s):
        return s

try:
    _encoding = QtGui.QApplication.UnicodeUTF8
    def _translate(context, text, disambig):
        return QtGui.QApplication.translate(context, text, disambig, _encoding)
except AttributeError:
    def _translate(context, text, disambig):
        return QtGui.QApplication.translate(context, text, disambig)

class Ui_Form(object):
    def setupUi(self, Form):
        Form.setObjectName(_fromUtf8("Form"))
        Form.resize(300, 300)
        self.pushButton = QtGui.QPushButton(Form)
        self.pushButton.setGeometry(QtCore.QRect(100, 100, 100, 100))
        self.pushButton.setObjectName(_fromUtf8("pushButton"))

        self.retranslateUi(Form)
        QtCore.QObject.connect(self.pushButton, QtCore.SIGNAL(_fromUtf8("clicked()")), Form.close)
        QtCore.QMetaObject.connectSlotsByName(Form)

    def retranslateUi(self, Form):
        Form.setWindowTitle(_translate("Form", "Primer ejemplo de GUI con PyQt", None))
        self.pushButton.setText(_translate("Form", "Salir", None))
```

La primera línea del código nos indica que el fichero tiene formato Unicode de 8 bits (UTF-8). En la línea L10 se cargan los módulos QtCore y QtGui de la librería PtQt4, ya que haremos uso de elementos incluidos en ellos.

Observamos que se ha creado una clase Ui_Form con dos métodos:

▼ setupUi() : realiza el trabajo principal, creando, configurando y conectando los objetos que componen la aplicación. Por ejemplo en la línea L29 da el tamaño al formulario, en la L30 crea un botón pulsador, en la L31 lo coloca y le da dimensiones. En la L35 temenos en código de la conexión signal/slot creada con anterioridad. El formato no es exactamente igual al usado inicialmente en ejemplo_GUI.pyw. Eso es debido a que para conectar señales y slots tenemos dos estilos: antiguo y moderno. El segundo es el usado en ejemplo_GUI.pyw y es mucho más *pythónico*, por lo que será el que usaremos habitualmente. El código que nos genera pyuic4 sigue el estilo antiguo, menos fácil de leer y más incómodo. No obstante, el efecto final es el mismo y ambos son compatibles[28], pudiendo aparecer en un mismo código ambos estilos. Veremos estas y más cosas al hablar posteriormente en profundidad sobre señales y slots.

▼ retranslateUi(): es llamado por setupUi() en la L34, y renombra los elementos en base a lo que le hemos indicado.

Por lo tanto, es la clase Ui_Form y su método setupUi() los que usaremos (tras importarlos) en el código que crearemos posteriormente. El creado mediante pyuic4 no es un código para ser ejecutado directamente (no hace nada en tal caso), ni para ser modificado lo más mínimo, sino que nuestro programa principal (que crearemos a continuación) hará uso de él importándolo a modo de librería. Sería el siguiente (lo guardamos en nuestra carpeta con el nombre **ejemplo_GUI_qtdesigner.pyw**):

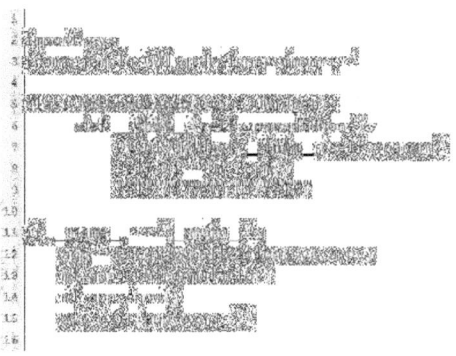

En él, además del módulo sys, importamos todos los elementos del fichero ejemplo_GUI_qtdesigner.py. Es importante respetar para ello el formato from/import indicado. Posteriormente creamos una clase basada en QWidget[29] a la que llamaremos MiFormulario. Al inicializarla con parent=None indicaremos que es una ventana. Crearemos en ella un atributo ui (que será una instancia de la clase Ui_Form definida en ejemplo_GUI_qtdesigner.py) y ejecutaremos su método de configuración setupUi().

---

28. Con las particularidades que veremos con posterioridad.
29. Podría ser, por ejemplo, QDialog, pero hemos elegido que sea un widget genérico nuestra base del formulario.

Posteriormente creamos una aplicación a partir de la clase QtGui.QApplication y un objeto (mi_app) de la clase Miformulario, que mediante el método show() haremos visible. Solo quedará al final poner la aplicación en modo bucle de espera de eventos.

Al ejecutar el programa reproduciremos nuestra aplicación original, salvo que ahora por defecto su ventana aparece centrada en la pantalla, ya que desde Qt Designer no nos permitió de forma directa indicar las coordenadas x e y del formulario.

A pesar de ser un ejemplo muy sencillo ya se intuye que trabajar con Qt Designer nos facilitará mucho las cosas de cara a diseñar el esquema general de la aplicación gráfica. Esquemáticamente el proceso que hemos realizado es:

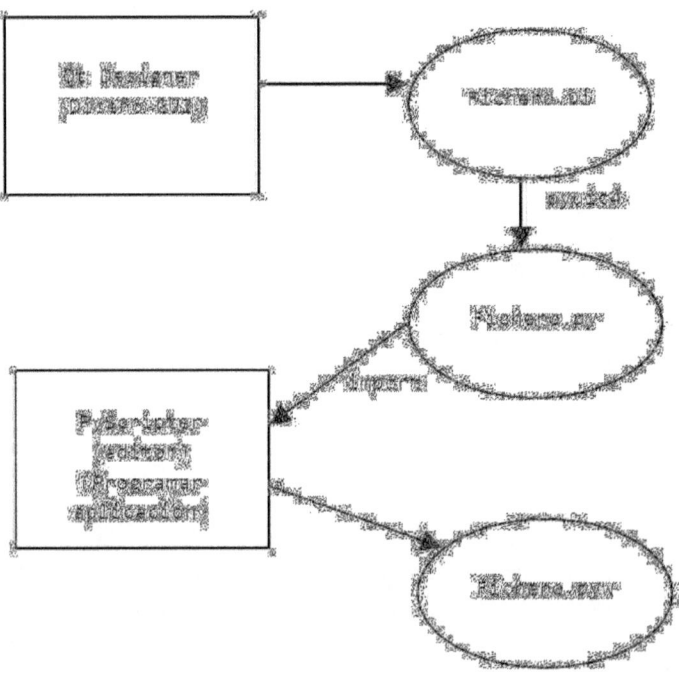

Puede parecer un poco engorroso al principio, pero terminaremos acostumbrándonos y trabajando con él de manera fluida. Otro esquema, en el que (como en el anterior) no he seguido ningún estándar (por lo que no habrá que interpretar de forma especial los elementos gráficos) sería:

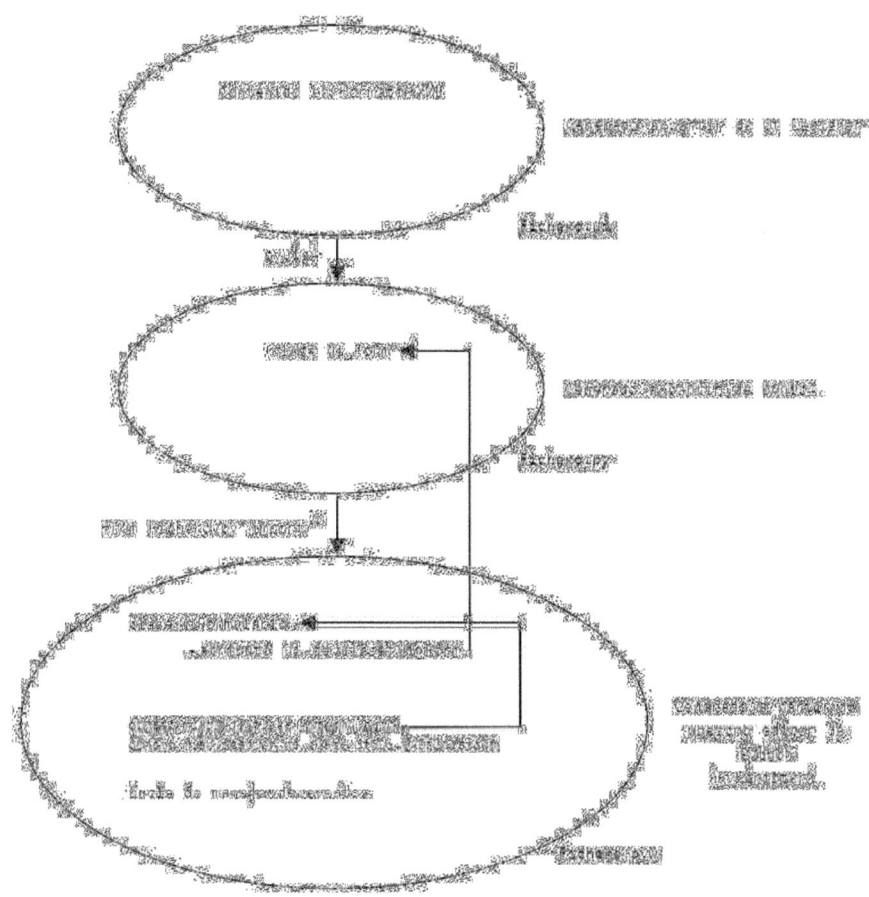

En el esquema la clase ui_Form de Fichero.py podría ser ui_Dialog, ui_MainWindow o cualquier otro de los widgets permitidos para ser el contenedor principal de nuestra aplicación.

1.3 WIDGETS FUNDAMENTALES DE QT DESIGNER

Analizaremos a continuación varios de los elementos del Widget Box, que como comprobamos están agrupados en base a compartir una misma funcionalidad o asemejarse en alguna característica principal. Iremos viendo, dentro de cada grupo, los más importantes de cara a realizar una aplicación gráfica estándar. Empezaremos por los que he denominado fundamentales, que simplemente son los que considero más usados, sobre todo en aplicaciones sencillas.

Listaré en cada uno de los widgets sus propiedades y métodos fundamentales. Las primeras están pensadas para su configuración desde Qt Designer ya que son las que aparecen en su editor de propiedades, mientras que los segundos serán usados en el código que realicemos con posterioridad.

Para ir practicando con cada uno de los widgets abriremos Qt Designer y crearemos un nuevo formulario basado en QWidget, al que podremos dar el tamaño que queramos.

1.3.1 Esquemas (Layouts)

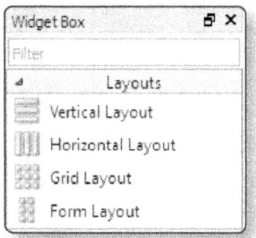

Los **layouts** (esquema, disposición, diseño en inglés) son una serie de elementos que nos permitirán distribuir los widgets que contienen de una determinada manera, lo que nos puede ser muy útil para ordenarlos y alinearlos. Están delimitados por unos rectángulos con lados de color rojo. Una vez que ejecutamos la aplicación (o usamos Ctrl + r para ver el aspecto final) estos no serán visibles. Hay 4 tipos principales:

1.3.1.1 VERTICAL LAYOUT

En esta disposición (vertical), los widgets se distribuyen uno encima del otro, sin posibilidad de hacerlo de otro modo. Para probarlo, haremos clic sobre el icono de Vertical Layout y lo arrastraremos a nuestro formulario:

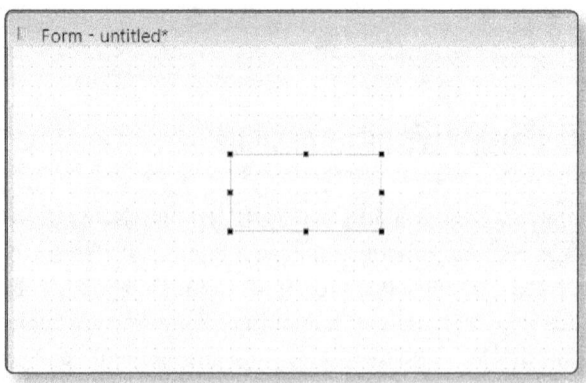

Posteriormente arrastraremos[30] tres Push Buttons dentro del Vertical Layout creado, obteniendo la siguiente distribución:

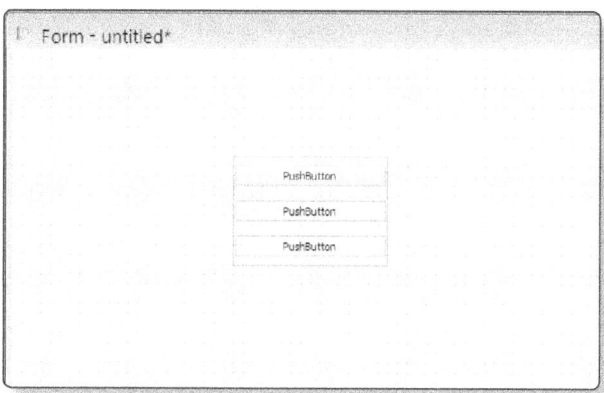

Los tres botones se alinean de forma vertical, sin necesidad de tener que ajustarlos manualmente. Podemos incluir (o sacar) del layout los widgets del tipo que queramos, pero todos se alinearán de forma vertical. Si por ejemplo insertamos un Radio Button, un Check Box y un Line Edit, tendríamos:

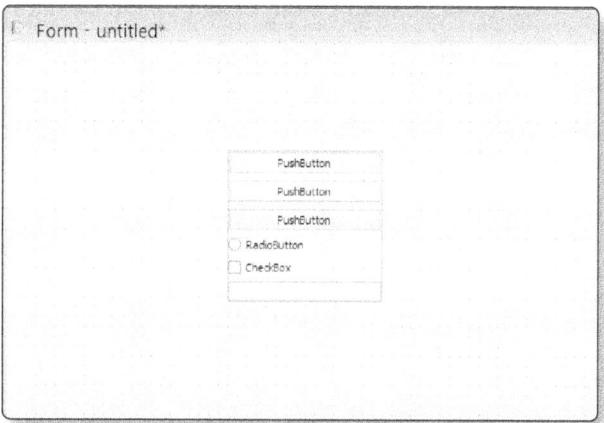

Si posteriormente queremos cambiar la distribución de los elementos, solo tendremos que hacer clic en ellos y arrastrarlos a la posición deseada. Aparecerá una línea horizontal azul para indicarnos dónde irá insertado nuestro elemento. Soltando el botón izquierdo del ratón, se alojará allí.

---

30. Conseguimos arrastrar haciendo clic sobre el elemento, manteniéndolo pulsado en botón izquierdo del ratón, llevándolo el cursor a un lugar y soltándolo.

Si queremos ver el aspecto final, tecleamos Ctrl + r, obteniendo, en una nueva ventana:

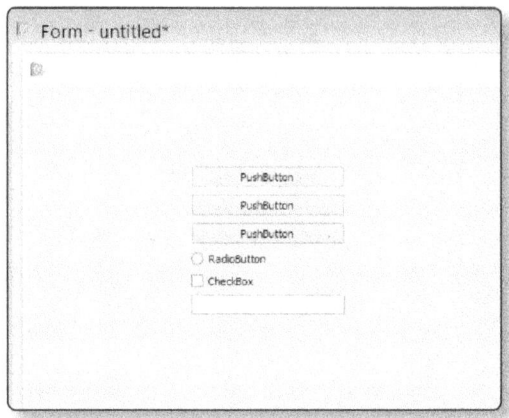

Para volver al "modo edición" solo tendremos que cerrar la ventana.

1.3.1.2 HORIZONTAL LAYOUT

En esta disposición los widgets se distribuyen horizontalmente uno al lado del otro. Colocaremos en este caso un Vertical Layout sobre el formulario[31] y posteriormente arrastraremos dentro de la zona delimitada con línea roja los mismos elementos que en el ejemplo anterior y en el mismo orden, es decir, tres Push Button seguidos de un Radio Button, un Check Box y un Line Edit. En este caso el resultado final será el siguiente:

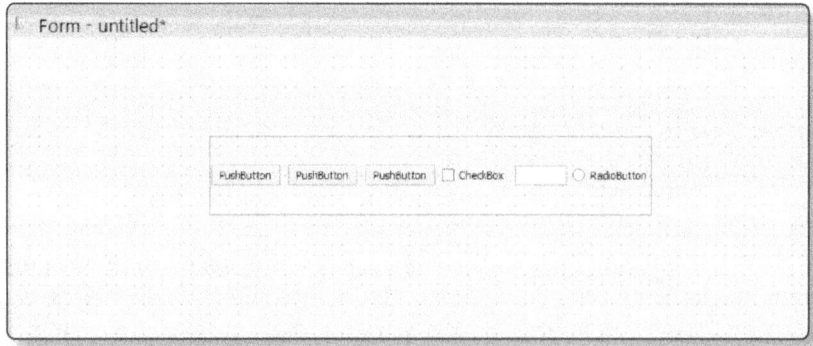

---

31. Podemos borrar el Vertical Layout anterior si lo consideramos oportuno de cara a una mayor comodidad.

Puede ocurrir que si hemos arrastrado de forma desordenada los widgets dentro del layout, el orden no sea el que aparece en pantalla. Eso es porque de cara a insertar los elementos, estos se colocan en la posición aproximada en la que tenemos colocado el ratón. Antes de soltar el widget dentro del layout, aparecerá una línea vertical azul que nos indica dónde será insertado nuestro elemento. Esta línea aparece en la delimitación de cada uno de los elementos interiores al layout. De esa manera podremos distribuir nuestros elementos como queramos de forma sencilla. Tenemos la posibilidad de usar Ctrl + r para ver el resultado final.

1.3.1.3 GRID LAYOUT   Grid Layout

En esta distribución los elementos se colocan en las celdas de una cuadrícula, lo que nos permitirá mayor libertad dado que podremos insertar los elementos vertical u horizontalmente respecto a los que ya tenemos. Es el motivo por el que, al insertar cualquier widget dentro del layout, nos aparecerán líneas verticales u horizontales que nos indican dónde se colocará nuestro elemento.

Si arrastramos un Grid Layout al formulario, tras insertar dentro de él un primer Push Button, observaremos que al intentar colocar el segundo tenemos la opción de colocarlo[32] a la izquierda, derecha, arriba o abajo del anterior. Y así sucesivamente con todos los demás elementos que vayamos añadiendo. Por lo tanto será muy fácil conseguir los dos siguientes esquemas:

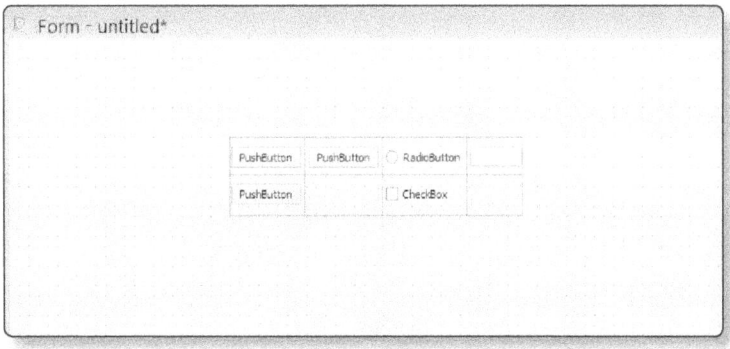

---

32. Nos será indicado con líneas azules horizontales y verticales.

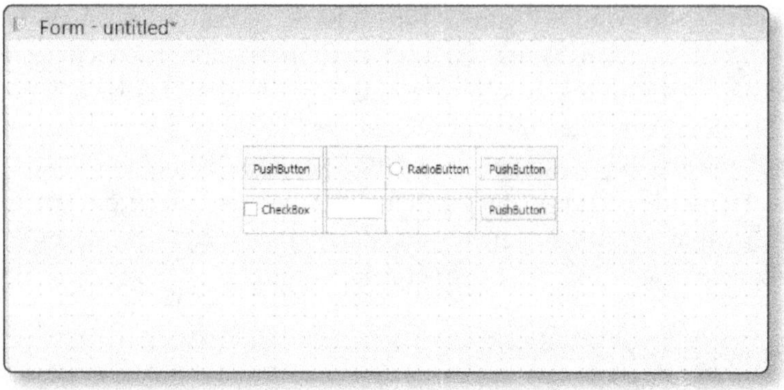

Cualquier otra distribución cuadricular será sencilla de lograr. Para ver el aspecto que tendría la última pulsaremos Ctrl + r:

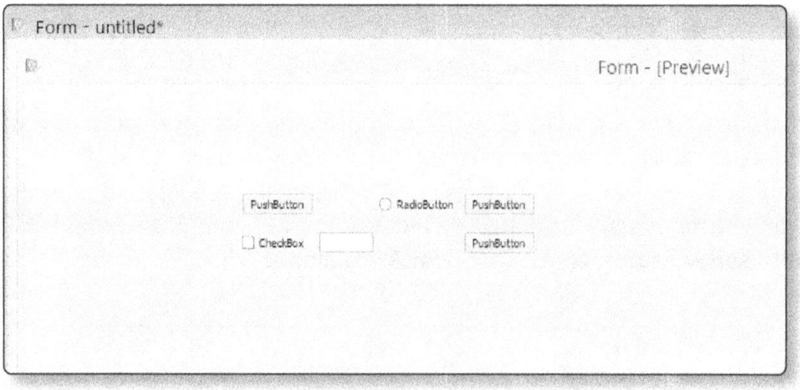

1.3.1.4 FORM LAYOUT

En esta disposición (denominada formulario) tendremos dos columnas en las que disponer los widgets. En la primera suelen estar etiquetas (labels) que indican información sobre el elemento colocado en la segunda columna, que suele ser un elemento de entrada de datos, como un Line Edit o un Spin Box. Un ejemplo típico sería el siguiente:

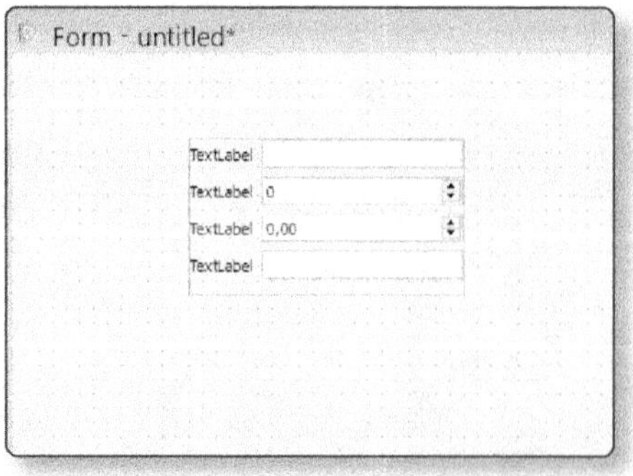

Cada una de las etiquetas podría corresponder a un determinado campo, como Nombre, DNI o edad. Nuevamente mediante Ctrl + r obtendremos una previsualización gráfica de su aspecto final. Podríamos pensar que esta disposición ya está incluida en los Grid Layout y que fuese un ejemplo particular de ella, pero no es del todo cierto. Las Form Layout tienen una serie de ventajas, útiles solo en un uso avanzado.

1.3.2 Botones (Buttons)

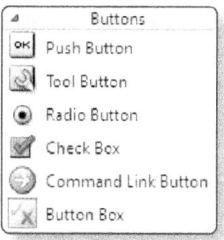

Aprenderemos inicialmente cuatro de ellos: Push Button, Radio Button, Check Box y Button Box.

1.3.2.1 BOTÓN PULSADOR (PUSH BUTTON)

La clase a partir de la que se generan los botones pulsadores es **QPushButton**. Arrastramos un botón pulsador hacia el formulario. Mediante los manejadores que aparecen alrededor del botón podemos cambiar su tamaño:

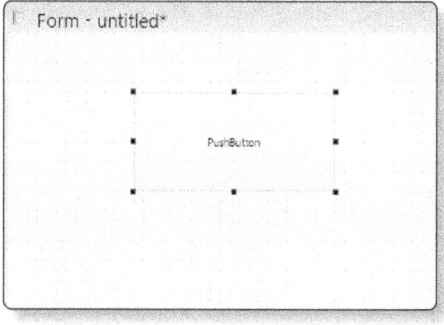

Si nos fijamos en el editor de propiedades de la columna derecha[33] podremos observar[34] la jerarquía de clases de QPushButton:

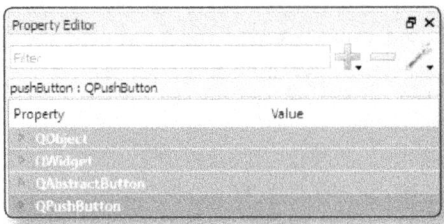

En nuestro caso QPushButton tiene como superclase a QAbstractButton, que a su vez tiene a QWidget, y esta a QObject. Cada una de ellas aporta una serie de propiedades que podemos ver desplegando[35] los menús. Hay muchas que podemos cambiar directamente en Qt Designer actuando sobre el editor de propiedades, o hacerlo posteriormente en el código usando la multitud de métodos que tienen a cada una de las clases. Como propiedades interesantes de QPushButton comentaremos las siguientes[36]:

Clase	Propiedad	Comentario
QObject	objectName	Es el nombre que tendrá el botón en el programa.
QWidget	enabled	Habilita/deshabilita el botón.
	geometry	Podremos indicar coordenadas, ancho y alto del botón.
	minimumSize	Tamaño mínimo del botón.
	maximumSize	Tamaño máximo del botón.
	font	Indicamos Propiedades del texto en botón.
QAbstractButton	text	Es el texto que aparece en el botón.
	icon	Es es posible icono que aparece en el botón.
	iconSize	Tamaño del icono que aparece en el botón.
	checkable	Indica si es o no seleccionable.
	checked	Indica si está o no seleccionado (en el caso que sea seleccionable).
	autoExclusive	Indica si es exclusivo con los demás botones pulsadores[37].

---

33. Es muy importante tener seleccionado el widget que queremos inspeccionar.

34. Al cerrar los menús desplegables lo veremos con más claridad.

35. Es como aparecen por defecto.

36. Hay muchas más pero en una primera visión nos quedaremos con estas.

37. Esta opción cobra sentido cuando los botones son seleccionables, para permitir o prohibir que haya varios seleccionados a la vez.

De especial importancia es la Propiedad **objectName**, ya que es así como se identificará nuestro botón en el programa. No confundir con **text**, que es el texto que aparece dentro del botón. Podemos insertar un icono, indicando el fichero que lo contiene (directamente en el arbol de directorios de Windows o en los recursos, algo que veremos más adelante). La propiedad seleccionable nos permite, al hacer clic sobre él, que el botón se mantenga pulsado[38] hasta que se haga clic de nuevo, momento en el que se deseleccionará. Si no indicamos que queremos esta propiedad, al hacer clic el botón se pulsará pero no se mantendrá pulsado.

El uso habitual de los botones pulsadores consiste en realizar una operación al hacer clic sobre ellos. Ya comentamos que eso se puede conseguir mediante los pares señal/slot. Un suceso en el botón genera una señal (signal) que hace que se ejecute un código (slot) el cual tenemos enlazado con ella. Hay slots predefinidos (como el que usamos para salir de nuestra aplicación) o podremos definir los nuestros personalizados.

Podremos cambiar el texto contenido en el botón modificando el que aparece en la propiedad text del editor de propiedades. También lo lograremos haciendo doble clic en el que aparece por defecto (PushButton) y tecleando el nuevo nombre. Si antes de él colocamos el ampersand (&) lograremos que , una vez ejecutado el programa, podamos activar el botón con la pulsación combinada de Alt y la primera letra de nuestro texto. Por ejemplo, si introducimos "&Pulsar" y a continuación hacemos una visualización previa con Ctrl + r, al pulsar Alt obtendremos:

---

38. Si el botón inicialmente está deseleccionado.

Si entonces pulsamos la tecla 'p' haremos lo propio con el botón. El ampersand no es visible y nos permite obtener un atajo (shortcut) de teclado si es lo que deseamos. Si tenemos varios nombres que empiezan con la misma letra, al pulsar Alt nos aparecerán subrayadas estas, y al teclearla consecutivamente cambiaremos a cada uno de los elementos, pero no se pulsarán.

También podremos realizar operaciones usando el menú contextual que aparece al hacer clic con el botón derecho del ratón sobre el botón:

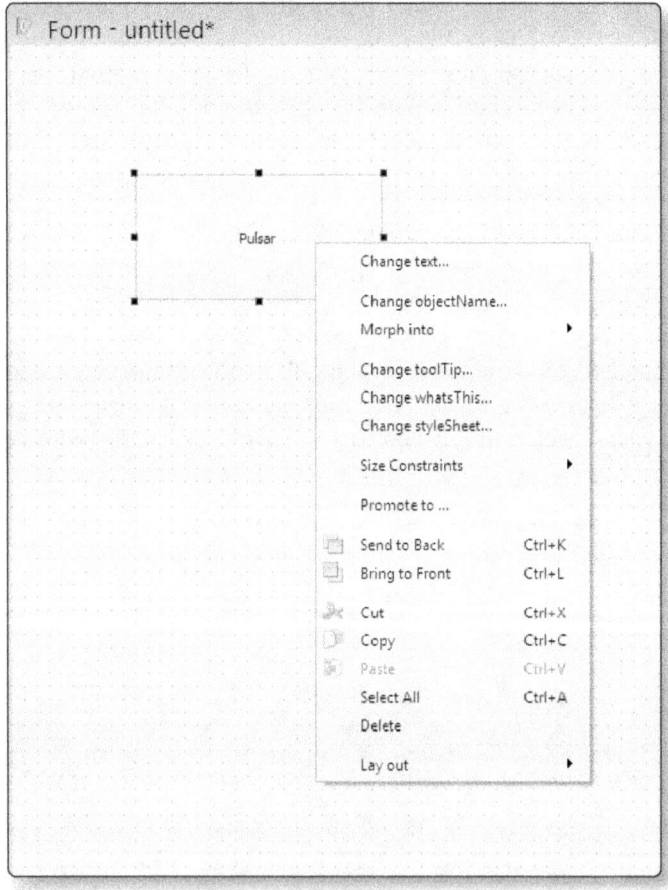

Las opciones para cortar, copiar, borrar, seleccionar todo, cambiar nombre, cambiar texto o tamaño nos son ya familiares.

Como métodos interesantes en una primera aproximación tendremos:

Clase	Método	Comentario
QAbstractButton	setCheckable	Indicamos mediante un booleano si es seleccionable o no.
	setAutoExclusive	Indicamos mediante un booleano si es exclusivo o no.
	setChecked	Indicamos mediante un booleano si está seleccionado o no.
	setText	Indicamos el texto que aparecerá junto al botón.
	setIcon	Indicamos el icono que aparecerá junto al botón.
	isCheckable	Nos devuelve booleano indicando si es seleccionable.
	autoExclusive	Nos devuelve booleano indicando si es exclusivo o no.
	isChecked	Nos devuelve booleano indicando si está seleccionado.

En la tabla hemos representado por simplicidad únicamente el nombre de los métodos, la clase a la que pertenecen y una breve descripción de los mismos. De cara a conocer el formato exacto (parámetros de entrada, de salida y forma correcta de usarlo en el código) deberemos consultar la documentación disponible en nuestra instalación PyQt. Para acceder a ella buscaremos los programas instalados en el sistema hasta encontrar PyQt Class Reference:

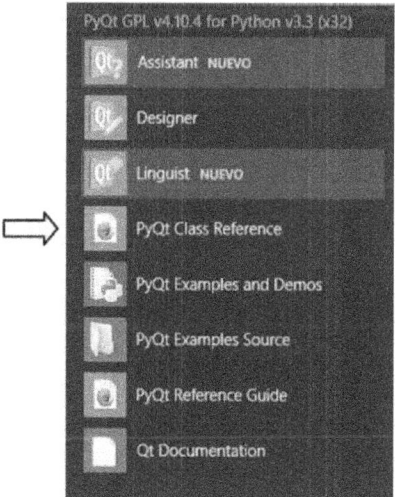

Al hacer clic sobre él nos abrirá el navegador y una página de inicio listando todas las clases disponibles (en color azul las que aún no hemos consultado, en rojo las que sí):

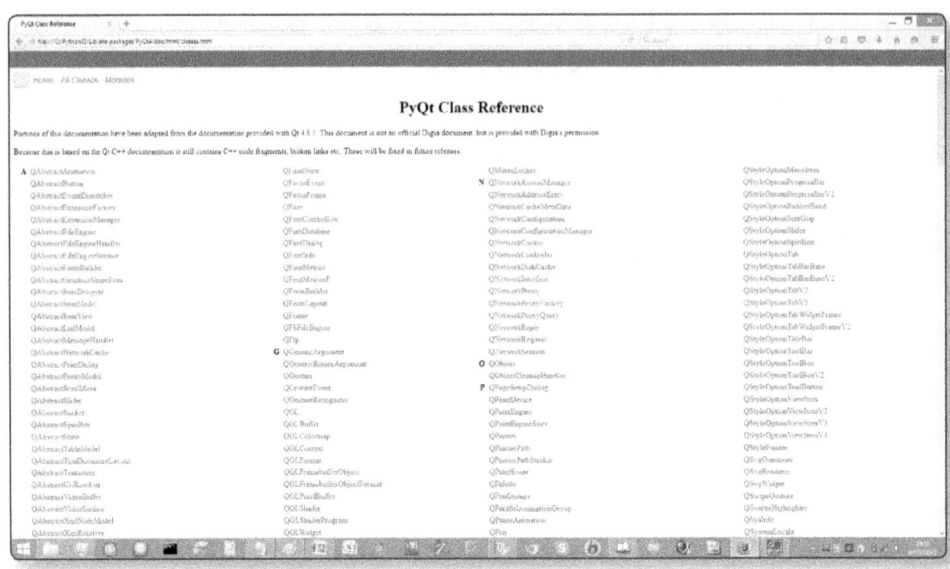

Haciendo clic sobre cualquiera de ellas accederemos a una amplia información, que puede ser abrumadora en un primer instante. Poco a poco nos iremos acostumbrado a consultar esta ayuda y haciéndose más familiar. Debemos centrarnos en los elementos concretos que nos interesen. Si buscamos el formato de setAutoExclusive() y de isChecked() para la clase PushButton, debemos primero hacer clic en ella y posteriormente buscar esos métodos. Inicialmente no los encontraremos ya que solo nos aparecen los métodos que la clase PushButton añade a QAbstractButton, y los que buscamos son propios de ésta última. Haremos clic por lo tanto donde se indica a continuación:

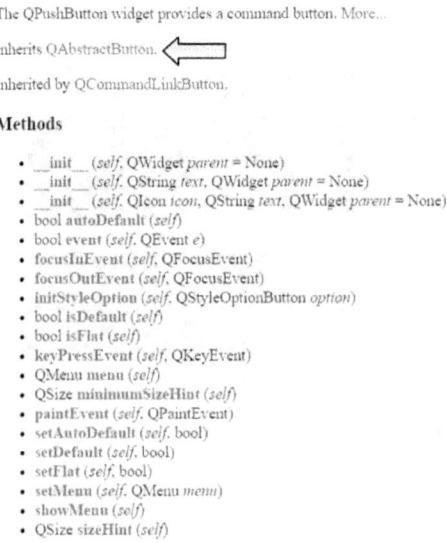

Posteriormente se nos listan todos los métodos de QAbstractButton, entre los cuales visualizamos el formato para los dos buscados:

- setAutoExclusive(self, bool).
- bool isChecked(self).

En el primer caso tendremos que pasarle un argumento de tipo booleano (True o False) para indicarle qué valor queremos que tome. En el segundo no debemos pasarle ningún argumento, y nos devolverá True o False dependiendo de si el botón está o no seleccionado.

1.3.2.2 BOTÓN DE OPCIÓN (RADIO BUTTON) ⦿ Radio Button

Es un tipo de botón con aspecto circular acompañado de un texto que puede estar en dos estados: seleccionado (checked) o no seleccionado (unchecked). Se suele usar para marcar una opción exclusiva, es decir, una que al marcarla descarte a las demás de su tipo. Pero no es obligatorio que sea así ya que, como veremos en breve, podremos configurarlo para permitir que varias (o todas) estén seleccionadas.

La clase en la que se basa es **QRadioButton**, que deriva de QAbstractButton, esta de QWidget y ésta a su vez de QObject. Como propiedades principales tenemos:

Clase	Propiedad	Comentario
QObject	objectName	Es el nombre que tendrá el botón en el programa.
QWidget	enabled	Habilita/deshabilita el botón.
	geometry	Podremos indicar coordenadas, ancho y alto del botón.
	minimumSize	Tamaño mínimo del botón.
	maximumSize	Tamaño máximo del botón.
	font	Indicamos propiedades del texto en botón.
QAbstractButton	text	Es el texto que aparece junto al botón.
	icon	Es es posible icono que aparece junto al botón.
	iconSize	Tamaño del icono que aparece junto al botón.
	checkable	Indica si es o no seleccionable.
	checked	Indica si está o no seleccionado (si es seleccionable).
	autoExclusive	Indica si es exclusivo con los demás botones de opción.

Es en la propiedad autoExclusive donde indicaremos si puede haber varios botones de opción seleccionados a la vez o no. Como ejemplo arrastraremos tres de ellos al formulario y, haciendo doble clic, les cambiaremos el nombre:

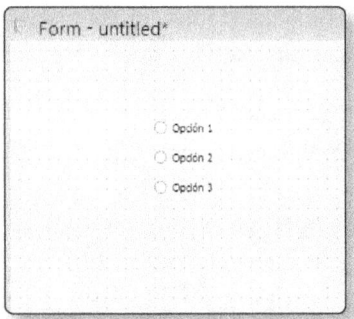

Observamos que, por defecto, tanto la opción checkable como la autoExclusive están activadas. Esto significa que solo uno de los tres botones puede estar seleccionados en un instante dado, y que seleccionar otro significa que el botón que estuviese seleccionado dejase automáticamente de estarlo. Podemos comprobar este comportamiento tecleando Ctrl + r. Puede que sea ese el comportamiento deseado pero, ¿qué ocurriría si deseamos que todos puedan estar seleccionados a la vez? Bastaría con seleccionar los tres botones[39] y deseleccionar la opción autoExclusive. Como los elementos seleccionados son del mismo tipo, cambiar una propiedad en el editor de propiedades significa cambiársela a los tres[40]. De esta manera logramos el objetivo buscado.

Si deseamos tener varios grupos de botones de opción, siendo estos últimos autoexcluyentes dentro de cada grupo pero no respecto a los de otros grupos, debemos agruparlos mediante cualquier tipo de Layout (manteniendo en todos la opción autoExclusive que viene por defecto).

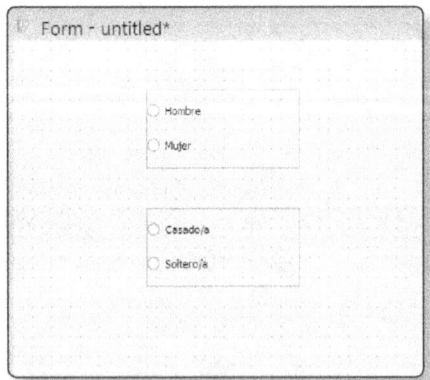

---

39. Por ejemplo haciendo clic con el ratón y, manteniendo el botón izquierdo pulsado, formando un rectángulo que incluya a los tres elementos.

40. Si seleccionamos elementos de clases distintas, solo aparecerán en el editor de propiedades las características comunes a todos los elementos seleccionados.

Lo comprobaremos pulsando Ctrl + r.

Hay varios métodos interesantes que nos serán muy útiles en determinados momentos. De entre ellos destacamos:

Clase	Método	Comentario
QAbstractButton	setCheckable	Indicamos mediante un booleano si es seleccionable o no.
	setAutoExclusive	Indicamos mediante un booleano si es exclusivo o no.
	setChecked	Indicamos mediante un booleano si está seleccionado o no.
	setText	Indicamos el texto que aparecerá junto al botón.
	setIcon	Indicamos el icono que aparecerá junto al botón.
	isCheckable	Nos devuelve booleano indicando si es seleccionable.
	autoExclusive	Nos devuelve booleano indicando si es exclusivo o no.
	isChecked	Nos devuelve booleano indicando si está seleccionado.

1.3.2.3 CASILLA DE VERIFICACIÓN (CHECKBOX)

Se suele usar cuando tenemos la posibilidad de seleccionar múltiples opciones y que estas no influyan en las demás. Pero, como ocurría en el caso de los botones de opción, también podremos modificar esta opción por defecto para adecuarse a nuestras necesidades.

Una casilla de verificación puede estar en tres estados distintos: seleccionado (checked), no seleccionado (unchecked) y un tercero que podemos considerar que no está ni seleccionado ni deseleccionado[41].

La clase en la que se basa es **QCheckBox** → QAbstractButton → QWidget → QObject. Las propiedades principales son:

---

41. Podemos usar esa tercera opción para indicar que no puede haber cambio en la casilla.

Clase	Propiedad	Comentario
QObject	objectName	Es el nombre que tendrá la casilla en el programa.
QWidget	enabled	Habilita/deshabilita la casilla.
	geometry	Podremos indicar coordenadas, ancho y alto de la casilla.
	minimumSize	Tamaño mínimo de la casilla.
	maximumSize	Tamaño máximo de la casilla.
	font	Indicamos propiedades del texto en la casilla.
QAbstractButton	text	Es el texto que aparece junto a la casilla.
	icon	Es el posible icono que aparece junto a la casilla.
	iconSize	Tamaño del icono que aparece junto a la casilla.
	checkable	Indica si la casilla es o no seleccionable.
	checked	Indica si la casilla está o no seleccionada (si es seleccionable).
	autoExclusive	Indica si la casilla es exclusiva con las demás.
QCheckBox	triestate	Indica si la casilla está o no en modo triestado[42].

Colocaremos en el formulario tres casillas de verificación y les pondremos el texto "Artículo 1", "Artículo 2" y "Artículo 3". Por defecto aparece activada la opción checkable y desactivadas la checked, autoExclusive y triestate. Dejaremos en la primera de ellas esa configuración, en la segunda activaremos checked y en la tercera activaremos triestate:

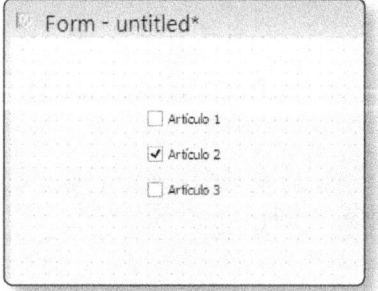

Al previsualizar con Ctrl+ r observaremos que podemos modificar el estado de las tres casillas, y que la tercera tiene una opción más, que es la "no cambiar", representada por un cuadrado de color negro dentro del cuadrado propio de la casilla de verificación:

---

42. En él habilitamos ese tercer estado que no es ni seleccionado ni deseleccionado.

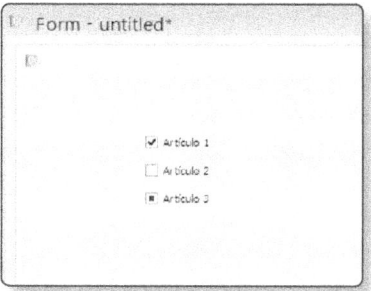

Jugando con las opciones checkable, autoExclusive y tristate podríamos conseguir por ejemplo que solo una de las tres opciones pudiese estar seleccionada en un instante dado. Los métodos que veremos para las casillas de verificación son:

Clase	Método	Comentario
QAbstractButton	setCheckable	Indicamos mediante un booleano si es seleccionable o no.
	setAutoExclusive	Indicamos mediante un booleano si es exclusivo o no.
	setChecked	Indicamos mediante un booleano si está seleccionado o no.
	setText	Indicamos el texto que aparecerá junto al botón.
	setIcon	Indicamos el icono que aparecerá junto al botón.
	isCheckable	Nos devuelve booleano indicando si es seleccionable.
	autoExclusive	Nos devuelve booleano indicando si es exclusivo o no.
	isChecked	Nos devuelve booleano indicando si está seleccionado.
QCheckBox	setTristate	Indicamos mediante un booleano si es triestado o no.
	isTristate	Nos devuelve booleano indicando si es triestado o no.

1.3.2.4 CAJA DE BOTONES (BUTTON BOX)

Como su propio nombre indica, es una caja que contiene una serie de botones usados habitualmente. Suelen usarse en ventanas emergentes dentro de una aplicación. Nos permiten cosas como abrir, cerrar, ignorar o salir. Ejemplos típicos son:

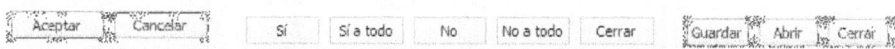

Su clase es **QDialogButtonBox** → QWidget → QObject. Observamos que ya no deriva de QAbstractButton. Sus propiedades principales son:

Clase	Propiedad	Comentario
QObject	objectName	Es el nombre que tendrá la caja en el programa.
QWidget	enabled	Habilita/deshabilita la caja.
	geometry	Podremos indicar coordenadas, ancho y alto de la caja.
	minimumSize	Tamaño mínimo de la caja.
	maximumSize	Tamaño máximo de la caja.
	font	Indicamos propiedades del texto en la caja.
QDialogButtonBox	orientation	Indicamos la orientación horizontal o vertical de la caja.
	standardButtons	Marcamos los botones que queremos que aparezcan en la caja.
	centerButtons	Centramos los botones de la caja en el espacio que hay en ella.

La propiedad standardButtons en el editor de propiedades nos permite elegir entre una serie de botones predefinidos (y con una distribución relativa fija) que queremos que aparezcan en nuestra caja. Podemos marcar varios botones sin incompatibilidades entre ellos. Cada uno de los botones son posteriormente conectados con acciones concretas mediante señales/slots. Las dos siguientes imágenes nos muestran el editor de propiedades y una caja de botones con orientación vertical incluyendo todos los botones disponibles:

QObject		
QWidget		
▲ QDialogButtonBox		
orientation	Horizontal	
▲ standardButtons	Ok|Cancel	
NoButton		☐
Ok		☑
Save		☐
SaveAll		☐
Open		☐
Yes		☐
YesToAll		☐
No		☐
NoToAll		☐
Abort		☐
Retry		☐
Ignore		☐
Close		☐
Cancel		☑
Discard		☐
Help		☐
Apply		☐
Reset		☐
RestoreDefaults		☐
centerButtons		☐

- Sí
- Sí a todo
- Aceptar
- Guardar
- Guardar todo
- Abrir
- Reintentar
- Ignorar
- Descartar
- No
- No a todo
- Interrumpir
- Cerrar
- Cancelar
- Aplicar
- Reinicializar
- Restaurar los valores predeterminados
- Ayuda

No consideramos ningún método interesante de cara al uso habitual de las cajas de botones.

1.3.3 Elementos de visualización (Display Widgets)

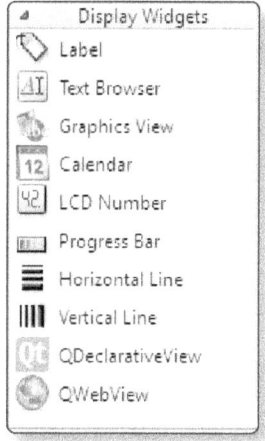

Este grupo engloba widgets usados para representar información, desde una simple etiqueta a una página web, pasando por calendarios, barras de progreso o gráficos. Nosotros veremos en este apartado las etiquetas, el calendario, los números en formato LCD, la barra de progreso y las líneas horizontales y verticales.

1.3.3.1 ETIQUETA (LABEL)

La etiqueta nos permite visualizar un determinado texto o imagen en nuestro formulario, lo cual es fundamental, tanto para representar texto estático como información que pueda variar.

Su clase es **QLabel** → QFrame → QWidget → QObject, y sus propiedades principales las siguientes:

Clase	Propiedad	Comentario
QObject	objectName	Es el nombre que tendrá la etiqueta en el programa.
QWidget	enabled	Habilita/deshabilita la etiqueta.
	geometry	Podremos indicar coordenadas, ancho y alto de la etiqueta.
	minimumSize	Tamaño mínimo de la etiqueta.

	maximumSize	Tamaño máximo de la etiqueta.
	font	Indicamos propiedades del texto en la etiqueta.
QFrame	frameShape	Indica la forma del marco que puede rodear al texto de la etiqueta.
	frameShadow	Indica la forma del marco (ninguna, hundida o levantada).
	lineWidth	Ancho de la linea del marco.
QLabel	text	Texto que aparecerá en la etiqueta.
	textFormat	Formato del texto de la etiqueta (Plano, enriquecido o auto).
	pixmap	Inserta una imagen en la etiqueta.
	scaledContents	Escala la imagen de la etiqueta para adecuarse a su tamaño.
	alignment	Indicamos la orientacion horizontal y vertical del texto.
	margin	Indica el margen en puntos de la etiqueta.
	indent	Indica la sangría en puntos del texto de la etiqueta.
	textInteractionFlags	Indica la interacción que tendrá el texto de la etiqueta.

Como complemento diremos que textInteractionFlags permite, entre otras cosas, indicar si el texto de la etiqueta será accesible por teclado o por ratón, y si será o no editable[43] de estas dos maneras. También, si colocamos un ampersand ('&') antes del nombre de la etiqueta, lograremos posteriormente un acceso a ella mediante teclado, como ocurría anteriormente. Ejemplos de etiquetas con diferentes configuraciones de texto son:

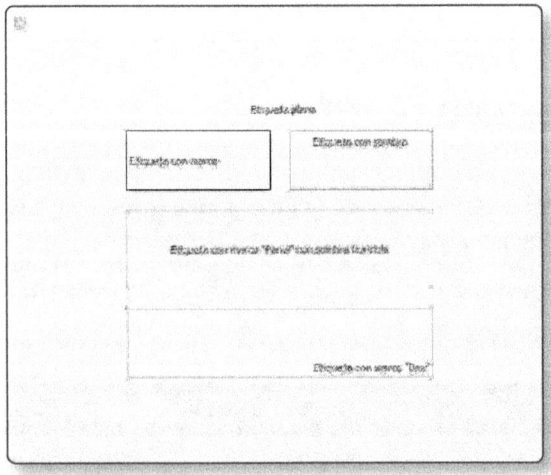

---

43. No es ni mucho menos el uso habitual de las etiquetas, que suelen emplearse para la representación estática de texto o imágenes.

Como comentamos, las etiquetas no solo pueden visualizar texto, sino también iconos e imágenes en varios formatos. Como ejemplo usaremos la última etiqueta usada anteriormente modificando su texto, junto a otra etiqueta[44] donde hemos insertado el icono de Qt Designer:

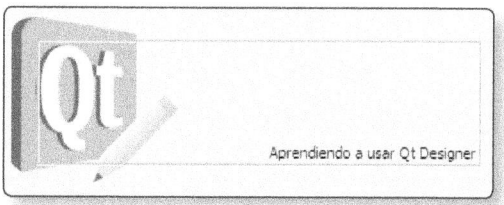

Para ello hay que indicar en la propiedad pixmap de la etiqueta el fichero que contiene el icono o la imagen haciendo clic en el triángulo de la derecha y seleccionando en este caso la opción de elegir fichero[45] (Choose File):

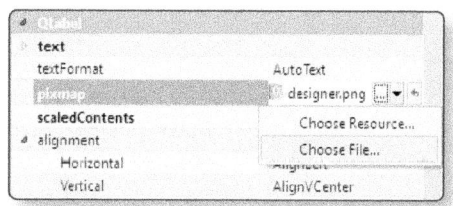

En nuestro caso la dirección del fichero es:

C:\Python33\Lib\site-packages\PyQt4\examples\widgets\icons\images\designer.png

Por su extenso uso, será muy importante el manejo correcto de las etiquetas, para lo cual tendremos los siguientes métodos (entre la multitud[46] de los que dispone) pertenecientes a la clase QLabel:

---

44. Observamos que se pueden solapar.
45. También podríamos haberlo hecho eligiendo un recurso. Conoceremos cómo trabajar con recursos en el siguiente capítulo.
46. Muchos nos permiten modificar las propiedades vistas de las etiquetas, pero al ser de uso menos frecuente he preferido, por claridad, no incluirlos.

Clase	Método	Comentario
QLabel	setText	Indicamos el texto que aparecerá en la etiqueta.
	setNum	Representa en la etiqueta el número (entero o real) que pasamos.
	setPixmap	Indicamos la imagen que aparecerá en la etiqueta.
	clear	Borra cualquier contenido de la etiqueta.

1.3.3.2 CALENDARIO (CALENDAR) Calendar

Este widget nos permitirá visualizar un calendario en nuestra aplicación, algo que puede sernos muy útil en muchas de ellas. El aspecto que tiene por defecto (se adecuará al país que tengamos seleccionado, en nuestro caso España) será el siguiente:

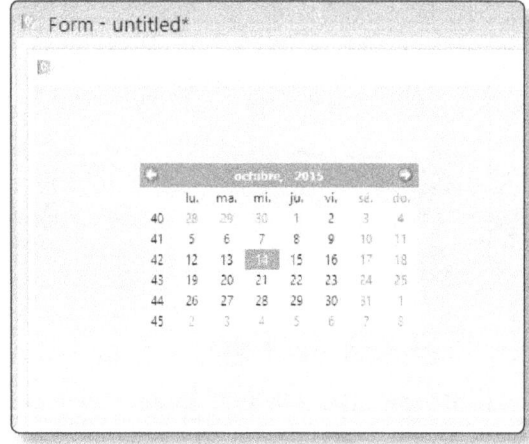

Su clase es **QCalendarWidget** → QWidget → QObject y las propiedades principales serán:

Clase	Propiedad	Comentario
QObject	objectName	Es el nombre que tendrá el calendario en el programa.
QWidget	enabled	Habilita/deshabilita el calendario.
	geometry	Podremos indicar coordenadas, ancho y alto del calendario.
	minimumSize	Tamaño mínimo del calendario.
	maximumSize	Tamaño máximo del calendario.

QCalendarWidget	font	Indicamos propiedades del texto en el calendario.
	selectedDate	Fecha seleccionada en el calendario.
	minimumDate	Fecha mínima que representaremos en el calendario.
	maximumDate	Fecha máxima que representaremos en el calendario.
	firstDayOfWeek	Primer día de la semana que aparecerá en el calendario.
	gridVisible	Configuramos visible o no la cuadrícula del calendario.
	selectionMode	Configuramos si podemos o no seleccionar un día del calendario.
	horizontalHeaderFormat	Configuramos cómo queremos que aparezcan los rotulos de los días en el calendario.
	verticalHeaderFormat	Configuramos si queremos o no visualizar verticalmente el número de semanas en el calendario.
	navigationBarVisible	Activamos o desactivamos la barra de navegación horizontal que aparece en la parte superior del calendario.

Cambiando varias de ellas no nos será complicado configurar de distintas maneras los calendarios, como muestra la siguiente imagen:

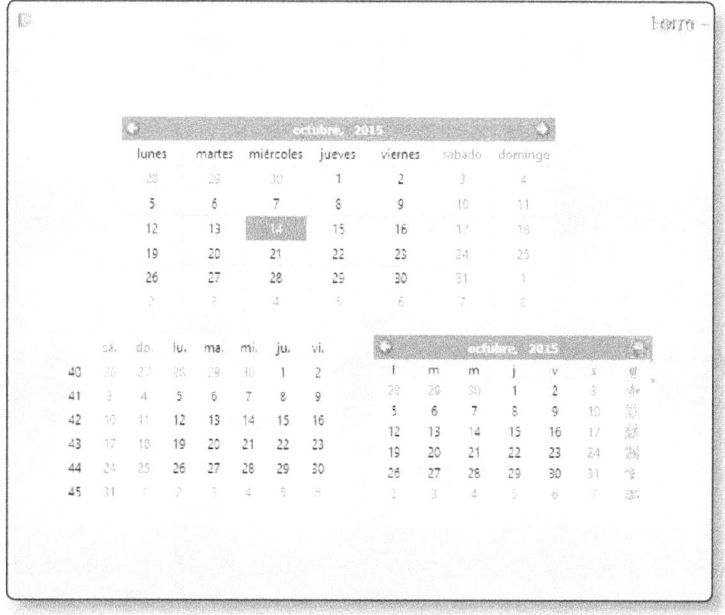

Los he configurado para que en el superior y el inferior izquierda podamos seleccionar la fecha que queramos, mientras que en el inferior derecha está fijada por completo.

Los métodos más útiles para el uso de calendarios serán:

Clase	Método	Comentario
QCalendarWidget	selectedDate	Devuelve un objeto de la clase QDate con la fecha seleccionada.
	monthShown	Devuelve un entero con el mes mostrado en calendario.
	yearShown	Devuelve un entero con el año mostrado en calendario.
	setCurrentPage	Le indicamos con dos enteros el mes y el año que queremos que aparezca en el calendario.
	setSelectedDate	Le indicamos el día que tiene que representar en el calendario mediante un objeto de la clase QDate.
	showNextMonth	Visualiza el siguiente mes en el calendario.
	showNextYear	Visualiza el siguiente año en el calendario.
	showPreviousMonth	Visualiza el mes anterior en el calendario.
	showPreviousYear	Visualiza el año anterior en el calendario.
	showToday	Visualiza en día actual en el calendario.

Además de estos hay varios que nos permiten configurar las propiedades vistas anteriormente o preguntar si algunas están implementadas y con qué parámetros, pero no las considero tan importantes para un uso habitual, así que por motivos de simplicidad las omitiré.

Es interesante reseñar que en dos de los citados métodos (selectedDate y setSelectedDate) hacemos uso de la clase QDate, que nos permitirá manejar fechas de forma muy potente y cómoda. No entraremos a verla en detalle, pero podemos ver en la ayuda la cantidad de métodos de los que disponemos y que nos permitirán, además de consultar el día, el mes y el año por separado, cosas tan variadas como saber el número de días de un mes, añadir una serie de meses a una determinada fecha o conocer si un año es bisiesto.

1.3.3.3 NÚMEROS EN FORMATO LCD (LCD NUMBERS)

Con este widget podremos visualizar números (tanto enteros como reales) en formato LCD (Liquid Cristal Display, pantalla de cristal líquido), algo habitual en dispositivos electrónicos. Dos ejemplos de su apariencia por defecto son:

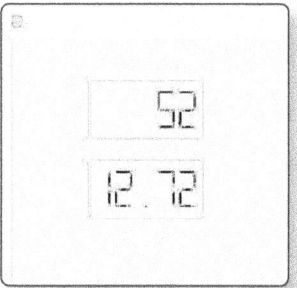

Está basado en la clase **QLCDNumber** → QFrame → QWidget → QObject y sus propiedades más importantes las siguientes:

Clase	Propiedad	Comentario
QObject	objectName	Es el nombre que tendrá el LCD en el programa.
QWidget	enabled	Habilita/deshabilita el LCD.
	geometry	Podremos indicar coordenadas, ancho y alto del LCD.
	minimumSize	Tamaño mínimo del LCD.
	maximumSize	Tamaño máximo del LCD.
	font	Indicamos características del texto en el LCD.
QFrame	frameShape	Indica la forma del marco que puede rodear al contenido del LCD.
	frameShadow	Indica la forma del marco (ninguna, hundida o levantada).
	lineWidth	Ancho de la linea del marco.
QLCDNumber	smallDecimalPoint	Cambia el punto que indica los decimales.
	digitCount	Número de dígitos (incluído el punto decimal) que se visualizarán.
	mode	Formato en el que se visualizarán los números (Hexadecimal, decimal, octal o binario)
	segmentStyle	Estilo de los segmentos que forman los números.
	Value	Valor real del número representado.
	intValue	Valor entero del número representado.

Lo mejor para conocer el funcionamiento de cualquier widget es cambiar propiedades para ver sus efectos. De esa manera conseguiremos formatos como los siguientes:

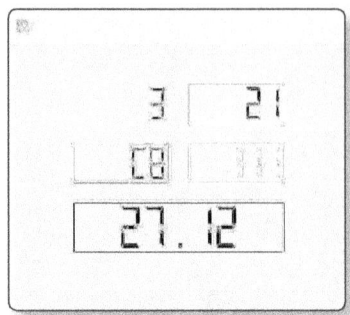

Los métodos con los que programaremos este widget, al margen de otros que nos permitirán dar las propiedades antes indicadas o preguntar si las tienen, serán:

Clase	Método	Comentario
QLCDNumber	display	Visualiza el número real o entero que le pasamos.
	value	Devuelve el valor real del número representado.
	intValue	Devuelve el valor entero del número representado.
	numDigits	Devuelve el número de dígitos (punto incluído) representados.
	checkOverflow	Indica con booleano si el número pasado es más grande de lo que podemos representar en el LCD (overflow).

1.3.3.4 BARRA DE PROGRESO (PROGRESS BAR) Progress Bar

Es la típica barra que nos encontramos por ejemplo al descargar un archivo y que nos indica de forma visual qué parte hemos descargado ya y cuánto nos queda. De forma más genérica nos indica el porcentaje de una operación (que dividimos si es posible en pasos) que ya hemos completado. El formato con el que aparece por defecto es:

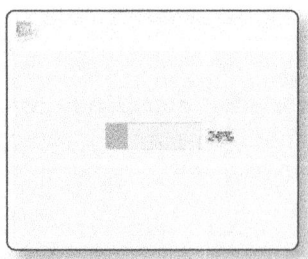

Sobre un rectángulo en forma de barra se indica en verde la cantidad que tenemos ya descargada, almacenada, procesada...y adicionalmente visualizamos de forma numérica su porcentaje.

Su clase es **QProgressBar** → QWidget → QObject y sus propiedades fundamentales las siguientes:

Clase	Propiedad	Comentario
QObject	objectName	Es el nombre que tendrá la barra en el programa.
QWidget	enabled	Habilita/deshabilita la barra.
	geometry	Podremos indicar coordenadas, ancho y alto de la barra.
	minimumSize	Tamaño mínimo de la barra.
	maximumSize	Tamaño máximo de la barra.
	font	Indicamos características del texto en la barra.
QProgressBar	minimum	Valor mínimo que tendrá la variable de la barra.
	maximum	Valor máximo que tendrá la variable de la barra.
	value	Valor actual de la variable de la barra.
	alignment	Alineación vertical y horizontal del texto de la barra.
	textVisible	Indica si el texto es o no visible junto a la barra.
	orientation	Orientación de la barra (Horizontal o vertical)
	invertedApperance	Invierte la parte ya realizada y la que no de la operación asociada a la barra.
	textDirection	Dirección del texto (de arriba a abajo o de abajo a arriba).
	format	Formato en el que aparecerá el texto asociado a la barra.

Con ellas podríamos conseguir formatos para la barra de progreso como los mostrados a continuación:

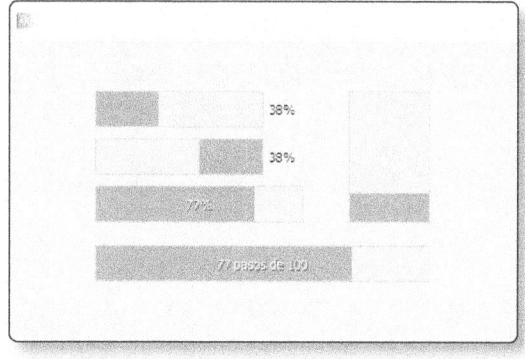

Cuando no podamos dividir la tarea en partes, y por lo tanto no sepamos cuando puede terminar, colocaremos los valores mínimo y máximo a 0, con lo que nos aparecerá una barra de progreso que se mueve de un extremo a otro, indicando que el proceso sigue activo:

Como métodos interesantes[47] veremos:

Clase	Método	Comentario
QProgressBar	setValue	Damos a la barra el valor entero pasado como parámetro.
	value	Nos devuelve el valor entero que tiene la barra.
	reset	Resetea la barra, vuelve al principio y no muestra avance.

1.3.3.5 LÍNEAS HORIZONTALES Y VERTICALES (HORIZONTAL LINE Y VERTICAL LINE)

Son elementos decorativos que nos permitirán que nuestra aplicación tenga un aspecto más agradable.

Ambas surgen de la clase **Line** → QFrame → QWidget → QObject y sus características son:

Clase	Característica	Comentario
QFrame	frameShadow	Indica la forma de la línea (plana, levantada o hundida).
	lineWidth	Ancho en puntos de la línea.
Line	orientation	Indicamos orientación horizontal o vertical de la línea.

---

47. Tendremos nuevamente muchos que no comentamos (por ejemplo para para establecer/leer las propiedades) por motivos de espacio.

Diferentes ejemplos del uso de Line con distintos parámetros:

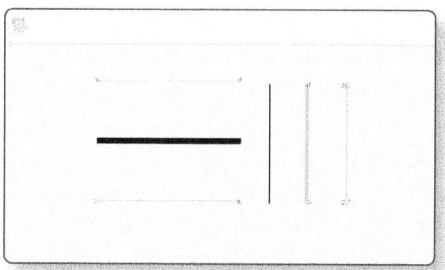

1.3.4 Elementos de entrada (Input Widgets)

Veremos a continuación una serie de elementos fundamentales en cualquier aplicación que construyamos, debido a que son los que nos permiten introducir información. Conoceremos los Combo Box, Font Combo Bos, Line Edit, Spin Box, Double Spin Box, Time Edit, Date Edit, Date/Time Edit, Dial, Horizontal Slider y Vertical Slider.

1.3.4.1 CAJA COMBINADA (COMBO BOX)

Una caja combinada nos permite generar una lista desplegable con varias opciones a elegir, pudiendo ser estas tanto texto como imágenes. Combina un botón con una lista desplegable en la que cada uno de los elementos que aparecen tiene un índice y pueden o no ser editables por el usuario. Un ejemplo de cómo es este elemento la tenemos en la siguiente imagen:

Sin crear código no podemos ver un ejemplo directo desde Qt Designer, por lo que lo dejaremos para cuando hagamos pequeñas aplicaciones y pongamos en conjunto todo lo aprendido hasta ese momento.

La clase es **QComboBox** → QWidget → QObject y sus propiedades principales son:

Clase	Propiedad	Comentario
QObject	objectName	Es el nombre que tendrá la caja en el programa.
QWidget	enabled	Habilita/deshabilita la caja.
	geometry	Podremos indicar coordenadas, ancho y alto de la caja.
	minimumSize	Tamaño mínimo de la caja.
	maximumSize	Tamaño máximo de la caja.
	font	Indicamos características del texto en la caja.
QComboBox	editable	Indica si el contenido de la caja es o no editable.
	currentText	Indica el texto actual que aparece en la caja.
	currentIndex	Indica el índice actual que tenemos seleccionado en la caja.
	maxVisibleItems	Indica el máximo de elementos visibles en la caja.
	maxCount	Número máximo que podemos representar en la caja.
	insertPolicy	Indica la política a la hora de insertar elementos en la caja.
	sizeAdjustPolicy	Indica la política a la hora de ajustar los elementos en la caja.
	minimumContentsLength	Indica el mínimo tamaño de elemento de la caja
	iconSize	Indica el tamaño de los iconos representados en la caja.
	duplicatesEnabled	Indica si permitimos o no elementos repetidos en la caja.
	frame	Indica si la caja tiene o no marco.

En este caso serán importantísimos los métodos usados para trabajar con las cajas combinadas:

Clase	Método	Comentario
QComboBox	setItemText	Cambia el elemento en la caja dando índice y texto.
	setCurrentIndex	Cambia el elemento seleccionado en la caja mediante el índice.
	addItem	Añade (proporcionándolo) un elemento a la caja.
	addItems	Añade a la caja varios elementos proporcionados en forma de lista de cadenas.
	removeItem	Elimina un elemento de la caja dando su índice.
	clear	Elimina todos los elementos de la caja.
	itemText	Devuelve el texto del índice que le pasemos.
	currentText	Nos devuelve el texto actualmente seleccionado
	currentIndex	Nos devuelve el índice del elemento actualmente seleccionado
	count	Nos devuelve el número de elementos en la caja
	setMaxCount	Configura el número máximo que podemos representar en la caja.
	setEditable	Configura el contenido de la caja como editable o no.

1.3.4.2 CAJA COMBINADA DE FUENTE (FONT COMBO BOX) Font Combo Box

Esta caja nos permite elegir la fuente de entre todas las que tengamos disponibles.

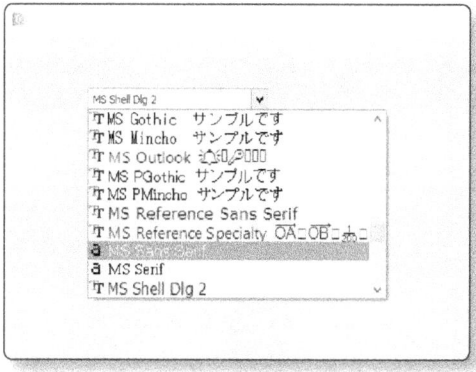

La clase es **QFontComboBox** → QComboBox → QWidget → QObject y como propiedades adicionales respecto a una caja combinada normal solo nos aporta algunos filtros para fuentes, el sistema de escritura y la fuente seleccionada.

1.3.4.3 CASILLA DE ENTRADA (LINE EDIT)

Mediante este widget podremos introducir y editar datos en forma de texto plano[48] en una sola línea dentro de una caja rectangular. Es un editor de texto de una sola línea que nos permite múltiples opciones, entre las cuales están funciones de edición, deshacer/rehacer, posibilidad de copiar y pegar o arrastrar y soltar. Suele ir acompañado de una etiqueta que nos indica qué variable o dato estamos introduciendo. Un ejemplo habitual es el siguiente:

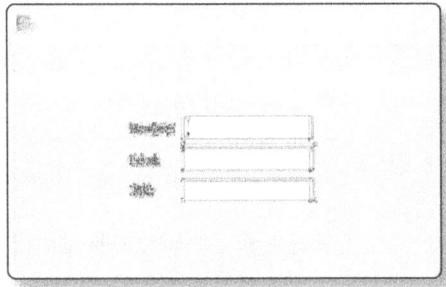

Dentro de la caja podemos introducir tanto texto como números pero siempre lo tratará como un texto. En el caso de querer operar con números tendríamos que hacer una conversión previa.

La clase en la que se basa es **QLineEdit** → QWidget → QObject y sus propiedades principales son:

Clase	Propiedad	Comentario
QObject	objectName	Es el nombre que tendrá la casilla en el programa.
QWidget	enabled	Habilita/deshabilita la casilla.
	geometry	Podremos indicar coordenadas, ancho y alto de la casilla.
	minimumSize	Tamaño mínimo de el editor.
	maximumSize	Tamaño máximo de la casilla.
	font	Indicamos características del texto en la casilla.
QLineEdit	inputMask	Permite configurar la máscara de entrada de la casilla.

---

48. El texto plano es un texto sin más formato, en contraposición al texto enriquecido (Rich Text).

	text	Texto que contendrá la casilla.
	maxLength	Tamaño máximo en caracteres que puede haber en la casilla.
	frame	Indica si tenemos o no marco en la casilla.
	echomode	Permite colocar el modo contraseña en la casilla.
	alignment	Alineación horizontal y vertical del texto dentro de la casilla.
	dragEnabled	Permite o no la opción de arrastrar el texto de la casilla.
	readOnly	Indica si la casilla se puede o no editar.
	cursorMoveStyle	Indica el estilo de cursor al colocarse sobre la casilla.
	clearButtonEnabled	Permite o no la aparición de un botón de borrado del contenido de la casilla.

Podríamos por tanto encontrarnos con casillas de varios tipos:

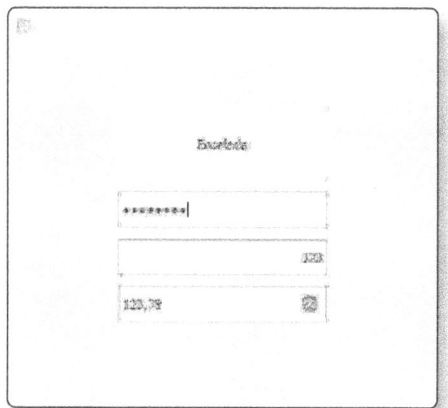

En la segunda de ellas se muestra el modo contraseña, que representa círculos en lugar de los caracteres tecleados. La penúltima casilla permite solo seleccionar (y copiar y pegar) su contenido, mientras que la última puede arrastrar y soltar su contenido, además de poder borrarlo por completo mediante clic en el botón de borrado representado por una x que aparece a la derecha.

Los métodos más interesantes, de entre los numerosos que hay para las casillas de entrada[49], son:

---

49. Nuevamente muchos de ellos para dar valor propiedades, o para preguntar por ellas.

Clase	Método	Comentario
QWidget	setEnabled	Mediante un booleano indicamos si está o no habilitada la casilla.
	setFocus	Hacemos (sin pasar parámetro) que esté enfocada la casilla.
QLineEdit	setText	Colocamos el texto pasado dentro de la casilla.
	setReadOnly	Mediante un booleano indicamos si la casilla es o no de solo lectura (no editable).
	setMaxLength	Indicamos con un entero el número máximo de caracteres que puede haber en la casilla.
	clear	Borra el contenido de la casilla.
	text	Nos devuelve el texto que tenemos en la casilla.
	maxLength	Nos devuelve un entero indicando el número máximo de caracteres que puede haber en la casilla.
	isReadOnly	Nos indica mediante booleano si la casilla es de solo lectura.

1.3.4.4 CAJA GIRATORIA (SPIN BOX Y DOUBLE SPIN BOX)

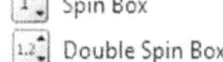

Lo que denominaremos de forma genérica un Spin Box[50] se compone en realidad de dos widgets que nos permiten introducir en una caja un texto (opcional) junto a un número entero (Spin Box a secas) o real (Double Spin Box) inicial, permitiendo mediante dos pequeños botones laterales[51] incrementar o decrementar este en una determinada cantidad, siempre dentro de unos límites superior e inferior marcados. El número no es obligatorio modificarlo mediante los botones, ya que puede ser editado con el valor (permitido) que consideremos.

El Spin Box Suele ir acompañado de una etiqueta que hace referencia a su significado. Un ejemplo típico sería (combinando etiqueta y Spin Box):

---

50. Tiene tan difícil y extraña traducción al castellano que generalmente nos referiremos a ella mediante la palabra inglesa.

51. Por defecto con forma de puntas de flecha, pudiendo tener también los símbolos + y -, o no aparecer ningún botón.

También podríamos tener (solo con Spin Box):

Si hacemos uso de un etiqueta y Double Spin Box conseguimos:

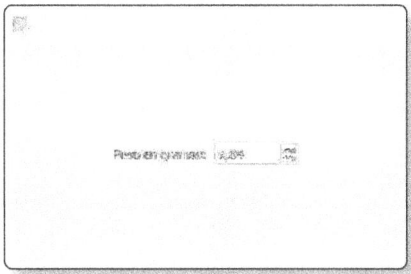

La opción de colocar toda la información dentro del Double Spin Box sería:

Al ser en realidad dos widgets independientes, están basados en dos clases distintas:

QSpinBox → QAbstractSpinBox → QWidget → QObject

QDoubleSpinBox → QAbstractSpinBox → QWidget → QObject

Las propiedades comunes son:

Clase	Propiedad	Comentario
QObject	objectName	Es el nombre que tendrá el Spin Box en el programa.
QWidget	enabled	Habilita/deshabilita el Spin Box.
	geometry	Podremos indicar coordenadas, ancho y alto del Spin Box.
	minimumSize	Tamaño mínimo del Spin Box.
	maximumSize	Tamaño máximo del Spin Box.
	font	Indicamos características del texto en el Spin Box.
QAbstractSpinBox	wrapping	Indicamos si queremos que el Spin Box sea circular[52].
	frame	Indicamos si queremos o no marco en el Spin Box.
	alignment	Indicamos la alineación horizontal y vertical del contenido del Spin Box.
	readOnly	Indicamos si queremos o no que el Spin Box sea de solo lectura (no editable).
	buttonSymbols	Indicamos el estilo[53] de los botones que nos permiten variar los números en el Spin Box.
	specialValueText	Es el texto que aparecerá inicialmente en el Spin Box.

En el caso de QSpinBox se añaden las siguientes:

QSpinBox	suffix	Texto (opcional) que aparecerá después del número entero.
	prefix	Texto (opcional) que aparecerá antes del número entero.
	minumum	Valor mínimo del número entero.
	maximum	Valor máximo del número entero.
	singleStep	Número entero positivo que nos marca el incremento (o decremento) que se aplicará.
	value	Valor actual (número entero).
	displayIntegerBase	Base en la que se representará el número entero[54].

---

52. Significa que al llegar a su máximo valor, si incrementamos volvemos al valor mínimo, y si estamos decrementando y llegamos al valor mínimo, el siguiente será el máximo. Si el comportamiento no es circular, en ambos casos no modificaría el valor límite en el que estemos.

53. El estilo de botones + y - solo está disponible en el estilo Windows y en el Fusion.

54. Las más habituales son base 10 (la que usamos en la vida cotidiana), base 16 (hexadecimal) y base 8 (octal).

Para QDoubleSpinBox tendremos:

QDoubleSpinBox	prefix	Texto (opcional) que aparecerá antes del número real.
	suffix	Texto (opcional) que aparecerá después del número real.
	decimals	Número de decimales del número real que aparecerán.
	minumum	Valor mínimo del número real.
	maximum	Valor máximo del número real.
	singleStep	Número real positivo que nos marca el incremento (o decremento) que se apalicará.
	value	Valor actual (número real).

En realidad las diferencias entre ellas vienen derivadas del uso de enteros o reales como el tipo de números representados.

Los métodos que veremos en este caso serán, en el caso del Spin Box:

Clase	Método	Comentario
QWidget	setEnabled	Mediante un booleano indicamos si está o no habilitado el Spin Box.
	setFocus	Hacemos (sin pasar parámetro) que esté enfocado el Spin Box.
QAbstractSpinBox	text	Nos devuelve el texto entero que aparece en el Spin Box.
QSpinBox	setValue	Pasamos el valor del número entero del Spin Box.
	setSingleStep	Pasamos el valor del incremento entero del Spin Box.
	setMinimum	Pasamos el valor del número mínimo del Spin Box.
	setMaximum	Pasamos el valor del número máximo del Spin Box.
	setRange	Pasamos el rango posible de valores con dos valores enteros.
	setWrapping	Configuramos si el Spin Box es o no circular.
	setPrefix	Pasamos el texto que precede al número en el Spin Box.
	setSuffix	Pasamos el texto que sucede al número en el Spin Box.
	value	Nos devuelve el valor entero del número del Spin Box.
	cleanText	Nos devuelve el texto que aparece en el Spin Box sin texto prefijo, sufijo o espacios en blanco.

En Double Spin Box tendremos los mismos nombres para los métodos que los vistos con Spin Box, con la salvedad de que los números que mandaremos o recibiremos serán reales en lugar de enteros. Además de eso, tendremos el siguiente método que no aparece en Spin Box:

Clase	Método	Comentario
QDoubleSpinBox	setDecimals	Pasamos el número de decimales del número real del Spin Box.
	decimals	Nos devuelve el número de decimales del número real del Spin Box.

1.3.4.5 EDITORES DE FECHA Y HORA

Editor de hora (Time Edit):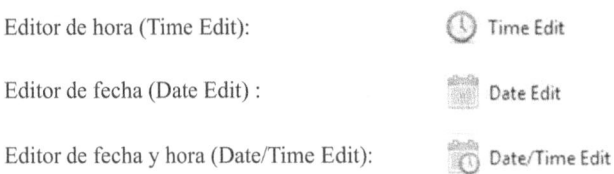

Editor de fecha (Date Edit) :

Editor de fecha y hora (Date/Time Edit):

En esta categoría hemos incluido tres widgets en los que podemos introducir, dentro de una caja y con distintos formatos, la hora y/o la fecha que deseemos. Podemos editar cada una de las partes en que se dividen (hora, minutos, segundos, día, mes, año) con el valor que queramos. Un ejemplo de su apariencia (usando el formato por defecto que tiene cada uno de ellos) es:

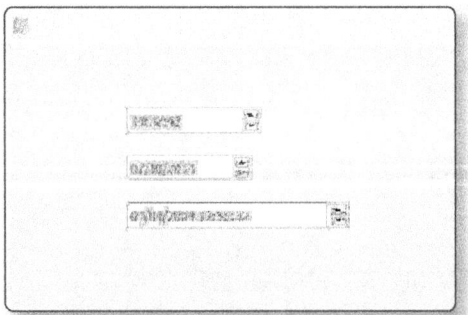

Las tres clases de las que surgen estos objetos son **QTimeEdit**, **QDateEdit** y **QDateTimeEdit**, teniendo:

Las propiedades principales que engloban a los tres widgets son:

Clase	Propiedad	Comentario
QObject	objectName	Es el nombre que tendrá el editor en el programa.
QWidget	enabled	Habilita/deshabilita el editor.
	geometry	Podremos indicar coordenadas, ancho y alto del editor.
	minimumSize	Tamaño mínimo del editor.
	maximumSize	Tamaño máximo del editor.
	font	Indicamos características del texto en el editor.
QAbstractSpinBox	wrapping	Indicamos si queremos que el editor sea circular[55].
	frame	Indicamos si queremos o no marco en el Editor.
	alignment	Indicamos la alineación horizontal y vertical del contenido del editor.
	readOnly	Indicamos si queremos o no que el editor sea de solo lectura (no editable).
	buttonSymbols	Indicamos el estilo[56] de los botones que nos permiten variar los números en el editor.
	specialValueText	Es el texto que aparecerá incicialmente en el editor.
QDateTimeEdit	dateTime	Indica la fecha y la hora.
	date	Indica la fecha.
	time	Indica la hora.
	maximumDateTime	Indica la fecha y hora máxima.
	minimumDateTime	Indica la fecha y hora mínima.
	maximumDate	Indica la fecha máxima.
	minimumDate	Indica la fecha mínima.
	maximumTime	Indica la hora máxima.
	minimumTime	Indica la hora mínima.
	displayFormat	Configuramos (con símbolos especiales) el formato en el que se representará la fecha y la hora.
	calendarPopup	Habilitamos la aparición de un calendario de cara a seleccionar la fecha.

---

55. Significa que al llegar a su máximo valor, si incrementamos volvemos al valor mínimo, y si estamos decrementando y llegamos al valor mínimo, el siguiente será el máximo. Si el comportamiento no es circular, en ambos casos no modificaría el valor límite en el que estemos.

56. El estilo de botones + y - solo está disponible en el estilo Windows y en el Fusion.

Es interesante la opción que nos permite la aparición de un calendario con el cual introducir de forma más cómoda y segura la fecha (calendarPopup):

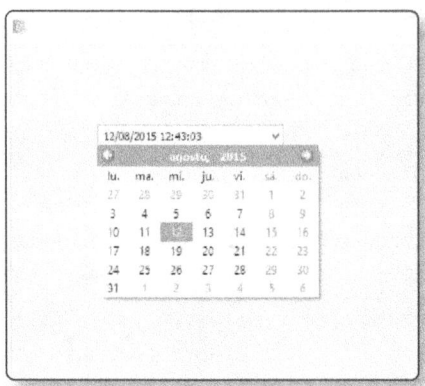

Podríamos ver muchos de los métodos que tienen estos widgets, pero nos centraremos en:

Clase	Método	Comentario
QWidget	setEnabled	Mediante un booleano indicamos si está o no habilitado el editor.
	setFocus	Hacemos (sin pasar parámetro) que esté enfocado el editor.
QAbstractSpinBox	text	Nos devuelve el texto entero que aparece en el editor.
QDateTimeEdit	setDate	Damos valor a la fecha pasando un objeto de tipo QDate.
	setTime	Damos valor a la hora pasando un objeto de tipo QTime.
	setDateRange	Indicamos con dos objetos QDate el rango de fechas posibles.
	setTimeRange	Indicamos con dos objetos QTime el rango de horas posibles
	date	Nos devuelve en un objeto QDate la fecha que tenemos en el editor.
	time	Nos devuelve en un objeto QTime la hora que tenemos en el editor.

1.3.4.6 SELECTORES EN RANGO

Dial (Dial): Dial

Deslizadores (Sliders)
- Horizontal: Horizontal Slider
- Vertical: Vertical Slider

Hablaremos ahora de dos widgets que nos permitirán seleccionar un valor **entero** dentro de un rango de valores establecido por nosotros. Son los diales, que se basan en un elemento circular, y las barras deslizadoras, que tienen aspecto lineal. Los primeros son más usados si tenemos algún elemento que se puede describir mejor en forma angular. Ejemplos típicos del uso de selectores en rango son:

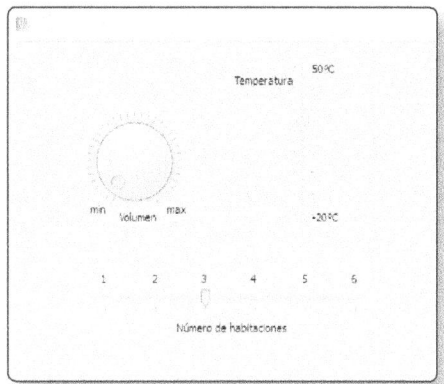

La clase para el dial es **QDial** → QAbstractSlider → QWidget → QObject y para las barras deslizadoras es **QSlider** → QAbstractSlider → QWidget → QObject, por lo que ambos widgets tienen la misma clase padre. Las propiedades más importantes comunes a ambos son:

Clase	Propiedad	Comentario
QObject	objectName	Es el nombre que tendrá el selector en el programa.
QWidget	enabled	Habilita/deshabilita el selector.
	geometry	Podremos indicar coordenadas, ancho y alto del selector.
	minimumSize	Tamaño mínimo del selector.
	maximumSize	Tamaño máximo del selector.
QAbstractSlider	minimum	Número entero que marca el valor mínimo del selector. Iremos a él con la tecla Inicio.
	maximum	Número entero que marca el valor máximo del selector. Iremos a él con la tecla Fin.
	singleStep	Incremento que tendrá el valor del selector (por teclado usando las flechas left/right o up/down).
	pageSetup	Incremento que tendrá el valor del selector (por teclado usando Av Pág/Re Pág o mediante clic con ratón).
	value	Nos marca el valor actual del selector.
	sliderPosition	Nos marca el valor actual de la posición del selector.

	tracking	Habilita/Deshabilita que esté mandando constantemente señales al cambiar el selector de valor (va bien aquí?).
	orientation	Orientación del selector.
	invertedAppearance	Invierte la apariencia del selector.
	invertedControls	Invierte los controles del selector.

En en el caso del dial añadimos:

QDial	wrapping	Nos indica si el dial es o no circular[57].
	notchTarget	Número de valores que existe entre muesca y muesca del dial.
	notchesVisible	Permite visualizar/ocultar las muescas en el dial.

Para las barras deslizadoras añadimos:

QSlider	tickPosition	Nos permite indicar el estilo de las marcas de la barra, y si estas existen o no en ella.
	tickIntervalt	Nos permite indicar la distancia en número de valores entre marca y marca de la barra.

Si la característica wrapping del dial está desactivada, no hay diferencia real en el comportamiento de ambos widgets, sino solamente en su presentación.

Los métodos interesantes comunes a ambos widgets serán:

Clase	Método	Comentario
QWidget	setEnabled	Mediante un booleano indicamos si está o no habilitado el editor.
	setFocus	Hacemos (sin pasar parámetro) que esté enfocado el editor.
QAbstractSlider	setValue	Configuramos el valor del widget.
	setRange	Configuramos el rango del widget.
	setSingleStep	Configuramos el paso simple.
	setPageStep	Configuramos el paso de página.
	value	Nos devuelve el valor del widget.
	maximum	Configuramos el valor máximo.
	minimum	Configuramos el valor mínimo.

---

57. Nos permititía pasar del último valor del rango al primero (o al revés) de manera continua.

El dial añadirá:

QDial	setWrapping	Le indicamos con un booleano si el dial es o no circular.
	wrapping	Nos devuelve booleano indicando si el dial es o no circular.

Las barras deslizadoras añadirán:

QSlider	setTickInterval	Le indicamos con un entero el valor del intervalo entre marcas.
	tickInterval	Nos devuelve un entero indicando intervalo entre marcas.
	setTickPosition	Le indicamos mediante un objeto TickPosition el estilo de las marcas de la barra.
	tickPosition	Nos devuelve un objeto TickPosition indicando el estilo de las marcas de la barra.

1.4 PROGRAMANDO SENCILLAS APLICACIONES GRÁFICAS

En el apartado 1.2.3 realizamos con éxito (usando Qt Designer) la pequeña aplicación gráfica que originalmente creamos de forma directa mediante código en el apartado 1.2.2. Para que al pulsar el botón se saliese de la aplicación usamos la configuración de signals/slots predefinidas de que dispone Qt Designer. ¿Cómo podríamos ahora personalizar estos elementos para crear comportamientos a medida de nuestras necesidades? Para ejemplificarlo vamos a crear una nueva aplicación desde Qt Designer partiendo de un formulario basado en la clase QWidget (como vimos en el primer ejemplo) y con el esquema (los tamaños y otros detalles pueden ser a gusto del lector) que indicamos[58], guardándolo en nuestra carpeta con el nombre **ejemplo_GUI_2.ui**:

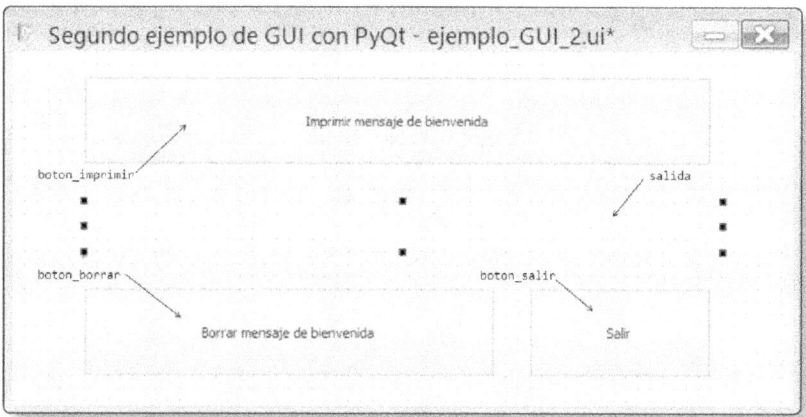

---

58. Se han indicado los nombres (propiedad objectName) de los distintos widgets, que son los que luego se usarán para referenciarlos en el código.

Nuestro objetivo es generar una aplicación que, al pulsar boton_imprimir, muestre en la etiqueta un mensaje de bienvenida, al hacerlo sobre boton_borrar borre el posible mensaje mostrado, y que al hacer clic en boton_salir o en el botón Cerrar de la ventana, termine la aplicación. Queremos que el texto salga centrado y que incialmente no aparezca ninguno por defecto, por lo que borraremos "TextLabel" como valor de la propiedad text de la etiqueta y configuraremos de la siguiente manera su alineación:

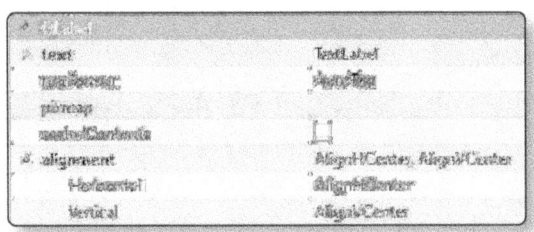

Una vez que tenemos el esquema preparado, debemos enlazar los elementos para que tengan el comportamiento deseado. Ya vimos con anterioridad cómo enlazar eventos y acciones mediante señales y slots. En el caso de boton_salir actuaremos exactamente igual a como lo hicimos, empleando para ello el editor de signals/slots. Manteniéndonos en él, uniríamos boton_borrar con la etiqueta salida[59], obteniendo:

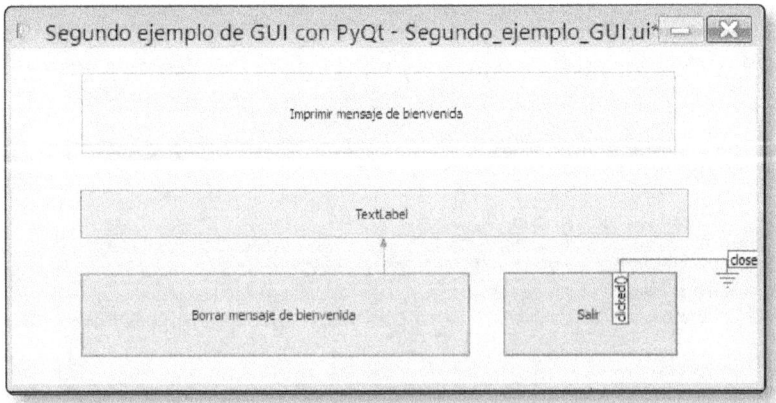

---

59. Haciendo clic en el botón y arrastrándolo hasta el interior de la etiqueta.

Aparecerá entonces un menú emergente:

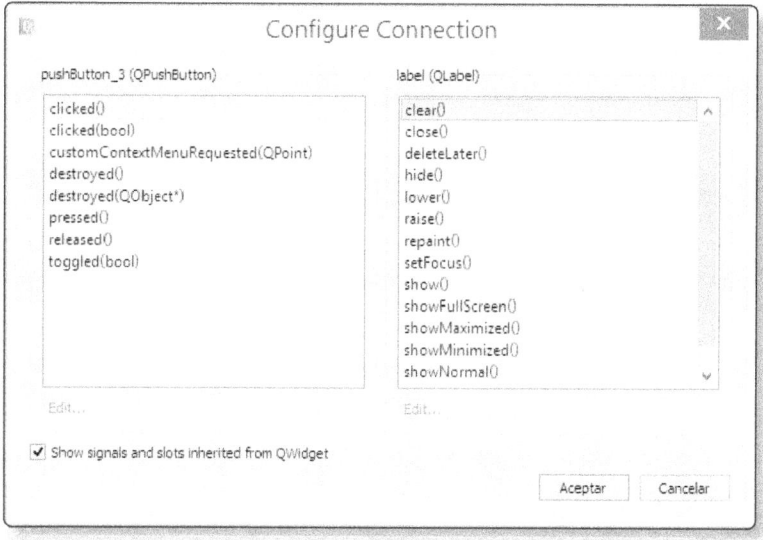

Visualizaremos los dos widgets junto a las posibles señales del primero y los posibles slots del segundo. Elegimos clicked() y clear(), con lo que configuramos que al hacer clic en el botón, el contenido de la etiqueta se borre.

Hasta aquí todo sencillo pero, ¿cómo configuramos que al hacer clic en el botón de mostrar mensaje, aparezca este? Al conectar el botón de mostrar mensaje y la etiqueta, los métodos que nos aparecerán serán los mismos que muestra la imagen superior, es decir, los predefinidos, entre los cuales no aparece el método setText() que necesitaríamos para nuestro propósito. Pero sabemos el formato del código, por lo que lo haremos cuando tecleemos nuestro codigo principal.

Seguiremos con los pasos necesarios para crear una aplicación gráfica con la ayuda de Qt Designer y generaremos mediante pyuic4 el fichero **ejemplo_GUI_2.py** ejecutando desde una ventana de comandos abierta en nuestra carpeta el siguiente código:

pyuic4 ejemplo_GUI_.ui > ejemplo_GUI.py

Su contenido es el siguiente:

```python
from PyQt4 import QtCore, QtGui

try:
    _fromUtf8 = QtCore.QString.fromUtf8
except AttributeError:
    def _fromUtf8(s):
        return s

try:
    _encoding = QtGui.QApplication.UnicodeUTF8
    def _translate(context, text, disambig):
        return QtGui.QApplication.translate(context, text, disambig, _encoding)
except AttributeError:
    def _translate(context, text, disambig):
        return QtGui.QApplication.translate(context, text, disambig)

class Ui_Form(object):
    def setupUi(self, Form):
        Form.setObjectName(_fromUtf8("Form"))
        Form.resize(650, 284)
        self.boton_salir = QtGui.QPushButton(Form)
        self.boton_salir.setGeometry(QtCore.QRect(430, 190, 151, 71))
        self.boton_salir.setObjectName(_fromUtf8("boton_salir"))
        self.boton_imprimir = QtGui.QPushButton(Form)
        self.boton_imprimir.setGeometry(QtCore.QRect(60, 20, 521, 71))
        self.boton_imprimir.setObjectName(_fromUtf8("boton_imprimir"))
        self.salida = QtGui.QLabel(Form)
        self.salida.setGeometry(QtCore.QRect(60, 120, 531, 41))
        self.salida.setText(_fromUtf8(""))
        self.salida.setAlignment(QtCore.Qt.AlignCenter)
        self.salida.setObjectName(_fromUtf8("salida"))
        self.boton_borrar = QtGui.QPushButton(Form)
        self.boton_borrar.setGeometry(QtCore.QRect(60, 190, 341, 71))
        self.boton_borrar.setObjectName(_fromUtf8("boton_borrar"))

        self.retranslateUi(Form)
        QtCore.QObject.connect(self.boton_salir, QtCore.SIGNAL(_fromUtf8("clicked()")), Form.close)
        QtCore.QObject.connect(self.boton_borrar, QtCore.SIGNAL(_fromUtf8("clicked()")), self.salida.clear)
        QtCore.QMetaObject.connectSlotsByName(Form)

    def retranslateUi(self, Form):
        Form.setWindowTitle(_translate("Form", "Segundo ejemplo de GUI con PyQt", None))
        self.boton_salir.setText(_translate("Form", "Salir", None))
        self.boton_imprimir.setText(_translate("Form", "Imprimir mensaje de bienvenida", None))
        self.boton_borrar.setText(_translate("Form", "Borrar mensaje de bienvenida", None))
```

Observamos en las líneas L46 y L47 el código de las dos conexiones[60] signals/slots que hemos creado desde Qt Designer. Sin entrar en más detalles de momento, fijémonos en la línea L47 y diferenciemos sus distintos componentes:

- ▼ El elemento generador de la señal, en nuetro caso boton_borrar.
- ▼ El tipo de señal, clicked(), entre comillas.
- ▼ El nombre del slot (sin usar paréntesis) que ejecutaremos cuando se genere la señal, en nuestro caso el método clear().

---

60. Recordemos que hay dos estilos (compatibles y que generan el mismo efecto) y que pyuic4 genera código con el estilo antiguo.

Este fichero con extensión py no debemos modificarlo en absoluto, sino que debe ser nuestro programa principal (con extensión pyw) el que añada las conexiones signal/slot que necesitemos. Es el siguiente (lo guardaremos como **ejemplo_GUI_2.pyw** en nuestra carpeta):

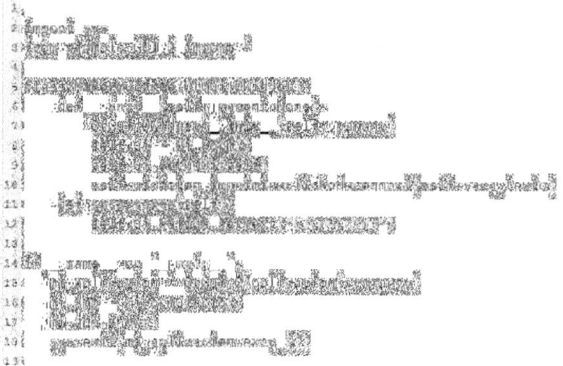

En la línea L10 conectamos, en el estilo nuevo[61] y mediante el método **connect()**, la señal generada por hacer clic en boton_imprimir con el slot saca_texto(), que es un método de la clase MiFormulario que creo para representar en la etiqueta salida el texto "Bienvenido".

La ejecución del programa y la pulsación de boton_imprimir nos representa el mensaje indicado:

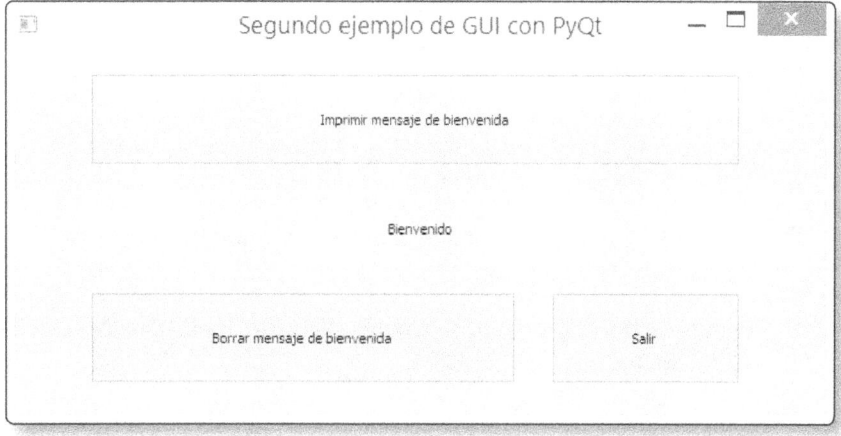

---

61. En el siguiente tema veremos en profundidas las señales/slots, y conoceremos los dos estilos.

En este ejemplo hemos conseguido:

- Conectar dos signals/slots de forma automática desde Qt Designer. Tanto las señales como los slots fueron elegidos de entre un grupo de elementos predefinidos.

- Conectar una señal predefinida con un slot creado por nosotros en forma de método, lo que nos permite una mayor personalización.

Pasaremos a continuación a explicar de forma más profunda las señales y los slots, algo que nos dotará de herramientas adicionales para la creación de nuestras aplicaciones gráficas.

1.5 MANEJO DE EVENTOS EN PYQT4

Todas las aplicaciones con interfaz gráfico de usuario (GUI, Graphical User Interface) están dirigidas por eventos (event driven). Un **evento** es algo que ocurre en la aplicación (por ejemplo un clic del ratón o la pulsación de una tecla), generado principalmente (aunque no siempre[62]) por el usuario. Cuando en nuestra aplicación PyQt llamamos al método exec_(), esta entra en el bucle principal a la espera de eventos. En nuestro modelo de eventos tenemos tres elementos principales:

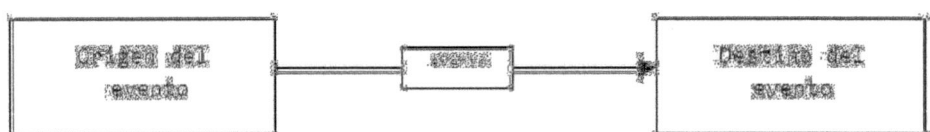

- Origen del evento: es el objeto que cambia de estado.

- Destino del evento: es el objeto al que se va a notificar el evento, y el que se encargará de su manejo (el origen del evento se lo delega).

- Objeto evento: o evento propiamente dicho, que encapsula el cambio de estado en el origen del evento.

---

62. Pensemos en, por ejemplo, un temporizador o una conexión a Internet.

PyQt4 dispone de dos formas para tratar con los eventos:

- De alto nivel: mediante lo que se denominan **signals/slots** (señales y slots), que veremos más detalladamente a continuación.

- De bajo nivel: mediante lo que se denominan **event handler** (manejador de eventos) y que veremos un poco más adelante.

1.5.1 Signals/Slots en PyQt4

1.5.1.1 INTRODUCIÓN

La traducción de signal es directa y sencilla, pero al no serlo tanto la de slot mantendremos la palabra en inglés. Veamos qué es cada una de ellas:

- **Signal** es una señal que emitiremos cuando algún evento particular ocurra. La puede emitir un código o un componente gráfico de PyQt.

- **Slot** puede ser cualquier objeto llamable de Python (por ejemplo una función o un método) y se ejecutará si tenemos conectada la señal con él. El código o el componente gráfico que generó la señal no sabe si esta posteriormente se usa o no.

Todos los objetos QObject de PyQt tienen la posibilidad de emitir señales. Por lo tanto, todos los elementos gráficos de nuestra aplicación[63] también la tienen, ya que derivan de la clase QWidget, que lo hace a su vez de QObject.

Todos los widgets tienen una serie de señales y slots predefinidos.

Si se genera una señal y esta no está conectada a ningún slot, no ocurrirá nada y terminará perdiéndose. Sin embargo, si conectamos una señal con un slot, al emitirse posteriormente la primera ejecutaremos el segundo. Por ejemplo, podemos conectar el clic en un botón (generará una señal) con la ejecución de una determinada función o método (slot).

Cada señal predefinida puede llevar[64], al ser emitida, uno o varios argumentos que nos den información sobre ella. Por ejemplo, si un QSpinBox cambia su valor, el argumento que acompaña a la señal emitida (y que podremos recoger en un slot) es

---

63. Recordemos que los llamamos de forma genérica widgets.
64. También es posible que no lleve ningún tipo de argumento adicional.

ese nuevo valor. Los slots podrán recoger un número igual o inferior a los argumentos de la señal, si intentamos recibir un solo argumento más se generará un error de tipo TypeError[65]. En la documentación de PyQt podemos obtener información sobre las señales de cada uno de los widgets. Veamos cuales son para los elementos que conocemos hasta el momento[66]:

▼ QPushButton, QCheckBox y QRadioButton:

Qt Signals

- void clicked (bool = 0)
- void pressed ()
- void released ()
- void toggled (bool)

▼ QLineEdit:

Qt Signals

- void cursorPositionChanged (int,int)
- void editingFinished ()
- void returnPressed ()
- void selectionChanged ()
- void textChanged (const QString&)
- void textEdited (const QString&)

▼ QDial, QScrollBar y QSlider:

- void actionTriggered (int)
- void rangeChanged (int,int)
- void sliderMoved (int)
- void sliderPressed ()
- void sliderReleased ()
- void valueChanged (int)

▼ QComboBox:

- void activated (int)
- void activated (const QString&)
- void currentIndexChanged (int)
- void currentIndexChanged (const QString&)
- void editTextChanged (const QString&)
- void highlighted (int)
- void highlighted (const QString&)

---

65. Veremos más adelante que mediante el formato del paso de múltiples argumentos a funciones podemos tratar este aspecto de forma más conveniente.

66. La información ha sido extraída de forma directa de la documentación oficial de la librería PyQt.

▼ **QFontComboBox**: a las señales de QComboBox se añade la siguiente:

- void currentFontChanged (const QFont&)

▼ **QSpinBox:**

Qt Signals

- void valueChanged (int)
- void valueChanged (const QString&)
- void editingFinished ()

▼ **QTableWidget:**

Qt Signals

- void cellActivated (int,int)
- void cellChanged (int,int)
- void cellClicked (int,int)
- void cellDoubleClicked (int,int)
- void cellEntered (int,int)
- void cellPressed (int,int)
- void currentCellChanged (int,int,int,int)
- void currentItemChanged (QTableWidgetItem *,QTableWidgetItem *)
- void itemActivated (QTableWidgetItem *)
- void itemChanged (QTableWidgetItem *)
- void itemClicked (QTableWidgetItem *)
- void itemDoubleClicked (QTableWidgetItem *)
- void itemEntered (QTableWidgetItem *)
- void itemPressed (QTableWidgetItem *)
- void itemSelectionChanged ()

▼ **QCalendarWidget:**

- void activated (const QDate&)
- void clicked (const QDate&)
- void currentPageChanged (int,int)
- void selectionChanged ()

▼ **QLCDNumber:**

- void overflow ()

▼ **QProgressBar:**

- void valueChanged (int)

▼ QDateTimeEdit:
- void dateChanged (const QDate&)
- void dateTimeChanged (const QDateTime&)
- void timeChanged (const QTime&)
- void editingFinished ()

▼ QDialogButtonBox:
- void accepted ()
- void clicked (QAbstractButton *)
- void helpRequested ()
- void rejected ()

Cada una de las señales indicadas tienen desde 0 a 4 argumentos, cuyo significado dependerá de la señal en concreto. No explicaremos todas las señales ni el significado de esos argumentos[67], pero sí podremos poner varios ejemplos:

▼ En QTableWidget, la señal currentCellChanged (int,int,int,int) se emite cuando hay un cambio de celda en la tabla. Tiene 4 argumentos de tipo entero, que nos indican, en ese orden, la fila y columna actual y la fila y columna anterior al cambio de celda.

▼ En QPushButton, la señal clicked(bool = 0) tendrá un comportamiento u otro dependiendo de si el botón es o no seleccionable (checkable). Si lo es, la señal viene con un argumento de tipo booleano que nos indica si está o no seleccionado. Si no lo es, el argumento que acompaña a la señal es siempre False.

▼ En QLineEdit, la señal textEdited(const QString&) se emite cuando el texto que contiene la casilla de entrada cambia, y el argumento es el texto de su interior.

Sobre el mecanismo signal/slot podemos indicar las siguientes características:

▼ Una señal puede conectarse con varios slots.
▼ Un slot puede conectarse con varias señales.
▼ Las señales pueden ser desconectadas de los slots.
▼ Una señal puede conectarse con otra señal.
▼ Podemos pasar argumentos (de cualquier tipo de Python) con las señales.

---

67. Consultaremos para ello cuando la necesitemos la documentación de PyQt4. Tendremos en cuenta que el formato de los tipos es el de C++.

1.5.1.2 CONEXIÓN/DESCONEXIÓN DE SEÑALES Y SLOTS

¿Cómo conectamos las señales y los slots en una aplicación PyQt? Tenemos dos opciones:

1. **Estilo antiguo**[68]:

   Este estilo usa la misma API que usaría una aplicación en C++[69], por lo que se requiere el conocimientos de los tipos de C++ para trabajar con él. Es más compleja y menos pythónica[70] que la API de nuevo estilo que veremos un poco más adelante.

   Las señales Qt están definidas estáticamente como parte de una clase C++. Hacemos referencia a ellas mediante la función **QtCore.SIGNAL()**, que tiene un argumento simple en forma de cadena con el nombre de la señal y su signatura en C++. Por ejemplo:

   QtCore(SIGNAL('clicked()')

   De manera similar, los slots Qt están definidos estáticamente como parte de una clase C++. Hacemos referencia a ellas mediante la función **QtCore.SLOT()**, que tiene un argumento simple en forma de cadena con el nombre del slot y su signatura en C++. Por ejemplo:

   QtCore(SLOT('quit()')

   El formato general para **conectar** una señal con un slot es el siguiente:

   ```
   QtCore.QObject.connect(fuente, señal, destino, slot)
   ```

   En él fuente es el elemento donde se genera la señal, señal lo que su nombre indica, destino el elemento al que va dirigida la señal, y slot la función o método al que conectamos la señal. QtCore.QObject puede ser sustituido por cualquier elemento derivado de QObject, por ejemplo cualquier widget. A veces se puede omitir destino, quedando:

   ```
   QtCore.QObject.connect(fuente, señal, slot)
   ```

   Por ejemplo, si queremos conectar el clic en un botón de la aplicación llamado mi_boton con una función llamada slot_clic_boton() tendríamos lo siguiente:

   QtCore.QObject.connect(mi_boton, QtCore.SIGNAL('clicked()'), slot_clic_boton)

---

68. El estilo antiguo es soportado por todas las versiones de PyQt4.
69. Recordemos que las librerías Qt están escritas en C++.
70. Que cumple los estándares marcados por Python..

Otros ejemplos son:

self.connect(salir, QtCore.SIGNAL('clicked()'), QtGui.qApp, QtCore.SLOT('quit()'))

QtCore.QObject.connect(self.ui.cm, QtCore.SIGNAL('editingFinished()'), self.marca_ma)

Para desconectar una señal de un slot el formato será el mismo que aplicamos a connect() pero con el método QtCore.QObject.disconnect(), es decir:

```
QtCore.QObject.disconnect(fuente, señal, destino, slot)
        QtCore.QObject.disconnect(fuente, señal, slot)
```

Sobre el estilo antiguo no comentaré nada más, salvo indicar que podremos mezclar los estilos en una aplicación PyQt4, con la condición de usar el mismo estilo que hemos utilizado para conectar cuando queramos desconectar.

2. **Estilo nuevo**[71]:

Este estilo es mucho más claro y limpio, más *pythónico*, por lo que será el que usemos de forma mayoritaria en las aplicaciones. El formato para **conectar** una señal y un slot es el siguiente:

```
fuente.señal.connect(slot)
```

En él fuente es el elemento donde se genera la señal, señal lo que indica su nombre, y slot el método o función que conectamos con la señal. La señal y el slot pueden ser predefinidos o definidos por nosotros. En el formato de señal no se usan ni comillas ni paréntesis. En el del slot se hace referencia solo al nombre, sin usar paréntesis.

El formato cuando lo que queremos es **desconectar** una señal de un slot es[72]:

```
fuente.señal.disconnect(slot)
```

En nuestras aplicaciones generalmente fuente será uno de los widgets que la componen, señal una de las señales predefinidas de cada uno de los widgets, y slot un método creado por nosotros de la clase que contiene toda la aplicación.

---

71. Introducido en PyQt4 v4.5.

72. Los formatos de los distintos elementos que lo componen siguen las reglas usadas para conectar.

El primer ejemplo que pusimos para el estilo antiguo sería en el nuevo así:

mi_boton.clicked.connect(slot_clic_boton)

Y el último de la siguiente manera:

self.ui.cm.editingFinished.connect(self.marca_ma)

Teniendo en cuenta lo aprendido hasta el momento, veremos una pequeña aplicación que hace uso de ello. Es la siguiente:

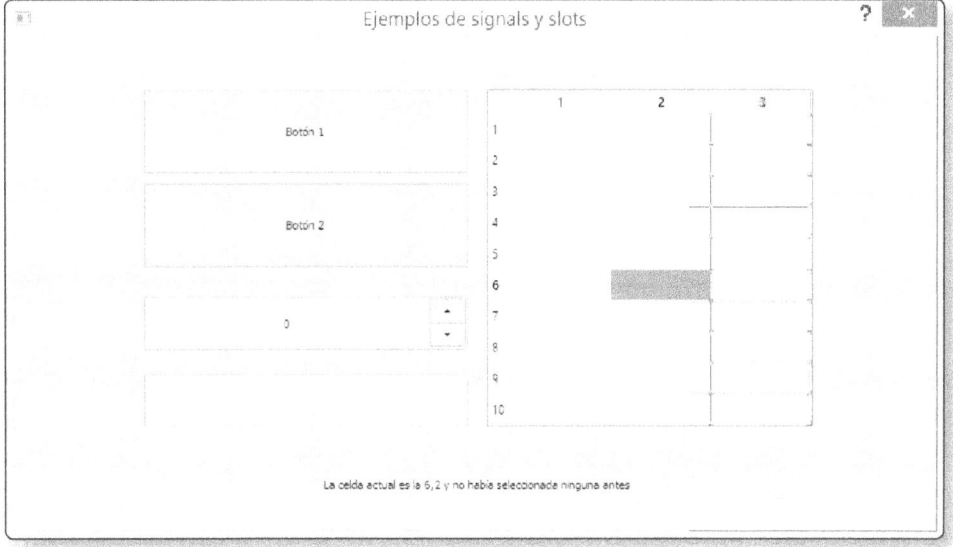

En ella vamos a conectar señales y slots de varios tipos de widgets para ver su funcionamiento. Por ejemplo:

▼ Si hacemos clic en cualquiera de los botones nos aparecerá información sobre el argumento de la señal clicked generada. En el botón 1 tenemos activada la opción checkable mientras que en botón 2 no.

▼ Si modificamos el valor del SpinBox nos aparecerá información sobre el argumento de la señal valueChanged generada.

▼ Si modificamos el texto contenido en la casilla de entrada haremos uso de la señal textChanged para representarlo en la etiqueta se salida colocada en la parte inferior.

▼ Si hacemos clic en la tabla y cambiamos de celda, haciendo uso de la señal currentCellChanged indicaremos por pantalla la celda actual y la anterior seleccionada.

El diseño de Qt Designer es el siguiente, almacenado en **ejemplo_signals_slots.ui**:

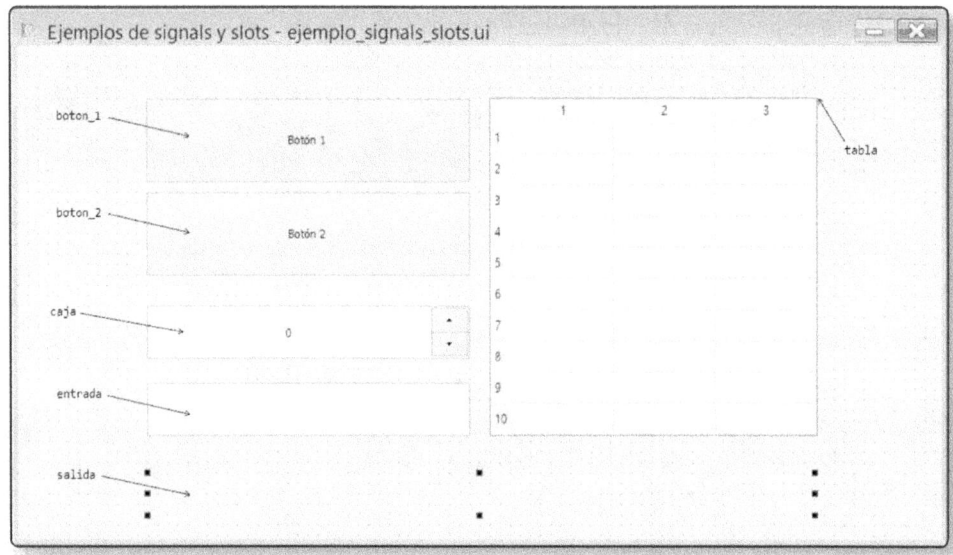

Los tipos de cada uno de sus componentes son:

▼ boton_1, boton_2: QPushButton
▼ caja: QSpinBox
▼ entrada: QLineEdit
▼ tabla: QTableWidget
▼ salida: QLabel

Como elementos que he configurado desde QtDesigner (al margen de los que son obvios a simple vista) tenemos:

▼ En entrada y salida: alignment Horizontal = AlignHCenter
▼ En boton_1, boton_2: autoDefault = False
▼ En boton_1: checkable = True
▼ En tabla: rowCount = 10, columnCount = 3, Width = 324, Height = 325.

El código es el siguiente (**ejemplo_signals_slots.pyw**):

```python
import sys
sys.path.append(r"C:\Users\tlop\Desktop\Ejercicios_Python_Resueltos")
from ejemplo_signals_slots import *

class MyForm(QtGui.QDialog):
    def __init__(self, parent=None):
        QtGui.QWidget.__init__(self, parent)
        self.ui = Ui_Dialog()
        self.ui.setupUi(self)

        self.ui.boton_1.clicked.connect(self.mi_boton)
        self.ui.boton_2.clicked.connect(self.mi_boton)
        self.ui.caja.valueChanged.connect(self.mi_caja)
        self.ui.entrada.textChanged.connect(self.mi_linea_edicion)
        self.ui.tabla.currentCellChanged.connect(self.mi_tabla)

    def mi_boton(self, a):
        self.ui.salida.setText("El argumento de la señal clicked es: {}".format(a))

    def mi_caja(self, a):
        self.ui.salida.setText("El argumento de la señal valueChanged es: {}".format(a))

    def mi_linea_edicion(self, a):
        self.ui.salida.setText("El texto en la linea de edicion es: {}".format(a))

    def mi_tabla(self, a,b,c,d):
        if c!= -1 and d != -1:
            self.ui.salida.setText("La celda actual es la {},{} y la anterior era la {},{}".format( a+1, b+1, c+1, d+1))
        else:
            self.ui.salida.setText("La celda actual es la {},{} y no habia seleccionada ninguna antes".format( a+1, b+1))

if __name__ == "__main__":
    app = QtGui.QApplication(sys.argv)
    myapp = MyForm()
    myapp.show()
    sys.exit(app.exec_())
```

En él creamos cuatro métodos en la clase que contiene nuestra aplicación. Estos métodos serán los slots que conectaremos (mediante el estilo nuevo) a las señales que se generen desde los distintos widgets que la componen. Los analizaremos uno a uno:

▶ En las líneas L12-13 conectamos el clic en boton_1 y boton_2 con el método mi_boton() definido en las líneas L18-19. Es un ejemplo de que dos señales se pueden conectar al mismo slot. En este caso la señal clicked lleva un argumento al emitirse, que lo recogeremos en mi_boton() mediante el parámetro a. Posteriormente sacamos por la etiqueta salida ese argumento recibido. El comportamiento será distinto en boton_1 y boton_2 ya que el primero tiene activada la opción checkable y el segundo no. Sucesivos clics en boton_1 irán indicando mediante True o False si el botón está o no pulsado, mientras que en boton_2 siempre tendremos un valor False para a.

▼ En la línea L14 conectamos la señal valueChanged del QSpinBox caja al método (slot) mi_caja(). En este recogemos el dato que acompaña a la señal (el valor actual de caja) y lo representaremos en pantalla mediante salida.

▼ En la línea L15 conectamos la señal textChanged del QlineEdit entrada al método (slot) mi_linea_edicion(). Cada vez que el texto que tenemos en entrada varíe, se enviará una señal, que recogemos junto a su argumento en mi_linea_edicion(), sacando mediante salida el citado texto.

▼ En la línea L16 conectamos la señal currentCellChanged del QTableWidget tabla al método (slot) mi_tabla(). Cada vez que cambiemos de celda (mediante teclado o ratón) se generará una señal que llevará cuatro argumentos. Los dos primeros son las coordenadas de la celda actual, y los dos siguientes las de la celda anterior. Si no hemos seleccionado aún ninguna celda las coordenadas que nos indica como anteriores son (-1, -1), por lo que he incluido esa posibilidad, diferenciándola mediante el uso de un if. Como los índices de filas y columnas comienzan en 0, he añadido una unidad a ambas.

En este ejemplo, como comenté con anterioridad, vemos dos señales (las clicked de los dos botones) conectadas al mismo slot. En nuestro caso, al ser el mismo tipo de señal llevará el mismo número de argumentos, por lo que hemos podido recogerlo de forma genérica. Pero, ¿qué pasaría si tenemos conectadas a un solo slot varias señales que tienen distintos argumentos? En ese caso podríamos usar el formato para pasar argumentos múltiples a una función. Si añadimos a nuestro ejemplo anterior la conexión de la señal cellDoubleClicked de tabla al método mi_tabla():

En ese caso modificaríamos el método de la siguiente manera:

Si recibimos 4 argumentos sabemos que la señal enviada es currentCellChanged, de lo contrario es cellDoubleClicked[73]. Usamos un if para distinguir ambos casos. Este nuevo ejemplo está almacenado en **ejemplo_signals_slots_2.pyw**.

¿Qué ocurre si queremos enviar al slot más argumentos de los predefinidos por la señal? Imaginemos que tenemos muchas señales de distintos widgets conectadas a un mismo slot, y queremos identificar qué widget en concreto ha generado la señal. ¿Cómo lograríamos eso? Con lo que sabemos hasta ahora no podríamos, pero usaremos las siguientes herramientas para conseguirlo:

1. Método **sender()** de QObject:

    si es llamado en un slot activado por una señal[74], devuelve una referencia al objeto que ha generado la señal, referencia que es válida solo durante la ejecución del slot y si el objeto generador no es destruido ni el slot desconectado de la señal. Como este método no sigue el principio de modularidad de la programación orientada a objetos es mirado con recelo por algunos puristas, pero es muy útil cuando tenemos varias señales conectadas a un solo slot.

    Un sencillo ejemplo de su uso lo tenemos en **ejemplo_sender.pyw**:

```
1
2 import sys
3 sys.path.append(r"C:\Users\flop\Desktop\Ejercicios_Python_Resueltos")
4 from ejemplo_signals_slots import *
5
6 class MyForm(QtGui.QDialog):
7     def __init__(self, parent=None):
8         QtGui.QWidget.__init__(self, parent)
9         self.ui = Ui_Dialog()
10        self.ui.setupUi(self)
11
12        self.ui.boton_1.clicked.connect(self.mi_boton)
13        self.ui.boton_2.clicked.connect(self.mi_boton)
14
15    def mi_boton(self):
16        boton_pulsado = self.sender()
17        boton_pulsado.setEnabled(False)
18
19
20 if __name__ == "__main__":
21     app = QtGui.QApplication(sys.argv)
22     myapp = MyForm()
23     myapp.show()
24     sys.exit(app.exec_())
```

---

73. En realidad si hacemos doble clic en una celda (distinta a en la que estemos) se ejecutará dos veces mi_tabla() ya que se generarán dos señales. Una para el cambio de celda y otra para el doble clic. La primera con 4 argumentos, la segunda con 2.
74. En el caso de no ser así devolverá 0.

En él, dentro del método mi_boton() ejecutado tras el clic en cualquiera de los dos botones, mediante sender() consigo el botón pulsado y lo desactivo mediante el método setEnabled(). Por lo tanto si pulsamos en la aplicación cualquiera de los dos botones, se desactivarán.

Las dos siguientes herramientas que veremos nos permitirán enviar argumentos adicionales a los métodos, con lo que podremos (aparte de otras muchas utilidades) no solo identificar mediante algún código el elemento que genera la señal, sino incluso enviar el propio elemento:

2. Función **lambda** en conexión de signals/slots:

   usaremos la función lambda[75] para enviar argumentos adicionales a los slots.

   Un ejemplo lo tenemos en **ejemplo_lambda.pyw**:

```
import sys
sys.path.append(r"C:\Users\flop\Desktop\Ejercicios_Python_Resueltos")
from ejemplo_signals_slots import *

class MyForm(QtGui.QDialog):
    def __init__(self, parent=None):
        QtGui.QWidget.__init__(self, parent)
        self.ui = Ui_Dialog()
        self.ui.setupUi(self)

        self.ui.boton_1.clicked.connect(lambda: self.mi_boton(1))
        self.ui.boton_2.clicked.connect(lambda: self.mi_boton(2))

    def mi_boton(self, num_boton):
        if num_boton ==1:
            self.ui.boton_1.setEnabled(False)
        else:
            self.ui.boton_2.setEnabled(False)


if __name__ == "__main__":
    app = QtGui.QApplication(sys.argv)
    myapp = MyForm()
    myapp.show()
    sys.exit(app.exec_())
```

---

75. Su definición y funcionamiento se explica en el Apéndice B.

En las líneas L12-13 usamos lambda para enviar a mi_boton() un argumento entero indicando el número de botón. Posteriormente, dependiendo del valor de ese argumento desactivamos uno u otro botón.

Podríamos incluso haber enviado el propio botón (**ejemplo_lambda_2.pyw**):

```
import sys
sys.path.append(r"C:\Users\flop\Desktop\Ejercicios_Python_Resueltos")
from ejemplo_signals_slots import *

class MyForm(QtGui.QDialog):
    def __init__(self, parent=None):
        QtGui.QWidget.__init__(self, parent)
        self.ui = Ui_Dialog()
        self.ui.setupUi(self)

        self.ui.boton_1.clicked.connect(lambda: self.mi_boton(self.ui.boton_1))
        self.ui.boton_2.clicked.connect(lambda: self.mi_boton(self.ui.boton_2))

    def mi_boton(self, boton):
        boton.setEnabled(False)


if __name__ == "__main__":
    app = QtGui.QApplication(sys.argv)
    myapp = MyForm()
    myapp.show()
    sys.exit(app.exec_())
```

Además, si queremos seguir enviando el argumento de la señal clicked podemos hacerlo de la siguiente manera (**ejemplo_lambda_3.pyw**):

```
import sys
sys.path.append(r"C:\Users\flop\Desktop\Ejercicios_Python_Resueltos")
from ejemplo_signals_slots import *

class MyForm(QtGui.QDialog):
    def __init__(self, parent=None):
        QtGui.QWidget.__init__(self, parent)
        self.ui = Ui_Dialog()
        self.ui.setupUi(self)

        self.ui.boton_1.clicked.connect(lambda a: self.mi_boton(a, self.ui.boton_1))
        self.ui.boton_2.clicked.connect(lambda a: self.mi_boton(a, self.ui.boton_2))

    def mi_boton(self, a, boton):
        self.ui.salida.setText("La señal tiene como argumento el valor {}".format(a))
        boton.setEnabled(False)


if __name__ == "__main__":
    app = QtGui.QApplication(sys.argv)
    myapp = MyForm()
    myapp.show()
    sys.exit(app.exec_())
```

Yendo más allá incluso, si la señal tiene varios argumentos podemos usar el formato para mandar varios de ellos a una función combinado con lambda, de la manera siguiente (**ejemplo_lambda_4.pyw**):

```
import sys
sys.path.append(r"C:\Users\flop\Desktop\Ejercicios_Python_Resueltos")
from ejemplo_signals_slots import *

class MyForm(QtGui.QDialog):
    def __init__(self, parent=None):
        QtGui.QWidget.__init__(self, parent)
        self.ui = Ui_Dialog()
        self.ui.setupUi(self)

        self.ui.tabla.currentCellChanged.connect(lambda *a: self.mi_tabla(a, 27))

    def mi_tabla(self, a, b):
        self.ui.salida.setText("Los argumentos de la señal son {} y además mando el argumento {}".format(a,b))


if __name__ == "__main__":
    app = QtGui.QApplication(sys.argv)
    myapp = MyForm()
    myapp.show()
    sys.exit(app.exec_())
```

En este caso en el slot mi_tabla() recojo tanto los argumentos que trae la señal como el argumento particular (27) que le mando.

3. Función **partial()** del módulo functools:

    tiene el siguiente formato:

    ```
    functools.partial(func, *args, **kwargs)
    ```

    Nos devuelve un objeto que al ser llamado se comporta como si ejecutásemos la función func con los argumentos posicionales args y nombrados kargs. Si en la llamada a partial() aportamos más argumentos posicionales de los que tenemos configurados, estos se añaden a args. Si aportamos más argumentos nombrados, estos extienden (o anulan si el nombre coincide) los que ya tenemos. Esta es otra manera de mandar argumentos adicionales al método (slot) en cuestión.

    Un ejemplo similar al visto en ejemplo_lambda_2.pyw (en el que enviamos al slot mi_boton() el botón correspondiente) pero usando la función partial() es el siguiente (**ejemplo_partial.pyw**):

```
import sys
import functools
sys.path.append(r"C:\Users\flop\Desktop\Ejercicios_Python_Resueltos")
from ejemplo_signals_slots import *

class MyForm(QtGui.QDialog):
    def __init__(self, parent=None):
        QtGui.QWidget.__init__(self, parent)
        self.ui = Ui_Dialog()
        self.ui.setupUi(self)

        self.ui.boton_1.clicked.connect(functools.partial(self.mi_boton, self.ui.boton_1))
        self.ui.boton_2.clicked.connect(functools.partial(self.mi_boton, self.ui.boton_2))

    def mi_boton(self, boton):
        boton.setEnabled(False)


if __name__ == "__main__":
    app = QtGui.QApplication(sys.argv)
    myapp = MyForm()
    myapp.show()
    sys.exit(app.exec_())
```

Hemos visto hasta el momento cómo conectar varias señales a un solo slot, y la forma en la que mandar a este argumentos adicionales a los propios de la señal, además de conocer el funcionamiento del método sender() de la clase QObject. Veremos ahora un ejemplo de la conexión de una señal con varios slots. Es **ejemplo_signals_slots_3.pyw**:

```
import sys
sys.path.append(r"C:\Users\flop\Desktop\Ejercicios_Python_Resueltos")
from ejemplo_signals_slots import *

class MyForm(QtGui.QDialog):
    def __init__(self, parent=None):
        QtGui.QWidget.__init__(self, parent)
        self.ui = Ui_Dialog()
        self.ui.setupUi(self)

        self.ui.caja.valueChanged.connect(self.mi_boton)
        self.ui.caja.valueChanged.connect(self.mi_linea_edicion)
        self.ui.caja.valueChanged.connect(self.mi_tabla)

    def mi_boton(self, a):
        self.ui.salida.setText("Colocamos en varios elementos de la aplicación el valor del SpinBox")
        self.ui.boton_1.setText(str(a))

    def mi_linea_edicion(self, a):
        self.ui.entrada.setText("El valor es: {}".format(a))

    def mi_tabla(self, a):
        for i in range(self.ui.tabla.rowCount()):
            for j in range(self.ui.tabla.rowCount()):
                elemento_tabla = QtGui.QTableWidgetItem()
                elemento_tabla.setText(str(a))
                elemento_tabla.setTextAlignment(0x0084)
                self.ui.tabla.setItem(i, j, elemento_tabla)

if __name__ == "__main__":
    app = QtGui.QApplication(sys.argv)
    myapp = MyForm()
    myapp.show()
    sys.exit(app.exec_())
```

Cuando cambiamos el valor del SpinBox se genera una señal que hace que se ejecuten de forma consecutiva los slots mi_boton(), mi_linea_edicion() y mi_tabla().

1.5.1.3 CREACIÓN Y EMISIÓN DE NUEVAS SEÑALES

Hasta el momento hemos tratado solo señales predeterminadas, que tienen unas características concretas, pero podríamos crear nuestras propias señales, como veremos a continuación.

Una señal es un atributo de una subclase de QObject. Para crear una nueva señal crearemos por tanto un atributo de la clase y usaremos el método **pyqtSignal()**, que tiene el siguiente formato:

```
PyQt4.QtCore.pyqtSignal(types[,name])
```

▼ types define la signatura en C++ de la señal. Puede ser un tipo de Python (lo más sencillo y cómodo para nosotros) o uno de C++ en forma de cadena.

▼ name es el nombre de la señal. Si no se indica se tomará el nombre del atributo como nombre de la señal. En el caso de indicarse debe ser dado obligatoriamente de forma nombrada.

Una vez creada la nueva señal podremos usar los métodos connect() y disconect() para conectarla a un slot, de la forma que hemos visto hasta ahora. Además de ello disponemos del método **emit()**, que tiene el siguiente formato:

```
emit(*args)
```

▼ *args es la opcional secuencia de argumentos que serán pasados a los slots a los que se conecte la señal. Deben coincidir en número y tipo con los indicados en pyqtSignal() u obtendremos un error de tipo TypeError.

En el siguiente código (**ejemplo_emit_pyqt4.pyw**) usaremos todo lo indicado:

```
from PyQt4.QtCore import QObject, pyqtSignal

class Mi_clase(QObject):

    mi_senal = pyqtSignal(float,str)

    def conecta_mi_senal(self):
        self.mi_senal.connect(self.maneja_mi_senal)

    def emite_mi_senal(self, a, b):
        self.mi_senal.emit(a, b)

    def maneja_mi_senal(self, a ,b):
        print("La señal ha sido recibida")
        print("Sus argumentos son: {} y {}".format(a,b))

def main():
    mi_objeto = Mi_clase()
    mi_objeto.conecta_mi_senal()
    mi_objeto.emite_mi_senal(12.34, "uno")
    mi_objeto.emite_mi_senal(1.2, "dos")
    mi_objeto.mi_senal.emit(21,'tres')

if __name__ == '__main__':
    main()
```

Su ejecución dará como resultado:

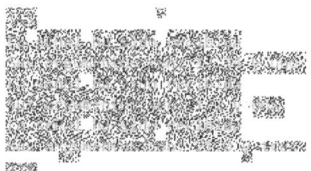

Observamos cómo en la línea L6 creamos un atributo de la clase Mi_clase llamado mi_senal mediante el uso de pyqtSignal(), donde le indicamos una signatura de dos tipos, el primero número real y el segundo cadena. Dentro de la clase creamos tres métodos:

- ▼ conecta_mi_senal(): conectamos la señal creada con el slot que la manejará.

- ▼ emite_mi_senal(): lo usamos para enviar la señal con los argumentos que le pasamos.

- ▼ maneja_mi_senal(): es el slot que manejará la señal. Al enviar esta dos argumentos, tenemos dos parámetros de entrada que los recogerán para su posterior uso.

En la línea L19 creo un objeto de tipo Mi_clase(), en la L20 conecto la señal al slot, en las L21-22 envío dos señales con distintos argumentos, y en la L23 hago uso de emit() de forma directa.

De esta manera podremos crear nuestras propias señales y emitirlas en el momento que creamos oportuno.

Podríamos incluso tener en la definición de tipos de pyqtSignal() que cada uno de ellos fuese a su vez una secuencia. En ese caso tendremos sobrecargada[76] (overload) la señal y podremos enviar señales con distintos argumentos. Un ejemplo de ello es el siguiente (**ejemplo_emit_pyqt4_2.pyw**):

---

76. La primera señal definida será la que se use por defecto.

```
1
2 from PyQt4.QtCore import QObject, pyqtSignal, pyqtSlot
3
4 class Mi_clase(QObject):
5
6     mi_senal = pyqtSignal([float], [str])
7
8     def conecta_mi_senal(self):
9         self.mi_senal.connect(self.maneja_mi_senal)
10        self.mi_senal[str].connect(self.maneja_mi_senal)
11
12    def maneja_mi_senal(self,a):
13        print("La señal ha sido recibida")
14        print("El argumento es: {}".format(a))
15
16
17 def main():
18     mi_objeto = Mi_clase()
19     mi_objeto.conecta_mi_senal()
20     mi_objeto.mi_senal[str].emit("hola")
21     mi_objeto.mi_senal.emit(12.77)
22
23
24 if __name__ == '__main__':
25     main()
26
```

Su ejecución genera la siguiente salida:

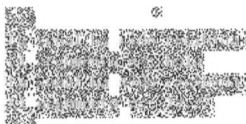

En la línea L6 defino la señal con dos secuencias de tipos. La primera simplemente tiene el tipo float (la que actuará por defecto) y la segunda el tipo str. En el método conecta_mi_senal() conectamos los dos casos al mismo slot[77]. Nos fijaremos en el formato usado para ello, donde en el caso de float, al ser el que se toma por defecto, es igual al habitual. Posteriormente en las líneas L20-21 enviamos dos señales con distinto tipo de argumento.

1.5.2 Event handler en PyQt4

Como comentamos con anterioridad, PyQt4 tiene dos herramientas para tratar con los distintos eventos que aparezcan en una aplicación. La primera, de alto nivel y por lo tanto más fácil de usar, son las señales y los slots. Acabamos de ver cómo funcionan, y será la forma usada mayoritariamente en el desarrollo de nuestras

---

77. Podríamos haberlos conectado a slots diferentes para un tratamiento personalizado.

aplicaciones. La segunda, los manejadores de eventos (event handler) son de bajo nivel y más difíciles de usar, pero nos permitirá personalizar de forma más profunda el comportamiento y la apariencia de los widgets.

Cuando hablamos de **event handler** en PyQt4 debemos diferenciar varios elementos:

- Eventos en sí y tipos de eventos.
- Objeto evento.
- Manejadores de eventos.

En PyQt los distintos tipos de eventos posibles derivan de una clase base llamada **QEvent** que tenemos en el módulo QtCore. Por ejemplo, la clase QMouseEvent del módulo QtGui, que describe eventos en el ratón, es una subclase de QInputEvent (también en el módulo QtGui), que a su vez lo es de QEvent. Otros ejemplos son QKeyEvent para eventos del teclado o QTimerEvent para los generados por temporizadores. Hay muchos tipos de eventos, cada uno con un valor entero asociado. Por ejemplo:

Tipo de evento	Valor	Comentario
QEvent.Close	19	El widget se ha cerrado
QEvent.Enter	10	El ratón ha entrado en los límites del widget
QEvent.FocusIn	8	El widget es enfocado mediante teclado
QEvent.Hide	18	El widget se ha ocultado
QEvent.KeyPress	6	Una tecla se ha pulsado
QEvent.Leave	11	El ratón ha abandonado los límites del widget
QEvent.MouseButtonPress	2	Se ha hecho clic con el ratón
QEvent.MouseMove	5	El ratón se ha movido
QEvent.MouseButtonDblClick	4	Se ha hecho doble clic con el ratón
QEvent.Move	13	La posición del widget ha cambiado
QEvent.Resize	14	El tamaño del widget ha cambiado
QEvent.Show	17	El widget se ha representado en pantalla
QEvent.Timer	1	Se ha generado un evento en el temporizador
QEvent.Wheel	31	Se ha girado la rueda del ratón

Hay muchos más. Para visualizar la lista completa consultaremos la documentación de la clase QEvent.

Cuando nuestra aplicación entra, mediante exec_(), en un bucle (event handling loop) a la espera de que se produzcan eventos, al ocurrir uno de ellos[78] se crea un objeto subclase de QEvent. Ejemplos de ello son:

Tipo de evento	Valor	Clase del objeto generado
QEvent.Close	19	QCloseEvent
QEvent.FocusIn	8	QFocusEvent
QEvent.Hide	18	QHideEvent
QEvent.KeyPress	6	QKeyEvent
QEvent.MouseButtonPress	2	QMouseEvent
QEvent.MouseMove	5	QMouseEvent
QEvent.MouseButtonDblClick	4	QMouseEvent
QEvent.Move	13	QMoveEvent
QEvent.Resize	14	QResizeEvent
QEvent.Show	17	QShowEvent
QEvent.Timer	1	QTimerEvent
QEvent.Wheel	31	QWheelEvent

Los widgets de nuestras aplicaciones, que derivan todos de la clase QWidget, que a su vez lo hace de la clase QObject, tienen lo que se denomina manejadores de eventos (event handler), que son métodos que pueden recoger y procesar esos objetos que se crean al ocurrir un evento. Por ejemplo, en QWidget tenemos, entre otros, los siguientes manejadores de eventos:

Clase	event handler	Comentario
QObject	event()	Manejador genérico de eventos
	eventFilter()	Filtro de eventos
	installEventFilter()	Instala el filtro de eventos
	removeEventFilter()	Elimina el filtro de eventos
	timerEvent()	Maneja eventos del temporizador
QWidget	event()	Manejador genérico de eventos
	closeEvent()	Maneja el evento QEvent.Close
	enterEvent()	Maneja el evento QEvent.Enter

---

78. Los eventos suelen generarse automáticamente desde los widgets que componen las aplicación, pero podríamos enviarlos nosotros mediante código haciendo uso de los métodos QCoreApplication.sendEvent() y QCoreApplication.postEvent(). No entraremos en más detalles.

focusInEvent()	Maneja el evento QEvent.FocusIn
hideEvent()	Maneja el evento QEvent.Hide
keyPressEvent()	Maneja el evento QEvent.KeyPress
leaveEvent()	Maneja el evento QEvent.Leave
mousePressEvent()	Maneja el evento QEvent.MouseButtonPress
mouseMoveEvent()	Maneja el evento QEvent.MouseMove
moveEvent()	Maneja el evento QEvent.MouseButtonDblClick
resizeEvent()	Maneja el evento QEvent.Move
showEvent()	Maneja el evento QEvent.Resize
wheelEvent()	Maneja el evento QEvent.Show

Si, por ejemplo, observamos en la documentación oficial el formato de mousePressEvent() obtenemos el siguiente:

```
mousePressEvent(self, QMouseEvent)
```

Recibimos un parámetro de tipo QMouseEvent que tendrá mucha información sobre el evento de ratón que se ha generado.

Si ahora nos fijamos en enterEvent():

```
enterEvent(self, QEvent)
```

Aquí recibimos un parámetro de tipo QEvent conteniendo información.

Por lo tanto si el usuario pulsa una tecla o hace clic en el botón del ratón se genera un objeto evento y el widget en el que se ha generado lo recibe. Si este lo trata finaliza el proceso. Si no lo hace, se envía al widget padre. Si este tampoco lo trata, se mandará (si existe) al widget padre, procediendo de la manera vista. Si ningún widget trata el objeto evento, este se pierde. PyQt4 nos proporciona 5 modos de interceptar y tratar los objetos evento, de los que veremos, por motivos de simplicidad y uso, solo tres:

1. Reimplementar un manejador de evento específico, como pueden ser mousePressEvent(), keyPressEvent() o closeEvent().

2. Reimplementar el manejador genérico de eventos, event(), que es llamado antes que cualquier manejador específico. De esta forma podremos, por ejemplo, manejar eventos para los que no hay un manejador específico.

3. Mediante el uso de filtros de eventos (event filters), como veremos más adelante.

A nivel práctico el que más usaremos será el primer modo. Para ver un ejemplo de ello crearemos una sencilla aplicación donde manejaremos la pulsación de teclas y el clic del ratón en el formulario contenedor. Para ello reimplementaremos los manejadores de eventos mousePressEvent() y keyPressEvent(), de la siguiente manera (**ejemplo_event_handler.pyw**):

```
import sys
sys.path.append(r"C:\Users\flop\Desktop\Ejercicios_Python_Resueltos")
from ejemplo_event_handler import *

class MyForm(QtGui.QDialog):
    def __init__(self, parent=None):
        QtGui.QWidget.__init__(self, parent)
        self.ui = Ui_Dialog()
        self.ui.setupUi(self)

    def mousePressEvent(self, e):
        self.ui.salida.setText("Las coordenadas relativas son: {{}},{{}} y las absolutas ({},{})"\
                    .format(e.x(), e.y(), e.globalX(), e.globalY()))

    def keyPressEvent(self, e):
        self.ui.salida.setText("Has pulsado la/s tecla/s correspondiente/s a '{}'".format(e.text()))


if __name__ == "__main__":
    app = QtGui.QApplication(sys.argv)
    myapp = MyForm()
    myapp.show()
    sys.exit(app.exec_())
```

Observamos cómo en la línea L12-14 redefinimos el manejador de eventos mousePressEvent() de nuestra aplicación MyForm. En él recogemos mediante el parámetro e (de evento) el objeto de tipo QMouseEvent creado. Ese objeto tiene los métodos[79] x() e y() que nos indican las coordenadas[80] del clic relativas al widget contenedor de la aplicación. También tiene los métodos globalX() y globalY() que nos devuelven las coordenadas absolutas del clic respecto a la pantalla. Con ambos datos sacamos por pantalla esa información.

En las líneas L16-17 hacemos algo similar con el manejador de eventos keyPressEvent(), usando en este caso el método text() de la clase QKeyEvent para conseguir el símbolo de la/s tecla/s pulsada/s.

---

79. Para conocer la totalidad de ellos, consultar la documentación de la clase QMouseEvent.

80. Las coordenadas (0,0) corresponderán a la esquina superior izquierda (del widget o de la pantalla, dependiendo del caso) y las coordenadas x e y aumentarán hacia abajo y hacia la derecha, respectivamente.

La sencilla aplicación se ha generado en base al siguiente esquema de Qt Designer, **ejemplo_event_handler.ui**:

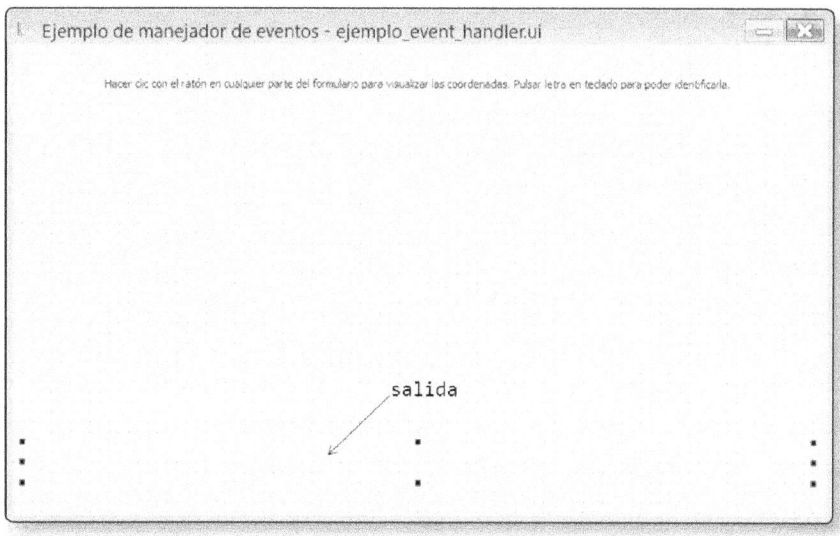

En él solo damos nombre a la etiqueta usada para representar la información de los eventos.

Posteriormente seguiremos el proceso habitual de, mediante pyuic4, generar **ejemplo_event_handler.py**. La aplicación final tendrá el aspecto siguiente:

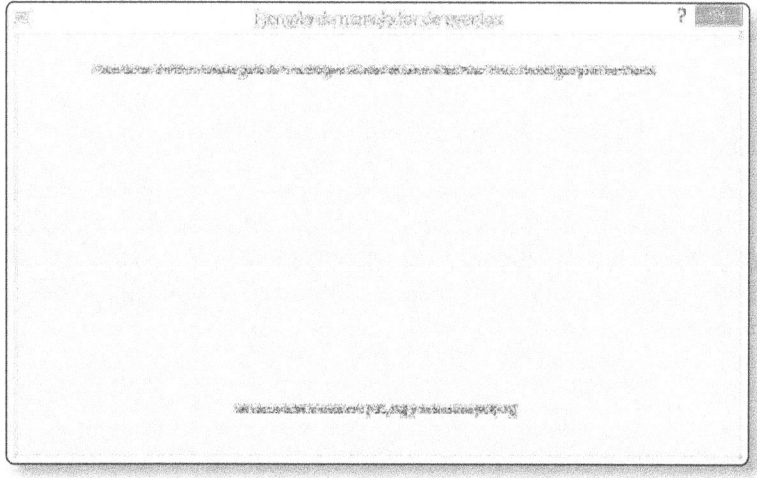

A continuación intentaremos reproducir la misma aplicación pero usando el manejador de eventos genérico event(), que como comenté anteriormente se ejecuta antes que cualquier manejador específico. El código[81] sería el siguiente (**ejemplo_event_handler_2.pyw**):

```python
import sys
sys.path.append(r"C:\Users\flop\Desktop\Ejercicios_Python_Resueltos")
from ejemplo_event_handler import *

class MyForm(QtGui.QDialog):
    def __init__(self, parent=None):
        QtGui.QWidget.__init__(self, parent)
        self.ui = Ui_Dialog()
        self.ui.setupUi(self)

    def event(self, e):
        if e.type() == 2:
            self.ui.salida.setText("Las coordenadas relativas son: ({},{}) y las absolutas ({},{})"\
                                   .format(e.x(), e.y(), e.globalX(), e.globalY()))
            return True
        elif e.type() == 6:
            self.ui.salida.setText("Has pulsado la/s tecla/s correspondiente/s a '{}'".format(e.text()))
            return True
        return QtGui.QWidget.event(self, e)


if __name__ == "__main__":
    app = QtGui.QApplication(sys.argv)
    myapp = MyForm()
    myapp.show()
    sys.exit(app.exec_())
```

El objeto evento que recogemos en event() es de tipo QEvent. Nos apoyamos en su método type() para identificar numéricamente el tipo de evento que ha acontecido y actuar en cada caso de igual manera que en el ejemplo anterior. En las líneas L16 y L19 devolvemos True (como nos indica la documentación) ya que el evento se ha reconocido y procesado. Es importante colocar la línea L20 para devolver el evento si no lo hemos procesado, ya que por el movimiento del ratón se está ejecutando constantemente nuestro event() modificado.

Hasta aquí hemos visto los dos primeros modos que tenemos para manejar eventos. En el primero reimplementamos manejadores específicos y en el segundo el general. En ambos casos fueron reimplementaciones de manejadores de la clase MyForm, que deriva de la clase QDialog y que sirve de contenedor principal para nuestra aplicación.

---

81. La parte hecha con Qt Designer es compartida con el ejemplo anterior.

Pero una aplicación está compuesta por muchos widgets indiduales y nos gustaría poder implementar manejadores personalizados para los eventos que se producen en cada uno de ellos. ¿Cómo lograrlo? ¿Cómo podríamos enviar objetos evento a los widgets que componen la aplicación? Una de las formas es usando el tercero de los modos que tenemos para interceptar y tratar eventos: los **event filters**, filtros de eventos en español.

Un **filtro de eventos** es un objeto al que se le envían eventos, pudiendo pararlos o tratarlos. Para instalar un filtro de eventos se usa el método **installEventFilter()** de la clase QObject, que tiene el siguiente formato:

```
QObject.installEventFilter(self, QObject)
```

Para más claridad podemos indicarlo de la siguiente manera:

```
objeto_monitorizado.installEventFilter(self, objeto_filtro)
```

El método se aplica sobre el objeto que queremos monitorizar, y como argumento se indica el objeto donde se instalará el filtro de eventos. Eso hará que todos los eventos que ocurran en el objeto a monitorizar serán mandados al filtro del objeto en el que se ha instalado. En objeto_filtro, la recepción y el tratamiento de los objetos evento se hace reimplementando el método **eventFilter()**, que tiene el siguiente formato:

```
bool QObject.eventFilter(self, QObject, QEvent)
```

O de forma un poco más clara:

```
bool objeto_filtro.eventFilter(self, objeto_monitorizado, evento)
```

Tenemos dos parámetros de entrada: el objeto que envía el evento, y el propio evento. Debemos devolver True si queremos filtrar el evento (es decir, parar su tratamiento) o False en caso contrario.

De la misma forma que hemos podido instalar un filtro de eventos, podemos desinstalarlo, mediante el método **removeEventFilter()**, que tiene el siguiente formato:

```
QObject.removeEventFilter(self, QObject)
```

Mas claramente:

```
objeto_monitorizado.removeEventFilter(self, objeto_filtro)
```

Para crear un ejemplo en el que usar filtros de eventos, primero crearemos el siguiente esquema en Qt Designer, que lo guardaremos como **ejemplo_event_handler_ampliado.ui**:

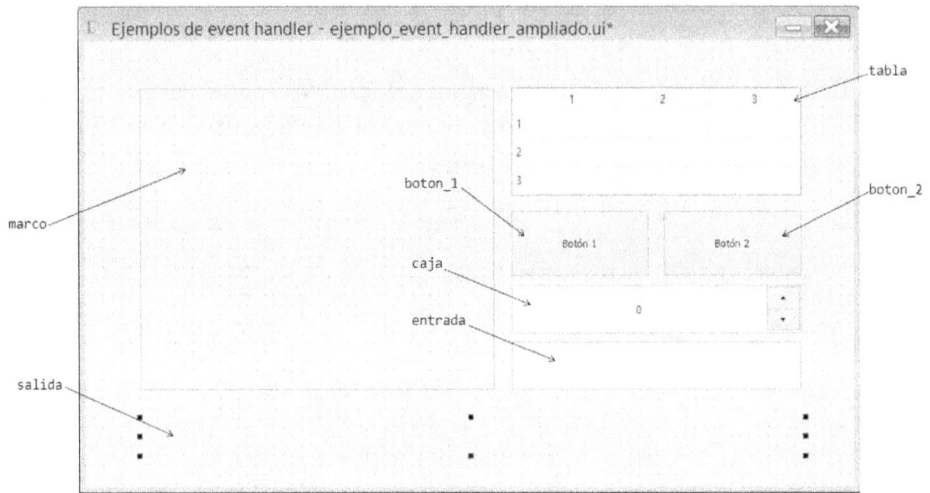

Los tipos de cada uno de los elementos son:

▼ marco: QFrame

▼ tabla: QTableWidget

▼ boton_1, boton_2: QPushButton

▼ caje: QSpinBox

▼ entrada: QLineEdit

▼ salida: QLabel

Como elementos que he configurado desde QtDesigner (al margen de los que son obvios a simple vista) tenemos:

▼ En marco: frameShape = Box

▼ En tabla: rowCount = 3, columnCount = 3. X =470 , Y = 50 , Width = 317 , Height = 115

▼ En boton_1 y boton_2: autoDefault = False

▼ En salida: alignment Horizontal = AlignHCenter, text = (vacío)

La idea es generar la siguiente aplicación:

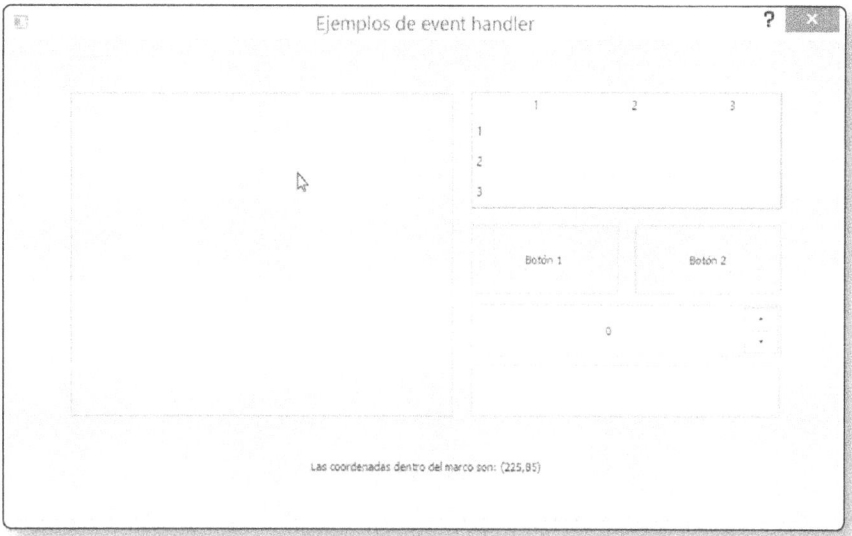

En ella vamos a programar tres eventos:

▼ Que el cursor del ratón entre dentro del marco. En ese caso se nos indicarán las coordenadas del cursor respecto al marco.

▼ Que el cursor del ratón abandone el marco. Se nos indicará por pantalla.

▼ Que se haga doble clic en boton_1. Se nos indicará en tal caso por pantalla.

Tras generar ejemplo_event_handler_ampliado.py mediante pyuic4 crearemos el siguiente código, que guardaremos como **ejemplo_event_filter.pyw**:

```
1
2  import sys
3  sys.path.append(r"C:\Users\flop\Desktop\Ejercicios_Python_Resueltos")
4  from ejemplo_event_handler_ampliado import *
5
6  class MyForm(QtGui.QDialog):
7      def __init__(self, parent=None):
8          QtGui.QWidget.__init__(self, parent)
9          self.ui = Ui_Dialog()
10         self.ui.setupUi(self)
11
12         self.ui.marco.setMouseTracking(True)
13
14         self.ui.marco.installEventFilter(self)
15         self.ui.boton_1.installEventFilter(self)
16
17     def eventFilter(self, a, b):
18         if a.objectName() == "marco" and b.type() == 5:
19             self.ui.salida.setText("Las coordenadas dentro del marco son: ({},{})".format(b.x(), b.y()))
20         elif a.objectName() == "marco" and b.type() == 11:
21             self.ui.salida.setText("El cursor está fuera del marco")
22         elif a.objectName() == "boton_1" and b.type() == 4:
23             self.ui.salida.setText("Has hecho doble clic en boton 1")
24         return False
25
26 if __name__ == "__main__":
27     app = QtGui.QApplication(sys.argv)
28     myapp = MyForm()
29     myapp.show()
30     sys.exit(app.exec_())
31
```

Comentaré a continuación los aspectos más destacables del código:

▼ En la línea L12 activo por código[82] el seguimiento del ratón en marco.

▼ En L14 instalo un filtro de evento en la clase MyForm, respresentada por self, para monitorizar marco.

▼ En L15 hago lo propio para boton_1. Por lo tanto, son esos dos elementos los que podré posteriormente monitorizar.

▼ En L17-24 reimplemento eventFilter() en MyForm. Dentro de él identifico, con la ayuda de objectName() y type(), el nombre del elemento donde se ha generado el evento y su tipo. Si el nombre del elemento es "marco" y el tipo tiene código numérico 5, es que se ha movido el ratón dentro de marco, por lo que tendremos un objeto evento de tipo QMouseEvent, y podremos acceder mediante los métodos x() e y() a sus coordenadas relativas. Si el nombre del elemento sigue siendo "marco" pero el tipo tiene código numérico 11, es que el cursor del ratón se ha salido de marco y tendremos un objeto evento de tipo QEvent del que no haremos uso ya que simplemente lo indicaremos por pantalla. En el último caso, si el nombre del elemento es "boton_1" y el tipo tiene código numérico 4, es que se ha hecho doble

---

82. Podría también haberlo configurado como propiedad en Qt Designer.

clic en boton_1. Tendremos un objeto evento de tipo QMouseEvent que no usaremos, simplemente indicaremos por pantalla el evento ocurrido. En el caso de haber incluido en eventFilter() por ejemplo la opción de que el nombre del elemento fuese "boton_2" y 2 el código numérico del tipo de evento, que corresponde a hacer clic en boton_2, si posteriormente se realiza esa acción en la aplicación, no obtendremos respuesta alguna ya que boton_2 no ha sido incluido para su monitorización. Observamos también cómo se ha devuelto False para indicar que los eventos son tratados.

Un ejemplo un poco más completo, cuyo análisis se deja como ejercicio para el lector, es el siguiente (**ejemplo_event_filter_2.pyw**):

```
import sys
sys.path.append(r"C:\Users\flop\Desktop\Ejercicios_Python_Resueltos")
from ejemplo_event_handler_ampliado import *

class MyForm(QtGui.QDialog):
    def __init__(self, parent=None):
        QtGui.QWidget.__init__(self, parent)
        self.ui = Ui_Dialog()
        self.ui.setupUi(self)

        self.ui.marco.setMouseTracking(True)

        self.ui.marco.installEventFilter(self)
        self.ui.tabla.installEventFilter(self)
        self.ui.boton_1.installEventFilter(self)
        self.ui.boton_2.installEventFilter(self)
        self.ui.caja.installEventFilter(self)
        self.ui.entrada.installEventFilter(self)

    def eventFilter(self, a, b):
        if a.objectName() == "marco" and b.type() == 5:
            self.ui.salida.setText("Las coordenadas dentro del marco son: ({},{})".format(b.x(), b.y()))
        for elemento in ("caja", "entrada"):
            if a.objectName() == elemento and b.type() == 129:
                if elemento == "caja":
                    valor = self.ui.caja.value()
                else:
                    valor = self.ui.entrada.text()
                self.ui.salida.setText("Valor de {}: {}".format(elemento, valor))
        for elemento in ("boton_1", "boton_2"):
            if a.objectName() == elemento and b.type() == 2:
                self.ui.salida.setText("Has hecho clic en {}".format(elemento))
                QtCore.QTimer.singleShot(1000, lambda: self.ui.salida.clear())
            elif a.objectName() == elemento and b.type() == 4:
                self.ui.salida.setText("Has hecho doble clic en {}".format(elemento))
        for elemento in ("marco", "tabla", "boton_1", "boton_2"):
            if a.objectName() == elemento and b.type() == 10:
                self.ui.salida.setText("Estás sobre el elemento {}".format(elemento))
            elif a.objectName() == elemento and b.type() == 11:
                self.ui.salida.setText("")
        return False

if __name__ == "__main__":
    app = QtGui.QApplication(sys.argv)
    myapp = MyForm()
    myapp.show()
    sys.exit(app.exec_())
```

Otra forma de poder reimplementar los manejadores de eventos de cada uno de los elementos que componen una aplicación es mediante el uso de la función lambda[83]. Un ejemplo de ello es el siguiente (**ejemplo_event_handler_3.pyw**):

```python
import sys
sys.path.append(r"C:\Users\flop\Desktop\Ejercicios_Python_Resueltos")
from ejemplo_event_handler_ampliado import *

class MyForm(QtGui.QDialog):
    def __init__(self, parent=None):
        QtGui.QWidget.__init__(self, parent)
        self.ui = Ui_Dialog()
        self.ui.setupUi(self)

        self.ui.marco.enterEvent = lambda e:self.maneja(e)
        self.ui.marco.leaveEvent = lambda e:self.maneja(e)
        self.ui.boton_1.enterEvent = lambda e: self.ui.salida.setText("Has entrado en el botón 1")
        self.ui.boton_2.enterEvent = lambda e: self.ui.salida.setText("Has entrado en el botón 2")
        self.ui.caja.enterEvent = lambda e: self.ui.salida.setText("Has entrado en el SpinBox")
        self.ui.entrada.enterEvent = lambda e: self.ui.salida.setText("Has entrado en la casilla de entrada")
        self.ui.tabla.mousePressEvent = lambda e: self.ui.salida.setText("Has hecho clic en la tabla")

    def mousePressEvent(self, e):
        print(e.type())
        self.ui.salida.setText("Las coordenadas relativas son: ({},{}) y las absolutas ({},{})"\
                    .format(e.x(), e.y(), e.globalX(), e.globalY()))

    def keyPressEvent(self, e):
        self.ui.salida.setText("Has pulsado la/s tecla/s correspondiente/s a '{}'".format(e.text()))

    def enterEvent(self, e):
        self.ui.salida.setText("Estás dentro de la aplicación")

    def leaveEvent(self, e):
        self.ui.salida.setText("Estás fuera de la aplicación")

    def maneja(self, e):
        if e.type() == 10:
            self.ui.salida.setText("Has entrado en el marco")
        elif e.type() == 11:
            self.ui.salida.setText("Has salido del marco")

if __name__ == "__main__":
    app = QtGui.QApplication(sys.argv)
    myapp = MyForm()
    myapp.show()
    sys.exit(app.exec_())
```

El uso de manejadores de eventos no es incompatible con el de las señales y los slots. Un ejemplo del uso combinado de ellos es **ejemplo_event_handler_signals_slots.pyw**:

---

83. La definición y el funcionamiento de lambda están descritos en el Apéndice C.

```python
1
2  import sys
3  sys.path.append(r"C:\Users\flop\Desktop\Ejercicios_Python_Resueltos")
4  from ejemplo_event_handler_ampliado import *
5
6  class MyForm(QtGui.QDialog):
7      def __init__(self, parent=None):
8          QtGui.QWidget.__init__(self, parent)
9          self.ui = Ui_Dialog()
10         self.ui.setupUi(self)
11
12         self.ui.marco.setMouseTracking(True)
13
14         self.ui.marco.installEventFilter(self)
15         self.ui.boton_1.installEventFilter(self)
16
17         self.ui.marco.leaveEvent = lambda e:self.ui.salida.clear()
18
19         self.ui.tabla.cellClicked.connect(lambda x,y: self.clic_tabla(x,y))
20         self.ui.boton_2.clicked.connect(lambda: self.ui.salida.setText("Has hecho clic en el botón 2"))
21         self.ui.caja.valueChanged.connect(lambda x: self.cambio_spinbox(x))
22         self.ui.entrada.textChanged.connect(lambda t: self.texto_introducido(t))
23
24
25     def eventFilter(self, a, b):
26         if a.objectName() == "marco" and b.type() == 5:
27             self.ui.salida.setText("Las coordenadas dentro del marco son: ({},{})".format(b.x(), b.y()))
28         elif a.objectName() == "boton_1" and b.type() == 2:
29             self.ui.salida.setText("Has hecho clic en el botón 1")
30         return False
31
32     def mouseDoubleClickEvent(self, e):
33         self.ui.salida.setText("Has hecho doble clic sobre el formulario")
34         QtCore.QTimer.singleShot(1000, lambda: self.ui.salida.clear())
35
36     def event(self, e):
37         if e.type() == 10:
38             self.ui.salida.setText("Estás dentro de la aplicación")
39             return True
40         elif e.type() == 11:
41             self.ui.salida.setText("Estás fuera de la aplicación")
42             return True
43         return QtGui.QWidget.event(self, e)
44
45     def clic_tabla(self, x, y):
46         self.ui.salida.setText("Has hecho clic en la celda ({},{}) de la tabla".format(x+1, y+1))
47         QtCore.QTimer.singleShot(1000, lambda: self.ui.salida.clear())
48
49     def cambio_spinbox(self, valor):
50         self.ui.salida.setText("El valor actual del SpinBox es {}".format(valor))
51         QtCore.QTimer.singleShot(1000, lambda: self.ui.salida.clear())
52
53     def texto_introducido(self, texto):
54         self.ui.salida.setText("Has introducido el texto \"{}\" en la casilla de entrada".format(texto))
55
56
57
58 if __name__ == "__main__":
59     app = QtGui.QApplication(sys.argv)
60     myapp = MyForm()
61     myapp.show()
62     sys.exit(app.exec_())
63
```

1.5.3 Señales en widgets fundamentales

En los dos apartados anterior vimos como, de cara a programar una aplicación gráfica, debemos tratar los eventos generados en los widgets. Esos eventos emitirán una señal. A continuación se presentan una serie de tablas con las posibles señales de los widgets vistos hasta ahora[84], de los que ya conocemos las propiedades y métodos más habituales.

▼ Push Button (QPushButton).

Clase	Señal	Comentario
QAbstractButton	clicked	Se emite señal al hacer clic en el botón.
	pressed	Se emite señal al presionar en el botón.
	released	Se emite señal al soltar el botón.
	toggled	Se emite señal al conmutar el botón.

▼ Radio Button (QRadioButton).

Clase	Señal	Comentario
QAbstractButton	toggled	Se emite señal al cambiar el botón a on o a off.
	clicked	Se emite señal al hacer clic en el botón.
	pressed	Se emite señal al presionar en el botón.
	released	Se emite señal al soltar el botón.

▼ Check Box (QCheckBox).

Clase	Señal	Comentario
QAbstractButton	clicked	Se emite señal al hacer clic en el botón.
	pressed	Se emite señal al presionar en el botón.
	released	Se emite señal al soltar el botón.
	toggled	Se emite señal al conmutar el botón.
QCheckBox	stateChanged	Se emite señal al cambiar de estado el Check Box.

---

84. Las label y los layouts consideramos que no tienen señales interesantes para nosotros en este momento.

▼ Button Box (QDialogButtonBox).

Clase	Señal	Comentario
QDialogButtonBox	accepted	Se emite señal al pulsar un botón de aceptación de la caja.
	clicked	Se emite señal al pulsar un botón cualquiera de la caja.
	helpRequested	Se emite señal al pulsar un botón de ayuda de la caja
	rejected	Se emite señal al pulsar un botón de negación de la caja.

▼ Calendar (QCalendarWidget).

Clase	Señal	Comentario
QCalendarWidget	activated	Se emite señal al hacer doble clic o pulsar Enter en una determinada fecha en el calendario.
	currentPageChanged	Se emite señal al cambiar el mes de la fecha que teníamos en el calendario.
	selectionChanged	Se emite señal al cambiar la fecha que teníamos en el calendario.

▼ LCD numbers (QLCDNumber).

Clase	Señal	Comentario
QLCDNumber	overflow	Se emite señal al intentar representar en el widget un número o un texto demasiado grande.

▼ Progress Bar (QProgressBar).

Clase	Señal	Comentario
QProgressBar	valueChanged	Se emite señal cuando cambia el valor representado en la barra de progreso.

▼ Combo Box (QComboBox).

Clase	Señal	Comentario
QComboBox	activated	Se emite señal al seleccionar un ítem en la caja (incluso si no cambia respecto al que ya está).
	currentIndexChanged	Se emite señal al cambiar el índice en la caja.
	editTextChanged	Se emite señal al editar texto en la caja.

▼ Font Combo Box (QFontComboBox).

Clase	Señal	Comentario
QFontComboBox	currentFontChanged	Se emite señal al cambiar la fuente en la caja.

▼ Line Edit (QLineEdit).

Clase	Señal	Comentario
QLineEdit	editingFinished	Se emite señal al pulsar Enter o salir de la línea de edición (que esta deje de estar "enfocada").
	textChanged	Se emite señal cuando se cambia el texto de la línea de edición.
	textEdited	Se emite señal cuando se edita el texto de la línea de edición.
	returnPressed	Se emite señal cuando se pulsa el botón Enter (o Return) estabdo en la línea de edición
	selectionChanged	Se emite señal cuando la selección de la línea de edición cambia.

▼ Spin Box (QSpinBox).

Clase	Señal	Comentario
QAbstractSpinBox	editingFinished	Se emite señal al finalizar la edición del Spin Box, bien por pulsar Enter o por perder el focus.
QSpinBox	valueChanged	Se emite señal al cambiar el valor del Spin Box (mediante botones o por el método setValue.)

▼ Date/Time edit (QDateTimeEdit).

Clase	Señal	Comentario
QAbstractSpinBox	editingFinished	Se emite señal al finalizar la edición del widget, bien por pulsar Enter o por perder el focus.
QDateTimeEdit	dateTimeChanged	Se emite señal si la fecha o la hora cambia.
	dateChanged	Se emite señal si la fecha cambia.
	timeChanged	Se emite señal si la hora cambia.

▼ Dial (QDial) y Vertical and Horizontal Sliders (QSlider).

Clase	Señal	Comentario
QAbstractSlider	rangeChanged	Se emite señal cuando se cambia el rango del widget.
	sliderPressed	Se emite señal cuando se presiona el desplazador para moverlo.
	sliderMoved	Se emite señal cuando se mueve el desplazador del widget
	sliderReleased	Se emite señal cuando se suelta el desplazador del widget
	valueChanged	Se emite señal cuando se cambia el valor del widget

2

PROGRAMACIÓN GRÁFICA EN PYTHON MEDIANTE PYQT (II)

En este capítulo seguiremos conociendo elementos de las librerías PyQt con los cuales ampliaremos posibilidades.

2.1 WIDGETS AVANZADOS DE QT DESIGNER

Veremos a continuación una serie de widgets que he denonimado avanzados, y que nos permitirán construir aplicaciones gráficas más completas y sofisticadas.

2.1.1 Uso de los contenedores Widget, Frame y GroupBox

Dentro de la zona dedicada a contenedores tenemos la opción de incluir en nuestra aplicación un widget genérico (clase QWidget), un marco (clase QFrame) o una caja grupal (clase QGroupBox).

Sabemos que **QWidget** es la clase base sobre la que están construidos todos los objetos de la interfaz gráfica de usuario. La clase QWidget deriva de la clase QObject y de QPaintDevice. Un widget que no esté insertado en un widget padre es una ventana. Los ejemplos más típicos de ventanas son las clases QMainWindow y QDialog. Un widget que es usado como contenedor para otros widgets es lo que se denomina un widget compuesto.

La clase **QFrame** es la clase base para todos los widgets que puedan tener un marco, y puede ser usado sin contener ningún widget hijo. Deriva de la clase QWidget.

La clase **QGroupBox**, que deriva de QWidget, nos proporciona un marco (con un título) donde podremos insertar un grupo de widgets, que habitualmente son botones de opción (QRadioButton) o casillas de verificación (QCheckBox).

2.1.1.1 QWIDGET

Debemos recordar que, al ser QWidget la base de todos los elementos gráficos, heredan de ella sus propiedades y métodos.

Al añadir un widget en Qt Designer podrá posteriormente contener otra serie de widgets, algo que será muy útil en determinados momentos. Por ejemplo, cuando veamos el uso de matplotlib para incrustar gráficos en nuestras aplicaciones comprobaremos que inicialmente insertaremos para ello un objeto QWidget que servirá de base para todo el proceso.

Las propiedades más usadas que tenemos en Qt Designer para configurar el elemento widget son las siguientes:

Clase	Propiedad	Comentario
QWidget	enabled	Habilita/deshabilita el widget.
	geometry → X	Coordenada x de la esquina superior izquierda del widget[85].
	geometry → Y	Coordenada x de la esquina superior izquierda del widget.
	geometry → Width	Ancho del widget, en puntos.
	geometry → Height	Alto del widget, en puntos.
	minimumSize → Width	Ancho mínimo del widget, en puntos.
	minimumSize → Height	Alto mínimo del widget, en puntos.
	maximumSize → Width	Ancho máximo del widget, en puntos.
	maximumSize → Height	Alto máximo del widget, en puntos.
	mouseTracking	Se activa o desactiva el rastreo del cursor del ratón en el widget.
	toolTip	Texto de información que aparece en ventana flotante cuando colocamos el cursor del ratón sobre el widget.
	StatusTip	Texto de información que aparece en la barra de estado cuando nos colocamos encima del widget.
	whatsThis	Texto de información que aparece al hacer clic en el botón de ayuda y posteriormente hacer clic en el widget.

---

85. Tanto X como Y se miden en puntos relativos al widget contedor que los contiene.

La cantidad de métodos disponibles en la clase QWidget es sencillamente enorme[86], por lo que destacaré solo algunos de ellos[87]:

Clase	Método	Comentario
QWidget	acceptDrops()	Nos devuelve si se acepta o no soltar elementos en el widget.
	frameGeometry()	Nos devuelve la geometría del marco del widget.
	frameSize()	Nos devuelve las dimensiones del marco del widget.
	geometry()	Nos devuelve las coordenadas y las dimensiones del widget.
	hasFocus()	Nos devuelve si el widget está siendo enfocado o no.
	hasMouseTracking()	Nos devuelve si el widget tiene habilitado o no el rastreo del cursor del ratón sobre él.
	height()	Nos devuelve la altura en puntos del widget.
	hide()	Oculta el widget.
	isActiveWindow()	Nos devuelve si el widget es una ventana activa.
	isEnabled()	Nos devuelve si el widget está habilitado o no.
	isHidden()	Nos devuelve si el widget está oculto o no.
	isVisible()	Nos devuelve si el widget es visible o no.
	isWindow()	Nos devuelve si el widget es una ventana o no.
	maximumHeight()	Nos devuelve la altura máxima del widget (en puntos).
	maximumWidth()	Nos devuelve la anchura máxima del widget (en puntos).
	minimumHeight()	Nos devuelve la altura mínima del widget (en puntos).
	minimumWidth()	Nos devuelve la anchura mínima del widget (en puntos).
	parentWidget()	Nos devuelve el widget padre del widget.
	setEnabled(b)	Mediante el booleano b configuramos si el widget está o no habilitado.
	setFixedHeight(h)	Mediante el entero h configuramos una altura fija (en puntos) para el widget.

---

86. Consultar la documentación oficial de las librerías PyQt para un listado pormenorizado de todos ellos.

87. En muchos casos los métodos devolverán o pedirán objetos de clases específicas de las librerías Qt.

setFixedSize(w,h)	Mediante los enteros w y h configuramos la anchura y la altura, respectivamente y en puntos, del widget.
setFixedWidth(w)	Mediante el entero w configuramos una anchura fija (en puntos) para el widget.
setFocus()	Conseguimos que el widget esté enfocado.
setGeometry(ax,ay,aw,ah)	Configura mediante los enteros ax,ay,aw y ah las coordenadas x e y, la anchura y altura del widget (en puntos).
setHidden(b)	Mediante el booleano b configuramos oculto o no el widget.
setMaximumHeight(maxh)	Mediante el entero maxh configuramos la altura máxima (en puntos) del widget.
setMaximumSize(maxw,maxh)	Mediante los enteros maxw y maxh configuramos, respectivamemte y en puntos, la anchura y altura del widget.
setMaximumWidth(maxw)	Mediante el entero maxw configuramos la anchura máxima (en puntos) del widget.
setMinimumHeight(minh)	Mediante el entero minh configuramos la altura mínima (en puntos) del widget.
setMinimumWidth(minw)	Mediante el entero minw configuramos la anchura mínima (en puntos) del widget.
setMouseTracking(b)	Mediante el booleano b configuramos si el widget tiene activado o no el rastreo del cursor del ratón.
setParent(p)	Configuramos el widget p como el padre del widget.
setStatusTip(s)	Mediante s (clase QString) configuramos el texto que aparezca en la barra de estado.
setToolTip(s)	Mediante s (clase QString) configuramos el texto que aparezca en ventana flotante de información.
setVisible(b)	Mediante el booleano b configura si el widget es o no visible.
setWhatsThis(s)	Mediante s (clase QString) configuramos el texto que aparezca al hacer clic en el widget tras activar el botón de ayuda[88].
setWindowIcon(ic)	Establece el icono de la ventana (clase QIcon)
setWindowIconText(s)	Establece el texto s (clase QString) del icono de la ventana.
setWindowTitle(s)	Establece el texto s (clase QString) del título de la ventana.
show()	Muestra el widget.

	statusTip()	Devuelve el texto que aparece en la barra de estado al colocarnos encima del widget con el ratón.
	toolTip()	Devuelve el texto que aparece en una pequeña ventana de información al colocarnos encima del widget con el ratón.
	whatsThis()	Devuelve el texto que aparece tras hacer clic en el widget teniendo el botón de ayuda activado.
	width()	Nos devuelve entero con el valor de la anchura del widget en puntos.
	window()	Devuelve la ventana en la que está insertado el widget. En el caso de ser él mismo una ventana, se nos devuelve el propio widget.
	windowIcon()	Se nos devuelve el icono de la ventana (clase QIcon).
	windowIconText()	Se nos devuelve el texto del icono de la ventana (clase QString).
	windowTitle()	Se nos devuelve el texto del título de la ventana (clase QString).
	int x()	Se nos devuelve entero que nos indica la coordenada x de la esquina superior izquierda del widget (en puntos).
	int y()	Se nos devuelve entero que nos indica la coordenada y de la esquina superior izquierda del widget (en puntos).

2.1.1.2 QFRAME

Básicamente tendremos 3 elementos que podremos variar en un marco: la forma, la sombra y la anchura de la línea. Los dos primeros están dados, respectivamente, por los tipos enumerados QFrame.Shape y QFrame.Shadow, que pueden tener los siguientes valores:

QFrame.Shape: QFrame.NoFrame, QFrame.Box, QFrame.Panel, QFrame.StyledPanel, QFrame.HLine, QFrame.VLine y QFrame.WinPanel.

QFrame.Shadow: QFrame.Plain, QFrame.Raised y QFrame.Sunken.

Podremos variar cada una de estas propiedades desde Qt Designer para conseguir configuraciones como las siguientes:

---

88. Botón en forma de interrogación que aparece en algunas ocasiones en las ventanas.

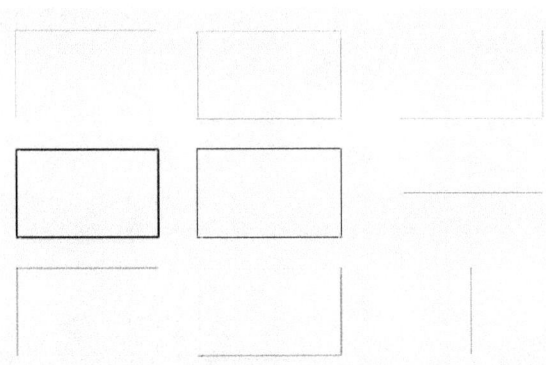

Como comentamos, QFrame es la base de todos los elementos gráficos con marco, luego heredarán de ella sus propiedades y métodos. Como esta a su vez deriva de QWidget, también hereda todo visto con anterioridad. QFrame añade, entre otras cosas, lo siguiente:

Clase	Propiedad	Comentario
QFrame	frameShape	Elegimos la forma que tendrá el marco.
	frameShadow	Elegimos el tipo de sombra que tendrá el marco.
	lineWidth	Elegimos la anchura de la línea (en puntos) que tendrá el marco.

Clase	Método	Comentario
QWidget	acceptDrops()	Nos devuelve si se acepta o no soltar elementos en el widget.
	frameShadow()	Nos devuelve la sombra del marco (tipo enumerado QFrame.Shadow).
	frameShape()	Nos devuelve la forma del marco (tipo enumerado QFrame.Shape).
	frameWidth()	Nos devuelve entero con la anchura del marco en puntos.
	lineWidth()	Nos devuelve entero con la anchura de la línea del marco en puntos.
	setFrameShadow (Shadow)	Configura la sombra del marco (tipo enumerado QFrame.Shadow).
	setFrameShape (Shape)	Configura la forma del marco (tipo enumerado QFrame.Shape).
	setLineWidth (lw)	Configura mediante el entero lw la anchura de la línea del marco.

2.1.1.3 QGROUPBOX

En una caja grupal el texto lo podremos colocar en varias posiciones. Además, tenemos la opción de minimizar su tamaño y/o hacerla chequeable. Ejemplos de varias configuraciones son los siguientes:

QGroupBox deriva de QWidget, añadiendo sus propias propiedades, métodos y señales, entre los que destacamos[89]:

Clase	Propiedad	Comentario
QGroupBox	title	Elegimos la forma que tendrá el marco.
	alignment → Horizontal	Elegimos la alineación horizontal del texto de la caja grupal entre izquierda, derecha, centrada y justificada.
	alignment → Vertical	Elegimos la alineación vertical del texto de la caja grupal entre arriba, abajo y centrado.
	flat	Activa/desactiva la opción de caja grupal minimizada.
	checkable	Activa/desactiva la opción de caja grupal seleccionable.
	checked	Si está activada la propiedad checkable, selecciona si la caja grupal está seleccionada o no.

Clase	Método	Comentario
	alignment()	Nos devuelve la alineación del texto de la caja grupal.
	isCheckable()	Nos devuelve booleano indicando si la caja grupal es o no seleccionable.
	isChecked()	Nos devuelve booleano indicando si la caja grupal está o no seleccionada.

---

89. En algunos casos nos devolverá objetos de clases propias de las librerías Qt.

	isFlat()	Nos devuelve booleano indicando si la caja grupal está o no minimizada (plana).
	minimumSizeHint()	Nos devuelve el tamaño mínimo que puede tener la caja grupal.
	setAlignment(a)	Mediante un entero a configuramos la alineación de la caja grupal.
	setCheckable(b)	Mediante un booleano b configuramos si la caja grupal es o no seleccionable.
	setChecked(b)	Mediante un booleano b configuramos si la caja grupal está o no seleccionada.
	setFlat(b)	Mediante un booleano b configuramos si la caja grupal está o no minimizada.
	setTitle(s)	Mediante una cadena s configuramos el texto de la caja grupal.
	title()	Nos devuelve el texto de la caja grupal.

Clase	Señal	Comentario
QGroupBox	clicked(b=0)	Se emite cuando se selecciona la caja grupal, pero no es emitida si llamamos al método setChecked().
	toggled(b)	Si la caja grupal es seleccionable, se emite cuando cambia el valor de la selección.

2.1.2 Uso de Text Edit, List Widget y Table Widget

El uso de estos tres widgets nos permitirá, respectivamente, editar/visualizar texto enriquecido (además de otros objetos), y trabajar con listas y tablas basadas en elementos. Visualizaremos a continuación un sencillo ejemplo de cada uno de ellos:

1. **Text Edit**:

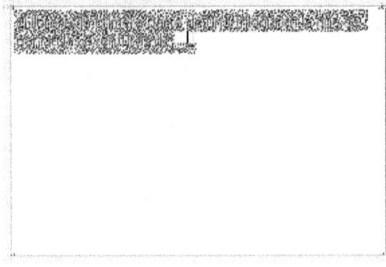

2. **List Widget**:

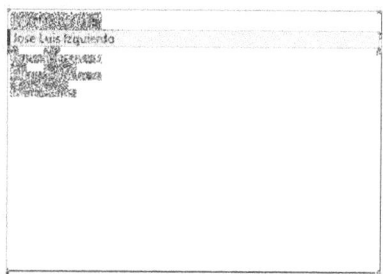

3. **Table Widget**:

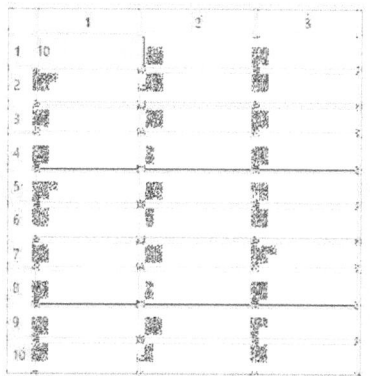

2.1.2.1 TEXT EDIT

Mediante este widget podremos editar o representar texto plano o enriquecido[90], haciendo uso de etiquetas al estilo HTML. Trabajaremos con párrafos y caracteres, y tendremos la posibilidad de visualizar imágenes, listas, tablas o ficheros HTML.

El árbol de clases de **QTextEdit** (la clase de Text Edit) es el siguiente:

QObject→QWidget→QFrame→QAbstractScrollArea→QTextEdit.

---

90. Si solo quisiésemos representar un poco de texto enriquecido, con una etiqueta (clase QLabel) podría bastarnos.

Como propiedades, métodos y señales más destacados tenemos los siguientes[91]:

Clase	Propiedad	Comentario
QTextEdit	documentTitle	Es el título del documento del editor.
	undoRedoEnabled	Indica si tenemos o no habilitada la opción de deshacer/repetir la última operación realizada en el editor.
	readOnly	Indica si tenemos o no habilitada la opción de solo lectura en el editor.
	overwriteMode	Indica si tenemos o no habilitada la opción de sobreescritura en el editor.
	acceptRichText	Indica si el editor acepta o no texto enriquecido.
	textInteractionFlags	Una serie de opciones sobre la interacción del texto del editor.

Clase	Método	Comentario
QTextEdit	acceptRichText ()	Nos devuelve booleano indicando si el editor acepta o no texto enriquecido.
	alignment()	Se nos devuelve la alineación del párrafo actual.
	append(t)	Se añade un nuevo párrafo con el texto t al final del editor.
	canPaste()	Nos devuelve booleano indicando si en el editor se puede pegar texto desde el portapapeles.
	clear ()	Borra todo el texto del editor.
	currentFont ()	Nos devuelve la fuente actual que tengamos.
	copy()	Copia el texto seleccionado al portapapeles.
	cut()	Copia el texto seleccionado al portapapeles y lo elimina del editor.
	documentTitle()	Configura el título del documento del editor.
	insertHtml(t)	Inserta un texto HTML en el editor.
	insertPlainText(t)	Inserta un texto plano en el editor.
	isReadOnly()	Nos devuelve booleano indicando si en el editor es de solo lectura.
	overwriteMode()	Nos devuelve booleano indicando si el editor tiene o no activado el modo de sobreescritura.
	paste ()	Pega el texto del portapapeles en el editor.
	print(p)	Imprime el texto del editor en la impresora indicada.
	redo()	Repite la última operación realizada en el editor.

---

91. Se nos requerirá o devolverá, en algunos casos, instancias de clases de la librería Qt. El parámetro t es de la clase QString, p de QPrinter, a de Qt.Alignment, f de QFont y c de QColor.

	selectAll()	Selecciona todo el texto del editor.
	setAcceptRichText(b)	Mediante el booleano b le indicamos si el editor acepta o no texto enriquecido.
	setAlignment (a)	Configura la alineación del párrafo actual del editor.
	setCurrentFont (f)	Configura la fuente actual del editor.
	setDocumentTitle(t)	Configura el título del documento del editor.
	setFontPointSize(s)	Mediante el número real s configuramos el tamaño en puntos de la fuente actual del editor.
	setHtml(t)	Coloca texto HTML en el editor.
	setOverwriteMode(b)	Mediante el booleano b indicamos si el editor está o no en modo sobreescritura.
	setPlainText(t)	Coloca texto plano en el editor.
	setReadOnly(b)	Mediante el booleano b indicamos si el editor está o no en modo de solo lectura.
	setText(t)	Coloca texto en el editor.
	setTextColor(c)	Configura el color del texto en el editor.
	setUndoRedoEnabled (b)	Mediante el booleano b indicamos si el editor permite deshacer/repetir la última operación realizada en él.
	textColor ()	Nos devuelve el color del texto del editor.
	toHtml ()	Nos devuelve el texto del editor formateado como HTML.
	toPlainText ()	Nos devuelve el texto del editor formateado como texto plano.
	undo ()	Deshace la última operación realizada en el editor.
	zoomIn(r=1)	Hace zoom (acercándose) sobre el texto del editor.
	zoomOut (r=1)	Hace zoom (alejándose) sobre el texto del editor.

Clase	Señal	Comentario
QTextEdit	cursorPositionChanged ()	Se emite cuando la posición del cursor en el editor cambia.
	selectionChanged ()	Se emite cuando la selección en el editor cambia.
	textChanged ()	Se emite cuando el texto del editor cambia.

Un ejemplo del uso de QTextEdit es **ejemplo_editor_texto.pyw** (basado en el esquema **ejemplo_editor_texto.ui** y en **ejemplo_editor_texto.py**), cuya salida tiene el siguiente aspecto[92]:

---

92. Debido a la sencillez de la aplicación he indicado el nombre dado a cada uno de los elementos para una mejor comprensión del código.

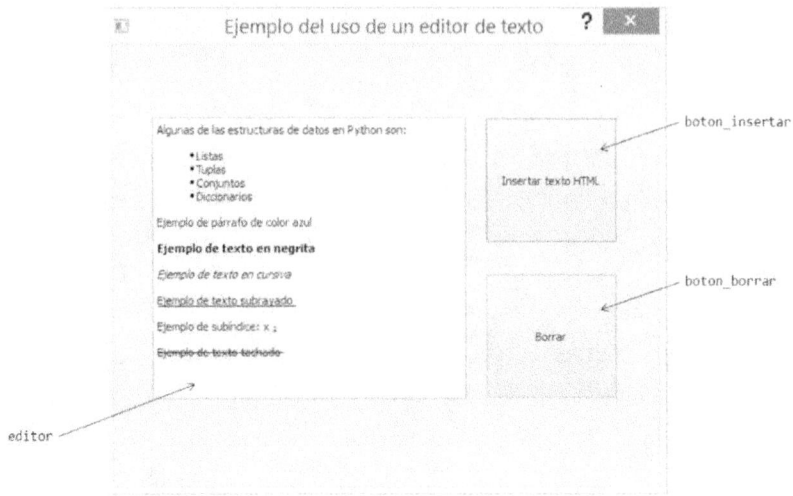

Su código es:

```
import sys
sys.path.append(r"C:\Users\flop\Desktop\Ejercicios_Python_Resueltos")
from ejemplo_editor_texto import *

texto_HTML ="""
<p>Algunas de las estructuras de datos en Python son:</p>
<ul>
    <li>Listas</li>
    <li>Tuplas</li>
    <li>Conjuntos</li>
    <li>Diccionarios</li>
</ul>
<p style="color:#0000FF";>Ejemplo de párrafo de color azul</p>
<p> <b> Ejemplo de texto en negrita </b> <p>
<p> <i> Ejemplo de texto en cursiva </i> <p>
<p> <u> Ejemplo de texto subrayado </u> <p>
<p> Ejemplo de subíndice: x <sub> 2 <p>
<s> Ejemplo de texto tachado </s>
"""

class MyForm(QtGui.QDialog):
    def __init__(self, parent=None):
        QtGui.QWidget.__init__(self, parent)
        self.ui = Ui_Dialog()
        self.ui.setupUi(self)
        self.ui.boton_insertar.clicked.connect(self.rellena_editor)
        self.ui.boton_borrar.clicked.connect(self.ui.editor.clear)

    def rellena_editor(self):
        self.ui.editor.setHtml(texto_HTML)


if __name__ == "__main__":
    app = QtGui.QApplication(sys.argv)
    myapp = MyForm()
    myapp.show()
    sys.exit(app.exec_())
```

Como clases similares a QTextEdit tenemos:

- **QPlainText**: usado para editar y representar texto plano. Está optimizado para manejar documentos largos y responder de forma rápida a las entradas del usuario. Comparte muchas características con QTextEdit pero orientado al manejo de texto plano.

- **QTextBrowser**: nos proporciona un visualizador de texto enriquecido con la posibilidad de tener hipertexto y navegar mediante él. Añade funcionalidades a la clase QTextEdit en modo de solo lectura.

Los árboles de clases para ambas son:

QObject→QWidget→QFrame→QAbstractScrollArea→QPlainText

QObject→QWidget→QFrame→QAbstractScrollArea→QTextEdit→QTextBrowser

A modo de resumen, si necesitamos un editor de texto enriquecido o un visualizador de texto (sin hipertexto), usaremos QTextEdit. Si necesitamos un visualizador de texto enriquecido con hipertexto, usaremos QTextBrowser. En el caso de querer representar solo un pequeño trozo de texto enriquecido, usaremos QLabel, y si solo trabajamos con texto plano (especialmente si son documentos grandes) haremos uso de QPlainText.

Por motivos de simplicidad no comentaré las propiedades, métodos y señales de estas dos últimas clases. En caso de necesitarse podremos consultar la documentación oficial de las librerías PyQt.

2.1.2.2 LIST WIDGET

Mediante este widget (su clase es **QListWidget**) podremos trabajar con una lista compuesta de elementos (cuya clase es **QListWidgetItem**), teniendo la posibilidad de añadir nuevos o eliminar los ya existentes. El árbol de clases de QListWidget es el siguiente:

QObject→QWidget→QFrame→QAbstractScrollArea→QAbstractItemView→QListView→QListWidget

Como propiedades, métodos y señales más destacados tenemos los siguientes[93]:

Clase	Propiedad	Comentario
QAbstractScrollArea	verticalScrollBarPolicy	Coloca la barra de scroll vertical siempre, nunca o cuando sea necesario.
	horizontalScrollBarPolicy	Coloca la barra de scroll horizontal siempre, nunca o cuando sea necesario.
QAbstractItemView	autoScroll	Activa/desactiva el scroll automático.
	selectionMode	Indicamos el modo de selección posible de los elementos de la lista.
QListView	flow	Indicamos como se distribuirán los elementos en la lista, de arriba a abajo o de izquierda a derecha.
	viewMode	Indicamos el modo de visualización, entre modo lista o modo icono.
QListWidget	currentRow	Indica la fila actual de la lista.
	sortingEnabled	Activa/desactiva la opción de ordenación en la lista.

Clase	Método	Comentario[94]
QAbstractItemView	selectionMode()	Nos devuelve el modo de selección de elementos que tenemos en la lista.
	setSelectionMode(sm)	Mediante sm configuramos el modo de selección de elementos en la lista.
QListWidget	addItem(e)	Añade un elemento e a la lista, donde e puede ser un objeto de QListWidgetItem o de QString.
	addItems(l)	Añade un objeto l (de tipo QStringList) a la lista.
	clear()	Borra los elementos de la lista.
	count()	Nos devuelve el número de elementos de la lista.
	currentItem()	Nos devuelve el elemento actual de la lista.
	currentRow()	Nos devuelve la fila del elemento actual de la lista.
	insertItem(f, e)	Inserta el elemento e en la fila f de la lista. El objeto e puede ser instancia de QListWidgetItem o de QString.
	insertItems(f, l)	Inserta l (de tipo QStringList) en la fila f de la lista.
	isItemHidden(e)	Nos devuelve booleano indicando si el elemento e está oculto en la lista.

---

93. Se nos requerirá o devolverá, en algunos casos, instancias de clases de la librería Qt.

94. Por "elemento" (representado por e) entenderemos una instancia de la clase QListWidgetItem. La primera fila tiene como índice 0.

	isItemSelected(e)	Nos devuelve booleano indicando si el elemento e está seleccionado en la lista.
	isSortingEnabled()	Nos devuelve booleano indicando si la lista tiene la opción de ordenación activada.
	item(f)	Nos devuelve el elemento colocado en la fila f de la lista.
	itemWidget(e)	Nos devuelve el widget del elemento e de la lista.
	removeItemWidget(e)	Elimina el widget del elemento e de la lista.
	row(e)	Nos devuelve la fila que ocupa el elemento e en la lista.
	selectedItems()	Nos devuelve una lista con los elementos seleccionados.
	setCurrentItem(e)	Configura el elemento e como el actual.
	setCurrentRow(f)	Configura la fila f como la actual.
	setItemHidden(e, b)	Mediante el booleano b configuramos si el elemento e está o no oculto.
	setItemSelected(e, b)	Mediante el booleano b configuramos si el elemento e está o no seleccionado.
	setItemWidget(e, w)	Configura w como el widget del elemento e.
	setSortingEnabled(b)	Mediante el booleano b configuramos si la lista tiene o no activada la opción de ordenación.
	sortItem(ord)	Ordena ascendente o descendentemente los elementos de la lista mediante el valor ord[4] (0=ascendente, 1=ascendente), cuyo valor por defecto es 0.
	takeItem(f)	Elimina y devuelve el elemento colocado en la fila f de la lista.

Clase	Señal	Comentario
	currentItemChanged(e1, e2)	Se emite cuando se cambia el elemento actual de la lista.
	currentRowChanged(int)	Se emite cuando la fila actual de la lista cambia.
	currentTextChanged(s)	Se emite cuando el texto del elemento actual de la lista se cambia.
	itemActivated(e)	Se emite cuando el elemento de la lista es activado.
	itemChanged(e)	Se emite cuando el elemento de la lista cambia.
	itemClicked(e)	Se emite cuando se hace clic en el elemento de la lista.
	itemDoubleClicked(e)	Se emite cuando se hace doble clic en el elemento de la lista.
	itemEntered(e)	Se emite cuando se entra con el cursor del ratón en el elemento de la lista.
	itemPressed(e)	Se emite cuando el botón del ratón es presionado sobre el elemento de la lista.
	itemSelectionChanged()	Se emite cuando se selecciona otro elemento de la lista.

En la clase QListWidgetItem destacaremos los siguientes métodos:

Clase	Método	Comentario[96]
QTableWidgetItem	backgroundColor()	Nos devuelve el color de fondo del elemento.
	icon()	Nos devuelve el icono del elemento.
	isHidden()	Nos devuelve booleano indicando si el elemento está o no oculto.
	isSelected()	Nos devuelve booleano indicando si el elemento está o no seleccionado.
	listWidget()	Nos devuelve la lista en la que está insertado el elemento.
	setBackgroundColor(color)	Configuramos un color de fondo para el elemento mediante color (clase QColor).
	setHidden(b)	Mediante el booleano b configuramos si el elemento está o no oculto.
	setIcon(icon)	Configuramos mediante icon(clase QIcon) el icono del elemento.
	setSelected(b)	Mediante el booleano b configuramos si el elemento está o no seleccionado.
	setText(s)	Mediante s (clase QText) colocamos texto en el elemento.
	setTextAlignment(al)	Mediante el entero al damos al texto del elemento su alineación.
	setTextColor(color)	Damos color al texto del elemento.
	text()	Nos devuelve el texto del elemento.
	textAlignment()	Nos devuelve un entero que indica la alineación del texto del elemento.
	textColor()	Nos devuelve el color del texto del elemento.

Un ejemplo del uso de listas es **ejemplo_listas.pyw**, cuya ejecución tiene la siguiente apariencia[97]:

---

95. También podemos proporcionar los tipos enumerados Qt.AscendingOrder o Qt.DescendingOrder.
96. En algunos casos se nos devolverá o se requerirá un objeto de la librería Qt.
97. Incluyo de nuevo el nombre de los elementos en el misma imagen.

Tenemos la opción de guardar en una lista una serie de invitados, y posteriormente editarlos, eliminarlos u ordenarlos. El código es:

```python
import sys
sys.path.append(r"C:\Users\flop\Desktop\Ejercicios_Python_Resueltos")
from ejemplo_listas import *

class MiFormulario(QtGui.QDialog):
    def __init__(self, parent=None):
        QtGui.QDialog.__init__(self, parent)
        self.ui = Ui_Dialog()
        self.ui.setupUi(self)
        self.ui.nombres.setFocus()
        self.ui.boton_guardar.clicked.connect(self.guarda)
        self.ui.boton_editar.clicked.connect(self.edita)
        self.ui.boton_borrar.clicked.connect(self.borra_item)
        self.ui.boton_borrar_todo.clicked.connect(self.borra_todo)
        self.ui.boton_ordenar.clicked.connect(self.ordena1)
        self.ui.boton_ordenar_2.clicked.connect(self.ordena2)

    def guarda(self):
        if len(self.ui.nombres.text()) != 0:
            self.ui.lista.addItem(self.ui.nombres.text())
            self.ui.nombres.clear()
        self.ui.nombres.setFocus()

    def edita(self):
        fila = self.ui.lista.currentRow()
        invitado , ok = QtGui.QInputDialog.getText(self, "Editar", "Introduzca corrección")
        if ok and (len(invitado) != 0):
            self.ui.lista.takeItem(self.ui.lista.currentRow())
            self.ui.lista.insertItem(fila , invitado)
    def borra_item(self):
        self.ui.lista.takeItem(self.ui.lista.currentRow())

    def borra_todo(self):
        self.ui.lista.clear()

    def ordena1(self):
        self.ui.lista.sortItems(0)

    def ordena2(self):
        self.ui.lista.sortItems(1)


if __name__ == "__main__":
    mi_aplicacion = QtGui.QApplication(sys.argv)
    mi_app = MiFormulario()
    mi_app.show()
    sys.exit(mi_aplicacion.exec_())
```

Para la creación de la aplicación partimos del esquema **ejemplo_listas.ui**, a partir del cual generamos **ejemplo_listas.py**.

He hecho uso de la clase **QInputDialog** para editar los elementos de la lista. Mediante ella conseguimos que aparezca una pequeña ventana emergente que nos permitirá introducir un valor, que puede ser un número entero, un número real, texto o un elemento de una lista desplegable. Tendremos varios métodos estáticos que nos generarán las siguientes ventanas emergentes:

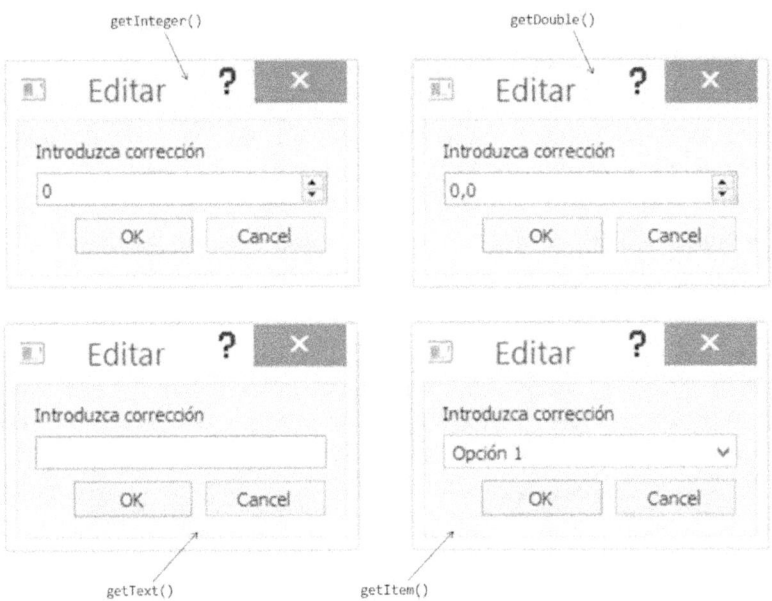

Los formatos (reducidos) de los métodos son los siguientes:

- getInteger(w_p, ti, te)
- getDouble(w_p, ti, te)
- getText(w_p, ti, te)
- getItem(w_p, ti, te, li)

En ellos w_p es el widget padre (en el ejemplo puesto, la instancia de la clase MiFormulario, ti es el título de la ventana (en nuestro caso "Editar"), te es el texto que aparece junto al elemento donde introduciremos el valor (en nuestro caso, "Introduzca corrección"), y li es una lista de cadenas donde almacenaremos las distintas opciones posibles de selección. En todos los casos se nos devolverá una tupla donde el primer elemento es el valor introducido y el segundo un booleano que nos indicará si la operación de recogida se ha completado correctamente.

El uso de QInputDialog puede sernos de gran ayuda en muchas de nuestras aplicaciones.

2.1.2.3 TABLE WIDGET

Este tipo de widget nos permite representar tablas en nuestras aplicaciones, un elemento habitual y muy útil. Su clase es **QTableWidget** y su árbol de clases el siguiente:

QObject→QWidget→QFrame→QAbstractScrollArea→QAbstractItemView→QTableView→QTableWidget.

De entre las múltiples propiedades, métodos y señales destacaremos:

Clase	Propiedad	Comentario
QAbstractScrollArea	verticalScrollBarPolicy	Coloca la barra de scroll vertical siempre, nunca o cuando sea necesario.
	horizontalScrollBarPolicy	Coloca la barra de scroll horizontal siempre, nunca o cuando sea necesario.
QAbstractItemView	autoScroll	Activa/desactiva el scroll automático.
	selectionMode	Indicamos el modo de selección posible de los elementos de la lista.
QTableView	ShowGrid	Activa/desactiva la rejilla.
	GridStyle	Configura el estilo de rejilla
	sortingEnabled	Habilita/deshabilita la ordenación de columnas en la tabla.
	cornerButtonEnabled	Habilita el botón de la esquina superior izquierda de la tabla, que nos selecciona toda ella.
QTableWidget	rowCount	Indicamos el número de filas de la tabla.
	columnCount	Indicamos el número de columnas de la tabla.
Header	horizontalHeaderVisible	Coloca/quita el encabezado de las columnas de la tabla.

	horizontalHeaderDefaultSectionSize	Configura el tamaño por defecto (en puntos) del encabezado de las columnas de la tabla.
	horizontalHeaderMinimumSectionSize	Configura el tamaño mínimo (en puntos) del encabezado de las columnas de la tabla.
	verticalHeaderVisible	Coloca/quita el encabezado de las filas de la tabla.
	verticallHeaderDefaultSectionSize	Configura el tamaño por defecto (en puntos) del encabezado de las filas de la tabla.
	verticalHeaderMinimumSectionSize	Configura el tamaño mínimo (en puntos) del encabezado de las filas de la tabla.

Clase	Método	Comentario[98]
QAbstractItemView	selectionMode()	Nos devuelve el modo de selección de elementos que tenemos en la lista.
	setSelectionMode(sm)	Mediante sm configuramos el modo de selección de elementos en la lista.
QTableWidget	cellWidget (f, c)	Nos devuelve el widget que tengamos colocado en la fila f y la columna c de la tabla.
	clear()	Elimina todos los elementos de la tabla, manteniendo sus dimensiones igual.
	clearContents(self)	Elimina todos los elementos de la tabla (salvo los encabezados) manteniendo sus dimensiones igual.
	column(e)	Nos devuelve la columna en la que está el elemento e de la tabla.
	columnCount()	Nos devuelve entero con el número de columnas de la tabla.
	currentColumn()	Nos devuelve entero con el número de columna que ocupa el elemento actual en la tabla.
	currentItem ()	Nos devuelve el elemento actual de la tabla.
	currentRow()	Nos devuelve entero con el número de fila que ocupa el elemento actual en la tabla.

---

131. Cuando hagamos referencia al "elemento de la tabla" nos referiremos a un objeto de tipo QTableWidgetItem.

	insertColumn(c)	Inserta una columna en la posición marcada por el entero c.
	insertRow(f)	Inserta una fila en la posición marcada por el entero f.
	isItemSelected(e)	Devuelve booleano indicando si el elemento e de la tabla está o no seleccionado.
	isSortingEnabled()	Devuelve booleano indicando si la opción de ordenación de la tabla está o no habilitada.
	item(f, c)	Nos devuelve el elemento que ocupa la fila f y la columna c en la tabla.
	removeCellWidget(f, c)	Elimina el widget que tengamos en la fila f y columna c de la tabla.
	removeColumn(c)	Elimina la columna c de la tabla.
	removeRow(f)	Elimina la fila f de la tabla.
	row(e)	Nos devuelve entero indicando la fila que el elemento e ocupa en la tabla.
	rowCount()	Nos devuelve el número de filas que tiene la tabla.
	selectedItems()	Nos devuelve una lista con los elementos seleccionados.
	setCellWidget(f, c, e)	Coloca el elemento e en la celda de la tabla que tiene fila f y columna c.
	setColumnCount(num_c)	Configura la tabla con un número de columnas igual a num_c.
	setCurrentCell(f, c)	Coloca como celda activa la ubicada en la fila f y la columna c.
	setCurrentItem(e)	Configura como elemento actual al indicado por e.
	setHorizontalHeaderLabels(etiq)	Coloca la lista de cadenas etiq como las etiquetas del encabezado horizontal de la tabla.
	setItem(f, c, e)	Coloca el elemento e en la celda de la tabla que tiene fila f y columna c.
	setRowCount(num_f)	Configura la tabla con un número de filas igual a num_f.
	setSortingEnabled(b)	Configura mediante el booleano b si la tabla tiene o no la opción de ordenación.
	setVerticalHeaderLabels(etiq)	Coloca la lista de cadenas etiq como las etiquetas del encabezado vertical de la tabla.

Clase	Señal	Comentario[99]
QTableWidget	cellActivated(int,int)	Se emite cuando una celda es ativada.
	cellChanged(int,int)	Se emite cuando el dato almacenado en una celda cambia.
	cellClicked(int,int)	Se emite cuando se hace clic en una celda.
	cellDoubleClicked(int,int)	Se emite cuando se hace doble clic en una celda.
	cellEntered(int,int)	Se emite cuando el cursor del ratón entra en una celda.
	cellPressed(int,int)	Se emite cuando una celda es presionada.
	currentCellChanged(int,int,int,int)	Se emite cuando cambiamos de celda en la tabla.
	currentItemChanged(e1,e2)	Se emite cuando cambiamos de elemento en la tabla.
	itemActivated(e)	Se emite cuando un elemento se activa.
	itemChanged(e)	Se emite cuando los datos de un elemento cambian.
	itemClicked(e)	Se emite cuando se hace clic sobre un elemento de la tabla.
	itemDoubleClicked(e)	Se emite cuando se hace doble clic sobre un elemento de la tabla.
	itemEntered(e)	Se emite cuando se entra con el cursor del ratón en un elemento de a tabla.
	itemPressed(e)	Se emite cuando se presiona un botón del ratón dentro del elemento de la tabla.
	itemSelectionChanged()	Se emite cuando se selecciona otro elemento de la tabla.

De la clase **QTableWidgetItem**, la correspondiente a los elementos de la tabla, destacaremos los siguientes métodos:

Clase	Método	Comentario[100]
QTableWidgetItem	backgroundColor()	Nos devuelve el color de fondo del elemento.
	column()	Nos devuelve el número de columna que ocupa el elemento en la tabla.
	icon()	Nos devuelve el icono del elemento.
	isSelected()	Nos devuelve booleano indicando si el elemento está o no seleccionado.

---

99. Se han representado, junto al nombre de la señal, los tipos de los objetos que la acompañan en su emisión. Los de tipo int hacen referencia a filas o columnas y con e me he referido a objetos de tipo QTableWidgetItem, que nos indican el elemento en cuestión.

100. En algunos casos se nos devolverá o se requirirá un objeto de la librería Qt.

	row()	Nos devuelve el número de fila que ocupa el elemento en la tabla.
	setBackgroundColor(color)	Configuramos un color de fondo para el elemento mediante color (clase QColor).
	setIcon(icon)	Configuramos mediante icon(clase QIcon) el icono del elemento.
	setSelected(b)	Mediante el booleano b configuramos si el elemento está o no seleccionado.
	setText(s)	Mediante s (clase QText) colocamos texto en el elemento.
	setTextAlignment(alig)	Mediante el entero[101] alig damos al texto del elemento su alineación.
	setTextColor(color)	Damos color al texto del elemento.
	tableWidget()	Nos devuelve la tabla en la que está insertado el elemento.
	text()	Nos devuelve el texto del elemento.
	textAlignment()	Nos devuelve un entero que indica la alineación del texto del elemento.
	textColor()	Nos devuelve el color del texto del elemento.

Un sencillo ejemplo del uso de una tabla es **ejemplo_tablas.pyw** (sobre la base de **ejemplo_tablas.ui** y **ejemplo_tablas.py**) cuya salida tiene la siguiente apariencia:

---

101. Lo podemos indicar en forma de número hexadecimal o del tipo enumerado Qt.AligmentFlag.

En él se simulan las ventas de tres comerciales durante los 12 meses del año. El código es el siguiente:

```
import sys
sys.path.append(r"C:\Users\flop\Desktop\Ejercicios_Python_Resueltos")
import random as r
from PyQt4.QtGui import QTableWidgetItem
from ejemplo_tablas import *


class MyForm(QtGui.QDialog):
    def __init__(self, parent=None):
        QtGui.QWidget.__init__(self, parent)
        self.ui = Ui_Dialog()
        self.ui.setupUi(self)
        self.ui.boton_rellenar.clicked.connect(self.rellena_tabla)
        self.ui.boton_borrar.clicked.connect(self.ui.tabla.clear)

    def rellena_tabla(self):
        self.ui.tabla.setHorizontalHeaderLabels(["Elena", "Fernando", "Eva"])
        for fila in range(12):
            for columna in range(3):
                elemento_tabla = QTableWidgetItem(str(r.randint(0, 100)))
                elemento_tabla.setTextAlignment(0x0084)
                self.ui.tabla.setItem(fila, columna, elemento_tabla)


if __name__ == "__main__":
    app = QtGui.QApplication(sys.argv)
    myapp = MyForm()
    myapp.show()
    sys.exit(app.exec_())
```

2.1.3 Uso de Tab widget, Stacked Widget y Tool Box

Hasta el momento tanto si hemos usado como contenedor principal de nuestra aplicación un widget o un diálogo[102] hemos representado sus componentes a la vez, es decir, visualizándolos todos. En aplicaciones complejas nos interesará poder, en un mismo espacio, representar varios widgets distintos en momentos diferentes, algo que lograremos mediante los elementos Tab Widget, Stacked Widget o Tool Box, que tienen una apariencia como la mostrada a continuación, donde los hemos incluido en un diálogo y les hemos dado un tamaño de casi la totalidad de este.

---

102. El siguiente tema lo dedicaré en exclusiva a las aplicaciones de tipo ventana principal, basadas en la clase QMainWindow.

1. **Tab Widget**:

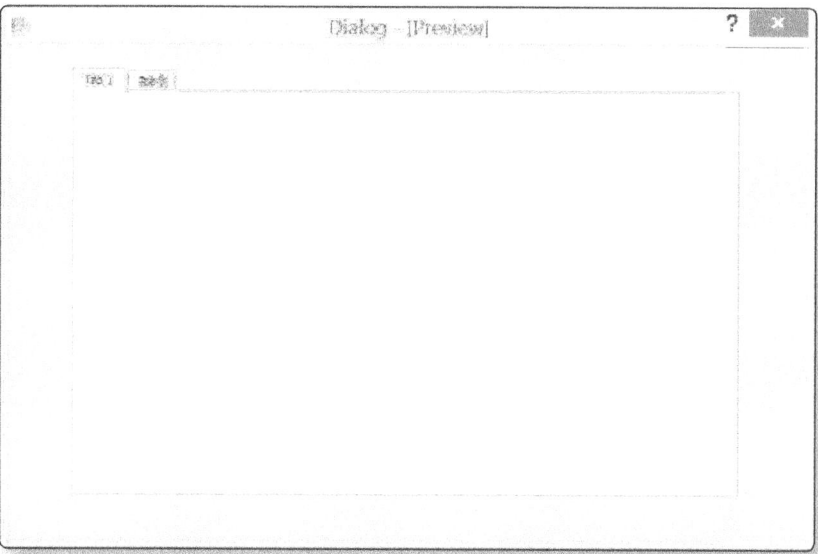

2. **Stacked Widget**:

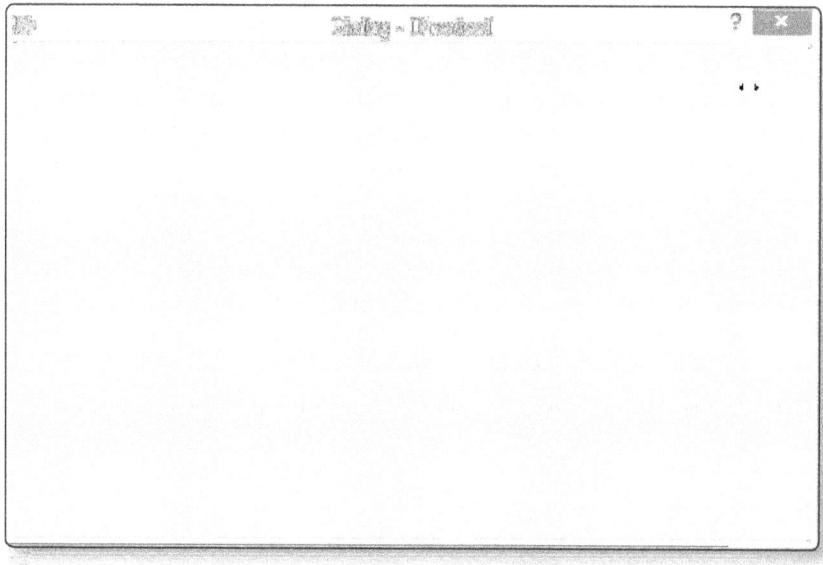

3. **Tool Box**:

En cada una de las páginas[103] (en realidad se trata de widgets genéricos) que componen los tres elementos podemos colocar los widgets que queramos y como queramos, accediendo a ellos posteriormente controlando la página en la que estemos. Quizá el caso del Tab Widget sea el más familiar ya que es el usado en los navegadores de Internet. Imaginemos teniendo dos páginas web abiertas, una en cada pestaña, y accediendo a una u otra seleccionándola. En el caso del Stacked Widget la selección de hojas en el proceso de diseño se hace mediante dos flechas (apuntando a derecha e izquierda) que aparecen en su esquina superior derecha, pero en el código principal estas no aparecerán y deberemos apoyarnos en algún otro widget (como un Combo Box o un Spin Box) para realizar el cambio de hoja. En el Tool Box esto se realiza haciendo clic en una especie de rótulo que tiene cada una de las hojas.

Analizaremos a continuación uno a uno los tres elementos.

---

103. Por defecto aparecen dos, pudiendo posteriormente añadir o eliminar páginas.

2.1.3.1 TAB WIDGET

Un Tab Widget (su clase es **QTabWidget**), que podríamos traducir como "widget de pestañas", nos proporciona una forma de agrupar widgets genéricos (páginas) asociados cada uno a una pestaña. El Tab Widget tiene una barra de pestañas, que por defecto aparece en la parte superior izquierda[104], y un área de página:

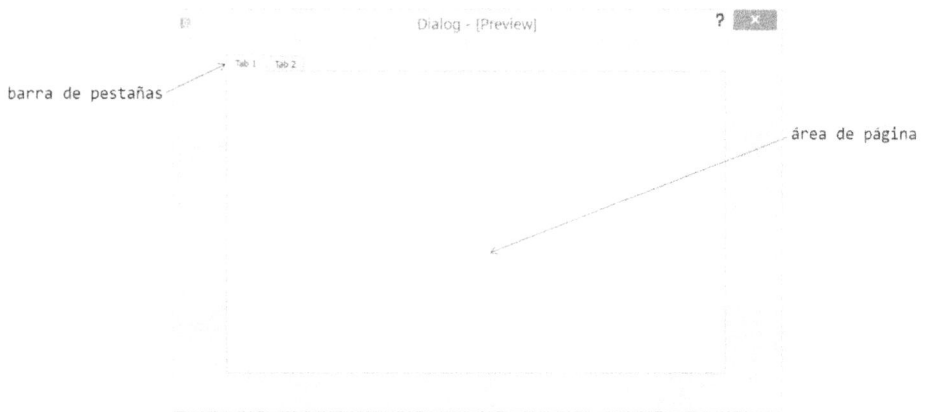

Solamente la página seleccionada mediante la pestaña[105] es visible, estando el resto ocultas.

La forma habitual de usar un Tab Widget en el proceso de diseños desde Qt Designer es el siguiente:

1. Arrastramos su icono desde el Widget Box situado en el lateral izquierdo, dentro del apartado "Containers".

2. Lo colocamos en nuestro contenedor principal y le damos el tamaño y las propiedades que deseemos.

3. Vamos pasando por cada una de las páginas, introduciendo en ellas los widgets que queramos, haciendo uso si lo deseamos de layout managers.

---

104. Diferentes configuraciones son posibles.

105. También se puede seleccionar mediante la pulsación de Alt y una letra que configuraríamos como atajo.

Si lo hacemos directamente desde código los pasos serían los siguientes:

1. Creamos una instancia de QTabWidget.

2. Creamos un widget genérico (sin widget padre) por cada una de las hojas que queramos tener.

3. Introducimos, con la ayuda de layout managers, los widgets hijo en cada una de las hojas.

4. Introducimos, mediante los métodos addTab() o InsertTab() de QTabWidget, las hojas en el Tab Widget, dando a cada una de ellas un nombre[106].

Como propiedades interesantes indicaremos:

Clase	Propiedad	Comentario
QTabWidget	tabPosition	Indicamos la posición de las pestañas (Norte, sur, este u oeste).
	tabShape	Indicamos la forma de las pestañas (rectangular o redondeadas).
	currenIndex	Indica el índice de la pestaña activa (comienza desde 0).
	documentMode	Indica si el Tab Widget está o no en modo documento.
	tabsClosable	Indicamos si las pestañas pueden o no ser cerradas[107].
	movable	Indicamos si las pestañas pueden o no ser movidas entre ellas.
	currentTabText	Indica el texto de la pestaña activa en ese momento.
	currentTabName	Indica el nombre de la pestaña activa en ese momento.
	currentTabIcon	Indica el icono asociado a la pestaña activa en ese momento.
	currentTabToolTip	Indica el texto que nos aparecerá si colocamos el cursor encima de la pestaña activa en ese momento.
	currentTabWhatThis	Indica el texto que nos aparecerá si colocamos el cursor de ayuda encima de la pestaña activa en ese momento.

Como métodos destacamos los siguientes, en los que por lo general no incluimos por simplicidad los que establecen o devuelven algunas de las propiedades ya vistas:

---

106. Opcionalmente también podremos proporcionar un atajo de teclado.

107. En caso afirmativo aparecerán unos botones en forma de x para ello.

Clase	Método	Comentario
QTabWidget	addTab(w,ic,e)	Añade una hoja w con la etiqueta e[108] y un icono (opcional) ic. Nos devuelve el índice que ocupa.
	clear()	Quita todas las hojas[109].
	count()	Nos devuelve el número de hojas que tenemos.
	currentIndex()	Nos devuelve el índice de la página activa en ese momento.
	currentWidget()	Nos devuelve la página[110] activa en ese momento.
	insertTab(i,w,e)	Añade una hoja w en el índice i con una etiqueta e. Si el índice está fuera de rango se añade al final.
	removeTab(i)	Elimina la hoja de índice i.
	setCurrentIndex(i)	Hace que la hoja activa sea la que tiene índice i.
	setCurrentWidget(w)	Hace que la hoja activa sea la w, que debe ser una hoja del Tab Widget.
	setTabEnabled(i,b)	Habilita/deshabilita la página de índice i dependiendo del valor booleano b.
	setTabsClosable(b)	Configura mediante el booleano b la posibilidad de que las pestañas puedan o no ser cerradas.
	setTabText(i,e)	Coloca el texto e en la pestaña de índice i.
	tabText(i)	Devuelve el texto de la pestaña de índice i.
	setTabToolTip(i,t)	Configura el texto de información t para que aparezca cuando nos colocamos sobre la pestaña de índice i.
	setTabWhatThis(i,t)	Configura el texto t para que aparezca cuando pulsamos con el cursor de ayuda[111] sobre la pestaña de índice i.
	TabToolTip(i)	Nos devuelve el texto de información de la pestaña de índice i.
	TabWhatThis(i)	Nos devuelve el texto de ayuda de la pestaña de índice i.
	widget(i)	Devuelve la página de índice i, o 0 si este está fuera de rango.

---

108. Si la etiqueta contiene un ampersand, mediante Alt más la letra anterior al ampersand podemos acceder mediante teclado a la hoja. Lo mismo pasará para el método insertTab().

109. Aunque realmente no las elimina.

110. Recordemos que es una instancia de QWidget.

111. Para que aparezca debemos hacer clic previamente sobre el botón de ayuda (que aparece con una interrogación) en la ventana de la aplicación.

Tendremos dos posibles señales:

Clase	Señal	Comentario
QTabWidget	currentChanged(int)	Se emite cuando el índice de página actual cambia. El parámetro mandado es el nuevo índice de página, o -1 si no existe la página.
	tabCloseRequested(int)	Se emite cuando el botón de cerrar de una pestaña es pulsado. El parámetro mandado es el índice que deberá ser eliminado.

Veamos a continuación un pequeño ejemplo del uso de Tab Widget. La idea es poder elegir, en un mismo espacio, el primer y segundo plato (mas el postre) de un menú, y que nos indique por pantalla lo que hemos elegido en base a unas determinadas opciones.

Crearemos un formulario de tipo diálogo y en él insertaremos un Tab Widget al que aumentaremos el tamaño y renombraremos las dos primeras pestañas como plato_1 y plato_2, cambiando el texto que aparece por defecto en ellas por, respectivamente, "Primer plato" y "Segundo plato". Para insertar una tercera página haremos clic con el botón derecho en el Tab Widget y seleccionamos la opción indicada en la siguiente imagen:

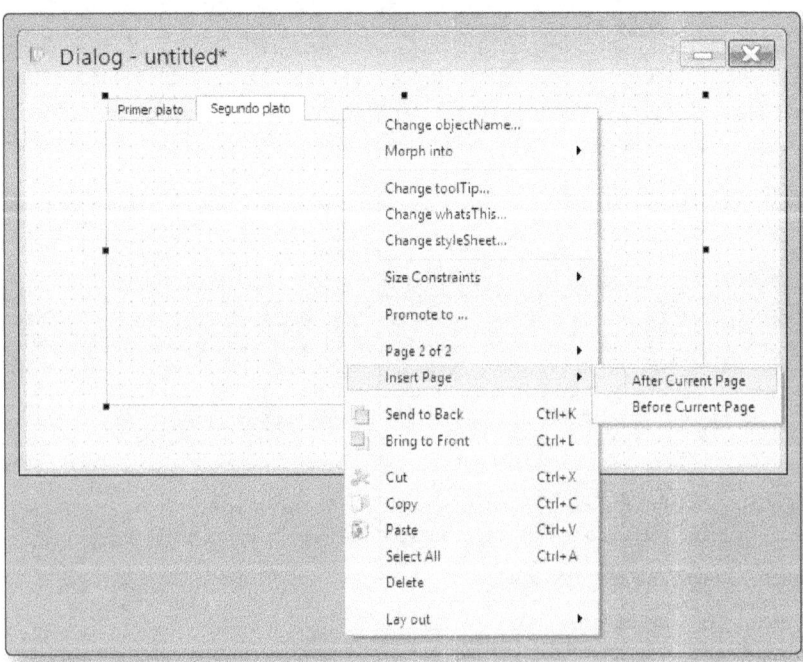

El esquema general (**ejemplo_tabWidget.ui**) es el siguiente:

En la página 2 los nombres de los platos son p2_1, p2_2, p2_3 y p2_4 y en la página tres po_1, po_2, po_3, po_4.

Tras usar pyuic4 para generar **ejemplo_tabWidget.py** el aspecto final del ejemplo y el código (**ejemplo_tabWidget.pyw**) serán los siguientes:

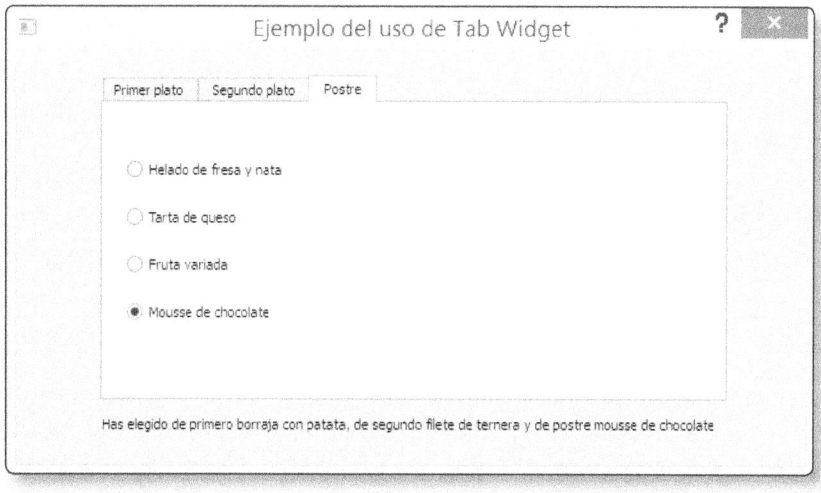

```python
import sys
sys.path.append(r"C:\Users\flop\Desktop\Ejercicios_Python_Resueltos")
from ejemplo_tabWidget import *

class MyForm(QtGui.QDialog):
    def __init__(self, parent=None):
        QtGui.QWidget.__init__(self, parent)
        self.ui = Ui_Dialog()
        self.ui.setupUi(self)

        self.primero = self.segundo = self.postre = 'nada'

        self.ui.p1_1.clicked.connect(self.maneja)
        self.ui.p1_2.clicked.connect(self.maneja)
        self.ui.p1_3.clicked.connect(self.maneja)
        self.ui.p1_4.clicked.connect(self.maneja)
        self.ui.p2_1.clicked.connect(self.maneja)
        self.ui.p2_2.clicked.connect(self.maneja)
        self.ui.p2_3.clicked.connect(self.maneja)
        self.ui.p2_4.clicked.connect(self.maneja)
        self.ui.po_1.clicked.connect(self.maneja)
        self.ui.po_2.clicked.connect(self.maneja)
        self.ui.po_3.clicked.connect(self.maneja)
        self.ui.po_4.clicked.connect(self.maneja)


    def maneja(self):
        if self.sender().objectName() in ['p1_1', 'p1_2', 'p1_3', 'p1_4']:
            self.primero = self.sender().text().lower()
        elif self.sender().objectName() in ['p2_1', 'p2_2', 'p2_3', 'p2_4']:
            self.segundo = self.sender().text().lower()
        elif self.sender().objectName() in ['po_1', 'po_2', 'po_3', 'po_4']:
            self.postre = self.sender().text().lower()
        self.ui.salida.setText("Has elegido de primero {}, de segundo {} y de postre {}"\
                               .format(self.primero, self.segundo, self.postre))

if __name__ == "__main__":
    app = QtGui.QApplication(sys.argv)
    myapp = MyForm()
    myapp.show()
    sys.exit(app.exec_())
```

2.1.3.2 STACKED WIDGET

La palabra inglesa "stack" significa pila, montón. Por lo tanto, un Stacked widget (su clase es **QStackedWidget**) nos permite amontonar una serie de widgets genéricos (a los que denominaremos hojas), siendo solo uno de ellos visible en un instante dado. Cada hoja tiene un índice asociado (que se inicia desde 0) mediante el que podemos acceder a ella.

Al contrario de lo que ocurría con los Tab Widget y las pestañas, no tenemos una forma intrínseca de cambiar de hoja, por lo que para ello haremos uso de instancias de QSpinBox, QComboBox, QListWidget, o similares. No nos debe confundir el hecho de que, en el proceso de diseño desde Qt Designer, sí se nos permita cambiar de hoja (mediante dos pequeñas flechas) de cara a insertar los widgets que deseemos en cada una de ellas, ya que posteriormente el ejecutar nuestro código principal no aparecerán esas flechas mostradas en la parte superior derecha del Stacked Widget.

Las principales propiedades son:

Clase	Propiedad	Comentario
QFrame	frameShape	Nos permite configurar la forma del marco.
	frameShadow	Nos permite configurar la sombra del marco.
QStackedWidget	currentIndex	Indica el índice (comenzando desde 0) de la página activa en ese momento.
	currentPageName	Indica el nombre de la página activa en ese momento.

Como métodos más interesantes destacamos:

Clase	Método	Comentario
QStackedWidget	addWidget(w)	Añade al Stacked Widget el widget w.
	count()	Nos devuelve el número de páginas que tenemos.
	currentIndex()	Nos devuelve el índice de la página activa en ese momento.
	currentWidget()	Nos devuelve el widget de la página activa en ese momento, o 0 si no hay hojas.
	indexOf(w)	Nos devuelve el índice de la página w, 0 -1 si no es una de las páginas.
	insertWidget(i, w)	Añade al Stacked Widget el widget w en el índice i.
	removeWidget(w)	Elimina el widget (página) w.
	setCurrentIndex(i)	Configura como página activa la que ocupa el índice i.
	setCurrentWidget(w)	Configura w como página activa.
	widget(i)	Devuelve el widget de índice i, o 0 si no existe.

Como señales tenemos:

Clase	Señal	Comentario
QStackedWidget	currentChanged(int)	Se emite cuando la página activa cambia. El parámetro mandado es el nuevo índice de página, o -1 si no existe la página.
	widgetRemoved(int)	Se emite cuando un widget es eliminado. El parámetro mandado es el índice que ocupaba ese widget.

Para ejemplificar el uso de Stacked Widget crearemos una sencilla aplicación con 3 páginas. En la primera de ellas aparecerán dos botones, mientras que en la segunda y tercera lo hará solo uno, todos ellos etiquetados convenientemente. Se nos indicará por pantalla qué botón hemos pulsado, pudiendo desplazarnos de hoja a hoja mediante un Spin Box que nos indica la página en la que estamos. El aspecto final es el siguiente:

Partimos del esquema **ejemplo_stackedWidget.ui** diseñado desde Qt Designer:

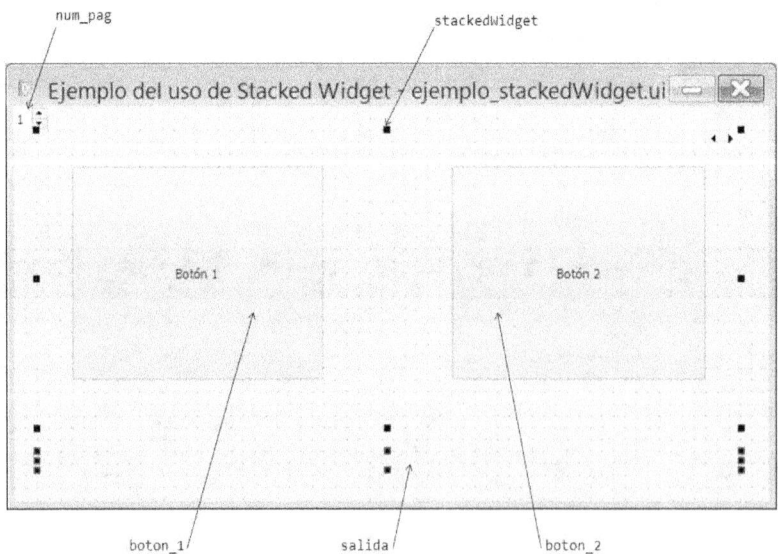

El código (**ejemplo_stackedWidget.pyw**) es el siguiente:

```python
import sys
sys.path.append(r"C:\Users\flop\Desktop\Ejercicios_Python_Resueltos")
from ejemplo_stackedWidget import *

class MyForm(QtGui.QDialog):
    def __init__(self, parent=None):
        QtGui.QWidget.__init__(self, parent)
        self.ui = Ui_Dialog()
        self.ui.setupUi(self)

        self.ui.boton_1.clicked.connect(self.maneja)
        self.ui.boton_2.clicked.connect(self.maneja)
        self.ui.boton_3.clicked.connect(self.maneja)
        self.ui.boton_4.clicked.connect(self.maneja)

        self.ui.num_pag.valueChanged.connect(self.cambia_pagina)


    def maneja(self):
        mi_boton = self.sender().text().lower()
        self.ui.salida.setText("Has hecho clic en el {}".format(mi_boton))

    def cambia_pagina(self, num):
        self.ui.stackedWidget.setCurrentIndex(num - 1)


if __name__ == "__main__":
    app = QtGui.QApplication(sys.argv)
    myapp = MyForm()
    myapp.show()
    sys.exit(app.exec_())
```

2.1.3.3 TOOL BOX

Un Tool Box (caja de herramientas) nos permite agrupar en forma de columna widgets genéricos (páginas) asociados cada uno a una pestaña. Tendremos por tanto una columna de pestañas donde solo la página de la pestaña seleccionada será visible. Cada pestaña tiene un índice asociado. Su clase es **QToolBox**.

Las principales propiedades son:

Clase	Propiedad	Comentario
QFrame	frameShape	Nos permite configurar la forma del marco.
	frameShadow	Nos permite configurar la sombra del marco.
QToolBox	currentIndex	Indica el índice (comenzando desde 0) de la página activa en ese momento.
	currentItemText	Indica el texto que aparece en la pestaña actual.
	currentItemName	Indica el nombre de la pestaña actual.
	currentItemIcon	Indica el icono asociado a la pestaña actual.
	currentItemToolTip	Indica el texto de información asociado a la pestaña actual.
	tabSpacing	Indica la distancia en puntos entre las pestañas.

Sobre la totalidad de métodos destacaremos:

Clase	Método	Comentario
QToolBox	addItem(w,ic,e)	Añade una hoja w con la etiqueta e y un icono (opcional) ic. Nos devuelve el índice que ocupa.
	count()	Nos devuelve el número de hojas que tenemos.
	currentIndex()	Nos devuelve el índice de la página activa en ese momento.
	currentWidget()	Nos devuelve la página activa en ese momento.
	indexOf(w)	Nos devuelve el índice del widget w, o -1 si este no existe en nuestro Tool Box.
	insertItem(i,w,ic,e)	Añade una hoja w en el índice i con una etiqueta e y un icono (opcional) ic. Si el índice está fuera de rango se añade al final (abajo).
	isItemEnabled(i)	Nos devuelve un booleano indicando si la página de índice i está o no habilitada.
	itemText(i)	Nos devuelve el texto de la pestaña de índice i, o una cadena vacía si i está fuera de rango.
	itemToolTip(i)	Nos devuelve el texto de información de la pestaña de índice i.
	removeItem(i)	Elimina la página de índice i.
	setCurrentIndex(i)	Hace que la hoja activa sea la que tiene índice i.
	setCurrentWidget(w)	Hace que la hoja activa sea la w, que debe ser una hoja del Tool Box.
	setItemEnabled(i,b)	Habilita/deshabilita la página de índice i dependiendo del valor booleano b.
	setItemText(i,e)	Coloca el texto e en la pestaña de índice i.
	setItemToolTip(i,t)	Configura el texto de información t para que aparezca cuando nos colocamos sobre la pestaña de índice i.
	widget(i)	Devuelve la página de índice i, o 0 si este está fuera de rango.

La única señal es la siguiente:

Clase	Señal	Comentario
QToolBox	currentChanged(int)	Se emite cuando la página activa cambia. El parámetro mandado es el nuevo índice de página, o -1 si no existe la página.

El esquema de Qt Designer, que tiene de nombre **ejemplo_toolBox.ui**, es el siguiente:

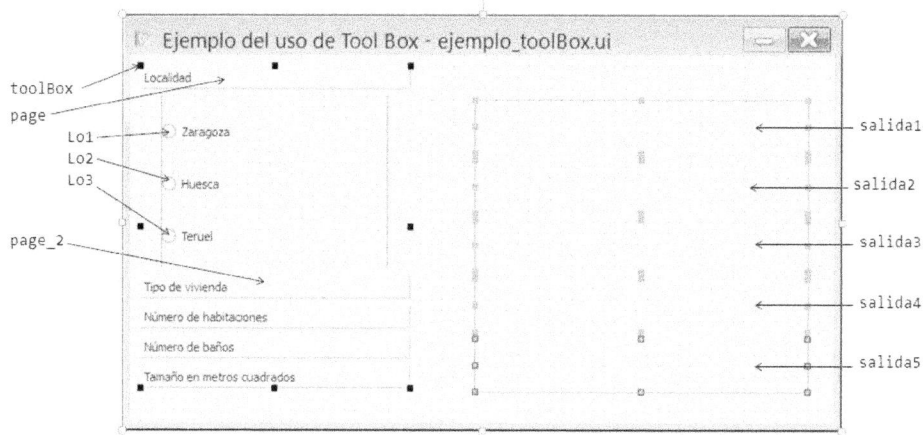

He insertado un Tool Box, al que no he cambiado el nombre que aparece por defecto (toolBox). Tampoco lo he hecho con el nombre de las páginas (page, page_2,..., page_5). Sí he renombrado de la siguiente manera los distintos elementos que he insertado en cada una de las páginas, que, salvo la última de ellas, contienen botones de opción (clase QRadioButton):

- Pestaña "Localidad": Lo1, Lo2 y Lo3 para, respectivamente, las opciones "Zaragoza", "Huesca" y "Teruel".

- Pestaña "Tipo de vivienda": Ti1 y Ti2 de "Nueva" o "Segunda mano".

- Pestaña "Número de habitaciones": Nh1, Nh2, Nh3 y Nh4 para los números de habitaciones del 1 al 4.

- Pestaña "Número de baños": Nb1 y Nb2 para los números de baños 1 y 2

- Pestaña "Tamaño en metros cuadrados": desde y hasta para los dos QSpinBox que nos indicarán el rango de metros cuadrados deseados, y boton_confirmar para el botón con el que validaremos los datos indicados.

También he colocado 5 etiquetas de salida con los nombres indicados.

El código (**ejemplo_toolBox.pyw**) es el siguiente:

```python
import sys
sys.path.append(r"C:\Users\flop\Desktop\Ejercicios_Python_Resueltos")
from ejemplo_toolBox import *

class MyForm(QtGui.QDialog):
    def __init__(self, parent=None):
        QtGui.QWidget.__init__(self, parent)
        self.ui = Ui_Dialog()
        self.ui.setupUi(self)

        for elem in ['Lo1', 'Lo2', 'Lo3', 'Ti1', 'Ti2', 'Nh1', 'Nh2',\
                     'Nh3', 'Nh4', 'Nb1', 'Nb2', 'boton_confirmar']:
            comando = 'self.ui.' + elem + '.clicked.connect(self.maneja)'
            exec(comando)

    def maneja(self):
        mi_objeto = self.sender().objectName()
        if mi_objeto.count('Lo') > 0:
            self.ui.salida1.setText("Localidad elegida: {}".format(self.sender().text()))
        elif mi_objeto.count('Ti') > 0:
            self.ui.salida2.setText("Tipo de vivienda elegido: {}".format(self.sender().text()))
        elif mi_objeto.count('Nh') > 0:
            self.ui.salida3.setText("Número de habitaciones elegido: {}".format(self.sender().text()))
        elif mi_objeto.count('Nb') > 0:
            self.ui.salida4.setText("Número de baños elegido: {}".format(self.sender().text()))
        elif mi_objeto.count('confirmar') > 0:
            if int(self.ui.desde.text()) < int(self.ui.hasta.text()):
                self.ui.salida5.setText("Tamaño elegido del piso: entre {} y {} metros cuadrados"\
                                        .format(self.ui.desde.text(), self.ui.hasta.text()))
            elif int(self.ui.desde.text()) == int(self.ui.hasta.text()):
                self.ui.salida5.setText("Tamaño elegido del piso: {} metros cuadrados".format(self.ui.desde.text()))
            else:
                self.ui.salida5.setText("Valores elegidos para el tamaño erróneos. Revíselos")

if __name__ == "__main__":
    app = QtGui.QApplication(sys.argv)
    myapp = MyForm()
    myapp.show()
    sys.exit(app.exec_())
```

Un ejemplo del uso de la aplicación es el siguiente:

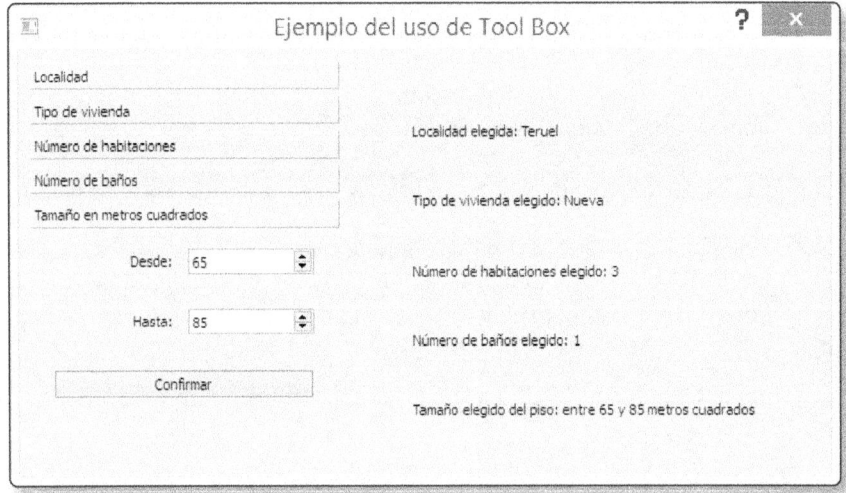

2.2 PROGRAMAR APLICACIONES GRÁFICAS DE TIPO VENTANA PRINCIPAL

Hasta ahora hemos trabajado con aplicaciones cuyo elemento contenedor principal era de tipo widget genérico o de tipo diálogo, basados respectivamente en las clases QWidget y QDialog. En él colocábamos los demás widgets que componen la aplicación. Otro de los contenedores pricipales es el de tipo ventana principal (**Main Window**), basado en la clase **QMainWindow**, que nos permitirá construir aplicaciones que incluyan los siguientes elementos:

- Barra de menús (menu bar).
- Una o varias barras de herramientas (tool bar).
- Un widget central.
- Ventanas acopladas (dock windows).
- Barra de estado (status bar).

El esquema general, tomado de la documentación oficial de PyQt4, es el siguiente:

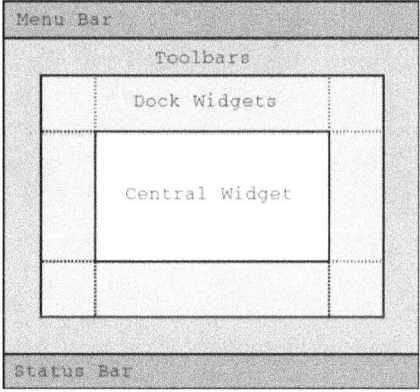

Además de ello la ventana tendrá la barra de título y los botones habituales de cualquier ventana de Windows.

En lugar de explicar de forma teórica uno a uno los posibles elementos que compondrían una aplicación gráfica al estilo de ventana pricipal[112], vamos a intentar crear una sencilla desde el principio, e ir conociendo los elementos a medida que van surgiendo. Nos apoyaremos todo lo posible en Qt Designer para dinamizar y facilitar el proceso.

---

112. Main Window style.

2.2.1 Desarrollo de una sencilla aplicación gráfica tipo ventana principal

Queremos conseguir una aplicación que tenga dos menús (con una opción en cada uno de ellos que lleve asociado un icono), uno para insertar una imagen concreta y otro para borrarla. Queremos que se nos indique la operación realizada. La idea es la siguiente:

La imagen represantada corresponde a la elección, dentro del menú "Insertar", de la opción "Insertar la imagen". Si seleccionásemos la opción "Borrar la imagen" dentro del menú "Borrar", desaparecería la imagen de la pantalla y se nos indicaría mediante un mensaje.

2.2.1.1 INICIO. BARRAS DE MENÚS, HERRAMIENTAS Y ESTADO. WIDGET CENTRAL. ACCIONES Y RECURSOS

Para comenzar a desarrollar nuestra aplicación, iremos a Qt Designer y seleccionaremos al inicio, en la elección de nuevo formulario, que estará basado en Main Window.

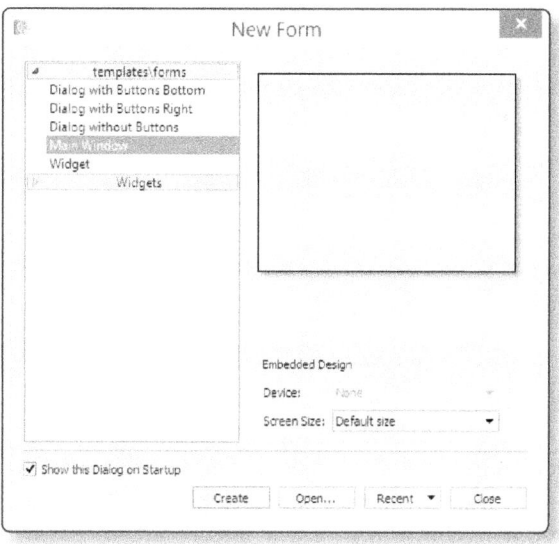

Tras hacer clic en "Create", nos aparecerá en la parte central nuestro formulario, cuyo tamaño podemos modificar a nuestro gusto. En él distinguiremos los siguientes elementos[113]:

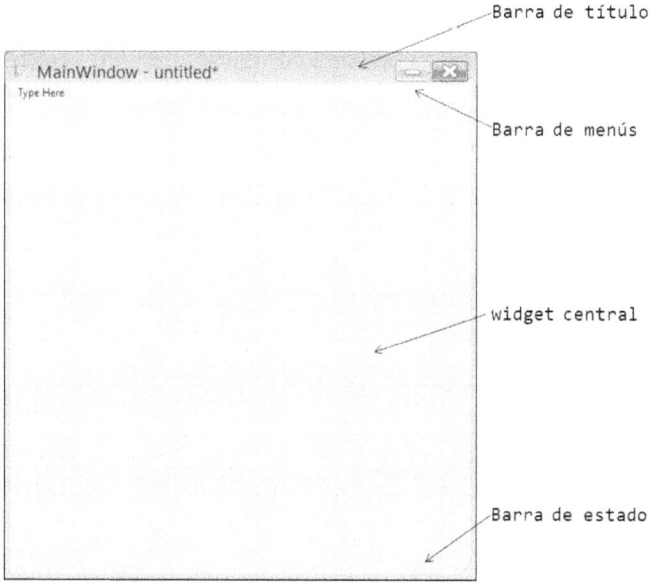

---

113. De momento, de cara a ir paso a paso y por simplicidad, nos olvidamos de las posibles barras de herramientas o dock windows. Las veremos más adelante.

Hay acopladas por defecto una barra de menús[114] y una barra de estado[115]. En la parte derecha de la pantalla está la ventana del inspector de objetos, que nos indica los que tenemos ahora mismo en nuestra aplicación:

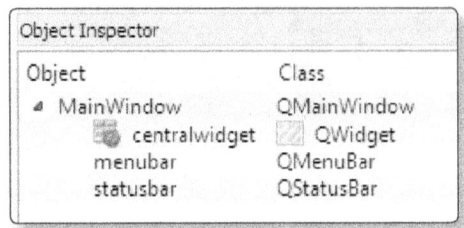

Es lo siguiente:

- Como widget central un objeto de tipo QWidget. Solo puede haber un widget central en nuestra ventana principal[116]. Dentro de ese widget central colocaremos todos los widgets que queramos, como hemos visto hasta ahora.

- La barra de menús es un objeto de tipo **QMenuBar** y de nombre menubar. La clase QMenuBar tiene muchas características que veremos posteriormente.

- La barra de estado es un objeto de tipo **QStatusBar** y de nombre statusbar. La clase QStatusBar tiene también multitud de propiedades y métodos, algunos de los cuales veremos.

Si en la ventana principal hacemos clic en "Type Here" y colocamos el texto "Insertar":

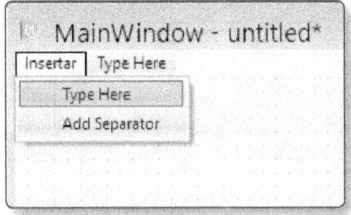

---

114. Podríamos eliminarla colocándonos encima de ella con el ratón, haciendo clic con el botón derecho y ejecutando "Remove Menu Bar".

115. Podríamos eliminarla colocándonos encima de ella con el ratón, haciendo clic con el botón derecho y ejecutando "Remove Status Bar".

116. Esta no es ninguna restricción importante, ya que el widget central puede estar compuesto de muchos widgets.

Nos ha creado un objeto de tipo **QMenu** dentro de nuestra barra de menús, como podemos comprobar en el inspector de objetos[117]:

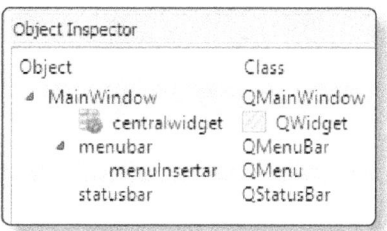

Si ahora hacemos doble clic en "Type Here" dentro del menú "Insertar" y colocamos el texto "Insertar la imagen", tras pulsar Enter tendremos lo siguiente:

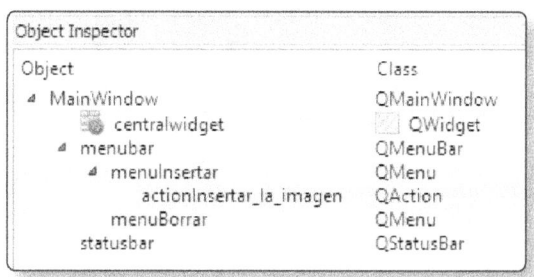

Dentro de menuInsertar se ha creado lo que se denomina una **acción**, que es una instancia de la clase **QAction**. Las acciones podemos considerarlas de forma muy básica como algo que el usuario quiere realizar. Será esta acción la que posteriormente conectemos con la ejecución (vía señales y slots) de un determinado código, en nuestro caso concreto la visualización de la imagen en pantalla.

En la parte inferior derecha de la pantalla, en la pestaña del editor de acciones, aparece la acción creada y varias de sus propiedades por defecto:

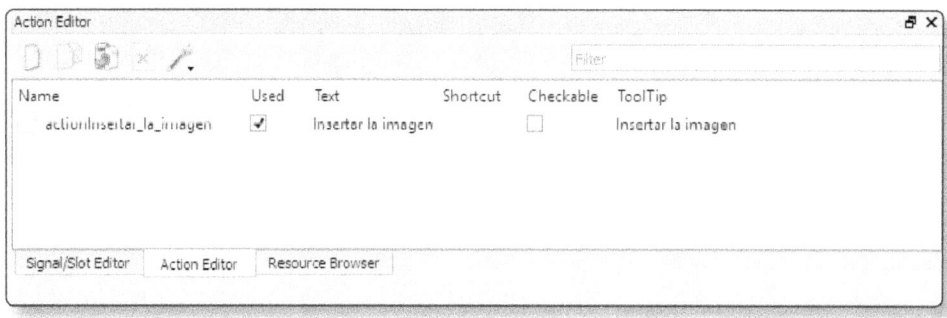

---

117. El nombre por defecto es el que le hemos puesto nosotros precedido de "menu".

Por ejemplo Shortcut se refiere a la combinación de teclas que haría que la acción se lanzase en la aplicación, y Checkable a si la acción puede estar o no en un estado activado o desactivado continuado[118].

En este momento tenemos ya el menú "Insertar" con la opción "Insertar la imagen". Podemos hacer Ctrl+r para visualizar mejor su aspecto final.

Ahora queremos asociar un icono a esa opción. Un icono lo podemos considerar como un recurso[119], y es muy interesante disponer de todos los incluidos en nuestra aplicación agrupados en un solo fichero (podríamos tener multitud de iconos, imágenes u otros elementos, cada uno con una dirección distinta en nuestro sistema) ya que el acceso a los recursos es mucho más cómodo y ordenado. Para ello hacemos clic sobre el icono de editar recursos (que tiene forma de lapicero) en la parte inferior derecha de la pantalla, teniendo la pestaña "Resource Browser" activada:

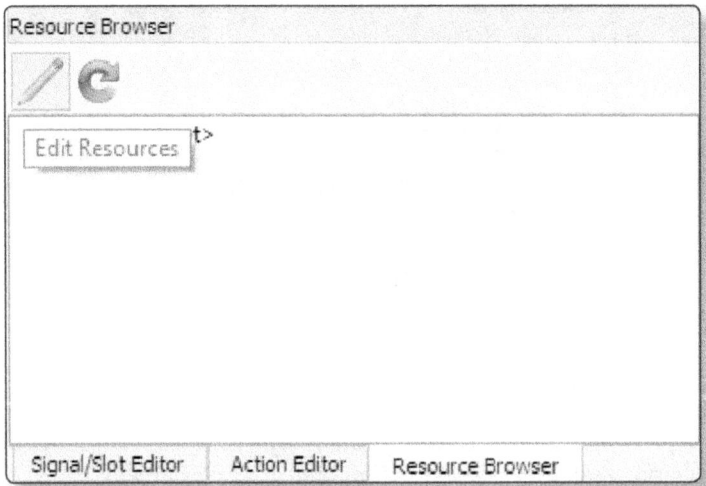

---

118. Pensar por ejemplo en un editor de texto, en los botones o las opciones de negrita, cursiva o subrayado.

119. Elementos externos que incorporamos a nuestra aplicación, como puede ser una imagen o un fichero de audio.

Nos aparecerá:

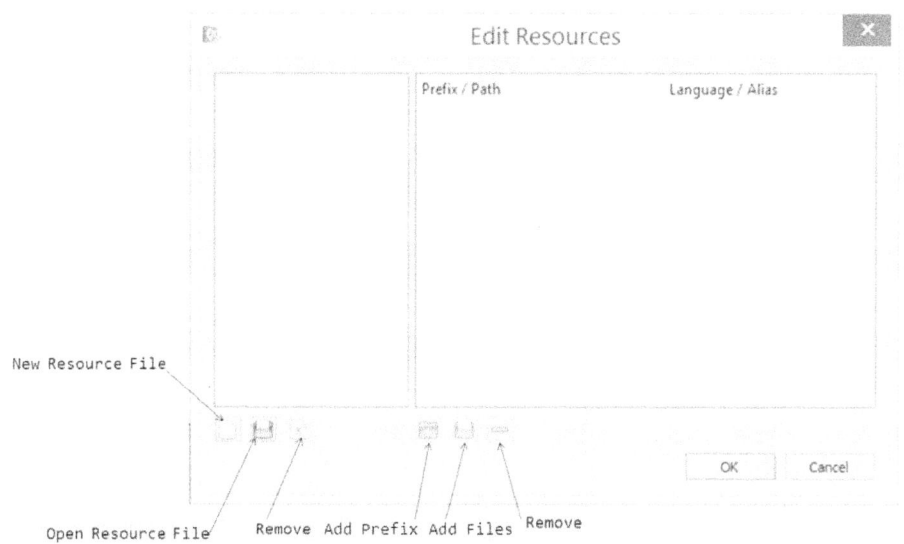

Como queremos añadir un nuevo fichero de recursos, haremos clic en "New Resource File" y se nos abrirá una ventana que pedirá el nombre del fichero y dónde guardarlo. Por defecto nos aparece la carpeta que ocupa PyQt4 en nuestro sistema, pero **es importante almacenar nuestro fichero en nuestra carpeta de ejercicios**, por lo que nos cambiaremos a ella antes de nada. Una vez que la tengamos seleccionada, pondremos de nombre **recursos_1**, y automáticamente se nos guardará con la extensión qrc. Una vez guardado el fichero nos aparecerá en la columna izquierda del editor de recursos. Haremos entonces clic en "Add Prefix" y teclearemos "Iconos". Posteriormente haremos clic en "Add files" y seleccionaremos todos los ficheros con extensión[120] png de la **carpeta "Imágenes"** que tenemos en nuestra carpeta de ejercicios. Pulsando nuevamente en "Add Prefix" teclearemos "Imágenes" y mediante "Add files" seleccionamos Reina_tréboles.jpeg de la carpeta "Imágenes" que tenemos en la de ejercicios. Tras todo ello tendremos:

---

120. Son todos menos Reina_tréboles.jpeg.

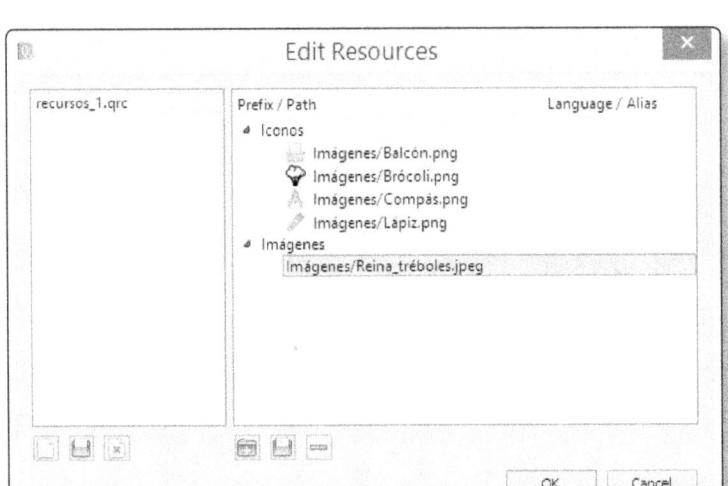

Pulsamos en "Ok" y volvemos a la pestaña "Action Editor", donde sigue nuestra única acción. Si hacemos doble clic sobre ella aparecerá:

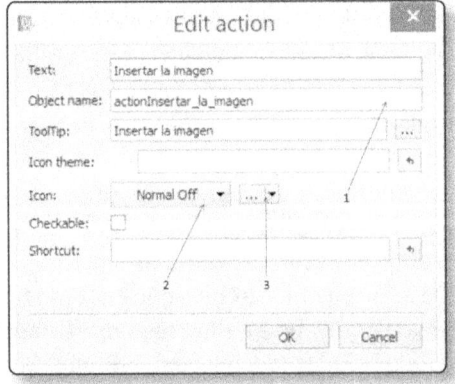

Mediante Object name (indicado mediante flecha 1) cambiaremos, por comodidad posterior en el código, el nombre de la acción a ins_imagen. Haciendo clic donde indica la flecha 2 seleccionaremos que el icono será visible por defecto (opción "Normal On") y haciendo clic donde apunta la flecha 3 obtenemos:

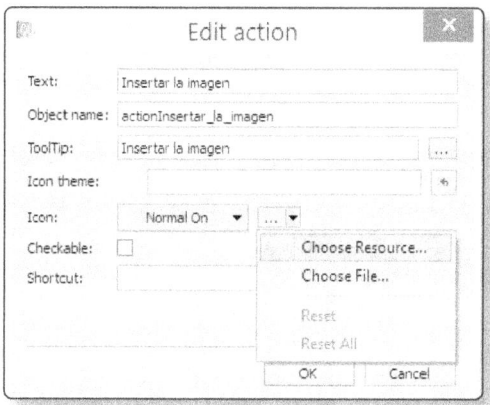

Podríamos elegir "Choose File" y buscar el recurso en nuestro arbol de directorios, pero lo buscaremos en nuestros recursos mediante "Choose Resource", algo que nos permitirá posteriormente elegir el icono Balcón.png para asociarlo a la acción.

De forma similar a como hemos actuado en el menú "Insertar" procederemos en el menú "Borrar", donde hemos dado nombre bor_imagen a la acción que contiene, que tiene como texto "Borrar la imagen" y como icono asociado[121] Compás.png.

Pondremos finalmente como título "Aplicación de tipo Main Window" a nuestra aplicación y la guardaremos como **ejemplo_menu.ui** en nuestra carpeta.

Pasaremos entonces a crear nuestro fichero pyw, pero antes necesitamos poder incluir en él lo que hemos creado en Qt Designer. Sabemos usar pyuic4 para generar un fichero py del diseño creado, pero ahora necesitamos también generar un fichero py a partir del fichero qrc que tenemos para los recursos. Eso lo lograremos mediante el comando **pyrcc4**, aplicando el siguiente formato:

```
pyrcc4 -py3 fichero_qrc > fichero_py
```

Sobre él comentaré varias cosas:

▼ La opción -py3 es necesaria para que nos genere código en Python 3.

▼ En fichero_qrc colocaremos la dirección del fichero de recursos que hemos creado, incluyendo su extensión qrc. En nuestro ejemplo el nombre sería recursos_1.qrc.

▼ En fichero_py colocaremos la dirección del fichero de extensión py que queremos crear, incluyendo su extensión y añadiendo "_rc" al nombre

---

121. El icono elegido no es importante a nivel didáctico.

del fichero_qrc, ya que pyuic4 lo hace de forma automática al generar su código[122]. Por lo tanto, en nuestro ejemplo el nombre sería recursos_1_rc.py.

Por lo tanto teclearíamos lo siguiente:

```
C:\Users\flop>pyrcc4 -py3 C:\Users\flop\Desktop\Ejercicios_Python_Resueltos\recu
rsos_1.qrc > C:\Users\flop\Desktop\Ejercicios_Python_Resueltos\recursos_1_rc.py

C:\Users\flop>pyuic4 C:\Users\flop\Desktop\Ejercicios_Python_Resueltos\ejemplo_m
enu.ui > C:\Users\flop\Desktop\Ejercicios_Python_Resueltos\ejemplo_menu.py

C:\Users\flop>_
```

En este momento ya estamos preparados para generar nuestro código pyw, y hacer uso de los dos ficheros py generados: **ejemplo_menu** y **recursos_1_rc**. Es el siguiente, que guardaremos en nuestra carpeta como **ejemplo_menu_g.pyw**:

```python
import sys
sys.path.append(r"C:\Users\flop\Desktop\Ejercicios_Python_Resueltos")
from ejemplo_menu import *
from recursos_1_rc import *
from PyQt4.QtGui import *

class MyForm(QMainWindow):
    def __init__(self, parent=None):
        QMainWindow.__init__(self, parent)
        self.ui = Ui_MainWindow()
        self.ui.setupUi(self)

        self.barra_menus = self.menuBar()
        self.widget_central = self.centralWidget()
        self.barra_estado = self.statusBar()

        self.ui.ins_imagen.triggered.connect(self.saca_imagen)
        self.ui.bor_imagen.triggered.connect(self.borra_imagen)


    def saca_imagen(self):
        mi_imagen = QPixmap(":/Imagenes/Imagenes/Reina_treboles.jpeg")
        mi_etiqueta = QLabel()
        mi_etiqueta.setAlignment(QtCore.Qt.AlignCenter)
        mi_etiqueta.setPixmap(mi_imagen)
        self.setCentralWidget(mi_etiqueta)
        self.barra_estado.showMessage("La imagen ha sido representada en pantalla")


    def borra_imagen(self):
        etiqueta_central = self.centralWidget()
        if type(etiqueta_central) == QLabel and etiqueta_central.pixmap() != None:
            etiqueta_central.clear()
            self.barra_estado.showMessage("La imagen se ha eliminado de la pantalla")
        else:
            self.barra_estado.showMessage("No hay imagen en pantalla para eliminar")


if __name__ == "__main__":
    app = QtGui.QApplication(sys.argv)
    myapp = MyForm()
    myapp.show()
    sys.exit(app.exec_())
```

---

122. En el código que genera pyuic4 aparecerá un import para los recursos, y en el nombre se añade "_rc" de forma automática.

En las líneas L4 y L5 importamos los ficheros comentados con anterioridad. En L6 importo todos los elementos del módulo PyQt4.QtGui para poder hacer referencia a ellos directamente.

El L14-16 creo tres atributos para la barra de menús, el widget central y la barra de estado, haciendo uso respectivamente de los métodos menuBar(), centralWidget() y statusBar() de la clase QMainWindow[123], que nos devolverán tres objetos de tipo QMenuBar, QWidget y QStatusBar.

Es en las líneas L18-19 donde conectamos la señal[124] triggered generada al lanzar cualquiera de las dos acciones que hemos creado en la aplicación con el slot en forma de método que usaremos para realizar las tareas que creamos convenientes en cada caso. Conectamos el lanzamiento de la acción ins_imagen con el método saca_imagen() y de forma similar bor_imagen con borra_imagen().

En el método saca_imagen() creo un objeto QPixmap con la imagen de la carta de la reina de tréboles que tengo en el fichero de recursos, de la siguiente manera:

mi_imagen = QPixmap(":/Imágenes/Imágenes/Reina_tréboles.jpeg")

No debe confundirnos que aparezca dos veces "Imágenes" en la ruta. La primera aparición la generamos mediante "Add Prefix" y la segunda es el nombre de la carpeta donde he almacenado los 4 iconos (de formato png) y la imagen (de formato jpeg). Si por ejemplo quisiese haber accedido al icono del balcón, habría puesto lo siguiente:

mi_imagen = QPixmap(":/Iconos/Imágenes/Balcón.png")

La dirección exacta se ve muy bien desde el editor de recursos:

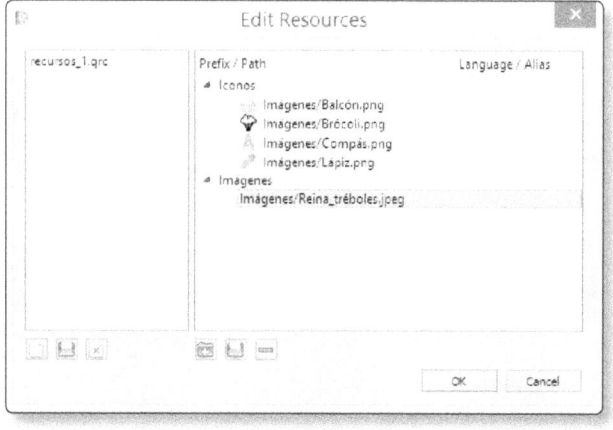

---

123. Recordemos que self representa en nuestra aplicación a la clase MyForm, basada en QMainWindow.

124. La clase QAction dispone de 4 señales, que veremos posteriormente.

De esta manera haremos referencia siempre a nuestros recursos, pudiendo almacenar en ellos los muchos iconos, imágenes u otro tipo de elementos que pueden componen una aplicación compleja.

En la línea L23 creo una etiqueta, en L25 la configuro para que tenga una alineación centrada tanto vertical como horizontalmente, en L26 cargo en ella[125] la imagen creada anteriormente y en L27 la coloco como el widget central del MainWindow mediante el método setCentralWidget(). En L28, haciendo uso del método showMessage(), saco un texto por la barra de estado[126].

En el método borra_imagen() extraigo en L32 el widget central y compruebo en L33 si es una etiqueta y contiene un pixmap. De ser cierto, la carta está representada en pantalla, por lo que borro su contenido y lo indico en la barra de estado. De no serlo, indico mediante la barra de estado que no hay imagen para eliminar ya que, o no se ha representado nunca la carta por pantalla, o se ha hecho y se ha borrado.

Mediante este sencillo ejemplo hemos aprendido el uso de la barra de menús y la barra de estado de un elemento QMainWindow. Creamos acciones que conectamos mediante señales y slots a métodos que realizan la tarea deseada. También creamos recursos para almacenar varios de los elementos que componen la aplicación.

A continuación veremos más elementos que pueden formar parte de una ventana principal. Concretamente las barras de herramientas (**toolbar**, cuya clase es **QToolbar**) y las ventanas acopladas (**dock window**).

Para incluir una barra de herramientas desde Qt Designer simplemente debemos hacer clic con el botón derecho del ratón dentro del interior de la ventana principal y seleccionar "Add Tool Bar":

---

125. Las etiquetas pueden contener texto plano, texto enriquecido, pixmap, números e incluso vídeos.
126. No es un texto fijo por completo (cualquier selección posterior lo borra) ya que las barras de estado están pensadas para visualizar momentáneamente una información.

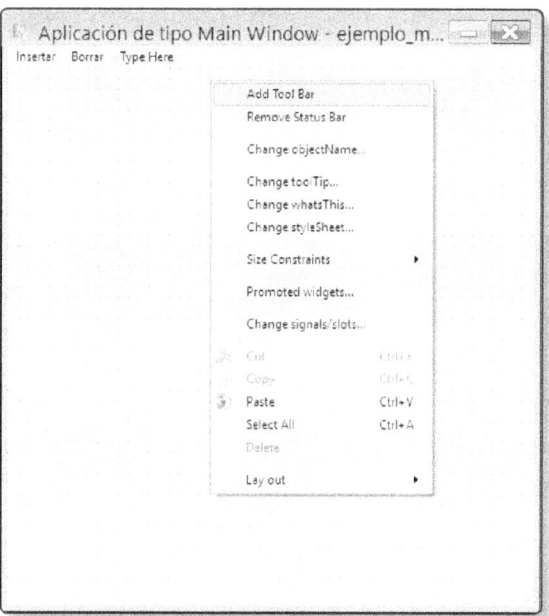

Aparecerá entonces una barra de herramientas vacía debajo de la barra de menús:

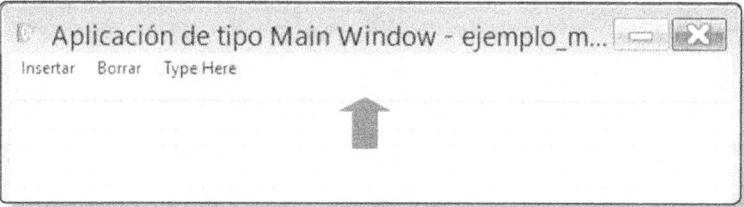

Para incluir en ella las acciones que queramos debemos arrastralas desde el editor de acciones hasta la propia barra de herramientas. Lo haremos con las dos acciones que tenemos, obteniendo:

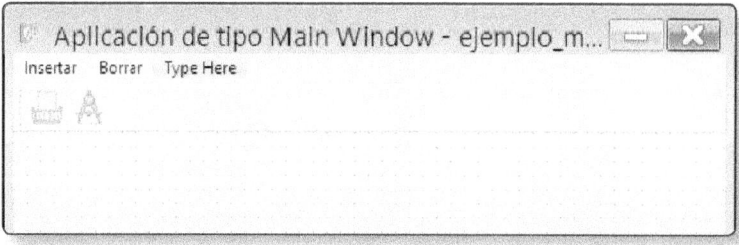

2.2.1.2 AÑADIENDO VENTANAS ACOPLADAS (DOCK WINDOWS)

Vamos seguidamente a añadir una ventana acoplada (**dock window**) en la que posteriormente visualizaremos algunas características de la imagen. Para ello arrastraremos a nuestra ventana principal un elemento de tipo "Dock Widget" que tenemos dentro de "Containers" en la columna izquierda de la pantalla. Al hacerlo se nos encaja en una de las cuatro zonas permitidas (superior, inferior, derecha o izquierda) dependiendo de en qué zona soltamos el widget. Si lo hacemos cerca de la parte derecha obtenemos:

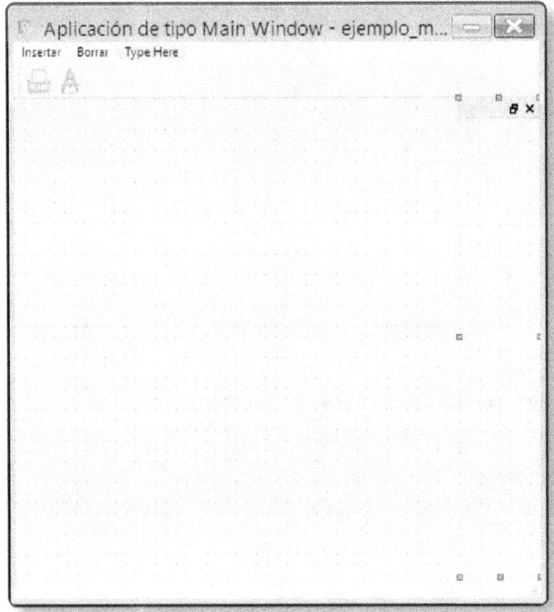

En el inspector de objetos visualizaremos perfectamente los componentes de la aplicación:

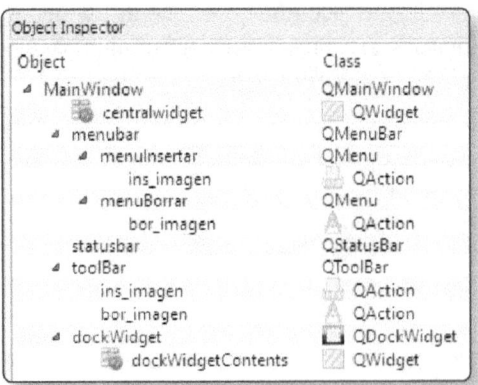

En él observamos la barra de herramientas añadida (de nombre toolbar), y el dock widget incorporado últimamente (de nombre dockWidget) cuyo contenido es por defecto un widget genérico (clase QWidget). Queremos dar unas determinadas propiedades a la ventana acoplada. Para ello las configuramos en el editor de la siguiente manera:

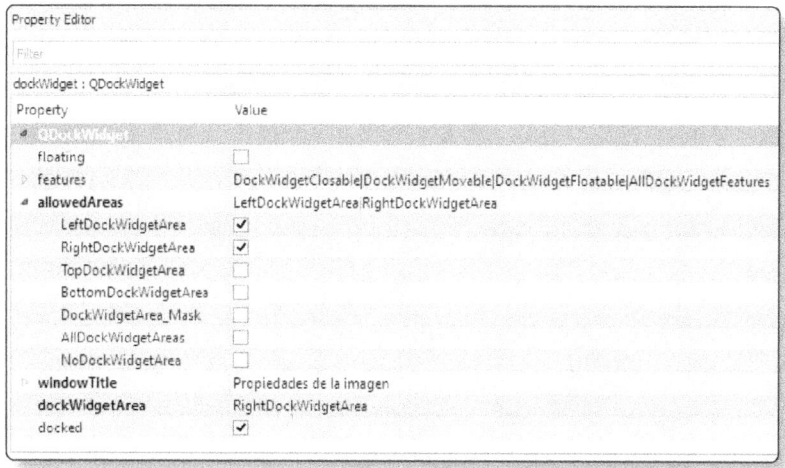

Las propiedades que vemos tienen el siguiente significado:

▼ floating: nos permite que la ventana no esté anclada inicialmente a la ventana principal, sino que flote libremente.

▼ features: nos permite dar una serie de características al dock widget, como que se pueda mover, cerrar o flotar.

▼ allowedAreas: le indicamos en qué zonas se podrá posteriormente anclar el dock widget. Nosotros le indicamos que solo en la parte izquiera o derecha.

▼ windowTitle: coloca un título a la ventana acoplada.

▼ dockWidgetArea: marcamos dónde queremos que aparezca inicialmente anclada la ventana acoplada.

▼ docked: si está activada indicamos que queremos que la ventana esté anclada al Main Window (formando parte de él). Si no está activada se comportará como un elemento insertado en el widget central del Main Window.

Como queremos hacer la zona de la ventana acoplada más ancha y más alta, colocaremos minimumSize → Width = 250, maximumSize → Width = 250, Height = 463.

Tras configurar todos estos elementos podemos guardar el esquema como **ejemplo_menu_2.ui** y usar pyuic4 para generar **ejemplo_menu_2.py**. Posteriormente crearemos **ejemplo_menu_g_2.pyw**:

```python
import sys
sys.path.append(r"C:\Users\flop\Desktop\Ejercicios_Python_Resueltos")
from ejemplo_menu_2 import *
from recursos_1_rc import *
from PyQt4.QtGui import *

class MyForm(QMainWindow):
    def __init__(self, parent=None):
        QMainWindow.__init__(self, parent)
        self.ui = Ui_MainWindow()
        self.ui.setupUi(self)

        self.barra_menus = self.ui.menubar
        self.widget_central = self.ui.centralwidget
        self.ventana_acoplada = self.ui.dockWidget
        self.barra_estado = self.ui.statusbar

        self.ventana_acoplada.setWidget(QListWidget())

        self.ui.ins_imagen.triggered.connect(self.saca_imagen)
        self.ui.bor_imagen.triggered.connect(self.borra_imagen)


    def saca_imagen(self):
        mi_imagen = QPixmap(":/Imágenes/Imágenes/Reina_tréboles.jpeg")
        mi_etiqueta = QLabel()
        mi_etiqueta.setAlignment(QtCore.Qt.AlignCenter)
        mi_etiqueta.setPixmap(mi_imagen)
        self.setCentralWidget(mi_etiqueta)
        self.barra_estado.showMessage("La imagen ha sido representada en pantalla")
        mi_lista = QListWidget()
        mi_lista.addItem("Altura de la imagen: {} pixeles".format(mi_imagen.height()))
        mi_lista.addItem("Anchura de la imagen: {} pixeles".format(mi_imagen.width()))
        mi_lista.addItem("La imagen tiene {} bits por pixel".format(mi_imagen.depth()))
        self.ventana_acoplada.setWidget(mi_lista)


    def borra_imagen(self):
        etiqueta_central = self.centralWidget()
        if type(etiqueta_central) == QLabel and etiqueta_central.pixmap() != None:
            etiqueta_central.clear()
            self.barra_estado.showMessage("La imagen se ha eliminado de la pantalla")
        else:
            self.barra_estado.showMessage("No hay imagen en pantalla para eliminar")
        self.ventana_acoplada.setWidget(QListWidget())

if __name__ == "__main__":
    app = QtGui.QApplication(sys.argv)
    myapp = MyForm()
    myapp.show()
    sys.exit(app.exec_())
```

En las líneas L14-17 creo 4 atributos para los 4 elementos de la ventana principal (barra de menús, widget central, ventana acoplada y barra de estado) accediendo directamente a los elementos y no mediante métodos como hice en ejemplo_menu_g.pyw.

En L19 coloco inicialmente, mediante el método setWidget() de **QDockWidget**, un objeto QListWidget vacío.

En el método saca_imagen(), en L32-36 creo un widget de tipo lista (QListWidget) al que añado tres ítems que tienen información sobre la imagen (para ello me apoyo en los métodos height(), width() y depth() de la clase QPixmap). Posteriormente añado esa lista a la ventana acoplada mediante setWidget().

En el método borra_imagen(), en L46 vuelvo a cargar un widget tipo lista vacío en la ventana acoplada, por lo que se borraría su posible contenido.

Al final la aplicación tiene el siguiente aspecto, en el que podemos observar barra de menús, barra de herramientas, widget central, ventana acoplada y barra de estado:

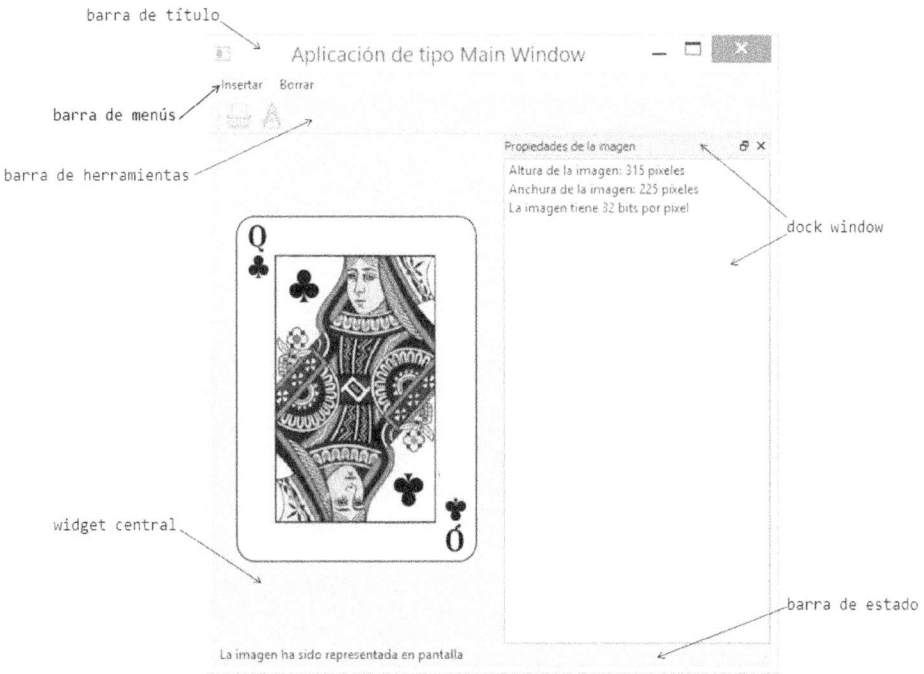

Podríamos ahora querer añadir una tercera acción (que incluiremos en un tercer menú y en un tercer botón de la barra de herramientas) que nos permita elegir el fichero gráfico a representar moviéndonos entre el arbol de directorios del sistema, algo que nos permite la clase **QFileDialog**[127].

Empezaremos haciendo algo más grande la ventana de la aplicación, añadiendo una acción bus_imagen (de "buscar imagen") asociada al icono "Lapiz.png" de la carpeta "Imágenes" de nuestra carpeta de ejercicios, y acortando la altura del dock widget hasta un máximo de 200 puntos. Quedaría de la siguiente manera (**ejemplo_menu_3.ui**):

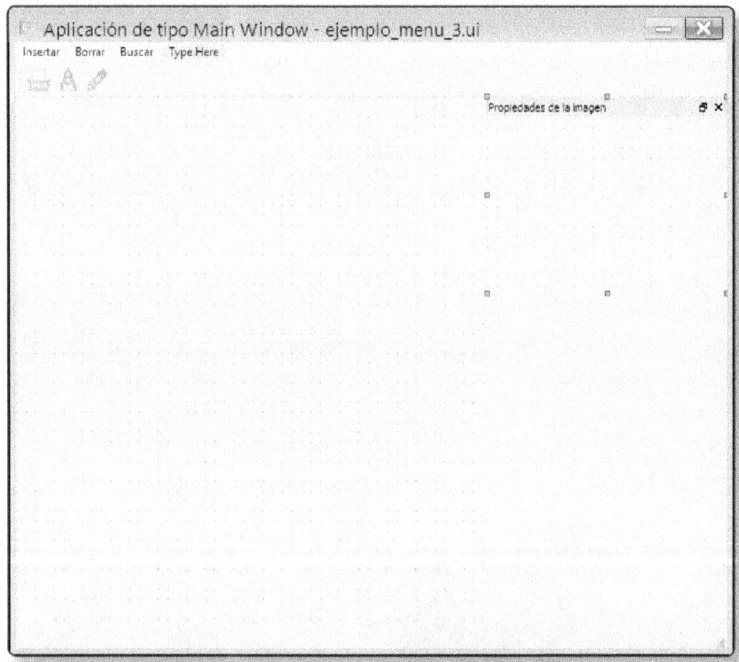

Tras ejecutar pyuic4 y generar **ejemplo_menu_3.py** el código de **ejemplo_menu_g_3.pyw** es el siguiente:

---

127. Para conocer más sus características y funcionamiento consultar la documentación oficial de las librerías PyQt.

```python
import sys
import os
sys.path.append(r"C:\Users\flop\Desktop\Ejercicios_Python_Resueltos")
from ejemplo_menu_3 import *
from recursos_1_rc import *
from PyQt4.QtGui import *

class MyForm(QMainWindow):
    def __init__(self, parent=None):
        QMainWindow.__init__(self, parent)
        self.ui = Ui_MainWindow()
        self.ui.setupUi(self)

        self.barra_menus = self.ui.menubar
        self.widget_central = self.ui.centralwidget
        self.ventana_acoplada = self.ui.dockWidget
        self.barra_estado = self.ui.statusbar

        self.dim_widget_central = (0,0)

        self.ventana_acoplada.setWidget(QListWidget())

        self.ui.ins_imagen.triggered.connect(self.saca_imagen)
        self.ui.bor_imagen.triggered.connect(self.borra_imagen)
        self.ui.bus_imagen.triggered.connect(self.busca_saca_imagen)


    def saca_imagen(self):
        if self.dim_widget_central == (0,0):
            self.dim_widget_central = (self.widget_central.height(), self.widget_central.width())
        mi_imagen = QPixmap(":/Imagenes/Imagenes/Reina_tréboles.jpeg")
        mi_etiqueta = QLabel()
        mi_etiqueta.setAlignment(QtCore.Qt.AlignCenter)
        mi_etiqueta.setPixmap(mi_imagen)
        self.setCentralWidget(mi_etiqueta)
        self.barra_estado.showMessage("La imagen prefijada ha sido representada en pantalla", 3000)
        mi_lista = QListWidget()
        mi_lista.addItem("Altura de la imagen: {} píxeles".format(mi_imagen.height()))
        mi_lista.addItem("Anchura de la imagen: {} píxeles".format(mi_imagen.width()))
        mi_lista.addItem("La imagen tiene {} bits por pixel".format(mi_imagen.depth()))
        self.ventana_acoplada.setWidget(mi_lista)


    def borra_imagen(self):
        etiqueta_central = self.centralWidget()
        if type(etiqueta_central) == QLabel and etiqueta_central.pixmap() != None:
            etiqueta_central.clear()
            self.barra_estado.showMessage("La imagen se ha eliminado de la pantalla", 3000)
        else:
            self.barra_estado.showMessage("No hay imagen en pantalla para eliminar", 3000)
        self.ventana_acoplada.setWidget(QListWidget())


    def busca_saca_imagen(self):
        if self.dim_widget_central == (0,0):
            self.dim_widget_central = (self.widget_central.height(), self.widget_central.width())

        dialogo_ficheros = QFileDialog(self)
        dialogo_ficheros.setDirectory(r"C:\Users\flop\Desktop\Ejercicios_Python_Resueltos\Imagenes_2")
        ruta_mi_fichero = dialogo_ficheros.getOpenFileName()

        mi_imagen = QPixmap(ruta_mi_fichero)
        mi_etiqueta = QLabel()
        mi_etiqueta.setFixedHeight(self.dim_widget_central[0])
        mi_etiqueta.setFixedWidth(self.dim_widget_central[1])
        mi_etiqueta.setAlignment(QtCore.Qt.AlignCenter)
        mi_etiqueta.setScaledContents(True)
        self.setCentralWidget(mi_etiqueta)
        mi_etiqueta.setPixmap(mi_imagen)

        datos_fichero = os.stat(ruta_mi_fichero)
        mi_lista = QListWidget()
        mi_lista.addItem("Altura de la imagen: {} píxeles".format(mi_imagen.height()))
        mi_lista.addItem("Anchura de la imagen: {} píxeles".format(mi_imagen.width()))
        mi_lista.addItem("La imagen tiene {} bits por pixel".format(mi_imagen.depth()))
        mi_lista.addItem("La imagen tiene un tamaño de {:.2f} KB".format(datos_fichero.st_size/1024))
        self.ventana_acoplada.setWidget(mi_lista)

        self.barra_estado.showMessage("La imagen elegida ha sido representada en pantalla", 3000)


if __name__ == "__main__":
    app = QtGui.QApplication(sys.argv)
    myapp = MyForm()
    myapp.show()
    sys.exit(app.exec_())
```

El análisis del código queda como ejercicio para el lector.

2.2.2 Uso de separadores (splitters)

Cuando queremos tener la zona central de nuestra aplicación dividida a su vez en varias zonas tenemos básicamente dos opciones:

1. Usar un solo widget central y una o varias dock windows.
2. Usar como widget central un widget compuesto de varios widgets.

La opción 1, para el caso de una sola dock window, lo hemos visto recientemente en los últimos ejemplos. Para realizar la opción 2 haremos uso de los splitters (separadores).

Un **widget separador** (de clase **QSplitter**) permite albergar y distribuir dentro de él varios widgets hijo, pudiendo controlar el tamaño de estos deslizando el espacio que existe entre ellos. Por defecto los widgets hijo:

▼ Se distribuyen de forma horizontal, pero podemos indicarle que sea verticalmente mediante el método setOrientation().

▼ Pueden tener un tamaño máximo y mínimo marcados por maximumSize() y minimumSize() respectivamente.

Un ejemplo del uso de splitters, que construiremos un poco más adelante, es el siguiente:

Si nos colocamos en los límites de los 4 widgets introducidos en el splitter podremos lograr, cuando aparezcan dos líneas verticales y dos flechas en el icono de nuestro cursor, cambiar su tamaño simplemente haciendo clic y arrastrando.

Entre los varios métodos de QSplitter destacamos:

- addWidget(w) : añade el widget w al splitter.

- insertWidget(i, w) : añade el widget w al splitter en la posición numérica[128] i.

- setOrientation(o): configura la orientación del splitter mediante o, que es de tipo Qt.Orientation (puede ser Qt.Horizontal o Qt.Vertical).

- setSizes(l) : la lista de enteros l nos indica los tamaños de cada uno de los elementos del splitter. Si el splitter es horizontal indicaremos la anchura de cada uno de ellos[129], y si es vertical la altura[130], ambos en número de píxeles.

- sizes(): nos devuelve una lista de enteros con los tamaños de los elementos contenidos en el splitter.

- widget(i): nos devuelve el widget de índice i dentro del splitter.

Hasta el momento lo más parecido que habíamos visto eran los layouts managers, que nos permitían distribuir elementos de una determinada manera. Con los splitters, además de distribuir, logramos poder cambiar el tamaño de cada uno de los elementos de forma dinámica.

Vamos a continuación a generar, solo mediante código en este caso, el ejemplo mostrado con anterioridad. Para ello crearemos un widget compuesto por otros cuatro widgets, que distribuiremos y configuraremos mediante un splitter. El código es el siguiente (**ejemplo_widget_compuesto.pyw**):

---

128. A medida que se van insertando widgets en el splitter se les asigna un número entero.
129. De izquierda a derecha.
130. De arriba a abajo.

```python
import sys
from PyQt4.QtGui import *
from PyQt4.QtCore import *

class Widget_compuesto(QWidget):
    def __init__(self):
        super(Widget_compuesto, self).__init__()
        self.initUI()

    def initUI(self):
        caja_horizontal = QHBoxLayout(self)

        self.arriba = QListWidget()
        self.arriba.setFrameShape(QFrame.StyledPanel)
        self.abajo = QListWidget()
        self.abajo.setFrameShape(QFrame.StyledPanel)
        self.etiqueta1 = QLabel()
        self.etiqueta1.setFrameShape(QFrame.StyledPanel)
        self.etiqueta2 = QLabel()
        self.etiqueta2.setFrameShape(QFrame.StyledPanel)

        splitter1 = QSplitter(Qt.Vertical)
        splitter1.addWidget(self.arriba)
        splitter1.addWidget(self.abajo)

        splitter2 = QSplitter(Qt.Vertical)
        splitter2.addWidget(self.etiqueta1)
        splitter2.addWidget(self.etiqueta2)

        splitter3 = QSplitter(Qt.Horizontal)
        splitter3.addWidget(splitter1)
        splitter3.addWidget(splitter2)
        splitter3.setSizes([100,300])

        caja_horizontal.addWidget(splitter3)
        self.setLayout(caja_horizontal)
        self.setGeometry(0, 0, 1000, 600)
        self.setWindowTitle('Ejemplo del uso de QSplitter')
        self.centra_en_pantalla()

    def centra_en_pantalla(self):
        resolucion_pantalla = QDesktopWidget().screenGeometry()
        self.move((resolucion_pantalla.width() / 2) - (self.frameSize().width() / 2),
                  (resolucion_pantalla.height() / 2) - (self.frameSize().height() / 2))

if __name__ == '__main__':
    app = QApplication(sys.argv)
    miapp = Widget_compuesto()
    miapp.show()
    sys.exit(app.exec_())
```

Sobre él comentaré lo siguiente:

▼ Creamos Widget_compuesto a partir de QWidget.

▼ En la línea L11 creamos un QHVoxLayout que albergará los varios splitters que crearemos.

▼ En las líneas L13-20 creamos y configuramos los 4 widgets (dos QListWidget y dos QLabel) que queremos que compongan nuestro widget general. Los creamos como atributos para poder acceder a ellos fácilmente.

▼ En L22-24 creo un primer splitter de orientación vertical y le añado los dos QListWidget (de nombres arriba y abajo).

▼ En L26-28 creo un segundo splitter de orientación vertical y le añado los dos QLabel (de nombres etiqueta1 y etiqueta2).

▼ En L30-33 creo un tercer splitter de orientación horizontal y le añado los dos splitters creados con anterioridad. El esquema sería el siguiente:

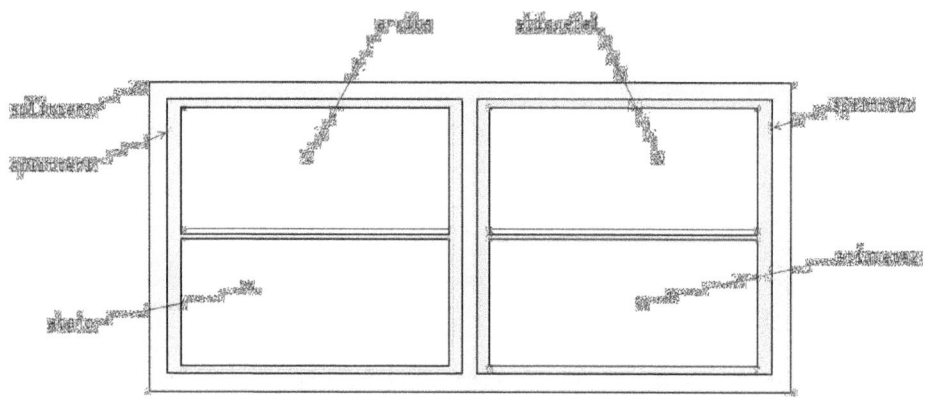

En L33 marco 100 puntos para el ancho de splitter1 y 300 puntos para el de splitter2. Como veremos más adelante, eso no completa el ancho que le daré al widget compuesto, pero en tal caso[131] se distribuyen ocupando todo el espacio de forma proporcional a las medidas que hemos indicado.

▼ En L35 añado el widget splitter3 al QHBoxLayout creado. En L36 configuro el widget compuesto para que siga la distribución marcada por el QHBoxLayout. En L37 lo coloco en las coordenadas (0,0) de la pantalla y le doy un ancho de 1000 puntos y un alto de 600. En L38 doy título a la ventana.

▼ En L39 ejecuto y en L41-44 defino el método centra_en_pantalla(), que hará lo que su nombre indica con nuestro widget compuesto. Para ello hago uso del método screenGeometry() de la clase QDesktopWidget, que nos devuelve la resolución de la pantalla (en mi caso 1920x1080) en forma

---

131. Algo similar pasaría si la suma de anchos sobrepasase el ancho del widget compuesto.

de instancia de QRect[132]. Posteriormente hago uso de los métodos width() y height() de esta clase para obtener el ancho y alto de la resolución de la pantalla. Finalmente, mediante el método move() coloco el widget compuesto justo en el medio de la pantalla.

▼ En L48 ahora es Widget_compuesto la base de nuestra aplicación gráfica.

La ejecución del programa nos genera la aplicación indicada, donde podemos comprobar todo lo comentado.

El widget compuesto que hemos creado podría ser el widget central de una aplicación tipo MainWindow, que podría tener a su vez una o múltiples dock windows. No incluiremos, por motivos de simplicidad, ninguna de ellas en el siguiente ejercicio, en el que queremos visualizar dos imágenes e información sobre ellas. Para no hacer muy largo el ejercicio las dos imágenes serán fijas y las obtendremos de nuestro fichero de recursos. La aplicación final sería la siguiente:

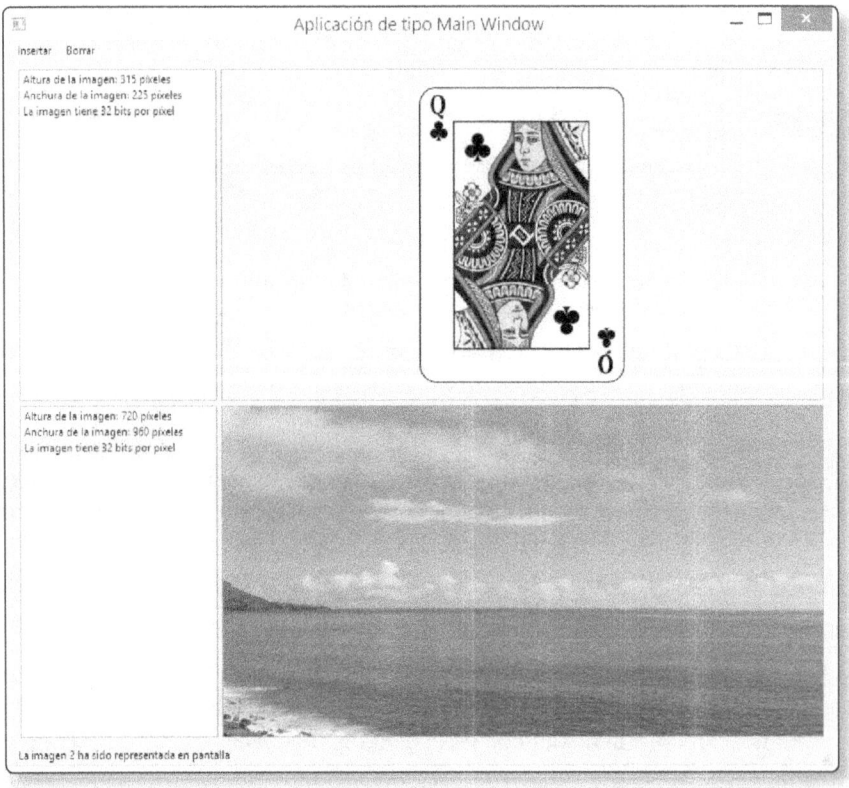

---

132. Ver información sobre esta clase en la documentación oficial del PyQt.

El widget central será el creado recientemente. Partiendo del esquema ejemplo_menu.ui generado mediante Qt Designer crearemos otro de nombre **ejemplo_menu_4.ui** donde ampliaremos de tamaño[133] el original e incluiremos dos nuevas acciones en cada uno de los menús, asociándolos a dos iconos que ya tenemos en recursos_1_rc.py:

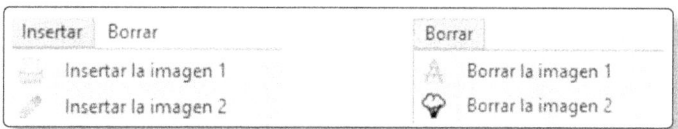

Añadiremos también a nuestro fichero de recursos la imagen "mar.jpg" de la carpeta "**Imágenes_2**" de nuestra carpeta de ejercicios.

Todo ellos nos obligará a volver a usar pyrcc4 y pyuic4 para, respectivamente, actualizar **recursos_1_rc.py** y generar **ejemplo_menu_4.py**. A partir de ellos creamos el siguiente código (**ejemplo_menu_splitter.pyw**), cuyo análisis queda como ejercicio para el lector:

```
import sys
sys.path.append(r"C:\Users\flop\Desktop\Ejercicios_Python_Resueltos")
from ejemplo_menu_4 import *
from recursos_1_rc import *
from PyQt4.QtGui import *
from PyQt4.QtCore import *

class Widget_compuesto(QWidget):
    def __init__(self):
        super(Widget_compuesto, self).__init__()
        self.initUI()

    def initUI(self):
        caja_horizontal = QHBoxLayout(self)

        self.arriba = QListWidget()
        self.arriba.setFrameShape(QFrame.StyledPanel)
        self.abajo = QListWidget()
        self.abajo.setFrameShape(QFrame.StyledPanel)
        self.etiqueta1 = QLabel()
        self.etiqueta1.setFrameShape(QFrame.StyledPanel)
        self.etiqueta2 = QLabel()
        self.etiqueta2.setFrameShape(QFrame.StyledPanel)

        splitter1 = QSplitter(Qt.Vertical)
        splitter1.addWidget(self.arriba)
        splitter1.addWidget(self.abajo)

        splitter2 = QSplitter(Qt.Vertical)
        splitter2.addWidget(self.etiqueta1)
        splitter2.addWidget(self.etiqueta2)

        splitter3 = QSplitter(Qt.Horizontal)
        splitter3.addWidget(splitter1)
        splitter3.addWidget(splitter2)
        splitter3.setSizes([100,300])

        caja_horizontal.addWidget(splitter3)
        self.setLayout(caja_horizontal)
        self.setGeometry(0, 0, 1000, 600)
        self.setWindowTitle('Ejemplo del uso de QSplitter')

        self.centra_en_pantalla()
```

---

133. En mi caso lo hice de forma manual hasta los 907x772 píxeles.

```python
    def centra_en_pantalla(self):
        resolucion_pantalla = QDesktopWidget().screenGeometry()
        self.move((resolucion_pantalla.width() / 2) - (self.frameSize().width() / 2),
                  (resolucion_pantalla.height() / 2) - (self.frameSize().height() / 2))


class MyForm(QMainWindow):
    def __init__(self, parent=None):
        QMainWindow.__init__(self, parent)
        self.ui = Ui_MainWindow()
        self.ui.setupUi(self)

        self.setCentralWidget(Widget_compuesto())

        self.barra_menus = self.menuBar()
        self.widget_central = self.centralWidget()
        self.barra_estado = self.statusBar()

        self.widget_central.etiqueta1.setAlignment(Qt.AlignCenter)
        self.widget_central.etiqueta2.setAlignment(Qt.AlignCenter)

        self.ui.ins_imagen1.triggered.connect(self.saca_imagen1)
        self.ui.bor_imagen1.triggered.connect(self.borra_imagen1)
        self.ui.ins_imagen2.triggered.connect(self.saca_imagen2)
        self.ui.bor_imagen2.triggered.connect(self.borra_imagen2)


    def saca_imagen1(self):
        mi_imagen = QPixmap(":/Imagenes/Imagenes/Reina_treboles.jpeg")
        self.widget_central.etiqueta1.setPixmap(mi_imagen)

        self.barra_estado.showMessage("La imagen 1 ha sido representada en pantalla")
        self.widget_central.arriba.clear()
        self.widget_central.arriba.addItem("Altura de la imagen: {} pixeles".format(mi_imagen.height()))
        self.widget_central.arriba.addItem("Anchura de la imagen: {} pixeles".format(mi_imagen.width()))
        self.widget_central.arriba.addItem("La imagen tiene {} bits por pixel".format(mi_imagen.depth()))


    def borra_imagen1(self):
        if self.widget_central.etiqueta1.pixmap() != None:
            self.widget_central.etiqueta1.clear()
            self.widget_central.arriba.clear()
            self.barra_estado.showMessage("La imagen 1 se ha eliminado de la pantalla")
        else:
            self.barra_estado.showMessage("No hay imagen 1 en pantalla para eliminar")


    def saca_imagen2(self):
        mi_imagen = QPixmap(":/Imagenes/Imagenes_2/mar.jpg")
        self.widget_central.etiqueta2.setMinimumSize(50, 50)
        self.widget_central.etiqueta2.setScaledContents(True)
        self.widget_central.etiqueta2.setPixmap(mi_imagen)

        self.barra_estado.showMessage("La imagen 2 ha sido representada en pantalla")
        self.widget_central.abajo.clear()
        self.widget_central.abajo.addItem("Altura de la imagen: {} pixeles".format(mi_imagen.height()))
        self.widget_central.abajo.addItem("Anchura de la imagen: {} pixeles".format(mi_imagen.width()))
        self.widget_central.abajo.addItem("La imagen tiene {} bits por pixel".format(mi_imagen.depth()))


    def borra_imagen2(self):
        if self.widget_central.etiqueta2.pixmap() != None:
            self.widget_central.etiqueta2.clear()
            self.widget_central.abajo.clear()
            self.barra_estado.showMessage("La imagen 2 se ha eliminado de la pantalla")
        else:
            self.barra_estado.showMessage("No hay imagen 2 en pantalla para eliminar")


if __name__ == '__main__':
    app = QApplication(sys.argv)
    miapp = MyForm()
    miapp.show()
    sys.exit(app.exec_())
```

2.2.3 Trabajar con varios documentos

Si lo que queremos es manejar, en una aplicación de tipo Main Window, múltiples documentos a la vez, tenemos varias formas de conseguirlo:

1. Haciendo uso, dentro de nuestra aplicación, de un **Tab Widget**, un **Stacked Widget** o un **ToolBox**, donde en cada una de sus hojas colocaríamos nuestro documento.

2. Trabajando con **múltiples instancias de nuestra aplicación**, en cada una de las cuales estarían los distintos documentos.

3. Usando **SDI** (Single Document Interface), en el que solo tenemos una instancia de nuestra aplicación, sobre la cual generamos varias ventanas principales (con todos sus elementos[134]) independientes en las que alojaremos los distintos documentos.

4. Usando **MDI** (Multiple Document Interface), donde solo tendremos una instancia de nuestra aplicación, en cuyo widget central alojaremos ventanas dentro de un mismo espacio de trabajo.

La opción 1, que vimos con anterioridad, tiene la limitación de no permitirnos visualizar a la vez varios documentos.

La opción 2 nos requeriría alguna forma de comunicación entre las distintas instancias, y no nos proporciona un menú común para todos los documentos. Además, el consumo de recursos sería muy alto.

La opción 3 no nos proporciona un espacio de trabajo acotado dentro de nuestra aplicación, algo que nos interesa bastante. Además, consumirá más recursos que la opción 4, que será en la que nos centraremos a continuación. Visualizaremos un ejemplo del uso de MDI en una aplicación (que posteriormente realizaremos) para identificar a qué nos estamos refiriendo:

---

134. Barra de menús, barras de herramientas, barra de estado y quizá hasta dock windows.

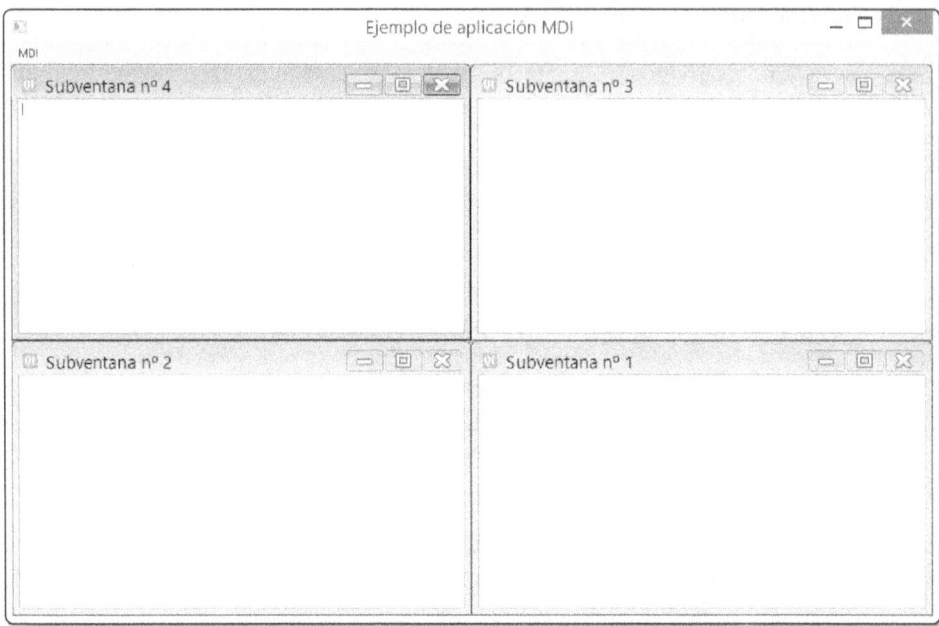

Como he comentado con anterioridad, con MDI tenemos solo una instancia de la aplicación, son una sola barra de menús, una de estado, más las barras de herramientas y dock windows que deseemos[135]. Tendremos un contenedor de todas las subventanas (generalmente ocupando el widget central de la aplicación, como en nuestro ejemplo), que será una instancia de QMdiArea. Cada subventana será una instancia de QMdiSubWindow, y podrá contener cualquier widget. Las subventanas podrán organizarse en cascada o en mosaico (como se muestra en la imagen). También tendremos la posibilidad de acceder a las ventanas mediante pestañas, como podremos visualizar en un ejemplo un poco más adelante.

Las propiedades principales de QMdiArea son:

Clase	Propiedad	Comentario
QFrame	frameShape	Nos permite configurar la forma del marco.
	frameShadow	Nos permite configurar la sombra del marco.
QAbstractScrollArea	verticalScrollBarPolicy	Nos permite configurar la barra vertical de scroll[136].
	horizontalScrollBarPolicy	Nos permite configurar la barra horizontal de scroll.

---

135. En nuestro caso no usamos la barra de estado y no tenemos ni barras de herramientas ni dock windows.

QMdiArea	background	Configura el color de fondo.
	activationOrder	Nos devuelve el orden[137] en el que se nos devolverán las ventanas pedidas mediante el método subWindowList().
	viewMode	Nos permite configurar entre la vista de subventanas o la de mediante pestañas.
	documentMode	Activamos/desactivamos el modo documento.
	tabsClosable	Configuramos si las pestañas son o no cerrables.
	tabsMovable	Configuramos si las pestañas son o no movibles.
	tabShape	Configuramos la forma de las pestañas.
	tabPosition	Configuramos el punto cardinal donde aparecen las pestañas.
	activeSubWindowName	Si tenemos subventanas, configuramos el nombre de la que está activa en ese momento.
	activeSubWindowTitle	Si tenemos subventanas, configuramos el título de la que está activa en ese momento.

Sobre la totalidad de métodos destacaremos:

Clase	Método	Comentario
QAbstractScrollArea	addScrollBarWidget(w, a)	Añade una barra de scroll w en la alineación a[138].
	scrollBarWidgets()	Devuelve una lista con los widgets de la barra de scroll.
	setHorizontalScrollBar(s)	Configura el scroll horizontal con s (de tipo QScrollBar).
	setVerticalScrollBar(s)	Configura el scroll vertical con s (de tipo QScrollBar).
QMdiArea	activateNextSubWindow()	Activa la siguiente subventana, en base al orden establecido.
	activatePreviousSubWindow()	Activa la anterior subventana, en base al orden establecido.
	activationOrder()	Nos devuelve un tipo WindowOrder con el orden de activación.
	activeSubWindow()	Nos devuelve la subventana activa en ese momento, o 0 si no hay ninguna activa.
	addSubWindow(w)	Añade la subventana w.

---

136. Las opciones para ambas barras son: siempre visible, siempre oculta y visible si es necesario.

137. Para ello tenemos el tipo QMdiArea.WindowOrder con tres posibles valores: QMdiArea.CreationOrder (por orden de creación), QMdiArea.StackingOrder (por orden de apilación) y QMdiArea.ActivationHistoryOrder (por orden de activación).

138. Es del tipo Qt.Alignment.

	cascadeSubWindows()	Distribuye todas las subventanas en cascada.
	closeActiveSubWindow()	Cierra la subventana activa.
	closeAllSubWindows()	Cierra todas las subventanas.
	currentSubWindow()	Nos devuelve la subventana activa en ese momento, o 0 si no hay ninguna activa.
	documentMode()	Nos devuelve booleano indicando si estamos (o no) en modo documento.
	removeSubWindow(w)	Quita la subventana[139] w.
	setActiveSubWindow(w)	Activa la subventana w.
	setDocumentMode(b)	Indicamos mediante el booleano b si estamos o no en modo documento.
	setTabPosition(p)	Indicamos mediante p[140] la posición de las pestañas.
	setTabClosable(b)	Indicamos mediante el booleano b si las pestañas son o no cerrables.
	setTabShape(s)	Indicamos mediante s[141] la forma de las pestañas.
	setTabsMovable(b)	Indicamos mediante el booleano b si las pestañas son o no movibles.
	setViewMode(m)	Indicamos mediante m[142] el modo de visualización.
	subWindowList(o)	Devuelve una lista de las subventanas en el orden indicado por o[143].
	tileSubWindows()	Distribuye todas las subventanas en mosaico.
	viewMode()	Nos devuelve el modo[144] de visualización.

La señal que emite es:

Clase	Señal	Comentario
QMdiArea	subWindowActivated(QMdiSubWindow)	Señal emitida cuando una subventana es activada. El parámetro enviado es la subventana.

---

139. Podemos indicar w como el widget que contiene una subventana.

140. Es de tipo QTabWidget.TabPosition.

141. Es de tipo QTabWidget.TabShape.

142. Es de tipo QMdiArea.ViewMode, pudiendo ser QMdiArea.SubWindowView (subventanas con marcos) o QMdiArea.TabbedView (subventanas con pestañas en una barra de pestañas).

143. Del tipo QMdiArea.WindowOrder.

144. En forma de QMdiArea.ViewMode.

Solo consideraremos para QMdiSubWindow sus métodos más interesantes[145]:

Clase	Método	Comentario
QMdiSubWindow	mdiArea()	Devuelve el objeto de tipo QMdiArea que contiene la subventana, o 0 si no existe.
	setSystemMenu(m)	Configura m (de tipo QMenu) como el menú de sistema[146] de la subventana.
	setWidget(w)	Configura w como el widget interno de la subventana.
	showSystemMenu()	Muestra el menú de sistema de la subventana.
	systemMenu()	Nos devuelve el menú de sistema(de clase QMenu) de la subventana, o 0 si no tiene.
	widget()	Nos devuelve el actual widget interno de la subventana.

El código (**ejemplo_MDI.pyw**) es el siguiente[147]:

```python
import sys
from PyQt4.QtCore import *
from PyQt4.QtGui import *

class Ventana_principal(QMainWindow):
    def __init__(self, parent = None):
        super(Ventana_principal, self).__init__(parent)
        self.num_ventanas = 0
        self.setWindowTitle("Ejemplo de aplicación MDI")
        self.setGeometry(0,0, 1000,600)
        self.centra_en_pantalla()

        self.mdi = QMdiArea()
        self.setCentralWidget(self.mdi)

        bar = self.menuBar()
        menu_MDI = bar.addMenu("MDI")
        menu_MDI.addAction("Nueva ventana")
        menu_MDI.addAction("Distribuir en cascada")
        menu_MDI.addAction("Distribuir en mosaico")

        menu_MDI.triggered[QAction].connect(self.maneja_acciones)

    def centra_en_pantalla(self):
        resolucion_pantalla = QDesktopWidget().screenGeometry()
        self.move((resolucion_pantalla.width() / 2) - (self.frameSize().width() / 2),
                  (resolucion_pantalla.height() / 2) - (self.frameSize().height() / 2))

    def maneja_acciones(self, mi_accion):
        if mi_accion.text() == "Nueva ventana":
            self.num_ventanas += 1
            subventana = QMdiSubWindow()
            subventana.setWidget(QTextEdit())
            subventana.setWindowTitle("Subventana nº {}".format(self.num_ventanas))
            self.mdi.addSubWindow(subventana)
            subventana.show()
        if mi_accion.text() == "Distribuir en cascada":
            self.mdi.cascadeSubWindows()
        if mi_accion.text() == "Distribuir en mosaico":
            self.mdi.tileSubWindows()

if __name__ == '__main__':
    app = QApplication(sys.argv)
    myapp = Ventana_principal()
    myapp.show()
    sys.exit(app.exec_())
```

---

145. A pesar de que tiene dos señales, no las consideramos interesantes en este instante.
146. Es el que aparece al hacer clic en el icono con el logo de Qt en la parte superior izquierda de la subventana. Existe uno por defecto.
147. El análisis del código queda como ejercicio para el lector.

Hemos introducido en cada subventana un widget de tipo QTextEdit, pero podríamos haberlo hecho con otro widget que nos sirviese a su vez de contenedor para otros widgets. La vista de subventanas por defecto del QMdiArea es SubWindowView, y su orden de activación en base al momento en que fueron creadas, pero es algo que podemos cambiar desde nuestro código. Si en el hueco de la línea 15 introducimos lo siguiente (guardaremos esos cambios como **ejemplo_MDI_2.pyw**):

```
        self.mdiArea.setViewMode(QMdiArea.TabbedView)
```

La apariencia y el comportamiento de nuestra aplicación cambiará. Aparecen pestañas para focalizar las subventanas, y podremos activar estas en un determinado orden que las organice posteriormente como deseemos. Si lo hacemos secuencialmente con las subventanas 4, 3, 2 y 1 para a continuación organizarlas en mosaico obtendremos lo siguiente:

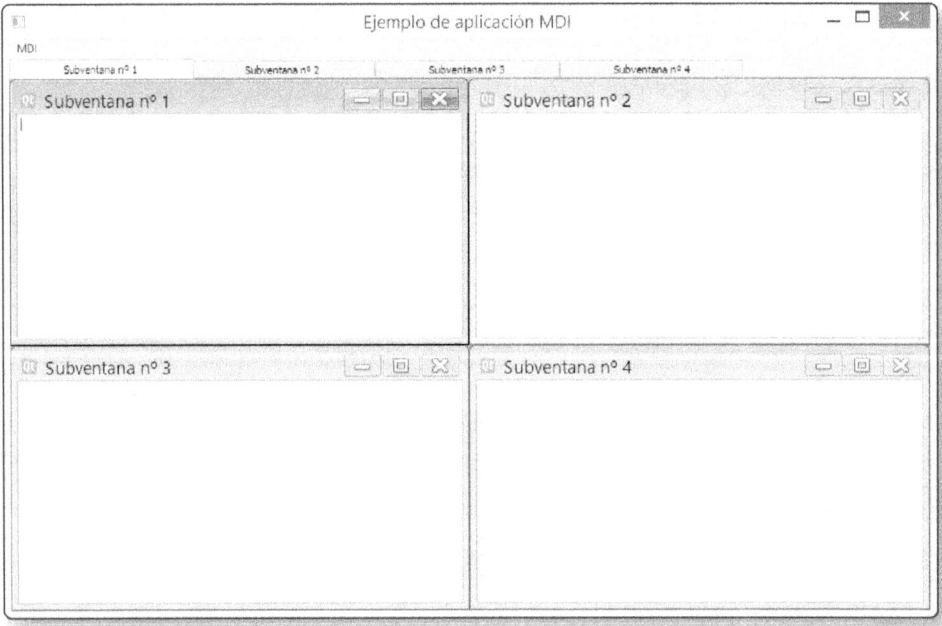

Hemos trabajado directamente con código. Si lo hubiésemos hecho con Qt Designer habríamos tenido que usar el widget MdiArea, que implementa la clase QMdiArea.

2.2.4 Métodos y señales de las clases usadas en el tema

En este apartado veremos un resumen de los métodos y señales más habituales de las clases usadas en el capítulo que aún no han sido documentadas. Son las siguientes:

- QMainWindow
- QAction
- QMenuBar
- QToolBar
- QDockWidget
- QStatusBar
- QSplitter
- QMdiArea
- QMdiSubWindow

2.2.4.1 QMAINWINDOW

Métodos

- **addDockWidget** (self, Qt.DockWidgetArea area, QDockWidget dockwidget)

    Añade un Dock Widget a nuestra ventana principal en el área indicada.

- **addToolBar** (self, Qt.ToolBarArea area, QToolBar toolbar)

    Añade una barra de herramientas a nuestra ventana principal en el área indicada.

- QWidget **centralWidget** (self)

    Nos devuelve el widget central de nuestra ventana principal.

- Qt.DockWidgetArea **dockWidgetArea** (self, QDockWidget dockwidget)

    Nos devuelve el área del Dock Widget que le indiquemos.

- QMenuBar **menuBar** (self)

    Nos devuelve la barra de menús que tenga nuestra ventana principal. Si no existe crea una vacía.

- QWidget **menuWidget** (self)

    Nos devuelve la barra de menús que tenga nuestra ventana principal. Si no existe devuelve null.

- **removeDockWidget** (self, QDockWidget dockwidget)

    Elimina el Dock Widget que le indiquemos.

- **removeToolBar** (self, QToolBar toolbar)

    Elimina la barra de herramientas que le indiquemos.

- **setCentralWidget** (self, QWidget widget)

    Coloca como widget central de nuestra ventana principal el que le indiquemos.

- **setMenuBar** (self, QMenuBar menubar)

    Configura la barra de menús de nuestra ventana principal.

- **setMenuWidget** (self, QWidget menubar)

    Configura la barra de menús de nuestra ventana principal.

- **setStatusBar** (self, QStatusBar statusbar)

    Configura la barra de estado de nuestra ventana principal.

- QStatusBar **statusBar** (self)

- Nos devuelve la barra de estado de nuestra ventana principal. Si no existe crea una vacía.

- Qt.ToolBarArea **toolBarArea** (self, QToolBar toolbar)

    Nos devuelve el área de la barra de herramientas de nuestra ventana principal.

Señales

- void **iconSizeChanged** (const QSize&)

    Se emite cuando los iconos usados en nuestra ventana principal cambian su tamaño.

- void **toolButtonStyleChanged** (Qt::ToolButtonStyle)

    Se emite cuando el estilo usado para los botones de la barra de herramientas cambia.

2.2.4.2 QACTION

Métodos

- **activate** (self, ActionEvent event)
  Se activa la acción.

- **hover**(self)
  Se destaca la acción.

- QIcon **icon**(self)
  Nos devuelve el icono asociado a la acción.

- QString **iconText**(self)
  Nos devuelve el texto asociado a la acción.

- bool **isCheckable**(self)
  Nos devuelve booleando indicando si la acción es seleccionable.
  bool isChecked(self) Nos devuelve booleando indicando si la acción está seleccionada.

- bool **isEnabled**(self)
  Nos devuelve booleando indicando si la acción está habilitada.

- bool **isVisible**(self)
  Nos devuelve booleando indicando si la acción es visible.

- **setCheckable**(self, bool)
  Configura si la acción es seleccionable o no.

- **setChecked**(self, bool)
  Configura si la acción está seleccionada o no.

- **setEnabled**(self, bool)
  Configura si la acción está habilitada o no.

- **setIcon**(self, QIcon icon)
  Configura el icono asociado a la acción.

- **setIconText**(self, QString text)
  Configura el texto del icono asociado a la acción.

▼ **setText**(self, QString text)
Configura el texto asociado a la acción.

▼ **setVisible**(self, bool)
Configura si la acción es visible o no.

▼ QString **text**(self)
Nos devuelve el texto asociado a la acción.

▼ **toggle**(self)
Cambia el estado de una acción seleccionable.

Señales

▼ void **changed**( )
Se emite cuando una acción ha cambiado.

▼ void **hovered**( )
Se emite cuando una acción es destacada por el usuario.

▼ void **toggled** (bool)
Se emite cuando una acción seleccionable cambia su estado.

▼ void **triggered**(bool = 0)
Se emite cuando una acción es activada por el usuario.

2.2.4.3 QMENUBAR

Métodos

▼ QAction **activeAction** (self)
Nos devuelve la acción activa en ese momento.

▼ **addAction** (self, QAction action)
Añade una acción a la barra de menús.

▼ QAction **addMenu** (self, QMenu menu)
Añade menú a la barra de menús.

▼ QMenu **addMenu** (self, QString title)
Añade menú a la barra de menús.

- QMenu **addMenu** (self, QIcon icon, QString title)
  Añade menú a la barra de menús.

- QAction **addSeparator** (self)
  Añade un separador a la barra de menús.

- **clear** (self)
  Borra todas las acciones de la barra de menús.

- **setVisible** (self, bool visible)
  Configura mediante un booleano la visibilidad de la barra de menús.

Señales

- void **hovered** (QAction *)
  Se emite cuando una acción de la barra de menús es destacada.

- void **triggered** (QAction *)
  Se emite cuando una acción de la barra de menús es activada.

2.2.4.4 QTOOLBAR

Métodos

- **addAction** (self, QAction action)
  Añade una acción a la barra de herramientas. Hay muchas configuraciones posibles para este método, con muchos posibles parámetros.

- QAction **addSeparator** (self)
  Añade un separador a la barra de herramientas.

- QAction **addWidget** (self, QWidget widget)
  Añade un widget a la barra de herramientas (al final de ella).

- Qt.ToolBarAreas **allowedAreas** (self)
  Nos devuelve las áreas posibles de la barra de herramientas.

- **clear** (self)
  Elimina todas las acciones de la barra de herramientas.

- bool **isAreaAllowed** (self, Qt.ToolBarArea area)

Nos devuelve un booleano indicando si el área indicada está permitida para nuestra barra de herramientas.

- bool **isFloatable** (self)

  Nos devuelve un booleano indicando si nuestra barra de herramientas tiene la posibilidad de flotar.

- bool **isFloating** (self)

  Nos devuelve un booleano indicando si nuestra barra de herramientas es flotante.

- bool **isMovable** (self)

  Nos devuelve un booleano indicando si nuestra barra de herramientas es movible.

- Qt.Orientation **orientation** (self)

  Nos devuelve la orientación de la barra de herramientas.

- **setAllowedAreas** (self, Qt.ToolBarAreas areas)

  Configura las áreas permitidas de la barra de herramientas.

- **setFloatable** (self, bool floatable)

  Configura la posibilidad de que la barra de herramientas sea flotable.

- **setMovable** (self, bool movable)

  Configura la posibilidad de que sea movible.

- **setOrientation** (self, Qt.Orientation orientation)

  Configura la orientación de la la barra de herramientas.

- **setToolButtonStyle** (self, Qt.ToolButtonStyle toolButtonStyle)

  Configura el estilo de los botones de la barra de herramientas.

Señales

- void **actionTriggered** (QAction *)

  Se emite cuando se ha lanzado una acción de la barra de herramientas.

- void **allowedAreasChanged** (Qt::ToolBarAreas)

  Se emite cuando las áreas permitidas de la barra de herramientas cambian.

- void **movableChanged** (bool)

Se emite cuando la posibilidad de movimiento de la barra de herramientas cambia.

▼ void **orientationChanged** (Qt::Orientation)
Se emite cuando la orientación de la barra de herramientas cambia.

▼ void **toolButtonStyleChanged** (Qt::ToolButtonStyle)
Se emite cuando el estilo de los botones de la barra de herramientas cambia.

▼ void **topLevelChanged** (bool)
Se emite cuando la posibilidad de flotar de la barra de herramientas cambia.

▼ void **visibilityChanged** (bool)
Se emite cuando la visibilidad de la barra de herramientas cambia.

2.2.4.5 QDOCKWIDGET

Métodos

▼ Qt.DockWidgetAreas **allowedAreas** (self)
Nos devuelve las áreas permitidas para el Dock Widget.

▼ bool **isAreaAllowed** (self, Qt.DockWidgetArea area)
Nos devuelve si un área está permitida para el Dock Widget.

▼ bool **isFloating** (self)
Nos devuelve si el Dock widget es flotante o no.

▼ **setAllowedAreas** (self, Qt.DockWidgetAreas areas)
Configura las áreas permitidas del Dock Widget.

▼ **setFloating** (self, bool floating)
Configura si el Dock Widget es flotante o no.

▼ **setTitleBarWidget** (self, QWidget widget)
Configura la barra de título del Dock Widget.

▼ **setWidget** (self, QWidget widget)
Configura el widget para el Dock Widget.

▼ QWidget **titleBarWidget** (self)
Nos devuelve la barra de título del Dock Widget.

▼ QWidget **widget** (self)
Nos devuelve el widget del Dock Widget, o 0 si no ha sido aún configurado.

Señales

▼ void **allowedAreasChanged** (Qt::DockWidgetAreas)
Se emite cuando las áreas permitidas para el Dock Widget cambian.

▼ void **dockLocationChanged** (Qt::DockWidgetArea)
Se emite cuando la localización del Dock Widget cambia.

▼ void **topLevelChanged** (bool)
Se emite cuando la flotabilidad del Dock Widget cambia.

▼ void **visibilityChanged** (bool)
Se emite cuando la visibilidad del Dock Widget cambia.

2.2.4.6 QSTATUSBAR

Métodos

▼ **addPermanentWidget** (self, QWidget widget, int stretch = 0)
Añade permanentemente un widget a la barra de estado.

▼ **addWidget** (self, QWidget widget, int stretch = 0)
Añade un widget a la barra de estado.

▼ **clearMessage** (self)
Elimina el mensaje que tengamos en la barra de estado.

▼ QString **currentMessage** (self)
Nos devuelve el mensaje actual que tengamos en la barra de estado.

▼ **removeWidget** (self, QWidget widget)
Elimina de la barra de estado el widget indicado.

▼ **showMessage** (self, QString message, int msecs = 0)

Muestra el mensaje indicado durante un cierto tiempo en milisegundos. Si ese tiempo es 0 se mantiene el mensaje hasta que se muestre otro o se limpien los mensaje.

Señales

▼ void **messageChanged** (const QString&)
Se emite cuando el mensaje de la barra de estado cambia.

2.2.4.7 QSPLITTER

Métodos

▼ **addWidget** (self, QWidget widget)
Añade el widget indicado al splitter (al final).

▼ int **count** (self)
Nos devuelve el número de widgets que contiene el splitter.

▼ (int, int) **getRange** (self, int index)
Nos devuelve el rango del splitter de un determinado índice.

▼ int **indexOf** (self, QWidget w)
Nos devuelve el índice dentro del splitter de un determinado widget.

▼ **insertWidget** (self, int index, QWidget widget)
Inserta un determinado widget en el splitter, en un índice determinado.

▼ bool **isCollapsible** (self, int index)
Nos devuelve booleano indicando si el widget de un determinado índice es o no colapsable.

▼ QSize **minimumSizeHint** (self)
Nos devuelve el tamaño mínimo del splitter.

▼ **moveSplitter** (self, int pos, int index)
Mueve el splitter con un determinado índice a una determinada posición.

▼ Qt.Orientation **orientation** (self)
Nos devuelve la orientación del splitter.

▼ **setOrientation** (self, Qt.Orientation)
Configura la orientación del splitter.

▼ **setSizes** (self, list-of-int list)
Configura, mediante una lista, los tamaños de los widgets contenidos en el splitter.

▼ QSize **sizeHint** (self)
Nos devuelve el tamaño del splitter.

▼ list-of-int **sizes** (self)
Devuelve una lista con los tamaños de los widgets contenidos en el splitter.

▼ QWidget **widget** (self, int index)
Nos devuelve el widget de un determinado índice que tenemos en el splitter.

Señales

▼ void **splitterMoved** (int,int)
Se emite cuando un splitter en un determinado índice cambia de posición.

2.2.4.8 QMDIAREA

Métodos

▼ **activateNextSubWindow** (self)
Activa la próxima subventana.

▼ **activatePreviousSubWindow** (self)
Activa la anterior subventana.

▼ QMdiSubWindow **activeSubWindow** (self)
Nos devuelve la subventana activa.

▼ QMdiSubWindow **addSubWindow** (self, QWidget widget, Qt.WindowFlags flags = 0)
Añade un determinado widget como subventana.

▼ **cascadeSubWindows** (self)

Distribuye las subventanas en cascada.

▼ **closeActiveSubWindow** (self)
Cierra las subventanas activas.

▼ **closeAllSubWindows** (self)
Cierra todas las subventanas.

▼ QMdiSubWindow **currentSubWindow** (self)
Devuelve la subventana activa en ese momento.

▼ QSize **minimumSizeHint** (self)
Nos devuelve el tamaño mínimo del área MDI.

▼ **removeSubWindow** (self, QWidget widget)
Elimina la subventana indicada por su widget.

▼ **setActiveSubWindow** (self, QMdiSubWindow window)
Configura la subventana activa.

▼ **setBackground** (self, QBrush background)
Configura el color de fondo del área MDI.

▼ **setTabPosition** (self, QTabWidget.TabPosition position)
Configura la posición de las pestañas en el área MDI.

▼ **setTabsClosable** (self, bool closable)
Configura si las pestañas del área MDI son o no cerrables.

▼ **setTabShape** (self, QTabWidget.TabShape shape)
Configura la forma de las pestañas del MDI.

▼ **setTabsMovable** (self, bool movable)
Configura si las pestañas son o no movibles.

▼ QSize **sizeHint** (self)
Nos devuelve el tamano del área MDI.

▼ list-of-QMdiSubWindow **subWindowList** (self, WindowOrder order = QMdiArea.CreationOrder)
Nos devuelve una lista de todas las subventanas del área MDI.

▼ QTabWidget.TabPosition **tabPosition** (self)

Nos devuelve la posición de las pestañas en el área MDI.

▼ bool **tabsClosable** (self)
Nos devuelve si las pestañas del área MDI son o no cerrables.

▼ bool **tabsMovable** (self)
Nos devuelve si las pestañas del área MDI son o no movibles.

▼ **tileSubWindows** (self)
Distribuye las subventanas en mosaico.

Señales

▼ void **subWindowActivated** (QMdiSubWindow *)
Se emite cuando una una subventana es activada.

2.2.4.9 QMDISUBWINDOW

Métodos

▼ bool **isShaded** (self)
Nos devuelve si la subventana está o no sombreada.

▼ QMdiArea **mdiArea** (self)
Nos devuelve el área MDI en la que está insertada la subventana.

▼ QSize **minimumSizeHint** (self)
Nos devuelve el tamaño mínimo de la subventana.

▼ **setWidget** (self, QWidget widget)
Configura el widget de la subventana.

▼ QWidget **widget** (self)
Nos devuelve el widget de la subventana.

Señales

▼ void **aboutToActivate** ( )
Es emitida justo antes de activarse la subventana.

▼ void **windowStateChanged** (Qt::WindowStates,Qt::WindowStates)

Es emitida cuando cambia el estado de la subventana.

2.3 EJEMPLOS DE APLICACIONES GRÁFICAS SENCILLAS CON QT DESIGNER

Ya tenemos los conocimientos necesarios para poder desarrollar aplicaciones gráficas. A continuación construiremos dos de ellas, bastante sencillas, comentándolas con menos minuciosidad y dejando al lector la tarea de analizarlas.

Este tema puede interpretarse como dos ejercicios (su funcionamiento es fácilmente deducible visualizando la imagen de la aplicación que se adjunta), por lo que sería interesante intertar su resolución sin ningún tipo de ayuda. Si aún no se ve con fuerza para ello, puede analizar el código creado por mí.

2.3.1 Calculadora simple

En esta aplicación queremos poder aplicar la operación suma, resta, multiplicación o división a dos números reales introducidos mediante teclado, obteniendo por pantalla una frase indicando la operación realizada y el resultado con cinco decimales. El aspecto final es el siguiente[148]:

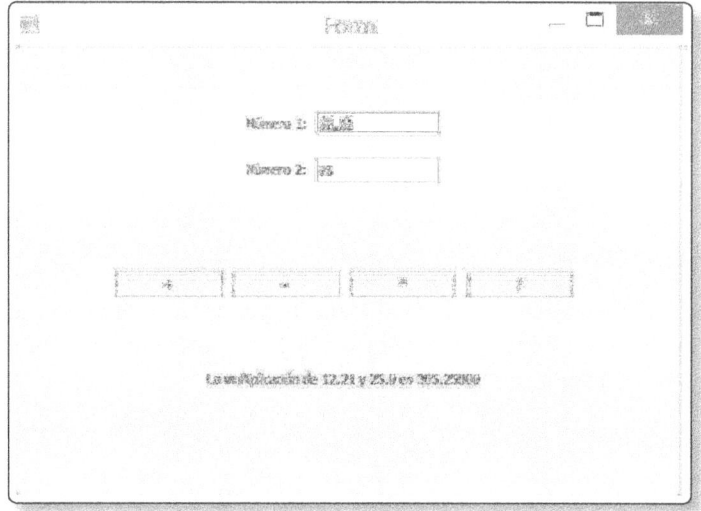

---

148. Al ser la aplicación tan sencilla no he puesto nombre a la ventana. Al aparecer "Form" nos indica que he usado como contenedor un widget genérico (clase QWidget).

Para comenzar a crear la aplicación iremos a Qt Designer y realizaremos el siguiente esquema. Guardaremos en nuestra carpeta el fichero como **calculadora_simple.ui**:

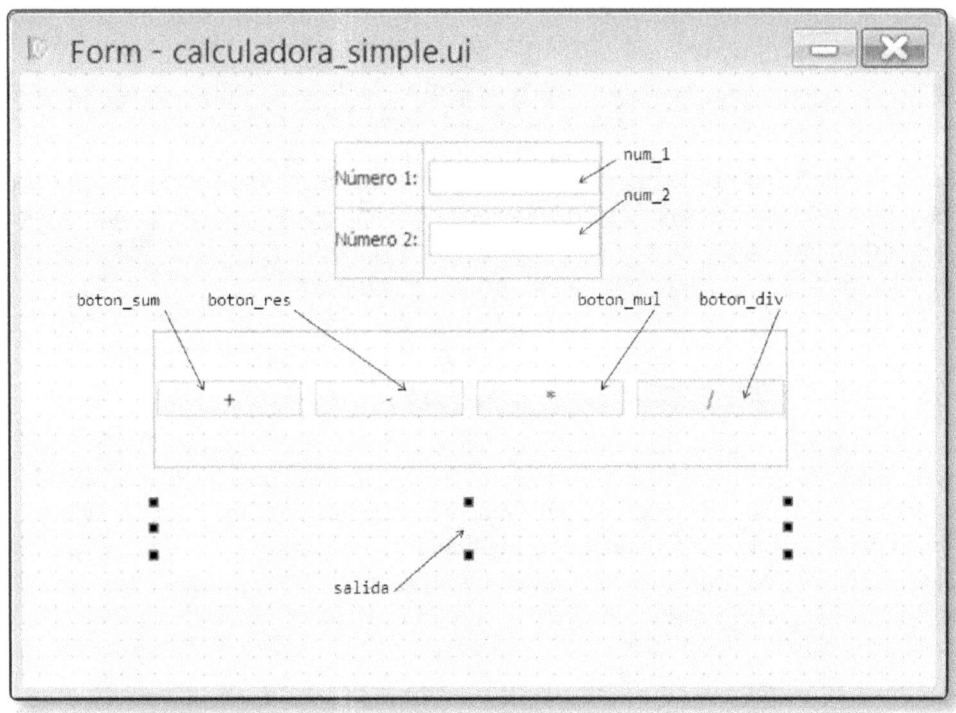

He usado layouts, cambiado el texto de las etiquetas y los botones, renombrado los diferentes widgets de la forma indicada y eliminado el texto por defecto de la etiqueta salida.

Generaremos posteriormente en nuestra carpeta el fichero **calculadora_simple.py** mediante el comando pyuic4. El fichero **calculadora_simple.pyw** que nos generará la aplicación será el siguiente:

```python
import sys
sys.path.append(r"C:\Users\flop\Desktop\Ejercicios_Python_Resueltos")
from calculadora_simple import *

class MiFormulario(QtGui.QWidget):
    def __init__(self, parent=None):
        QtGui.QWidget.__init__(self, parent)
        self.ui = Ui_Form()
        self.ui.setupUi(self)

        self.ui.boton_sum.clicked.connect(self.calcular)
        self.ui.boton_res.clicked.connect(self.calcular)
        self.ui.boton_mul.clicked.connect(self.calcular)
        self.ui.boton_div.clicked.connect(self.calcular)

    def calcular(self):
        try:
            num1 = float(self.ui.num_1.text())
            num2 = float(self.ui.num_2.text())
            operacion = self.sender().text()
            if operacion == '+':
                op = "suma"
                res = num1 + num2
            elif operacion == '-':
                op = "resta"
                res = num1 - num2
            elif operacion == '*':
                op = "multiplicación"
                res = num1 * num2
            elif operacion == '/':
                op = "división"
                res = num1 / num2
            self.ui.salida.setText("La {} de {} y {} es {:.5f}".format(op, num1, num2, res))
        except:
            self.ui.salida.setText("Los operandos no son correctos")


if __name__ == "__main__":
    mi_aplicacion = QtGui.QApplication(sys.argv)
    mi_app = MiFormulario()
    mi_app.show()
    sys.exit(mi_aplicacion.exec_())
```

En las líneas L12-15 he conectado el clic en cualquiera de los cuatro botones con el método calcular(). En él inicialmente transformo en números reales el texto que contienen las casillas num_1 y num_2, haciendo uso de la función float(). Mediante el método sender() consigo identificar el botón en el que se ha generado la señal, y haciendo uso del método text() consigo el texto que contiene. Mediante una estructura if-elif realizo la operación correspondiente (almacenándola en res) y doy valor a la variable op para posteriormente usarla a la hora de indicar por pantalla la operación realizada. Todo el código del método está dentro de una estructura try-except que nos indica que los operandos no son correctos si no los hemos introducido adecuadamente. El programa podría haberse hecho de varias maneras distintas con los conocimientos que ya tenemos, y animo al lector a probar distintas técnicas para su resolución.

Modificaremos ahora nuestra aplicación, sustituyendo los botones pulsadores por botones de opción y un solo botón pulsador de cálculo, teniendo el siguiente aspecto final:

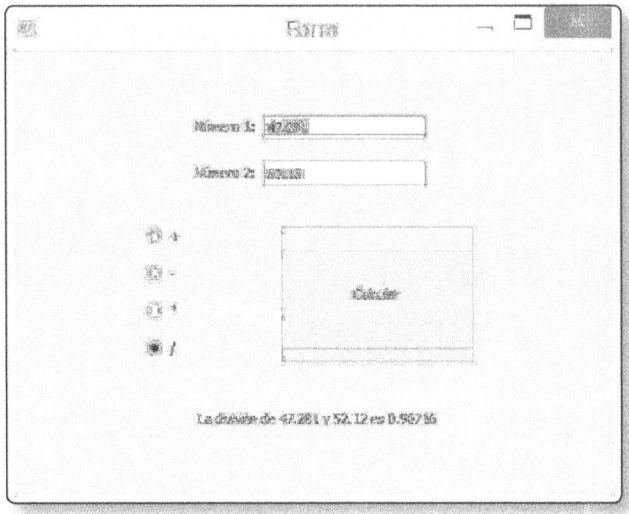

El esquema de Qt Designer será:

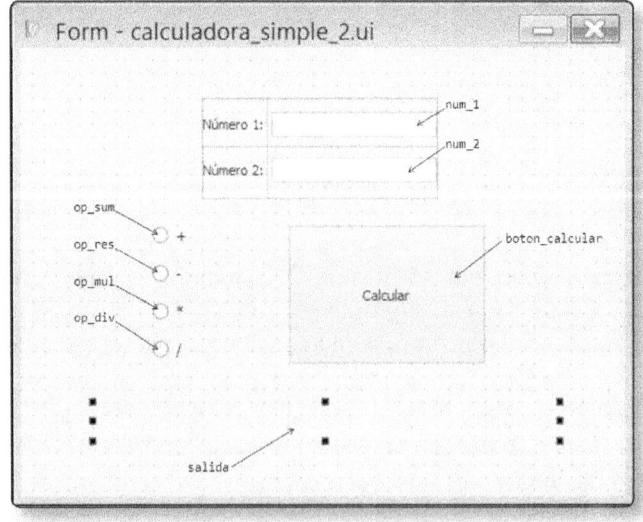

Lo guardaremos con nombre **calculadora_simple_2.ui** en nuestra carpeta, y generaremos, mediante pyuic4, **calculadora_simple_2.py**. El código de **calculadora_simple_2.pyw** es el siguiente:

```python
import sys
sys.path.append(r"C:\Users\flop\Desktop\Ejercicios_Python_Resueltos")
from calculadora_simple_2 import *

class MiFormulario(QtGui.QWidget):
    def __init__(self, parent=None):
        QtGui.QWidget.__init__(self, parent)
        self.ui = Ui_Form()
        self.ui.setupUi(self)
        self.ui.boton_calcular.clicked.connect(self.calcula)

    def calcula(self):
        try:
            num1 = float(self.ui.num_1.text())
            num2 = float(self.ui.num_2.text())
            if self.ui.op_sum.isChecked():
                op = "suma"
                res = num1 + num2
            elif self.ui.op_res.isChecked() :
                op = "resta"
                res = num1 - num2
            elif self.ui.op_mul.isChecked():
                op = "multiplicación"
                res = num1 * num2
            elif self.ui.op_div.isChecked():
                op = "división"
                res = num1 / num2
            else:
                self.ui.salida.setText("No hay seleccionada ninguna operación")
                return None
            self.ui.salida.setText("La {} de {} y {} es {:.5f}".format(op, num1, num2, res))
        except:
            self.ui.salida.setText("Los operandos no son correctos")

if __name__ == "__main__":
    mi_aplicacion = QtGui.QApplication(sys.argv)
    mi_app = MiFormulario()
    mi_app.show()
    sys.exit(mi_aplicacion.exec_())
```

El análisis del código queda como ejercicio para el lector.

Si lo que queremos es eliminar el botón pulsador y realizar la operación pertinente al seleccionar cualquiera de los botones de opción, tendríamos algo como lo siguiente:

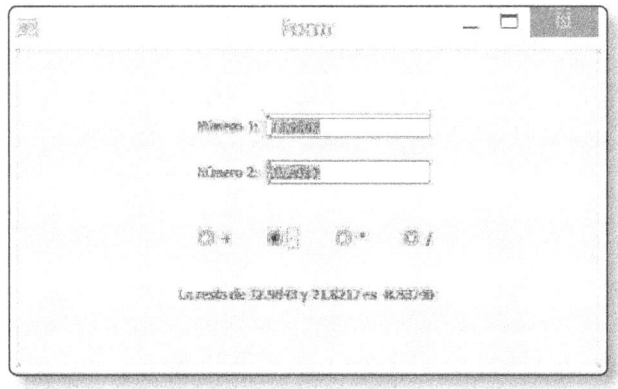

El esquema de Qt Designer, que mantiene los nombres de los elementos, es **calculadora_simple_3.ui**:

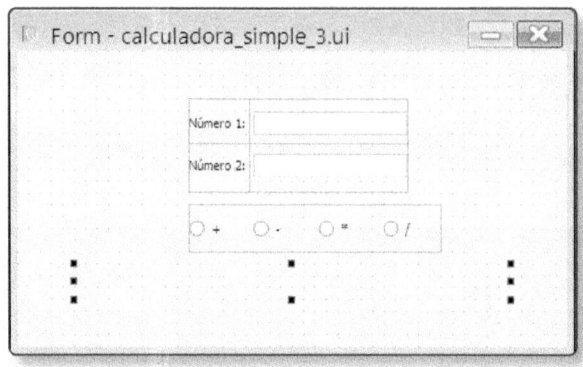

Como código tendríamos (**calculadora_simple_3.pyw**):

```python
import sys
sys.path.append(r"C:\Users\flop\Desktop\Ejercicios_Python_Resueltos")
from calculadora_simple_3 import *

class MiFormulario(QtGui.QWidget):
    def __init__(self, parent=None):
        QtGui.QWidget.__init__(self, parent)
        self.ui = Ui_Form()
        self.ui.setupUi(self)
        self.ui.op_sum.clicked.connect(lambda: self.calcula(1))
        self.ui.op_res.clicked.connect(lambda: self.calcula(2))
        self.ui.op_mul.clicked.connect(lambda: self.calcula(3))
        self.ui.op_div.clicked.connect(lambda: self.calcula(4))

    def calcula(self, num_op):
        try:
            num1 = float(self.ui.num_1.text())
            num2 = float(self.ui.num_2.text())
            if num_op == 1:
                op = "suma"
                res = num1 + num2
            elif num_op == 2 :
                op = "resta"
                res = num1 - num2
            elif num_op == 3:
                op = "multiplicación"
                res = num1 * num2
            elif num_op == 4:
                op = "división"
                res = num1 / num2
            self.ui.salida.setText("La {} de {} y {} es {:.5f}".format(op, num1, num2, res))
        except:
            self.ui.salida.setText("Los operandos no son correctos")


if __name__ == "__main__":
    mi_aplicacion = QtGui.QApplication(sys.argv)
    mi_app = MiFormulario()
    mi_app.show()
    sys.exit(mi_aplicacion.exec_())
```

Nuevamente el análisis del código queda como ejercicio para el lector.

2.3.2 Inmobiliaria

Intentaremos ahora crear un sencillo formulario para una inmobiliaria, que nos permita simular la búsqueda (solo nos indicará los datos que hemos indicado para ella) de un inmueble introduciendo datos relevantes como el número de habitaciones o si queremos que disponga de plaza de garaje. El aspecto será el siguiente:

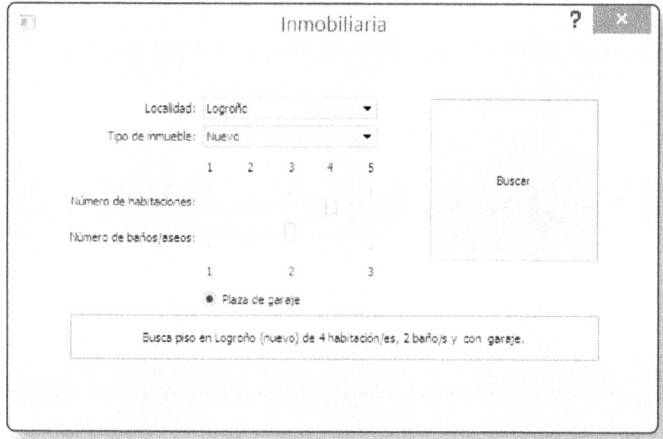

Al pulsar el botón "Buscar" nos aparecerá en pantalla la búsqueda elegida.

El esquema de Qt Designer a partir del que hemos creado la aplicación (de tipo diálogo sin botones) es **inmobiliaria.ui**, que tiene los siguientes nombres en sus elementos principales:

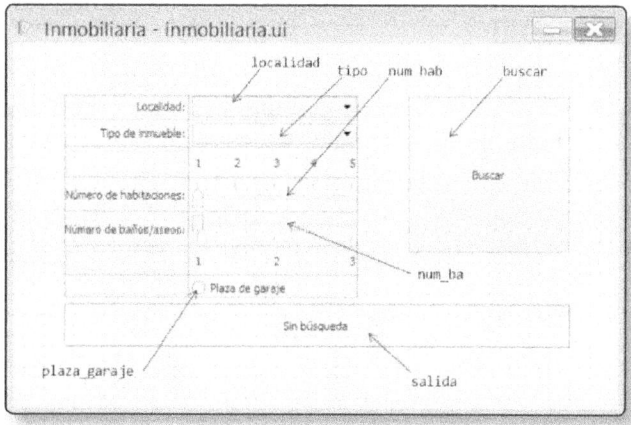

El código que, tras crear **inmobiliaria.py** mediante pyuic4, genera nuestra aplicación es **inmobiliaria.pyw**:

```python
import sys
sys.path.append(r"C:\Users\flop\Desktop\Ejercicios_Python_Resueltos")
from inmobiliaria import *

class MiFormulario(QtGui.QDialog):
    def __init__(self, parent=None):
        QtGui.QDialog.__init__(self, parent)
        self.ui = Ui_Ficha()
        self.ui.setupUi(self)
        self.ui.localidad.addItems(["Logroño", "Madrid", "Zaragoza"])
        self.ui.tipo.addItems(["Segunda mano", "Nuevo"])
        self.ui.buscar.clicked.connect(self.busqueda)

    def busqueda(self):
        lo = self.ui.localidad.currentText()
        ti = self.ui.tipo.currentText()
        hab = str(self.ui.num_hab.value())
        ba = str(self.ui.num_ba.value())
        if self.ui.plaza_garaje.isChecked():
            con_sin = " con "
        else:
            con_sin = " sin "
        texto = "Busca piso en {} ({}) de {} habitación/es, {} baño/s y {} garaje."
        self.ui.salida.setText(texto.format(lo, ti.lower(), hab, ba, con_sin))


if __name__ == "__main__":
    mi_aplicacion = QtGui.QApplication(sys.argv)
    mi_app = MiFormulario()
    mi_app.show()
    sys.exit(mi_aplicacion.exec_())
```

Su análisis queda como ejercicio para el lector.

2.4 MÁS CLASES DE PYQT

Las librerías PyQt disponen de multitud de clases para tratar todo tipo de cosas. Enumerarlas todas no tiene sentido, ya que para eso está la documentación oficial. Sí que listaré a continuación varias que considero importantes (o interesantes) en la construcción de las aplicaciones gráficas habituales, algunas de las cuales nos encontraremos en los códigos que veremos más adelante:

- QAudioInput, QAudioOutput   Proporcionan un interfaz para recibir o enviar datos a dispositvos de audio.
- QBrush   Nos define los patrones de relleno de color.
- QColor   Nos proporciona colores dados mediante valores RGB, HSV or CMYK.

- QDate, QDateTime, QTime — Nos proporcionan funciones del día y la hora.
- QFont — Especifica las fuentes usadas en el texto.
- QIcon — Proporciona iconos escalables en varios formatos.
- QImage — Proporciona una representación de imagen independiente del hardware. Optimizada para I/O.
- QPalette — Proporciona grupos de colores para los widgets.
- QPixmap — Maneja imágenes. Optimizada para representación por pantalla.
- QPrinter — Nos permite dibujar en la impresora.
- QString — Para tratar con cadenas de caracteres Unicode.
- QTimer. — Nos permite usar un temporizador.
- QWebPage, QWebView — Nos permiten trabajar con páginas web.

Como sencillo ejemplo del uso de **QWebView** crearemos una aplicación que nos visualice páginas web. Partiremos del esquema **w_web.ui**, basado en un diálogo:

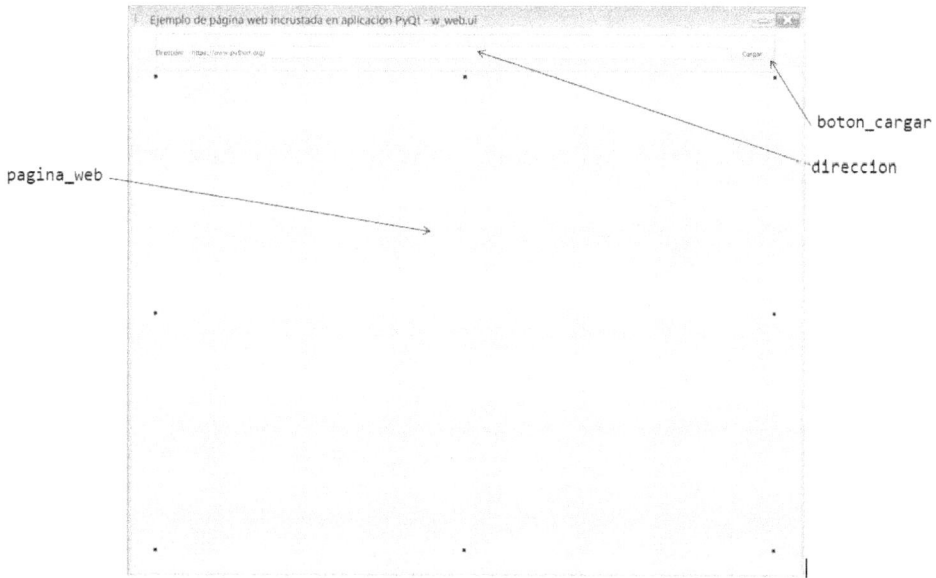

No tenemos la clase QWebView disponible de forma directa en Qt Designer, por lo que inicialmente el elemento central (pagina_web) lo insertamos como un widget. Para transformarlo en un objeto QWebView debemos hacer clic sobre él con el botón derecho del ratón y seleccionar "Promote to..." en el menú contextual que nos aparece:

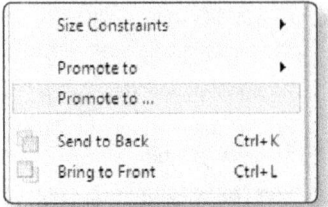

A continuación, en el "Promoted class name:" escribiremos "QWebView" y a medida que lo hacemos se irá rellenando automáticamente "Header file". Al finalizar hacemos clic en el botón "Add" y ya tendremos nuestra clase disponible para promocionar[149]. Lo conseguimos pulsando el botón "Promote", tras lo cual nuestro widget original ahora será de la clase QWebView, algo que podemos visualizar en el inspector de objetos. Guardaremos el esquema y mediante pyuic4 generaremos **w_web.py**.

El código de **w_web.pyw** es:

```
import sys
sys.path.append(r"C:\Users\flop\Desktop\Ejercicios_Python_Resueltos")
from w_web import *

class MyForm(QtGui.QDialog):
    def __init__(self, parent=None):
        QtGui.QWidget.__init__(self, parent)
        self.ui = Ui_Dialog()
        self.ui.setupUi(self)
        self.ui.boton_cargar.clicked.connect(self.cargar)

    def cargar(self):
        self.ui.pagina_web.stop()
        self.ui.pagina_web.setUrl(QtCore.QUrl(self.ui.direccion.text()))
        self.ui.pagina_web.load()

if __name__ == "__main__":
    app = QtGui.QApplication(sys.argv)
    myapp = MyForm()
    myapp.show()
    sys.exit(app.exec_())
```

---

149. Además, la tendremos disponible en el menú contextual (dentro de "Promote to", sin puntos suspensivos) si queremos promocionar posteriormente otros widgets hacia QWebView.

Y genera la siguiente salida:

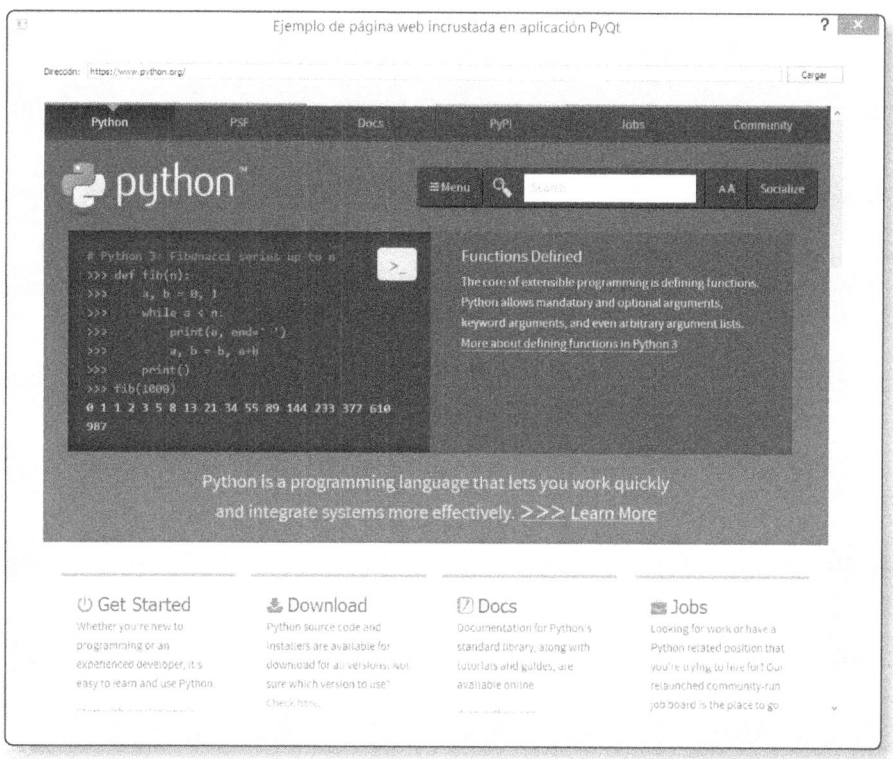

3

GENERACIÓN DE GRÁFICOS EN PYTHON MEDIANTE MATPLOTLIB (I)

Hemos visto que, haciendo uso de las librerías PyQt, podemos programar aplicaciones gráficas interesantes. Es muy probable que también necesitemos, en base a los datos que maneje nuestra aplicación, crear gráficos en dos o tres dimensiones (2D y 3D, respectivamente). Para ello, en la instalación estándar de Python, del mismo modo que tenemos Tkinter para generar programas con interfaz gráfico, viene por defecto una herramienta para la creación de gráficos en 2D llamada turtle, consistente en una pequeña tortuga que se desplaza por la pantalla dibujando según las instrucciones que le indiquemos. No será la herramienta que usaremos, ya que existe otra mucho más potente y versátil, que constituye uno de los pilares fundamentales del ecosistema Python, sobre todo en lo referido a generación de gráficos 2D: **matplotlib**.

3.1 GENERACIÓN DE GRÁFICOS EN PYTHON CON MATPLOTLIB

En Python, de cara a crear gráficos de distintos tipos, tenemos multitud de alternativas, cada una con sus particularidades, virtudes y defectos. El estándar de facto para generar gráficos 2D (que también tiene una capacidad más que aceptable para representarlos en 3D) es matplotlib, uno de los programas históricos dentro del ecosistema Python y usado ampliamente por su comunidad de usuarios, especialmente en el entorno científico debido a su capacidad para crear gráficos de gran calidad[150]. En un principio matplotlib se creó para simular el comportamiento gráfico de MATLAB, una completa herramienta de software matemático muy usado en ingeniería y que seguramente ya conozca el lector.

---

150. Especialmente interesante en el caso de gráficos impresos para publicaciones científicas.

3.2 INSTALACIÓN DE MATPLOTLIB. CREACIÓN DE UN ENTORNO VIRTUAL CON ANACONDA

Hasta el momento tenemos en nuestro sistema dos elementos principales:

- La instalación estándar de Python, concretamente la versión 3.3.5.
- Las librerías PyQt4 versión 4.10.4 para Python 3.3.

Para ello solamente fue necesario descargar un determinado fichero de las direcciones indicadas de Internet, ejecutarlo y seguir los pasos de instalación, siendo de vital importancia en ella la selección correcta de los directorios[151]. De esta manera hemos podido trabajar tranquilamente hasta ahora, pero en el mundo Python habitualmente las cosas no son tan sencillas. En general trabajaremos con multitud de librerías distintas, algunas de ellas con determinadas dependencias[152]. A veces, al ir a instalar una librería en nuestro sistema desde la página web correspondiente, en ella se nos indica que tiene 3, 4, 5 o más dependencias de otras librerías que no nos instalará por defecto, con lo que puede ser una tarea muy engorrosa configurar correctamente todo ese entramado. Este, además de ser el caso de matplotlib, es uno de los quebraderos de cabeza habituales en el ecosistema Python y uno de los mayores generadores de frustraciones para sus usuarios. Afortunadamente, en los últimos años han aparecido herramientas que nos facilitan la tarea de instalación de paquetes[153], con todas sus dependencias, de forma automática. Entre ellas destaca **Anaconda3**, de la empresa Continuum Analytics, que nos va a permitir crear entornos virtuales[154] completos e independientes[155], lo que nos será de mucha ayuda, tanto ahora como en el futuro.

A pesar de tener ya nuestra instalación de Python 3.3.5 y de PyQt4 v4.10.4, vamos a generar desde cero un nuevo entorno independiente que, además de estos dos elementos, tenga también matplotlib. Indicaré además cómo poder añadir a este nuevo entorno creado las librerías que creyésemos conveniente en el futuro a medida que las fuésemos necesitando. Todo de forma muy sencilla y cómoda. Lo primero será descargar e instalar Anaconda3 en nuestro sistema. Para ello accederemos a la siguiente dirección web: *https://www.continuum.io/downloads*

---

151. También denominados carpetas. Por lo general las carpetas que nos aparecen por defecto en las instalaciones son las que dejamos seleccionadas.

152. Que necesitan a otras para poder funcionar.

153. Programas o librerías.

154. Un entorno virtual es una instalación de la versión que queramos de Python más las librerias que deseemos (con todas sus dependencias).

155. Todos los elementos los tendremos almacenados en una determinada carpeta.

Posteriormente nos desplazaremos por la página hasta hacer clic en el instalador de 32 bits para la versión 3.6 de Python[156], dentro de la zona de descarga para Windows, como se indica a continuación[157]:

Tras descargar el fichero (de nombre **Anaconda3-4.4.0-Windows-x86**, con 362 MB de tamaño), lo ejecutaremos. Aparecerá la ventana inicial de carga del programa:

---

156. La última versión de Python 3 en el momento de escribir el libro (octubre de 2017) es la 3.6.3.

157. Si existe una versión más actual tenemos la opción de descargarla, o usar justo la versión usada en el libro que adjuntamos en el material de descarga.

Posteriormente haremos clic sucesivamente en Next, I agree, Next, Next e Install en las ventanas que irán apareciendo. Finalmente se procederá a la instalación:

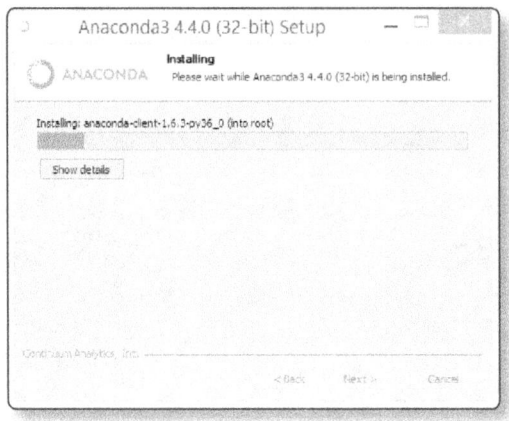

Al terminar se nos indicará que el proceso está completado. Tras hacer clic en Next y Finish (desactivando las opciones de aprendizaje) ya tendremos instalado Anaconda3 en nuestro sistema, que viene con las siguientes herramientas :

- ▼ **Anaconda Navigator**: es una aplicación que nos permite trabajar con Anaconda3 de forma gráfica.

- ▼ **Anaconda Prompt**: con ella accedemos al shell del sistema para ejecutar comandos.

- ▼ **IPython**: un shell interactivo con características muy interesantes basado en cuadernos (Notebooks) y diseñado sobre tecnologías web. Trabaja desde el navegador. Suele usarse en combinación con matplotlib.

- ▼ **Jupyter**: es un frontend interactivo y un sistema de mensajes que permite conectar diferentes núcleos (entre ellos IPython, que permite usar Python en Jupyter), añadiendo soporte para otros lenguajes como Julia, Haskell, R y Ruby.

- ▼ **Spyder**: Es un IDE científico cuyo diseño está inspirado en MATLAB.

Las tres últimas aportan gran potencia al ecosistema Python, sobre todo si trabajamos en el entorno científico y necesitamos interactividad.

A pesar de que tenemos la opción de hacerlo mediante Anaconda Navigator, crearemos un entorno virtual mediante comandos. Para ello buscaremos la carpeta en la que se ha instalado Anaconda3 en nuestro sistema, que en mi caso es:

C:\Users\flop\Anaconda3

Accederemos posteriormente a la carpeta "Scripts":

C:\Users\flop\Anaconda3\Scripts

Estando en ella haremos clic con el botón derecho del ratón mientras mantenemos pulsada la tecla de mayúsculas (shift) y seleccionamos "Abrir ventana de comandos aquí". Tras ello teclearemos lo suguiente:

conda create -n miPython3_3_5 python=3.3.5

Obtendremos:

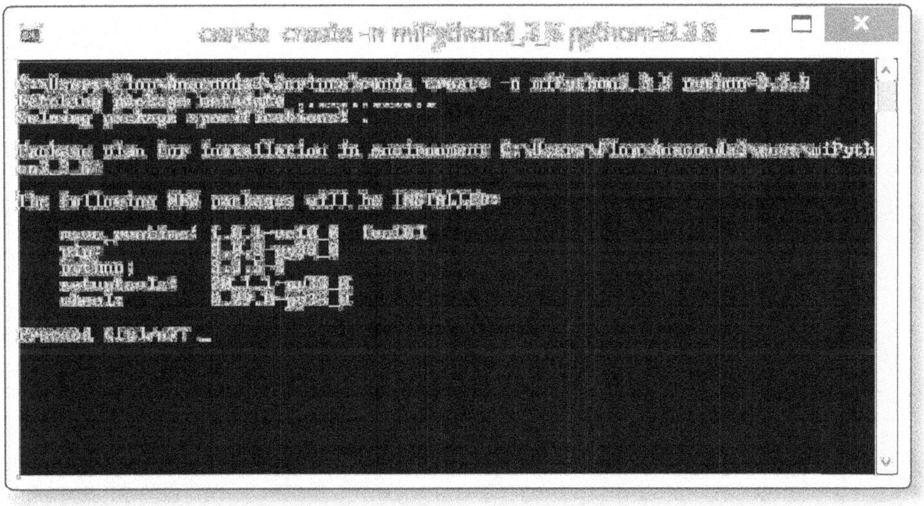

Con el citado comando creamos un entorno de nombre miPython3_3_5 que incluye la versión 3.3.5 del intérprete. Se nos detallan los paquetes necesarios, que serán almacenados en nuestro entorno. Indicaremos, tecleando 'y' y pulsando Enter, que queremos que comience la descarga. Al finalizar esta tendremos:

```
Proceed ([y]/n)? y

msvc_runtime-1 100% |################################| Time: 0:00:00   1.88 MB/s
python-3.3.5-2 100% |################################| Time: 0:00:04   4.63 MB/s
setuptools-20. 100% |################################| Time: 0:00:00   7.47 MB/s
wheel-0.29.0-p 100% |################################| Time: 0:00:00   3.95 MB/s
pip-8.0.3-py33 100% |################################| Time: 0:00:00   5.97 MB/s
#
# To activate this environment, use:
# > activate miPython3_3_5
#
# To deactivate this environment, use:
# > deactivate miPython3_3_5
#
# * for power-users using bash, you must source
#
C:\Users\flop\Anaconda3\Scripts>
```

Ahora, para añadir cualquier programa a nuestro entorno usaremos el siguiente formato[158]:

```
conda install -n nombre_entorno nombre_paquete
```

Por lo tanto para instalar las librerías PyQt teclearemos:

conda install -n miPython3_3_5 pyqt

Aparecerá la versión de las librerías compatible con nuestro entorno:

```
C:\Users\flop\Anaconda3\Scripts>conda install -n miPython3_3_5 pyqt
Fetching package metadata ...............
Solving package specifications: .

Package plan for installation in environment C:\Users\flop\Anaconda3\envs\miPyth
on3_3_5:

The following NEW packages will be INSTALLED:

    pyqt: 4.10.4-py33_1

Proceed ([y]/n)?
```

Le indicamos que queremos proceder con la instalación. Tras descargarla, procederemos de igual manera para instalar matplotlib:

conda install -n miPython3_3_5 matplotlib

Se nos instalará la versión 1.4.3 y todas sus dependencias:

---

158. En el momento de indicar el nombre del paquete, podría usarse el formato nombre_del_paquete = versión, pero de la manera indicada nos aseguramos de que es compatible.

Capítulo 3. GENERACIÓN DE GRÁFICOS EN PYTHON MEDIANTE MATPLOTLIB (I)

```
C:\Users\flop\Anaconda3\Scripts>conda install -n miPython3_3_5 matplotlib
Fetching package metadata ...............
Solving package specifications: .

Package plan for installation in environment C:\Users\flop\Anaconda3\envs\miPyth
on3_3_5:

The following NEW packages will be INSTALLED:

    matplotlib:      1.4.3-npl9py33_1
    numpy:           1.9.2-py33_0
    pyparsing:       2.0.3-py33_0
    python-dateutil: 2.4.2-py33_0
    pytz:            2015.7-py33_0
    six:             1.10.0-py33_0

Proceed ([y]/n)?
```

Finalmente tenemos creado nuestro entorno sobre el intérprete Python 3.3.5, con las versiones compatibles de PyQt y matplotlib[159]. El entorno se almacena en una carpeta con su nombre dentro del siguiente directorio:

C:\Users\flop\Anaconda3\envs

PyScripter seguirá trabajando[160] con la instalación que tenemos en C:\Python33, que incluye la librería PyQt4 pero no matplotlib, por lo que intentar hacer uso de esta última nos generaría un error. Para solucionarlo tenemos varias alternativas:

1. Añadir de forma permanente (mediante la variable PYTHONPATH) la dirección de las librerías que queramos usar[161].

2. Añadir (en cada programa que realicemos) temporalmente a la variable path la dirección de las librerías que deseemos usar. En nuestro caso sería:

sys.path.append(r"C:\Users\flop\Anaconda3\envs\miPython3_3_5\Lib\site-packages")

3. Renombrar nuestra carpeta de entorno virtual miPython3_3_5 como Python33 y sustituir por ella la que existe actualmente en C:\Python33. No es demasiado ortodoxo pero lograríamos nuestro objetivo.

Nosotros elegiremos la opción 1, por lo que añadiremos a la variable de usuario PYTHONPATH la dirección siguiente:

C:\Users\flop\Anaconda3\envs\miPython3_3_5\Lib\site-packages\

---

159. Podríamos actuar de esta manera de cara a instalar en nuestro entorno cualquier otro programa/librería.

160. Si tenemos la opción Motor de Python como Remoto.

161. La forma de hacerlo está descrita en el Apéndice A.

Recordemos que ya tenemos la dirección de nuestra carpeta:

C:\Users\flop\Desktop\Ejercicios_Python_Resueltos

Por lo tanto, ambas direcciones deben ser separadas mediante punto y coma (;).

Aún habiendo optado por la opción 1, en una gran cantidad de código usaré la opción 2 también (como ya he hecho en los dos primeros capítulos) a pesar de no ser estrictamente necesario. Es para poner de relieve que la opción 2 es un método muy sencillo y limpio de indicar rutas de búsqueda de librerías.

Una vez que tenemos todo configurado para poder hacer uso de matplotlib, pasaremos a describir cómo usarlo.

3.3 USO DE MATPLOTLIB

En la instalación de matplotlib una de sus dependencias es NumPy (en nuestro caso concreto la versión 1.9.2). NumPy es una librería especializada en el procesamiento de lo que se denominan arrays multidimensionales. El uso correcto de matplotlib conlleva trabajar también con NumPy. Para conocer más sobre él tenemos el capítulo 5, que puede ser leído de forma independiente a los cuatro primeros.

Tenemos tres formas de usar matplotlib, algo que se explica al saber que este se creó inicialmente para simular el comportamiento en muchos aspectos de MATLAB. Son las siguientes:

▼ Mediante el módulo **pylab**, que fusiona matplotlib, un módulo llamado mlab[162] y parte de NumPy para generar un entorno lo más similar posible a MATLAB, con comandos fusionados y funciones. Internamente NumPy y mlab se encargan de la parte matemática y matplotlib de la representación gráfica. Esta manera es la menos recomendable para usar matplotlib, ya que perdemos la referencia de cómo se trabaja de forma interna con los objetos que componen su librería, unido a que los comandos están más orientados a cómo trabaja MATLAB, y en la facilidad e interactividad de su uso. Trabajar con pylab está solo indicado cuando queremos una alternativa libre a MATLAB para trabajar de forma muy similar a él, sin preocuparnos por cómo opera a nivel básico, es decir, a nivel de objetos. En cualquier otro caso se desaconseja totalmente su uso.

---

162. mlab contiene funciones numéricas en Python escritas para mantener compatibilidad con MATLAB a nivel de nombres, e incluso de parámetros.

▼ Usando un módulo llamado **pyplot**, que usa funciones y comandos similares a los usados en MATLAB para generar gráficos. Podremos trabajar sin tener que crear o hacer referencia a los objetos que existen en un nivel inferior. Es una forma muy cómoda, ideal para hacerlo de forma interactiva.

▼ Usando los **objetos** propios de la librería matplotlib: es una manera un poco más compleja, ya que debemos crear y hacer referencia a los objetos que componen la librería, trabajando con la filosofía de la programación orientada a objetos. Como ventaja tenemos la capacidad de configurar y controlar de forma mucho más completa nuestros gráficos, además de poder incrustarlos en aplicaciones tipo GUI como las que generamos con PyQt. Esta es la forma más pythónica[163] de usar matplotlib y por tanto la más recomendada.

En definitiva, descartaremos pylab y nos centraremos en las dos restantes, ya que nos interesa más programar con la librería matplotlib que solo hacer un uso interactivo de ella. Empezaremos viendo el uso de pyplot de forma directa. Posteriormente trabajaremos con los objetos a más bajo nivel, e integraremos los gráficos en una aplicación de tipo GUI hecha con PyQt. En el libro no seguiremos siempre la forma habitual de trabajar con matplotlib, que es usando de forma intensiva las funciones de NumPy en detrimento (ya que son más rápidas y cómodas) de las nativas de Python que aparecen en sus librerías estándar, en parte por no olvidar estas, en parte porque cuando los requerimientos de velocidad no sean grandes, siguen siendo perfectamente válidas para nuestro cometido. Solo en casos en los que el uso de NumPy tiene muchas ventajas (por ejemplo, en el tratamiendo de gráficos 3D) usaremos sus funciones de forma exclusiva. Para saber más de NumPy podemos leer el capítulo 5, que está dedicado en exclusiva a su estudio.

3.3.1 Uso de matplotlib directamente: módulo pyplot

Veamos en primer lugar un ejemplo muy sencillo del uso del módulo pyplot de matplotlib. Teclearemos lo siguiente, guardándolo en nuestra carpeta con el nombre **mpl_1.pyw**:

---

[163]. Se denomina así a la forma más ortodoxa, pura, o acorde a lo que el creador y los expertos en Python consideran que es la que mejor encaja con la filosofía del lenguaje.

Al ejecutarlo[164] obtendremos una ventana emergente en la pantalla:

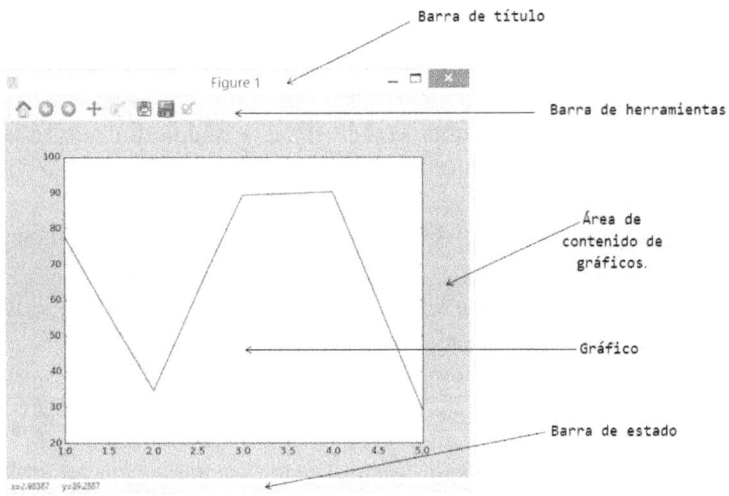

La ventana se puede minimizar, maximizar o cerrar mediante los botones de la barra de título, o mediante el menú de sistema que aparece al hacer clic en el icono que aparece en la parte izquierda de esta. También nos aparece la siguiente barra de herramientas, cuyos botones tienen el siguiente significado:

---

164. Si al intentar ejecutarlo desde Windows no nos lo permite, debemos colocarnos encima de un fichero .pyw, hacer clic con el botón derecho del ratón y elegir Abrir con → Elegir programa predeterminado→Más opciones→Buscar otra aplicación en el equipo, y seleccionar el ejecutable de nuestro intérprete pythonw.

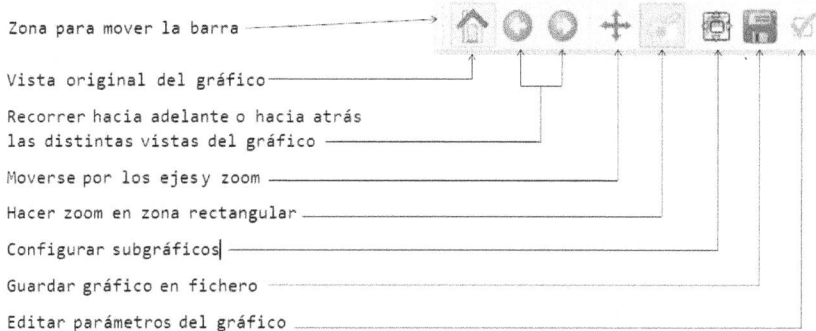

Al usar el cuarto botón (moverse por los ejes y zoom) logramos una u otra cosa manteniendo pulsado, respectivamente, el botón izquierdo o derecho del ratón.

Podemos colocar la barra de herramientas (agarrándola por su extremo izquierdo y arrastrándola) arriba, abajo, a la izquierda, a la derecha o flotante dentro de la ventana. La zona de fondo gris está pensada para contener uno o varios gráficos (subgráficos). Modificando adecuadamente los parámetros que aparecen al hacer clic en el botón configurar subgráficos y colocando la barra en la parte derecha de la ventana podríamos obtener lo siguiente:

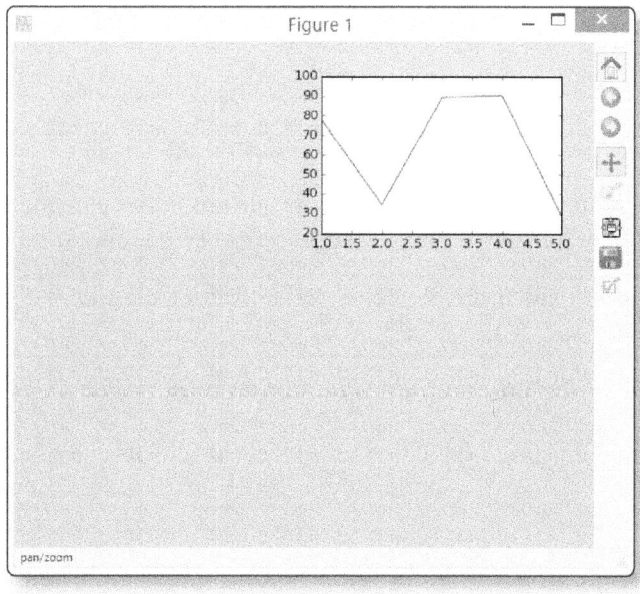

Se representan y configuran de forma automática los ejes x e y acorde a los valores que tenemos en las dos listas pasadas como parámetros a la función **plot()**, que es la que genera el gráfico, mostrándose posteriormente mediante la función show(). Analicemos cada una de las líneas de este sencillo código:

- L2: importamos el módulo pyplot de matplotlib, que es el que nos permitirá generar gráficos de forma directa mediante funciones. Por comodidad de uso lo referenciamos como plt.

- L5-6: creamos dos listas con 5 elementos cada una. Una para el eje x y otra para el eje y.

- L7: se genera, mediante la función plot(), un gráfico con los datos que le pasamos en las dos listas. En este tipo en concreto se unen, mediante una línea recta, los puntos de las coordenadas que indicamos:

    (1, 77.77) → (2, 34.56) → (3, 89.32) → (4, 90.21) → (5, 29.12)

- L8: la función plot() no visualiza en pantalla el gráfico y es es necesario para ello usar la función show().

En este primer ejemplo vemos cómo, en base a unos datos, se genera un tipo de gráfico sin crear ningún objeto de forma explícita, sino mediante la función plot().

¿Cómo podríamos representar, dentro de la misma ventana, varios gráficos? Usaremos para ello la función **subplot2grid()**, que tiene el siguiente formato:

```
pyplot.subplot2grid((num_filas, num_columnas),(a, b), rowspan=alto, colspan=ancho)
```

Cada uno de los elementos tiene el siguiente significado:

- (num_filas, num_columnas): tupla que nos indica el número de filas y de columnas en que se divide el espacio para los gráficos.

- (a, b): coordenadas[165] dentro de la cuadrícula en la que se insertará el gráfico.

- rowspan = alto: número de filas que ocupa el gráfico (opcional).

- colspan = ancho: número de columnas que ocupa el gráfico (opcional)

---

165. Comienzan desde el valor 0

Si queremos representar dos gráficos muy sencillos podemos teclear el siguiente programa, que guardaremos como **mpl_2.pyw**:

Genera una salida en forma de ventana flotante con el siguiente aspecto:

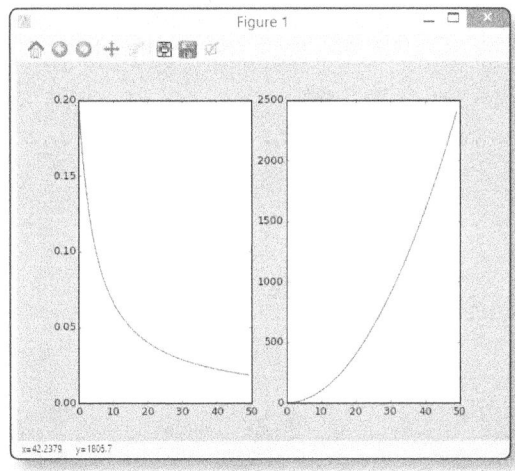

Analizaremos brevemente el código:

▶ L5-7: en estas líneas creamos tres listas: X para el eje x, que consistirá en 50 números enteros consecutivos (del 0 al 49), Y1 que contendrá los valores de la función y = 1/(x+5) para los valores de X, e Y2 que hará lo mismo para la función y = x^2.

▶ L9-10: en L9 divididmos el área gráfica en una fila y dos columnas, nos colocamos en la zona que tiene como coordenadas (0,0) (la columna izquierda) e indicamos que el ancho de nuestro subgráfico será de una fila y una columna (algo que podríamos haber omitido ya que es el valor que tendría por defecto). En L10 se dibuja la función en el subgráfico indicado.

▼ L12-13: repetimos el proceso anterior para la segunda función, indicando previamente que ahora el subgráfico tiene coordenadas (0,1), es decir, será en la segunda columna.

▼ L15: visualizamos el gráfico en pantalla.

Un segundo ejemplo que hace uso de la función subplot2grid() es **mpl_3.pyw**:

Genera la siguiente salida:

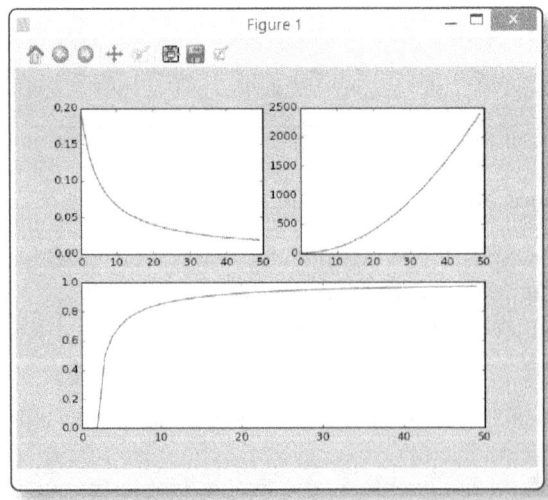

Un tercer ejemplo sería **mpl_4.pyw**:

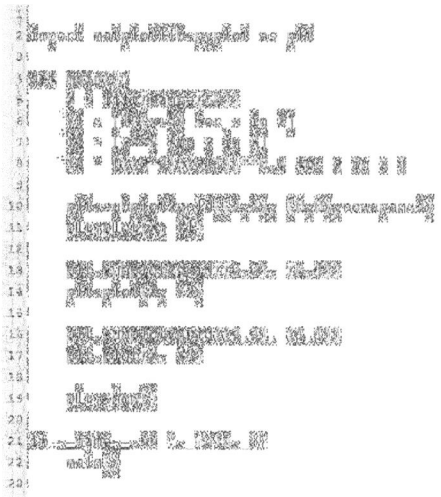

Su salida es:

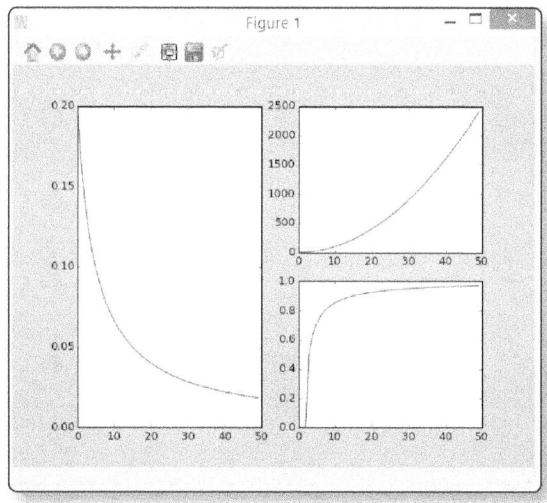

Si lo que queremos es representar en el mismo subgráfico varias curvas debemos llamar varias veces a la función plot(). Esto es debido a que por defecto el estado de mantenimiento (hold state) está activado. Mediante la función **plt.hold()** podemos cambiar ese estado al pasarle como argumento un booleano (True para activarlo y False para desactivarlo). Si colocásemos ptl.hold(False) antes de representar las curvas, solo nos mantendría la última, ya que cada llamada a la función plot() borraría la curva previa (si la hay). En determinados casos necesitaremos un comportamiendo de ese tipo.

Cada curva tendrá un color (si no es indicado de forma explícita lo elige el propio matplotlib) para ser fácilmente distinguibles (la primera azul, la segunda verde, la tercera rojo, la cuarta cyan...). Un ejemplo de ello será **mpl_5.pyw**:

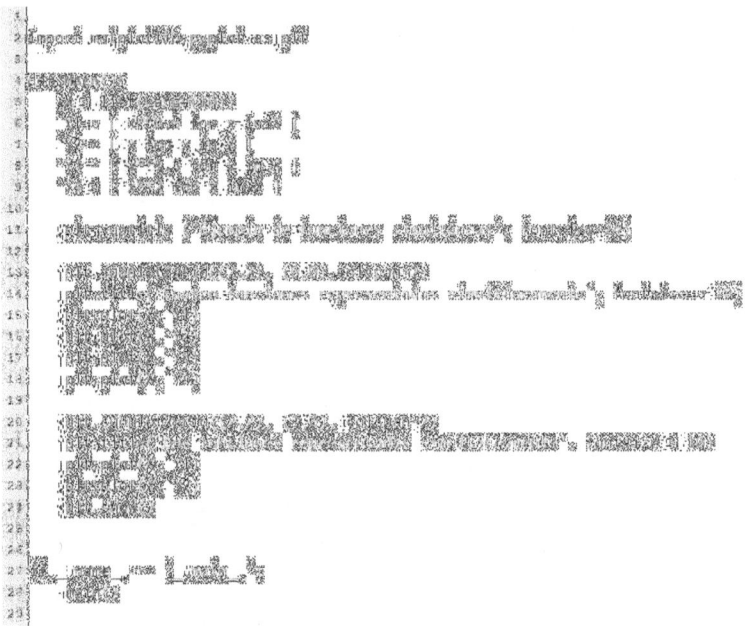

Su salida es:

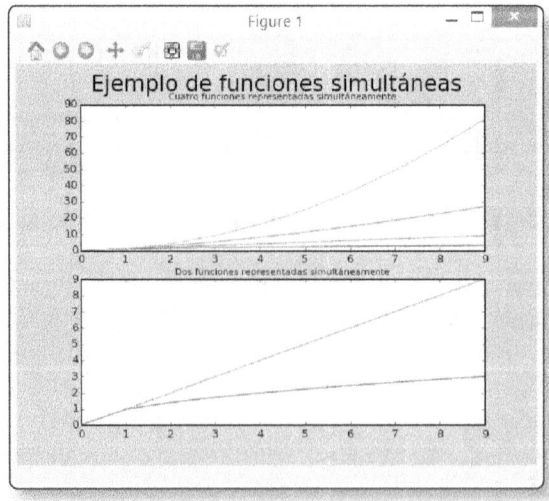

La función plot() nos permite, en el caso de querer representar varias curvas a la vez, indicarlo en una sola llamada a la función. En el código anterior podríamos haber sustituido las cuatro llamadas consecutivas a la función plot() por:

plt.plot(X, Y1, X, Y2, X, Y3, X, Y4)

Las expresiones de X, Y1, Y2, Y3 e Y4 también podrían estar colocadas directamente dentro de la función.

En el código he usado la función **title()**, que nos permite colocar un título a cada uno de los subgráficos, y la función **suptitle()**, que coloca un título general a todos ellos. En ambas doy valor a uno de los múltiples parámetros posibles (fontsize) para indicar el tamaño en puntos de la fuente del texto.

Si necesitamos colocar rótulos en ambos ejes indicativos de qué es lo que representan usaremos las funciones **xlabel()** e **ylabel()**. Un ejemplo que hace uso de ellas es **mpl_6.pyw**:

```python
import matplotlib.pyplot as plt

def main():
    X = list(range(11))
    Y1 = [x*75 for x in X]
    Y2 = [x*58 for x in X]

    plt.subplot2grid((1,2), (0,0))
    plt.title("HOMBRES")
    plt.xlabel('Número de hombres')
    plt.ylabel('Peso acumulado medio')
    plt.plot(X, Y1)

    plt.subplot2grid((1,2), (0,1))
    plt.title("MUJERES")
    plt.xlabel('Número de mujeres')
    plt.plot(X, Y2)
    plt.show()

if __name__ == '__main__':
    main()
```

Tiene la siguiente salida:

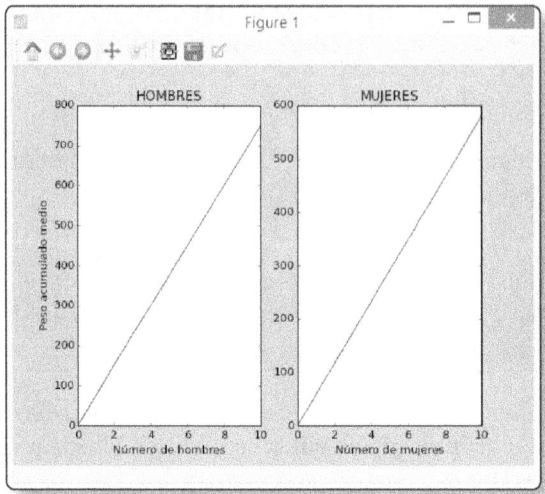

En este código hemos aumentado en un elemento la lista del eje x, resultando en una readaptación de las marcas en él, que ahora aparecen cada dos unidades. También observaremos que, como ha ocurrido hasta el momento, el eje y de cada uno de los gráficos se adapta a los valores del gráfico, resultando en nuestro caso particular que el límite superior en el subgráfico izquierdo es 800 y en el derecho, 700. Si queremos hacer una comparación más realista debemos cambiar el límite de valores en el eje y del segundo gráfico, dándole valor 800. Eso se consigue mediante la función **ylim()**, indicando entre paréntesis los límites inferior y superior del eje. Colocando plt.ylim(0,800) entre las líneas 17 y 18 conseguiremos que el rango de ambos ejes y sea el mismo. La función **xlim()** realiza la misma operación pero sobre el eje x. Si a nuestro código actual le añadimos plt.xlim(0,20) antes de cada una de las dos llamadas a plt.plot(), obtendremos (**mpl6_2.pyw**):

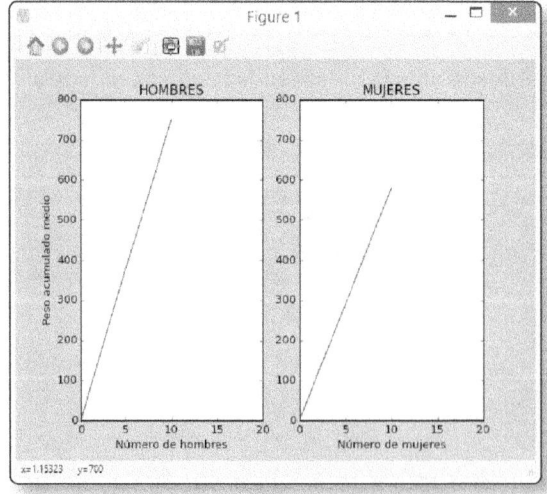

A pesar de haber conseguido el objetivo de tener el límite del eje y de ambos subgráficos en el mismo valor, lo hemos logrado a posteriori, tras visualizar los datos en pantalla. Queremos ahora programar un código que se adapte a los distintos rangos posibles en ambos ejes y y se configure de forma automática en el mayor de ellos. Consideraremos el último ejemplo, en el que por definición los valores en el eje y son siempre positivos. Para lograr nuestro objetivo usaremos la función **axis()**, de dos maneras distintas:

- Recogiendo los datos de una llamada sin argumentos:
  $(x_{min}, x_{max}, y_{min}, y_{max}) \rightarrow$ axis()
  Nos devuelve una tupla con los límites del eje x e y que tenga el gráfico.

- Pasándole los límites deseados en forma de argumentos:
  axis($[x_{min}, x_{max}, y_{min}, y_{max}]$)
  En este caso le pasamos una lista (o tupla) con los 4 valores que queremos establecer.

El código de **mpl_7.pyw** hace uso de todo lo indicado:

```
import matplotlib.pyplot as plt

def main():
    X = list(range(11))
    Y1 = [x*75 for x in X]
    Y2 = [x*50 for x in X]

    plt.subplot2grid((1,2), (0,0))
    plt.title("HOMBRES")
    plt.xlabel('Número de hombres')
    plt.ylabel('Peso acumulado medio')
    plt.plot(X, Y1)
    ejes1_tupla = plt.axis()

    plt.subplot2grid((1,2), (0,1))
    plt.title("MUJERES")
    plt.xlabel('Número de mujeres')
    plt.plot(X, Y2)
    ejes2_tupla = plt.axis()
    if ejes1_tupla[3] > ejes2_tupla[3]:
        ejes2_lista = list(ejes2_tupla)
        ejes2_lista[3] = ejes1_tupla[3]
        plt.axis(ejes2_lista)
    else:
        ejes1_lista = list(ejes1_tupla)
        ejes1_lista[3] = ejes2_tupla[3]
        plt.subplot2grid((1,2), (0,0))
        plt.axis(ejes1_lista)
        plt.xlabel('Número de hombres')
        plt.ylabel('Peso acumulado medio')
        plt.plot(X, Y1)
    plt.show()


if __name__ == '__main__':
    main()
```

Su salida es:

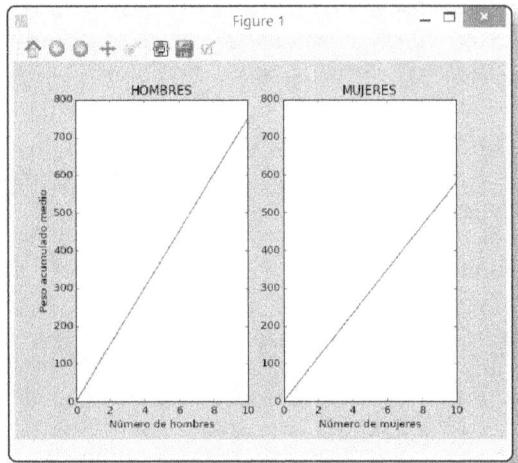

Para comprobar si nuestros gráficos se adaptan de la forma que queremos, cambiaremos momentáneamente el número 58 de la línea L7 por 85. La salida variará de la siguiente manera:

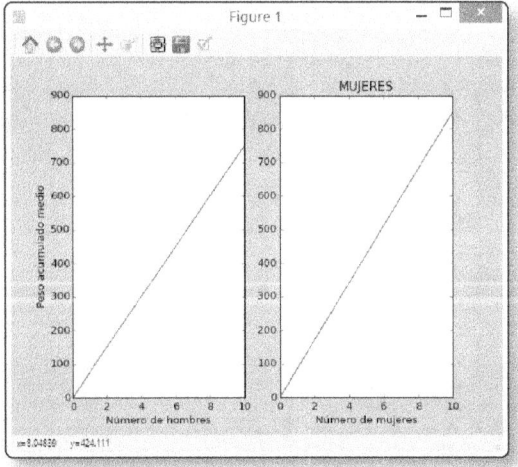

Observamos que ahora el límite superior para el eje y es 900, adaptándose al mayor de los dos gráficos, en este caso el de la derecha.

Comentaremos a continuación las partes más interesantes del código:

▼ L9-14: en este bloque dividimos la zona gráfica en dos columnas, colocándonos en la de la izquierda. Le ponemos un título, rotulamos el eje x e y, generamos la curva (que en este caso es una recta) y obtenemos mediante la función axis() la tupla que nos informa de los límites de los dos ejes.

▼ L16-20: hace lo mismo que el bloque anterior pero para el subgráfico de la derecha.

▼ L21-32: en este bloque lo primero que debemos hacer es comparar el cuarto valor (de índice 3) de las dos tuplas que hemos obtenido (ejes1_tupla y ejes2_tupla) para determinar cual es el mayor de ellos. Estamos en el gráfico de la derecha, por lo que si el mayor es el del gráfico de la izquierda (la condición del if verdadera) solo deberemos cambiar el valor máximo en nuestro eje y. Como las tuplas no se pueden modificar, hago una conversión a lista, modifico el cuarto valor y lo configuro mediante la función axis(). En el caso de condición del if falsa, tendremos que ir al gráfico de la izquierda y hacer la misma operación, con el añadido de tener que volver a colocar su título y sus etiquetas de ejes.

Lo importante para nosotros es ver el funcionamiento de la función axis() y el comportamiento de subplot2grid() en este caso concreto.

En algunos momentos nos interesará añadir una cuadrícula a nuestro gráfico, o poder etiquetar de alguna manera las curvas representadas, sobre todo si existen varias. Lo primero lo conseguiremos con la función **grid()**. Para lo segundo podremos añadir texto al gráfico mediante la función **text()**, colocar flechas mediante la función **annotate()**, o insertar leyendas de las curvas que queramos con la función **legend()**. Veamos a contiunuación estas 4 funciones. Trabajaremos sobre la base de mpl_5.pyw, que tenía la siguiente salida:

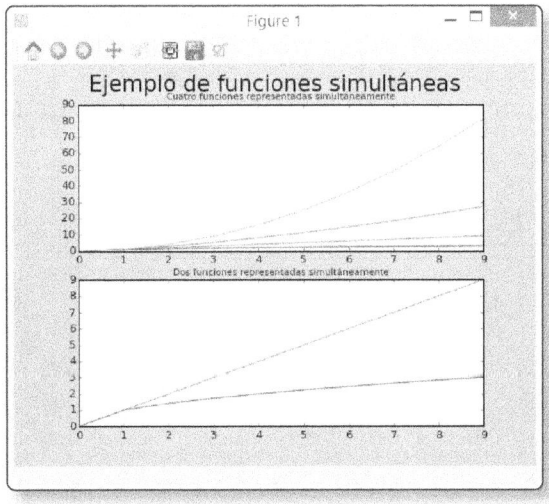

Imaginemos que queremos añadir una cuadrícula al subgráfico superior, además de rotular la curva de color cyan (la de mayores valores). Para el inferior querríamos indicar mediante leyendas a qué función corresponden esas curvas, y señalar la de menor valor (representada en color azul) con una flecha. Nuestro código (lo guardaremos como **mpl_5_2.pyw**) quedaría así:

```python
import matplotlib.pyplot as plt

def main():
    X = list(range(10))
    Y1 = [ x**0.5 for x in X ]
    Y2 = [ x for x in X ]
    Y3 = [ x**1.5 for x in X ]
    Y4 = [ x**2 for x in X ]

    plt.suptitle ("Ejemplo de funciones simultáneas", fontsize=24)

    plt.subplot2grid((2,2), (0,0),colspan=2)
    plt.title("Cuatro funciones representadas simultáneamente", fontsize = 10)
    plt.plot(X, Y1)
    plt.plot(X, Y2)
    plt.plot(X, Y3)
    plt.plot(X, Y4)
    plt.grid(True, ls = '-', color = '0.5')
    plt.text(4.2,30, "y = x ** 2")

    plt.subplot2grid((2,2), (1,0), colspan=2)
    plt.title("Dos funciones representadas simultáneamente", fontsize = 10)
    plt.plot(X, Y1, label = 'Curva 1')
    plt.plot(X, Y2, label = 'Curva 2')
    plt.grid()
    plt.legend()
    plt.annotate('y = x', xytext = (1.5, 7), xy = (5.5, 5.6),
                 ha = 'right', va = 'bottom',
                 arrowprops = { 'facecolor' : 'blue', 'shrink' : 0.02 })
    plt.annotate('y = x ** 0.5', xytext = (7, 5),xy = (6, 2.6),
                 ha = 'center', va = 'center',
                 arrowprops = { 'arrowstyle': '->', 'color': 'red' } )
    plt.show()


if __name__ == '__main__':
    main()
```

Tendría la siguiente salida:

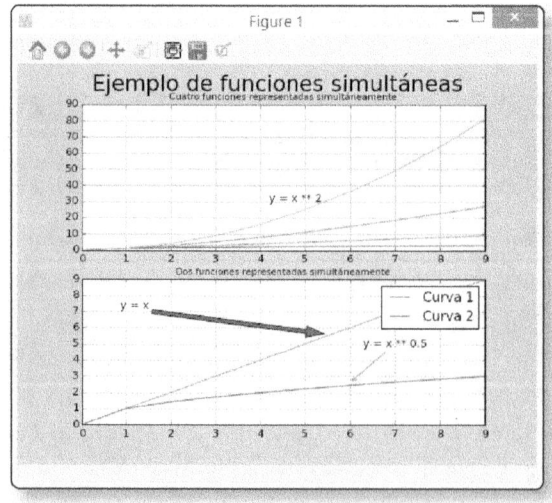

En el subgráfico superior hemos etiquetado mediante un texto una de las curvas, e incluido una cuadrícula continua. En el inferior se ha añadido una zona de leyendas, una cuadrícula discontinua, y señalado mediante flechas de distintas características las dos curvas presentes en él. Analicemos el código añadido respecto a mpl_5.pyw:

- L19-20: al estar dentro de la zona delimitada mediante la función subplot2grid() para el subgráfico superior, es allí donde se aplicará. Mediante la función grid() añadimos la cuadrícula. En este caso le pasamos tres parámetros: True para indicarle que queremos que aparezca la citada cuadrícula (a veces no es necesario hacerlo), ls='-' para indicarle que queremos líneas contínuas en él, y color='0.5' para indicar que el color[166] de la cuadrícula será un gris de valor 0.5 en una escala de 0 (negro) a 1 (blanco). Finalmente, mediante la función text() colocamos en las coordenadas (4.2, 30) el texto "y = x**2".

- L24-31: en este caso el código está en la zona asignada mediante subplot2grid() al subgráfico inferior, con lo cual actuará sobre él. Si queremos representar una leyenda en el gráfico, al usar la función plot() para cada una de las curvas debemos incluir mediante el parámetro label() el texto que deseamos que aparezca en ella. Es eso lo que hacemos en las líneas L24 y L25. En L26 añadimos una cuadrícula sin ningún argumento, con lo cual aplica el valor por defecto: líneas discontinuas de color gris. En L27 indicamos que queremos que aparezca la leyenda, en la que incluirá solamente las curvas marcadas de la forma indicada con anterioridad. Las líneas L28-31 dibujan mediante la función annotate() las dos flechas con su texto asociado. En ellas indicamos, en este orden, el texto, dos tuplas para introducir las coordenadas de este y de la punta de la flecha (xytext y xy), cómo se coloca el texto tanto horizontal (ha) como verticalmente (va) y un diccionario (arrowprops) en el que proporcionar multitud de posibles parámetros de la flecha, como el color (facecolor, color), el estilo (arrowstyle) o la distancia desde el texto al inicio de la flecha (shrink).

Hemos visto en este ejemplo una de las formas de indicar un color en matplotlib. Tenemos las siguientes:

---

166. Aparte de la indicada hay varias formas más de indicar el color que queremos en matplotlib, que explicaré tras analizar el código en su totalidad

▼ Indicando en formato cadena un valor entero entre 0 y 1 (inclusive). Ejemplo: color = '0.7'.

▼ Indicando uno de los siguientes valores: 'b' o "blue", 'g' o "green", 'r' o "red", 'c' o "cyan", 'm' o "magenta", 'y' o "yellow", 'k' o "black", 'w' o "white" para, respectivamente, los colores azul, verde, rojo, cyan, magenta, amarillo, negro y blanco. Ejemplo: color = 'b'.

▼ Indicando una tupla (R,G,B) donde R, G y B son números reales entre 0 y 1 (inclusive) que nos indican respectivamente el porcentaje de color rojo (Red), verde (Green) y azul (Blue) que tiene nuestro color[167]. La tupla (1,0,0) será el color rojo, (0,0,1) el azul , (0,0,0) el negro y (1,1,1) el blanco. La tupla(0.4,0.2,0.7) generaría un color mezcla 40% rojo, 20% verde y 70% azul. Ejemplo: color = (0.3, 0,7, 0.5).

▼ Indicando una cadena hexadecimal del 6 elementos con el formato #RRGGBB, donde R, G y B son dígitos hexadecimales[168]. También, como en el caso anterior, nos indican el porcentaje de rojo, verde y azul que tenemos. La cadena'#00FF00' será el color verde. Ejemplo: color = '#12A3F2'.

Hasta el momento solo hemos trabajado con un tipo concreto de gráfico, denominado curva, que representa una función mediante puntos unidos linealmente. Puntos cuyas coordenadas para el eje x y para el eje y están en dos listas. Para ello usamos la función plot(). Pero podríamos querer generar otro tipo de gráfico para visualizar nuestros datos en forma de columnas, puntos individuales, o en porciones proporcionales circulares. Para lograrlo, matplotlib nos proporciona funciones para cada tipo de gráfico en concreto. Por ejemplo, para representar únicamente los puntos (sin unirlos mediante rectas), lo que se denomina un gráfico de dispersión, tenemos la función **scatter()**. Un sencillo ejemplo de su uso es **mpl_8.pyw**:

---

167. Para la representación de colores en pantalla se usa el código RGB, que mezcla rojo verde y azul para generar todos los colores.

168. Sus valores irán por tanto desde 0 hasta F.

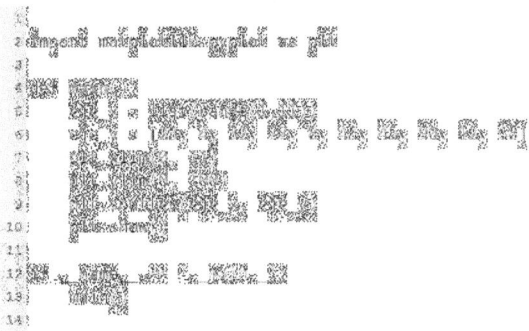

Generará una salida como la siguiente:

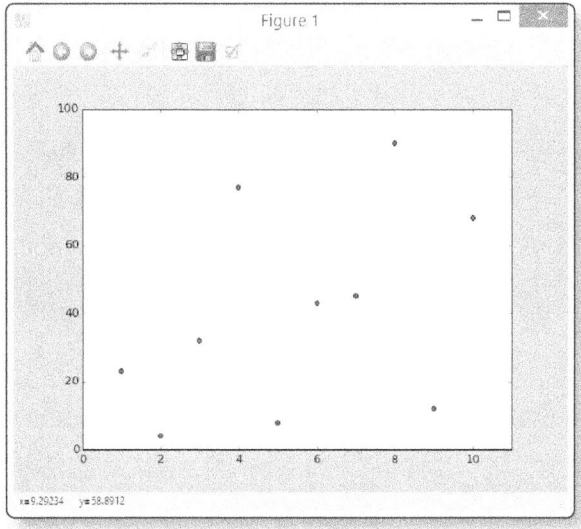

El código crea dos listas, una para el eje x con los números enteros de 1 a 10, y otra con los valores para el eje y, que he elegido arbitrariamente. Posteriormente colocamos los límites de los ejes para una visualización más cómoda de los datos y usamos scatter() en lugar de plot() para visualizar solamente los puntos individuales. La forma de usar scatter() es muy similar a plot(), y como ocurría con este, tiene múltiples parámetros que podríamos añadir para realizar cosas como cambiar el color y/o tamaño del punto, o colocar en lugar de él otro símbolo.

Otro tipo de gráfico habitual es el de barras, tanto verticales[169] como horizontales. Para representarlos matplotlib tiene, respectivamente, la función **bar()** y **barh()**. Un ejemplo de su uso es **mpl_9.pyw**:

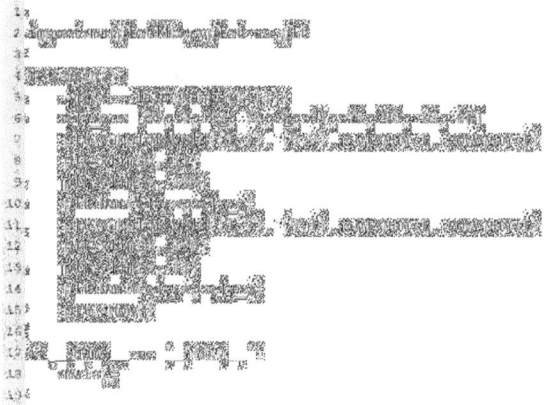

Su salida es:

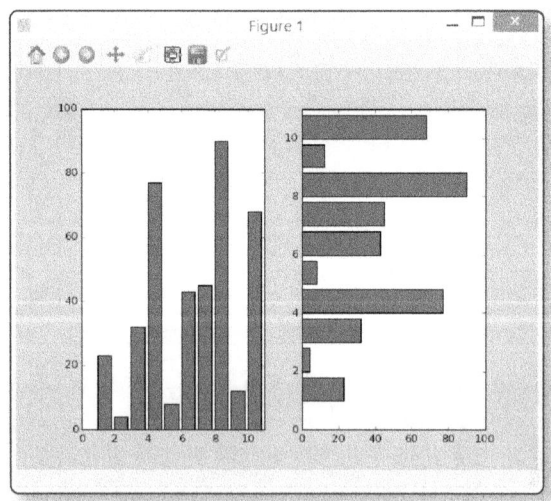

Los dos gráficos de barras (verticales y horizontales) puede que no tengan la apariencia deseada por nosotros. Fijémonos en el gráfico de la izquierda, en su eje x. Si queremos etiquetar todos los números enteros del 0 al 10 en ese eje, de momento lo tenemos hecho solo con los pares, ya que como indiqué con anterioridad matplotlib

---

169. Se puede denominar columnas a las barras verticales.

los representa de forma automática como él considera oportuno. Comentaré un poco más adelante cómo solucionar este problema. Observando ahora el valor 2 para el eje x, notamos que representa por defecto una barra vertical que va (a lo ancho) desde la marca del 2 hasta casi (exactamente el 80%) la marca (no visualizada) del 3. Puede que no sea así como nos gustaría que apareciese la barra. Tanto su anchura como su disposición en relacion a los valores en el eje x (además de muchos parámetros mas) son configurables en la función bar(). Lo mismo ocurre con barh(), que tiene un comportamiento similar con barras horizontales. Una distribución distinta y más atractiva visualmente sería la siguiente:

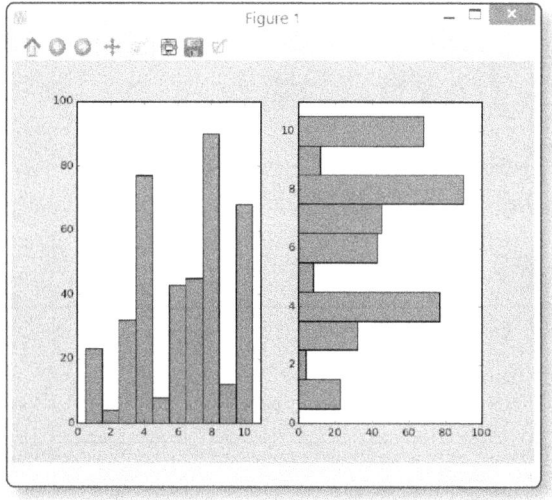

Es la salida de **mpl_9_2.pyw**:

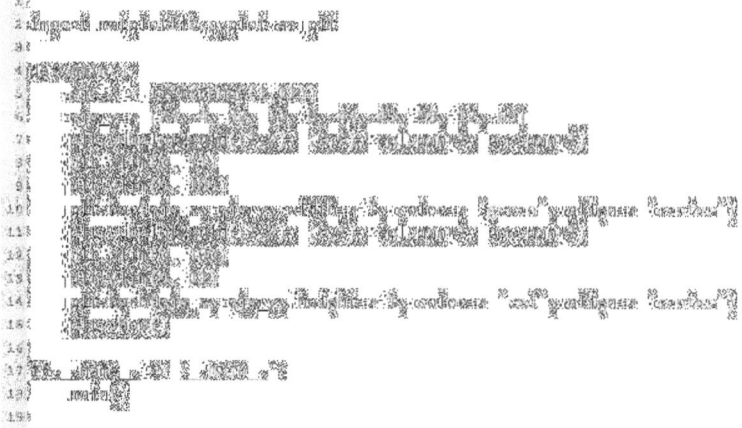

En él hemos indicado a las funciones bar() y barh() que la anchura o altura es el 100% de la distancia entre marcas (mediante width y height respectivamente), que el color de las barras es verde o rojo (mediante color) y que la alineación de la barra respecto a la marca (horizontal o vertical en cada caso) es centrada (mediante align).

Existen varios tipos de gráficos con barras. Por ejemplo barras apiladas. Para ello solo debemos colocar las barras en el mismo lugar y hacer uso del parámetro bottom de la función bar(). Veamos un ejemplo (**mpl_10.pyw**):

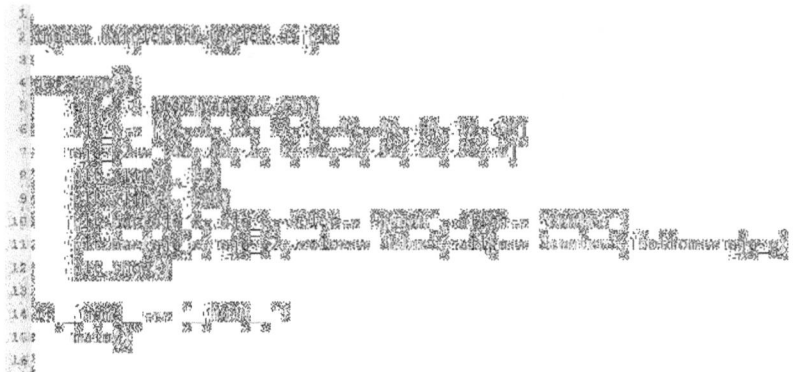

Genera la siguiente salida:

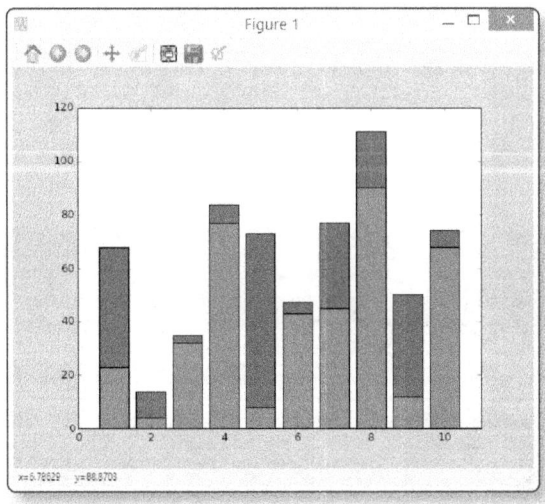

El parámetro bottom indica sobre que barra se va a colocar la nuestra. En el ejemplo le indicamos que es sobre los datos almacenados en eje_y. Si no lo hubiésemos indicado se habrían superpuesto, apareciendo en algunos casos solo la barra de color azul, ya que esta es la última que se dibuja. Podríamos apilar todas las barras que quisiésemos, siempre que se lo indiquemos apropiadamente mediante bottom.

El caso de barras horizontales sería similar, usando barh() en lugar de bar() y left en lugar de bottom. Veámoslo (**mpl_11.pyw**):

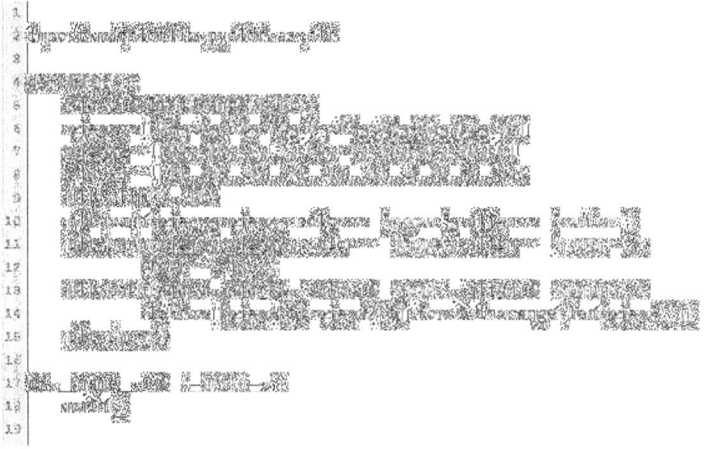

La salida generada es:

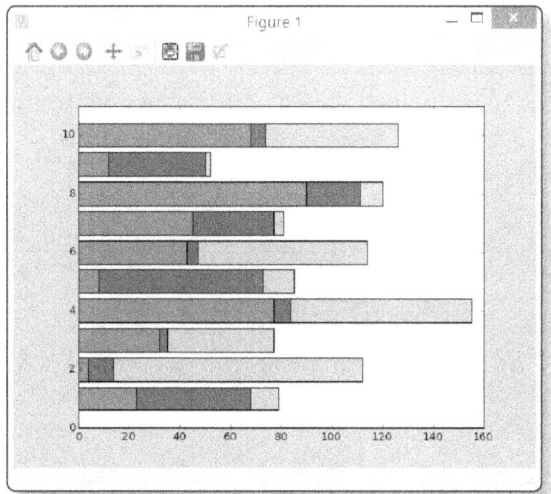

Como en este caso las columnas no están unas encima de otras sino al lado, es el parámetro left el que indica el valor que hay que sumarle. En las columnas de color azul es simplemente el valor de la lista eje_x, pero en la de color cyan hemos tenido que crear (mediante list comprehensions) una lista que fuese la suma de eje_x y eje_x2 para indicarle el valor correcto[170].

Ampliaremos mpl_10.pyw para apilar verticalmente tres barras, obteniendo **mpl_10_2.pyw**:

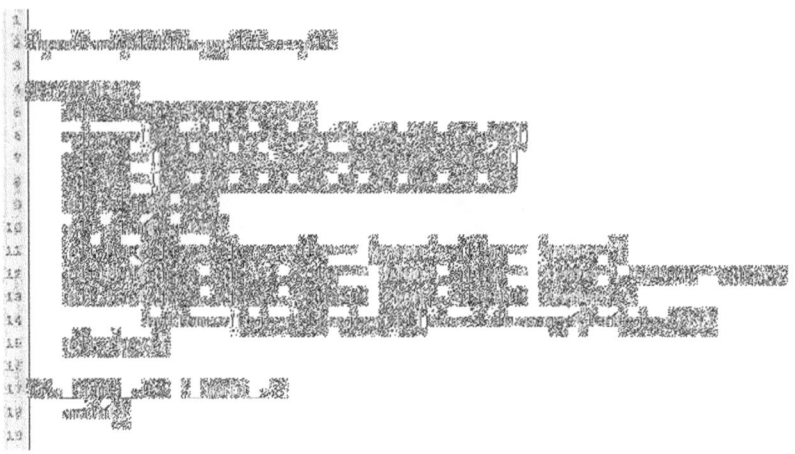

La salida es:

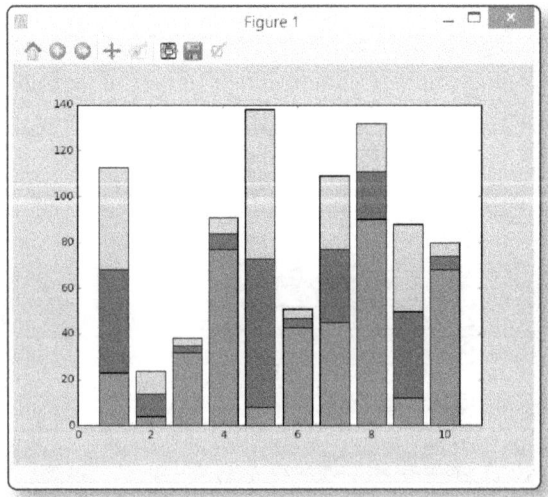

---

170. Usando NumPy podríamos haberlas sumado directamente.

Otra forma interesante de usar las barras es colocándolas "espalda con espalda" para poder hacer una comparación de dos valores. Por ejemplo imaginemos que queremos comparar el numero de chicos y chicas entre 10 y 19 años que hay en una determinada localidad, visualizándolo de forma gráfica por años. Para ello debemos colocar con valor negativo los valores de una de las barras. Un ejemplo de ello es **mpl_12.pyw**:

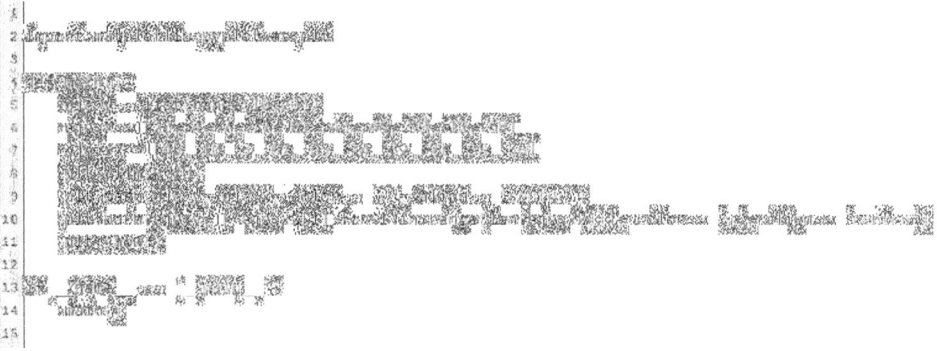

He variado ligeramente los datos, colores y límites del eje y, además de indicarle en la segunda función barh() que los datos queremos que aparezcan con signo negativo, para lo que hemos tenido que crear una nueva lista mediante list comprehensions. El resultado es el siguiente:

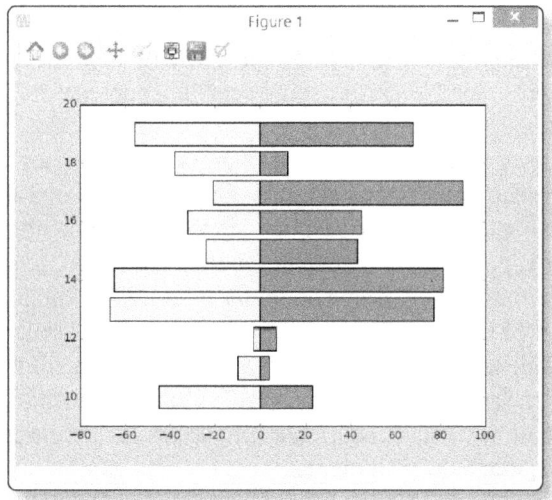

Si necesitamos representar varios gráficos de barras en cada valor, para que no se superpongan debemos jugar con el espacio que tenemos en el eje, la anchura de cada barra y la colocación de unas respecto a otras. Analicemos el siguiente código (**mpl_13.pyw**):

```
import matplotlib.pyplot as plt

def main():
    eje_x = list(range(1,11))
    for i in range(len(eje_x)):
        eje_x_2 = [x + 1/3 for x in eje_x]
    for i in range(len(eje_x)):
        eje_x_3 = [x + 2/3 for x in eje_x]
    eje_y = [23, 4, 32, 77, 8, 43, 45, 90, 12, 68]
    eje_y2 = [45, 10, 3, 7, 65, 4, 32, 21, 38, 6]
    eje_y3 = [11, 98, 42, 71, 12, 67, 4, 9, 2, 52]
    plt.xlim(1-1/6, 11-1/6)
    plt.ylim(0, 100)
    plt.grid(linestyle = '--', axis = 'y')
    plt.bar(eje_x, eje_y, width = 1/3, color = 'green', align = 'center')
    plt.bar(eje_x_2, eje_y2, width = 1/3, color = 'blue', align = 'center')
    plt.bar(eje_x_3, eje_y3, width = 1/3, color = 'yellow', align = 'center')
    plt.show()

if __name__ == '__main__':
    main()
```

Tenemos tres listas (eje_y, eje_y2, eje_y3) para representar cada una de las barras correspondientes a los datos almacenados en la lista eje_x, que son los números enteros entre 1 y 10 (inclusive). Por lo tanto, en el eje x hay un espacio de una unidad para poder colocar las barras. Si queremos aprovecharlo todo, la anchura de cada una de ellas deberá tener valor 1/3. Para que no se solapen, crearemos dos nuevas listas que contengan los valores originales de eje_x pero desplazados en valor 1/3 y 2/3 de él. De esta manera se colocarán las tres barras consecutivas. Pero no ocuparán exactamente el espacio entre los valores (visibles o no) enteros del eje x, sino que irán desde un poco antes de ella a un poco antes de la siguiente, ya que le hemos indicado mediante el parámetro align de la funcion bar() que queremos que la marca esté centrada en la barra. Ese "un poco" es la mitad de la anchura de la columna, es decir, de valor 1/6. Es por ello que para que solo se representen gráficamente el espacio de las columnas se ha restado ese valor en la función xlim(). El valor tope de 100 dado a la función ylim() ha sido a posteriori, sabiendo los valores que tenemos. Como añadido he colocado una cuadrícula solo aplicada al eje y con estilo de líneas discontinuas. El resultado es el siguiente:

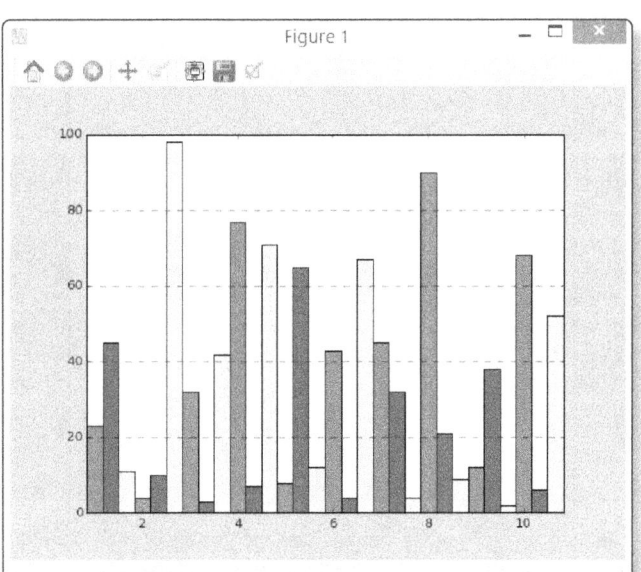

La forma de proceder para lograr el mismo efecto con barras verticales es similar y queda como ejercicio para el lector.

Para generar gráficos de tipo tarta matplotlib tiene la función **pie()**, a la que debemos suministrar como argumento un grupo de elementos. Un sencillo ejemplo es **mpl_14.pyw**:

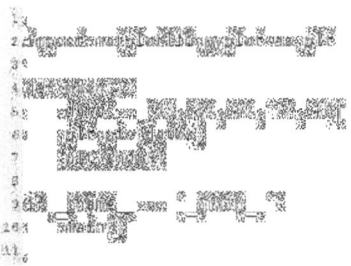

Genera una salida como la siguiente:

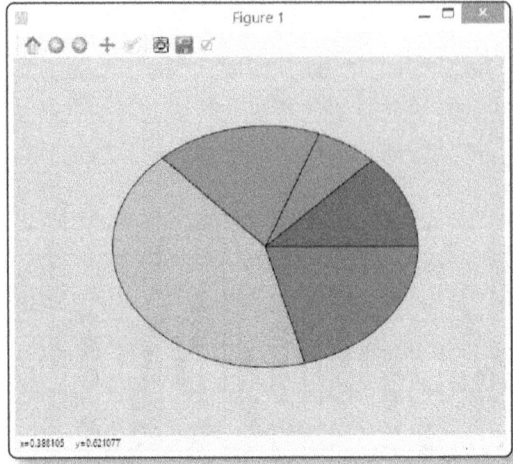

Sin embargo tenemos multiples parámetros que configurar dentro de la función pie(). Actualizaremos nuestro código a **mpl_14_2.pyw** de la siguiente manera:

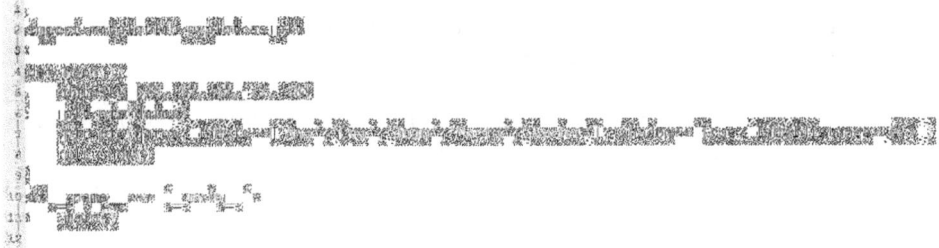

Ahora el aspecto es el siguiente:

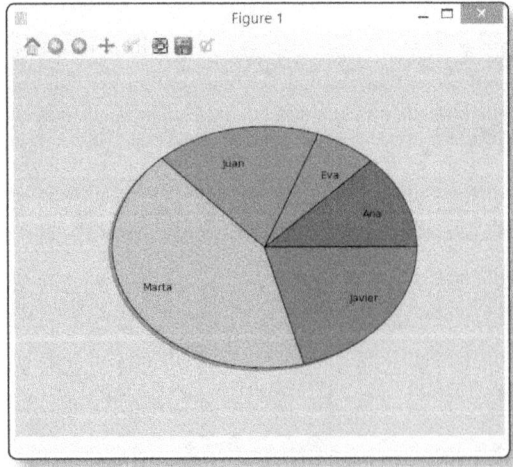

Hemos incluido sombra al gráfico circular, y etiquetas a una determinada distancia para cada porción de él. Como en todos los casos anteriores, hay muchas más opciones que podríamos en un momento dado añadir a nuestro gráfico.

Existen otros tipos de gráficos en matplotlib, como los histogramas, los boxplots o las triangulaciones, aunque no nos pararemos a analizarlos en mayor profundidad. Para hacerlo consultar su documentación oficial.

Intentemos ahora solucionar algunos de los problemas que nos pueden aparecer a la hora de configurar determinados gráficos. Imaginemos que necesitamos generar un gráfico del consumo de agua de una determinada comunidad de regantes mes a mes. Queremos representar en el eje x los meses y en el eje y el consumo mensual en relación a la capacidad total de nuestro estanque. Con lo que sabemos hasta ahora podríamos crear el siguiente código (**mpl_15.pyw**):

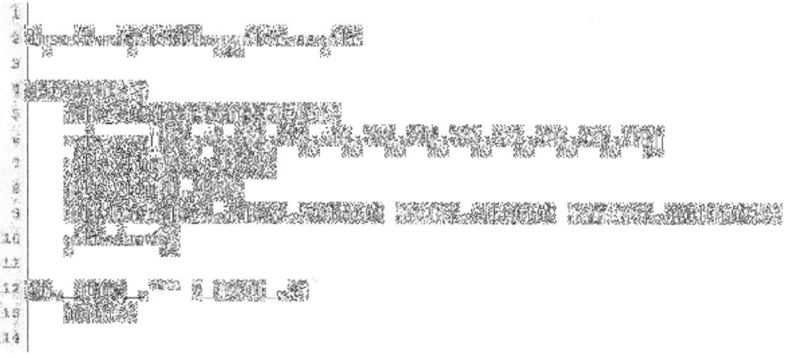

Su salida es:

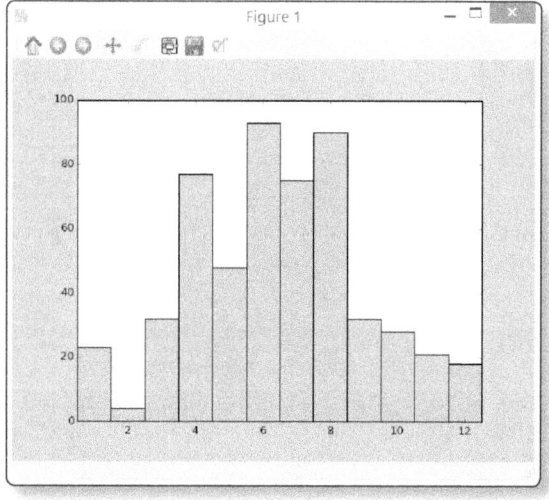

También queremos que las marcas del eje y aparezcan cada 10 unidades y no cada 20 como muestra automáticamente matplotlib. Además, en lugar de marcas numéricas en el eje x deseamos que aparezcan los nombres de los meses. Para conseguir lo primero haremos uso de la función de pyplot llamada **yticks()**, que nos coloca las marcas que le indiquemos en el eje y. Modificando nuestro ejemplo generaremos **mpl_15_2.pyw**:

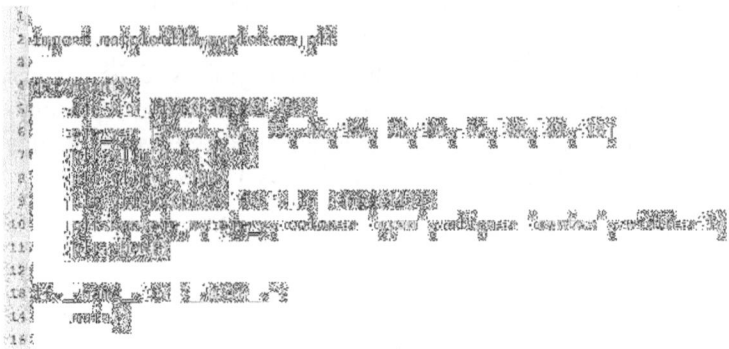

Pasamos a la función yticks() una lista con todos los valores de las marcas que queremos que aparezcan en el eje y, consiguiendo con ello el efecto deseado:

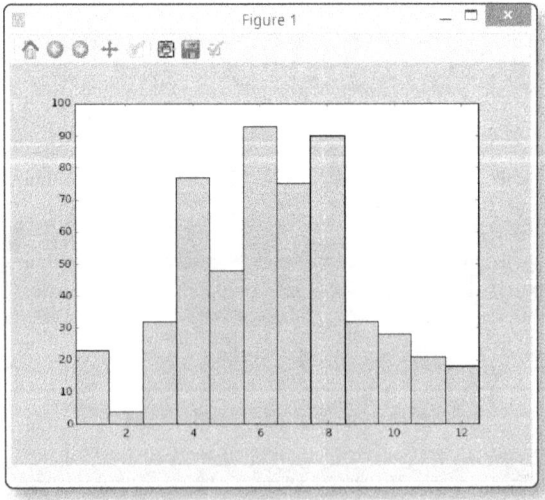

Para actuar en el eje x usaremos la función de pyplot de nombre **xticks()**. En este caso no solo queremos marcar los distintos meses de forma individual, sino también darles nombres y no valores numéricos. La función xticks() permite[171] asociar texto a cada una de las marcas, simplemente añadiendo en los argumentos una segunda lista del mismo tamaño que la primera. El fichero **mpl_15_3.pyw** es:

Tendrá la siguiente salida:

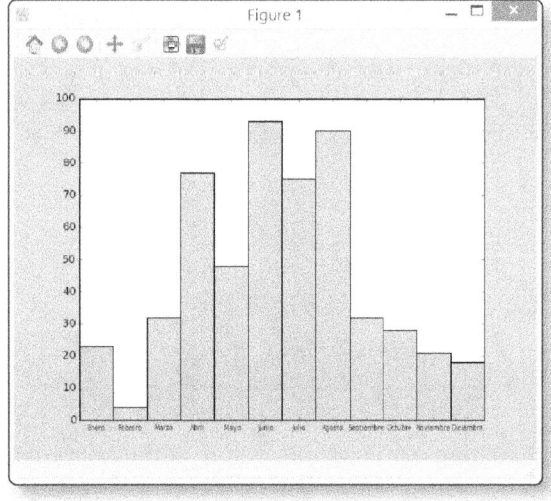

Dado nuestro tamaño de gráfico hemos tenido que poner un tamaño de letra muy pequeño para que los nombres no se solapasen entre ellos. Si quisiésemos aumentar el tamaño de la letra (por ejemplo a 12 puntos), tendríamos dos opciones:

---

[171]. La función yticks() tiene también esa misma posibilidad.

1. Si no podemos modificar el tamaño de la ventana, colocar el texto con una cierta inclinación mediante el parámetro rotation de xticks()[172]. En nuestro caso elegiremos girar los nombres 25 grados en sentido antihorario (**mpl_15_4.pyw**):

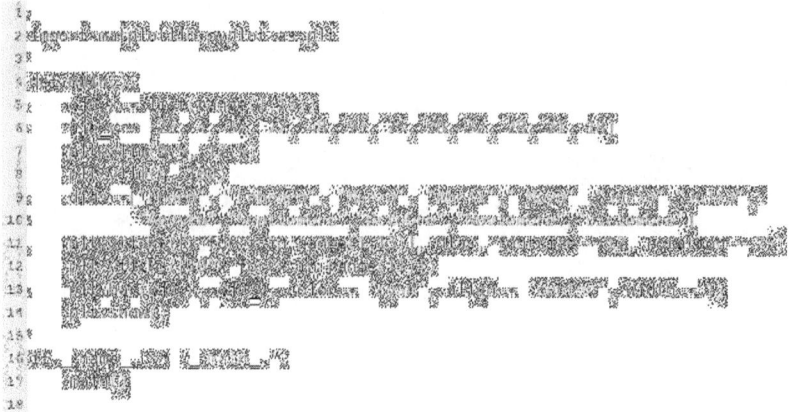

Obtendríamos lo siguiente:

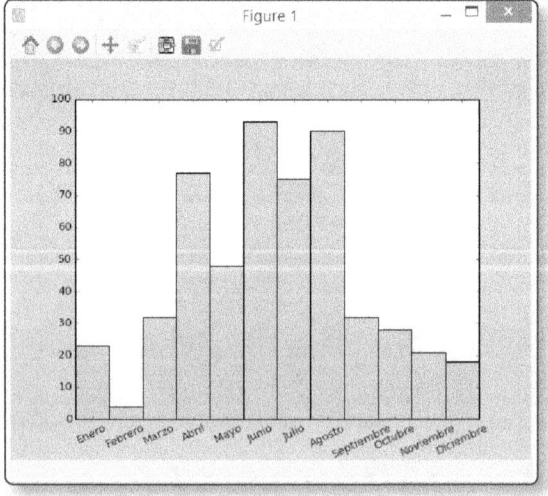

2. Si podemos modificar el tamaño de la ventana, lo haremos mediante código con el parámetro figsize de la función figure() de pyplot, que

---

172. De forma similar podríamos hacer algo parecido con yticks().

funciona indicando el ancho y el alto en pulgadas mediante una tupla[173]. Sería **mpl_15_5.pyw**:

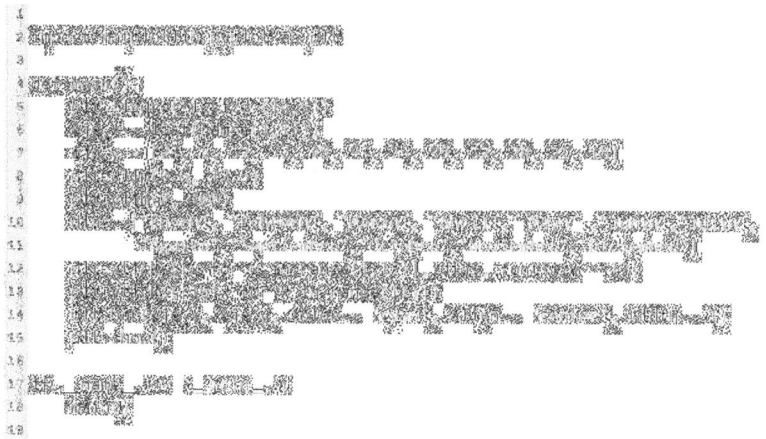

Conseguimos finalmente:

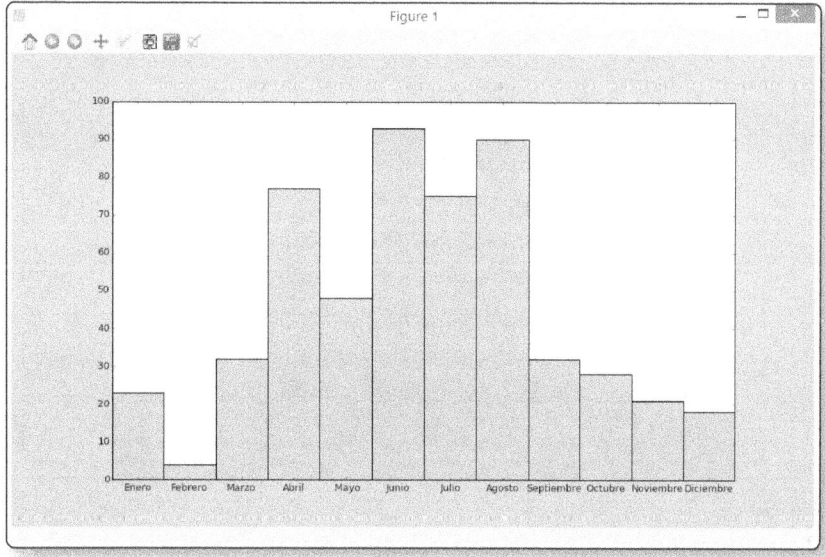

---

173. También podríamos haber evitado el uso de la función figure() ampliando mediante el ratón, tras su aparición en pantalla, la ventana hasta que los nombres que inicialmente se solapaban no lo hicieran. He preferido el uso de figure() por considerarlo más ortodoxo y didáctico.

En el ejemplo he colocado 14 pulgadas de ancho y 8 de alto pero el lector puede adecuar ese tamaño a la resolución que tenga en su pantalla. El uso de la función figure() se ampliará en el siguiente apartado. Antes de ello, a modo de resumen y para facilitar su consulta, presentaremos las funciones empleadas de pyplot en la siguiente tabla[174]:

Módulo : pyplot	
Método	Descripción
annotate()	Para hacer anotaciones con flechas.
axis()	Actuamos sobre los ejes del gráfico.
bar()	Dibuja un gráfico de barras vertical (columnas).
barh()	Dibuja un gráfico de barras horizontal.
grid()	Le indicamos que coloque una rejilla.
hold()	Permite (o no) dibujar varios gráficos.
legend()	Inserta una leyenda.
pie()	Genera gráficos de tarta.
plot()	Dibuja una curva.
scatter()	Dibuja un gráfico de puntos individuales.
subplot2grid()	Divide el espacio de la ventana en subespacios para gráficos.
suptitle()	Inserta título superior.
text()	Inserta texto en el gráfico.
title()	Le indicamos el título.
xlabel()	Le indicamos las etiquetas para el eje x.
xlim()	Le indicamos los límites del eje x del gráfico.
xticks()	Le indicamos las marcas en el eje x.
ylabel()	Le indicamos las etiquetas para el eje y.
ylim()	Le indicamos los límites del eje x del gráfico.
yticks()	Le indicamos las marcas en el eje y.

---

174. Se recomienda consultar la documentación oficial de matplotlib para aprender más funciones del módulo pyplot.

3.3.2 Uso de matplotlib mediante los objetos de su librería

Comentamos con anterioridad las tres formas principales que tenemos de trabajar con matplotlib: con los módulos pylab, pyplot o directamente con los objetos de la librería. Descartamos la primera y en el apartado anterior vimos cómo trabajar con el módulo pyplot, consiguiendo generar gráficos de varios tipos con interesantes características. Aprenderemos ahora a trabajar directamente con los objetos de matplotlib (manteniendo por comodidad algunos elementos del módulo pyplot[175]), lo que nos permitirá un gran control sobre sus propiedades. Empezaremos por ver los distintos tipos de objeto que componen una figura, desde el nivel más bajo al más alto[176]:

- **FigureCanvas**

  Es la clase contenedora de la clase Figure.

- **Figure**

  Clase contenedora de la clase Axes.

- **Axes**.

  Es el área rectangular que contiene los elementos gráficos (líneas, círculos, texto..). Será el elemento donde representaremos el gráfico como tal.

Lo visualizaremos esquemáticamente así:

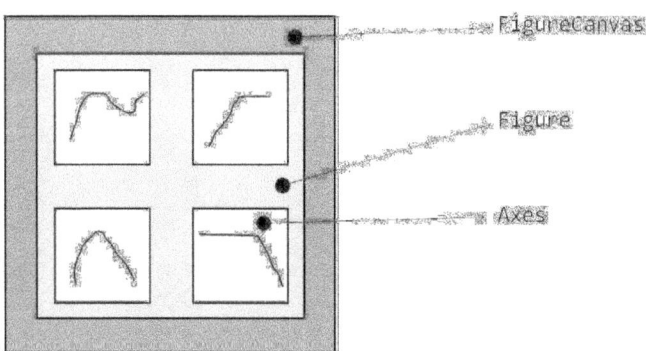

---

175. Mas adelante trabajaremos con los objetos que componen la librería a un nivel aún más bajo.

176. En la documentación oficial de matplotlib podremos ver todas las clases y métodos de forma pormenorizada. Su uso es muy aconsejable.

Con pyplot creábamos, mediante subplot2grid(), los distintos espacios para subgráficos de cara a posteriormente representartos mediante plt.plot() o alguna función similar. Ahora procederemos de la siguiente manera[177]:

1. Generamos mediante la función plt.figure() un objeto de tipo Figure[178].

2. Usaremos el método **add_subplot()** de ese objeto Figure para generar los distintos objetos de tipo Axes[179].

3. Usaremos el método plot() o similares en los objetos Axes generados de la misma forma vista con anterioridad en pyplot, pudiendo en este caso también recoger los objetos que devuelve para su posterior uso.

El formato del método add_subplot() de la clase Figure es el siguiente:

```
add_subplot(num_filas, num_columnas, subgráfico_activo): Axes
```

En él num_filas y num_columnas nos indican respectivamente el número de filas y columnas en el que vamos a dividir nuestro objeto Figure. En esos espacios es donde se van a almacenar los objetos de tipo Axes usados para representar el gráfico correspondiente. El tercer parámetro, subgráfico_activo, nos indica el número del espacio que está activo, es decir, el objeto Axes donde actuará el método gráfico que utilicemos (plot(), scatter(), bar(), pie()...). El método devuelve precisamente este objeto por si nos interesa recogerlo. Como ejemplo pensemos que hemos creado un objeto f de tipo Figure mediante plt.figure(). Si aplicamos el método add_subplot() de la siguiente manera:

f.add_subplot(2,2,3)

---

[177] Consideraremos a partir de ahora incluida la libreria pyplot y renombrada como plt mediante import matplotlib.pyplot as plt.

[178] Es justamente lo que hicimos en el apartado anterior, usando el argumento figsize para cambiar el tamaño.

[179] De forma estricta lo que añadimos es un objeto Subplot, que es una subclase de Axes cuyas instancias solo pueden ser distribuidas en forma de cuadrícula. Para añadir un objeto Axes debemos usar el método add_axes() de la clase Figure. Ver la documentación oficial de matplotlib para conocer más sobre ella.

Logramos con ello dividir de la siguiente manera nuestro objeto Figure:

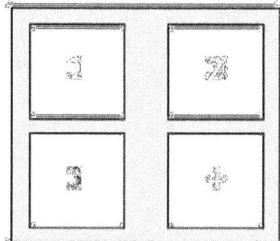

Tendremos dos filas y dos columnas, estando activa la zona 3. El método nos devolverá el objeto de tipo Axes contenido en ella. Observamos que la numeración empieza en 1 hasta el número de filas por el de columnas. La norma que seguiremos para nombrar ese objeto Axes devuelto por add_subplot() será ax seguido del número que le corresponda en la cuadrícula (en nuestro caso sería 3). Se nos permite eliminar las comas entre argumentos del método add_subplot(), pudiendo poner:

f.add_subplot(223)

Veamos la forma de reescribir el código mpl_2.pyw de esta nueva forma (lo guardaremos como **mpl_2_2.pyw**):

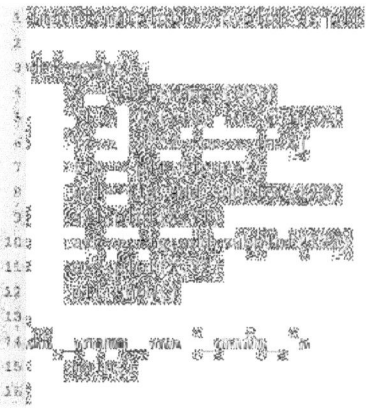

La salida ya la conocemos:

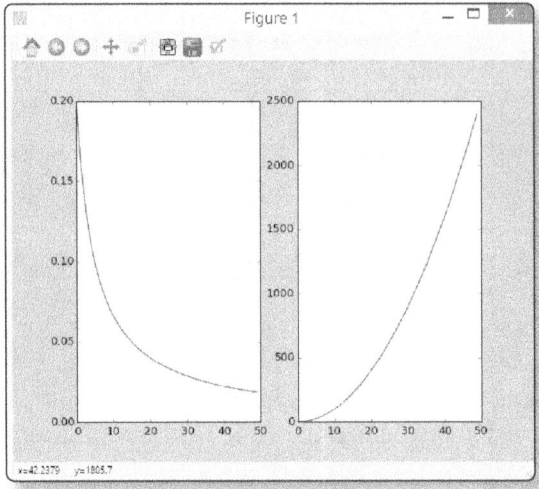

El uso de los objetos directamente nos permite cosas interesantes. Por ejemplo el método plot() nos devuelve una lista con todos los elementos que componen el gráfico (en nuestro caso solo una curva, un objeto de tipo Line2D[180]). Podríamos recoger ese objeto para modificarlo con posterioridad. Si quisiésemos cambiar el color del gráfico de la derecha sin tener que volver a usar plot() con el parámetro color haríamos lo siguiente (**mpl_2_3.pyw**):

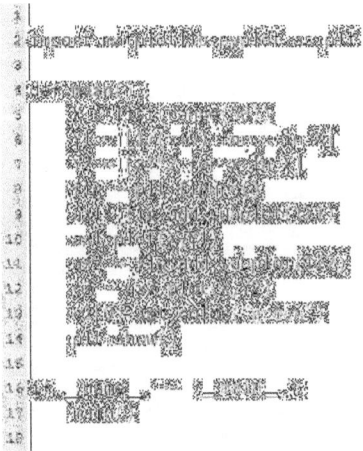

---

180. Veremos más adelante los distintos objetos que podemos encontrarnos en matplotlib.

En la línea L12 recogemos la lista de los elementos representados en el objeto Axes ax2. Solo hay un elemento, por lo que en L13 accedemos a él y le aplicamos uno de sus métodos, que nos permite cambiarle el color.

Ahora, en lugar de trabajar exclusivamente con el módulo pyplot, lo haremos en gran medida con las clases FigureCanvas, Figure y Axes. La primera la veremos con posterioridad. Estudiaremos a continuación la segunda (generada a partir de plt.figure()[181]) y la tercera (generada a partir del método add_subplot() de un objeto de la clase Figure). Para ello intentaremos conseguir lo que obtuvimos con el uso del módulo pyplot, indicando los elementos que no varían en su formato y resaltando los que si.

Quiero generar, sobre la base de mpl_2_2.pyw, dos tipos de gráfico distintos a los que ya tenemos: uno de barras y otro de dispersión (en el que visualizamos puntos individuales). También deseo cambiar el tamaño de la ventana, poner un título a esta, eliminar tanto las barras de herramientas como de estado que la acompañan por defecto, añadir rejillas de distinto tipo a los gráficos, dar determinado color a los elementos y cambiar el tamaño de los caracteres que aparezcan dentro de la ventana.

Para ello nos ayudaremos de los siguientes métodos de la clase Axes[182]:

clase Axes	
Método	Descripción
annotate()	Para hacer anotaciones con flechas.
bar()	Dibuja un gráfico de barras.
grid()	Le indicamos cómo colocar una rejilla en el objeto Axes.
pie()	Genera gráficos de tarta.
scatter()	Dibuja un gráfico de puntos individuales.
set_color()	Configura el color.
set_tick_params()	Configura los parámetros de las marcas.
set_title()	Le indicamos el título para en objeto Axes correspondiente.
set_xlabel()	Le indicamos las etiquetas para el eje x.
set_xlim()	Le indicamos los límites del eje x del gráfico
set_xticklabels()	Le indicamos las etiquetas para las marcas en el eje x.

---

181. En el siguiente apartado veremos otra forma de generar el objeto, directamente del módulo.

182. Hacemos una visión rápida de ellos, sin entrar en comentar todos sus posibles parámetros.

set_xticks()	Le indicamos las marcas en el eje x.
set_ylabel()	Le indicamos las etiquetas para el eje y.
set_ylim()	Le indicamos los límites del eje x del gráfico
set_yticklabels()	Le indicamos las etiquetas para las marcas en el eje y.
set_yticks()	Le indicamos las marcas en el eje y.
tick_params()	Configuramos los parámetros de las marcas.
twinx()	Nos permite compartir el eje x con ejes y independientes.
twiny()	Nos permite compartir el eje y con ejes x independientes.

Debemos recordar que funciones que usábamos en el módulo pyplot tienen en muchos casos métodos asociados a ellas en la clase Axes, por lo que podríamos usarlas en ella[183].

De la clase Figure usaremos:

clase Figure	
Método	Descripción
set_window_title()	Coloca un título a la ventana.
suptitle()	Coloca un título global al objeto Figure.

Y las funciones de pyplot siguientes:

módulo pyplot	
Función	Descripción
figure()	Crea un objeto Figure con determinadas características.
rcParams()	Configura los parámetros que tienen todos los gráficos de matplotlib por defecto y que están almacenados en un fichero llamado matplotlibrc.

---

183. Para más información, consultar la ayuda oficial de matplotlib, donde se indican las distintas clases, métodos y funciones (con los correspondientes formatos) que componen sus librerías.

Haciendo uso de varios de los elementos indicados, crearemos **mpl_16.pyw**:

```
1
2  import matplotlib.pyplot as plt
3
4  def main():
5      plt.rcParams['toolbar'] = 'None'
6      plt.rcParams['font.size'] = '10'
7      X = list(range(1, 11))
8      Y1 = [x**0.5 for x in X]
9      Y2 = [x**1.5 for x in X]
10
11     fig = plt.figure(figsize = (12,5), frameon = False, facecolor = "yellow")
12     fig.canvas.set_window_title("Ventana con dos tipos de gráficos distintos")
13     fig.suptitle("Título superior", fontsize = 15, color = "red")
14
15     ax1= fig.add_subplot(121)
16     ax1.set_xlim(0.5,10.5)
17     ax1.set_ylim(0, max(Y1) * 1.05)
18     ax1.grid(True, axis = "y", ls = '-', color ='0.3')
19     ax1.set_xticks([i for i in range(1, 11)])
20     ax1.set_xlabel("Eje x primer gráfico", color = "magenta")
21     ax1.set_ylabel("Eje y primer gráfico", color = "magenta")
22     ax1.set_title("Primer gráfico", color = "blue")
23     ax1.bar(X,Y1, width = 1, color = 'green', align = 'center')
24
25     ax2 = fig.add_subplot(122)
26     ax2.set_xlim(0.5,10.5)
27     ax2.set_ylim(0, max(Y2) * 1.05)
28     ax2.grid(True, axis = "x", ls = '-', color ='0.3')
29     ax2.set_xticks([i for i in range(1, 11)])
30     ax2.set_xticklabels(['uno','dos','tres','cuatro','cinco','seis','siete', 'ocho',\
31                          'nueve','diez'], fontsize = 9, color = "b")
32     ax2.set_xlabel("Eje x segundo gráfico", color = "r")
33     ax2.set_ylabel("Eje y segundo gráfico", color = "r")
34     ax2.set_title("Segundo gráfico", color ="green")
35     ax2.scatter(X,Y2)
36
37     plt.show()
38
39
40 if __name__ == '__main__':
41     main()
42
```

Genera la salida:

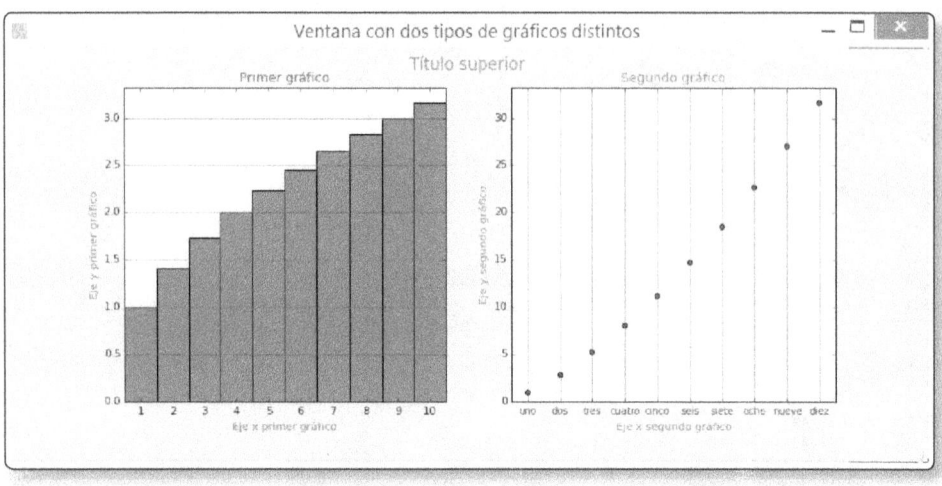

Observamos las características que comentamos al plantear el programa y pasamos a comentar por bloques su código:

▶ L2, L5 y L6: seguimos usando por comodidad algunos elementos del módulo pyplot, entre ellos la función rcParams(), que permite modificar la configuración por defecto de muchos de los elementos que configuran el gráfico en su totalidad y que está almacenada en el fichero matplotlibrc[184] ubicado en la siguiente carpeta[185]:

C:\Users\flop\Anaconda3\envs\miPython3_3_5\Lib\site-packages\matplotlib\mpl-data

En nuestro código indicamos que no queremos que aparezcan barras de herramientas en la ventana y que el tamaño de los caracteres será por defecto de 10 puntos. La función no modifica el fichero matplotlibrc, sino que solo es válida en la ejecución del programa.

▶ L7-9: creamos la lista para los datos del eje x (una serie de 10 enteros del 1 al 10) y dos listas para el eje y (dos funciones aplicadas a los elementos de la primera lista).

---

184. No tiene extensión.
185. Si el lector tiene curiosidad puede acceder al citado fichero y ver con un editor de texto su contenido.

▼ L11-13: en la línea L11 creamos un objeto de tipo Figure mediante la función figure(), que nos permite una gran cantidad de posibles argumentos[186]. Entre ellos figsize, con el que indicaremos mediante una tupla el tamaño (ancho y alto) en pulgadas de la ventana. Con frameon activaremos o desactivaremos el fondo del objeto Figure, y mediante facecolor podremos cambiar el color de este. En nuestro caso se ha desactivado el fondo pero el lector puede colocar frameon a valor True y ver el resultado. En L12 colocamos mediante el método set_window_title() el título de la ventana. En L13 incluimos un título de color rojo y tamaño 15 puntos en la parte superior del fondo de nuestro objeto Figure, ayudándonos para ello del método suptitle() y de sus argumentos fontsize y color.

▼ L15: empezamos aquí a trabajar con los objetos Axes, en concreto con ax1. Lo primero es crearlo (mediante el método add_subplot() de la clase Figure) con los argumentos que nos interesan.

▼ L16-17: configuramos los límites del eje x y del eje y mediante set_xlim() y set_ylim() respectivamente. En el primer caso desplazamos 0.5 unidades, dado que tendremos un gráfico de barras y centraremos posteriormente cada una de ellas respecto a la marca. En el segundo caso conseguimos que el eje y vaya desde 0 hasta un 5% más del valor más alto que tenga la función.

▼ L18: Colocamos mediante grid()una rejilla horizontal continua de color gris.

▼ L19: colocamos las 10 marcas en el eje x.

▼ L20-22: colocamos nombres con colores a cada uno de los ejes y al propio subgráfico.

▼ L23: dibujamos las barras con anchura total, color verde y centradas respecto a las marcas.

▼ L25-35: este segundo bloque de código para el objeto ax2 es muy similar al ya comentado, salvo en el uso de set_xticklabels() para indidar las etiquetas que aparecerán en las marcas[187] y el uso de scatter() para generar un gráfico de tipo diagrama de puntos.

---

186. Para una descripción más detallada de todos ellos, consultar la ayuda de matplotlib.
187. El número de elementos de la lista debe coincidir con el de las marcas. Mediante fontsize y color hemos indicado el tamaño y color, respectivamente, del texto de las etiquetas.

▶ L37: finalmente, no debemos olvidar usar la función show() para que se muestre el gráfico en la pantalla, o de lo contrario no obtendríamos nada en ella.

Si necesitamos compartir el eje x para dos curvas, manteniendo los ejes y independientes, usaremos el método **twinx()**. Un ejemplo de su uso es **ejemplo_twinx.pyw**:

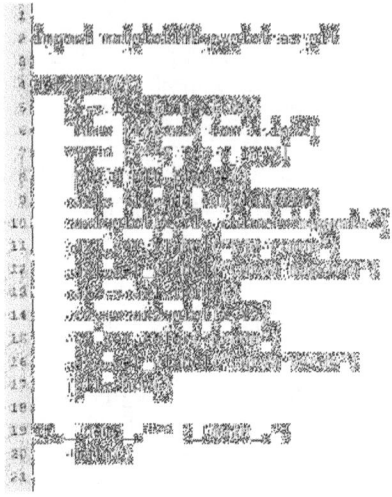

Se genera lo siguiente:

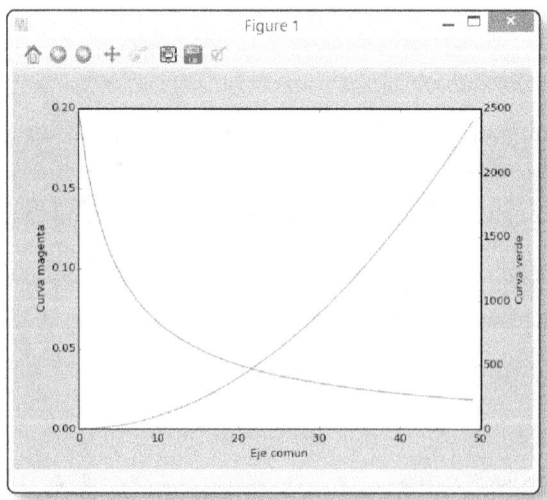

A continuación se muestra un programa de nombre **mpl_graficos_1.pyw**, que presenta varias características interesantes. Su análisis queda como ejercicio para el lector.

```python
import matplotlib.pyplot as plt

def main():
    X = list(range(50))
    Y1 = [1/(x+5) for x in X]
    Y2 = [x**2 for x in X]

    plt.rcParams['toolbar'] = 'None'
    fig = plt.figure(frameon = True, facecolor = '1')
    fig.canvas.set_window_title("Gráficos en matplotlib ")

    ax1= fig.add_subplot(121)
    ax1.tick_params(width = 0)
    ax1.spines["top"].set_visible(False)
    ax1.spines["right"].set_visible(False)
    ax1.set_title("Primera función", loc = "left", color = "b")
    ax1.plot(X,Y1)

    ax2 = fig.add_subplot(122)
    ax2.tick_params(width = 0)
    ax2.spines["top"].set_visible(False)
    ax2.spines["right"].set_visible(False)
    ax2.set_title("Segunda función", loc = "right", color = "g")
    ax2.grid(True, axis = "both", ls = '-.', color ='0.3')

    c2, = ax2.plot(X,Y2)
    c2.set_color("green")
    propiedades = dict(arrowstyle = '->', linewidth = 1.5, connectionstyle = 'angle3',color = (0.5,0.5,0.5))
    ax1.annotate('y = 1/(x+5)', xytext = (25, 0.10), xy = (15, 0.05),\
                 ha = 'left', va = 'top', arrowprops = propiedades)
    propiedades = dict(arrowstyle = '<->', linewidth = 2, connectionstyle = 'angle', color = (0.7,0.1,0.9))
    ax2.annotate('y = x**2', xytext = (20, 1200), xy = (30, 890),\
                 ha = 'right', va = 'bottom',color = "blue",arrowprops = propiedades)

    plt.show()


if __name__ == '__main__':
    main()
```

Su salida es:

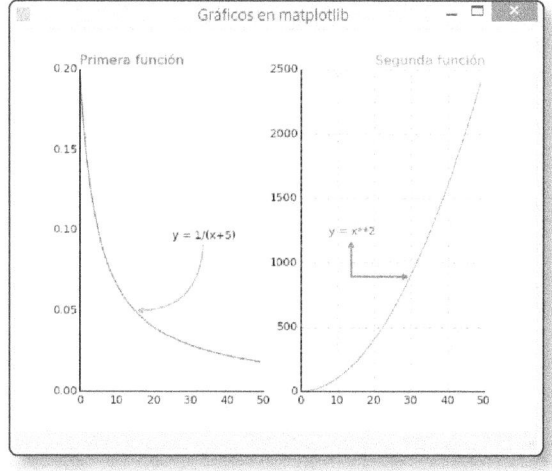

El único elemento usado en el código al que no hemos hecho referencia con anterioridad es **spines()**, que es una clase propia de matplotlib que tiene un método asociado del mismo nombre en la clase Axes (que es la que hemos usamos). Los spines son las líneas que conectan las marcas de los ejes y que delimitan el área gráfica. En el ejemplo se han eliminado el superior y el derecho.

El lector también podría analizar **mpl_graficos_2.pyw**:

```
import matplotlib.pyplot as plt
import random

def main():
    plt.rcParams['toolbar'] = 'None'
    plt.rcParams['font.size'] = '10'

    X = list(range(1, 11))
    Y1 = []
    Y2 = []
    Y3 = []
    Y4 = []
    for y in range(10):
        Y1.append(10)
        Y2.append(random.randint(1,50))
        Y3.append(random.randint(1,50))
        Y4.append(random.randint(1,50))

    nombres = ["Ajos", "Patatas", "Lechugas","Berzas", "Fresas",\
               "Lechugas", "Puerros", "Tomates", "Pimientos", "Coles"]
    colores = ['b' , 'g' , 'r', '0.65', 'c', 'm' , '0.85' , 'y' , 'w' , (0.7,0.1,0.3) ]

    fig = plt.figure(figsize = (12, 10),frameon = False)
    fig.canvas.set_window_title("Gráfico tipo tarta")
    fig.suptitle("Número de productos pedidos", fontsize = 15, color = "blue")

    ax1= fig.add_subplot(221)
    ax1.set_title("Colores por producto", color = 'k')
    ax1.pie(Y1, labels = nombres, shadow = True, colors = colores, explode = [0.1] * 10)

    ax2= fig.add_subplot(222)
    ax2.set_title("Cliente: Manolo", color = 'r')
    ax2.pie(Y2,autopct= '%d' , shadow = True, colors = colores, explode = [0.1] * 10)

    ax3= fig.add_subplot(223)
    ax3.set_title("Cliente: Ana", color = 'b')
    ax3.pie(Y3,autopct= '%d', shadow = True, colors = colores, explode = [0.1] * 10)

    ax4= fig.add_subplot(224)
    ax4.set_title("Cliente: Laura", color = 'm')
    ax4.pie(Y4,autopct= '%d' , shadow = True, colors = colores, explode = [0.1] * 10)

    plt.show()


if __name__ == '__main__':
    main()
```

Genera una salida similar[188] a la siguiente:

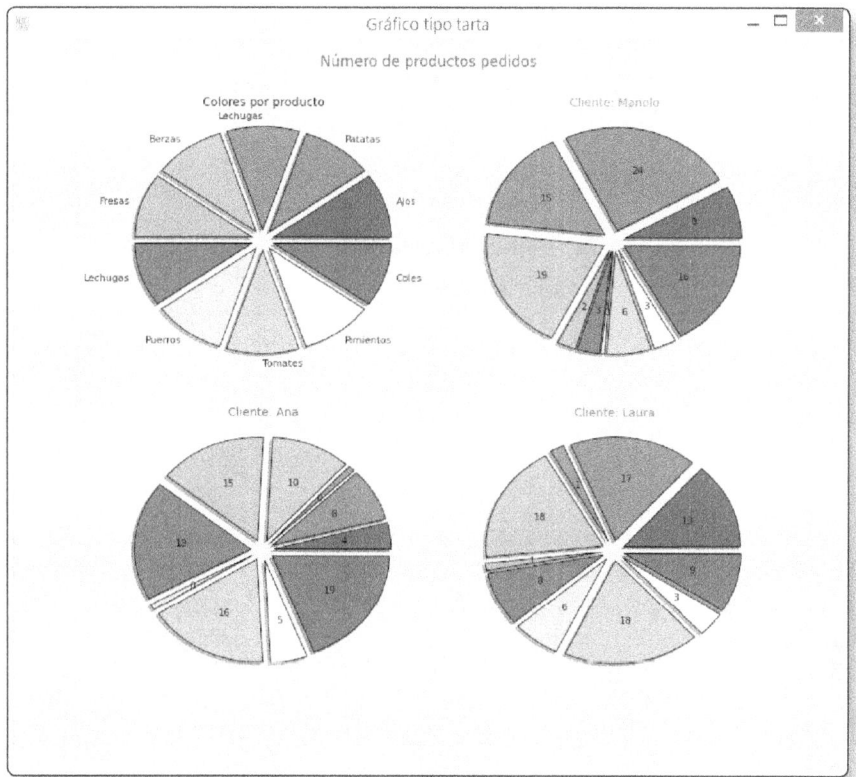

3.4 USO DE MATPLOTLIB EN 3D

Hasta el momento el uso que hemos hecho de matplotlib se ha limitado a 2D, que es su fuerte y donde es el centro del ecosistema Python para generar gráficos, pero también disponemos de la posibilidad de representar gráficos en 3D mediante una API muy similar a la 2D, que como ya comprobamos es muy cómoda de usar, potente y sencilla. El uso de gráficos en 3D nos va a permitir ampliar nuestra capacidad de visualizar datos y poder representar elementos como superficies complejas.

---

188. Debemos tener el cuenta que el programa genera aleatoriamente el número de productos pedidos (entre 1 y 50) por parte de los clientes.

Para **usar matplotlib en 3D** lo primero que debemos hacer es añadir la extensión para 3D, el objeto Axes3D, mediante la siguiente directiva:

from mpl_toolkits.mplot3d import Axes3D

Posteriormente crearemos nuestra instancia Figure:

fig = plt.figure()

Le añadimos a continuación una instancia Axes3D, de alguna de las dos maneras:

ax = fig.gca(projection='3d')
ax = fig.add_subplot(111, projection='3d')

De forma alternativa podríamos haberlo conseguido de la siguiente manera[189]:

fig, ax = plt.subplots(subplot_kw=dict(projection='3d'))

La función subplots()[190] de pyplot nos permite conseguir en una sola llamada los objetos Figure y Axes3D.

De igual manera que en 2D trabajábamos con el objeto Axes, en el caso de 3D lo haremos con el objeto Axes3D, que tendrá sus propias particularidades. No obstante, la forma de proceder será muy similar a la que teníamos hasta ahora, con la salvedad de que tendremos que especificar una tercera coordenada en lugar de las dos habituales.

Veamos los distintos elementos que podemos representar.

3.4.1 Curvas en 3D. Uso de plot()

Al comenzar a usar matplotlib usamos la función plot(), que nos unió mediante líneas los puntos dados en dos vectores que almacenaban las coordenadas x e y. El uso en 3D será similar, pero tendremos que dar ahora un tercer vector para la coordenada z.

El formato de la función **plot()** (o su equivalente **plot3D()**) es el siguiente:

```
Axes3D.plot(xs, ys, zs=0, zdir='z')
```

---

[189]. No será la forma habitual que usaré en mis programas ya que trabajaré en la medida que pueda con los objetos de matplotlib.

[190]. Para saber más sobre ella consultar la documentación oficial de matplotlib.

En él, xs e ys son arrays[191] que almacenan las coordenadas de los vértices en los ejes x e y, zs es un valor real[192] o un array que almacena los valores para el eje z[193], y zdir nos indica qué eje es usado como eje z (perpendicular al plano que forman los otros dos) cuando dibujamos un conjunto 2D, pudiendo tener los valores 'x', 'y' o 'z' (valor por defecto).

Un primer ejemplo es el siguiente (**mpl3D_1.pyw**):

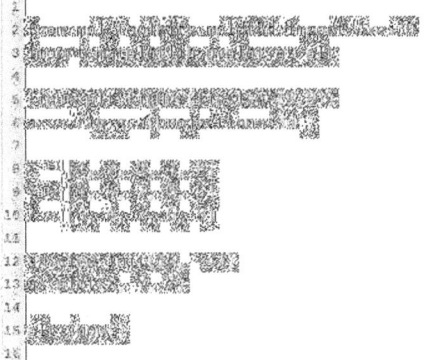

Se genera la siguiente salida:

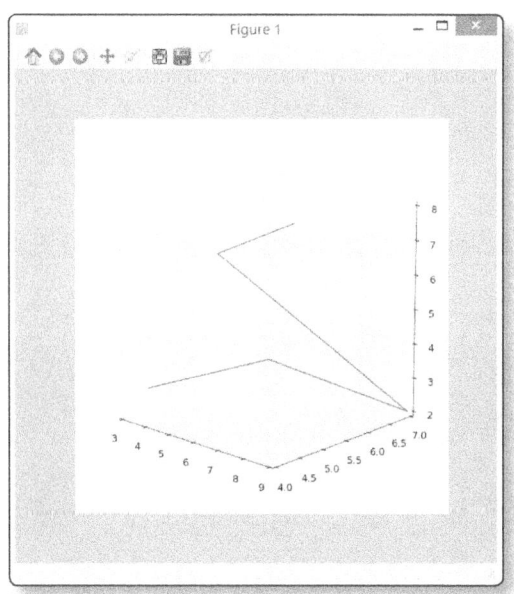

---

191. Cuando me refiero de forma genérica a array incluyo también cualquier objeto de su estilo, como pueden ser las listas o las tuplas en Python.
192. En cuyo caso tendrá siempre ese valor para todos los pares de xs e ys. Su valor por defecto es 0.
193. En ese caso el tamaño de zs debe ser el mismo que el de xs e ys.

Hemos usado en este caso unas listas para indicar las distintas coordenadas de los puntos, aunque es mucho más habitual y conveniente usar arrays[194] de NumPy. Ahora las líneas se unen en el espacio tridimensional. Si movemos el ratón manteniendo pulsado su botón izquierdo podremos rotar la imagen para visualizarla desde todos los distintos ángulos posibles. En el caso de mover el ratón verticalmente con el botón derecho pulsado, haremos zoom sobre el gráfico. He usado el método view_init() de la clase Axes3D para configurar (en ese orden) el acimut y la elevación inicial del gráfico para mejorar su visualización, algo que haré en ejemplos posteriores.

En el método plot() podríamos no haber incluido Z, en cuyo caso tomaría valor 0 para todos los valores emparejados de X e Y. Si a Z le hubiésemos dado un valor real, este sería el usado para todos ellos. En ambos casos tendríamos una curva 2D en un espacio 3D.

Los métodos usados con anterioridad son empleados ahora de la misma manera, añadiendo un elemento. Ejemplo de ello es **mpl3D_1_2.pyw**:

---

194. Para saber más sobre los arrays de NumPy ver el capítulo 5.

Se genera la siguiente salida:

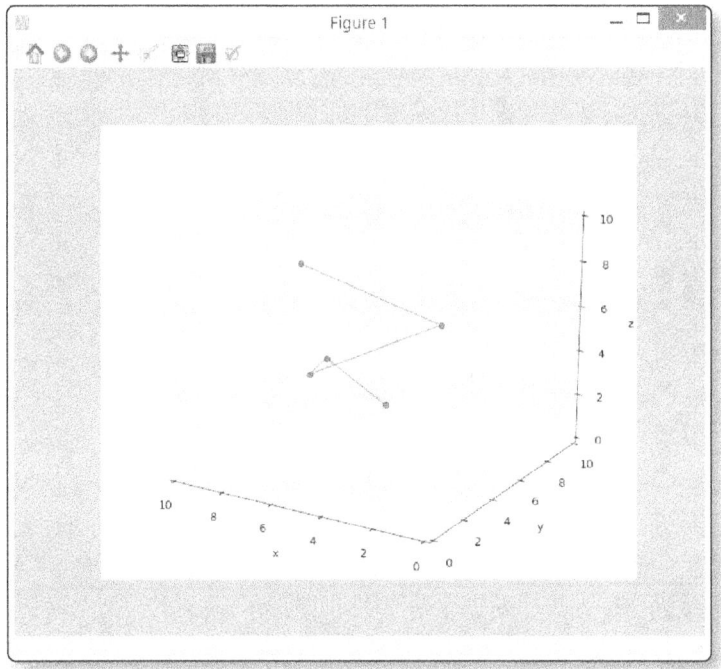

En las líneas L8-10 se colocan etiquetas a los tres ejes mediante los métodos set_xlabel(), set_ylabel() y set_zlabel(), en L11-13 configuramos los límites de los tres ejes mediante los métodos set_xlim3d(), set_xlim3d() y set_xlim3d(). Además del uso nuevamente de view_init() he empleado el método invert_xaxis() para invertir el eje x y que los orígenes de este y el eje y coincidan, algo que mantendré a lo largo de los ejemplos que vaya poniendo más adelante. La función plot() está configurada con dos argumentos, marker y color, que respectivamente señala los vértices con un punto y coloca tanto a estos como a las líneas que los unen de color verde.

También podremos representar curvas, como la definida por la ecuación z=cos(x)+y*sen(x), usada en **mpl3D_1_3.pyw**:

Su salida es:

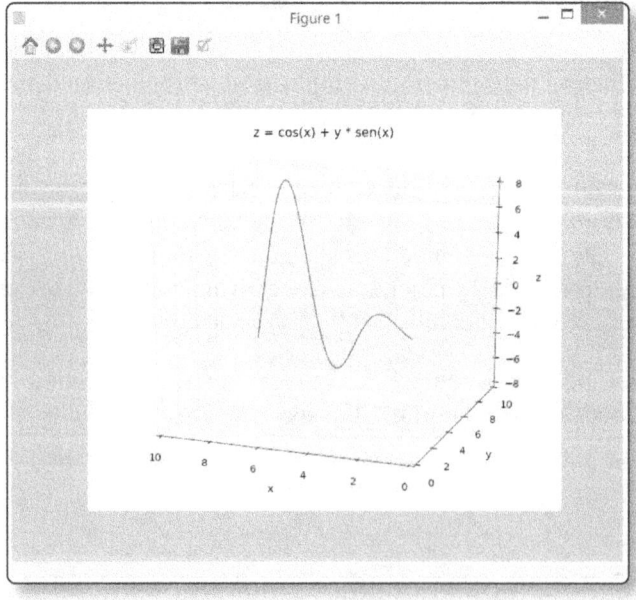

En este ejemplo he empleado NumPy para generar los tres arrays que luego paso como argumentos al método plot(). X e Y son dos arrays unidimensionales de 100 elementos con valores equiespaciados entre 1 y 10 (he hecho uso de la función linspace()), mientras que Z almacena los valores de la ecuación para cada par de valores de X e Y. Como añadido respecto a ejemplos anteriores he colocado un título al gráfico indicando la ecuación representada.

3.4.2 Gráficos de dispersión en 3D. Uso de scatter()

Vimos también con anterioridad la función scatter(), que nos permitía representar los puntos o marcas individuales, sin conexión entre ellos. Para su uso en 3D solo debemos añadir una tercera coordenada.

El formato de la función **scatter()** (o su equivalente **scatter3D()**) es el siguiente:

```
Axes3D.scatter(xs, ys, zs=0, zdir='z', s=20, c='b', depthshade=True[, *args, **kwargs])
```

En él los distintos parámetros son:

- ▼ xs, ys: arrays que almacenan las coordenadas de los puntos en el eje x y el y, respectivamente.

- ▼ zs: puede ser un valor real que valdrá para todos los puntos, o un array del mismo tamaño que xs e ys que almacena las coordenadas z de cada uno de los puntos. Su valor por defecto es 0.

- ▼ zdir: indica la dirección que se usa como z cuando dibujamos un conjunto 2D. Sus posibles valores son 'x', 'y', y 'z' (valor por defecto).

- ▼ s: es el tamaño en puntos al cuadrado. Puede ser un escalar o un array del mismo tamaño que xs e ys. Su valor por defecto es 20.

- ▼ c: indica el color, mediante una cadena, mediante una secuencia de especificaciones de color, o mediante una secuencia de números que pueden ser posteriormente mapeados mediante el mapa de color especificado por el parámetro cmap. Su valor por defecto es 'b' (azul).

- ▼ depthshade: booleano que indica si queremos que los puntos o marcadores aparezcan con distinto matiz para dar más sensación de profundidad. El valor por defecto es True.

Un ejemplo que genera 100 puntos aleatorios con coordenadas x, y y z entre los valores reales 0 y 1 (sin incluir el 1) es el siguiente (**mpl3D_2.pyw**):

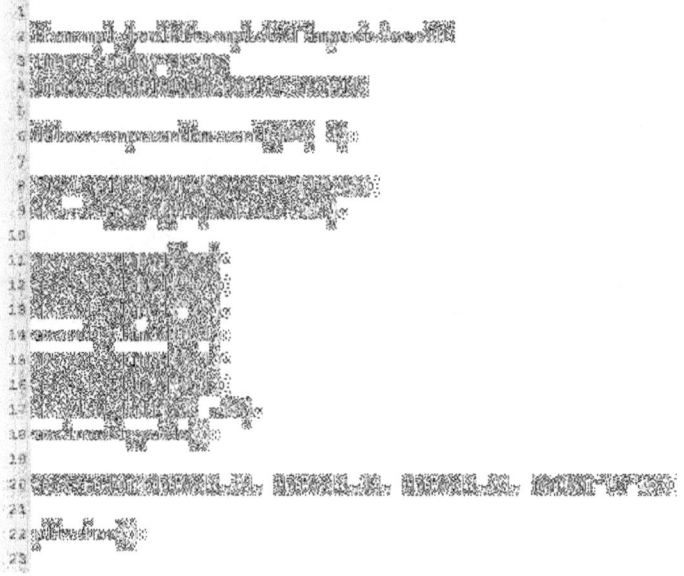

Se genera la siguiente salida:

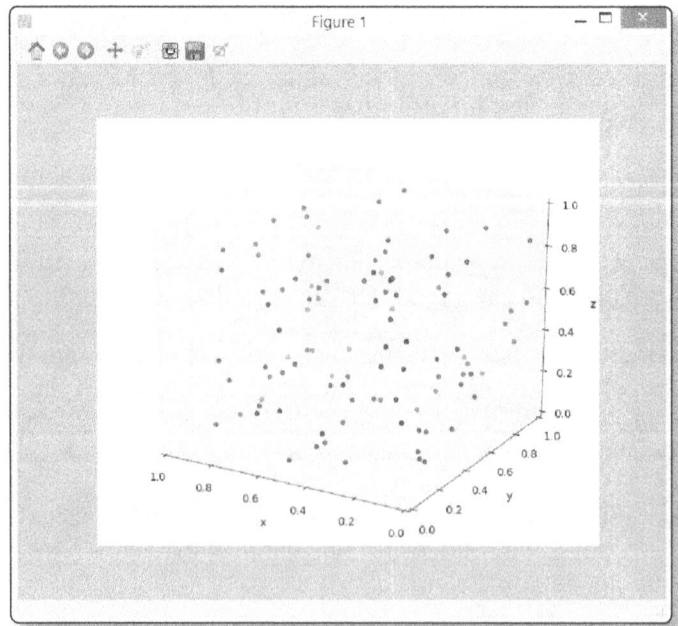

Nos hemos apoyado en la función rand() del módulo random de NumPy para generar un array de 100x3 conteniendo números reales aleatorios entre 0 (incluido) y 1 (excluido). Son las tres columnas del array las que pasamos a la función scatter() para generar el gráfico.

Los puntos más alejados aparecen con matiz distinto, lo que da una cierta sensación de profundidad.

3.4.3 Barras en 3D. Uso de bar3d()

Vimos la representación de barras mediante la función bar(). Ahora queremos hacer lo propio con barras tridimensionales.

Uno de los métodos de Axes3D es **bar3d()**, que representa una o múltiples barras en tres dimensiones. Su formato[195] es el siguiente:

```
Axes3D.bar3d(x, y, z, dx, dy, dz, color='b')
```

Cuando generamos múltiples barras, x, y y z deben ser arrays, mientras que dx, dy y dz pueden ser arrays o escalares.

Los parámetros x, y, z nos indican las coordenadas de la esquina inferior izquierda del rectángulo que forma base de la barra, mientras que dx, dy y dz marcan sus dimensiones en cada uno de los ejes.

El parámetro color (de valor azul por defecto) puede ser:

▼ Un valor de color individual, que se aplicará a todas las barras.

▼ Un array de colores del tamaño del total de barras (N), para colorear individualmente cada una de ellas.

▼ Un array de colores de tamaño 6, para colorear las caras de las barras de forma similar.

▼ Un array de colores de tamaño 6*N, para colorear individualmente cada una de las caras.

Para ejemplificar su uso pensaremos en representar las ventas de 5 comerciales durante los primeros 6 meses del año. El código es el siguiente (**mpl3D_3.pyw**):

---

[195]. Incluyo solo los parámetros principales. Para conocer todos consultar la documentación oficial de matplotlib.

```
from mpl_toolkits.mplot3d import Axes3D
import matplotlib.pyplot as plt
import numpy as np

fig = plt.figure(figsize=(12, 8))
ax = fig.add_subplot(111, projection='3d')

xx = np.linspace(1, 5, 5)
yy = np.linspace(1, 6, 6)
x, y = np.meshgrid(xx, yy)
z = np.zeros((5, 6))

dx = np.full((5, 6), 0.5)
dy = dx
dz = np.random.randint(0, 10, (5 ,6))

ax.set_xticks(xx)
ax.set_yticks(yy)
ax.set_xticklabels(['Marta', 'Juan', 'Pepe', 'Ana', 'Javier'],
                   va = 'bottom', ha = 'center')
ax.set_yticklabels(['Enero', 'Febrero', 'Marzo', 'Abril', 'Mayo', 'Junio'],
                   va = 'bottom', ha = 'center')

ax.view_init(27, -33)
ax.invert_xaxis()

ax.bar3d(x.ravel()-0.25, y.ravel()-0.25, z.ravel(),
         dx.ravel(),dy.ravel(),dz.ravel())

plt.show()
```

Su salida será[196]:

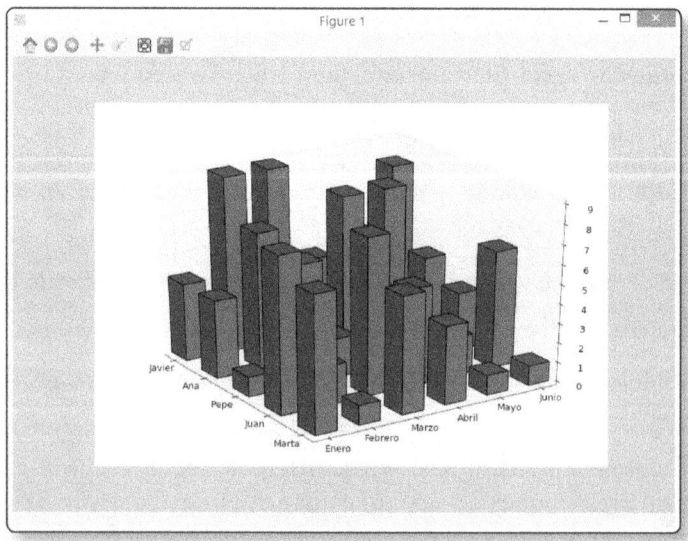

---

196. En algunos casos (en el ejemplo que nos ocupa o en los que veremos a continuación) no se dibujarán de forma totalmente correcta las barras, evidenciando las limitaciones que tiene a veces matplotlib para trabajar con gráficos en 3D.

He hecho uso de las siguientes funciones de NumPy[197]:

- **linspace()** y **meshgrid()**: generamos con la segunda (haciendo uso de cálculos realizados con la primera) los arrays bidimensionales de coordenadas denominados x e y (para los ejes del mismo nombre), que posteriormente usaremos para proporcionar las coordenadas x e y de las barras en el método bar3d().

- **zeros()**: nos permitirá crear un array de tamaño 5x6 con todos sus elementos de valor 0, ya que todas las coordenadas z de las barras tendrán ese valor.

- **full()**: mediante ella generamos un array de 5x6 con todos sus elementos de valor 0.5, que será el que tenga tanto dx como dy.

- **randint()**: nos crea un array de tamaño 5x6 con valores aleatorios enteros entre 0 y 9 (el 10 no se incluye).

- **ravel()**: transformará arrays bidimensionales en unidimensionales de cara a pasarlos como argumentos en el método bar3d().

En cada eje crearemos una serie de marcas (con los métodos set_xticks() y set_yticks()) y sus correspondientes etiquetas (usando los métodos set_xticklabels() y set_yticklabels()).

Como ejercicio para el lector queda, en base a mpl3D_3.pyw, colorear de un mismo color en un caso cada uno de los meses y en otro cada uno de los comerciales, creando gráficos similares a los indicados a continuación[198]:

---

197. Para conocer el funcionamiento de cada una de las funciones usadas, ver el capítulo 5.

198. En el primer caso he usado los colores azul, verde, rojo, amarillo, magenta y cyan, y en el segundo los mismos salvo el rojo.

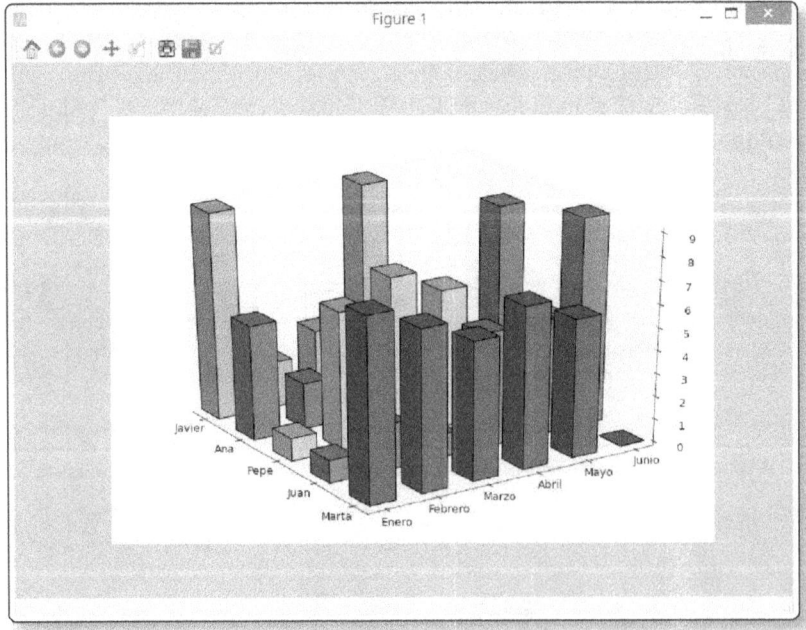

El código que he empleado para generar la última salida está en **mpl3D_3_1.pyw** (dentro del mismo fichero aparecerá en forma de comentario la manera de lograr la penúltima salida).

Si ahora queremos representar más datos, podemos colocar barras apiladas que correspondan a las ventas de cada comercial. Lo vemos en el ejemplo **mpl3D_3_2.pyw**:

```
from mpl_toolkits.mplot3d import Axes3D
import matplotlib.pyplot as plt
import numpy as np

fig = plt.figure(figsize=(12, 8))
ax = fig.add_subplot(111, projection = "3d")

ax.set_xlim3d(0, 8)
ax.set_ylim3d(0, 7)

xx = np.linspace(1, 7, 3)
yy = np.linspace(1, 6, 6)
x, y = np.meshgrid(xx, yy)
z = np.zeros((3, 6))

dx = np.full((3, 6), 0.5)
dy = dx
dz = np.random.randint(1, 4, (4, 18))

ax.set_xticks(xx)
ax.set_yticks(yy)
ax.set_xticklabels(['Móviles', 'Ordenadores', 'Tabletas'],
                   va = 'bottom', ha = 'right')
ax.set_yticklabels(['Enero', 'Febrero', 'Marzo', 'Abril', 'Mayo', 'Junio'],
                   va = 'bottom', ha = 'center')

simbolos_de_comerciales = []
colores = ['red', 'blue', 'green', 'yellow']
comerciales = ['Isabel', 'Andrés', 'Sofía', 'Eva']

for i in range(4):
    ax.bar3d(x.ravel()-0.25, y.ravel()-0.25, z.ravel(),
             dx.ravel(), dy.ravel(), dz[i],
             color = colores[i])
    z = z.ravel() + dz[i]
    simbolos_de_comerciales.append(plt.Rectangle((0, 0), 1, 1, fc = colores[i]))

ax.legend(simbolos_de_comerciales, comerciales)

ax.view_init(27, -33)

plt.show()
```

Generará una salida similar a la siguiente:

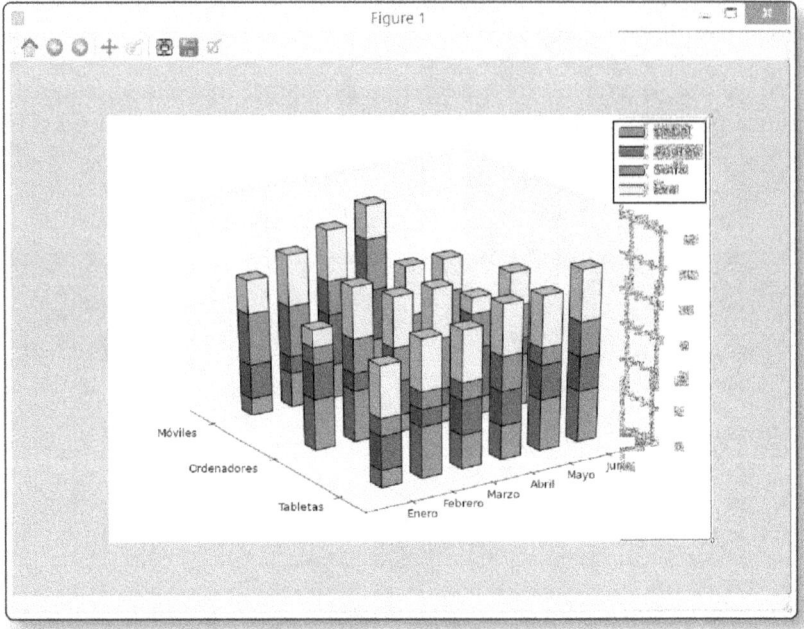

Incluso si queremos que la disposición de las barras sera horizontal podemos lograrlo (**mpl3D_3_3.pyw**):

```
27  ax.set_xticklabels(['Móviles', 'Ordenadores', 'Tabletas'],
28                     va = 'bottom', ha = 'left')
29  ax.set_zticklabels(['Enero', 'Febrero', 'Marzo', 'Abril', 'Mayo', 'Junio'],
30                     va = 'bottom', ha = 'center')
31
32  for i in range(4):
33      ax.bar3d(x.ravel()-0.25, y.ravel(), z.ravel()-0.25,
34               dx.ravel(), dy[i], dz.ravel(),
35               color = colores[i])
36      y = y.ravel() + dy[i]
37      simbolos_de_comerciales.append(plt.Rectangle((0, 0), 1, 1, fc= colores[i]))
38
39  ax.legend(simbolos_de_comerciales, comerciales)
40
41  ax.view_init(14, 70)
42
43  plt.show()
44
```

Su salida será similar a la siguiente:

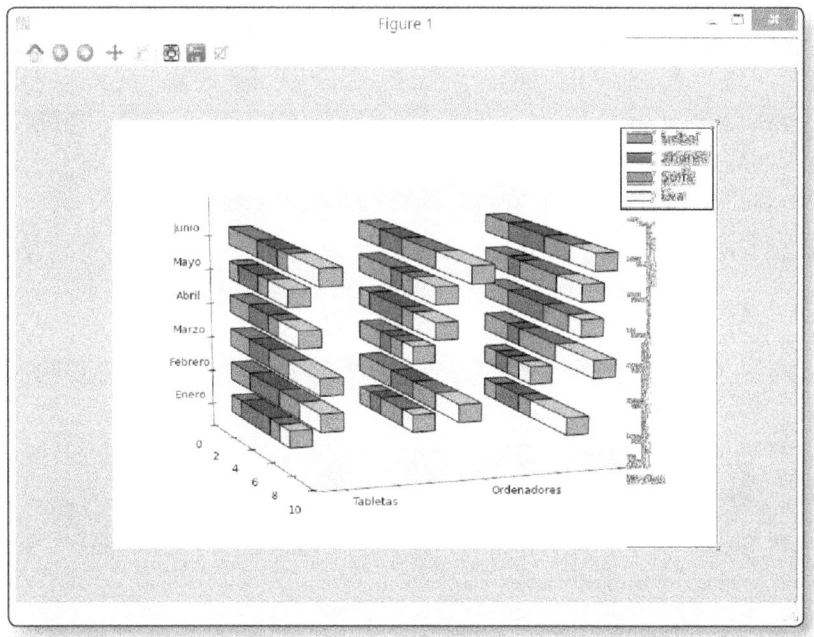

El análisis de los últimos códigos queda como ejercicio para el lector.

3.4.4 Superficies en 3D. Uso de plot_surface()

Mediante el método **plot_surface()** podemos representar superficies tridimensionales dadas en forma de ecuaciones explícitas o paramétricas. La superficie se construye en base a superfices rectangulares.

La **ecuación explícita** de una superficie tienen alguna de las tres siguientes formas:

- x = f(y,z)
- y = f(x,z)
- z = f(x,y)

En ellas f es una función genérica de las dos variables indicadas en cada caso.

Las **ecuaciones paramétricas** para una superficie tienen la siguiente forma:

- x = f(a,b)
- y = g(a,b)
- z = h(a,b)

En ellas tenemos dos parámetros (representados por a y b), y cada una de las coordenadas son una función (representadas de forma genérica por f, g y h) de ambos.

El formato de plot_surface() es el siguiente:

```
Axes3D.plot_surface(X, Y, Z[, *args, **kwargs])
```

X, Y, Z son los datos en forma de arrays bidimensionales. Destacaremos los siguientes parámetros:

- rstride: es el paso en las filas del array que consideraremos de cara a generar la superficie. Su valor por defecto es 10.

- cstride: igual que rstride pero para el caso de las columnas[199]. Su valor por defecto también es 10.

- color: indicamos el color deseado para la superficie.

- colormap: indicamos el mapa de color deseado para la superficie.

---

199. Si rstride y cstride son ambos por ejemplo 5, de cara a representar los datos extraeremos los contenidos cada 5 filas y 5 columnas en los arrays bidimensionales X, Y y Z.

Como primer ejemplo tenemos **mpl3D_4.pyw**, en el que representamos la superficie que tiene la siguiente ecuación cartesiana explícita:

$$z = 2x^4 + 3y^3$$

El código es:

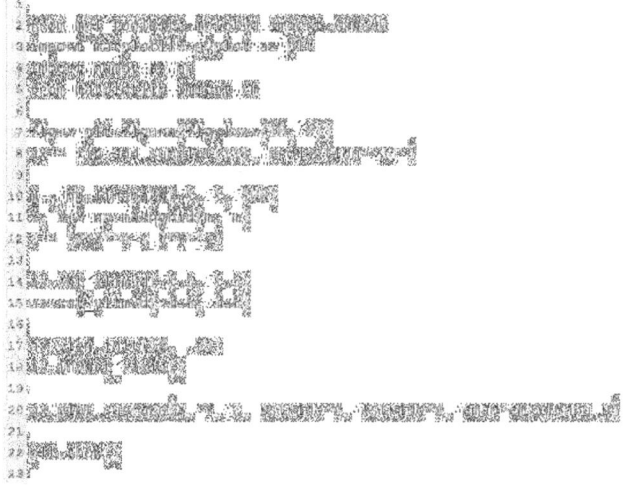

Se genera la siguiente salida:

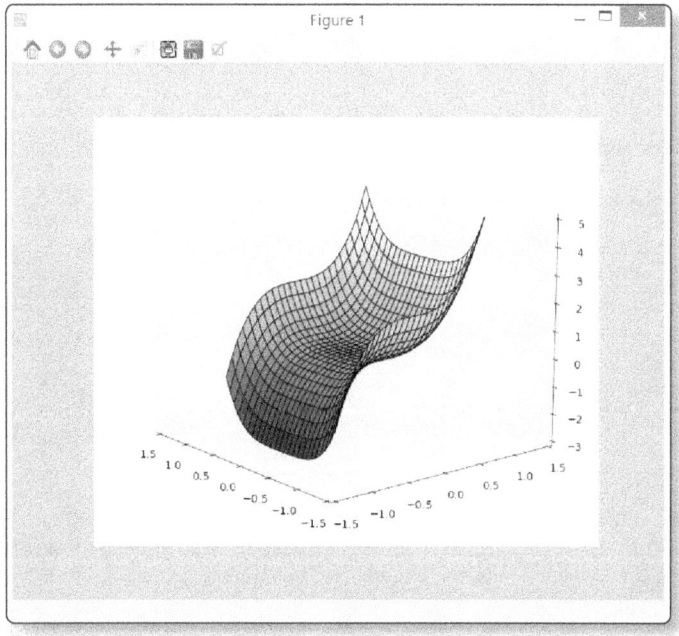

He usado la función meshgrid() de NumPy para generar una malla de 100x100 puntos en el plano xy sobre la que generar la superficie. Para dibujarla he tenido en cuenta un paso de 4 tanto en las filas como en las columnas[200], y he dado color a la superficie mediante el mapa de color YlGnBu_r[201].

Otro ejemplo del uso de plot_surface() es **mpl3D_4_1.pyw**, donde se representa la superficie definida por las siguientes ecuaciones paramétricas:

x = alfa
y = beta
z = sen(alfa) - cos(beta)

El código es el siguiente:

---

200. Si el paso es muy pequeño podemos hacer el gráfico muy pesado de mover, y si es muy alto perderemos precisión. Debemos encontrar en cada caso un término medio.

201. Será como YlGnBu pero con la distribución de colores invertida. Ocurre lo mismo con otros mapas de color.

Su salida es:

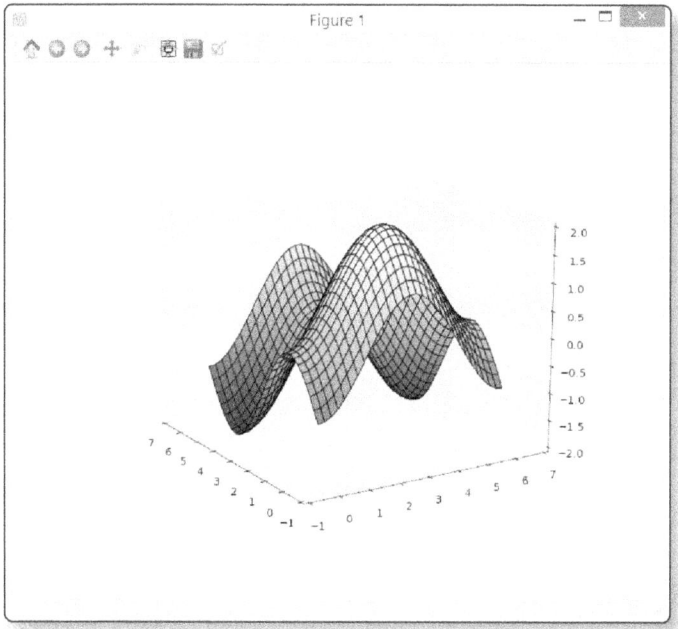

Mediante el método set_facecolor() de la clase Figure consigo dar color blanco al rectángulo contenido en el objeto fig, con lo que eliminamos la doble tonalidad que teníamos hasta ahora[202]. En el ejemplo la malla creada en el plano xy (entre los valores 0 y 2*pi en cada eje) es de 30x30, por lo que los pasos usados en plot_surface() han sido 1.

Otro ejemplo de superficie representada por ecuaciones paramétricas es **mpl3D_4_2.pyw**, donde se visualiza la correspondiente a un cilindro de radio 2:

x = 2 * cos(alfa)
y = beta
z = 2 * sen(alfa)

---

[202]. En los ejemplos siguientes habrá casos en los que actúe de esta manera, mientras que en otros no.

El código es:

Genera la siguiente salida.

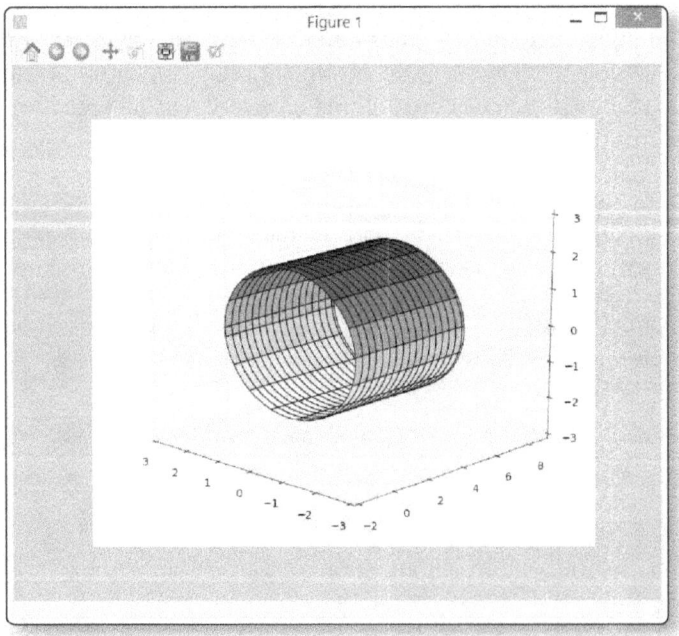

3.4.5 Superficies en 3D. Uso de plot_wireframe()

El término "wireframe"[203] se refiere al renderizado del objeto representando solamente una serie de líneas y vértices, formado una especie de "esqueleto". Suele ser usado en el proceso de diseño, ya que dibujarlo requiere menos carga computacional que el renderizado de la superfice entera.

Para lograr tener un wireframe de nuestro objeto haremos uso de la función **plot_wireframe()**, que tiene el siguiente formato:

```
Axes3D.plot_wireframe(X, Y, Z, rstride=1, cstride=1 [, *args, **kwargs])
```

X, Y y Z son los valores de los datos almacenados en arrays bidimensionales, mientras que rstride y cstride son el paso (de filas y columnas, respectivamente) que usaremos de cara a representar los datos.

Crearemos la estructura de alambre de una esfera con centro en las coordenadas (0,0,0) y de radio 2. Sus ecuaciones paramétricas son:

x = 2 * cos(alfa) * sen(beta)
y = 2 * sen(alfa) * sen(beta)
z = 2 * cos(beta)

El código está en **mpl3D_5.pyw**:

---

203. Viene de los términos en inglés "wire" (alambre) y "frame" (estructura), por lo que podríamos traducirlo como "estructura de alambre".

Se genera la siguiente salida:

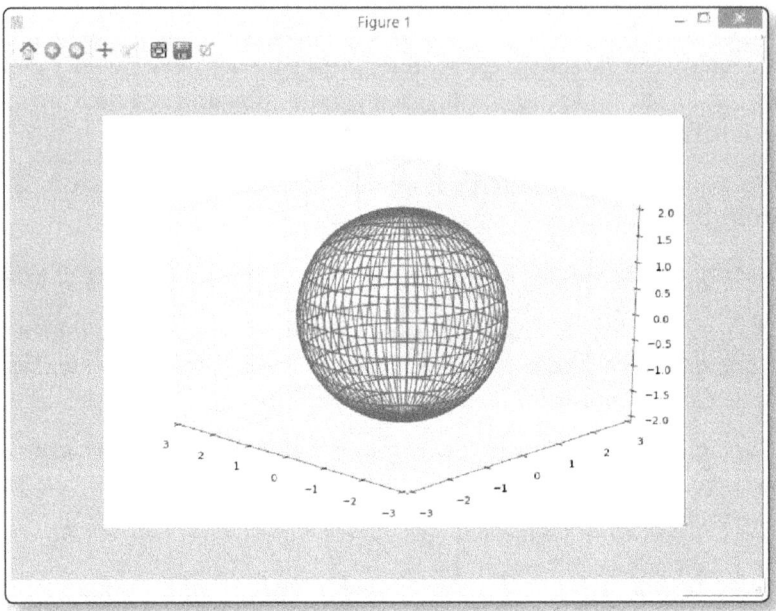

Otro ejemplo (**mpl3D_5_2.pyw**) genera la estructura de alambre de la superficie definida en mpl3D_4_1.pyw:

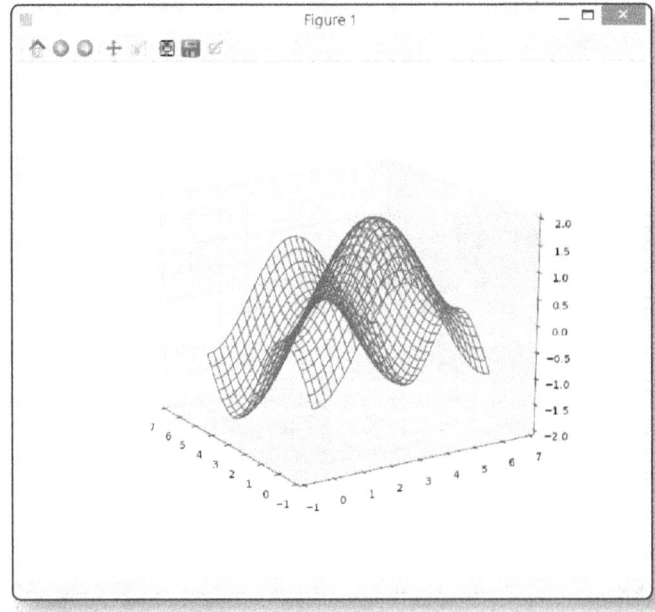

3.4.6 Superficies en 3D. Uso de plot_trisurf()

Cuando usamos la función plot_surface() para representar una superficie, esta lo hace mediante superficies rectangulares de un determinado tamaño. Para que lo haga mediante superficies triangulares usaremos la función **plot_trisurf()**, donde "tri" viene de "triangular" y "surf" de "surface", superficie. Su formato es el siguiente:

```
Axes3D.plot_trisurf(X, Y, Z[, *args, **kwargs])
```

X, Y y Z son los valores de los datos almacenados en arrays unidimensionales.

Como argumentos interesantes destacamos:

▼ color: indica el color empleado en los triángulos. Su valor por defecto es 'b' (azul).

▼ colormap: indica el mapa de colores empleado para los triángulos.

Como ejemplo de su uso tenemos **mpl3D_6.pyw**, que representa la superficie definida en mpl3D_4_1.pyw:

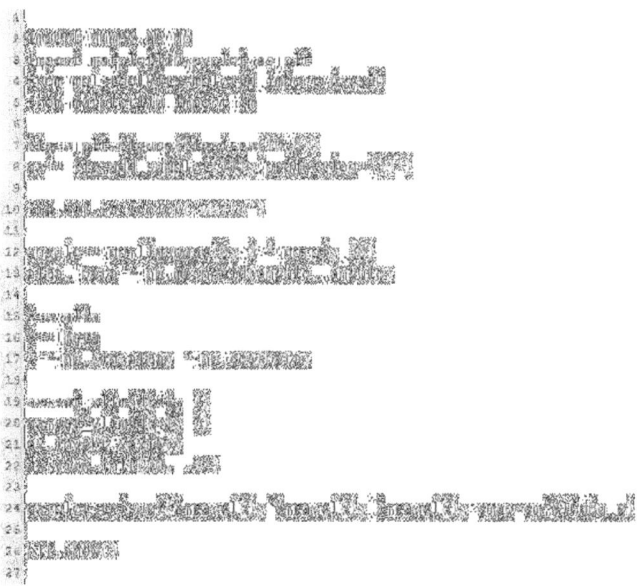

La salida es:

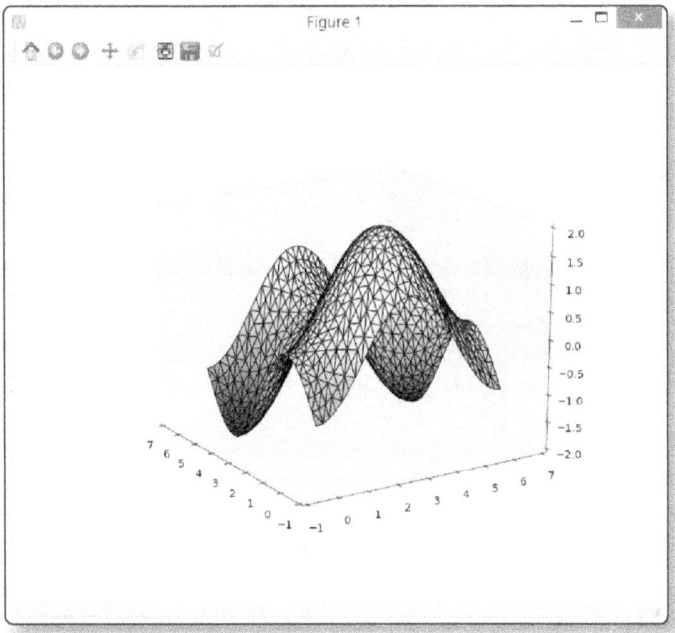

También tenemos **mpl3D_6_2.pyw**, que compara las salidas de las funciones plot_surface() y plot_trisurf() con dos resoluciones distintas:

```
 1
 2 import numpy as np
 3 from mpl_toolkits.mplot3d import Axes3D
 4 import matplotlib.pyplot as plt
 5 from matplotlib import cm
 6
 7 fig = plt.figure(figsize=(12,8))
 8 ax1 = fig.add_subplot(221, projection='3d')
 9 ax2 = fig.add_subplot(222, projection='3d')
10 ax3 = fig.add_subplot(223, projection='3d')
11 ax4 = fig.add_subplot(224, projection='3d')
12 fig.set_facecolor('white')
13
14 angulo = np.linspace(0, 2 * np.pi, 12)
15 alfa, beta = np.meshgrid(angulo, angulo)
16 X = alfa
17 Y = beta
18 Z = np.sin(alfa) - np.cos(beta)
19
20 ax1.set_xlim3d(-1, 7)
21 ax1.set_ylim3d(-1, 7)
22 ax1.invert_xaxis()
23 ax1.view_init(20, -32)
24 ax1.plot_surface(X, Y, Z, rstride=1, cstride=1, cmap=cm.YlGnBu_r)
25
26 ax2.set_xlim3d(-1, 7)
27 ax2.set_ylim3d(-1, 7)
28 ax2.invert_xaxis()
```

[código ilegible]

Su salida es:

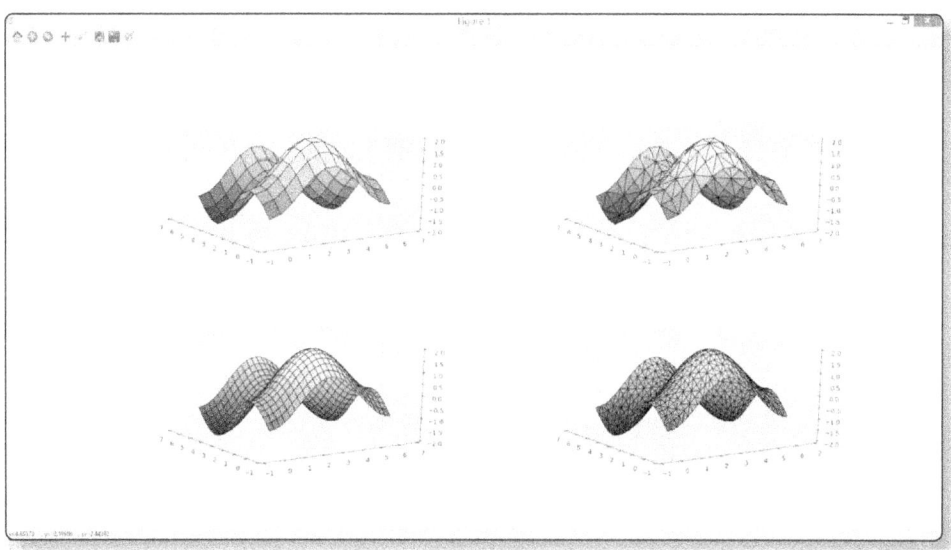

3.4.7 Curvas de nivel. Uso de contour() y contourf()

Una curva de nivel es la intersección de una determinada superfice con un plano. Una representación mediante curvas de nivel (o mapas de contorno) dibuja las correspondientes a varios planos paralelos equiespaciados. Posteriormente podemos proyectar esas curvas de nivel sobre el plano inferior.

En matplotlib tendremos dos funciones para el caso de tres dimensiones, contour() y contourf(), que nos generan las curvas de nivel de la superficie. En el primer caso se nos representarán solamente las curvas, mientras que en el segundo se rellenará el espacio entre dos curvas teniendo en cuenta su proyección sobre el plano inferior.

El formato de **contour()** (equivalente a **contour3D()** al trabajar en 3D) es el siguiente:

```
Axes3D.contour(X, Y, Z[, N, *args, **kwargs])
```

X, Y y Z son los valores de los datos almacenados en arrays bidimensionales, N es en número de niveles (número de curvas) que queremos que aparezcan (por defecto son 7). Como argumentos interesantes destacamos:

- extend3d: booleano que nos indica si extendemos las curvas de nivel sobre el eje por el que se desplazan los planos que las generan. Su valor por defecto es False.

- stride: si tenemos extend3d con valor True, nos indica el paso de los datos para generar esa extensión.

- zdir: cadena que nos indica el eje por el que se desplazan los planos que generan las curvas de nivel. Puede ser 'x', 'y' o 'z' (valor por defecto).

En **mpl3D_7_1.pyw** tenemos la representación mediante curvas de nivel de la superficie con la que estamos trabajando en los últimos ejemplos. El código es:

Se genera la salida siguiente:

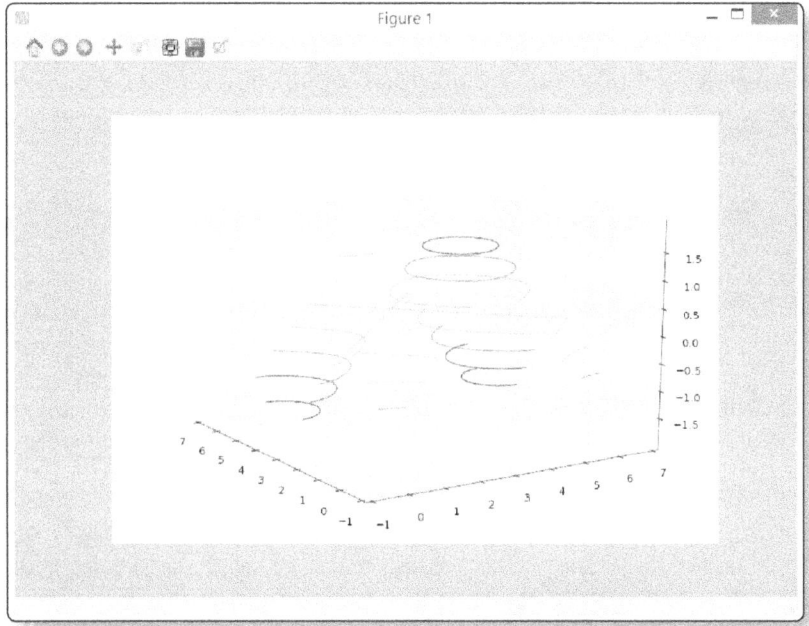

En **mpl3D_7_1_2.pyw** se visualiza, junto a la superficie original, tres representaciones de curvas de nivel cambiando los planos que las generan mediante el argumento zdir. El código es el siguiente:

Su salida es:

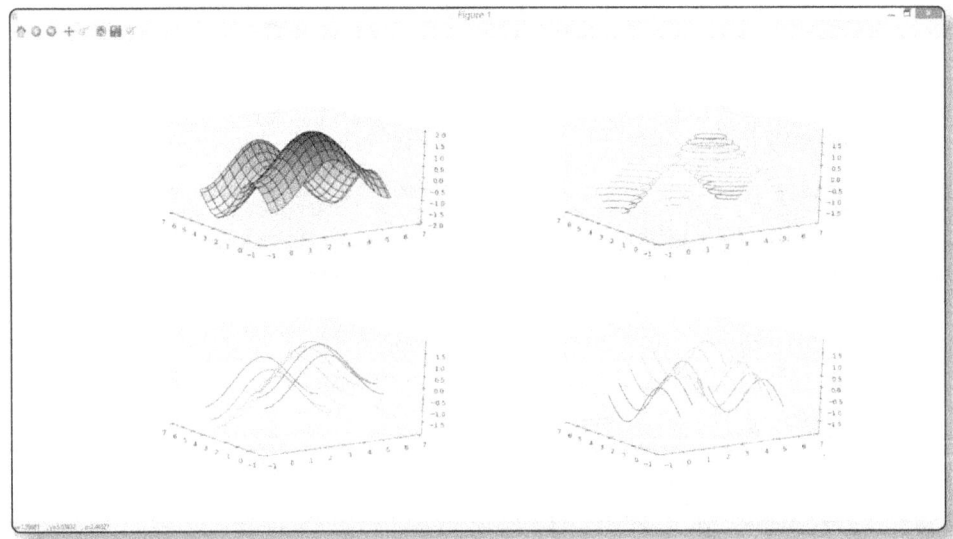

En **mpl3D_7_1_3.pyw** son los argumentos extend3d y stride los que, con distintos valores, incorporo al método contour():

La salida es:

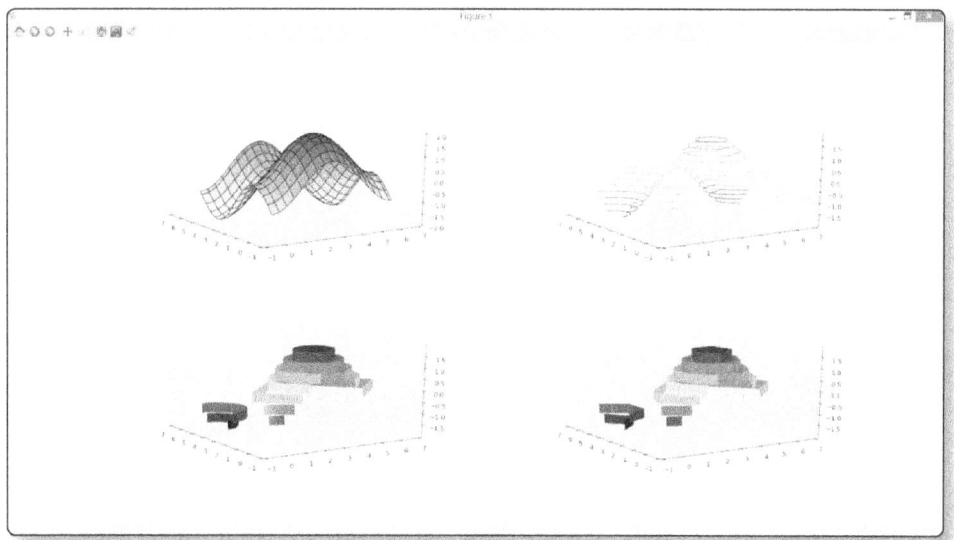

El formato de **contourf()** (equivalente a **contourf3D()** trabajando en 3D) es:

```
Axes3D.contourf(X, Y, Z[, N, *args, **kwargs])
```

X, Y y Z son los valores de los datos almecenados en arrays bidimensionales, N es en número de niveles (número de curvas) que queremos que aparezcan (por defecto son 7). Como argumentos interesantes destacamos:

- zdir: cadena que nos indica el eje por el que se desplazan los planos que generan las curvas de nivel. Puede ser 'x', 'y' o 'z' (valor por defecto).

Como ejemplo de su uso tenemos **mpl3D_7_2.pyw** (aplicación de contourf a nuestra superficie habitual):

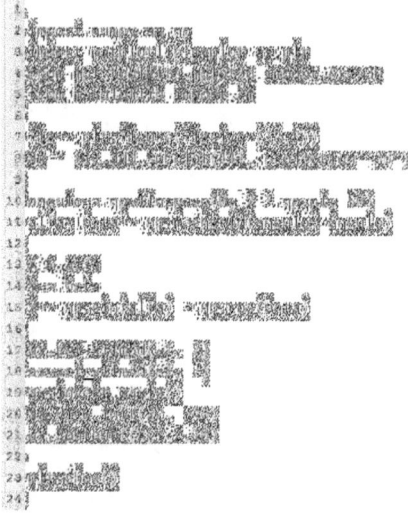

La salida es:

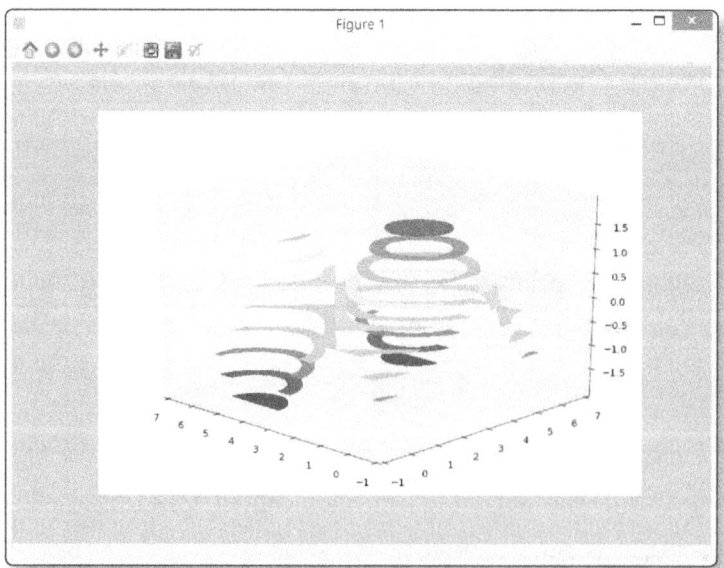

También tenemos **mpl3D_7_2_2.pyw**, que visualiza los distintos valores para el argumento zdir:

```python
import numpy as np
import matplotlib.pyplot as plt
from mpl_toolkits.mplot3d import Axes3D
from matplotlib import cm

fig = plt.figure(figsize=(12,8))
ax1 = fig.add_subplot(221, projection='3d')
ax2 = fig.add_subplot(222, projection='3d')
ax3 = fig.add_subplot(223, projection='3d')
ax4 = fig.add_subplot(224, projection='3d')

fig.set_facecolor('white')

angulo = np.linspace(0, 2 * np.pi, 50)
alfa, beta = np.meshgrid(angulo, angulo)

X = alfa
Y = beta
Z = np.sin(alfa) - np.cos(beta)

ax1.set_xlim3d(-1, 7)
ax1.set_ylim3d(-1, 7)
ax1.invert_xaxis()
ax1.view_init(20, -32)
ax1.plot_surface(X, Y, Z, rstride=3, cstride=3, cmap=cm.Blues)

ax2.set_xlim3d(-1, 7)
ax2.set_ylim3d(-1, 7)
ax2.invert_xaxis()
ax2.view_init(20, -32)
ax2.contourf(X,Y,Z,15, zdir = 'z')

ax3.set_xlim3d(-1, 7)
ax3.set_ylim3d(-1, 7)
ax3.invert_xaxis()
ax3.view_init(20, -32)
ax3.contourf(X,Y,Z,10, zdir = 'x')

ax4.set_xlim3d(-1, 7)
ax4.set_ylim3d(-1, 7)
ax4.invert_xaxis()
ax4.view_init(20, -32)
ax4.contourf(X,Y,Z,10, zdir = 'y')

plt.show()
```

La salida es:

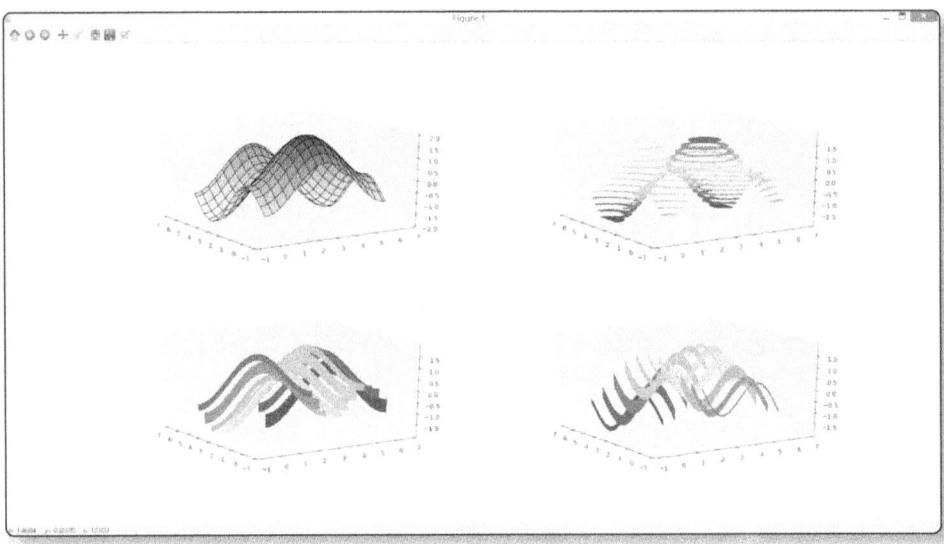

3.4.8 Campo vectorial en 3D. Uso de quiver()

Para representar un campo vectorial, donde a cada punto tridimensional le corresponde un vector (con su dirección y módulo correspondiente) tenemos la función **quiver()**[204], que tiene el siguiente formato (**quiver3D()** es equivalente):

```
Axes3D.quiver(X, Y, Z, U, V, W[, **kwargs)
```

X, Y y Z contienen las coordenadas del punto (o los puntos) en el espacio, mientras que U, V y W almacenan las coordenadas de dirección del vector (o los vectores). Ambas coordenadas pueden darse en forma de arrays o de escalares. Como parámetros interesantes destacamos:

▶ length: número real que indica la longitud del vector. Su valor por defecto es 1.0.

▶ arrow_length_ratio: número real que indica la proporción de la cabeza de la flecha en relación a su tamaño total.

---

204. En inglés quiver significa carcaj, que es la bolsa usada habitualmente para almacenar las flechas.

En **mpl3D_8.pyw** tenemos un ejemplo del uso de quiver(), en el que generamos 25 vectores a partir de puntos aleatorios de coordenadas x,y,z entre -10 y 10. La orientación de los vectores también es aleatoria, y su longitud es 2. El código es:

Y su salida:

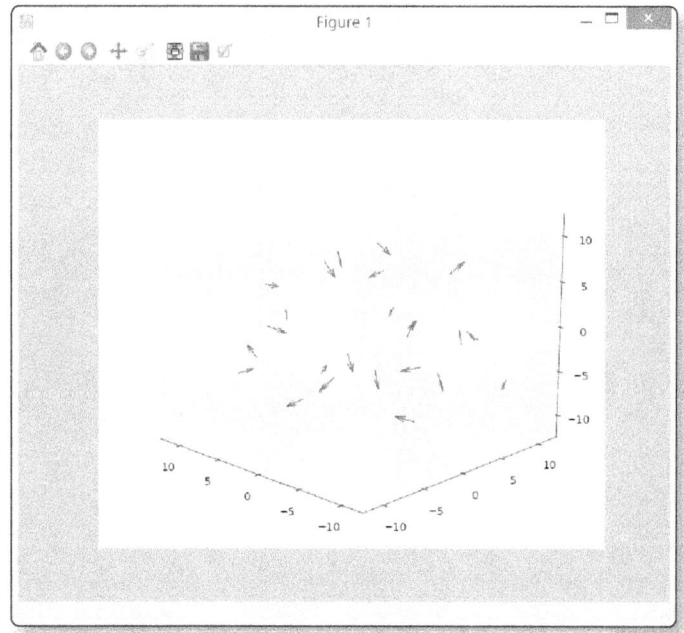

En **mpl3D_8_2.pyw** representamos las cuatro combinaciones posibles entre dar las coordenadas del punto y las de la dirección del vector mediante arrays o escalares:

```python
import numpy as np
import matplotlib.pyplot as plt
from mpl_toolkits.mplot3d import Axes3D
from matplotlib import cm

fig = plt.figure(figsize=(12,8))
ax1 = fig.add_subplot(221, projection='3d')
ax2 = fig.add_subplot(222, projection='3d')
ax3 = fig.add_subplot(223, projection='3d')
ax4 = fig.add_subplot(224, projection='3d')

fig.set_facecolor('white')

X = np.random.randint(-10, 10, (5,5))
Y = np.random.randint(-10, 10, (5,5))
Z = np.random.randint(-10, 10, (5,5))

x = np.random.rand(5,5) - 0.5
y = np.random.rand(5,5) - 0.5
z = np.random.rand(5,5) - 0.5

ax1.set_xlim3d(-12, 12)
ax1.set_ylim3d(-12, 12)
ax1.set_zlim3d(-12, 12)
ax1.view_init(22, -46)
ax1.quiver(X, Y, Z, x, y, z, length = 2, arrow_length_ratio=0.5)

ax2.set_xlim3d(-12, 12)
ax2.set_ylim3d(-12, 12)
ax2.set_zlim3d(-12, 12)
ax2.view_init(22, -46)
ax2.quiver(X, Y, Z, 0.2, 0.1, -0.3, length = 2, arrow_length_ratio=0.5)

ax3.set_xlim3d(5, 9)
ax3.set_ylim3d(0, 4)
ax3.set_zlim3d(-5.5, 0)
ax3.view_init(22, -46)
ax3.quiver(7, 2, -3, x, y, z, length = 2, arrow_length_ratio=0.5)

ax4.set_xlim3d(-12, 12)
ax4.set_ylim3d(-12, 12)
ax4.set_zlim3d(-12, 12)
ax4.view_init(22, -46)
ax4.quiver(7, 2, -3, 0.2, 0.1, -0.3, length = 2, arrow_length_ratio=0.5)

plt.show()
```

La salida es:

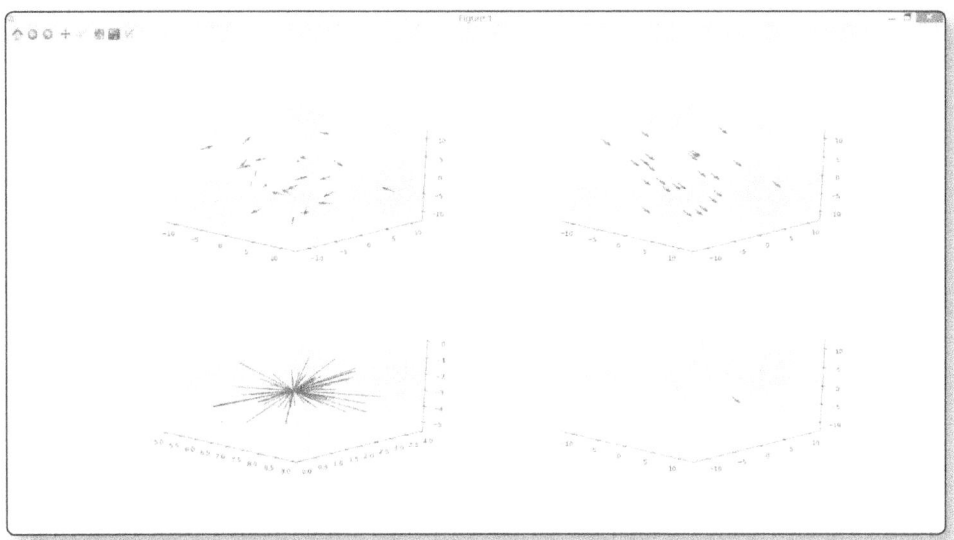

3.4.9 Texto en 3D. Uso de text()

Podemos representar texto en un espacio tridimensional mediante la función **text()** (equivalente al uso de **text3D()** en tres dimensiones), que tiene el siguiente formato:

```
Axes3D.text(x, y, z, s, zdir=None[, **kwargs])
```

Los argumentos x,y,z son escalares que marcarán las coordenadas donde se insertará el texto (almacenado en la cadena s) mientras que zdir indica, mediante las cadenas 'x', 'y', 'z', el valor None[205] o un vector de tres elementos, la dirección que tendrá el texto.

---

205. En este caso el texto permanecerá siempre en horizontal.

Un ejemplo de su uso lo tenemos en **mpl3D_9.pyw**:

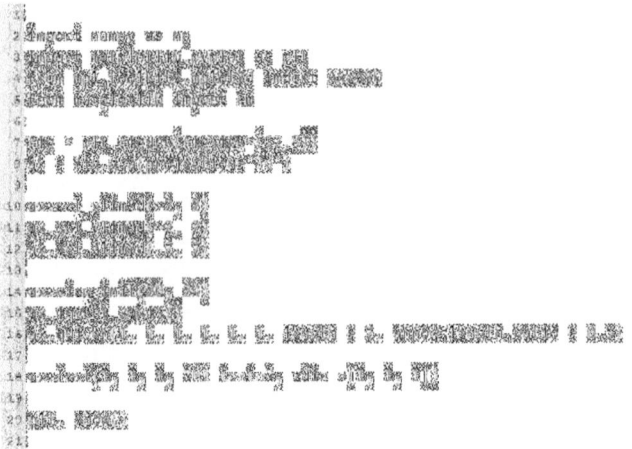

La salida será la siguiente:

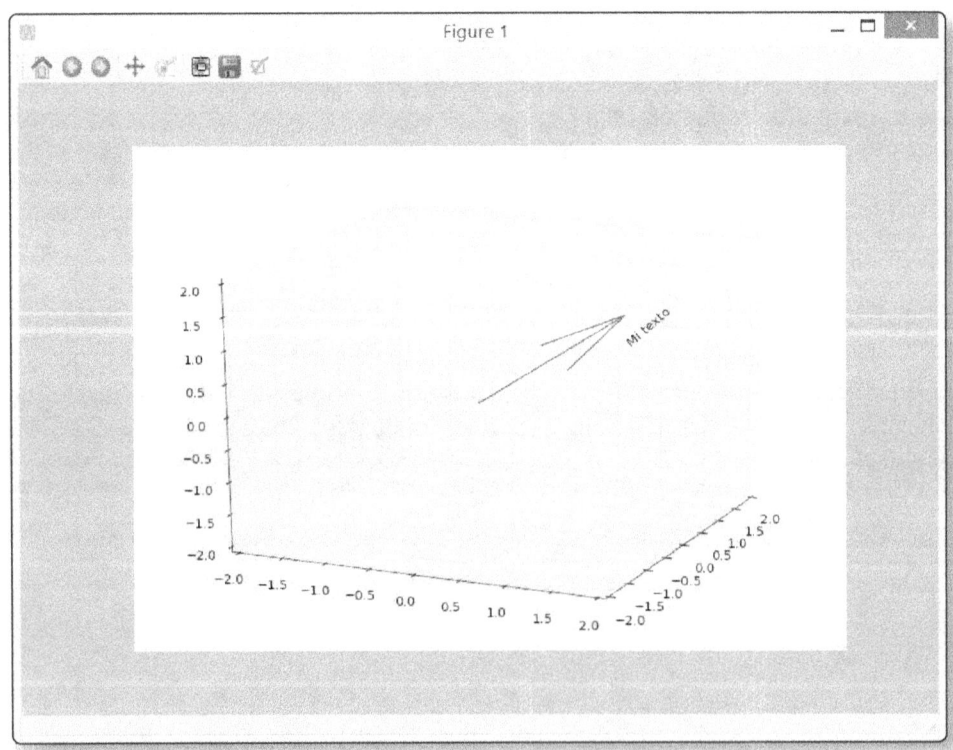

3.4.10 Uso de elementos 2D en entorno 3D

Tenemos la posibilidad de insertar objetos bidimensionales en nuestro espacio tridimensional. Por ejemplo, el método **bar()** que usamos en dos dimensiones puede ser usado en tres dimensiones, aunque ahora tiene un formato ampliado:

```
Axes3D.bar(left, height, zs=0, zdir='z'[, *args, **kwargs])
```

Los parámetros son:
- left: almacena las coordenadas x de la esquina izquierda de las barras.
- height: indica la anchura de la barra.
- zs: indica la/s coordenada/s en el eje z de las barras. Si se indica un valor, será aplicado a todas las barras.
- zdir: indicamos el eje considerado como z, pudiendo tomar los valores 'x', 'y' o 'z' (valor por defecto).

Otros parámetros, como color, bottom, align u orientation son los que ya teníamos en el método bar() de dos dimensiones.

Un ejemplo del uso de bar(), además de plot() para generar curvas en 2D en un entorno 3D es **mpl3D_10.pyw**, cuyo código es el siguiente:

La salida es:

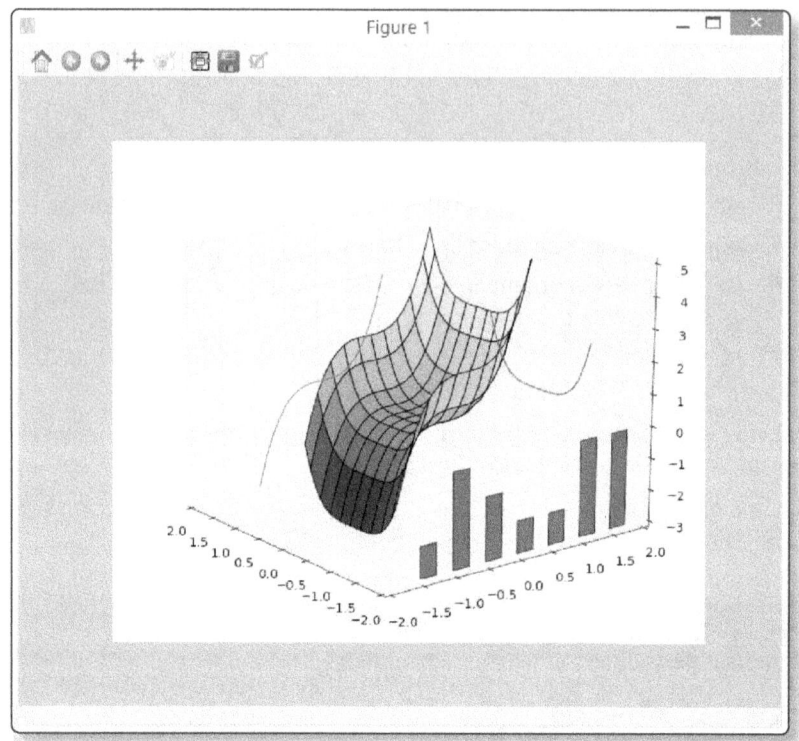

4

GENERACIÓN DE GRÁFICOS EN PYTHON MEDIANTE MATPLOTLIB (II)

En este capítulo conoceremos la aquitectura de matplotlib, cómo manejar sus eventos y la forma en la que podremos insertar y tratar gráficos generados por él en aplicaciones de tipo GUI creadas mediante PyQt. Todo ello completará, junto con el estudio de NumPy del próximo capítulo, nuestro recorrido por las herramientas necesarias para crear aplicaciones gráficas complejas.

4.1 LA ARQUITECTURA DE MATPLOTLIB

Veremos a continuación cómo está estructurado matplotlib. En el capítulo anterior comenté cosas sobre ello, pero ahora lo veremos de forma más profunda.

Como ya sabemos, el motivo principal para la creación de matplotlib fue proporcionar un interfaz de comandos para la visualización interactiva de gráficos al estilo del de MATLAB. Originalmente fue una aplicación de código abierto sobre GTK+[206] para visualizar electroencefalografías.

El elemento fundamental de matplotlib es el objeto **Figure**[207], que contiene todos los componentes del gráfico que queremos representar. Todo en matplotlib gira en torno a la creación, representación y actualización de objetos Figure.

---

206. Un toolkit para crear aplicaciones gráficas muy usado en el entorno GNU/Linux.

207. Podríamos traducirlo como figura. Mantendremos el nombre en inglés al referirnos a él.

Cuando tratamos con software generalmente distinguimos entre **frontend**, que es la parte que interactúa directamente con los usuarios, y **backend**, que procesa las entradas que estos proporcionan y nos devuelve una salida que suele ser representada de nuevo en el frontend. Es una abstracción para mantener estos dos elementos separados. Los datos del usuario, que pueden ser de muy distinta naturaleza, son transformados por el backend para su correcto procesado, y la salida que nos proporciona es vuelta a transformar para su representación en el frontend. Los términos frontend y backend los traducimos en español como interfaz y motor, respectivamente.

El objeto Figure puede ser representado (en una ventana sobre la pantalla o volcado a un fichero gráfico, por ejemplo) e interactuar con eventos del interfaz de usuario (generados por elementos como el ratón o el teclado). Este nivel (o capa) es el que denominamos **nivel backend** (backend layer).

El objeto Figure está compuesto de múltiples objetos que pueden ser tratados (siempre en base a unas normas que respeten los demás elementos) de forma individual. El nivel que permite esta abstracción es el denominado **nivel artist**[208] (artist layer).

El objeto Figure debe ser fácilmente manipulable desde un código lo más legible y sencillo posible. Estamos en el **nivel scripting**[209] (scripting layer).

Por lo tanto, la arquitectura de matplotlib se basa en tres niveles: backend, artist y scripting. Esquemáticamente lo representamos de la siguiente manera, donde el nivel inferior es el de más bajo nivel:

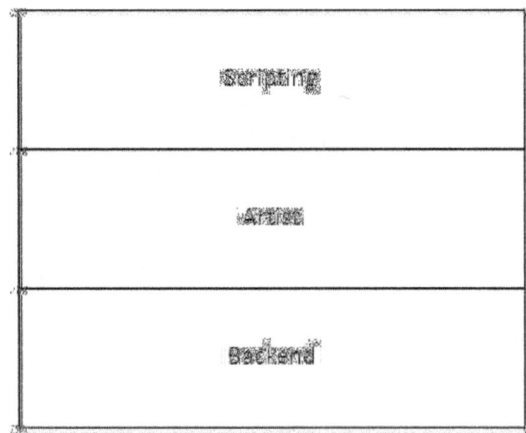

---

208. Al ser elementos visuales, el nombre artist deriva de "visual art", arte visual.

209. Podríamos traducirlo como "nivel de código".

En cada uno de los niveles tenemos una interfaz. Las capas superiores aíslan la complejidad de las inferiores.

Los datos (o las funciones que los generan) son cargados o creados en el nivel scripting, transformados en varios objetos del nivel artist y estos renderizados[210] en el nivel backend.

Pasaremos a continuación a explicar más detalladamente cada uno de los tres niveles.

4.1.1 El nivel backend

Ya expliqué brevemenente a qué nos referimos con el término backend. Por lo tanto, debemos aplicar en nuestro caso ese concepto a la generación de gráficos. El nivel backend es una abstracción de los componentes capaces de dibujar (renderizar) un objeto Figure. Podemos encontrar gráficos incrustados en widgets de toolkits como Qt o GTK+, en páginas web, o en documentos (digitales o impresos). Para cada uno de esos casos necesitamos tener un backend adecuado de matplotlib. De forma genérica estos pueden dividirse en dos grupos:

- de interfaz de usuario (user interface backends): son interactivos. Ejemplos de ellos son Qt4, Qt5, GTK 2.x, GTK 3.x, wxWidgets, Tk y Mac OS X Cocoa.

- de copia impresa (hardcopy backends): son no interactivos. Ejemplos de ellos son PS, PDF, SVG y PNG. Se pueden dividir a su vez en si soportan mapas de bits (raster graphics), gráficos vectoriales (vector graphics), o ambos.

Las principales clases que sirven como base abstracta para el nivel backend son las siguientes:

- FigureCanvasBase y FigureManagerBase
- RendederBase y GraphicsContextBase
- Event
- ShowBase
- Timer

---

210. En el elemento indicado, ya sea en el canvas de una ventana o en un fichero.

FigureCanvasBase es una clase que representa el lienzo donde se va a renderizar el objeto Figure. Sería como la "hoja" en la que vamos a dibujar. Se encangará, entre otras cosas, de:

- mantener una referencia a él y actualizarlo cuando sea preciso.
- definir métodos para dibujar sus componentes.
- comunicar los eventos de nuestro sistema con los propios de matplotlib.
- conocer la manera en que el gráfico de matplotlib se inserta en cualquiera de las ventanas de los posibles GUI´s de los que disponemos.
- tener un registro de los posibles tipos de ficheros gráficos soportados al hacer una copia impresa.

FigureManagerBase, usado cuando trabajamos con pyplot, añade varios métodos a los que ya teníamos en FigureCanvasBase.

RendererBase trata las operaciones de trazado (dibujado), varias de ellas manejadas por **GraphicsContextBase**. Podríamos considerarlo como el "lápiz" que dibuja sobre la hoja. Tanto FigureCanvasBase como RendererBase conocen cómo comunicarse con toolkits como Qt o GTK+, o con lenguajes usados para generar gráficos.

Event es la base para clases como MouseEvent, KeyEvent o DrawEvent, que tratan, respectivamente, los eventos generados por el ratón, el teclado y al dibujar.

ShowBase y **Timer** son las clases base que usaremos para coordinar la representación en pantalla y acceder al temporizador (timer) del toolkit GUI que estemos usando.

4.1.2 El nivel artist

En este nivel es donde tratamos con elementos como líneas, figuras geométricas, texto o ejes de coordenadas. Todos ellos derivan de la clase **Artist**, que es la base de todo lo que puede ser representado en un objeto FigureCanvasBase. Entre las subclases de Artist distinguiremos tres grupos:

- primitivas (primitives).
- contenedores (containers).
- colecciones (collections).

Las **primitivas**[211] son clases que representan los posibles elementos que se pueden dibujar en un objeto Figure. Entre ellos destacamos:

- **Line2D**: líneas en 2D.
- **patches**[212]: engloba elementos como rectángulos, elipses o arcos.
- **text**: para tratar con texto y anotaciones.
- **AxesImage**, **FigureImage**: para tratar con imágenes.

Los **contenedores** tienen la capacidad de contener primitivas. Destacamos los siguientes:

- **Figure**
- **Axes** y **Subplot**
- **Axis**

Una imagen nos ayudará a visualizar mejor los distintos elementos a los que nos estamos refiriendo:

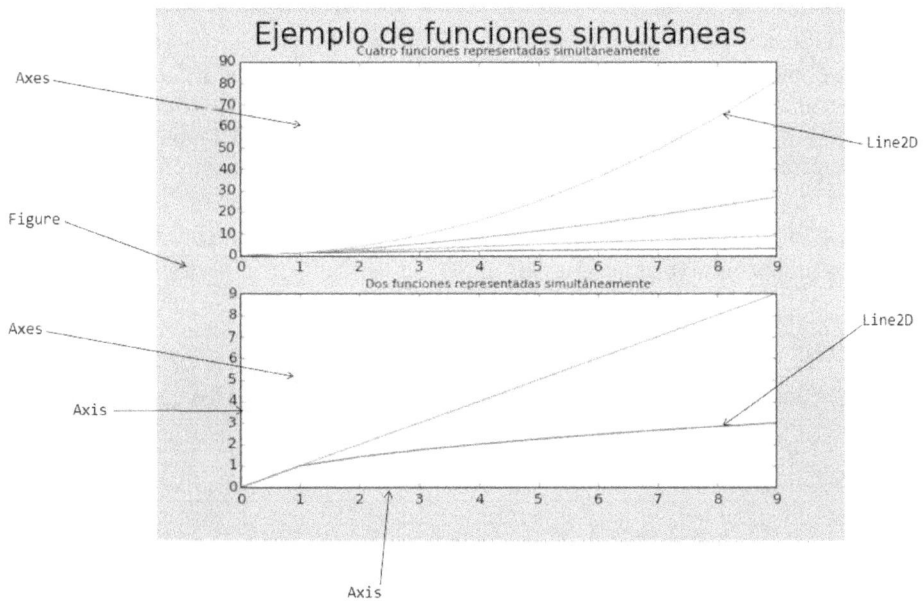

---

211. Todo el Apéndice D está dedicado a conocer las primitivas que he considerado más interesantes.

212. Se podría traducir como "trozo" o "elemento". Es un término heredado de MATLAB.

Vemos que Figure engloba todo, y en este caso tenemos dos elementos Axes dentro de él, que contienen varios objetos Line2D. El objeto Axes se compone, entre otros elementos, de dos objetos Axis[213]. También maneja el sistema de coordenadas con el que trabajemos, que puede ser cartesiano o polar.

Por tanto, crearemos un objeto Figure, dentro de él uno o varios objetos Axes (o Subplot[214]). Mediante sus métodos podremos generar y representar las primitivas que deseemos. Axes se presenta como una de las clases más importantes ya que gran parte de la actividad que tenemos al trabajar con gráficos ocurre en instancias de ella.

El tercer grupo en el que dividimos las subclases de Artist era **collections**, que son un grupo de clases que nos permitirán el tratamiento eficiente de un gran número de elementos del mismo tipo (como líneas, círculos o polígonos), algo muy habitual en el uso de matplotlib. Tendremos subclases como **LineCollection**, **EllipseCollection**, **PathCollection** y **EventCollection**.

4.1.3 El nivel scripting

Este nivel es el que permite a los usuarios trabajar con los gráficos simplificando las tareas que se realizan en niveles inferiores. Eso lo lograremos mediante el módulo **pyplot**. En este nivel también tendríamos al módulo pylab.

Es cierto que en algunos casos, como al trabajar con toolkits GUI donde queramos insertar nuestro gráfico matplotlib[215], no podremos hacer un uso exclusivo de este nivel, pero cuando no estemos en esas circunstancias trabajar con pyplot será muy cómodo y directo ya que no tendremos que crear directamente muchos de los elementos vistos en niveles inferiores.

Cuando importamos el módulo pyplot se nos configura el backend que hayamos determinado (o el activo por defecto) y podremos usar cualquiera de las múltiples funciones disponibles. Algunos ejemplos de ellas son los siguientes:

---

213. La clase Axis tiene dos subclases, XAxis e YAxis para cada uno de los dos ejes, aunque en la imagen no se han diferenciado.

214. La clase Subplot es una subclase de Axes. Los objetos Subplot están distribuidos en forma de cuadrícula, algo que no es obligatorio para los objetos Axes. Por lo tanto, todos los objetos Subplot con objetos Axes, pero no al revés.

215. En ese caso tendremos que hacer uso de los niveles artist y backend.

- switch_backend():
  permite el cambio de backend.

- figure():
  genera un objeto Figure.

- gcf():
  (de "get current figure") nos devuelve el objeto Figure con el que estemos trabajando en ese momento.

- gca():
  (de "get current axes") nos devuelve el objeto Axes con el que estemos trabajando en ese momento.

- draw():
  redibuja el objeto Figure con el que estemos trabajando.

- clf()
  (de "clear figure") borra el contenido del objeto Figure con el que estemos trabajando.

- cla()
  (de "clear axes") borra el contenido del objeto Axes con el que estemos trabajando.

- plot():
  dibuja líneas y/o marcadores en el objeto Axes con el que estemos trabajando.

- scatter():
  dibuja puntos individuales en el objeto Axes con el que estemos trabajando

- bar():
  dibuja un gráfico de barras en el objeto Axes con el que estemos trabajando.

- title():
  dibuja un título en el objeto Axes con el que estemos trabajando.

- savefig():
  guarda el objeto Figure con el que trabajamos.

Podemos ver los nombres de las funciones que tenemos para dibujar en el módulo pyplot:

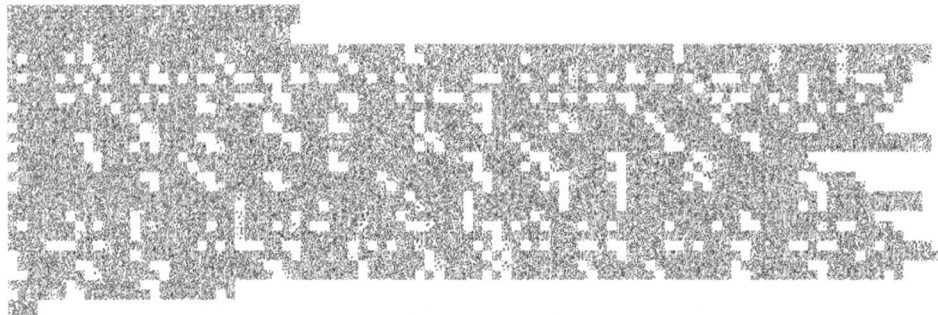

Para conocer en profundidad qué hace cada una de las funciones debemos consultar la documentación oficial de matplotlib. Una tabla con la descripción de las que considero más habituales es la siguiente[216]:

Función	Comentario
plt.**annotate**()	Crea una anotación (un texto referente a un punto de los datos).
plt.**axes**()	Añade un objeto Axes al objeto Figure.
plt.**axis**()	Obtenemos o configuramos las propiedades de un objeto Axis.
plt.**bar**()	Crea un gráfico de barras.
plt.**barh**()	Crea un gráfico de barras horizontales.
plt.**box**()	Coloca o elimina la caja que delimita el objeto Axes.
plt.**cla**()	Borra el contenido del objeto Axes con el que trabajemos.
plt.**clabel**()	Etiqueta un gráfico de contorno.
plt.**clf**()	Borra el contenido del objeto Figure con el que trabajemos.
plt.**close**()	Cierra la ventana que contenga nuestro objeto Figure.
plt.**colorbar**()	Añade barra de colores a un gráfico.
plt.**contour**()	Dibuja gráfico de contorno.
plt.**contourf**()	Dibuja gráfico de contorno con relleno.
plt.**delaxes**()	Elimina un objeto Axes del objeto Figure tratado.
plt.**draw**()	Redibuja el objeto Figure con el que trabajemos.
plt.**figimage**()	Añade una imagen al objeto Figure.
plt.**figlegend**()	Añade una leyenda al objeto Figure.

---

216. He renombrado el módulo pyplot de matplotlib como plt, forma habitual y la que usaremos en los programas.

plt.**figtext**()	Añade texto al objeto Figure.
plt.**figure**()	Crea un nuevo objeto Figure.
plt.**fill**()	Crea gráficos rellenando zonas delimitadas por polígonos.
plt.**findobj**()	Busca objetos Artist.
plt.**gca**()	Devuelve el actual objeto Axis del objeto Figure tratado.
plt.**gcf**()	Devuelve una referencia al objeto Figure actual.
plt.**get_figlabels**()	Devuelve una lista de todas las etiquetas del objeto Figure.
plt.**get_backend**()	Nos devuelve el backend que estemos usando en ese momento.
plt.**grid**()	Coloca o quita la cuadrícula del objeto Axes.
plt.**hist**()	Dibuja un histograma.
plt.**hlines**()	Dibuja líneas horizontales.
plt.**hold**()	Configura el estado hold (para mantener o no gráficos).
plt.**imread**()	Carga una imagen desde un fichero a un array.
plt.**imsave**()	Guarda un array en un fichero de imagen.
plt.**imshow**()	Representa una imagen en el objeto Axes.
plt.**ioff**()	Desactiva modo interactivo.
plt.**ion**()	Activa modo interactivo.
plt.**isinteractive**()	Devuelve el estado del modo interactivo.
plt.**legend**()	Coloca leyenda en el objeto Axes.
plt.**loglog**()	Crea gráfico con escalas logarítmicas en ambos ejes.
plt.**minorticks_off**()	Elimina las marcas secundarias del gráfico actual.
plt.**minorticks_on**()	Coloca las marcas secundarias en el gráfico actual.
plt.**pie**()	Dibuja un gráfico de tarta.
plt.**plot**()	Dibuja líneas y/o marcadores en el objeto Axes.
plt.**polar**()	Dibuja gráfico en coordenadas polares.
plt.**quiver**()	Dibuja un campo vectorial.
plt.**rc**()	Configura los parámetros rc.
plt.**rcdefaults**()	Restaura los parámetros rc por defecto.
plt.**rgrids**()	Devuelve o configura las rejillas radiales en un gráfico en coordenadas polares.
plt.**savefig**()	Guarda el objeto Figure actual.
plt.**scatter**()	Crea gráfico de dispersión.
plt.**semilogx**()	Genera gráfico con escala logarítmica en el eje x.
plt.**semilogy**()	Genera gráfico con escala logarítmica en el eje y.
plt.**set_cmap**()	Configura el mapa de colores (colormap).
plt.**setp**()	Configura una propiedad en un objeto Artist.
plt.**show**()	Visualiza el objeto Figure.

plt.**specgram**()	Dibuja un espectrograma.
plt.**subplot**()	Devuelve un objeto Subplot posicionado en una cuadrícula de la forma que le indiquemos.
plt.**subplot2grid**()	Crea un objeto Subplot en una disposición cuadricular.
plt.**subplots**()	Crea un objeto Figure con objetos Subplot distribuidos en una serie de filas y columnas.
plt.**suptitle**()	Añade un título centrado al objeto Figure.
plt.**switch_backend**()	Cambia el backend por defecto.
plt.**table**()	Añade una tabla a los objetos Axes
plt.**text**()	Añade texto al objeto Axes.
plt.**tick_params**()	Cambia la apariencia de las marcas y sus etiquetas.
plt.**title**()	Coloca un título al objeto Axes actual.
plt.**tricontour**()	Dibuja gráfico de contorno para una rejilla triangular.
plt.**tricontourf**()	Dibuja gráfico de contorno (con relleno) para una rejilla triangular.
plt.**triplot**()	Dibuja una cuadrícula triangular.
plt.**twinx**()	Crea un segundo objeto Axes que comparte el eje x con el primero.
plt.**twiny**()	Crea un segundo objeto Axes que comparte el eje y con el primero.
plt.**violinplot**()	Crea un gráfico de violín.
plt.**vlines**()	Dibuja líneas verticales.
plt.**xlabel**()	Coloca la etiqueta del eje x en el objeto Axes tratado.
plt.**xlim**()	Obtenemos o configuramos los límites del eje x en el objeto Axes.
plt.**xscale**()	Configuramos la escala del eje x en el objeto Axes tratado.
plt.**xticks**()	Obtenemos o configuramos las marcas del eje x en el objeto Axes.
plt.**ylabel**()	Coloca la etiqueta del eje x en el objeto Axes tratado.
plt.**ylim**()	Obtenemos o configuramos los límites del eje y en el objeto Axes.
plt.**yscale**()	Configuramos la escala del eje x en el objeto Axes tratado.
plt.**yticks**()	Obtenemos o configuramos las marcas del eje x en el objeto Axes.

4.2 CLASES DE MATPLOTLIB COMPATIBLES CON PYQT

Hasta este momento todos los gráficos que hemos generado con matplotlib estaban renderizados[217] directamente mediante él[218]. Importábamos su librería en nuestro código Python y mediante los comandos pertinentes creábamos el gráfico determinado en una ventana flotante en la pantalla de nuestro sistema.

---

217. Dibujados, creados.

218. En realidad lo renderiza el toolkit gráfico que tenemos configurado en ese momento.

Lo que queremos ahora es incrustar un gráfico de matplotlib en una aplicación desarrollada con las librerías PyQt (ayudándonos de Qt Designer) y tener interactividad con él.

Conocemos tres clases de las librerías matplotlib (de menor a mayor nivel):

- FigureCanvas[219]
- Figure
- Axes

El objeto FigureCanvas en realidad solo lo conocemos de forma teórica ya que hemos trabajado únicamente con los objetos Figure (que creábamos mediante la función de pyplot figure()) y Axes o Axes3D (que se creaban a partir de add_subplot(), un método de la clase Figure). Un objeto FigureCanvas sabemos que es un contenedor de un objeto Figure, por lo que necesitamos que el primero sea reconocido en nuestra aplicación PyQt. Para ello matplotlib nos proporciona varias clases FigureCanvas compatibles con las librerías gráficas más habituales[220] entre las que está Qt, y por tanto PyQt. En nuestro caso se trata de un objeto FigureCanvas que es además un widget de PyQt, con lo cual podremos usarlo en las aplicaciones que creemos con esta librería gráfica. Se trata de **FigureCanvasQTAgg**, que está en matplotlib.backends.backend_qt4agg, por lo que deberemos hacer uso de él (importándolo con anterioridad). Veamos un ejemplo de su uso (**mpl_qt4agg.pyw**):

```
1
2 import sys
3 from PyQt4 import QtGui
4 from matplotlib.figure import Figure
5 from matplotlib.backends.backend_qt4agg import FigureCanvasQTAgg as FigureCanvas
6
7 class Mpl_Canvas111(FigureCanvas):
8     def __init__(self):
9         self.fig = Figure()
10        self.ax = self.fig.add_subplot(111)
11        FigureCanvas.__init__(self, self.fig)
12    def grafico(self):
13        X = list(range(50))
14        Y1 = [1/(x+5) for x in X]
15        self.ax.plot(X, Y1)
16
17 if __name__ == '__main__':
18     Mi_App = QtGui.QApplication(sys.argv)
19     Mi_Canvas = Mpl_Canvas111()
20     Mi_Canvas.grafico()
21     Mi_Canvas.show()
22     sys.exit(Mi_App.exec_())
23
```

---

219. Renombraremos y denominaremos FigureCanvas a la implementación en el entorno gráfico concreto con el que trabajemos de una subclase de FigureCanvasBase, ya que esta última es independiente del entorno.

220. wxpython, tkinter, qt4, gtk, y macosx.

Un código que generará la siguiente salida:

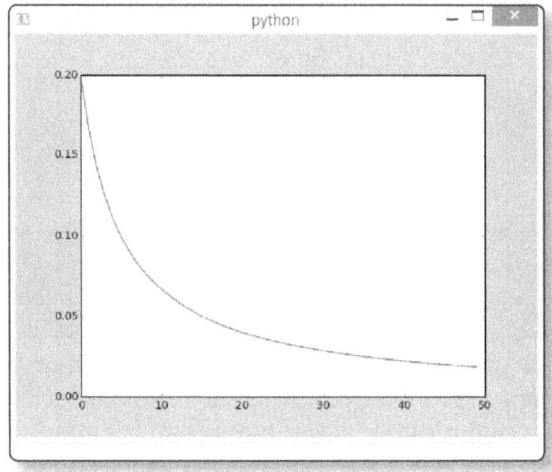

En ella observamos que en la ventana no nos aparecen las habituales barras de herramientas y de estado que teníamos hasta ahora en los gráficos de matplotlib. Eso es debido a que en nuestro FigureCanvas solo hemos incluido un objeto Figure. Lo importante del ejemplo es que la clase **Mpl_Canvas111**, al ser generada a partir de la clase (renombrada como FigureCanvas para más claridad) FigureCanvasQTAgg, sería compatible para su uso dentro de una aplicación PyQt.

El programa comienza importando los elementos que vamos a necesitar: sys y QtGui para generar la aplicación, junto a Figure y FigureCanvas para crear nuestra nueva clase, a la que he llamado Mpl_Canvas111 por matplotlib (Mpl), usar la clase FigureCanvas (Canvas) y distribuir los objetos Axes en su interior en forma de un solo elemento en una matriz de 1x1 (111). Posteriormente se diseña la clase con dos atributos: **fig** para el objeto Figure y **ax1** para el objeto Axes, inicializando la clase Figure_Canvas con el argumento fig. También tenemos un método (llamado grafico) para representar una curva en ax1 mediante el método plot(). Finalmente creamos la aplicación, donde generamos un objeto Mpl_Canvas111, ejecutamos el método grafico() y mediante el método show() lo hacemos visible en pantalla. Es muy importante la inclusión de este último método ya que si no lo hacemos no representará nada en pantalla.

En el caso de que quisiésemos incluir la barra de herramientas en el gráfico generado, podríamos crear una nueva clase para ello, de la siguiente manera (**mpl_qt4agg_2.pyw**):

```python
import sys
from PyQt4 import QtGui
from matplotlib.figure import Figure
from matplotlib.backends.backend_qt4agg import FigureCanvasQTAgg as FigureCanvas
from matplotlib.backends.backend_qt4agg import NavigationToolbar2QT as NavigationToolbar

class Mpl_Canvas111(FigureCanvas):
    def __init__(self):
        self.fig = Figure()
        self.ax = self.fig.add_subplot(111)
        FigureCanvas.__init__(self, self.fig)

class MatplotlibWidget111(QtGui.QWidget):
    def __init__(self, parent = None):
        QtGui.QWidget.__init__(self, parent)
        self.canvas = Mpl_Canvas111()
        self.vbl = QtGui.QVBoxLayout()
        self.vbl.addWidget(self.canvas)
        self.toolbar = NavigationToolbar(self.canvas, self)
        self.vbl.addWidget(self.toolbar)
        self.setLayout(self.vbl)
    def grafico(self):
        X = list(range(50))
        Y1 = [1/(x+5) for x in X]
        self.canvas.ax.plot(X, Y1)


if __name__ == '__main__':
    Mi_App = QtGui.QApplication(sys.argv)
    Mi_Widget = MatplotlibWidget111()
    Mi_Widget.grafico()
    Mi_Widget.show()
    sys.exit(Mi_App.exec_())
```

Se genera la siguiente salida al ejecutarlo:

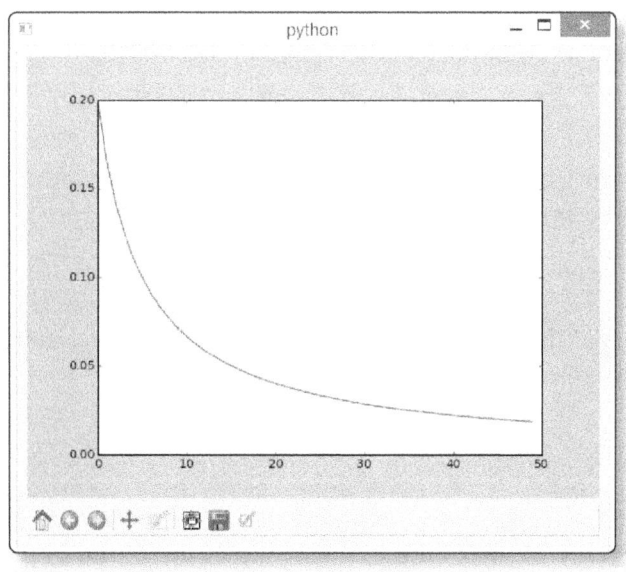

Se ha incluido (en este caso en la parte inferior) la barra de herramientas de matplotlib. Teniendo como base la clase Mpl_Canvas111 anterior, he creado una nueva (basada en QtGui.QWidget) con dos atributos (distribuidos gráficamente de forma vertical mediante un QtGui.QVBoxLayout):

- **canvas**, para un objeto de tipo Mpl_Canvas11.
- **toolbar**, para un objeto de tipo NavigationToolbar2QT (importada previamente), que es la clase que genera la barra de herramientas de matplotlib para el entorno Qt.

4.3 MANEJO DE EVENTOS EN MATPLOTLIB

Hasta el momento hemos visto cómo generar gráficos 2D y 3D en matplotlib, y sabemos que las librerías PyQt trabajan mediante un **sistema basado en eventos** (event-based system), en el cual teníamos tres elementos principales:

- Un bucle a la espera de eventos o bucle para eventos (event loop).
- Un evento recibido.
- Un mecanismo para responder al evento recibido.

Los sistemas basados en eventos suelen ser asíncronos por naturaleza, y son los que tenemos por ejemplo en motores gráficos de juegos, sistemas de envío de mensajes o, como ya sabemos, en toolkits para desarrollar interfaces gráficos.

Usualmente los sistemas basados en eventos tienen una manera de comenzar el bucle de espera de eventos, otra de terminarlo, y la posibilidad de registrar y tratar el evento concreto que se reciba. En cada vuelta del bucle se comprueba si se han recibido eventos, y si es así se tratan de la forma adecuada.

Los event loop de los toolkits para crear GUI's son sofisticados[221] y están diseñados para tratar muy distintos tipos de eventos.

El elemento base para la generación de eventos en matplotlib es **FigureCanvas**, y los event loop que hay en él son distintos (tienen diferente código) a los que tenemos en las librerías Qt. Aun así, están conectados entre ellos para un perfecto funcionamiento conjunto.

---

221. Recordar también que, en el caso concreto de las librerías Qt, están escritas en C++.

En matplotlib tendremos dos elementos principales a la hora de manejar eventos:

- El **evento**.
- La función que usaremos para tratar ese evento, al que llamaré **manejador**.

Para que se ejecute el manejador cuando se reciba un evento debemos conectar ambos, algo que se logra mediante el método **mpl_connect()** de FigureCanvasBase, que tiene el siguiente formato:

```
FigureCanvasBase.mpl_connect('nombre_del_evento', manejador)
```

Los distintos eventos que soporta matplotlib son los siguientes[222]:

Nombre del evento	Clase	Descripción
button_press_event	MouseEvent	Se ha presionado un botón del ratón.
button_release_event	MouseEvent	Se ha soltado un botón del ratón.
motion_notify_event	MouseEvent	Se ha movido el cursor del ratón.
scroll_event	MouseEvent	Se ha girado la rueda del ratón.
key_press_event	KeyEvent	Se ha presionado una tecla.
key_release_event	KeyEvent	Se ha soltado una tecla.
pick_event	PickEvent	Se ha seleccionado un objeto en Canvas.
draw_event	DrawEvent	Se ha dibujado en Canvas.
resize_event	ResizeEvent	Se ha redimensionado Canvas.
figure_enter_event	LocationEvent	Se ha entrado con el ratón en un objeto Figure.
figure_leave_event	LocationEvent	Se ha salido con el ratón de un objeto Figure.
axes_enter_event	LocationEvent	Se ha entrado con el ratón en un objeto Axes.
axes_leave_event	LocationEvent	Se ha salido con el ratón de un objeto Axes.

Los eventos se perciben en el objeto canvas, y el método mpl_connect() conecta el evento y su manejador. Debe llevar dos argumentos:

- Una cadena con el nombre del evento.
- El nombre de la función que se ejecutará al recibir el evento[223].

---

222. Las clases indicadas están definidas en matplotlib.backend_bases.

223. Una función que es pasada como argumento a otra función y que es ejecutada tras algún tipo de evento es lo que se denomina en inglés callback function.

El método mpl_connect() nos devuelve un identificador de la conexión en forma de número entero. Con él podríamos realizar la desconexión evento-manejador, con el formato siguiente:

```
FigureCanvasBase.mpl_disconnect(id)
```

En él id es el identificador de la conexión previamente creada.

La función manejadora podrá recibir un objeto de la clase que corresponde al tipo de evento generado (y al que está conectado). Ese objeto tiene atributos que nos informarán sobre muchas facetas del evento, y podremos usarlos para su posterior procesado. Veamos a continuación cómo son para las distintas clases que tenemos.

Todos los eventos de matplotlib heredan de la clase Event, que está en matplotlib.backend_bases. Esquemáticamente las clases de los eventos derivan de la siguiente manera:

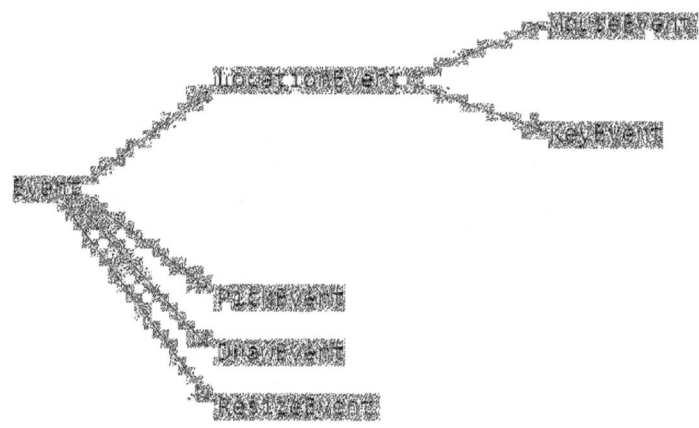

La clase **Event** tiene los siguientes atributos:

▼ name:
nos indica el nombre del evento.

▼ canvas:
nos indica la instancia FigureCanvas que ha generado el evento.

▼ guiEvent:
nos indica en evento GUI que ha generado (si es el caso) el evento.

La clase **LocationEvent**, basada en Event, tiene los siguientes atributos:

▼ xdata:

nos indica la coordenada x del cursor del ratón en base a los datos representados en el gráfico.

▼ ydata:

nos indica la coordenada y del cursor del ratón en base a los datos representados en el gráfico.

▼ x:

nos indica la coordenada x del cursor del ratón en píxeles.

▼ y:

nos indica la coordenada y del cursor del ratón en píxeles.

▼ inaxes:

nos indica el objeto axes sobre el que está el cursor del ratón (si fuera el caso).

La clase **MouseEvent**, basada en LocationEvent, añade los siguientes atributos:

▼ button:

nos indica el botón pulsado con los valores None (ninguno), 1 (botón izquierdo), 2 (botón derecho), 3 (botón central), 'up' (rueda del ratón movida hacia adelante) y 'down' (rueda del ratón movida hacia atrás).

▼ key:

nos indica la tecla que está presionada, si es el caso. Sus posibles valores son None (ninguna), un carácter[224], una tecla especial[225] o una combinación de ellas[226].

▼ step:

nos indica el número de pasos de scroll al rodar la rueda del ratón, con valores positivos si es hacia adelante y negativos si es hacia atrás.

---

224. Distinguirá entre mayúsculas y minúsculas.
225. Como 'shift', 'control' o 'f1'.
226. Como 'ctrl+alt+a' o 'alt+shift+B'.

La clase **KeyEvent**, basada en LocationEvent, le añade simplemente el atributo key indicado en MouseEvent.

La clase **PickEvent**, basada en Event, añade a esta los siguientes atributos:

▼ mouseevent:
es el MouseEvent que genera la selección.

▼ artist:
es el objeto Artist seleccionado.

Además de esos dos, podremos tener atributos extra dependiendo del objeto Artist seleccionado.

La clase **DrawEvent**, basada en Event, añade a esta el atributo renderer, que nos indica la instancia de RendererBase para el evento de dibujado.

La clase **ResizeEvent**, basada en Event, añade a esta los siguientes atributos:

▼ width:
nos indica la nueva anchura del canvas, en píxeles.

▼ height:
nos indica la nueva altura del canvas, en píxeles.

Como tabla resumen tendríamos:

Veremos a continuación varios ejemplos del tratamiento de eventos en matplotlib. Empezaremos con **ejemplo_eventos_mpl_1.pyw**[227]:

```
import numpy as np
import matplotlib.pyplot as plt

def main():
    fig = plt.figure()
    fig.canvas.mpl_connect('figure_enter_event' , mi_enter)
    fig.canvas.mpl_connect('figure_leave_event' , mi_leave)
    fig.canvas.mpl_connect('axes_enter_event' , mi_enter_2)
    fig.canvas.mpl_connect('axes_leave_event' , mi_leave_2)
    fig.canvas.mpl_connect('button_press_event' , mi_press)
    fig.canvas.mpl_connect('scroll_event' , mi_scroll)

    fig.canvas.set_window_title("Ejemplo de eventos en matplotlib")
    ax = fig.add_subplot(111)
    ax.set_title('Haz clic con el ratón o mueve su rueda')
    plt.show()

def mi_enter(event):
    print("Has entrado en el objeto Figure")

def mi_leave(event):
    print("Has salido del objeto Figure")

def mi_enter_2(event):
    print("Has entrado en el objeto Axes")

def mi_leave_2(event):
    print("Has salido del objeto Axes")

def mi_press(event):
    if event.button == 1:
        print("Has pulsado el botón izquierdo del ratón")
    elif event.button == 2:
        print("Has pulsado el botón central del ratón")
    elif event.button == 3:
        print("Has pulsado el botón derecho del ratón")

def mi_scroll(event):
    if event.button == 'up':
        print("Has movido hacia arriba la rueda del ratón")
    elif event.button == 'down':
        print("Has movido hacia abajo la rueda del ratón")

if __name__ == '__main__':
    main()
```

---

227. Este ejemplo está pensado para su ejecución dentro de PyScripter, ya que se irá mostrando información a través del intérprete Python.

Su salida es:

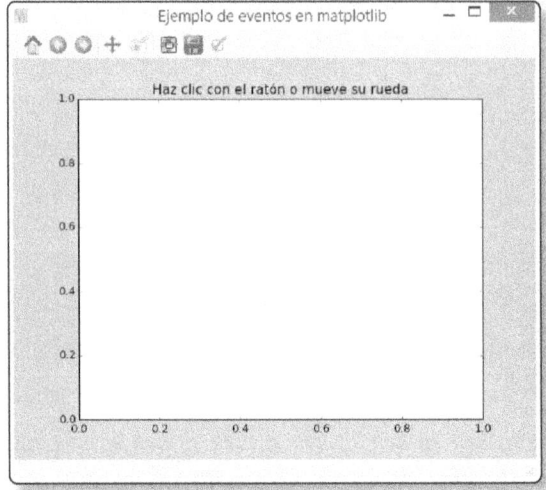

Se nos muestra información por la salida del intérprete al entrar o salir de los objetos Figure y Axes, así como si hacemos clic con cualquier botón del ratón o movemos su rueda hacia adelante o hacia atrás. Por ejemplo:

Tenemos también **ejemplo_eventos_mpl_2.pyw**[228]:

---

228. Este ejemplo está pensado para su ejecución dentro de PyScripter, ya que se irá mostrando información a través del intérprete Python.

```
15
16 def mi_resize(event):
17     print("Has cambiado el tamaño del objeto Figure")
18     print("Ahora el tamaño es de {} x {} pixeles"
19           .format(event.width, event.height))
20
21 def mi_motion(event):
22     print("Coordenadas del cursor en pixeles: ({:.0f}, {:.0f})"
23           .format(event.x, event.y))
24
25 def mi_leave(event):
26     print("Cursor fuera del objeto Figure")
27
28 if __name__ == '__main__':
29     main()
30
```

Su salida es:

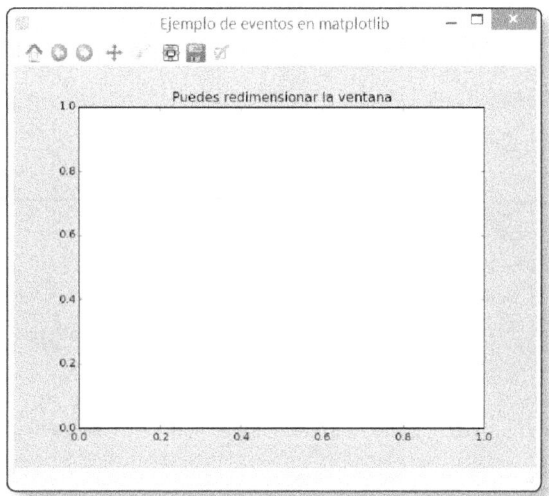

Ahora se nos van indicando las coordenadas del cursor en píxeles si este está dentro del objeto Figure. Si no lo está nos informa de ello. Además, si redimensionamos la ventana nos muestra su nuevo tamaño. Un ejemplo de ello es:

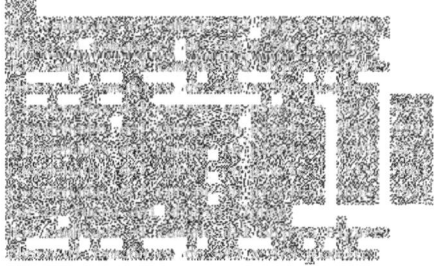

Con **ejemplo_eventos_mpl_3.pyw**[229]:

```python
import numpy as np
import matplotlib.pyplot as plt

def main():
    fig = plt.figure()
    fig.canvas.mpl_connect('pick_event', mi_pick)
    fig.canvas.set_window_title("Ejemplo del uso de pick_event")
    ax = fig.add_subplot(111)
    ax.set_title('Haz clic sobre alguno de los puntos')
    ax.plot(np.random.rand(100), 'o', picker = 5)
    plt.show()

def mi_pick(event):
    mi_punto = event.artist
    xdata = mi_punto.get_xdata()
    ydata = mi_punto.get_ydata()
    ind = event.ind
    print("Coordenadas del punto: {:.2f}, {:.2f}"
          .format(float(xdata[ind]), float(ydata[ind])))

if __name__ == '__main__':
    main()
```

Conseguimos la siguiente salida:

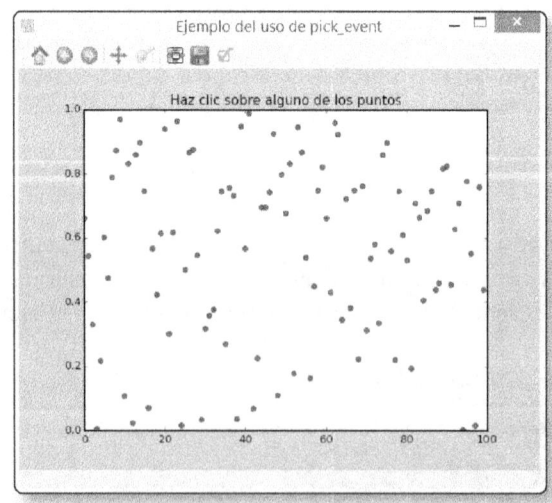

---

229. Este ejemplo está pensado para su ejecución dentro de PyScripter, ya que se irá mostrando información a través del intérprete Python.

Al hacer clic en cualquiera de los puntos se nos muestra información sobre sus coordenadas:

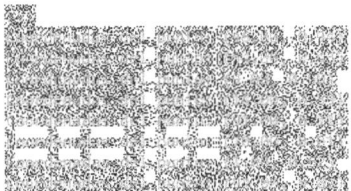

Veamos a continuación el código de **ejemplo_eventos_mpl_4.pyw**:

```
import numpy as np
import matplotlib.pyplot as plt
import matplotlib.patches as patches

def main():
    global num, tecla, tecla_modo, tecla_color
    num = 0
    tecla = tecla_modo = '1'
    tecla_color = 'b'

    fig = plt.figure(figsize = (8,8))
    fig.canvas.mpl_connect('key_press_event', mi_key)
    fig.canvas.mpl_connect('motion_notify_event', mi_motion)
    fig.canvas.set_window_title("Ejemplo de eventos en matplotlib")
    ax = fig.add_subplot(111)
    ax.set_xticks([])
    ax.set_yticks([])
    plt.show()

def mi_key(event):
    global tecla, tecla_modo, tecla_color
    tecla = event.key
    if tecla in ['1', '2', '3', '4']:
        tecla_modo = tecla
    elif tecla in ['b', 'c', 'm']:
        tecla_color = tecla
```

Y un ejemplo de su salida:

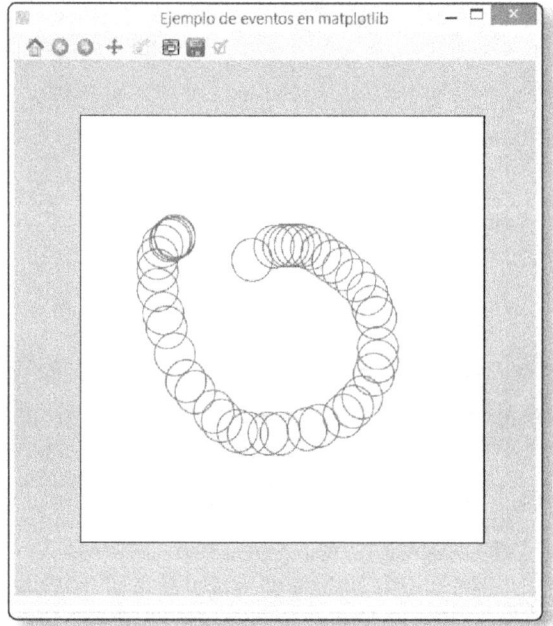

Tendremos la posibilidad de cambiar el comportamiento de la aplicación pulsando en cualquier momento las teclas correspondientes al '1','2','3' y '4', de la siguiente manera:

- Tecla del '1': es la opción por defecto. A medida que se va desplazando el cursor del ratón se dibujan círculos.

- Tecla del '2': a medida que se va desplazando el cursor del ratón se dibujan círculos hasta llegar a 50 unidades, momento en que se borran todos y se vuelve a comenzar.

- Tecla del '3': a medida que se va desplazando el cursor del ratón se van dibujando círculos, representándose solo los 10 últimos.

▶ Tecla del '4': se representa un solo círculo en las coordenadas del cursor del ratón.

También podemos cambiar el color de los círculos pulsando las teclas 'b', 'c' o 'm', haciéndolo respectivamente a azul (color por defecto), cyan y magenta.

Para entender por completo el código debemos conocer cómo tratar con los objetos del módulo patches, algo que vemos en el Apéndice D.

Veamos a continuación un ejemplo de cómo trasladar objetos de los gráficos de matplotlib (**ejemplo_objetos_desplazables.pyw**):

```python
import matplotlib.pyplot as plt
from matplotlib.patches import Circle
import random as r

class Objetos_desplazables(object):
    def __init__(self):
        self.fig = plt.figure(figsize = (6,6))
        self.fig.canvas.set_window_title("Ejemplo de objetos desplazables")
        self.ax = self.fig.add_subplot(111)
        
        self.atrapado = False
        self.obj_atrapado = None
        
        for i in range(5):
            self.circ = Circle((0.1 * r.randint(1,9),0.1 * r.randint(1,9)), 0.02, picker = 2)
            self.ax.add_artist(self.circ)
        
        self.fig.canvas.mpl_connect('pick_event', self.mi_pick)
        self.a = self.fig.canvas.mpl_connect('motion_notify_event', self.mi_motion)
        self.fig.canvas.mpl_connect('button_release_event', self.mi_release)
    
    def mi_pick(self, event):
        if event.artist != None:
            self.obj_atrapado = event.artist
            self.atrapado = True
        else:
            self.atrapado = False
            self.obj_atrapado = None
    
    def mi_motion(self, event):
        if self.atrapado == True and event.button == 1:
            self.obj_atrapado.center = event.xdata, event.ydata
            self.fig.canvas.draw()
    
    def mi_release(self, event):
        self.atrapado = False
        self.obj_atrapado = None
    
    def show(self):
        plt.show()

Objetos_desplazables().show()
```

Su salida es:

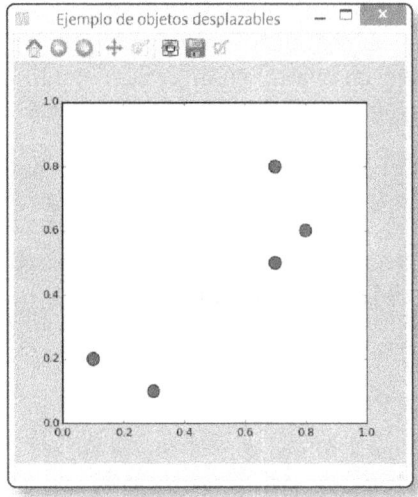

Nos aparecen en pantalla en lugares aleatorios 5 círculos de color azul que podremos trasladar haciendo clic con el botón izquierdo del ratón sobre ellos y arrastrándolos hasta su nueva ubicación.

En este caso he creado una nueva clase llamada Objetos_desplazables.

Como ejemplo final veremos un código algo más complejo que nos permitirá obtener información gráfica interactiva en un gráfico de barras tridimensionales. Es **ejemplo_eventos_mpl_5.pyw**:

```
 1
 2 import matplotlib.pyplot as plt
 3 import numpy as np
 4 from mpl_toolkits.mplot3d import Axes3D
 5 from mpl_toolkits.mplot3d import proj3d
 6
 7 def mi_pick(event):
 8     if event.mouseevent.button == 3:
 9         x1 = x.ravel()[event.ind]
10         y1 = y.ravel()[event.ind]
11         z1 = dz.ravel()[event.ind]
12
13         x2, y2, _ = proj3d.proj_transform(x1,y1,z1, ax.get_proj())
14         mi_anotacion = plt.annotate(
15             str(int(z1)),
16             xy = (x2, y2), xytext = (-20, 20),
17             textcoords = 'offset points', ha = 'right', va = 'bottom',
18             bbox = dict(boxstyle = 'round,pad=0.2', fc = 'yellow', alpha = 0.5),
19             arrowprops = dict(arrowstyle = '->',
20                             connectionstyle = 'arc,rad=0',
21                             color = 'red'))
22         mis_anotaciones.append(mi_anotacion)
23         plt.draw()
24
25 def mi_pick2(event):
26     global mis_anotaciones
```

```
27     
28     
29     
30     
31     
32
38 fig.set_facecolor('w')
39 fig.canvas.set_window_title("Ejemplo del uso de pick_event en matplotlib")
40 fig.canvas.mpl_connect('pick_event', mi_pick)
41 fig.canvas.mpl_connect('button_press_event', mi_pick2)
42
43 xx = np.linspace(1,5,5)
44 yy = np.linspace(1,6,6)
45 x, y = np.meshgrid(xx, yy)
46 z = np.zeros((5, 6))
47 dx = dy = np.full((5,6),0.5)
48 dz = np.random.randint(0, 8,(5,6))
49
50 ax.set_xlim3d(0, 6)
51 ax.set_ylim3d(0, 7)
52 ax.set_zlim3d(0, 10)
53
54 marcas_x = np.linspace(1,5,5)
55 marcas_y = np.linspace(1,6,6)
56
57 ax.set_xticks(marcas_x)
58 ax.set_yticks(marcas_y)
59 ax.set_xticklabels(['Marta', 'Juan', 'Pepe', 'Ana','Javier'],
60                    va = 'bottom', ha = 'center', rotation = 0)
61 ax.set_yticklabels(['Enero', 'Febrero', 'Marzo', 'Abril','Mayo','Junio'],
62                    va = 'bottom', ha = 'center', rotation = 0)
63
64 ax.bar3d(x.ravel()-0.25, y.ravel()-0.25, z.ravel(),
65          dx.ravel(),dy.ravel(),dz.ravel())
66 ax.scatter(x.ravel()-0.25, y.ravel()-0.25,dz.ravel(), s= 1, picker = 20)
67
68 ax.view_init(40, 38)
69
70 plt.show()
71
```

Su salida es:

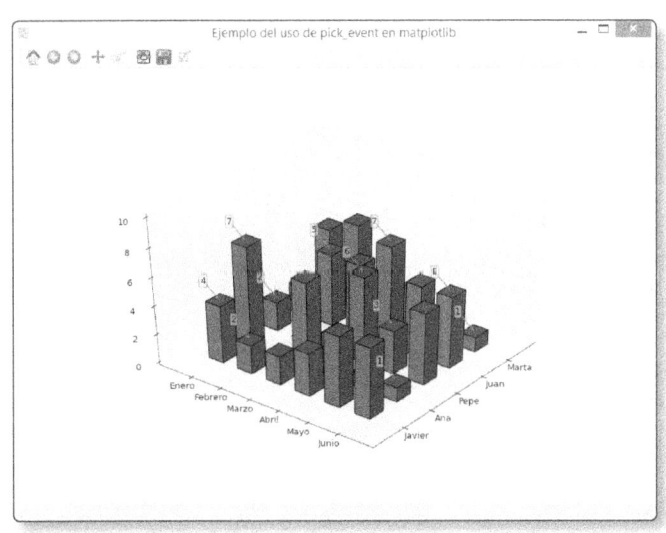

Haciendo clic con el botón derecho del ratón sobre la cara superior de cualquier barra obtendremos el valor que tiene esta en el eje z. Si hacemos doble clic con el botón derecho borraremos todos los valores que hayamos podido representar. Si una vez mostrados los datos giramos el gráfico, estos se mantendrán en su posición original. Como ejercicio de gran dificultad queda para el lector lograr que los datos sigan apuntando a la cara de la barra al girar el gráfico.

En el código hago uso del evento 'pick_event', del método get_proj() de Axes3D, que crea una matriz de proyección a partir de la vista 3D que tengamos, y de la función proj_transform() del módulo proj3d de mplot3d, que transforma los puntos mediante la matriz de proyección.

4.4 INSERCIÓN DE GRÁFICO DE MATPLOTLIB EN APLICACIÓN CREADA CON QT DESIGNER

Veamos a continuación cómo incrustar un gráfico de matplotlib en una aplicación PyQt diseñada con la ayuda de Qt Designer. Para ello necesitaremos usar las clases que definimos en el tema 4.2. Como solo necesitamos la definición de las citadas clases, generaremos un nuevo fichero al que llamaremos **clases_mpl_pyqt.py** donde tendremos la definición de varias clases que podemos usar con posterioridad en nuestras aplicaciones gráficas. Su contenido será el siguiente:

```
from PyQt4 import QtGui
from matplotlib.figure import Figure
from matplotlib.backends.backend_qt4agg import FigureCanvasQTAgg as FigureCanvas
from matplotlib.backends.backend_qt4agg import NavigationToolbar2QT as NavigationToolbar

class MplCanvas11(FigureCanvas):
    def __init__(self):
        self.fig = Figure(facecolor = "0.94")
        self.ax = self.fig.add_subplot(111)
        FigureCanvas.__init__(self, self.fig)

class MplCanvas22(FigureCanvas):
    def __init__(self):
        self.fig = Figure(facecolor = "0.94")
        self.ax1 = self.fig.add_subplot(221)
        self.ax2 = self.fig.add_subplot(222)
        self.ax3 = self.fig.add_subplot(223)
        self.ax4 = self.fig.add_subplot(224)
        FigureCanvas.__init__(self, self.fig)

class MatplotlibWidget11(QtGui.QWidget):
    def __init__(self, parent = None):
        QtGui.QWidget.__init__(self, parent)
        self.canvas = MplCanvas11()
        self.vbl = QtGui.QVBoxLayout()
        self.vbl.addWidget(self.canvas)
        self.toolbar = NavigationToolbar(self.canvas, self)
        self.vbl.addWidget(self.toolbar)
        self.setLayout(self.vbl)
```

```
32  class MplCanvas22(FigureCanvas):
33      def __init__(self, parent = None):
34          QtGui.QWidget.__init__(self, parent)
35          self.canvas = MplCanvas11()
36          self.vbl = QtGui.QVBoxLayout()
37          self.vbl.addWidget(self.canvas)
38          self.setLayout(self.vbl)
39
40  class MatplotlibWidget22(QtGui.QWidget):
41      def __init__(self, parent = None):
42          QtGui.QWidget.__init__(self, parent)
43          self.canvas = MplCanvas22()
44          self.vbl = QtGui.QVBoxLayout()
45          self.vbl.addWidget(self.canvas)
46          self.toolbar = NavigationToolbar(self.canvas, self)
47          self.vbl.addWidget(self.toolbar)
48          self.setLayout(self.vbl)
49
50  class MatplotlibWidget22_sin(QtGui.QWidget):
51      def __init__(self, parent = None):
52          QtGui.QWidget.__init__(self, parent)
53          self.canvas = MplCanvas22()
54          self.vbl = QtGui.QVBoxLayout()
55          self.vbl.addWidget(self.canvas)
56          self.setLayout(self.vbl)
57
```

Los nombres y las descripciones de las distintas clases son:

▼ MplCanvas11

FigureCanvas compatible con Qt4 configurado para albergar solo un elemento Axes (matriz de elementos 1x1, de ahí el número 11 final).

▼ MplCanvas22

FigureCanvas compatible con Qt4 configurado para albergar cuatro elementos Axes (matriz de elementos 2x2, de ahí el número 22 final).

▼ MatplotlibWidget11

Widget de matplotlib preparado para ser usado en Qt4. Se compone de un FigureCanvas de tipo MplCanvas11 y de una barra de herramientas en la parte inferior.

▼ MatplotlibWidget11_sin

Widget de matplotlib preparado para ser usado en Qt4. Se compone únicamente de un FigureCanvas de tipo MplCanvas11.

▼ MatplotlibWidget22

Widget de matplotlib preparado para ser usado en Qt4. Se compone de un FigureCanvas de tipo MplCanvas22 y de una barra de herramientas en la parte inferior.

▼ MatplotlibWidget22_sin

Widget de Matplotlib preparado para ser usado en Qt4. Se compone únicamente de un FigureCanvas de tipo MplCanvas22.

Usaremos posteriormente estas clases cuando creemos nuestra aplicación gráfica usando Qt Designer. En caso de necesitar más clases (por ejemplo si queremos visualizar matrices de elementos Axes distintas de las ya creadas) su código sería escrito y añadido al fichero.

Para ilustrar el proceso de incrustar estas clases dentro de un proyecto diseñado con Qt Designer intentaremos construir una pequeña aplicación que nos permita visualizar gráficamente los datos del consumo de gas de una vivienda, contando con la posibilidad de introducir manualmente los valores mensuales de consumo. Esquemáticamente tendríamos:

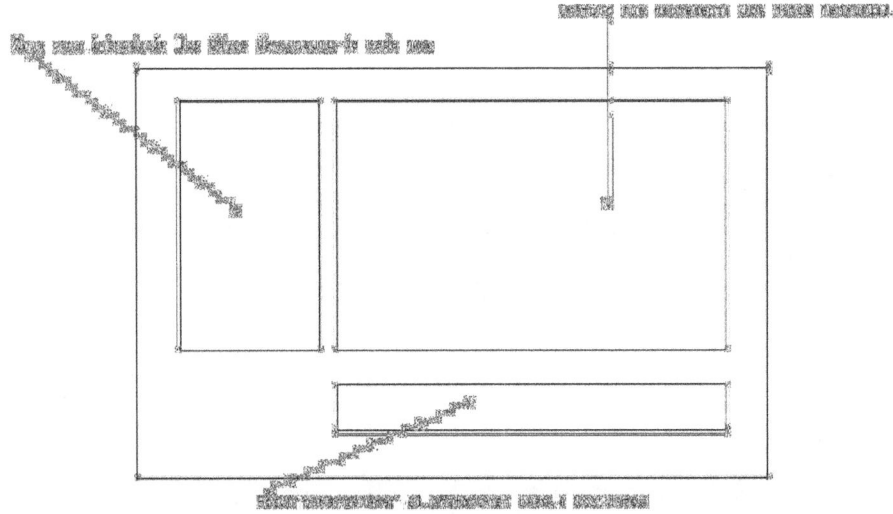

Debemos realizar los tres pasos ya habituales:

1. Diseñar mediante Qt Designer la aplicación, incorporando en forma de widget alguna de las clases que hemos creado. Generaremos un fichero con extensión .ui.

2. Crear en base al fichero .ui un fichero .py mediante pyuic4.

3. Crear el fichero final .pyw importando previamente el fichero .py ya creado.

Paso 1: Diseño mediante Qt Designer

Crearemos, partiendo de un formulario tipo diálogo sin botones, el siguiente esquema de nombre **consumo.ui**. Se representan los nombres relevantes de algunos elementos para su identificación posterior en el código:

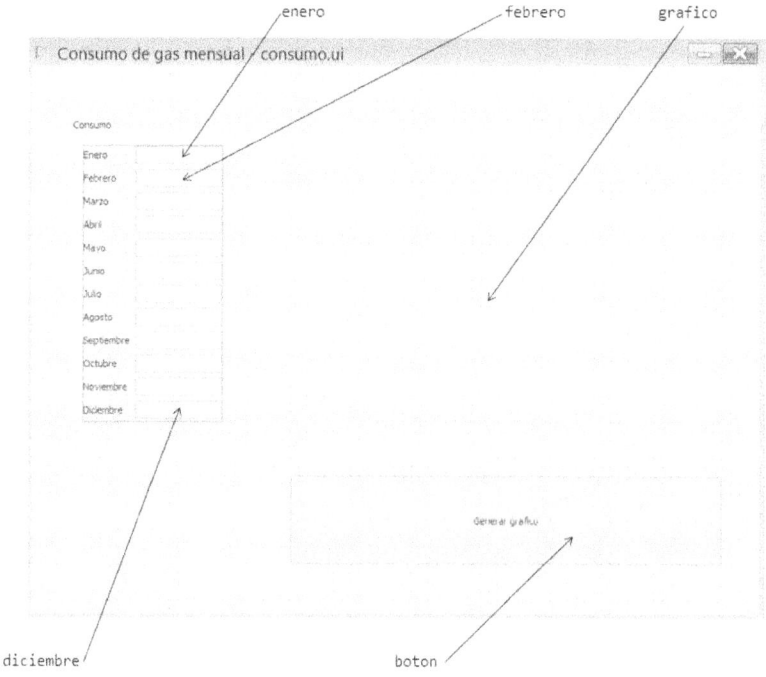

La parte dedicada a la introducción de datos se ha diseñado mediante un Form Layout con una etiqueta y un Line Edit (nombrado por el nombre del mes en minúsculas) por línea, dentro de un Group Box. El botón es un Push Button. La zona donde insertaremos el gráfico es un Widget al que pondremos de nombre grafico. Lo que queremos es colocar nuestro gráfico matplotlib ahí. Tenemos ya las clases de matplotlib que también son widgets de las librerías PyQt. Ahora necesitamos convertir ese widget genérico que tenemos insertado en nuestro esquema en alguno de los widgets específicos que creamos con anterioridad en la librería clases_mpl_pyqt.py. Para ello debemos **promocionarlo**. Haremos clic con el botón derecho del ratón dentro del widget dedicado al gráfico, obteniendo lo siguiente:

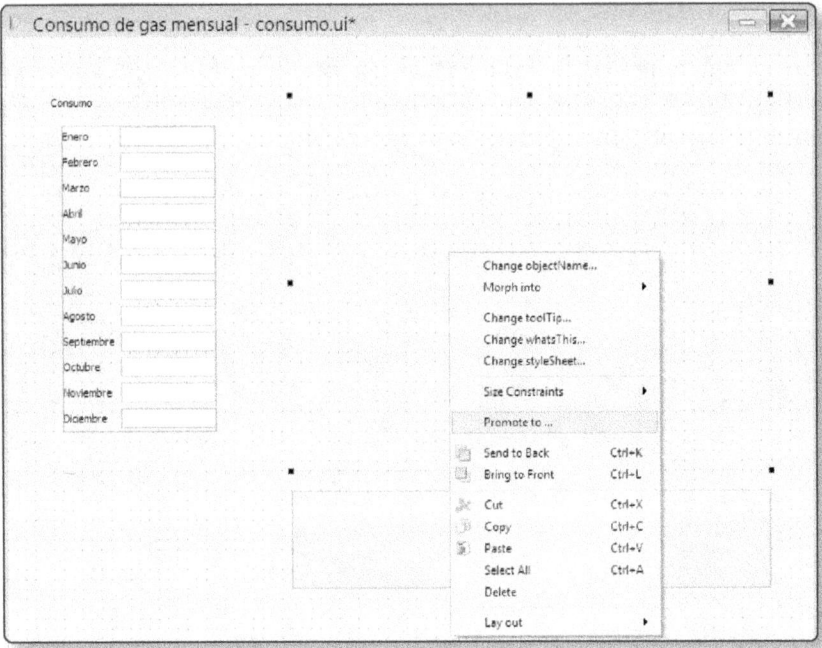

Haciendo clic en "Promote to..." aparecerá:

Debemos ahora rellenar las dos casillas con los nombres de nuestra clase y del fichero donde está ubicada:

▼ Promoted class name:
MatplotlibWidget11_sin

▼ Header file:
clases_mpl_pyqt

Tras ello pulsaremos el botón Add para incluir nuestra clase en la lista de clases promocionadas (aparecerá en la parte superior). Posteriormente pulsamos el botón promote y automáticamente observaremos en el editor de propiedades (a la derecha de la pantalla) que nuestro widget ya aparece como un objeto de la clase MatplotlibWidget11_sin:

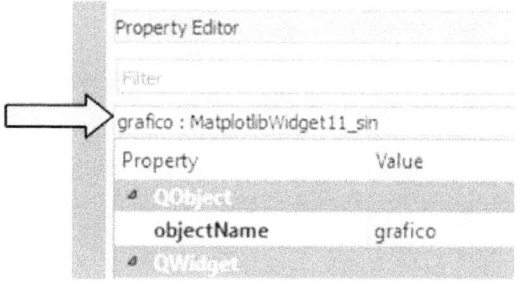

Con esto ya casi hemos completado el primer paso. Solo nos queda guardar el esquema y pasar al siguiente.

Paso 2: Convertir fichero .ui a .py

Eso lo lograremos yendo a nuestra carpeta, abriendo una ventana de comandos allí[230] y tecleando:

pyuic4 consumo.ui > consumo.py

Tras su ejecución tendríamos **consumo.py** en ella.

---

230. Recordemos que lo hacíamos mediante un clic en el botón derecho del ratón manteniendo la tecla de mayúsculas (shift) pulsada y seleccionando la opción correspondiente en el menú emergente.

Paso 3: Crear el fichero .pyw que genere la aplicación gráfica.

El nombre será **consumo.pyw** y su código el siguiente:

```
import sys
from consumo import *
import matplotlib.ticker as ticker

class MiFormulario(QtGui.QDialog):
    def __init__(self, parent=None):
        QtGui.QWidget.__init__(self,parent)
        self.ui = Ui_Dialog()
        self.ui.setupUi(self)
        self.ui.enero.setText("62")
        self.ui.febrero.setText("67")
        self.ui.marzo.setText("51")
        self.ui.abril.setText("42")
        self.ui.mayo.setText("29")
        self.ui.junio.setText("10")
        self.ui.julio.setText("9")
        self.ui.agosto.setText("3")
        self.ui.septiembre.setText("14")
        self.ui.octubre.setText("21")
        self.ui.noviembre.setText("33")
        self.ui.diciembre.setText(("45"))
        self.ui.boton.clicked.connect(self.graficar_funcion)

    def graficar_funcion(self):
        meses = ["Ene","Feb","Mar","Abr"," May","Jun","Jul","Ago","Sep","Oct","Nov","Dic"]
        X = [i for i in range(12)]
        data = []
        data.append(int(self.ui.enero.text()))
        data.append(int(self.ui.febrero.text()))
        data.append(int(self.ui.marzo.text()))
        data.append(int(self.ui.abril.text()))
        data.append(int(self.ui.mayo.text()))
        data.append(int(self.ui.junio.text()))
        data.append(int(self.ui.julio.text()))
        data.append(int(self.ui.agosto.text()))
        data.append(int(self.ui.septiembre.text()))
        data.append(int(self.ui.octubre.text()))
        data.append(int(self.ui.noviembre.text()))
        data.append(int(self.ui.diciembre.text()))
        self.ui.grafico.canvas.ax.clear()
        self.ui.grafico.canvas.ax.axis([-0.5,11.5, 0,max(data)+10])
        self.ui.grafico.canvas.ax.xaxis.set_major_locator(ticker.FixedLocator((X)))
        self.ui.grafico.canvas.ax.xaxis.set_major_formatter(ticker.FixedFormatter((meses)))
        self.ui.grafico.canvas.ax.bar(X, data, align = 'center', width = 1)
        self.ui.grafico.canvas.draw()

if __name__ == "__main__":
    app = QtGui.QApplication(sys.argv)
    myapp = MiFormulario()
    myapp.show()
    sys.exit(app.exec_())
```

Al ejecutarlo aparecerá una ventana con nuestra aplicación. Haciendo clic en el botón obtendremos el gráfico buscado:

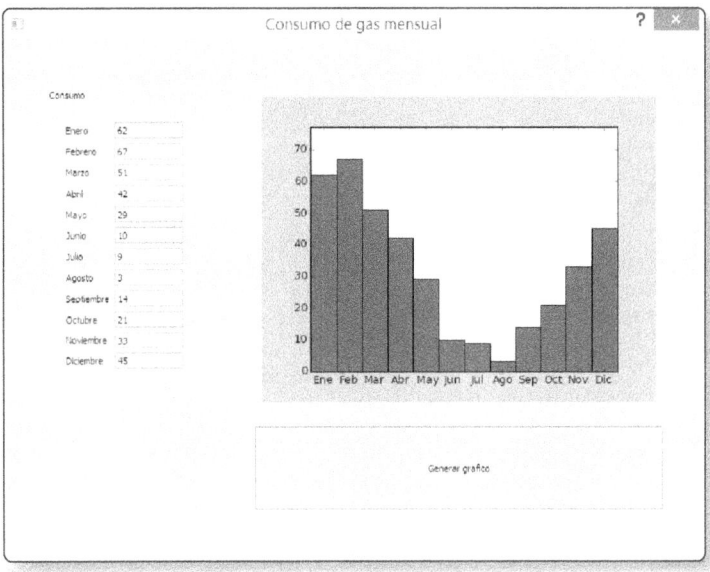

Podemos modificar los valores de consumo mensual y actualizar el gráfico volviendo a hacer clic en el botón o simplemente pulsando Enter.

Un ejemplo más completo sería **consumo2.pyw**, que he creado en base a **consumo2.py** generado a partir del esquema **consumo2.ui**. El código es:

```python
26      def graficar_funcion(self):
27          self.ui.grafico.setVisible(True)
28          X = [i for i in range(1, 13)]
29          meses = ["E", "F", "M", "A", "M", "J", "J", "A", "S", "O", "N", "D"]
30          data = []
31          data.append(int(self.ui.enero.text()))
32          data.append(int(self.ui.febrero.text()))
33          data.append(int(self.ui.marzo.text()))
34          data.append(int(self.ui.abril.text()))
35          data.append(int(self.ui.mayo.text()))
36          data.append(int(self.ui.junio.text()))
37          data.append(int(self.ui.julio.text()))
38          data.append(int(self.ui.agosto.text()))
39          data.append(int(self.ui.septiembre.text()))
40          data.append(int(self.ui.octubre.text()))
41          data.append(int(self.ui.noviembre.text()))
42          data.append(int(self.ui.diciembre.text()))
43
44          self.ui.grafico.canvas.ax1.clear()
45          self.ui.grafico.canvas.ax1.set_xlim([0.5,12.5])
46          self.ui.grafico.canvas.ax1.set_ylim([0,max(data)* 1.1])
47          self.ui.grafico.canvas.ax1.set_xticks(X)
48          self.ui.grafico.canvas.ax1.set_xticklabels(meses)
49          self.ui.grafico.canvas.ax1.bar(X, data, align = 'center', width = 1)
50
51          self.ui.grafico.canvas.ax2.clear()
52          self.ui.grafico.canvas.ax2.set_xlim([1,12])
53          self.ui.grafico.canvas.ax2.set_ylim([0,max(data)* 1.1])
54          self.ui.grafico.canvas.ax2.set_xticks(X)
55          self.ui.grafico.canvas.ax2.set_xticklabels(X, fontsize = 8, color = "red")
56          self.ui.grafico.canvas.ax2.yaxis.set_tick_params(labelsize= 8, labelcolor = "blue")
57          self.ui.grafico.canvas.ax2.grid(axis = "both", color = "0.7", linestyle = '-')
58          self.ui.grafico.canvas.ax2.plot(X, data, color ="green")
59
60          self.ui.grafico.canvas.ax3.clear()
61          self.ui.grafico.canvas.ax3.set_xlim([0.5,12.5])
62          self.ui.grafico.canvas.ax3.set_ylim([0,max(data)* 1.1])
63          self.ui.grafico.canvas.ax3.set_xticks(X)
64          self.ui.grafico.canvas.ax3.set_xticklabels(X, fontsize = 8)
65          self.ui.grafico.canvas.ax3.yaxis.set_tick_params(labelsize= 8)
66          self.ui.grafico.canvas.ax3.grid(axis = "y", color = "0.3", linestyle = '-')
67          self.ui.grafico.canvas.ax3.scatter(X, data, color= "magenta")
68
69          self.ui.grafico.canvas.ax4.clear()
70          self.ui.grafico.canvas.ax4.pie(data, labels = meses)
71          self.ui.grafico.canvas.draw()
72
73
74  if __name__ == "__main__":
75      app = QtGui.QApplication(sys.argv)
76      myapp = MiFormulario()
77      myapp.show()
78      sys.exit(app.exec_())
79
```

Su salida tras hacer clic en el botón es:

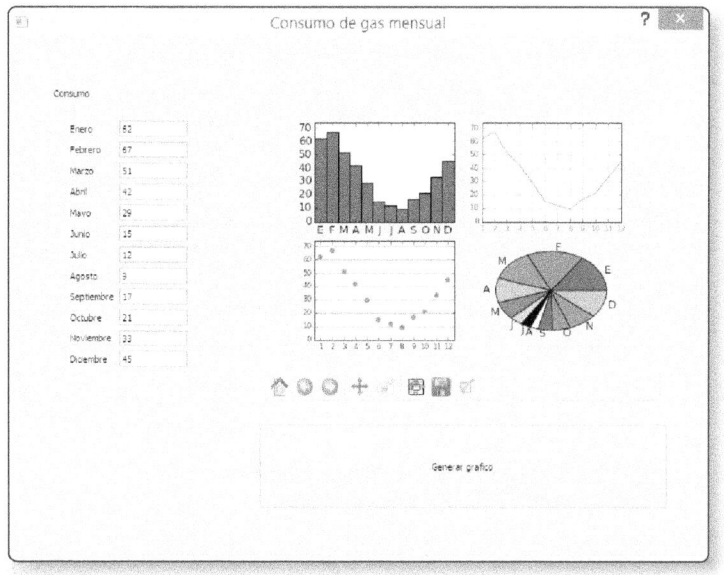

El análisis del código queda como ejercicio para el lector.

4.5 USO INTERACTIVO DE MATPLOTLIB EN UNA APLICACIÓN PYQT

Hemos aprendido ya a generar gráficos de distinto tipo mediante matplotlib, y a insertarlos en una aplicación gráfica creada con la ayuda de Qt Designer. Conocemos también la forma en la que trata matplotlib los eventos, lo que nos permite interaccionar directamente con elementos del gráfico. Juntando todo ello vamos a crear una sencilla aplicación en la que queremos que nos aparezcan los distintos productos que podremos seleccionar (pensando por ejemplo en una cesta de la compra) de forma gráfica, en una zona dedicada a ello. Al hacer clic sobre la zona reservada para cada producto, este se añadirá a una lista. Una vez que hayamos incluido el producto no se podrá añadir más veces, y marcaremos, cambiando el color de fondo de la zona dedicada del producto, que el elemento ya está en nuestra lista. Esquemáticamente tendríamos:

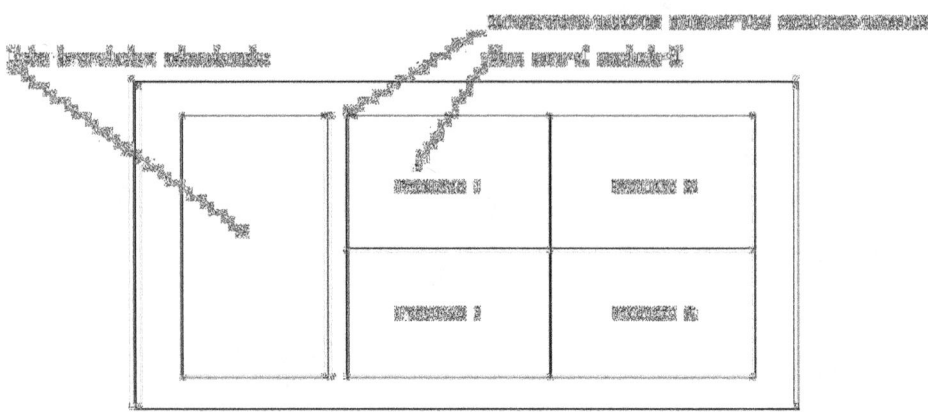

Comenzaremos creando un esquema en Qt Designer, llamado **consumo_i.ui**, cuyos elementos principales tendrán los siguientes nombres:

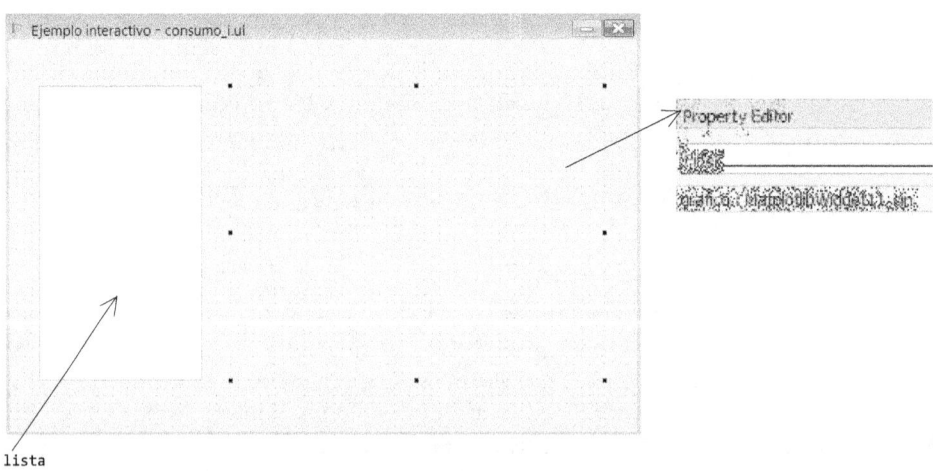

El widget lista es de tipo Text Edit (clase QTextEdit).

Generamos posteriormente en nuestra carpeta el fichero **consumo_i.py** mediante pyuic4.

El fichero **consumo_i.pyw** tendrá el siguiente código:

```
import sys
from consumo_i import *
import matplotlib as mpl
import matplotlib.patches as patches
import matplotlib.lines as lines

class MiFormulario(QtGui.QDialog):
    def __init__(self, parent=None):
        QtGui.QWidget.__init__(self,parent)
        self.ui = Ui_Dialog()
        self.ui.setupUi(self)
        self.ui.grafico.canvas.ax.axis([0,100,0,100])
        self.ui.grafico.canvas.ax.plot([0,0],[100,0], color="blue", lw=2)
        self.ui.grafico.canvas.ax.plot([100,0],[100,100], color="blue", lw=2)
        self.ui.grafico.canvas.ax.plot([100,100],[100,0], color="blue", lw=2)
        self.ui.grafico.canvas.ax.plot([100,0],[0,0], color="blue", lw=2)
        self.ui.grafico.canvas.ax.plot([0,100],[50,50], color="blue", lw=1)
        self.ui.grafico.canvas.ax.plot([50,50],[0,100], color="blue", lw=1)
        self.ui.grafico.canvas.ax.text(25,75,"Patatas", horizontalalignment="center")
        self.ui.grafico.canvas.ax.text(75,75,"Alubias", horizontalalignment="center")
        self.ui.grafico.canvas.ax.text(25,25,"Ajos", horizontalalignment="center")
        self.ui.grafico.canvas.ax.text(75,25,"Melocotones", horizontalalignment="center")
        self.ui.grafico.canvas.ax.axis('off')
        self.patatas = self.alubias = self.ajos = self.melocotones = False
        self.ui.grafico.canvas.mpl_connect('button_press_event', self.mi_procesado)

    def mi_procesado(self, event):
        if((0<event.xdata<50) and (50<event.ydata<100) and (self.patatas == False)):
            self.ui.lista.append("Patatas")
            self.ui.grafico.canvas.ax.add_patch(patches.Rectangle((0, 50), 50, 50 ,color = "green"))
            self.ui.grafico.canvas.draw_idle()
            self.patatas = True
        if((50<event.xdata<100) and (50<event.ydata<100) and (self.alubias == False)):
            self.ui.lista.append("Alubias")
            self.ui.grafico.canvas.ax.add_patch(patches.Rectangle((50, 50), 50, 50 ,color = "blue"))
            self.ui.grafico.canvas.draw_idle()
            self.alubias = True
        if((0<event.xdata<50) and (0<event.ydata<50) and (self.ajos == False)):
            self.ui.lista.append("Ajos")
            self.ui.grafico.canvas.ax.add_patch(patches.Rectangle((0, 0), 50, 50 ,color = "red"))
            self.ui.grafico.canvas.draw_idle()
            self.ajos = True
        if((50<event.xdata<100) and (0<event.ydata<50) and (self.melocotones == False)):
            self.ui.lista.append("Melocotones")
            self.ui.grafico.canvas.ax.add_patch(patches.Rectangle((50, 0), 50, 50 ,color = (0.7,0.5,0.7)))
            self.ui.grafico.canvas.draw_idle()
            self.melocotones = True
```

Generará nuestra aplicación gráfica:

En ella, al hacer clic en la zona reservada para cada producto, este se añade a la lista de la izquierda y, para indicar que ya está seleccionado, se colorea el fondo de la zona. En el caso mostrado en la imagen se ha hecho clic en Patatas y Ajos. Una vez insertado en nuestra lista de la compra, sucesivos clics en los productos seleccionados no tendrán repercusión sobre ella.

Hay varios elementos a destacar en el código:

1. En la definición de la clase MiFormulario después de indicar un rango de 0 a 100 para los ejes x e y he usado los métodos plot() y text() para dibujar los cuadrados y el texto de los productos. Tras ello he desactivado los ejes.

2. En la línea L26 conectamos el evento generado al hacer clic en la zona gráfica con el método mi_procesado() que lo maneja. Recordemos que el formato genérico del método mpl_connect() de la clase FigureCanvasBase[231] es:

```
FigureCanvasBase.mpl_connect(tipo_de_evento, función_que_lo_maneja)
```

A la función manejadora se enviará un objeto (al que he llamado event) que tendrá información sobre el evento. Nuestro código es:

self.ui.grafico.canvas.mpl_connect('button_press_event', mi_procesado)

---

231. El atributo canvas de nuesta clase MatplotlibWidget11_sin está basado en ella.

Con él indicamos que al presionar el botón del ratón ('button_press_event') sobre el elemento canvas, se enviará un objeto event a la función mi_procesado() para su tratamiento. Además de 'button_press_event' teníamos otros eventos posibles, como 'button_release_event'(soltar botón del ratón), 'key_press_event'(pulsar una tecla), 'resize_event' (evento de cambio de tamaño) o 'figure_enter_event' (entrar en un objeto Figure).

3. En la función mi_procesado() recojo el objeto event y uso sus atributos[232] xdata e ydata (nos indican las coordenadas[233] en las que se hizo clic con el ratón) para determinar (mediante el uso de varios if) en que zona concreta estamos y así identificar el producto.

4. Para rellenar de color la zona de cada producto seleccionado he usado objetos de la clase Rectangle del módulo patches (en el Apéndice D conocemos varios de sus elementos), añadiéndolos a ax mediante el método add_patch(). Posteriormente, mediante el método draw_idle() lo representamos en la pantalla.

El ejemplo se puede hacer de muchas formas. Una de ellas es **consumo_i_2.pyw**:

```
import sys
from consumo_i import *
import matplotlib.patches as patches

class MiFormulario(QtGui.QDialog):
    def __init__(self, parent=None):
        QtGui.QWidget.__init__(self,parent)
        self.ui = Ui_Dialog()
        self.ui.setupUi(self)
        self.ui.grafico.canvas.ax.axis([0,100,0,100])
        self.r_1 = self.ui.grafico.canvas.ax.add_patch(
                patches.Rectangle((0, 0), 50, 50 , fill = False, picker = True))
        self.r_2 = self.ui.grafico.canvas.ax.add_patch(
                patches.Rectangle((50, 0), 50, 50 ,fill = False, picker = True))
        self.r_3 = self.ui.grafico.canvas.ax.add_patch(
                patches.Rectangle((0, 50), 50, 50 ,fill = False, picker = True))
        self.r_4 = self.ui.grafico.canvas.ax.add_patch(
                patches.Rectangle((50, 50), 50, 50 , fill = False, picker = True))
        self.ui.grafico.canvas.ax.text(25,75,"Patatas", horizontalalignment= "center")
        self.ui.grafico.canvas.ax.text(75,75,"Alubias", horizontalalignment= "center")
        self.ui.grafico.canvas.ax.text(25,25,"Ajos", horizontalalignment= "center")
        self.ui.grafico.canvas.ax.text(75,25,"Melocotones", horizontalalignment= "center")
        self.ui.grafico.canvas.ax.set_xticks([])
        self.ui.grafico.canvas.ax.set_yticks([])
        self.patatas = self.alubias = self.ajos = self.melocotones = False
        self.ui.grafico.canvas.mpl_connect('pick_event' , self.mi_pick)
```

---

232. Otros atributos (x e y) nos indican las coordenadas en píxeles desde la parte inferior izquierda de la pantalla.

233. Los valores dentro del gráfico, que hemos configurado de 0 a 100 tanto para el eje x como para el y.

```
29    def mi_pick(self, event):
30        if event.artist == self.r_1 and self.ajos == False:
31            self.r_1.set_fill(True)
32            self.r_1.set_fc('c')
33            self.ui.lista.append("Ajos")
34            self.ajos = True
35            self.ui.grafico.canvas.draw()
36        elif event.artist == self.r_2 and self.melocotones == False:
37            self.r_2.set_fill(True)
38            self.r_2.set_fc('m')
39            self.ui.lista.append("Melocotones")
40            self.melocotones = True
41            self.ui.grafico.canvas.draw()
42        elif event.artist == self.r_3 and self.patatas == False:
43            self.r_3.set_fill(True)
44            self.r_3.set_fc('y')
45            self.ui.lista.append("Patatas")
46            self.patatas = True
47            self.ui.grafico.canvas.draw()
48        elif event.artist == self.r_4 and self.alubias == False:
49            self.r_4.set_fill(True)
50            self.r_4.set_fc('g')
51            self.ui.lista.append("Alubias")
52            self.alubias = True
53            self.ui.grafico.canvas.draw()
54
55
56 if __name__ == "__main__":
57     app = QtGui.QApplication(sys.argv)
58     mi_app = MiFormulario()
59     mi_app.show()
60     sys.exit(app.exec_())
61
```

El análisis de los códigos queda como ejercicio para el lector.

Llegados a este punto sabemos insertar un gráfico de matplotlib en una aplicación PyQt y tratar los eventos tanto de un sistema como de otro, lo que nos permitirá realizar aplicaciones gráficas completas de todo tipo. Ejemplos de ellas serán vistos en el capítulo 6, dedicado íntegramente a crearlas.

5
CÁLCULOS NUMÉRICOS MEDIANTE NUMPY

NumPy, cuyo nombre proviene de "**Num**erical **Py**thon", es una librería fundamental para el cálculo científico en Python, un ámbito en el que los tipos estándar de Python serán insuficientes. Nos va a permitir trabajar con arrays multidimensionales de forma muy rápida y eficiente.

Un **array**[234] es una tabla de elementos del mismo tipo (generalmente números) indexados por números enteros. La tabla puede tener varias dimensiones, que en NumPy se llaman axes (ejes). El número de ejes es rank. Llamaremos **vector** a un array de dimensión 1 y **matriz** a un array de dimensión 2. En NumPy tendremos escalares (números reales o complejos) y arrays.

NumPy fue originariamente parte del paquete científico SciPy aunque ahora es un paquete individual que forma la base de otros importantes como matplotlib. Está escrito en C, de ahí su velocidad. Su primera versión, la 1.0, data de 2006. Su antecesor fue Numeric, cuya primera versión data de 1995. Añade elementos de otro paquete llamado numarray.

Las operaciones en NumPy son ejecutadas (por defecto) de forma subyacente, elemento a elemento, por código C precompilado, por lo que su código es más limpio, sencillo, "pythónico" y rápido que el equivalente en puro Python si tratamos con arrays, más aún si estos son grandes y/o multidimensionales. El motivo es que, al trabajar directamente con los arrays, su código tiene menos bucles explícitos. Los algoritmos subyacentes y el diseño de NumPy están pensados para un máximo rendimiento. Como contrapunto, al ser sus elementos más especializados nos serán menos útiles que las listas o las tuplas fuera del cálculo numérico.

---

234. No lo traduciremos al castellano y haremos siempre referencia al término inglés.

Hay dos características esenciales que dan a NumPy gran parte de su potencia:

1. Vectorización.
2. Broadcasting.

Las técnicas de **vectorización** intentan eliminar bucles, indexados o similares del código principal, a pesar de que a nivel interno[235] si que hagan uso de esos elementos. Ello deriva en un menor tamaño de código, más fácil de leer (por tanto menos propenso a errores) y cercano a la notación matemática estándar.

El **broadcasting**[236] es una técnica que nos permitirá realizar operaciones con arrays de distintos tamaños, o entre un escalar y un array. Profundizaremos en ello con posterioridad, haciendo uso de varios ejemplos.

NumPy implementa la programación orientada a objetos. La clase que usa para tratar con los arrays es **ndarray**[237]. Veremos más adelante sus atributos, y funciones de todo tipo que operan sobre sus instancias. Debemos tener cuidado en esto último ya que determinadas funciones no están diseñadas para operar sobre arrays[238].

Antes de su uso, NumPy debe ser importado como cualquier otra librería. Cuando lo hacemos, ndarray se incorpora a los tipos de datos que ya tenemos en Python (como las listas o los diccionarios). Tenemos dos formas para importar NumPy:

1. from numpy import *
2. import numpy as np

Con la primera nos evitamos tener que usar un prefijo para usar cualquier elemento de NumPy, pero puede haber un conflicto si los nombres coinciden con los de otro módulo o elemento de Python[239]. Si esto nos puede suponer un problema usaríamos para evitarlo la opción 2, en la que necesitaríamos un prefijo previo al elemento[240] para su uso.

---

235. En el caso de NumPy, como comentamos, mediante código precompilado en C.
236. Mantendremos el término inglés al no haber una traducción del todo satisfactoria en español.
237. De n dimensional array. No confundir con el módulo array de Python.
238. Por ejemplo math (librería estándar de Python) no trabaja con arrays.
239. Por ejemplo, si hemos cargado previamente la librería estándar math, los elementos de igual nombre de NumPy los solaparían.
240. En nuestro caso el prefijo ha sido renombrado como np, que es el más habitual y casi una norma, pero podría ser otro.

5.1 CREACIÓN DE ARRAYS. ATRIBUTOS

Para **crear un array** hay varias alternativas, entre las que tenemos el constructor de la clase ndarray, que tiene el siguiente formato[241]:

numpy.ndarray(shape, dtype, order)

En él shape es una tupla de enteros que nos indica el número de elementos en cada una de las dimensiones del array, dtype es una instancia de la clase numpy.dtype, que nos marca el tipo de elemento que contiene el array, y order indica el orden en el q ue se rellena el array, pudiendo elegir entre 'C' (al estilo de C, que lo rellena completando las filas) o 'F' (al estilo de Fortran, que lo hace por columnas).

Sabemos que un array de NumPy es homogéneo, es decir, todos sus elementos son del mismo tipo. Ese tipo, que nos lo marca la clase numpy.dtype, puede ser uno de los siguientes si tratamos con números (cuando hagamos referencia a bool, int, float o complex en los formatos de las funciones nos referiremos a los tipos bool_, int_, float_ y complex_):

Tipo de dato	Descripción
bool_	Booleano (True o False) almacenado como un byte
int_	Tipo entero por defecto. El mismo que long en C. Generalmente int64 o int32
intc	Igual al tipo int de C. Generalmente int64 o int32
intp	Número entero usado para indexado (el mismo que ssize_t en C, generalmente int64 o int32)
int8	Byte (-128 a 127)
int16	Número entero (-32768 a 32767)
int32	Número entero (-2147483648 a 2147483647)
int64	Número entero (-9223372036854775808 a 9223372036854775807)
uint8	Número entero sin signo (0 a 255)
uint16	Número entero sin signo (0 a 65535)
uint32	Número entero sin signo (0 a 4294967295)
uint64	Número entero sin signo (0 a 18446744073709551615)
float_	Abreviatura para float64
float16	Número real de precisión media: 1 bit de signo, exponente de 5 bits y mantisa de 10 bits

---

241. Tiene más parámetros que no veremos en este momento.

float32	Número real de precisión simple: 1 bit de signo, exponente de 8 bits y mantisa de 23 bits
float64	Número real de precisión doble: 1 bit de signo, exponente de 11 bits y mantisa de 52 bits.
complex_	Abreviatura para complex128.
complex64	Número complejo representado por dos números reales de 32 bits (parte real e imaginaria).
complex128	Número complejo representado por dos números reales de 64 bits (parte real e imaginaria).

Además de ellos, los tipos enteros de C short, long y longlong (mas sus versiones sin signo) también están incluidos.

El tipo de dato registro (record data type) nos permititá almanecar en él datos de distinto tipo, como pueden ser el texto de un nombre[242] o un entero que nos indique la edad. Posteriormente accederíamos a cada uno de esos datos mediante atributos en lugar de índices. En base al tipo registro podríamos crear arrays de registros. No trataremos este tipo de datos en el libro ya que nos centraremos en los numéricos.

Tenemos más formas de crear arrays, entre las que destacamos:

1. Multidimensionales a partir de datos ya existentes: mediante la función **array()**.

2. Multidimensionales: mediante las funciones **zeros()**, **ones()** y **full()**.

3. Unidimensionales: mediante las funciones **arange()** y **linspace()**.

4. Bidimensionales: mediante **meshgrid()**.

En la opción 1, la función **array()** tiene el siguiente formato[243]:

numpy.array(object, dtype=None, order=None)

El él, object es cualquier objeto similar a un array, como puede ser una lista o una tupla. Nos devolverá ese objeto convertido en array, cuyo atributo shape nos hará obtener una tupla con sus dimensiones. Veamos ejemplos[244]:

---

242. Numpy dispone de un tipo para tratar con cadenas.

243. Formato simplificado, ya que tiene múltiples parámetros adicionales. Ocurrirá lo mismo con las siguientes funciones tratadas.

244. En todos los ejemplos consideraremos que hemos importado NumPy y que lo hemos renombrado como np.

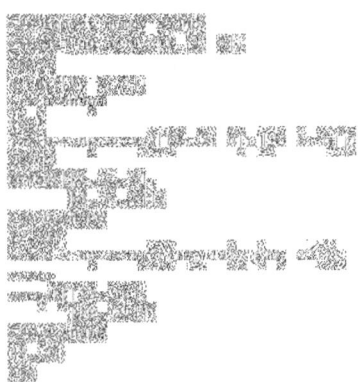

Aprovecharé para mostrar unos sencillos ejemplos de operaciones aritméticas entre arrays para comprobar cómo las operaciones se ejecutan elemento a elemento:

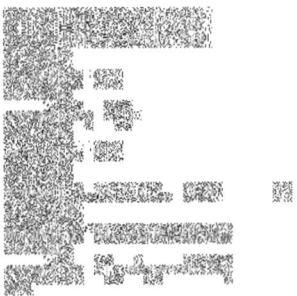

En la opción 2 tenemos tres funciones, donde las dos primeras, **zeros()** y **ones()**, nos generan arrays (de la dimensión que le indiquemos) con todos sus elementos de valor 0 o 1, respectivamente. Los formatos son:

```
numpy.zeros(shape, dtype=float, order='C')
numpy.ones(shape, dtype=float, order='C')
```

El parámetro shape es un entero o secuencia de enteros que nos indica las dimensiones del array. Ejemplos de su uso son:

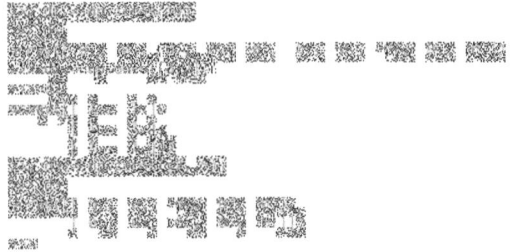

El formato de la tercera función, **full()**, es el siguiente:

```
numpy.full(shape, fill_value, dtype=float, order='C')
```

Nos devuelve un nuevo array con el valor escalar fill_value en todos los elementos (opcionalmente podemos determinar su tipo con dtype, por defecto es float) y con la forma indicada por shape (dado por un entero o secuencia de enteros). También podemos pasar como argumento el orden en que se rellena el array, pudiendo elegir entre 'C' (al estilo de C, completando filas) o 'F' (al estilo Fortran, completando columnas).

En la opción 3 la función **arange()** nos genera un array unidimensional conteniendo una secuencia de números. El formato es el siguiente:

```
numpy.arange([start,] stop[, step], dtype=None)
```

Los números de la secuencia comienzan en start y terminan en stop (sin incluir este último, igual que ocurre con Python) con paso step[245]. Para argumentos enteros, esta función es equivalente a range() en Python, pero devolviendo un array en lugar de una lista. Si el paso no es un número entero el comportamiento puede ser, como también ocurre en Python, inconsistente[246]. Para evitarlo usaremos la función **linspace()**, que tiene el siguiente formato:

```
numpy.linspace(start, stop, num=50, endpoint=True, dtype=None)
```

Nos devuelve una serie de num[247] números espaciados uniformemente entre los números start y stop. Mediante el booleano endpoint indicamos si el último número se incluye o no.

---

245. Su valor por defecto es 1.
246. Es debido a la aritmética de los números en punto flotante.
247. Su valor por defecto es 50.

Veamos ejemplos de estas dos funciones:

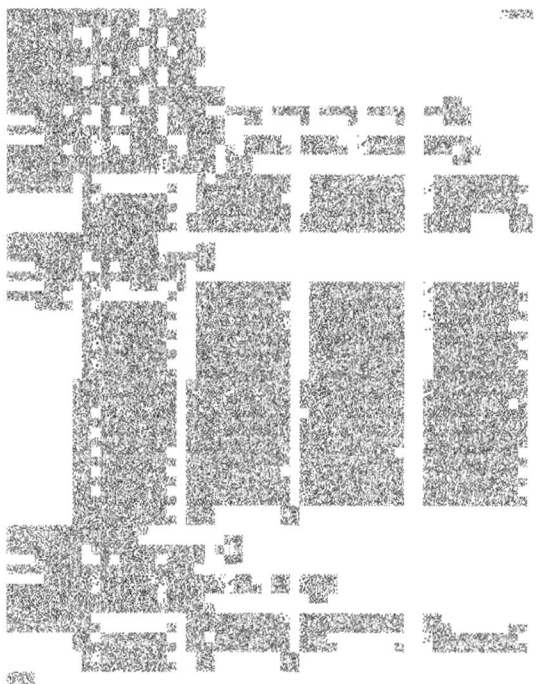

En la opción 4 tenemos la posibilidad, mediante la función **meshgrid()**, de generar matrices de coordenadas sobre la base de dos arrays unidimensionales (vectores) habitualmente creados a partir de arange() o linspace(). Nos será útil para crear rejillas[248] bidimensionales de puntos sobre las que posteriormente podremos evaluar funciones. Las coordenadas de cada punto de la rejilla estarán en los elementos de las dos matrices de coordenadas. Por ejemplo, podremos crear una rejilla de 4x4 puntos en las coordenadas que van del 1 al 4 en los ejes x e y:

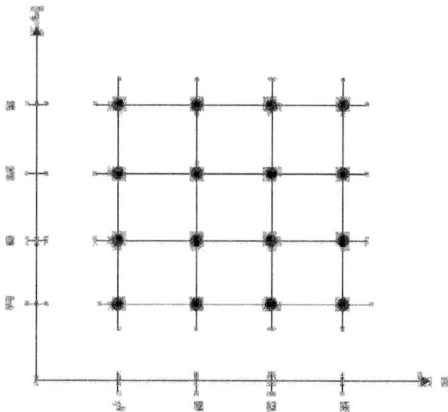

---

248. También denominadas mallas.

También podríamos crear una rejilla de 100x100 puntos entre los valores 1 y 4 de los ejes x e y dividiendo ese intervalo en 100 puntos haciendo uso de linspace().

Lo mejor de meshgrid() es que podremos realizar los cómputos vectorizados[249] que nos ofrece NumPy, algo que nos aporta mucha potencia. Al evaluar una función f(x,y) sobre la rejilla bidimensional calcularemos el valor de f en cada uno de los puntos de ésta que tengamos en el plano xy.

El formato (reducido) de la función es:

```
numpy.meshgrid(x1, x2)
```

En él x1 y x2 son los dos arrays unidimensionales a partir de los cuales generamos las matrices de coordenadas. Se nos devolverán en una tupla dos arrays bidimensionales con un formato que nos permitirá la posterior vectorización de operaciones.

Veamos un ejemplo:

En él hemos creado una malla de 5x6 puntos en el eje xy, entre los valores 1 y 5 del eje x y los valores 1 y 3 del eje y. Inicialmente creamos mediante linspace() dos arrays unidimensionales y posteriormente generamos la malla mediante

---

249. Cálculos que operan sobre todos los elementos de arrays multidimensionales.

meshgrid(), recogiendo los arrays bidimensionales correspondientes a cada uno de los ejes. A continuación creamos la función Z a partir de ellos, calculando de forma multidimensional todos sus elementos. Para hacerlo todos los arrays deben tener la misma dimensión, en este caso 2. Por tanto, calcularíamos con un código unitario todas las siguientes operaciones[250], con i y j valores enteros:

$$Z[i, j] = (X[i, j])**2 + Y[i, j]$$

$$i \in [0,5] , j \in [0,4]$$

Por ejemplo:

$$Z[3,4] = X[3,4]**2 + Y[3,4] = 5**2 + 2.2 = 27.2$$

El uso de meshgrid() y la posibilidad del cómputo vectorizado que nos ofrece NumPy nos aporta, además de una gran claridad y simplicidad, una enorme ganancia de velocidad respecto a Python estándar, donde hubiésemos tenido que usar bucles.

Podemos visualizar gráficamente el uso de meshgrid() mediante el siguiente código **ejemplo_meshgrid.pyw**):

```
import numpy as np
from mpl_toolkits.mplot3d import Axes3D
import matplotlib.pyplot as plt
from matplotlib import cm

xx = np.linspace(1,5,5)
yy = np.linspace(1,3,6)
X, Y = np.meshgrid(xx, yy)
Z = X**2 + Y

fig = plt.figure()
fig.canvas.set_window_title("Ejemplo del uso de meshgrid")
ax = fig.gca(projection = '3d')

ax.set_xlim3d(0, 6)
ax.set_ylim3d(0, 4)
ax.plot_surface(X, Y, Z, color = 'w', rstride = 1, cstride = 1, cmap=cm.Blues)
ax.plot(X,Y, marker='o', color='b', linestyle='None')
ax.view_init(21, -112)

plt.show()
```

---

250. Recordemos que los índices empiezan en 0.

Su salida es:

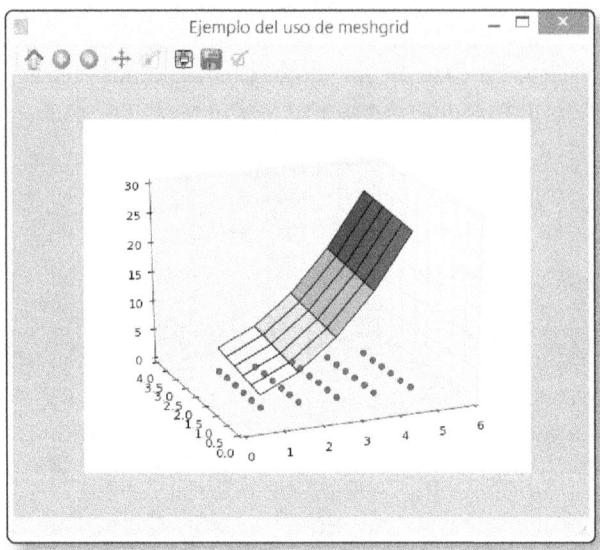

Otras funciones para crear arrays son:

- empty()

    devuelve un array con la forma y el tipo de elementos (sin inicializarlos) que le indiquemos.

- empty_like()

    devuelve un array con la forma y el tipo de elementos (sin inicializarlos) que tiene un array pasado como argumento.

- zeros_like()

    devuelve un array con todo 0´s y con la forma y el tipo de un array proporcionado como argumento.

- ones_like()

    devuelve un array con todo 1´s y con la forma y el tipo de un array proporcionado como argumento.

- full_like()

    devuelve un array con la forma y el tipo de elementos de un array pasado como argumento, y con todos los elementos iguales a un valor que le proporcionamos.

▼ eye()

devuelve un array 2D de la forma y tipo de dato que queramos, con 1´s en la diagonal que indiquemos y con 0´s en el resto.

▼ identity()

devuelve la matriz identidad (matriz cuadrada con 1´s en la diagonal y 0´s en el resto) con el tamaño y tipo de dato indicado.

▼ copy()

devuelve un array copia del objeto[251] indicado.

▼ logspace()

devuelve una serie de números espaciados en una escala logarítmica.

Los arrays tienen una serie de **atributos**, entre los cuales destaco:

▼ ndarray.dtype

Nos indica el tipo de elemento que contiene nuestro array.

▼ ndarray.itemsize

Indica el tamaño en bytes de cada uno de los elementos que componen el array.

▼ ndarray.nbytes

Indica el número de bytes que ocupa el array. Es el resultado de multiplicar los atributos itemsize y size.

▼ ndarray.ndim

Indica el número de dimensiones de nuestro array.

▼ ndarray.shape

Nos devuelve una tupla de enteros indicando las dimensiones del array. Por ejemplo, para una matriz de m filas y n columnas nos devolverá (m,n).

▼ ndarray.size

Indica el número total de elementos del array.

---

251. Debe ser array o similar.

▼ ndarray.T

Devuelve la traspuesta del array.

▼ ndarray.real

Devuelve la parte real de un array, o el propio array si no existen el él partes imaginarias.

▼ ndarray.imag

Devuelve la parte imaginaria de un array.

▼ ndarray.flat

Devuelve un objeto numpy.flatiter, que es un iterador que nos permitirá acceder a todos los elementos del array de forma lineal, como su fuera plano.

Como **métodos** de la clase ndarray comentaré de momento solo tres[252]:

▼ ndarray.max

Devuelve el valor máximo en un determinado eje.

▼ ndarray.min

Devuelve el valor mínimo en un determinado eje.

▼ ndarray.mean

Devuelve la media de los valores en un determinado eje.

Una de las operaciones que haremos con frecuencia será tranformar un array de NumPy en una lista de Python, algo que lograremos mediante el método **tolist()**, que no tiene argumentos.

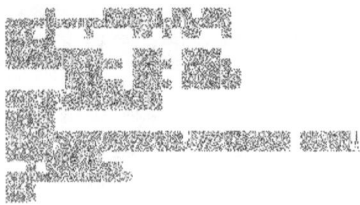

---

252. Con posterioridad comprobaremos que muchas de las funciones que conoceremos tienen su equivalente en forma de método. Para conocer la totalidad de métodos consultar la documentación oficial de NumPy.

Mediante el método **astype()** podremos transformar un array en otro array de distinto tipo (pasaremos este como argumento).

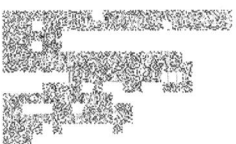

5.2 CAMBIAR LA FORMA DE LOS ARRAYS

En muchas ocasiones nos interesará cambiar la forma del array. Algunos métodos que nos lo permiten son los siguientes:

- reshape()
  nos devuelve un array con los mismos datos distribuidos de distinta forma.

- resize()
  cambia forma y tamaño de un array.

- transpose()
  devuelve la transpuesta de un array.

- swapaxes()
  devuelve el array con los ejes indicados intercambiados.

- flatten()
  devuelve una copia del array en una dimensión.

- ravel()
  nos devuelve un array con los datos almacenados en una dimension.

- squeeze()
  elimina una de las dimensiones del array, teniendo que contener esta un solo elemento.

El método **reshape()**, equivalente a la función numpy.reshape(), tiene el siguiente formato:

```
ndarray.reshape(shape, order='C')
```

En él shape es una tupla de enteros que indica el número de elementos que tendremos en cada dimensión, o una serie de enteros separados por comas que se interpretará de igual manera:

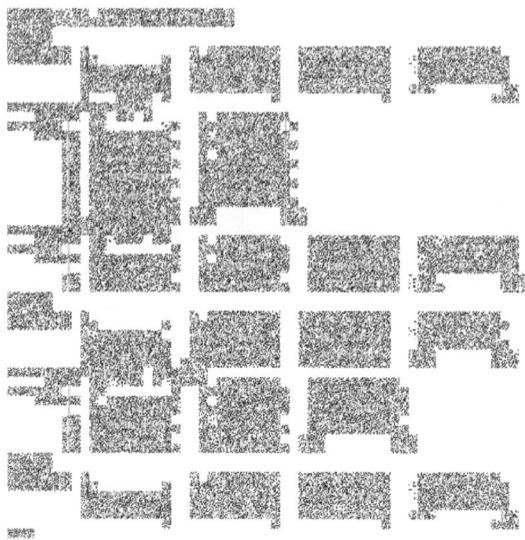

Si nos fijamos bien observaremos que reshape() no cambia el array sobre el que actúa, salvo que su salida sea reasignada de nuevo a él mismo:

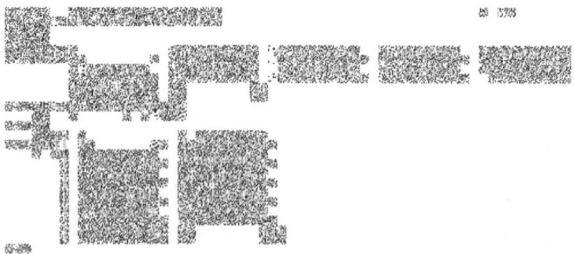

El método **resize()**, equivalente a la función numpy.resize(), tiene el formato:

```
ndarray.resize(new_shape, refcheck=True)
```

En él shape es una tupla o una serie de enteros que nos indican la nueva forma del array.

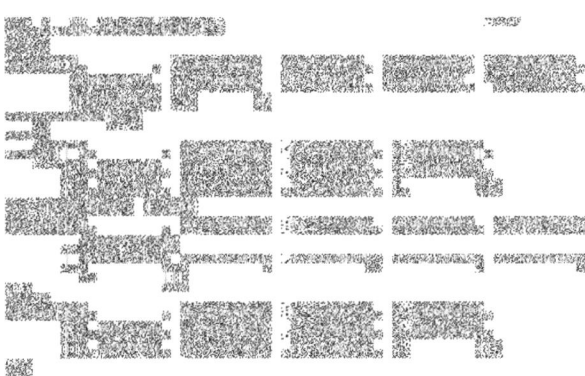

Ahora sí se modifica el array sobre el que actúa.

El método **transpose()**, equivalente a la función numpy.transpose(), tiene el formato:

```
ndarray.transpose(*axes)
```

Para un array 1D no tiene ningún efecto, mientras que para un array 2D se corresponde a la transposición habitual de matrices:

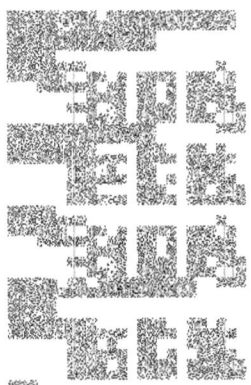

El método **swapaxes()**, equivalente a la función numpy.swapaxes(), tiene el formato:

```
ndarray.swapaxes(axis1, axis2)
```

En él axis1 y axis2 son los ejes que se intercambiarán.

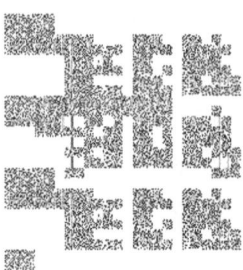

El método **flatten()** tiene el siguiente formato:

```
ndarray.flatten(order='C')
```

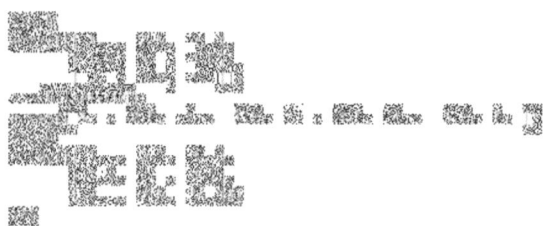

El método **ravel()**, equivalente a la función numpy.ravel(), tiene el siguiente formato:

```
ndarray.ravel(order='C')
```

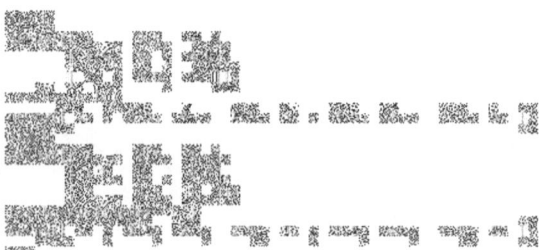

El método **squeeze()**, equivalente a la función numpy.squeeze(), tiene el siguiente formato:

```
ndarray.squeeze(axis=None)
```

Mediante axis indicamos el eje que queremos eliminar (debe contener un solo elemento):

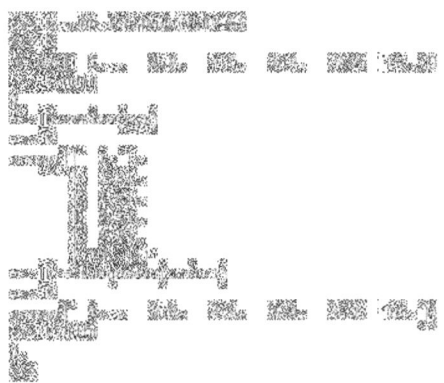

5.3 ACCESO A LOS ELEMENTOS DEL ARRAY

La forma de acceder a los elementos[253] del array de NumPy, o de trocear este, puede ser la misma que en Python. También disponemos de una más cómoda[254] en la que tenemos varios operadores índice o rangos de troceado separados por comas. Veamos ejemplos[255]:

---

253. Recordemos que, como en Python, sus índices comienzan por 0.
254. Será la que usemos en los ejemplos.
255. He colocado varias capturas del intérprete de Python en paralelo para ahorrar espacio. Lo haré en algún otro caso a lo largo del capítulo.

También podemos usar el paso en los rangos, o la elipsis ("..."), que selecciona el tamaño del array en la dimensión (o dimensiones) indicada. Un ejemplo de su uso es el siguiente:

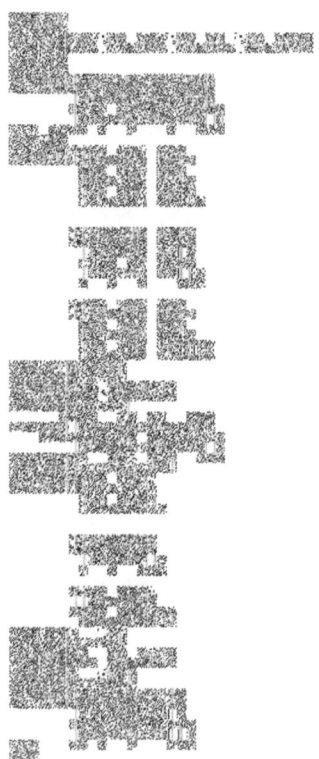

Existen, aparte de mediante enteros o rangos de troceado, más formas de indexar elementos del array. Es lo que se suele denominar **fancy indexing**[256]. Podremos usar, por ejemplo, listas:

---

256. Podríamos traducirlo como indexado elegante.

```
>>> a1 = np.arange(20,27)
>>> a2 = np.arange(10, 22).reshape((4,3))
>>> a3 = np.arange(30, 57).reshape((3,3,3))
>>> i1 = [1,0,2]
>>> i2 = [[1,2], [0,2]]
>>> i3 = [[0,1], [1,1], [2,1]]
>>> a1
array([20, 21, 22, 23, 24, 25, 26])
>>> a2
array([[10, 11, 12],
       [13, 14, 15],
       [16, 17, 18],
       [19, 20, 21]])
>>> a3
array([[[30, 31, 32],
        [33, 34, 35],
        [36, 37, 38]],

       [[39, 40, 41],
        [42, 43, 44],
        [45, 46, 47]],

       [[48, 49, 50],
        [51, 52, 53],
        [54, 55, 56]]])
>>> i1
[1, 0, 2]
>>> i2
[[1, 2], [0, 2]]
>>> i3
[[0, 1], [1, 1], [2, 1]]

>>> a1[i1]
array([21, 20, 22])
>>> a2[i1]
array([[13, 14, 15],
       [10, 11, 12],
       [16, 17, 18]])
>>> a2[i2]
array([13, 18])
>>> a3[i1]
array([[[39, 40, 41],
        [42, 43, 44],
        [45, 46, 47]],

       [[30, 31, 32],
        [33, 34, 35],
        [36, 37, 38]],

       [[48, 49, 50],
        [51, 52, 53],
        [54, 55, 56]]])
>>> a3[i2]
array([[39, 40, 41],
       [54, 55, 56]])
>>> a3[i3]
array([35, 45])
>>>
```

También podemos indexar arrays con **arrays índice**, que son arrays de enteros que proporcionan los índices que extraeremos. Un ejemplo que opera sobre un array unidimensional es el siguiente:

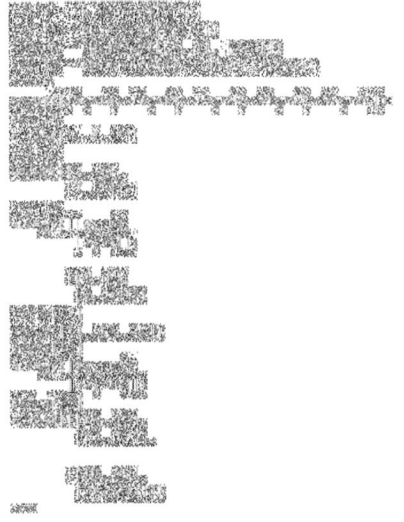

Otro ejemplo de arrays índice, pero actuando sobre un array de dos dimensiones:

```
>>> a = np.arange(12,24).reshape((4,3))
>>> i1 =np.array([2,3,0])
>>> i2 =np.array([[1,3],[2,2]])
>>> a
array([[12, 13, 14],
       [15, 16, 17],
       [18, 19, 20],
       [21, 22, 23]])
>>> i1
array([2, 3, 0])
>>> i2
array([[1, 3],
       [2, 2]])
>>> a[i1]
array([[18, 19, 20],
       [21, 22, 23],
       [12, 13, 14]])
>>> a[i2]
array([[[15, 16, 17],
        [21, 22, 23]],

       [[18, 19, 20],
        [18, 19, 20]]])
>>> a.shape
(4, 3)
>>> i1.shape
(3,)
>>> i2.shape
(2, 2)
>>> a[i1].shape
(3, 3)
>>> a[i2].shape
(2, 2, 3)
>>>
```

```
>>> i3 = np.array([[0,2], [1,1]])
>>> i2
array([[1, 3],
       [2, 2]])
>>> i3
array([[0, 2],
       [1, 1]])
>>> a[i2,i3]
array([[15, 23],
       [19, 19]])
>>> a[i2,2]
array([[17, 23],
       [20, 20]])
>>> a[1,i3]
array([[15, 17],
       [16, 16]])
>>>
```

Si usamos **índices booleanos** la forma de actuar es distinta a la usada con índices enteros, ya que en este caso indicamos de forma explícita qué elementos queremos extraer y cuales no. En un primer ejemplo veremos cómo, mediante arrays de booleanos, indicamos los elementos seleccionados:

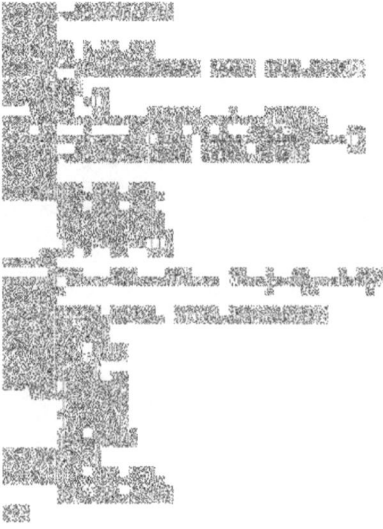

Si comparamos un array con un escalar[257] el resultado será un array de booleanos (del mismo tamaño que el original) cuyos elementos son el resultado de la comparación del escalar con cada uno de los componentes del array. Podríamos usar ese array resultado para obtener solo los elementos que cumplan una condición, o para acceder a ellos para darle un valor, como se muestra en el siguiente ejemplo:

Mediante la función **ix_()** podemos crear una malla a partir de varias secuencias unidimensionales. Recibe N de ellas y devuelve una tupla de N arrays de dimensión N, todas ellas (menos una) de tamaño 1. Esta función nos permite crear fácilmente arrays índice que recorran los elementos que deseemos del array, y realizar operaciones con elementos de distinto tamaño mediante broadcasting. Veamos algún ejemplo:

---

257. Operación en la que se realiza broadcasting.

```
>>> a = np.random.randint(1,10,(5,3))
>>> a
array([[3, 7, 2],
       [5, 9, 6],
       [4, 1, 6],
       [3, 4, 9],
       [1, 2, 8]])
>>> filas = [1,3,4]
>>> columnas = [0,2]
>>> rejilla = np.ix_(filas, columnas)
>>> a[rejilla]
array([[5, 6],
       [3, 9],
       [1, 8]])
>>> rejilla
(array([[1],
        [3],
        [4]]), array([[0, 2]]))
>>> profundidad = [4,7,2,5]
>>> malla = np.ix_(filas, columnas, profundidad)
>>> malla
(array([[[1]],

        [[3]],

        [[4]]]),
 array([[[0],
         [2]]]),
 array([[[4, 7, 2, 5]]]))
>>> ax, bx, cx = np.ix_(filas, columnas, profundidad)
>>> ax
array([[[1]],

       [[3]],

       [[4]]])
>>> bx
array([[[0],
        [2]]])
>>> cx
array([[[4, 7, 2, 5]]])
```

```
>>> >>> ax.shape
(3, 1, 1)
>>> bx.shape
(1, 2, 1)
>>> cx.shape
(1, 1, 4)
>>> ax*bx+cx
array([[[ 4,  7,  2,  5],
        [ 6,  9,  4,  7]],

       [[ 4,  7,  2,  5],
        [10, 13,  8, 11]],

       [[ 4,  7,  2,  5],
        [12, 15, 10, 13]]])
>>> (ax*bx+cx).shape
(3, 2, 4)
>>> ax*bx+2
array([[[ 2],
        [ 4]],

       [[ 2],
        [ 8]],

       [[ 2],
        [10]]])
>>> (ax*bx+2).shape
(3, 2, 1)
>>>
```

5.4 BROADCASTING

El término **broadcasting** se refiere a la capacidad que tiene NumPy de trabajar con arrays de distintas formas en las operaciones aritméticas. Estas se realizan sobre los elementos de los arrays. Si dos de ellos son de la misma forma no tendremos impedimento en realizar la operación:

El problema surge cuando las formas de los dos arrays son distintas, ya que no es posible la operación directa elemento a elemento. NumPy termina lográndolo en algunos casos haciendo que el array cuyo tamaño en una determinada dimensión es más pequeño "se expanda"[258] hasta el tamaño del mayor. El broadcasting es posible si en las distintas dimensiones de los dos operandos se cumple que:

▼ Tienen igual tamaño.

▼ Al menos una tiene tamaño 1.

Los arrays no tienen por qué tener el mismo número de dimensiones. Iremos comprobando cada una de ellas, empezando por la última. Si no se cumple alguna de las condiciones indicadas se lanzaría una excepción de tipo ValueError mostrando que los arrays no tienen tamaños compatibles. Si se cumple alguna, pasaríamos a la siguiente dimensión, y así hasta finalizar.

Si se puede aplicar broadcasting el tamaño del array resultado es igual al máximo tamaño a lo largo de cada una de las dimensiones de los array operando.

Pongamos ejemplos correctos de una operación aritmética (la multiplicación) y varios tamaños de arrays, que indicamos como subíndices:

▼ $a_{10x10x3} * b_{10x1} = c_{10x10x3}$

▼ $a_{10x2} * b_1 = c_{10x2}$

▼ $a_{10x10x3} * b_{1x1x3} = c_{10x10x3}$

▼ $a_{1x10x3} * b_{10x1x3} = c_{10x10x3}$

Y ahora ejemplos incorrectos:

▼ $a_{10x10x3} * b_{10x2}$

▼ $a_5 * b_4$

▼ $a_{10x1x3} * b_{1x10x5}$

---

258. En realidad internamente no ocurre eso, es solo una forma de visualizarlo.

Veamos a continuación casos donde usamos broadcasting:

```
>>> a1 = np.array([5])
>>> a2 = np.array([2, 4])
>>> a2.resize((1,2))
>>> a3 = np.arange(6).reshape((3,2))
>>> a4 = np.arange(6).reshape((3,2,1))
>>> a1.shape
(1,)
>>> a2.shape
(1, 2)
>>> a3.shape
(3, 2)
>>> a4.shape
(3, 2, 1)
>>> a1
array([5])
>>> a2
array([[2, 4]])
>>> a3
array([[0, 1],
       [2, 3],
       [4, 5]])
>>> a4
array([[[0],
        [1]],

       [[2],
        [3]],

       [[4],
        [5]]])
>>> a3*2.5
array([[  0. ,   2.5],
       [  5. ,   7.5],
       [ 10. ,  12.5]])
>>> a3*a1
array([[ 0,  5],
       [10, 15],
       [20, 25]])
>>> a3*a2
array([[ 0,  4],
       [ 4, 12],
       [ 8, 20]])
>>> a4*a2
array([[[ 0,  0],
        [ 2,  4]],

       [[ 4,  8],
        [ 6, 12]],

       [[ 8, 16],
        [10, 20]]])
>>> (a3*2.5).shape
(3, 2)
>>> (a3*a1).shape
(3, 2)
>>> (a3*a2).shape
(3, 2)
>>> (a4*a2).shape
(3, 2, 2)
>>>
```

Hemos multiplicado el array a3 por el escalar 2.5, que es el caso más sencillo de broadcasting. El resultado es el mismo que si hubiésemos sustituido el escalar por un array de dimensión 1 (como a1) con un solo elemento de valor 2.5.

La operación a4*a3 nos hubiese generado una excepción de tipo ValueError, dado que sus dimensiones no son susceptibles de realizar broadcast, ya que a4 es un array de 3x2x1 elementos y a3 de 3x2:

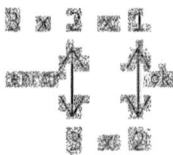

En la última dimensión a4 tiene 1 elemento y a3 dos, por lo que sería correcto (dimensión de tamaño 1), pero en la penúltima dimensión a4 tiene 2 elementos por los 3 de a3, no cumpliéndose ninguna de las dos condiciones para realizar broadcast.

5.5 DIVISIÓN DE LOS ARRAYS

Otra de las operaciones habituales con arrays es la de dividirlos. Podemos hacerlo de tres maneras: horizontalmente, verticalmente o en profundidad (depth-wise). Para ello usaremos las funciones **split()**, **array_split()**, **vsplit()**, **hsplit()** y **dsplit()**, que tienen los siguientes formatos:

```
numpy.split(ary, indices_or_sections, axis=0)
```

Divide un array en subarrays de igual tamaño. Los parámetros son los siguientes:

- ▼ ary es el array que deseamos dividir.

- ▼ indices_or_sections es un entero o un array unidimensional de enteros ordenados[259]. En el primer caso se divide el array (a lo largo del eje indicado por axis) en el número de elementos indicados por el entero[260]. En el segundo caso el array se divide en los puntos indicados por los enteros a lo largo del eje indicado por axis. Si algún entero sobrepasa el número de elementos en el eje se devuelve un array vacío.

- ▼ axis es un entero que nos indica el eje a lo largo del cual vamos a hacer la división.

Se devolverá una lista de arrays resultado de la división del array principal.

```
numpy.array_split(ary, indices_or_sections, axis=0)
```

La única diferencia con split() es que sí se permite un valor entero para indices_or_sections que no divida el array en subarrays de igual tamaño.

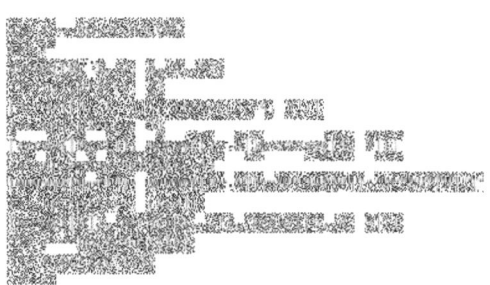

---

[259]. También puede ser una serie de enteros ordenados separados por comas.

[260]. Si esta división no fuese posible, se lanzaría un error.

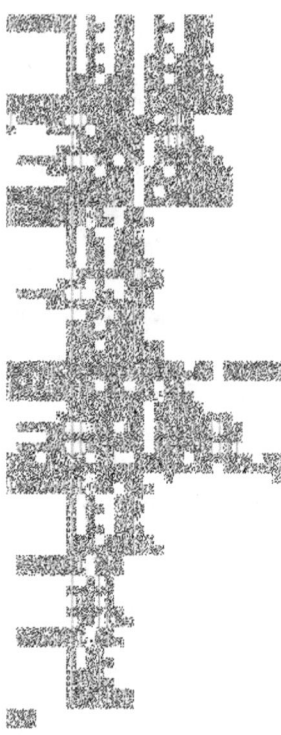

```
numpy.vsplit(ary, indices_or_sections)
```

Divide verticalmente (en filas) un array en múltiples sub-arrays. Los parámetros son igual que en split(), siendo vsplit() equivalente a split() con axis=0. El término "vertical" debe entenderse como la distribución de los subarrays para componer el original.

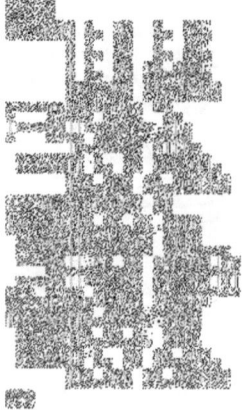

```
numpy.hsplit(ary, indices_or_sections)
```

Divide horizontalmente (en columnas) un array en múltiples sub arrays. Los parámetros son como en split(), siendo hsplit() equivalente a split() con axis=1. El término "horizontal" debe entenderse como la distribución de los subarrays para componer el original.

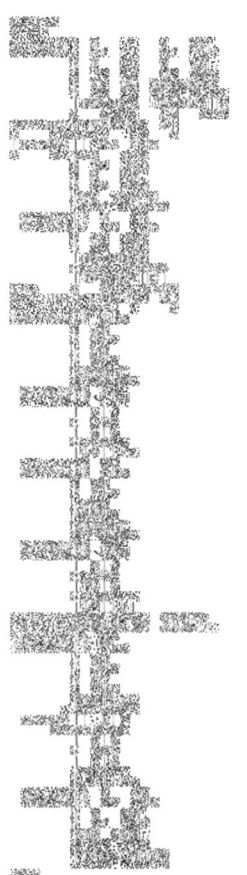

```
numpy.dsplit(ary, indices_or_sections)
```

Divide un array en múltiples subarrays a lo largo de la tercera dimensión (la profundidad, depth). Los parámetros son igual que en split(), siendo dsplit() equivalente a split() con axis=3. Por lo tanto, necesitamos que el array tenga dimensión igual a 3 o superior. El término "profundidad" debe entenderse como la distribución de los subarrays a lo largo de esa tercera dimensión para componer el array original.

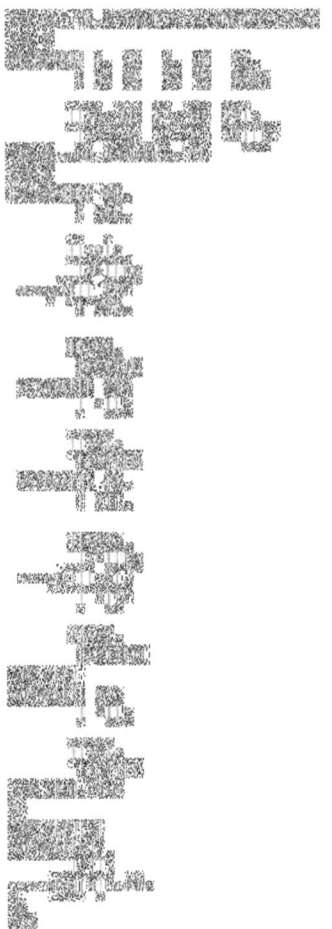

5.6 UNIÓN Y APILADO DE ARRAYS

También podemos unir y apilar arrays. Para ello disponemos de las siguientes funciones:

▼ concatenate()
une arrays a través del eje indicado.

▼ column_stack()
apila arrays uni o bidimensionales como columnas para formar un array bidimensional.

▼ vstack()
apila arrays verticalmente (modo filas).

▼ hstack()
apila arrays horizontalmente (modo columnas).

▼ dstack()
apila arrays en la tercera dimensión (tercer eje, profundidad).

El formato de **concatenate()** es el siguiente:

numpy.concatenate((a1,...,an), axis=0)

Une los arrays a1,...,an a lo largo del eje indicado mediante axis, devolviéndonos el array unido. La forma de los arrays debe ser la misma, salvo en el eje indicado por axis.

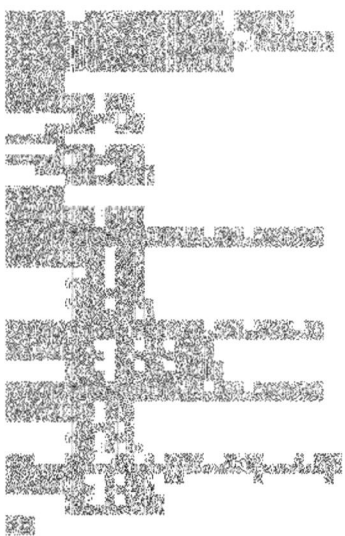

El formato de **column_stack()** es el siguiente:

numpy.column_stack(tup)

Apila como columnas la secuencia de arrays 1D[261] o 2D indicada por tup, devolviéndonos el array bidimensional generado. Todos los arrays deben tener el mismo número de elementos en la primera dimensión (primer eje).

---

261. En el caso de arrays 1D se convierten a 2D antes del apilado.

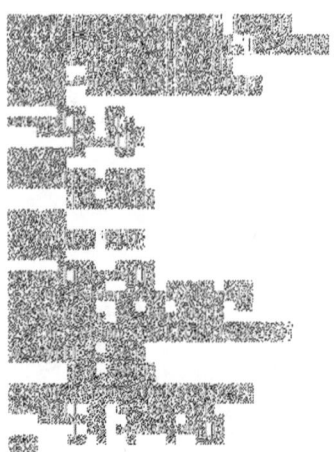

El formato de **vstack()** es el siguiente:

```
numpy.vstack(tup)
```

En él tup es la secuencia de arrays que queremos apilar, y se nos devolverá el array apilado. Todos los arrays deben tener la misma forma, salvo en el primer eje. Es equivalente a numpy.concatenate(tup, axis=0) si tup contiene arrays de dimensión igual o superior a 2.

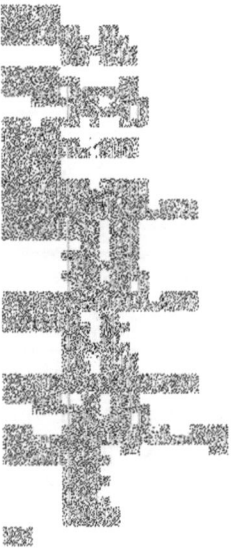

El formato de **hstack()** es el siguiente:

```
numpy.hstack(tup)
```

Toma una serie de arrays (que indicamos mediante la secuencia tup) y los apila horizontalmente, formando un nuevo array que nos será devuelto. Todos los arrays deben tener la misma forma, salvo en el segundo eje. Es equivalente a numpy.concatenate(tup, axis=1).

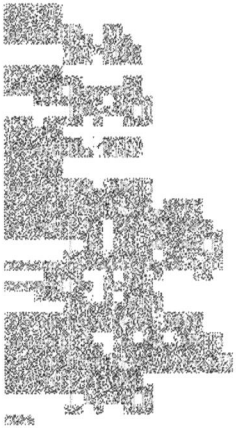

El formato de **dstack()** es el siguiente:

```
numpy.dstack(tup)
```

Los arrays indicados mediante la secuencia tup son apilados a lo largo de la tercera dimensión, formando un nuevo array que nos será devuelto. Todos los arrays deben tener la misma forma, salvo en el tercer eje. Es equivalente a numpy.concatenate(tup, axis=2).

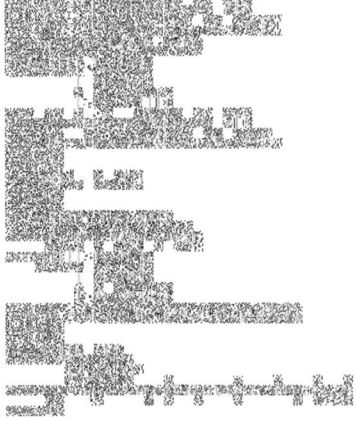

Es una forma de almacenar varias imágenes, que son arrays en 2D, en un solo array 3D para su posterior procesado.

5.7 GENERACIÓN DE ARRAYS ALEATORIOS

Para trabajar con números aleatorios dentro de arrays destacamos las siguientes funciones:

- rand()

  devuelve un array del tamaño que le indiquemos relleno de números aleatorios entre [0,1) (distribución uniforme).

- randint()

  devuelve un array (o un entero) del tamaño que le indiquemos relleno de números aleatorios enteros entre valores que le marcamos (ditribución uniforme discreta).

- choice()

  devuelve una muestra aleatoria a partir de un array unididimesional.

Los formatos son los siguientes:

```
numpy.random.rand(d0, d1, ..., dn)
```

En él d0,...,dn nos indica el número de elementos en cada una de las dimensiones del array.

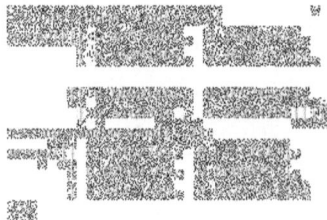

numpy.random.randint(low, high=None, size=None)

En él low indica el valor más bajo (se incluye), high (de valor por defecto None) el más alto (no se incluye), y con size indicamos el tamaño del array (mediante un entero o una tupla de enteros). Si high es None, los resultados se toman de [0,low). Si size es None se devuelve un solo valor.

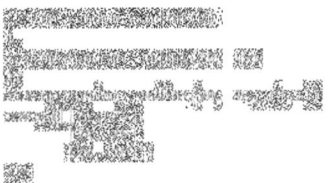

numpy.random.choice(arr, size=None, replace=True, p=None)

En él arr es un entero o un array unidimensional. Si es un entero obtenemos la muestra sobre los elementos numpy.arange(arr), mientras que si es un array la muestra se obtiene sobre los elementos de este. Con size[262] (entero o tupla de enteros) marcamos el tamaño del array de muestras. Con replace indicamos si la muestra tiene o no reemplazo (si se pueden repetir elementos que ya hemos sacado). Con p, un array unidimensional, marcamos las probabilidades[263] (debe ser un vector de probabilidad, en tanto por uno) asociadas con cada entrada.

---

262. Su valor por defecto es None, devolviéndose en ese caso un solo elemento.

263. Si no se indica ninguna, habrá una distribución uniforme de todas las entradas.

5.8 PERMUTAR LOS ELEMENTOS DE LOS ARRAYS

También podemos permutar los elementos que tenemos en un array. Para ello usaremos las funciones siguientes:

▼ shuffle()
reorganiza los elementos de un objeto array o similar.

▼ permutation()
permuta aleatoriamente una secuencia, o devuelve un rango permutado.

El formato de **shuffle()** es:

numpy.random.shuffle(x)

En él x es el elemento a desordenar (array, lista, tupla), y se nos devuelve None. En arrays multidimensionales solo se desordenará en el primer eje.

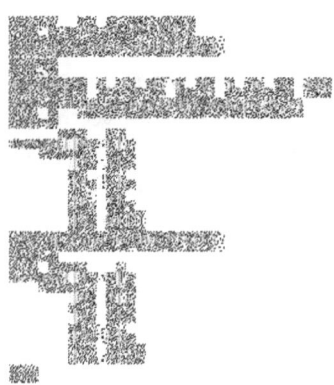

El formato de **permutation()** es:

numpy.random.permutation(x)

El elemento a modificar es x. Si es un entero, permuta aleatoriamente numpy.arange(x). Si es array (o similar) multidimensional, la permutación se realiza a lo largo del primer eje. En ambos casos se nos devuelve el resultado.

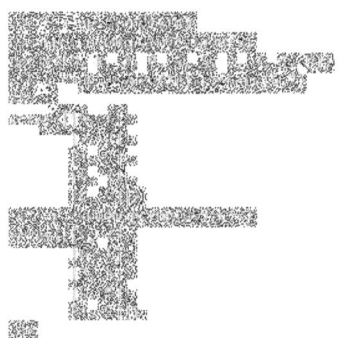

5.9 ORDENACIÓN DE ARRAYS

Si lo que queremos es ordenar el array, tenemos las siguientes funciones:

- sort()
  devuelve una copia ordenada del array.

- argsort()
  devuelve los índices de los elementos ordenados del array.

El formato de **sort()** es:

```
numpy.sort(a, axis=-1, kind='quicksort', order=None)
```

Los parámetros son los siguientes:

- a es el array (o similar) que queremos ordenar.

- axis (un valor entero o None) es el eje sobre el que efectuaremos la ordenación. Si su valor es None, el array se convierte en unidimensional antes de la ordenación. El valor que tiene por defecto es -1, que ordena respecto al último eje.

- kind marca el algoritmo de ordenación entre 'quicksort' (valor por defecto), 'mergesort' o 'heapsort'.

- con order (una cadena o lista de cadenas) indicamos, si el array tiene campos, en que orden se comparan estos.

Se devuelve una copia del mismo tamaño y tipo que el array a.

Tenemos el método ndarray.sort() que, con los mismos argumentos salvo a, ejecuta in situ (in place) la ordenación.

El formato de **argsort()** es:

```
numpy.argsort(a, axis=-1, kind='quicksort', order=None)
```

Los parámetros son los mismos que teníamos en numpy.sort(), pero en este caso lo que se nos devuelve es un array de índices que nos marcan los elementos ordenados respecto al eje indicado. En el caso de que a fuese unidimensional podríamos usar esta salida (llamémosla sal) para generar el array ordenado mediante a[sal].

5.10 BÚSQUEDA DE ELEMENTOS EN ARRAYS

Si lo que queremos es buscar o contar elementos en el array, tenemos las siguientes funciones:

- argmax()
  devuelve el índice del mayor elemento a lo largo de un determinado eje.

- argmin()
  devuelve el índice del menor elemento a lo largo de un determinado eje.

- argwhere()
  nos devuelve un array con los índices de los elementos que no son cero.

▼ nonzero()
nos devuelve una tupla de arrays (uno por cada dimensión del array) con las coordenadas en cada eje de los elementos del array que no son cero.

▼ extract()
devuelve los elementos de un array que cumplen una determinada condición que marca otro array del mismo tamaño.

▼ count_nonzero()
devuelve el número de elementos distintos de cero en el array.

El formato de **argmax()** es:

```
numpy.argmax(a, axis=None, out=None)
```

En él a es un array o similar, axis el eje sobre el que se va a realizar la búsqueda (si no se proporciona ninguno su valor es None y lo hace sobre el array transformado en unidimensional), y out es un array (con el tamaño y tipo adecuado) en el que se insertará la salida.

Se devolverá un array de enteros con la forma de a eliminado de ella la dimensión marcada por axis.

El formato de **argmin()** es:

```
numpy.argmin(a, axis=None, out=None)
```

Los parámetros son los mismos que en argmax(), pero en este caso se nos devuelve el valor mínimo.

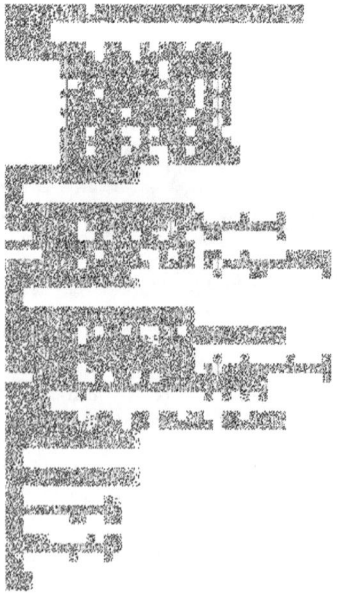

El formato de **argwhere()** es:

numpy.argwhere(a)

En él a es un array o similar. La función np.argwhere(a) es igual a np.transpose(np.nonzero(a)). La salida de argwhere() no puede ser usada para indexar arrays.

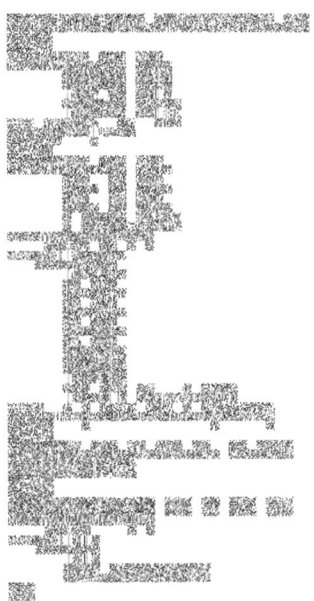

El formato de **nonzero()** es:

numpy.nonzero(a)

Los valores de a son testeados y devueltos al estilo de C, por filas. Los valores distintos de cero correspondientes pueden ser obtenidos mediante a[nonzero(a)].

Para agrupar los índices por elemento en lugar de por dimensión, usar np.transpose(nonzero(a)).

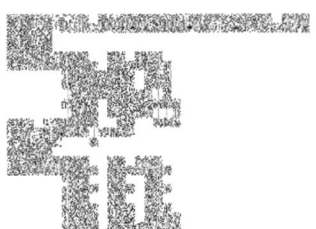

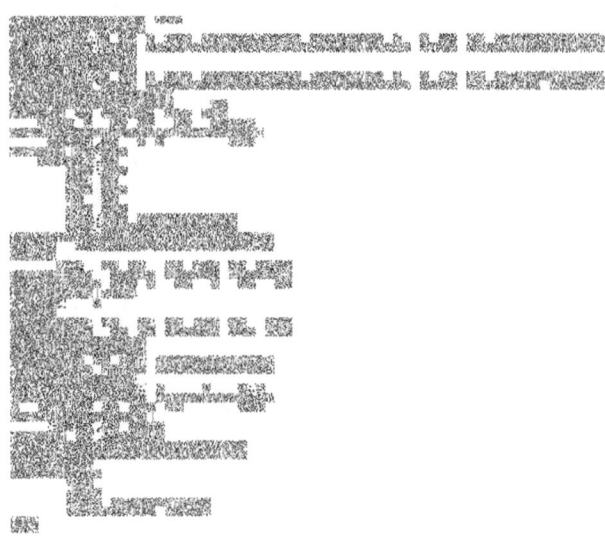

El formato de **extract()** es:

```
numpy.extract(condition,arr)
```

En él condition es un array cuyas entradas distintas de cero o True indican los elementos del array arr que extraer. Ambos arrays deben tener el mismo tamaño.

Si condition es un booleano numpy.extract() es equivalente a arr[condition].

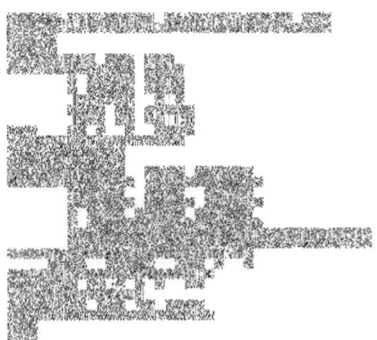

El formato de **count_nonzero()** es:

```
numpy.count_nonzero(a)
```

En él a es el array o similar que queremos escanear. Se nos devolverá un entero.

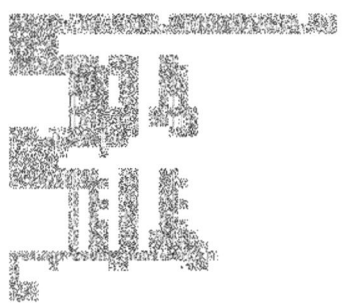

5.11 ESTADÍSTICA EN ARRAYS

Como funciones de estadística tenemos, entre otras muchas, las siguientes:

- amin()

    devuelve el valor mínimo del array o el valor mínimo a lo largo de un eje dado.

- amax()

    devuelve el valor máximo del array o el valor máximo a lo largo de un determinado eje.

- ptp()

    nos devuelve el rango de valores (máximo-mínimo) del array, o a lo largo de un eje dado.

- average()

    devuelve la media de todos los valores del array, o a lo largo de un determinado eje.

El formato de **amin()** es:

```
numpy.amin(a, axis=None, out=None, keepdims=False)
```

Los parámetros son los siguientes:

- a es el array o similar en el que queremos buscar.

- axis (None, un valor entero o un array de enteros) nos indica el eje o ejes sobre el que buscará. Si su valor es None (valor por defecto), el array se convierte en unidimensional antes de la ordenación y busca en la totalidad de él. Si es un entero o un array de enteros buscará en el eje o ejes que le indiquemos.

- out (un array) nos marca el opcional array en el que almacenar el resultado, debiendo tener el tamaño esperado para la salida.

- keepdims (un booleano) hace que se mantenga o no para el array de salida la dimensión del array de entrada a.

Se nos devuelve un valor escalar (si axis=None) o un array de dimensión a.dim-1 si axis es proporcionado por nosotros.

El formato de **amax()** es:

```
numpy.amax(a, axis=None, out=None, keepdims=False)
```

Los parámetros son los mismos que para amin(), pero en este caso se nos devuelve el valor (o valores) máximo/s.

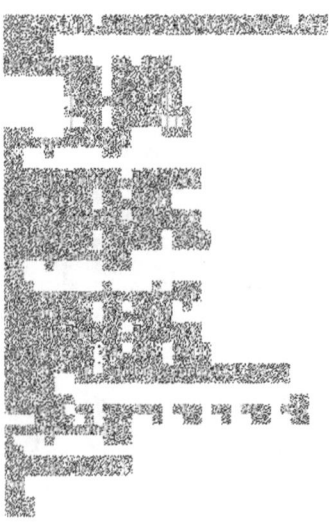

El formato de **ptp()** es:

```
numpy.ptp(a, axis=None, out=None)
```

▶ a es el array o similar en el que queremos buscar.

▶ axis es un entero que nos indica el eje en el que buscar. Por defecto (None) se busca en todo el array como si tuviese una dimensión.

▶ out es un array (opcional) que nos marca el array en el que almacenar el resultado, debiendo tener el tamaño esperado para la salida.

El nombre de la función es el acrónimo de "peak to peak" (punta a punta).

Se nos devuelve un nuevo array con el resultado, o una referencia al array indicado en out si proporcionamos este.

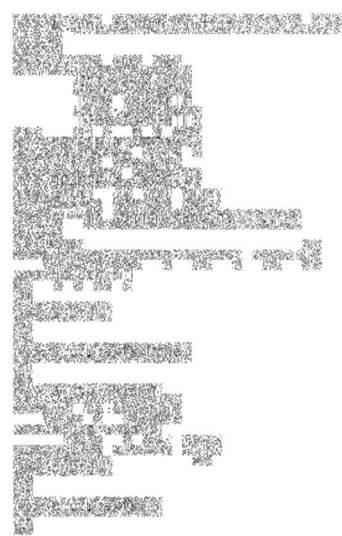

El formato de **average()** es:

```
numpy.average(a, axis=None, weights=None, returned=False)
```

▶ a es el array-like en el que queremos actuar.

▶ axis es un entero que nos indica el eje en el que buscar. Por defecto (None) se busca en todo el array convertido en unidimensional.

▼ weights es un array (opcional) que almacena los pesos asociados a los valores del array a. Puede ser un array 1D (en cuyo caso tendrá la longitud de a a lo largo del eje axis) o del tamaño (forma) de a. Con su valor por defecto (None) asumimos que el peso de todos los valores de a es 1.

▼ returned es un booleano que nos devuelve la tupla (media, suma de pesos) si su valor es True. En caso de ser False nos devuelve solo la media. En el caso de tener weights=None, la suma de pesos sería el número de elementos sobre los que que calcula la media.

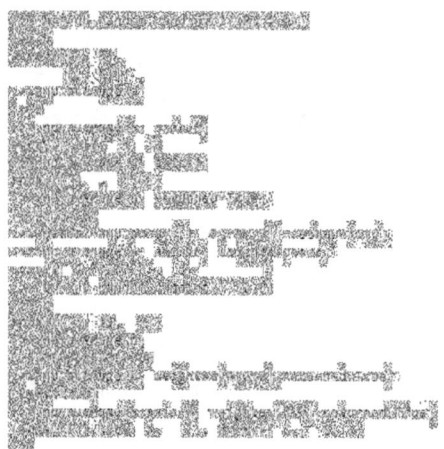

5.12 FUNCIONES MATEMÁTICAS CON ARRAYS

A continuación se listarán una serie de funciones matemáticas de NumPy que operan sobre arrays. Recordemos que las funciones se aplican a todos los elementos del array. Se adjunta el formato, donde:

▼ x, x1, x2, a: representan arrays.

▼ out: representa un array donde se podrá colocar la salida (debe para ello tener la forma correcta).

▼ decimals: representa el número de decimales que queremos indicar.

▼ dtype: respresenta el tipo de dato con el que queremos trabajar.

▼ axis: representa el eje sobre el que actuamos.

• absolute(x[, out])	Devuelve el valor absoluto de los elementos del array
• arccos(x[, out])	Devuelve el arcocoseno de los elementos del array
• arccosh(x[, out])	Devuelve el arcocoseno hiperbólico de los elementos del array
• arcsin(x[, out])	Devuelve el arcoseno de los elementos del array
• arcsinh(x[, out])	Devuelve el arcoseno hiperbólico de los elementos del array
• arctan(x[, out])	Devuelve la arcotangente de los elementos del array
• arctanh(x[, out])	Devuelve la arcotangente hiperbólica de los elementos del array.
• around(a[, decimals, out])	Redondea uniformemente con un número dado de decimales los elementos del array.
• ceil(x[, out])	Devuelve el techo (el menor entero mayor o igual que el valor individual) de los elementos del array
• cos(x[, out])	Devuelve el coseno de los elementos del array
• cosh(x[, out])	Devuelve el coseno hiperbólico de los elementos del array
• cumprod(a[, axis, dtype, out])	Devuelve el producto acumulado de los elementos del array en un eje.
• cumsum(a[, axis, dtype, out])	Devuelve la suma acumulada de los elementos del array en un eje
• degrees(x[, out])	Convierte los elementos del array (ángulos) de radianes a grados.
• exp(x[, out])	Devuelve el exponencial de los elementos del array.
• fix(x[, y])	Devuelve el redondeo hacia el entero más cercano hacia cero de los elementos del array
• floor(x[, out])	Devuelve el suelo (el mayor entero menor o igual que el valor individual) de los elementos del array.
• log(x[, out])	Devuelve el logaritmo natural de los elementos del array.
• log10(x[, out])	Devuelve el logaritmo en base 10 de los elementos del array.
• maximum(x1, x2[, out])	Devuelve el mayor de los dos arrays en cada posición.
• minimum(x1, x2[, out])	Devuelve el menor de los dos arrays en cada posición.
• prod(a[, axis, dtype, out, keepdims])	Devuelve el producto de los elementos del array en un eje dado.
• radians(x[, out])	Convierte los elementos del array (ángulos) de grados a radianes
• rint(x[, out])	Redondea los elementos del array al entero más cercano.
• round_(a[, decimals, out])	Redondea los elementos de un array con un número dado de decimales.

- sign(x[, out]) Devuelve el signo de los elementos del array (-1 si negativo, 1 si positivo).
- sin(x[, out]) Devuelve el seno de los elementos del array.
- sinh(x[, out]) Devuelve el seno hiperbólico de los elementos del array.
- sqrt(x[, out]) Devuelve la raíz cuadrada de los elementos del array.
- sum(a[, axis, dtype, out, keepdims]) Devuelve la suma de los elementos del array en un eje dado.
- tan(x[, out]) Devuelve la tangente de los elementos del array.
- tanh(x[, out]) Devuelve la tangente hiperbólica de los elementos del array.
- trunc(x[, out]) Devuelve el valor truncado a un entero de los elementos del array.

6

EJEMPLOS DE APLICACIONES GRÁFICAS

En este capítulo se proponen y crean 17 aplicaciones gráficas de distinto tipo. Son planteadas al lector como ejercicios para posteriormente presentar mi solución. A cada una de ellas les asigno un número que indica el nivel de dificultad, desde el más bajo (1) al más alto (5), por si el lector quiere empezar por las menos complejas.

6.1 CÁLCULO MENTAL

Nivel de dificultad: 2

Descripción: crearemos un juego donde deberemos calcular mentalmente una serie de operaciones dentro de un minuto de tiempo. Empezaremos con un número y seguidamente se nos irá indicando la operación a realizar con él. Si acertamos pasaremos a la siguiente operación. En el caso de completar todas las operaciones en el tiempo previsto nos indicará que hemos ganado; de lo contrario nos mostrará lo contrario.

La aplicación creada por mí tiene el siguiente aspecto:

En ella tenemos un cuadro donde se nos indica inicialmente el número del que partimos y posteriormente cada una de las operaciones a realizar. Bajo él podremos introducir nuestra respuesta (y pulsar Enter). Se nos indica gráficamente si esta es o no correcta y una barra de progreso junto a un texto para indicarnos el tiempo que nos queda. También tenemos los botones de "Inicio", "Comenzar" y "Parar", que nos permitirán respectivamente inicializar la aplicación (mostrando el número del que partimos), comenzar propiamente el juego con la cuenta atrás de tiempo, y parar este[264].

El esquema usado en Qt Designer para crear la alicación es **calculo_mental.ui**:

---

264. Es un elemento más didáctico que necesario en la aplicación.

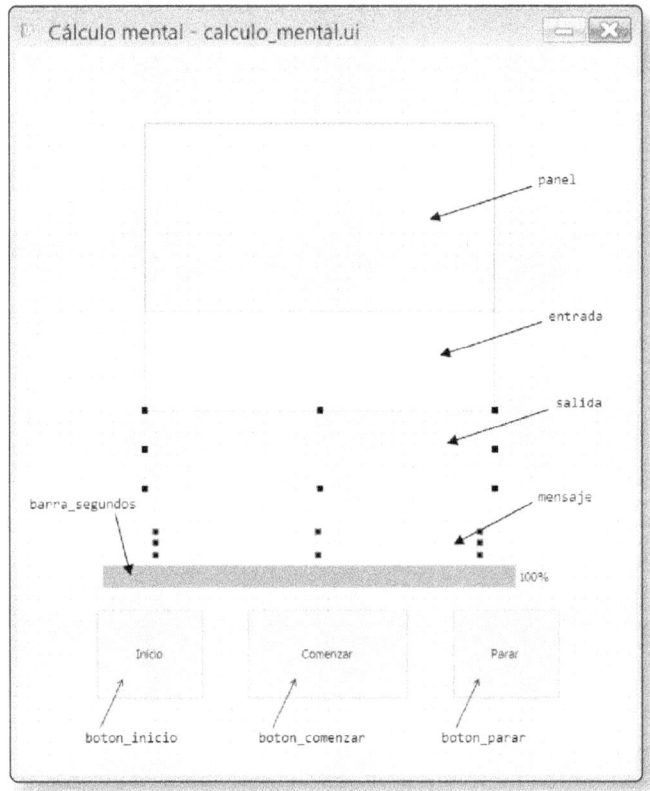

Los tipos de cada uno de ellos son:

▼ **panel**, **salida**, **mensaje**: QLabel
▼ **entrada**: QLineEdit
▼ **barra_segundos**: QProgressBar
▼ **boton_inicio**, **boton_comenzar**, **boton_parar**: QPushButton

Los elementos que he cambiado respecto a los que salen por defecto en QtDesigner (aparte de los obvios como poner nombre a la ventana principal de la aplicación o eliminar el texto por defecto de las etiquetas) son:

▼ En los tres botones: autoDefault = False
▼ En panel, entrada, salida y mensaje: alignment Horizontal = AlignHCenter
▼ En entrada: readOnly = True
▼ En barra_segundos: minumum = 0, maximum = 60, value = 60.
▼ En los tres botones: autoDefault = False

El código (**calculo_mental.pyw**) es el siguiente:

```python
import sys
sys.path.append(r"C:\Users\flop\Desktop\Ejercicios_Python_Resueltos")
import random
from calculo_mental import *

class MyForm(QtGui.QDialog):
    def __init__(self, parent=None):
        QtGui.QWidget.__init__(self, parent)
        self.ui = Ui_Dialog()
        self.ui.setupUi(self)

        self.mi_tiempo = QtCore.QTimer()
        self.mi_tiempo.setInterval(1000)
        self.parado = False

        self.ui.boton_inicio.clicked.connect(self.inicio)
        self.ui.boton_comenzar.clicked.connect(self.comenzar)
        self.ui.boton_parar.clicked.connect(self.parar)
        self.ui.entrada.editingFinished.connect(self.comprueba_op)
        self.mi_tiempo.timeout.connect(self.mueve_barra)
        self.inicio()


    def inicio(self):
        self.ui.boton_comenzar.blockSignals(False)
        self.mi_tiempo.stop()
        self.segundos = 60
        self.operando1 = random.randint(3,10)
        self.operando2 = 0
        self.res = 0
        self.aciertos = 0
        self.ui.panel.setText(str(self.operando1))
        self.ui.salida.clear()
        self.ui.mensaje.setText("Número de segundos restantes: 60")
        self.ui.barra_segundos.setValue(60)


    def comenzar(self):
        self.ui.entrada.setReadOnly(False)
        self.mi_tiempo.start()
        self.saca_operacion()
        self.ui.boton_comenzar.blockSignals(True)


    def parar(self):
        if self.parado == True:
            self.parado = False
            self.mi_tiempo.start()
            self.ui.entrada.setReadOnly(False)
            self.ui.entrada.setFocus()
            self.ui.boton_parar.setText("Parar")
        else:
            self.parado = True
            self.mi_tiempo.stop()
            self.ui.entrada.setReadOnly(True)
            self.ui.boton_parar.setText("Seguir")


    def mueve_barra(self):
        self.segundos -= 1
        self.ui.barra_segundos.setValue(self.segundos)
        texto = "Número de segundos restantes: " + str(self.segundos)
        if self.segundos == 0:
            self.ui.salida.setText("Has perdido")
            self.mi_tiempo.stop()
        self.ui.mensaje.setText(texto)
```

```
    def saca_operacion(self):
        texto = ''
        operacion = random.randint(1,4)
        if operacion == 1:
            self.operando2 = random.randint(3,25)
            texto = ' - ' + str(self.operando2)
            self.res = self.operando1 + self.operando2
        elif operacion == 2:
            self.operando2 = random.randint(3,25)
            if self.operando2 < self.operando1:
                texto = ' - ' + str(self.operando2)
                self.res = self.operando1 - self.operando2
            else:
                self.saca_operacion()
        elif operacion == 3:
            self.operando2 = random.randint(2,5)
            if self.operando1 // 100 == 0:
                texto = ' * ' + str(self.operando2)
                self.res = self.operando1 * self.operando2
            else:
                self.saca_operacion()
        elif operacion == 4:
            self.operando2 = random.randint(2,5)
            if self.operando1 % self.operando2 == 0:
                texto = ' / ' + str(self.operando2)
                self.res = self.operando1 // self.operando2
            else:
                self.saca_operacion()
        if texto != '':
            self.ui.panel.setText(texto)


    def comprueba_op(self):
        if self.ui.entrada.text() != '':
            if int(self.ui.entrada.text()) == int(self.res):
                self.ui.salida.setText("¡CORRECTO!")
                QtCore.QTimer.singleShot(500, lambda:self.ui.entrada.clear())
                self.operando1 = self.res
                self.aciertos +=1
                if self.aciertos == 10:
                    self.ui.salida.setText("¡Has ganado!")
                    self.ui.panel.clear()
                    self.mi_tiempo.stop()
                else:
                    QtCore.QTimer.singleShot(500, lambda:self.ui.salida.clear())
                    QtCore.QTimer.singleShot(500, lambda:self.saca_operacion())
            else:
                self.ui.salida.setText(("INCORRECTO"))
                QtCore.QTimer.singleShot(500, lambda: self.ui.entrada.clear())
                QtCore.QTimer.singleShot(500, lambda: self.ui.salida.clear())


if __name__ == "__main__":
    app = QtGui.QApplication(sys.argv)
    myapp = MyForm()
    myapp.show()
    sys.exit(app.exec_())
```

En el programa se crearán los siguientes **atributos**:

- **mi_tiempo**: QTimer usado para decrementar en tiempo cada segundo.
- **parado**: booleano que nos indica si el tiempo está parado o no.
- **segundos**: entero donde almaceno el número de segundos que quedan.
- **operando1**: entero que almacena el operando 1 en nuestra operación.
- **operando2**: entero que almacena el operando 2 en nuestra operación.
- **res**: real que almacena el resultado de nuestra operación.
- **aciertos**: entero que almacena el número de aciertos que llevamos.

Y los siguientes **métodos**:

- **inicio()**: asociado a la pulsación de boton_inicio, inicializo los valores de varios elementos, entre ellos un número aleatorio entre el 3 y el 10 para el primer operando.

- **comenzar()**: asociado a la pulsación de boton_comenzar, hará empezar el tiempo y el juego propiamente dicho, sacando por pantalla (mediante saca_operacion()) la primera operación a realizar.

- **parar()**: asociado a la pulsación de boton_parar, interrumpe la ejecución habitual del juego.

- **mueve_barra()**: asociado a cada uno de los pulsos del temporizador mi_tiempo, decremento segundos en una unidad y saco por pantalla (vía barra_segundos y mensaje) esa información.

- **saca_operacion()**: genera la siguiente operación (y el nuevo operando) a realizar por nosotros en el juego.

- **comprueba_op()**: comprueba si la solución propuesta por nosotros es correcta o no.

Comentarios sobre el código

L12-13: creo e inicializo a 1 segundo el temporizador mi_tiempo.

L14: creo e inicializo parado a False.

L16-20: configuro las distintas signals/slots que componen el programa. Entre ellas destacar en la L19 la que configuro para que al editar el contenido de entrada se ejecute el método comprueba_op y en la L20 la que indica la ejecución cada segundo del método mueve_barra().

L21: ejecuto el método inicio().

L24-35: defino el método inicio(). Como hemos configurado desde Qt Designer entrada como no editable, no podremos de momento introducir nada en ella. Hacer notar que en la L25 he desbloquedado mediante blockSignals() las señales que puedan llegar a boton_comenzar, ya que estas (como veremos) serán bloqueadas cuando hagamos clic en él para evitar que un nuevo clic nos altere el buen funcionamiento de la aplicación.

L38-42: defino el método comenzar(). Desactivamos la opción de solo lectura para entrada y, como hemos comentado con anterioridad, desactivamos la llegada de señales a boton_comenzar.

L45-56: defino el método parar(). En él activo/desactivo el temporizador, coloco parado a True o False, activo/desactivo entrada como solo lectura (focalizando el cursor en el segundo caso) y cambio si es preciso el nombre al propio botón.

L59-66: defino el método mueve_barra(). En él compruebo si segundos ha llegado a cero, en cuyo caso se nos notificaría que hemos perdido y pararíamos el temporizador.

L69-98: defino el método saca_operacion(), donde genero inicialmente un número aleatorio entre 1 y 4 (correspondientes, respectivamente, a la suma, resta, multiplicación y división) que posteriormente identifico, mediante una estructura if-elif, para procesar cada uno de los casos:

- Si es la suma, genero un segundo operando entre 3 y 25 (inclusive). Estos números son elección mía (pasará lo mismo para los rangos elegidos en las demás operaciones) para que la dificultad sea la adecuada, pero podrían ser los que el lector considerase oportuno. Doy valor a texto, que será el dato que aparecerá posteriormente en el panel, y calculo el resultado de la operación, almacenándolo en res.

- Si es la resta, genero un segundo operando entre 3 y 25 (inclusive). Si el operando dos es menor que el uno, todo es correcto, doy valor a texto y calculo res. Si no lo es (con lo cual el resultado sería negativo, algo que no contemplamos en el juego) vuelve a llamar a saca_operacion().

- Si es la multiplicación, genero un segundo operando entre 2 y 5 (inclusive). La operación solo se ejecuta si el operando uno es menor que 100 (nuevamente una elección personal), en caso contrario se vuelve a llamar a saca_operacion().

- Si es la división, genero un segundo operando entre 2 y 5 (inclusive). La operación solo se ejecuta si el cociente es un número entero (solo queremos visualizar números enteros en nuestras operaciones), en caso contrario se vuelve a llamar a saca_operacion().

L101-118: defino el método comprueba_op(). Si la solución propuesta por nosotros es correcta actualizamos res y los operandos, incrementamos aciertos en una unidad, comprobamos si estos han llegado a 10 (en cuyo caso terminará el juego, inicializando varios elementos) y sacamos una nueva operación mediante el uso de saca_operacion() Si no lo es, indicaremos por pantalla que la respuesta es incorrecta y esperaremos una nueva respuesta. En todo el método hago uso del método **singleShot()** de la clase **QTimer** para generar un solo pulso que ejecute (ayudándonos del uso de funciones **lambda**) el método que queramos, generalmente clear(), para que solo se represente la información en pantalla un tiempo determinado.

Consideraciones finales

▼ El código no comprueba si nuestra respuesta es o no un número, por lo que si no lo es, a pesar de no interferir en el funcionamiento de la aplicación, nos generará un error. ¿Cómo lo logramos solucionar?

▼ Si queremos que el texto de los aciertos nos aparezca en verde y el de los errores en rojo, ¿cómo lo lograríamos?

▼ Si deseamos que al pulsar el botón "Comenzar" el cursor se coloque en la casilla entrada, ¿qué deberíamos añadir al código?

En **calculo_mental_2.pyw** conseguimos solucionar todos esos aspectos.

Como cuestión final plantearé la siguiente pregunta: ¿es necesario el uso de lambda en el método singleShot()? RESP: En este caso no, pudiendo haber hecho referencia al slot directamente.

6.2 ACIERTA PALABRAS

Nivel de dificultad: 3

Descripción: crearemos un juego consistente en acertar seis palabras, en base a su definición, en menos de un minuto. De las palabras solo conocemos sus cuatro primeras letras.

La aplicación que he creado tiene el siguiente aspecto:

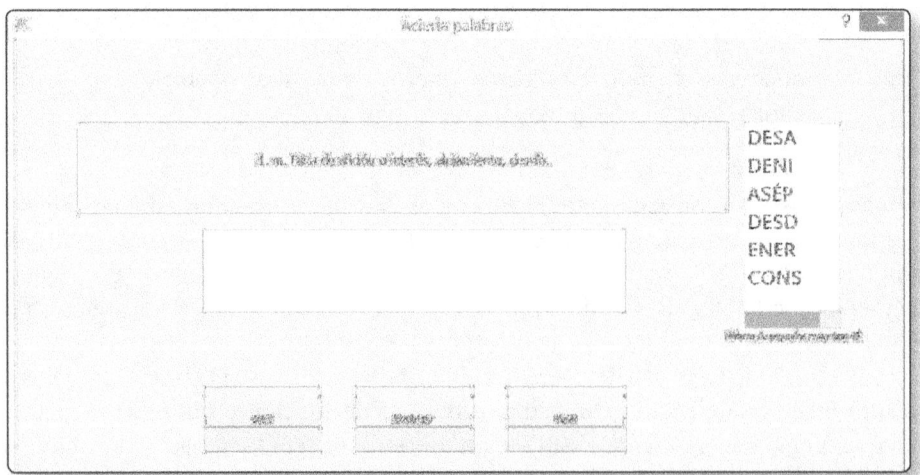

Tenemos en la parte superior un recuadro que nos muestra la definición de la palabra. Justo debajo está el recuadro que nos permitirá teclear nuestra respuesta A la derecha hay un pequeño panel con las 4 primeras letras de las 6 palabras que debemos adivinar. Debajo de él hay una barra que indica visualmente el tiempo que nos queda, y un texto que marca los segundos de los que aún disponemos. En la parte inferior aparecen tres botones, que nos permitirán generar un nuevo juego (botón inicio), empezar a jugarlo (botón comenzar) o parar el tiempo (botón parar). Aunque este último nos da la opción de hacer alguna trampa, lo he incluido por motivos didácticos.

Si la palabra introducida es correcta nos lo indicará (durante segundo y medio) en pantalla mediante texto colocado justo encima del espacio que ocupan los botones, y actualizará el panel de las palabras, eliminando la acertada. Si la palabra no es correcta nos lo indicará de la misma manera.

Si conseguimos acertar todas las palabras dentro de los 60 segundos se nos indicará en pantalla que hemos ganado y se parará el descuento. Si no es así, nos indicará que hemos perdido.

El esquema de Qt Designer sobre el que creo la aplicación es **acierta_palabras.ui**:

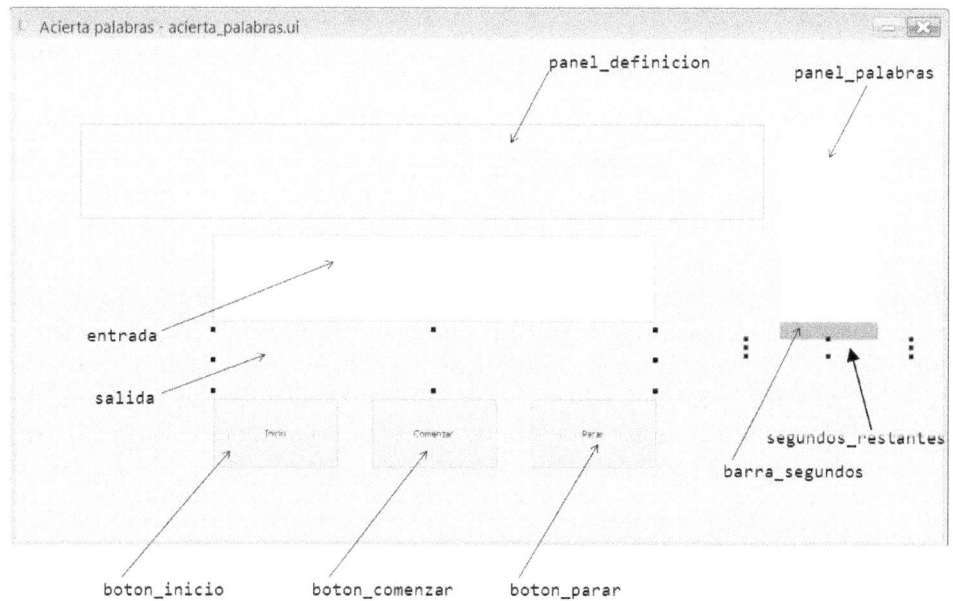

Los tipos de cada uno de los elementos son:

- **panel_definicion, salida, segundos_restantes**: QLabel
- **entrada**: QLineEdit
- **panel_palabras**: QListWidget
- **barra_segundos**: QProgressBar
- **boton_inicio, boton_comenzar, boton_parar**: QPushButton

Como elementos que he configurado desde QtDesigner (al margen de los que son obvios a simple vista) tenemos:

- En panel_palabras: frameShape = HLine
- En panel_definicion y entrada: alignment Horizontal = AlignHCenter
- En barra_segundos: minumum = 0, maximum = 60, value = 60, textVisible = False format = (vacío)
- En segundos_restantes: alignment Horizontal = AlignHCenter, text = (vacío)
- En los tres botones: autoDefault = False

Planteamiento de la aplicación

La idea es no tener un número limitado de posibles palabras almacenadas en algún tipo de estructura de datos en el programa, sino poder añadir a voluntad y de forma "externa" nuevas palabras. Como sobre el papel no tenemos conocimientos de bases de datos para usar en nuestro programa Python pero sí de ficheros de texto usaremos estos para almacenar las palabras y sus correspondientes definiciones. Nos surge entonces la duda de cómo añadir ese texto a nuestro fichero de datos, que originalmente está vacío. Imaginemos que queremos usar la definición de la palabra que obtenemos de un diccionario online. Podemos copiar y pegar en nuestro fichero el texto sobre esa palabra, y repetir ese proceso con todas las que queramos. Si copiamos y pegamos el texto en nuestro fichero tal cual nos aparece debemos tener en cuenta el formato que tiene, siendo generalmente el siguiente:

nombre_de_la_palabra

1. Definición 1
2. Definición 2 (si existe)
3. definición 3 (si existe)...

Esto nos generará varios problemas:

▼ No sabemos exactamente qué línea se refiere al nombre de la palabra.

▼ Nos interesa, por motivos de simplicidad, quedarnos con solo una palabra, y a veces se nos indican las dos formas para distintos géneros (ej: conspicuo, cua).

En el primer caso sería conveniente de alguna manera "marcar" la palabra. Yo lo he hecho colocando el símbolo de asterisco justo delante del nombre de la palabra en el texto ya pegado en nuestro fichero. El segundo caso lo solucionaremos por programa.

Por lo tanto, la idea es tener un fichero de texto (creado por ejemplo con el bloc de notas de Windows) donde tengamos almacenadas todas las definiciones de palabras posibles en nuestra aplicación, y posteriormente sacar 6 de ellas al azar. En mi caso es un fichero ubicado en nuestra carpeta de nombre **definiciones.txt** que contiene la definición de 15 palabras. Una parte de su contenido se muestra a continuación:

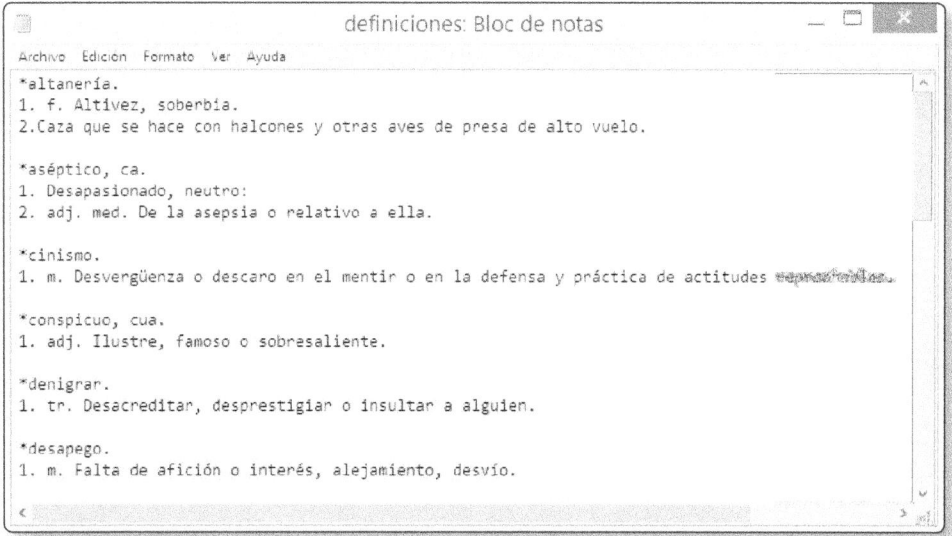

El código (**acierta_palabras.pyw**) sería el siguiente:

```python
import sys
sys.path.append(r"C:\Users\flop\Desktop\Ejercicios_Python_Resueltos")
import random as r
from acierta_palabras import *

class MyForm(QtGui.QDialog):
    def __init__(self, parent=None):
        QtGui.QWidget.__init__(self, parent)
        self.ui = Ui_Dialog()
        self.ui.setupUi(self)

        self.mi_tiempo = QtCore.QTimer()
        self.mi_tiempo.setInterval(1000)

        self.ui.barra_segundos.setVisible(False)

        self.ui.boton_inicio.clicked.connect(self.inicio)
        self.ui.boton_comenzar.clicked.connect(self.comenzar)
        self.ui.boton_parar.clicked.connect(self.parar)
        self.mi_tiempo.timeout.connect(self.mueve_barra)
        self.ui.entrada.returnPressed.connect(self.comprueba)

    def inicializa(self):
        self.ui.boton_comenzar.blockSignals(False)
        self.ui.salida.clear()
        self.ui.panel_palabras.clear()
        self.ui.entrada.setEnabled(True)
        self.ui.barra_segundos.setVisible(True)
        self.ui.barra_segundos.setValue(60)
        self.ui.segundos_restantes.setText("Número de segundos restantes: 60")

        self.mi_diccionario = {}
        self.mis_indices = []
        self.segundos = 60
        self.mi_tiempo.stop()
        self.parado = False

    def cuenta_palabras_fichero(self):
        num_palabras = 0
        fichero = open(r"C:\Users\flop\Desktop\Ejercicios_Python_Resueltos\definiciones.txt", "r")
        for dato in fichero:
            if dato.count('*') != 0:
                num_palabras += 1
        fichero.close()
        return num_palabras

    def inicio(self):
        self.inicializa()
        caracteres_no_en_nombre = ['*',' ',',','.','\n']
        while len(self.mi_diccionario) < 6:
            fichero = open(r"C:\Users\flop\Desktop\Ejercicios_Python_Resueltos\definiciones.txt", "r")
            nombre_sacado = saca_definicion = False
            nombre = definicion = ''
            num_asteriscos = 0
            n_pal = r.randint(1,self.cuenta_palabras_fichero())
            while n_pal in self.mis_indices:
                n_pal = r.randint(1, self.cuenta_palabras_fichero())
            self.mis_indices.append(n_pal)
            for dato in fichero:
                if dato.count('*') != 0:
                    num_asteriscos += 1
                if num_asteriscos == n_pal and nombre_sacado == False:
                    nombre = dato
                    nombre_sacado = True
                    saca_definicion = True
                    continue
                if saca_definicion == True and dato.count('1.') == 1:
                    definicion = dato
                    for car in caracteres_no_en_nombre:
                        if car in nombre:
                            if car == ' ':
                                hasta = nombre.find(car)
                                nombre = nombre[0:hasta]
                            else:
                                nombre = nombre.replace(car, '')
                    self.mi_diccionario[nombre] = definicion
                    break
```

```
47      def inicio(self):
48          self.inicializa()
49          caracteres_no_en_nombre = ['*',',',',','.','\n']
50          while len(self.mi_diccionario) < 6:
51              fichero = open(r"C:\Users\flop\Desktop\Ejercicios_Python_Resueltos\definiciones.txt", "r")
52              nombre_sacado = saca_definicion = False
53              nombre = definicion = ''
54              num_asteriscos = 0
55              n_pal = r.randint(1,self.cuenta_palabras_fichero())
56              while n_pal in self.mis_indices:
57                  n_pal = r.randint(1, self.cuenta_palabras_fichero())
58              self.mis_indices.append(n_pal)
59              for dato in fichero:
60                  if dato.count('*') != 0:
61                      num_asteriscos += 1
62                  if num_asteriscos == n_pal and nombre_sacado == False:
63                      nombre = dato
64                      nombre_sacado = True
65                      saca_definicion = True
66                      continue
67                  if saca_definicion == True and dato.count('1.') == 1:
68                      definicion = dato
69                      for car in caracteres_no_en_nombre:
70                          if car in nombre:
71                              if car == ',':
72                                  hasta = nombre.find(car)
73                                  nombre = nombre[0:hasta]
74                              else:
75                                  nombre = nombre.replace(car, '')
76                      self.mi_diccionario[nombre] = definicion
77                      break
78              fichero.close()
79          for palabra in self.mi_diccionario.keys():
80              self.ui.panel_palabras.addItem(palabra.upper()[0:4])
81
82
83      def comenzar(self):
84          self.palabras = list(self.mi_diccionario.keys())
85          r.shuffle(self.palabras)
86          self.ui.boton_comenzar.blockSignals(True)
87          self.ui.panel_definicion.setText(self.mi_diccionario[self.palabras[0]])
88          self.ui.entrada.setFocus(True)
89          self.mi_tiempo.start()
90
91      def comprueba(self):
92          try:
93              respuesta = self.ui.entrada.text()
94              self.ui.entrada.clear()
95              if self.mi_diccionario[respuesta] == self.ui.panel_definicion.text():
96                  self.ui.salida.setText(";Correcto!")
97                  QtCore.QTimer.singleShot(1500, lambda: self.ui.salida.clear())
98                  self.palabras.pop(0)
99                  del self.mi_diccionario[respuesta]
100                 self.ui.panel_palabras.clear()
101                 for palabra in self.mi_diccionario.keys():
102                     self.ui.panel_palabras.addItem(palabra.upper()[0:4])
103                 if len(self.palabras) != 0:
104                     self.ui.panel_definicion.setText(self.mi_diccionario[self.palabras[0]])
105                 else:
106                     self.ui.panel_definicion.clear()
107                     self.ui.salida.setText(";Enhorabuena, has ganado!")
108                     self.ui.entrada.setEnabled(False)
109                     self.mi_tiempo.stop()
110         except:
111             self.ui.salida.setText("No es correcto")
112             QtCore.QTimer.singleShot(1500, lambda: self.ui.salida.clear())
113
114     def mueve_barra(self):
115         self.segundos -= 1
116         self.ui.barra_segundos.setValue(self.segundos)
117         texto = "Número de segundos restantes: " + str(self.segundos)
118         if self.segundos == 0:
119             self.ui.salida.setText("Has perdido.")
120             self.ui.entrada.setEnabled(False)
121             self.mi_tiempo.stop()
122         self.ui.segundos_restantes.setText(texto)
123
124     def parar(self):
125         if self.parado == True:
```

Comentarios sobre el código

L12-13: Defino e inicializo a un segundo el atributo **mi_tiempo**, de tipo QTimer.

L15: Configuro barra_segundos mediante setVisible() para que no aparezca inicialmente.

L17-21: Establezco las conexiones signal-slot para los eventos de la aplicación.

L23-30: Defino el método **inicializa()**, que configura inicialmente los elementos gráficos (haciéndolos visibles, borrando su contenido o dándoles valor). En la línea 24, mediante blockSignals() desbloqueamos los eventos sobre boton_comenzar, ya que cuando iniciemos el juego estos estarán bloqueados. Posteriormente defino los atributos **mi_diccionario** (un diccionario donde almacenaré los nombres y definiciones de las 6 palabras), **mis_indices** (una lista donde llevaré la posición numérica en el fichero de las palabras ya almacenadas en mi_diccionario para que no haya ninguna repetida), **segundos** (donde almacenaré el número de segundos restantes) y **parado** (en él indicaré si el cronómetro está o no parado, inicialmente con valor False). También paro mediante stop() el cronómetro mi_tiempo.

L38-45: Defino el método **cuenta_palabras_fichero()**, que hace lo que su nombre indica. Abrimos el fichero en modo lectura, contamos el número de líneas donde aparece un asterisco, cerramos el fichero y devolvemos el contador.

L47-80: Defino el método **inicio()**, asociado al clic en boton_inicio, que extrae 6 palabras al azar de nuestro fichero y las representa en panel_palabras, además de empezar el juego representando la primera definición en pantalla y comenzar la cuenta atrás de segundos. Lo primero que hago es ejecutar inicializa(). Las variables usadas tienen el siguiente significado:

▼ **caracteres_no_en_nombre**: es una lista con los caracteres que queremos que no aparezcan en el nombre de la palabra.

▼ **car**: es una variable local que usaré para recorrer cada uno de los caracteres de caracteres_no_en_nombre.

▼ **hasta**: variable local usada para almacenar el lugar donde aparece una coma en el nombre de la palabra.

▼ **mi_diccionario**: diccionario donde almacenaré los nombres y definiciones de las 6 palabras.

▼ **mis_indices**: lista donde llevaré la posición numérica en el fichero de las palabras ya almacenadas en mi_diccionario.

▼ **nombre_sacado**: nos indica si hemos conseguido ya sacar (encontrar) la palabra buscada en el fichero de definiciones.

▼ **dato**: variable local usada para almacenar cada una de las líneas del fichero para su posterior procesado.

▼ **saca_definicion** : nos indica si debemos, una vez encontrado el nombre de la palabra, conseguir su definición.

▼ **nombre**: variable local donde almacenaré el nombre de la palabra, inicialmente tal cual está en el diccionario. Posteriormente eliminaré los caracteres no deseados antes de guardarla en mi_diccionario.

▼ **definicion**: variable local donde almacenaré la definición de la palabra correspondiente a su primer significado.

▼ **num_asteriscos**: variable local que uso para contar el número de asteriscos (igual al de palabras) que llevo buscados en el fichero.

▼ **n_pal**: variable local usada para almacenar un número aleatorio entre el total de palabras en el fichero. Ese índice entero es el que buscaré posteriormente en el fichero. Por ejemplo, si n_pal = 7, buscaré la séptima palabra.

En el método existe un bucle principal while del que solo se saldrá si hemor rellenado las seis palabras en mi_diccionario. Dentro de él lo primero, tras inicializar variables, es generar un número entero aleatorio dentro del rango de palabras existentes en el fichero (L55). En L56-57 comprobamos que ese número no está ya en mis_indices, es decir, que no la tenemos en mi_diccionario. Si no fuese el caso, se volvería a generar un número aleatorio hasta que se cumpliese la condición. Posteriormente lo añadimos a mis_indices. El siguiente for saca cada una de las líneas del fichero, las almacena en dato, y las procesa mediante tres if. El primero de ellos comprueba si contiene un asterisco y si es así aumenta num_asteriscos en una unidad. El siguiente comprueba si estamos ante la palabra que debemos sacar y áun no lo hemos hecho. Si es así, almacenamos dato en nombre, colocamos a True nombre_sacado (ya lo tenemos almacenado) y saca_definicion (indicando que ahora debe buscar la definición de la palabra), y saltamos el siguiente if mediante un continue. El tercer if se ejecutará cuando la línea del fichero contenga "1.". En ese caso hemos llegado a la definición, la almacenamos en definición y mediante el siguiente for cortamos el nombre de la palabra hasta la posible coma y le eliminamos los caracteres no deseados. Tras ello almacenamos en mi_diccionario nombre y definición. Mediante un break salimos del for de la L59 y, tras cerrar el fichero, volvemos al while principal, volviendo a repetir el proceso, que se repetirá hasta que tengamos seis palabras almacenadas. En este punto se sale del while y entra en el for de la L79 donde saca en panel_palabras los 4 primeros caracteres de las 6 palabras.

L83-89: defino el método **comenzar()**, asociado al clic en boton_comenzar. En él almaceno en el atributo palabras las 6 palabras a acertar; posteriormente las desordeno para que cada definición que aparezca no coincida con la palabra superior representada en el panel. Saco la definción por pantalla, focalizo el cursor en entrada y activo el cronómetro mi_tiempo. Bloqueo también las señales de boton_comenzar para que no tenga efecto su pulsación mientras se desarrolla el juego.

L91-112: defino el método **comprueba()**, que analiza si la palabra introducida por nosotros es correcta o no. Lo primero que hacemos es conseguir nuestra respuesta y almacenarla en una variable local del mismo nombre (borrándola gráficamente posteriormente). Mediante el if de la L95 se comprueba si es correcta o no nuestra respuesta. Si es así lo indicamos por pantalla y borramos mediante del el elemento correspondiente de mi_diccionario y mediante pop() el de palabras. En L100-102 actualizamos el panel de palabras, y el L103 comprobamos si aún quedan palabras que representar. Si es así las sacamos por pantalla, y si no es que hemos completado todas, con lo cual nos notifica por pantalla que hemos ganado, borrando el panel de definición, desactivando entrada y parando el cronómetro mi_tiempo. La opción de que nuestra respuesta no sea válida la hemos manejado recogiendo la excepción generada mediante una estructura try-except. Si en la L95 se nos genera una excepción de tipo KeyError la recogeremos con el except genérico e indicaremos durante segundo y medio por pantalla que la respuesta no es válida.

L114-122: defino el método **mueve_barra()**, que está conectado con cada llegada a 0 del valor de mi_tiempo. Cuando eso ocurre decrementamos el atributo segundos en una unidad, lo representamos gráficamente tanto en barra_segundos como en segundos_restantes, y mediante un if comprobamos si ha llegado a 0. En tal caso paramos el cronómetro, indicamos que has perdido y desactivamos la posible entrada de respuestas.

L124-132: defino el método **parar()**, que interrumpe el cronómetro si estaba corriendo y lo inicia de nuevo si estaba parado. Usamos el atributo parado para ello y para cambiar el texto que aparece en el botón.

Consideraciones finales

- ▼ En el código no he considerado determinados supuestos que podrían lanzar excepciones. Añadir código para manejarlas.

- ▼ Si pulsamos directamente "Comenzar" antes que a "Inicio" se genera un error a pesar de no interferir en el desarrollo de la aplicación. ¿Cómo podríamos solucionarlo?

6.3 SOPA DE LETRAS

Nivel de dificultad: 3

Descripción: en este ejercicio intentaremos crear una aplicación que nos proponga la resolución de sopas de letras. En nuestro caso tendremos que encontrar cinco palabras relacionadas con productos del campo (frutas, verduras, legumbres...) en un tablero de letras de 15x15. Las palabras que podemos elegir para que aparezcan en la sopa de letras están en las líneas del fichero de texto **productos_campo.txt**. Contiene 40 palabras (todas ellas en singular y sin acentos), parte de las cuales se muestran a continuación:

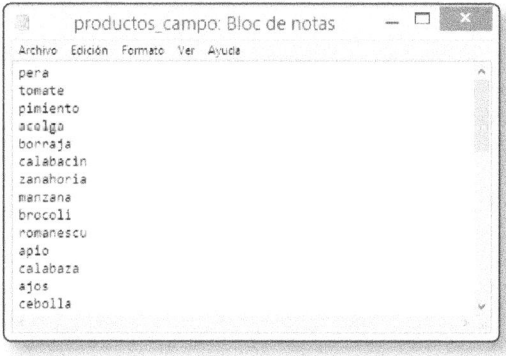

Dos ejemplos del uso de la aplicación son los siguientes:

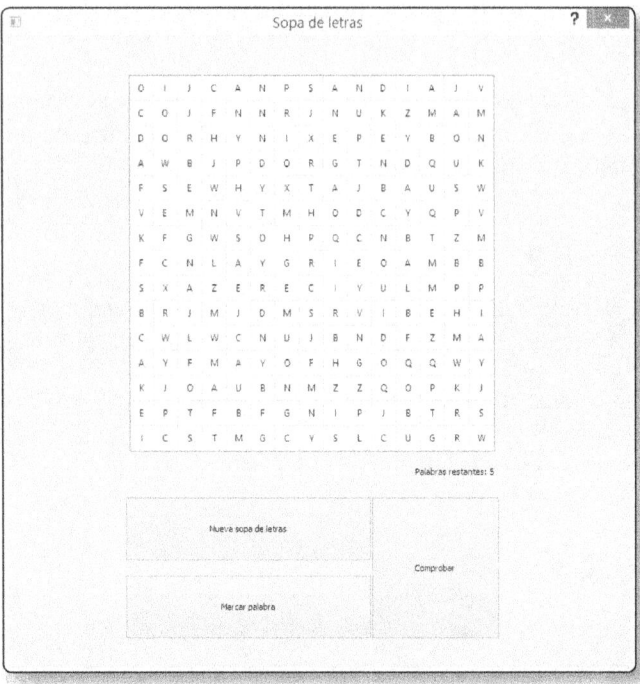

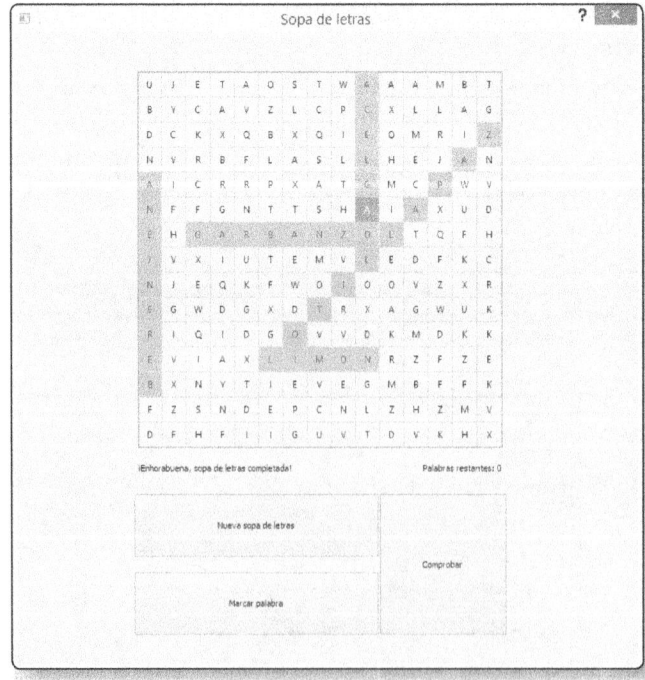

En la pantalla se nos indica el número de palabras que nos quedan para resolver la sopa de letras, siendo inicialmente 5.

Cuando pulsamos en el botón "Nueva sopa de letras" elegimos al azar 5 palabras del fichero productos_campo.txt y las representamos en el tablero. Esa representación puede estar orientada de 8 formas distintas (2 horizontal , 2 vertical y 4 oblicuamente) y en nuestra aplicación no se solapará ninguna letra de ninguna palabra, es decir, no habrá ninguna letra compartida por dos palabras.

Al hacer clic sobre cualquier celda del tablero esta adquirirá un color de fondo azul claro. Cuando hacemos clic en "Marcar palabra" indicamos que vamos a ir marcando consecutivamente las letras de una palabra que hemos identificado[265]. Tras hacerlo pulsaremos en el botón "Comprobar" y si es correcta[266] nos lo indicará por pantalla, decrementenado en una unidad el número de palabras restantes. Si este valor llega a cero, hemos completado la sopa de letras y nos lo indicará por pantalla.

El esquema de Qt Designer, **sopa_de_letras.ui**, es el siguiente:

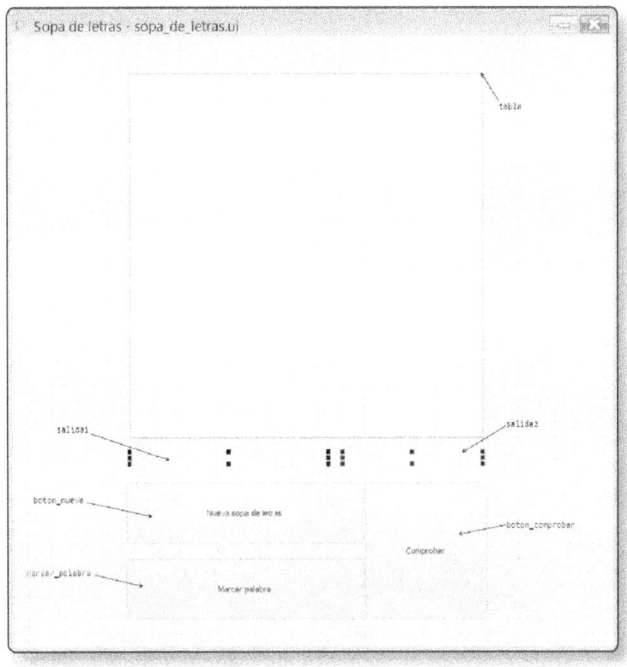

---

265. El hacer clic en este botón automáticamente borra el fondo azul de las celdas que hayamos marcado con anterioridad, salvo que estas correspondan a una palabra acertada.

266. En cuyo caso se mantendrán marcadas todas las celdas que componen la palabra.

Los tipos de cada uno de sus componentes son:

- **tabla**: QTableWidget
- **salida1**, **salida2**: QLabel
- **boton_nueva, marcar_palabra, boton_comprobar**: QPushButton

Como elementos que he configurado desde QtDesigner (al margen de los que son obvios a simple vista) tenemos:

- En tabla: horizontalHeaderDefaultSectionSize=32, verticalHeaderDefault SectionSize = 32, rowCount = 15, columnCount = 15, Width = 482, Height = 482
- En salida2: alignment Horizontal = AlignHRight, text = (vacío)
- En los tres botones: autoDefault = False

El código está en **sopa_de_letras.pyw**:

```python
import sys
sys.path.append(r"C:\Users\flop\Desktop\Ejercicios_Python_Resueltos")
import random
import os
from sopa_de_letras import *
from PyQt4.QtGui import *

class MyForm(QtGui.QDialog):
    def __init__(self, parent=None):
        QtGui.QWidget.__init__(self, parent)
        self.ui = Ui_Dialog()
        self.ui.setupUi(self)

        self.mi_tabla = [0 for i in range(15) for j in range(15)]
        self.mi_letra = ''
        self.mi_palabra = ''
        self.mis_x = []
        self.mis_y = []
        self.celdas_marcadas = []

        self.ui.tabla.cellClicked.connect(self.maneja_clic)
        self.ui.boton_nueva.clicked.connect(self.distribuye)
        self.ui.marcar_palabra.clicked.connect(self.marca_palabra)
        self.ui.boton_comprobar.clicked.connect(self.comprueba)


    def maneja_clic(self, x, y):
        self.celdas_marcadas.append((x,y))
        self.mis_x.append(x)
        self.mis_y.append(y)
        self.ui.tabla.currentItem().setBackgroundColor(QtGui.QColor(0,255,255))
        self.mi_letra = self.ui.tabla.currentItem().text()
        self.mi_palabra += self.mi_letra


    def inicializa(self):
        self.mi_tabla = [0 for i in range(15) for j in range(15)]
        self.ui.tabla.clear()
        self.ui.salida1.clear()
```

```
42
43      def distribuya(self):
44          self.ui.tabla.setEnabled(True)
45          self.inicializa()
46          palabras_totales = []
47          dir = r"C:\Users\floo\Desktop\Ejercicios_Python_Resueltos\productos_campo.txt"
48          if os.path.isfile(dir):
49              f = open(dir, 'r')
50              for linea in f:
51                  if linea != '\n':
52                      palabras_totales.append(linea.replace('\n', ''))
53              f.close()
54          else:
55              self.ui.salida1.setText("Error al leer el fichero de palabras")
56              QtCore.QTimer.singleShot(2000, lambda: self.ui.salida1.setText(''))
57
58          self.mis_palabras = []
59          num_pal = 0
60          ya_sacadas = []
61          tope = len(palabras_totales)
62          while num_pal < 5:
63              indice = random.randint(0, tope-1)
64              if indice not in ya_sacadas:
65                  self.mis_palabras.append(palabras_totales[indice])
66                  ya_sacadas.append(indice)
67                  num_pal += 1
68          self.mis_palabras_mayusculas = [i.upper() for i in self.mis_palabras]
69
70          self.restantes = len(self.mis_palabras)
71          self.ui.salida2.setText("Palabras restantes: " + str(self.restantes))
72          for self.palabra in self.mis_palabras:
73              self.coloca_palabra()
74          self.rellena_huecos()
75
76
77      def coloca_palabra(self):
78          self.x = random.randint(0,14)
79          self.y = random.randint(0,14)
80          self.orientacion = random.randint(1,8)
81          if self.dentro_limite() == True and self.se_solapa() == False:
82              self.imprime_palabra()
83          else:
84              self.coloca_palabra()
85
86
87      def rellena_huecos(self):
88          for i in range(15*15):
89              if self.mi_tabla[i] == 0:
90                  elemento_tabla = QTableWidgetItem()
91                  letra_azar = chr(random.randint(65,90))
92                  elemento_tabla.setText(letra_azar.upper())
93                  elemento_tabla.setTextAlignment(0x0084)
94                  self.ui.tabla.setItem(i//15, i%15, elemento_tabla)
95
96
97      def dentro_limite(self):
98          n = len(self.palabra) - 1
99          x = 0
100         y = 0
101         if self.orientacion == 1:
102             x = self.x - n
103         elif self.orientacion == 2:
104             x = self.x - n
105             y = self.y + n
106         elif self.orientacion == 3:
107             y = self.y + n
108         elif self.orientacion == 4:
109             x = self.x + n
110             y = self.y + n
111         elif self.orientacion == 5:
112             x = self.x + n
113         elif self.orientacion == 6:
114             x = self.x + n
115             y = self.y - n
116         elif self.orientacion == 7:
117             y = self.y - n
118         elif self.orientacion == 8:
119             x = self.x - n
120             y = self.y -n
```

```python
    def se_solapa(self):
        se_solapa = False
        x = self.x
        y = self.y
        for letra in self.palabra:
            if self.mi_tabla[15*x + y] == 1:
                return True
            if self.orientacion == 1:
                x = x - 1
            elif self.orientacion == 2:
                x = x - 1
                y = y + 1
            elif self.orientacion == 3:
                y = y + 1
            elif self.orientacion == 4:
                x = x + 1
                y = y + 1
            elif self.orientacion == 5:
                x = x + 1
            elif self.orientacion == 6:
                x = x + 1
                y = y - 1
            elif self.orientacion == 7:
                y = y - 1
            elif self.orientacion == 8:
                x = x - 1
                y = y - 1
        return se_solapa


    def marca_palabra(self):
        for celda in self.celdas_marcadas:
            elemento_tabla = self.ui.tabla.item(celda[0], celda[1])
            elemento_tabla.setBackgroundColor(QtGui.QColor(255,255,255))
            self.ui.tabla.setItem(celda[0], celda[1], elemento_tabla)
        self.mi_palabra = ''


    def comprueba(self):
        self.celdas_marcadas = []
        if self.mis_palabras_mayusculas.count(self.mi_palabra) != 0:
            self.restantes -=1
            self.ui.salida1.setText("Palabra correcta")
            if self.restantes > 0:
                QtCore.QTimer.singleShot(2000, lambda: self.ui.salida1.setText(''))
            self.mi_palabra = ''

            self.mis_x.clear()
            self.mis_y.clear()
            self.ui.salida2.setText("Palabras restantes: " + str(self.restantes))

        else:
            self.ui.salida1.setText("Palabra incorrecta")
            QtCore.QTimer.singleShot(2000, lambda: self.ui.salida1.setText(''))
            self.mi_palabra = ''
            for i in range(len(self.mis_x)):
                self.ui.tabla.item(self.mis_x[i], self.mis_y[i]).setBackgroundColor(QtGui.QColor('transparent'))
        if self.restantes == 0:
            self.ui.salida1.setText("¡Enhorabuena, sopa de letras completada!")
            self.ui.tabla.setAutoFillBackground(True)
            self.ui.tabla.setEnabled(False)
```

```
200         if self.orientacion == 1:
201             x = x - 1
202         elif self.orientacion == 2:
203             x = x - 1
204             y = y + 1
205         elif self.orientacion == 3:
206             y = y + 1
207         elif self.orientacion == 4:
208             x = x + 1
209             y = y + 1
210         elif self.orientacion == 5:
211             x = x + 1
212         elif self.orientacion == 6:
213             x = x + 1
214             y = y - 1
215         elif self.orientacion == 7:
216             y = y - 1
217         elif self.orientacion == 8:
218             x = x - 1
219             y = y -1
220
221
222 if __name__ == "__main__":
223     app = QtGui.QApplication(sys.argv)
224     myapp = MyForm()
225     myapp.show()
226     sys.exit(app.exec_())
227
```

Los **atributos** creados son:

- ▼ **mi_tabla**: lista bidimensional de 15x15 elementos donde se almacena todo el tablero. Inicialmente todos los elementos serán 0, que representarán celdas vacías.

- ▼ **mi_letra**: cadena donde almacenaré caracteres individuales para su posterior tratamiento.

- ▼ **mi_palabra**: cadena donde almacenaré la palabra que iré formando haciendo clic sobre las letras correspondientes del tablero y que posteriormente comprobaré si es o no correcta.

- ▼ **mis_palabras**: lista donde almaceno las 5 palabras que voy a representar en el tablero.

- ▼ **palabra**: lo usaré para almacenar cada una de las palabras contenidas en mis_palabras.

- ▼ **mis_x**: lista donde almaceno la coordenada x de las celdas del tablero donde se hace clic con el ratón.

- ▼ **mis_y**: lista donde almaceno la coordenada y de las celdas del tablero donde se hace clic con el ratón.

- ▼ **celdas_marcadas**: lista donde almaceno tuplas que contienen las coordenadas de las celdas del tablero donde se hace clic con el ratón.

- **restantes**: entero donde almaceno el número de palabras que quedan para resolver la sopa de letras.

- **x**: entero donde almaceno la coordenada x de la primera letra de la palabra que quiero insertar (de forma aleatoria) en el tablero.

- **y**: entero donde almaceno la coordenada y de la primera letra de la palabra que quiero insertar (de forma aleatoria) en el tablero.

- **orientacion**: entero donde almaceno la orientación que tendrá la palabra que inserto en el tablero.

Los **métodos** son los siguientes:

- **maneja_clic()**: asociado al clic en cualquier celda del tablero, se encarga de ir formando en mi_palabra la palabra que queremos indicar. Además, formatea con fondo azul claro la celda donde hemos hecho clic con el ratón, almacena sus coordenadas y la incluye en celdas_marcadas.

- **inicializa()**: inicializa con ceros mi_tabla y borra el contenido del tablero y de salida1.

- **distribuye()**: asociado al clic en boton_nueva, habilita el tablero, llama a inicializa(), obtiene las 5 palabras del fichero de palabras[267], las pone en mayúsculas, las representa[268] en el tablero, nos indica que en número de palabras restante es 5 y rellena[269] con letras al azar las celdas no ocupadas por las letras de las palabras para conformar la sopa de letras.

- **coloca_palabra()**: coloca en unas coordenadas y una orientación al azar la palabra contenida en el atributo palabra. Hace uso de los métodos dentro_limite() y se_solapa() para, respectivamente, que la palabra no exceda los límites del tablero ni se solape con otra. Si eso se cumple, usará los métodos marca_en_tabla() e imprime_palabra() para respectivamente marcar las celdas donde están las letras de la palabra[270] y sacar por pantalla en el tablero la palabra. Si no se cumple, el método se llama a sí mismo hasta que se cumplan las condiciones.

---

267. Si hubiese algún error al intentarlo nos lo indicaría por pantalla.
268. Haciendo uso del método coloca_palabra().
269. Haciendo uso del método rellena_huecos().
270. De cara a posteriormente no rellenar esas celdas con letras al azar.

▼ **rellena_huecos()**: busca huecos vacíos[271] en el tablero y los rellena con letras (de la 'a' a la 'z') al azar.

▼ **dentro_limite()**: nos devuelve un booleano indicando si con las coordenadas aleatorias generadas (almacenadas en los atributos x e y), la orientación que nos marca el atributo orientacion, y la palabra almacenada en el atributo palabra, excedemos o no los límites del tablero.

▼ **se_solapa()**: nos devuelve un booleano indicando si alguna letra de la palabra del atributo palabra (considerando las coordenadas y la orientación que queremos darle) solapan alguna otra letra de palabras ya marcadas.

▼ **marca_palabra()**: asociado al clic en el botón marcar_palabra, borra el fondo azul claro de las celdas en las que hemos hecho clic hasta el momento (sin contar las posibles palabras acertadas) y vacía el atributo mi_palabra.

▼ **comprueba()**: asociado al clic en boton_comprobar, comprueba si la palabra almacenada en el atributo mi_palabra es una de las 5 palabras que buscamos. Si es así lo indicamos por pantalla[272], decrementando restantes en una unidad y comprobando si este ha llegado a 0, algo que nos indicaría que hemos solucionado la sopa de letras[273]. De no serlo lo indicamos por pantalla y desmarcamos en el tablero las celdas seleccionadas.

▼ **imprime_palabra()**: coloca en el tablero (en mayúsculas y centradas) cada una de las letras del atributo palabra, en las coordenadas marcadas por los atributos x e y, y con la orientación marcada por el atributo orientacion. También marcará con un 1 en el atributo mi_tabla los elementos que corresponden a la ubicación de cada una de las letras de palabra, que usaremos posteriormente para no rellenarlas o para comprobar si dos palabras se solapan en alguna letra.

El análisis del código queda como ejercicio para el lector.

---

271. Representados por un 0 en el atributo mi_tabla.

272. Durante dos segundos.

273. En cuyo caso desactivaríamos el tablero para impedir su edición.

6.4 SUDOKU

Nivel de dificultad: 5

Descripción: en este ejercicio intentaremos crear una aplicación que nos proponga la resolución de Sudokus, esos puzzles numéricos que estamos acostumbrados a ver en periódicos y revistas.

Un Sudoku es una cuadrícula de 9x9 celdas donde en su interior puede haber números del 1 al 9 inclusive. La cuadrícula se divide en 9 bloques de 3x3. El Sudoku debe cumplir las siguientes condiciones:

- En todas sus filas o columnas tendremos los números del 1 al 9.
- En cada uno de los bloques tendremos los números del 1 al 9.

No todos los posibles Sudokus que podemos plantear se pueden resolver. Además, para que haya posibilidad de que la solución sea única (sin tener seguridad de ello) debemos tener al menos 17 celdas "destapadas". Si tenemos 16 o menos estamos seguros de que hay más de una solución.

Un Sudoku bien planteado es el que se puede resolver, tenga una o varias soluciones.

Un ejemplo de Sudoku bien planteado y una de sus soluciones[274] es el siguiente:

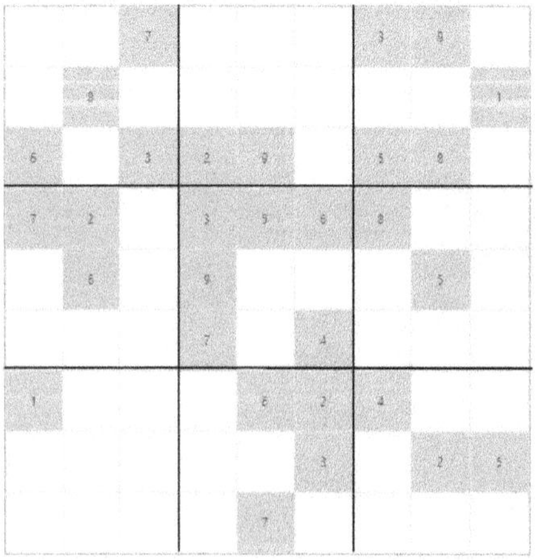

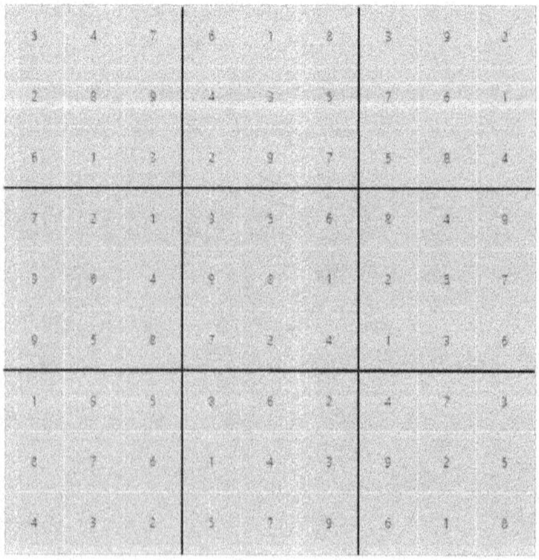

---

274. El Sudoku planteado tiene varias soluciones.

Debemos por tanto conseguir rellenar las celdas y que se cumplan las normas que impone el Sudoku.

En la aplicación que crearemos podremos elegir 5 niveles de dificultad, ver la solución o comprobar si la nuestra o es o no correcta. Un ejemplo de su uso es el siguiente:

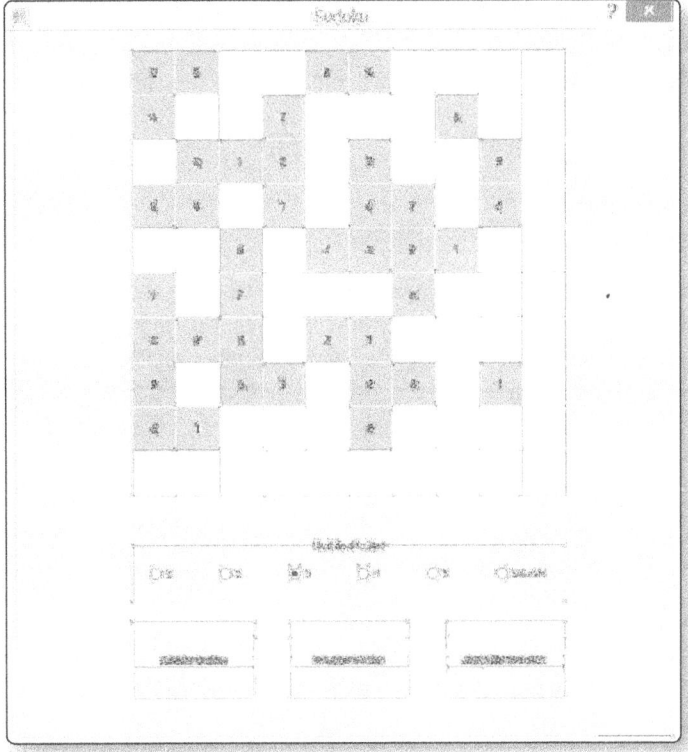

Observamos en él la posibilidad de elegir los 5 niveles de dificultad y la opción de visualizar la solución. Tenemos además tres botones:

▼ **Generar Sudoku**: generamos internamente (sin visualizar de momento) un nuevo Sudoku completamente resuelto.

▼ **Visualizar Sudoku**: dependiendo del nivel de dificultad visualizaremos más o menos casillas del Sudoku.

▼ **Comprobar solución**: nos informará sobre si nuestra solución es válida o no.

La secuencia lógica de operaciones en la aplicación será la siguiente:

1. Hacer clic en el botón "Generar Sudoku" hasta que nos indique por pantalla que lo ha podido generar.
2. Seleccionar el nivel de dificultad deseado.
3. Hacer clic en el botón "Visualizar Sudoku".
4. Completar el Sudoku.
5. Comprobar si la solución es correcta mediante el clic en el botón "Comprobar solución". Si se nos informa que no es correcto, volver al paso 4.

Siempre tendremos la opción de ver la solución del Sudoku seleccionando la opción "Solución" y haciendo clic en "Visualizar Sudoku".

Existen varias técnicas para resolver Sudokus, algunas muy sofisticadas. En la aplicación he usado el algoritmo denominado "de retroceso" (backtracking), que consiste en ir recorriendo en orden[275] las celdas vacías y probando números desde el 1 al 9 hasta que sea permitido. En ese momento pasamos a la siguiente celda vacía y volvemos a probar desde el 1 al 9 hasta que el número sea permitido. Si probamos los 9 valores y ninguno es válido, dejamos la celda en blanco y nos volvemos (de ahí lo de backtracking, que significa retroceso) a la anterior, aumentando su valor en una unidad y seguimos comprobando si es válido. Seguiríamos de esta forma hasta completar las 81 celdas del Sudoku[276].

El algoritmo de retroceso nos garantiza encontrar una solución si el Sudoku está bien planteado y es más simple que otros, pero al ser un algoritmo "de fuerza bruta" (ya que va probando todas las posibles soluciones) empleará más tiempo y puede considerarse lento.

Planteamiento de la aplicación

Para presentar un Sudoku de cara a su resolución lo primero que haré será generar[277] de forma aleatoria 20 números entre 1 y 9 en celdas al azar, comprobando en cada caso que están permitidos por las reglas del Sudoku. Posteriormente lo

---

275. Nosotros las recorreremos de arriba a abajo y de izquierda a derecha.
276. Consideramos que en Sudoku está bien planteado y tiene solución. Si no la tuviese volveríamos hasta la primera celda vacía y ninguno de los valores probados en ella serían válidos.
277. Partiendo de la tabla vacía.

resolveré usando la técnica de backtracking. Para finalizar, dependiendo del nivel de dificultar elegido por el usuario, haré visibles un número determinado de celdas (60, 50, 40, 30 o 20), dejando el resto libres para rellenar. Cuando el usuario pulse en el botón de comprobar, se analizará si el Sudoku introducido es válido o no.

Para evitar que en la resolución de un Sudoku aleatorio concreto el programa realizado emplee mucho tiempo, insertaré algunos elementos de control que detecten ese caso, de cara a descartarlo y generar de nuevo otras 20 celdas y repetir el proceso.

El esquema usado desde Qt Designer, **sudoku.ui**, es el siguiente:

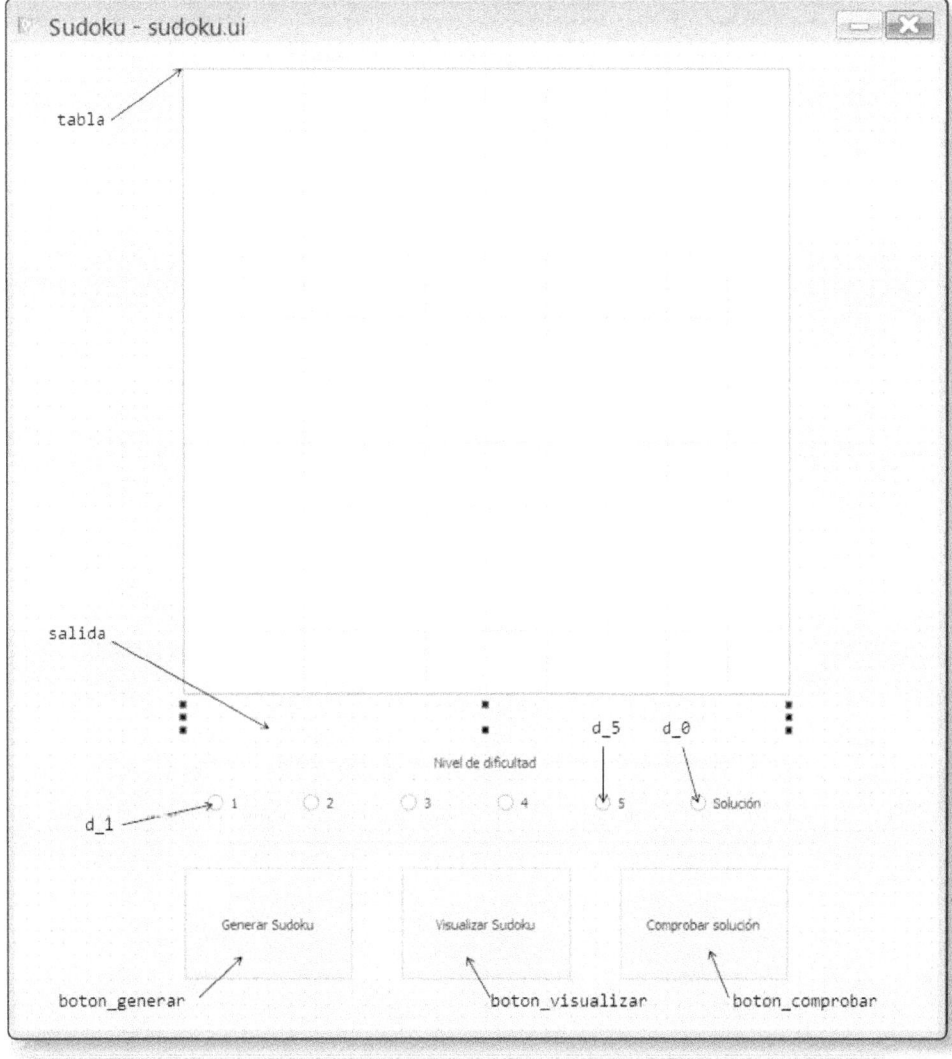

Los tipos de cada uno de ellos son:

- **tabla**: QTableWidget
- **salida**: QLabel
- **d_0, d_1, ... , d_5**: QRadioButton
- **boton_generar, boton_visualizar, boton_comprobar**: QPushButton

Como elementos que he configurado desde QtDesigner (al margen de los que son obvios a simple vista) tenemos:

- En tabla: horizontalHeaderDefaultSectionSize = 56, verticalHeaderDefaultSectionSize = 56, rowCount = 9, columnCount = 9, Width = 506, Height = 506
- En salida: alignment Horizontal = AlignHCenter, text = (vacío)
- En los tres botones: autoDefault = False

El código, **sudoku.pyw**, es:

```python
import sys
sys.path.append(r"C:\Users\flop\Desktop\Ejercicios_Python_Resueltos")
from sudoku import *
from PyQt4.QtGui import *
import random as r
import time

class MyForm(QtGui.QDialog):
    def __init__(self, parent=None):
        QtGui.QWidget.__init__(self, parent)
        self.ui = Ui_Dialog()
        self.ui.setupUi(self)

        self.sudoku = []
        self.mi_solucion = [[0 for i in range(9)] for j in range(9)]

        self.ui.boton_generar.clicked.connect(self.genera)
        self.ui.boton_visualizar.clicked.connect(self.visualizar)
        self.ui.boton_comprobar.clicked.connect(self.comprueba)

        self.configura_tabla(9,9)


    def genera(self):
        tope = 20
        cant = 0
        marcados = []
        self.sudoku = [[0 for i in range(9)] for j in range(9)]
        while cant < tope:
            i= r.randint(0,8)
            j= r.randint(0,8)
            num = r.randint(1,9)
            if (i,j) not in marcados:
                self.sudoku[i][j] = num
                if self.elemento_valido(i, j) == False:
                    self.sudoku[i][j] = 0
                else:
                    cant += 1
                    marcados.append((i,j))
        res = self.resuelve()
        if res == False:
            self.genera()
        else:
            self.ui.tabla.clear()
            self.ui.salida.setText("Nuevo Sudoku generado. Elija dificultad y pulse en Visualizar Sudoku.")
            QtCore.QTimer.singleShot(5000, self.ui.salida.clear)
```

```python
    def visualizar(self):
        tope = 0
        self.ui.tabla.clear()
        if self.ui.d_0.isChecked():
            self.saca_lista()
        elif self.ui.d_1.isChecked():
            tope = 60
        elif self.ui.d_2.isChecked():
            tope = 50
        elif self.ui.d_3.isChecked():
            tope = 40
        elif self.ui.d_4.isChecked():
            tope = 30
        elif self.ui.d_5.isChecked():
            tope = 20
        num = 0
        sacados = []
        while num < tope:
            x = r.randint(0,8)
            y = r.randint(0,8)
            if(x,y) not in sacados:
                elemento_tabla = QTableWidgetItem()
                elemento_tabla.setText(str(self.sudoku[x][y]))
                elemento_tabla.setTextAlignment(0x0084)
                elemento_tabla.setBackgroundColor(QtGui.QColor(0,255,255))
                elemento_tabla.setFlags(QtCore.Qt.ItemIsEnabled)
                self.ui.tabla.setItem(x, y, elemento_tabla)
                num += 1
                sacados.append((x,y))


    def configura_tabla(self, n_fil, n_col):
        ancho = self.ui.tabla.width()
        alto = self.ui.tabla.height()
        self.ui.tabla.setRowCount(n_fil)
        self.ui.tabla.setColumnCount(n_col)
        for i in range(n_col):
            self.ui.tabla.setColumnWidth(i, ancho/n_col)
        for i in range(n_fil):
            self.ui.tabla.setRowHeight(i, alto/n_fil)


    def comprueba(self):
        try:
            for i in range(9):
                for j in range(9):
                    a = self.ui.tabla.item(i,j)
                    if a != None:
                        self.mi_solucion[i][j] = int(a.text())
                    else:
                        self.mi_solucion[i][j] = 0
            self.solucion = self.sudoku
            self.sudoku = self.mi_solucion
            if self.sudoku_valido() and len(self.num_celdas_libres()) == 0:
                self.ui.salida.setText("La solucion es correcta.")
                QtCore.QTimer.singleShot(5000, self.ui.salida.clear)
            else:
                self.ui.salida.setText("La solucion no es correcta.")
                self.sudoku = self.solucion
                QtCore.QTimer.singleShot(5000, self.ui.salida.clear)
        except:
            self.ui.salida.setText("Hay algo mal en tu respuesta")
            QtCore.QTimer.singleShot(5000, self.ui.salida.clear)


    def saca_lista(self):
        for i in range(9):
            for j in range(9):
                elemento_tabla = QTableWidgetItem()
                elemento_tabla.setText(str(self.sudoku[i][j]))
                elemento_tabla.setTextAlignment(0x0084)
                elemento_tabla.setBackgroundColor(QtGui.QColor(0,255,255))
                elemento_tabla.setFlags(QtCore.Qt.ItemIsEnabled)
                if self.sudoku[i][j] != 0:
                    self.ui.tabla.setItem(i, j, elemento_tabla)


    def num_celdas_libres(self):
        celdas_libres = []
        for i in range(9):
            for j in range(9):
                if self.sudoku[i][j] == 0:
                    celdas_libres.append([i, j])
        return celdas_libres
```

```python
def resuelve(self):
    celdas_libres = self.num_celdas_libres()
    cantidad_celdas_libres = len(celdas_libres)
    if cantidad_celdas_libres == 0:
        return True
    k = 0
    t_inicial = time.time()
    while True:
        t_actual = time.time()
        intervalo = t_actual-t_inicial
        if intervalo > 1:
            return False
        i = celdas_libres[k][0]
        j = celdas_libres[k][1]
        if self.sudoku[i][j] == 0:
            self.sudoku[i][j] = 1
        if self.elemento_valido(i, j):
            if k + 1 == cantidad_celdas_libres:
                return True
            else:
                k += 1
        elif self.sudoku[i][j] < 9:
            self.sudoku[i][j] = self.sudoku[i][j] + 1
        else:
            while self.sudoku[i][j] == 9:
                if k == 0:
                    return False
                self.sudoku[i][j] = 0
                k -= 1
                i = celdas_libres[k][0]
                j = celdas_libres[k][1]
            self.sudoku[i][j] = self.sudoku[i][j] + 1

def elemento_valido(self, i, j):
    for columna in range(9):
        if columna != j and self.sudoku[i][columna] == self.sudoku[i][j]:
            return False
    for fila in range(9):
        if fila != i and self.sudoku[fila][j] == self.sudoku[i][j]:
            return False
    for fila in range((i // 3) * 3, (i // 3) * 3 + 3):
        for columna in range((j // 3) * 3, (j // 3) * 3 + 3):
            if fila != i and columna != j and self.sudoku[fila][columna] == self.sudoku[i][j]:
                return False
    return True

def sudoku_valido(self):
    for i in range(9):
        for j in range(9):
            if self.sudoku[i][j] < 0 or self.sudoku[i][j] > 9 or (self.sudoku[i][j] != 0 and not self.elemento_valido(i, j)):
                return False
    return True


if __name__ == "__main__":
    app = QtGui.QApplication(sys.argv)
    myapp = MyForm()
    myapp.show()
    sys.exit(app.exec_())
```

Se crean los siguientes **atributos**:

▼ **sudoku**: lista bidimensional donde se almacena el Sudoku completo.

▼ **mi_solucion**: lista bidimensional donde se almacenará nuestra solución al Sudoku.

▼ **solucion**: lista bidimensional que uso para guardar el Sudoku resuelto mientras compruebo si nuestra solución es válida.

Los **métodos** que crearé serán los siguientes:

- **genera()**: asociado al clic en boton_generar, genera un nuevo Sudoku completo. Hace uso del método resuelve().

- **visualizar()**: asociado al clic en boton_visualizar, representa parte del Sudoku (el número de celdas visibles depende del nivel de dificultad elegido) en la tabla. Hace uso del método saca_lista().

- **configura_tabla()**: realiza lo que su nombre indica, dando a la tabla un número de filas y columnas indicado por los dos argumentos correspondientes. En el ejercicio este método es redundante ya que he configurado la tabla desde Qt Designer, pero lo incluyo por motivos didácticos.

- **comprueba()**: asociado al clic en boton_comprobar, verifica si el Sudoku que tenemos en la tabla es correcto. Tanto en caso afirmativo como negativo nos lo indica por pantalla.

- **saca_lista()**: representa el atributo sudoku en la tabla con un determinado formato gráfico.

- **num_celdas_libres()**: nos devuelve todas las celdas libres que tenemos en el atributo sudoku. Lo hace en forma de lista de listas de dos elementos donde indicamos las coordenadas de cada celda libre.

- **resuelve()**: resuelve el Sudoku incompleto que tenemos en el atributo sudoku, rellenando las celdas vacías de este. Hace uso del método num_celdas_libres().

- **elemento_valido()**: nos devuelve un booleano indicando si el elemento que queremos insertar en la celda cumple con las normas del Sudoku. Para ello comprueba su fila, su columna y su bloque.

- **sudoku_valido()**: nos devuelve un booleano indicando si el Sudoku es válido. Hace uso del método elemento_valido().

Comentarios sobre el código

L15: creo el atributo sudoku inicialmente como una lista vacía.

L16: creo el atributo mi_solucion como una lista bidimensional de 9x9 con todos los valores 0.

L18-20: conecto las señales/slots en los tres botones de la aplicación.

L22: ejecuto el método configura_tabla() para dividir la tabla en 9 filas y 9 columnas. Ya que lo configuré de esa manera desde Qt Designer y no vamos a variar dinámicamente esos valores, este método en nuestro caso tiene más valor didáctico que otra cosa.

L25-47: defino el método genera(). Lo que haremos en él es generar de forma aleatoria[278] 20 números[279] del 1 al 9 y colocarlos también aleatoriamente en la tabla. Posteriormente haremos uso del método resuelve(), que comentaré más adelante y que hace lo que dice su nombre mediante el algoritmo que ya indicamos, para resolver ese Sudoku. Las variables tope y cant almacenan respectivamente el número de celdas que queremos rellenar y el que llevamos rellenadas, que inicialmente es cero. La lista marcados nos almacena las coordenadas (en forma de tuplas) de las celdas que vamos rellenando, para no sobrescribir ninguna de ellas. En la L29 rellenamos inicialmente con ceros[280] todas las casillas del atributo sudoku. El bucle while se repetirá el número de veces necesario para rellenar los 20 números. Dentro de él se generan aleatoriamente las coordenadas y el propio número. Posteriormente comprobamos mediante dos if que las coordenadas no están en marcados y que el número que queremos insertar en ella cumple las normas del Sudoku (para esto último hacemos uso del método elemento_valido()). Si se cumplen las dos cosas aumentamos cant en una unidad y añadimos las coordenadas a marcados. Llegados a la línea L41 tenemos nuestro Sudoku de 20 celdas planteado, pero no sabemos si se puede resolver, o incluso (como veremos más adelante[281]) si ello nos llevaría mucho tiempo. Por ello llamamos al método resuelve() para que intente resolver el Sudoku. Si no lo logra, volveremos a ejecutar genera() hasta que lo haga, en cuyo caso lo indicamos por pantalla durante cinco segundos haciendo uso del método singleShot() de la clase QTimer del módulo QtCore.

L50-78: defino el método visualizar(). En él num almacena el número de celdas visualizadas, y tope el número de celdas que queremos visualizar, que variará dependiendo del nivel de dificultad elegido. Los elementos d_1,...,d_5 representan las dificultades del 1 al 5 respectivamente. He elegido 60, 50, 40, 30 y 20 celdas representadas para cada uno de ellos. En el caso de que elijamos d_0, que corresponde con la solución al Sudoku, llamaremos al método saca_lista(), que nos representará por pantalla el atributo sudoku (que contendrá en ese momento la solución). Las celdas que visualizaremos serán aleatorias, usando para ello el método randint(). En la lista sacados almacenaremos las coordenadas en forma de tupla de los elementos que ya hemos visualizado. Las celdas visualizadas con su número se han configurado

---

278. Mediante el método randint() del módulo random.

279. Recordemos que el número mínimo para que el Sudoku tenga solución única es 17.

280. Los ceros denotarán celda vacía.

281. Ver la explicación del método resuelve().

para que no sean editables, tengan un fondo azul y el número aparezca centrado tanto horizontal como verticalmente.

L81-89: defino el método configura_tabla(). Recibe dos argumentos que nos indicarán el número de filas y número de columnas en que se dividirá la tabla. Haciendo uso de varios métodos de QTableWidget conseguimos su alto y ancho, configuramos el número de filas y columnas indicado y les damos a estas su tamaño correspondiente.

L92-112: defino el método comprueba(). Mediante los dos for anidados de las líneas L94 y L95 recogemos el contenido de las celdas que hay actualmente en pantalla y rellenamos[282] el atributo mi_solucion. Posteriormente almaceno en la variable solucion el atributo sudoku con la solución y en este almaceno ahora mi_solucion ya que más adelante llamo al método sudoku_valido() y este trabaja directamente con el atributo sudoku. Si me devuelve True y el número de celdas vacías es 0, la solución es válida y lo indicamos por pantalla durante cinco segundos. En caso contrario la solución no es válida, lo indico por pantalla el mismo tiempo y restauro el valor de sudoku. Todo el código está dentro de una estructura try-except para manejar posibles errores en el proceso, en cuyo caso nos lo indicaría cinco segundos por pantalla.

L115-124: defino el método saca_lista(). Mediante dos for anidados representamos en la tabla los valores almacenados en el atributo sudoku. Si el valor es un cero, no sacaremos nada en la celda correspondiente. Las celdas visualizadas se han configurado para que no sean editables, tengan un fondo azul y el número aparezca centrado tanto horizontal como verticalmente.

L127-133: defino el método num_celdas_libres(). Nos devuelve una lista de listas de dos elementos con las coordenadas de las celdas que están libres en el Sudoku almacenado en el atributo sudoku. Mediante dos for anidados recorreremos todos los elementos de sudoku, buscando cuando estos tienen valor 0.

L136-167: defino el método resuelve(). En él aplico el algoritmo de retroceso para intentar resolver el Sudoku. El método devuelve True en caso de lograrlo y False si no. En las líneas L137-140 mediante el uso del método num_celdas_libres() almacenamos las celdas libres, calculamos su número y si es cero (consideramos que hemos mandado resolver un Sudoku ya resuelto de forma correcta) devolvemos True. En nuestro caso ejecutamos siempre resuelve() con 61 celdas libres (81-20), por lo que nunca entrará en el if de la línea L139. La variable k representa el índice[283] de la celda vacía en la que nos encontremos. Inicialmente valdrá cero. El código dentro del while de la línea L143 realizará

---

282. Si la celda está vacía almacenamos un 0.

283. Comenzará por 0, algo que debemos tener en cuenta.

el algoritmo de retroceso. Como en algunos casos puede que su solución requiera mucho tiempo, y en precaución de que la aplicación se nos quede colgada o funcione de forma inestable, calculo[284] en cada pasada del bucle el tiempo que llevamos desde su inicio. Si ese tiempo es superior a un segundo salgo del método devolviendo False para descartar su resolución[285]. Del bucle while solo se saldrá mediante uno de los tres return que hay en su interior. Las variables i, j nos almacenan las coordenadas de la celda libre que tratamos en cada momento. Si tenemos un 0 automáticamente colocamos el número 1 y comprobamos si está o no permitido. Si lo está primero comprobamos si k+1 es el número de celdas vacías, lo que significaría que hemos completado la solución al Sudoku[286]. Si no es el caso, aumentamos k en una unidad y seguimos. Si el número 1 no estuviese permitido probaremos con el número 2, y así sucesivamente teniemdo como límite el número 9. En el caso de llegar al número 9 y no ser válido, comprobamos si estamos en la primera celda vacía (k=0) en cuyo caso el Sudoku no sería resoluble y saldríamos del método devolviendo False. Si no estamos en la primera celda, colocaríamos en la celda actual un 0 y volveríamos a la anterior celda vacía (de ahí que decrementamos k en una unidad en la línea L164) donde incrementaríamos en una unidad su contenido, continuando con el proceso.

L170-181: defino el método elemento_valido(). Mediante tres for comprobamos si el elemento de la celda cuyas coordenadas nos han pasado como argumento cumple con las normal del Sudoku. El primer for comprueba si la columna contiene todos los elementos del 1 al 9, el segundo comprueba si la fila también los contiene y el tercero hace lo propio con el bloque al que corresponde el elemento. Si en algún momento no se cumple alguna de las reglas, devolverá False. De lo contrario devolverá True.

L184-189: defino el método sudoku_valido(). Mediante dos for anidados recorremos todos los elementos de sudoku buscando elementos que sean menores que 0, mayores que 9 o que sean distintos de cero y no cumplan las normas del Sudoku (para esto último apoyándonos en el método elemento_valido()). El método sudoku_valido() nos dice si lo que hay rellenado hasta el momento en sudoku cumple las reglas de Sudoku o no. Para obtener una solución válida al Sudoku nos debe devolver True como respuesta y que el número de celdas vacía sea 0.

---

284. Con la ayuda del método time() del módulo time.

285. En el método genera() volvería a generar desde el inicio un Sudoku de 20 elementos y llamaría de nuevo al método resuelve() (líneas L41-43).

286. En este caso saldríamos del método mediante un return devolviendo True.

6.5 RESERVAS DE HOTEL

Nivel de dificultad: 3

Descripción: en este ejercicio intentaremos crear una aplicación para un hotel, que tenga la posibilidad de hacer reservas, buscarlas o eliminarlas. La aplicación, de tres pestañas, tiene el siguiente aspecto inicial (con fecha del día en que estemos):

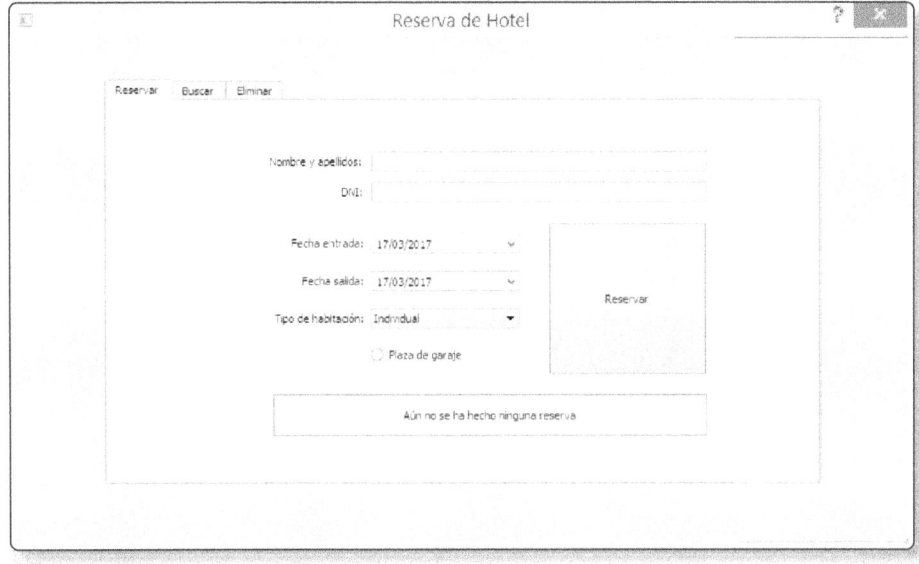

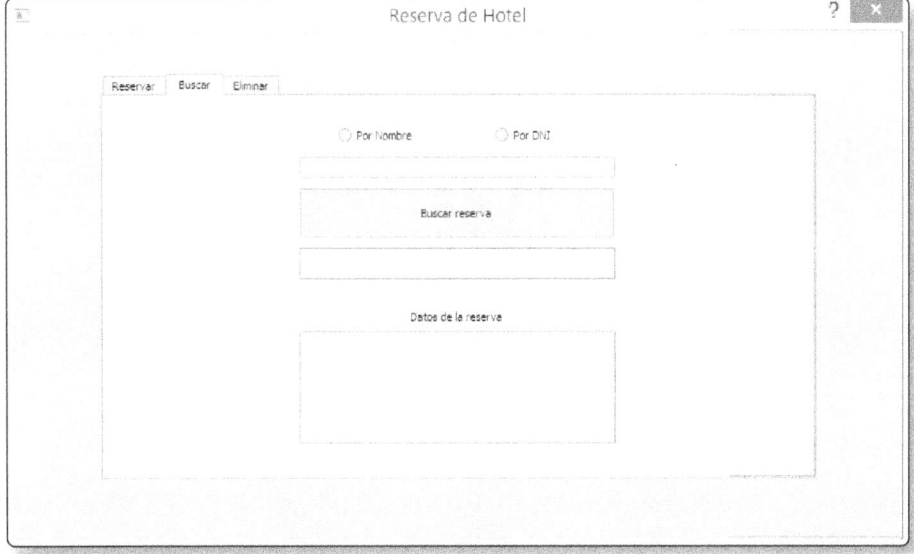

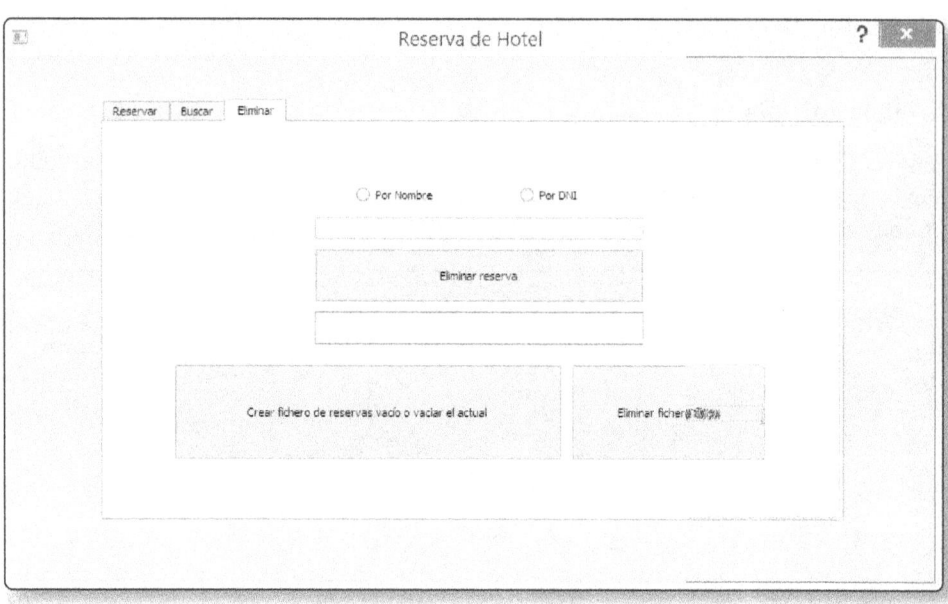

Ejemplos del uso de la aplicación son los siguientes:

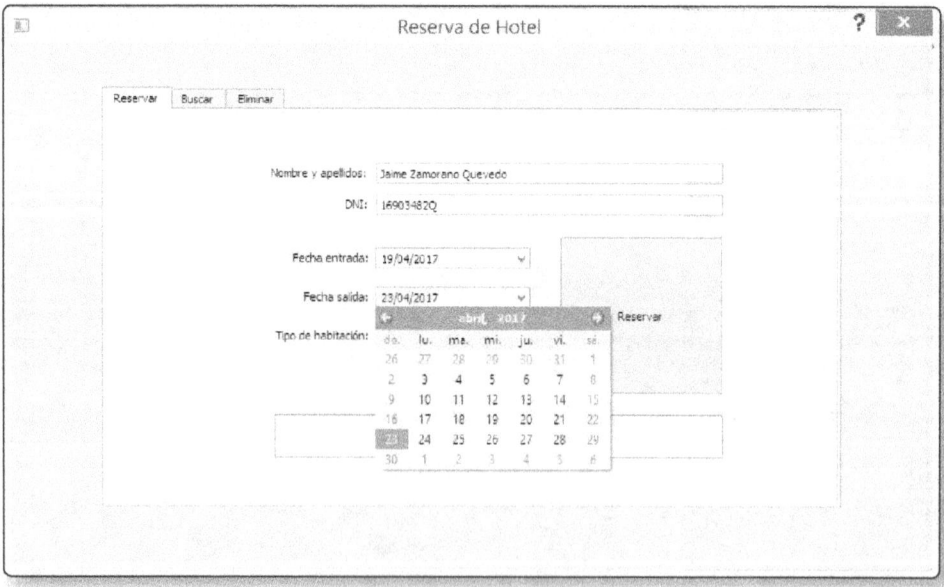

Capítulo 6. EJEMPLOS DE APLICACIONES GRÁFICAS

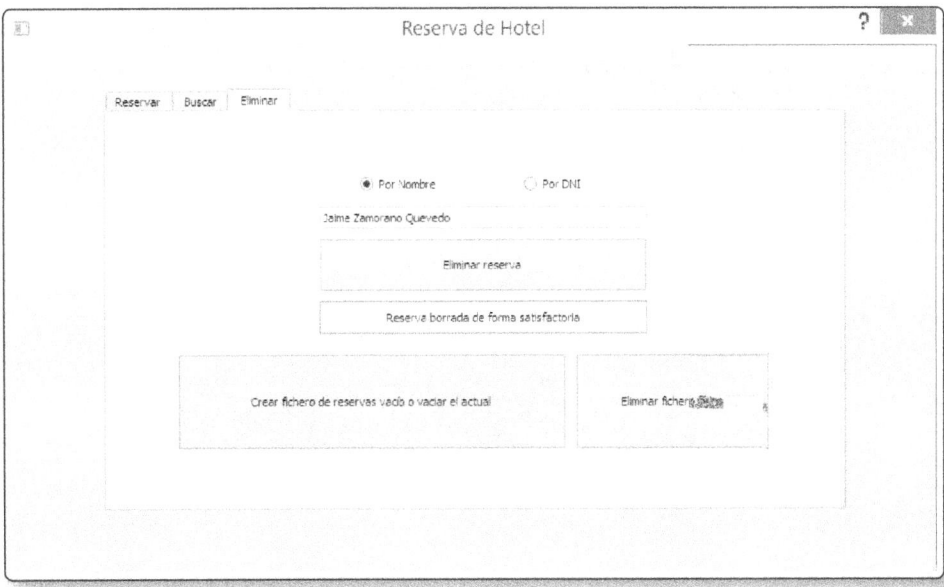

En diseño con Qt Designer para la aplicación es **hotel.ui**:

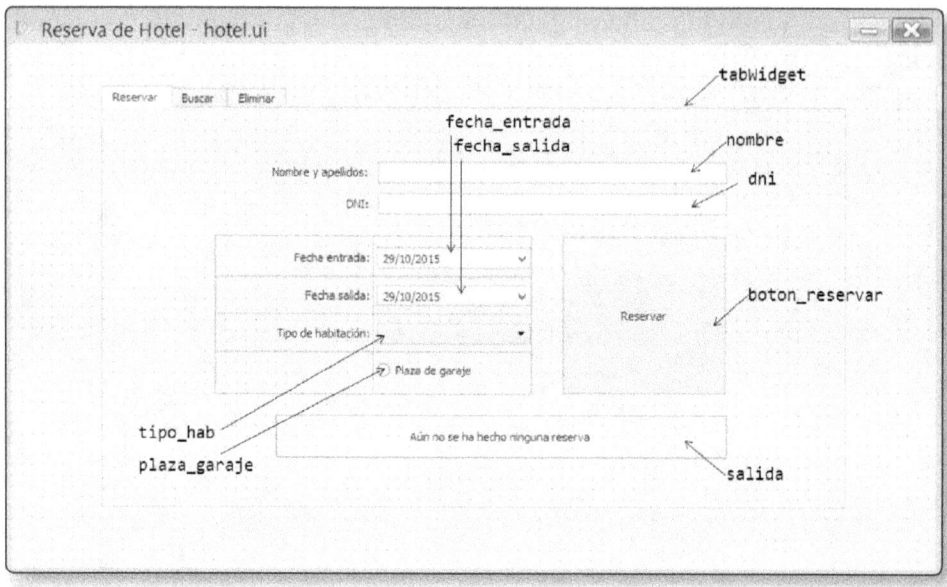

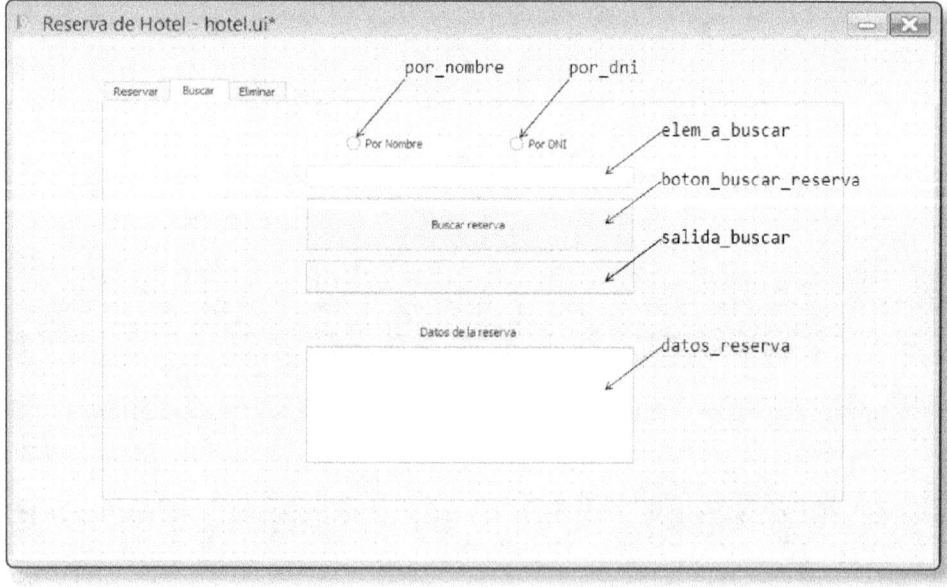

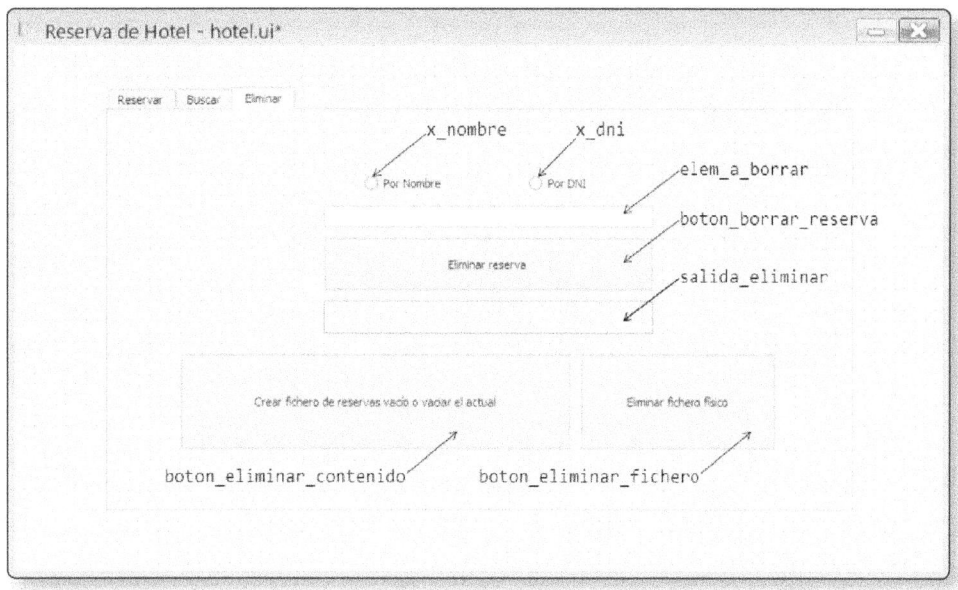

Los tipos de cada uno de sus componentes son:

- **tabWidget**: QTabWidget
- **nombre**, **dni**, **elem_a_buscar**, **elem_a_borrar**: QLineEdit
- **fecha_entrada**, **fecha_salida**: QDateEdit
- **tipo_hab**: QComboBox
- **plaza_garaje, por_nombre, por_dni, x_nombre, x_dni**: QRadioButton
- **boton_reservar, boton_buscar_reserva, boton_borrar_reserva, boton_eliminar_contenido, boton_eliminar_fichero**: QPushButton
- **salida, salida_buscar, salida_eliminar**: QLabel
- **datos_reserva**: QListWidget

Como elementos que he configurado desde QtDesigner (al margen de los que son obvios a simple vista) tenemos:

- En salida, salida_buscar, salida_eliminar: frameShape = StyledPanel, alignment Horizontal = AlignHCenter.
- En fecha_entrada, fecha_salida: calendarPopup = True
- En todos los QPushButton: autoDefault = False

Las signals/slots configuradas desde Qt Designer son:

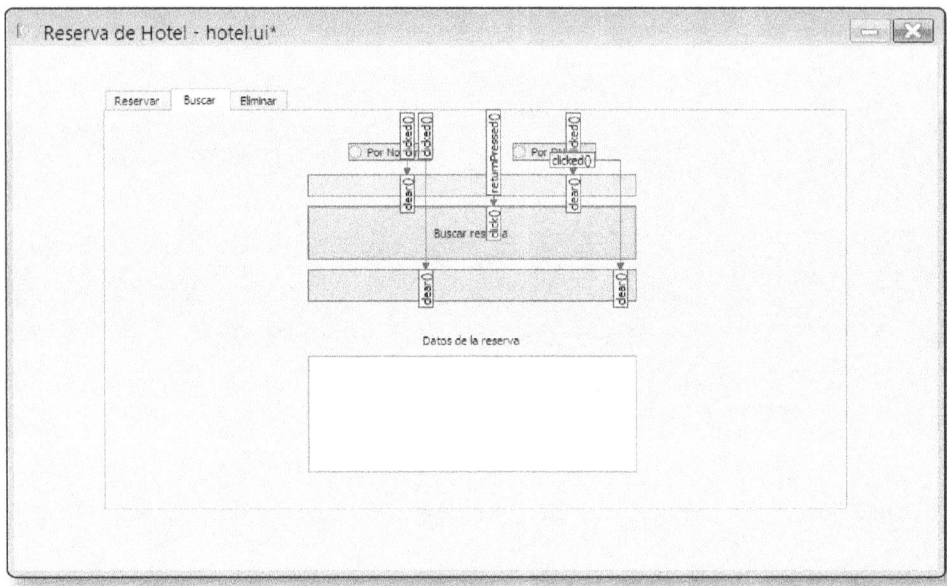

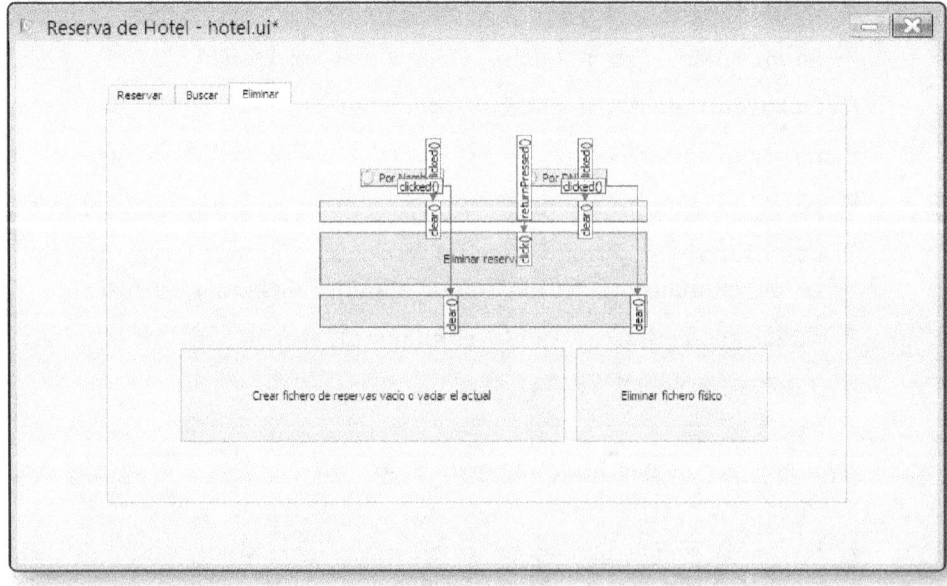

El código, **hotel.pyw**, es:

```python
import sys
sys.path.append(r"C:\Users\flop\Desktop\Ejercicios_Python_Resueltos")
import os
import shelve
from hotel import *
import datetime

class MiFormulario(QtGui.QDialog):
    def __init__(self, parent=None):
        QtGui.QDialog.__init__(self, parent)
        self.ui = Ui_Reserva()
        self.ui.setupUi(self)
        self.ui.tipo_hab.addItems(["Individual","Doble","Familiar"])
        self.borrar_formulario()

        if os.path.isfile(r"C:\Users\flop\Desktop\Ejercicios_Python_Resueltos\datos_hotel.dat") == False:
            self.inicializar_fichero()

        QtCore.QObject.connect(self.ui.boton_reservar, QtCore.SIGNAL('clicked()'), self.reserva)
        self.ui.boton_eliminar_contenido.clicked.connect(self.inicializar_fichero)
        self.ui.boton_eliminar_fichero.clicked.connect(self.borrar_fichero)
        self.ui.boton_buscar_reserva.clicked.connect(lambda: self.buscar_borrar_reserva(1))
        self.ui.boton_borrar_reserva.clicked.connect(lambda: self.buscar_borrar_reserva(2))

    def reserva(self):
        if self.ui.nombre.text() == "" or self.ui.dni.text() == "":
            self.ui.salida.setText("Los campos nombre y dni no son correctos. Rellénelos adecuadamente")
            QtCore.QTimer.singleShot(3000, lambda: self.ui.salida.clear())
            return None
        inicio = self.ui.fecha_entrada.date()
        fin = self.ui.fecha_salida.date()
        if fin > inicio:
            fichero = shelve.open(r"C:\Users\flop\Desktop\Ejercicios_Python_Resueltos\datos_hotel", writeback = True)
            fichero["nombres"].append(self.ui.nombre.text())
            fichero["dni"].append(self.ui.dni.text())
            fichero["f_entrada"].append(self.ui.fecha_entrada.text())
            fichero["f_salida"].append(self.ui.fecha_salida.text())
            fichero["tipo_hab"].append(self.ui.tipo_hab.currentText())
            fichero["garaje"].append(self.ui.plaza_garaje.isChecked())
            fichero.close()
            self.ui.salida.setText("Reserva almacenada en fichero")
            self.ui.boton_reservar.setEnabled(False)
            QtCore.QTimer.singleShot(3000, lambda: self.borrar_formulario())
            QtCore.QTimer.singleShot(3000, lambda: self.ui.salida.clear())
            QtCore.QTimer.singleShot(3000, lambda: self.ui.boton_reservar.setEnabled(True))
        else:
            self.ui.salida.setText("Las fechas no son correctas. Corríjalas e inténtelo de nuevo")
            QtCore.QTimer.singleShot(3000, lambda: self.ui.salida.clear())


    def borrar_formulario(self):
        hoy = datetime.date.today()
        self.ui.nombre.clear()
        self.ui.dni.clear()
        self.ui.tipo_hab.setCurrentIndex(0)
        self.ui.fecha_entrada.setDate(hoy)
        self.ui.fecha_salida.setDate(hoy)
        self.ui.plaza_garaje.setChecked(False)


    def inicializar_fichero(self):
        fichero = shelve.open(r"C:\Users\flop\Desktop\Ejercicios_Python_Resueltos\datos_hotel")
        fichero["nombres"] = []
        fichero["dni"] = []
        fichero["f_entrada"] = []
        fichero["f_salida"] = []
        fichero["tipo_hab"] = []
        fichero["garaje"] = []
        fichero.close()


    def borrar_fichero(self):
        datos = 'dat','bak','dir'
        try:
            for dato in datos:
```

```python
def buscar_borrar_reserva(self, opcion):
    try:
        fichero = shelve.open(r"C:\Users\flop\Desktop\Ejercicios_Python_Resueltos\datos_hotel", writeback = True)
        if opcion == 1:
            if not self.ui.por_dni.isChecked() and not self.ui.por_nombre.isChecked():
                raise RuntimeError
            op = 'nombres' if self.ui.por_nombre.isChecked() else 'dni'
            if self.ui.elem_a_buscar.text() in fichero[op]:
                a = fichero[op].index(self.ui.elem_a_buscar.text())
                self.ui.datos_reserva.clear()
                self.ui.datos_reserva.addItem("Nombre y apellidos: "+ fichero["nombres"][a])
                self.ui.datos_reserva.addItem("DNI: "+ fichero["dni"][a])
                self.ui.datos_reserva.addItem("Fecha entrada: "+ fichero["f_entrada"][a])
                self.ui.datos_reserva.addItem("Fecha salida: "+ fichero["f_salida"][a])
                self.ui.datos_reserva.addItem("Tipo de habitación: "+ fichero["tipo_hab"][a])
                self.ui.datos_reserva.addItem("Con garaje: Si" if fichero["garaje"][a]==True else "Con garaje: No")
        if opcion == 2:
            if not self.ui.x_dni.isChecked() and not self.ui.x_nombre.isChecked():
                raise RuntimeError
            op = 'nombres' if self.ui.x_nombre.isChecked() else 'dni'
            if self.ui.elem_a_borrar.text() in fichero[op]:
                a = fichero[op].index(self.ui.elem_a_borrar.text())
                fichero["nombres"].pop(a)
                fichero["dni"].pop(a)
                fichero["f_entrada"].pop(a)
                fichero["f_salida"].pop(a)
                fichero["tipo_hab"].pop(a)
                fichero["garaje"].pop(a)
    except RuntimeError:
        if opcion == 1:
            self.ui.salida_buscar.setText("Debe estar marcada una opción de búsqueda")
            QtCore.QTimer.singleShot(3000, lambda: self.ui.salida_buscar.clear())
        else:
            self.ui.salida_eliminar.setText("Debe estar marcada una opción")
            QtCore.QTimer.singleShot(3000, lambda: self.ui.salida_eliminar.clear())
    except:
        if opcion == 1:
            self.ui.salida_buscar.setText("El elemento indicado no existe en el fichero")
            QtCore.QTimer.singleShot(3000, lambda: self.ui.salida_buscar.clear())
        else:
            self.ui.salida_eliminar.setText("El elemento indicado no existe en el fichero")
            QtCore.QTimer.singleShot(3000, lambda: self.ui.salida_eliminar.clear())
    else:
        if opcion == 1:
            self.ui.salida_buscar.setText("Reserva encontrada de forma satisfactoria")
            QtCore.QTimer.singleShot(3000, lambda: self.ui.salida_buscar.clear())
        else:
            self.ui.salida_eliminar.setText("Reserva borrada de forma satisfactoria")
            QtCore.QTimer.singleShot(3000, lambda: self.ui.salida_eliminar.clear())
    finally:
        fichero.close()


if __name__ == "__main__":
    mi_aplicacion = QtGui.QApplication(sys.argv)
    mi_app = MiFormulario()
    mi_app.show()
    sys.exit(mi_aplicacion.exec_())
```

En esta aplicación no creo ningún atributo en MyForm.

Los **métodos** que crearé serán los siguientes:

- **reserva()**: asociado al clic en boton_reservar, guardará la reserva en el fichero de reservas si todo es correcto. Si hubiese algún problema (por ejemplo si la casilla del nombre o del dni están sin rellenar, o las fechas de reserva no tuviesen sentido) nos lo indicaría por pantalla y no almacenaría nada en el fichero.

▼ **borrar_formulario()**: inicializa todos los elementos del formulario de la pestaña "Reservar". En el caso de fecha_entrada y fecha_salida se colocará la fecha en la que nos encontremos.

▼ **inicicializar_fichero()**: asociado al clic en boton_eliminar_contenido, mediante él "vaciamos" los datos del fichero de reservas, sin eliminarlo físicamente.

▼ **borrar_fichero()**: asociado al clic en boton_eliminar_fichero, eliminamos físicamente del disco el fichero de reservas. Para ser más exactos, eliminamos los tres ficheros generados al crear el fichero de reservas.

▼ **buscar_borrar_reserva()**: es un método asociado tanto a la pulsación de boton_buscar_reserva como a la de boton_borrar_reserva. Posteriormente identificamos (en nuestro caso mediante el paso de un argumento) qué botón hemos pulsado, de cara a buscar o borrar la reserva. Si existe algún tipo de problema nos lo indica por pantalla, así como si todo se ha procesado de forma correcta.

Comentarios sobre el código

L13: agrego los tipos de habitación a tipo_hab.

L14: ejecuto borrar_formulario() para inicializar el formulario de reserva.

L16-17: creo, si no está ya creado, el fichero (los ficheros en realidad) donde almacenaré todas las reservas.

L19-23: signals/slots de todos los botones de la aplicación. El la L19 el formato que aplico es el antiguo, pero logramos el mismo fin. Interesante ver en la L22 y L23 cómo, mediante el uso de funciones anónimas lambda, logramos mandar un argumento al método buscar_borrar_reserva(), algo que nos permitirá posteriormente identificar el botón exacto que hemos pulsado.

L25-48: defino el método reserva(), donde inicialmente compruebo si el nombre o el dni no están rellenados, para indicarlo por pantalla y salir. Si no es así compruebo (haciendo uso del método date() de QDateEdit) que la fecha de salida es posterior a la de entrada. Si no es así lo indico por pantalla durante tres segundos. Si lo es, haciendo uso del módulo shelve guardo todos los datos de la reserva en el fichero datos_hotel.dat, indicando con posterioridad que el almacenamiento se ha realizado correctamente[287], borrando a los tres segundos el formulario e inicializando los elementos pertinentes. Durante esos tres segundos se desactivará boton_reservar para evitar que se guarden accidentalmente más copias de la reserva si hacemos clic sobre él.

---

287. No he colocado el código dentro de una estructura try-except para manejar posibles errores, pero para una versión más completa de la aplicación deberíamos hacerlo.

L52-59: defino el método borrar_formulario(), en el que coloco los valores iniciales de los elementos del formulario de reserva. Para el caso de las fechas hago uso del módulo datetime.

L63-71: defino el método inicializar_fichero(), en el que doy valor inicial vacío a los elementos almacenados en el fichero datos_hotel.dat.

L74-80: defino el método borrar_fichero(), eliminando los tres ficheros físicos creados al usar el método open() del módulo shelve. Para ello uso la función remove() del módulo os.

L83-133: defino el método buscar_borrar_reserva(). Todo su código está dentro de una estructura try-except-else-finally para manejar tanto posibles excepciones como ejecución correcta del código. Dentro de try distingo, mediante el argumento recibido opcion, si estoy en la pestaña de búsqueda o la de eliminación. En ambos casos lo primero que hacemos es comprobar si la opción "Por nombre" o la "Por dni" está activada. Si no lo está ninguna lanzamos mediante raise una excepción de tipo RuntimeError que posteriormente trataremos. En el caso del valor uno para opcion (buscar reserva) rastrearemos el fichero en búsqueda de lo que tenemos introducido en el formulario. Si lo encontramos almacenamos el índice donde se encuentra y vamos rellenando datos_reserva con la información de la reserva encontrada. En el caso del valor dos para opcion (eliminar reserva) rastrearemos el fichero en búsqueda de lo que tenemos introducido en el formulario. Si lo encontramos almacenamos el índice donde se encuentra y eliminamos mediante pop() todos los elementos que componen la reserva. Para el manejo de excepciones he considerado dos casos: RuntimeError y el caso genérico. El primero lo uso para el caso en el que no tengamos marcada alguna de las dos opciones (por nombre o por dni, ambas exclusivas) de búsqueda o borrado, ya que si es así lanzo mediante raise ese tipo de excepción. Y el segundo lo empleo para el caso en el que no tengamos en nuestro fichero de reservas el elemento que queremos buscar o borrar. Lo incluyo en forma de excepción genérica pero podría haberlo hecho también mediante una excepción que manejase solamente un error de tipo NameError, que es el que obtendríamos al no conseguir en las líneas L91 o L104 un valor correcto[288] para la variable a. El else de la estructura try-except-else-finally se ejecuta cuando todo se ha procesado de forma correcta. Solo nos queda distinguir si estamos buscando o borrando para indicar el mensaje correcto por pantalla. En finally, que se ejecutará en cualquier caso, haya o no excepciones, simplemente cerramos el fichero para evitar corromper datos en él.

---

288. Si posteriormente intentemos acceder mediante a, sin estar esta definida, a cualquier elemento del fichero, se nos generará un error de tipo NameError.

6.6 RECETARIO

Nivel de dificultad: 3

Descripción: en este ejercicio intentaremos crear una aplicación para guardar recetas, con la posibilidad de posteriormente buscarlas mediante una palabra clave de su nombre, visualizarlas o borrarlas. Añadiremos la posibilidad de eliminar o vaciar el fichero en el que almacenaremos las recetas, y también el poder visualizar uno a uno los pasos a seguir para la realización de cada receta en concreto.

La aplicación que he creado tiene el siguiente aspecto:

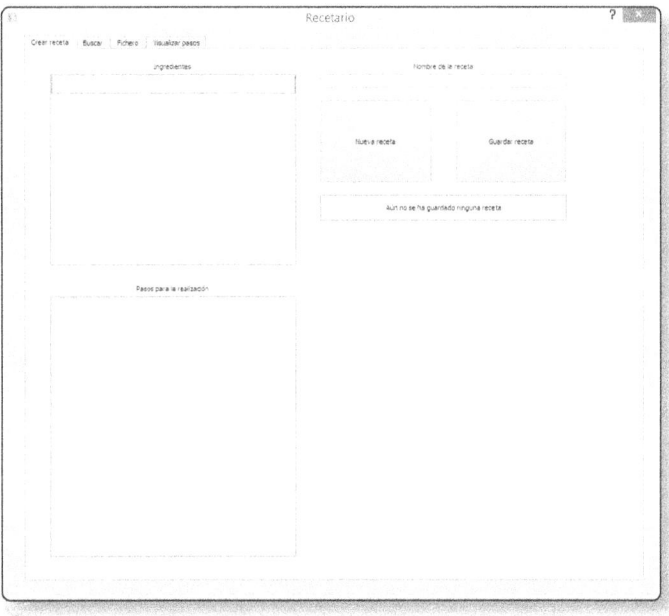

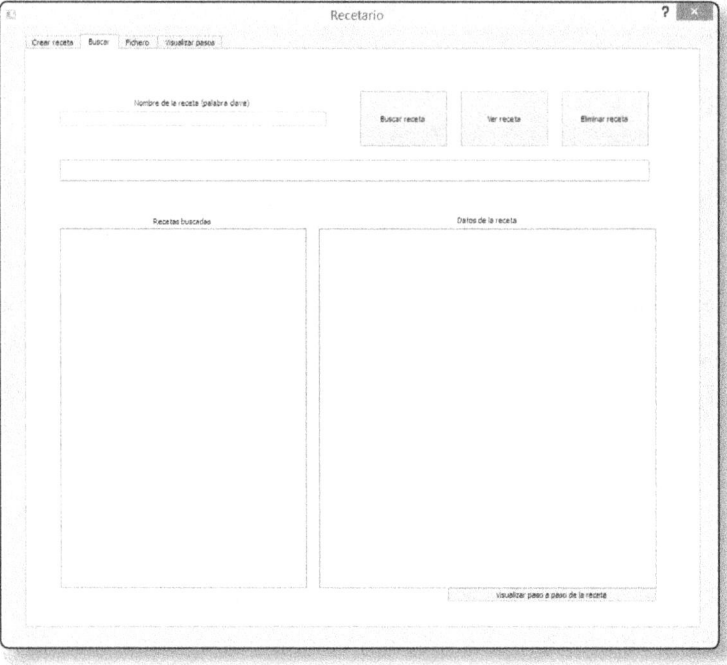

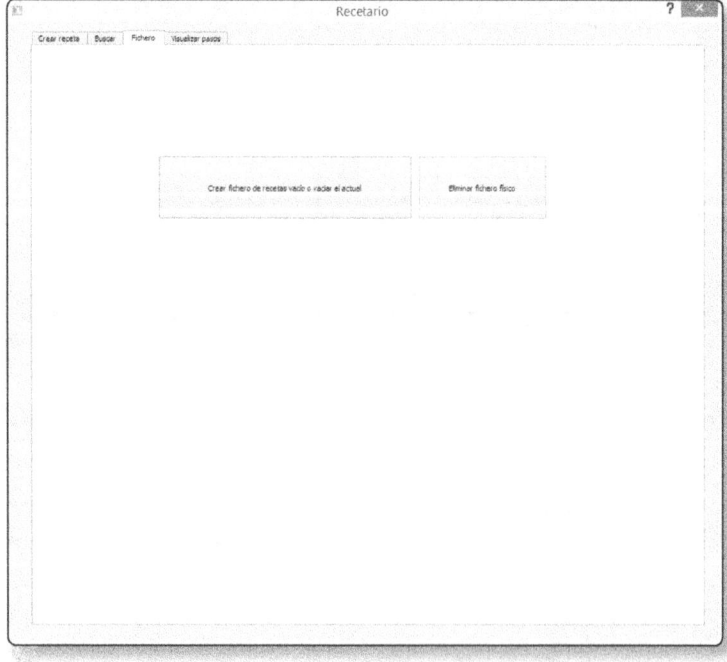

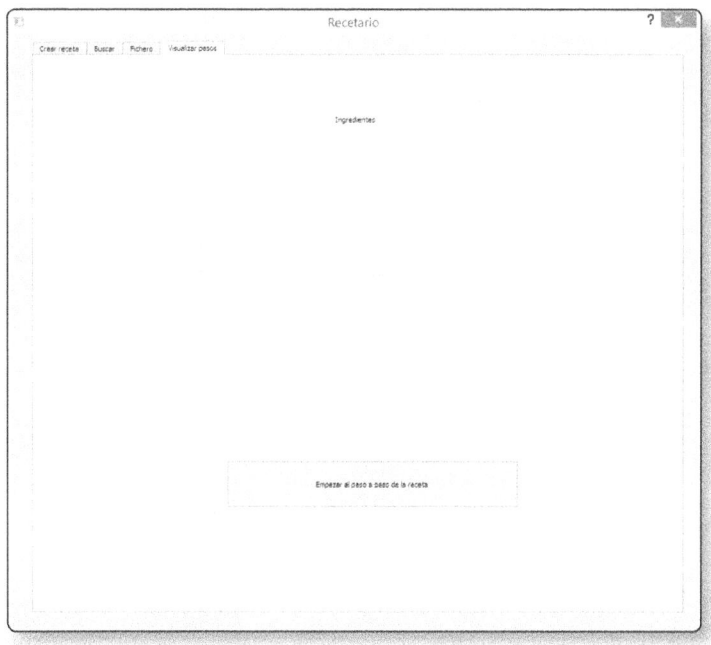

A continuación se adjunta el esquema en Qt Designer, **recetas.ui**, junto a los nombres que he dado a cada uno de los elementos importantes de la aplicación, que posteriormente se usarán en el código:

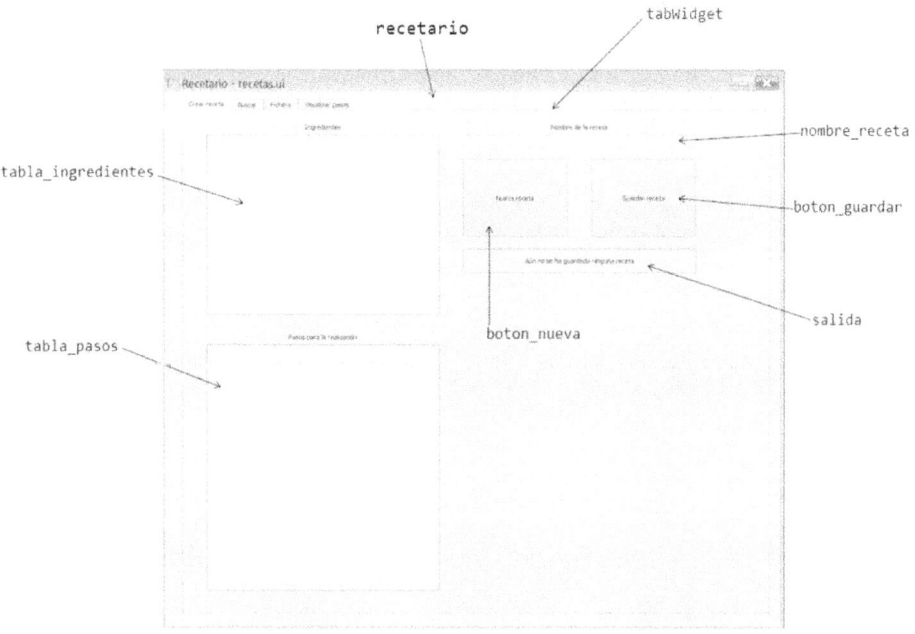

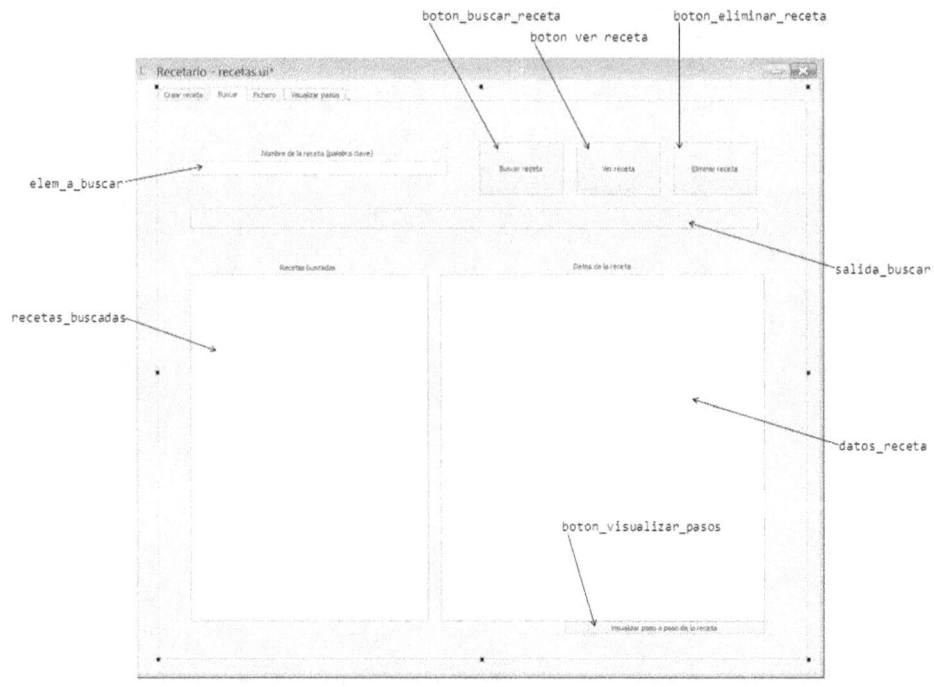

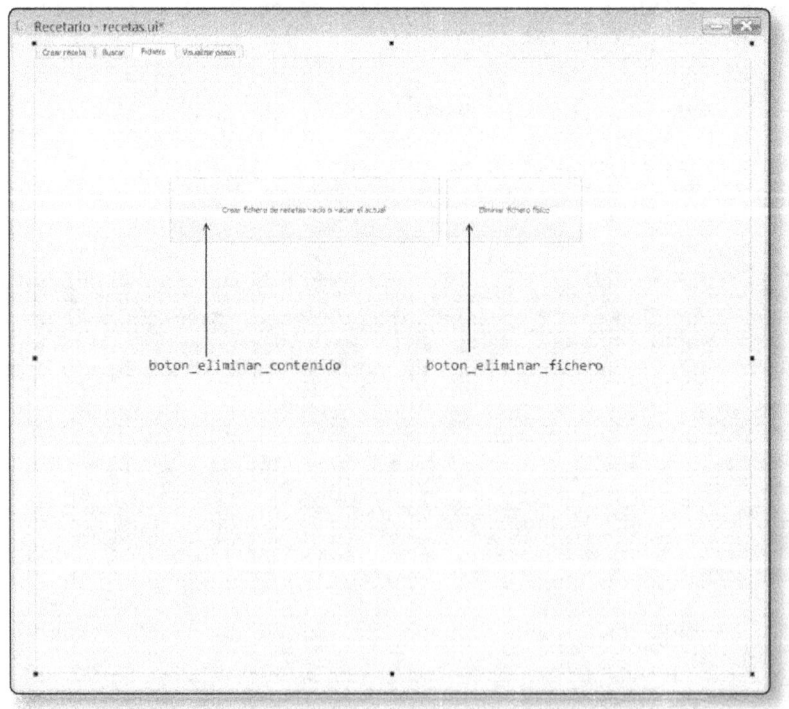

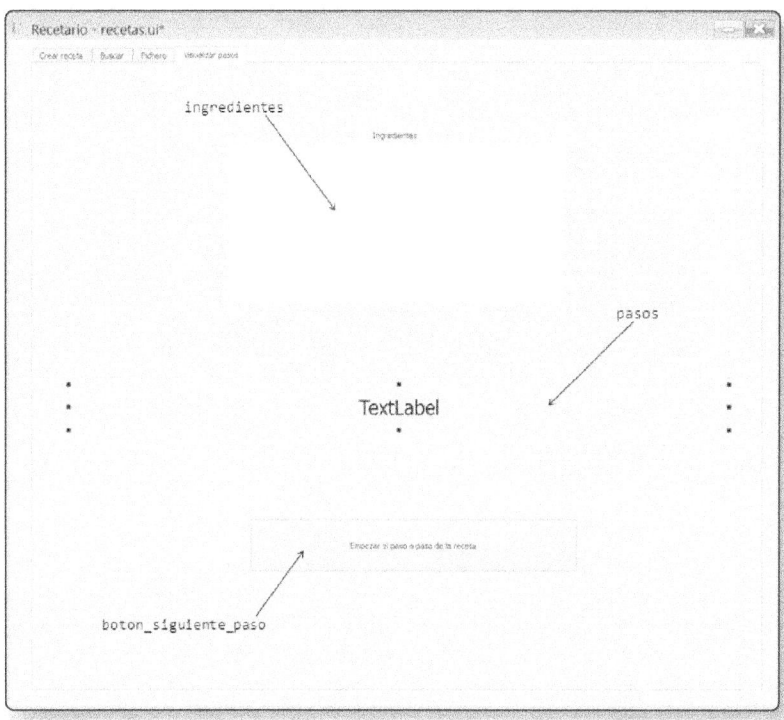

En esta última imagen he mantenido el texto por defecto de la etiqueta pasos por motivos de claridad, ya que en la aplicación no contiene inicialmente ningún texto.

Planteamiento de la aplicación: las recetas las voy a almacenar en un fichero usando el módulo **shelve**. Crearé tres llaves para el nombre de la receta, los ingredientes y los pasos a seguir para su realización. El valor del primero será una lista con los nombres de cada receta, el del segundo una lista de listas (cada una de estas últimas contendrán los ingredientes), y el del tercero otra lista de listas para almacenar los pasos. Como de cara a buscar o borrar recetas es muy importante saber qué posición ocupan en las listas, llevaremos mediante otra lista los índices de las recetas que en cada momento estamos visualizando por pantalla.

El fichero de código es **recetas.pyw**:

```
    def guardar(self):
        ingredientes = []
        pasos = []
        fichero = shelve.open(r"C:\Users\flop\Desktop\Ejercicios_Python_Resueltos\datos_recetas", writeback = True)
        fichero["nombre_receta"].append(self.ui.nombre_receta.text())
        num_filas = self.ui.tabla_ingredientes.rowCount()
        for i in range(num_filas):
            contenido = self.ui.tabla_ingredientes.item(i,0)
            if contenido != None:
                if contenido.text() != '':
                    ingredientes.append(self.ui.tabla_ingredientes.item(i,0).text())
        fichero["ingredientes"].append(ingredientes)
        num_filas = self.ui.tabla_pasos.rowCount()
        for i in range(num_filas):
            contenido = self.ui.tabla_pasos.item(i,0)
            if contenido != None:
                if contenido.text() != '':
                    pasos.append(self.ui.tabla_pasos.item(i,0).text())
        fichero["pasos"].append(pasos)
        fichero.close()
        self.ui.salida.setText("Receta guardada correctamente")
        QtCore.QTimer.singleShot(3000, lambda: self.ui.salida.clear())


    def recoge(self):
        if self.sender().objectName() == 'tabla_ingredientes':
            num_filas = self.ui.tabla_ingredientes.rowCount()
            if num_filas ==self.ui.tabla_ingredientes.currentRow() + 1:
                self.ui.tabla_ingredientes.insertRow(num_filas)
            self.ui.tabla_ingredientes.setCurrentCell(self.ui.tabla_ingredientes.currentRow() + 1,0)
        if self.sender().objectName() == 'tabla_pasos':
            num_filas = self.ui.tabla_pasos.rowCount()
            if num_filas ==self.ui.tabla_pasos.currentRow() + 1:
                self.ui.tabla_pasos.insertRow(num_filas)
            self.ui.tabla_pasos.setCurrentCell(self.ui.tabla_pasos.currentRow() + 1,0)
```

```
 85         for nombre in fichero["nombre_recetas"]:
 86             if palabra in nombre:
 87                 self.indices_busqueda.append(self.indice)
 88                 self.ui.recetas_buscadas.addItem("---> " + nombre)
 89             self.indice += 1
 90         fichero.close()
 91
 92
 93     def ver_receta(self):
 94         try:
 95             self.ui.datos_receta.clear()
 96             sel = self.ui.recetas_buscadas.currentRow()
 97             self.indice = self.indices_busqueda[sel]
 98             fichero = shelve.open(r"C:\Users\flop\Desktop\Ejercicios_Python_Resueltos\datos_recetas", writeback = True)
 99             self.ui.datos_receta.addItem("Nombre receta: " + fichero["nombre_receta"][self.indice])
100             self.ui.datos_receta.addItem("\nIngredientes:")
101             for dato in fichero["ingredientes"][self.indice]:
102                 self.ui.datos_receta.addItem(dato)
103             self.ui.datos_receta.addItem("\nPasos a realizar:")
104             paso = 1
105             for dato in fichero["pasos"][self.indice]:
106                 self.ui.datos_receta.addItem(str(paso)+ ") " + dato)
107                 paso +=1
108             fichero.close()
109             self.ui.salida_buscar.setText("Receta visualizada correctamente")
110             QtCore.QTimer.singleShot(3000, lambda: self.ui.salida_buscar.clear())
111         except:
112             self.ui.salida_buscar.setText("La receta no se visualizó")
113             QtCore.QTimer.singleShot(3000, lambda: self.ui.salida_buscar.clear())
114
115
116     def elimina_receta(self):
117         try:
118             sel = self.ui.recetas_buscadas.currentRow()
119             self.indice = self.indices_busqueda[sel]
120             fichero = shelve.open(r"C:\Users\flop\Desktop\Ejercicios_Python_Resueltos\datos_recetas", writeback = True)
121             fichero["nombre_receta"].pop(self.indice)
122             fichero["ingredientes"].pop(self.indice)
123             fichero["pasos"].pop(self.indice)
124             fichero.close()
125             self.buscar_receta()
126             self.ui.salida_buscar.setText("Receta borrada correctamente")
127             QtCore.QTimer.singleShot(3000, lambda: self.ui.salida_buscar.clear())
128         except:
129             self.ui.salida_buscar.setText("La receta no se borró")
130             QtCore.QTimer.singleShot(3000, lambda: self.ui.salida_buscar.clear())
131
132
133     def inicializar_fichero(self):
134         try:
135             fichero = shelve.open(r"C:\Users\flop\Desktop\Ejercicios_Python_Resueltos\datos_recetas")
136             fichero["nombre_receta"]= []
137             fichero["ingredientes"] = []
138             fichero["pasos"] = []
139             fichero.close()
140             self.ui.salida_eliminar.setText("Ficheros inicializados correctamente")
141             QtCore.QTimer.singleShot(3000, lambda: self.ui.salida_eliminar.clear())
142         except:
143             self.ui.salida_eliminar.setText("Los ficheros no se inicializaron correctamente")
144             QtCore.QTimer.singleShot(3000, lambda: self.ui.salida_eliminar.clear())
145
146     def borrar_fichero(self):
147         datos = 'dat','bak', 'dir'
148         try:
149             for dato in datos:
150                 os.remove(r"C:\Users\flop\Desktop\Ejercicios_Python_Resueltos\datos_recetas."+ dato)
151             self.ui.salida_eliminar.setText("Ficheros borrados correctamente")
152             QtCore.QTimer.singleShot(3000, lambda: self.ui.salida_eliminar.clear())
153         except:
154             self.ui.salida_eliminar.setText("Los ficheros no se borraron correctamente")
155             QtCore.QTimer.singleShot(3000, lambda: self.ui.salida_eliminar.clear())
```

```
164         self.indice = self.indices_busqueda[sel]
165         fichero = shelve.open(r"C:\Users\flop\Desktop\Ejercicios_Python_Resueltos\datos_recetas", writeback = True)
166         for ing in fichero["ingredientes"][self.indice]:
167             self.ui.ingredientes.addItem(ing)
168         self.pasos = fichero["pasos"][self.indice]
169         fichero.close()
170
171     def siguiente_paso(self):
172         if self.pasos == []:
173             self.ui.pasos.setText("No hay receta a visualizar")
174             return None
175         try:
176             if self.ui.boton_siguiente_paso.text() == "Empezar el paso a paso de la receta":
177                 self.ui.boton_siguiente_paso.setText("Siguiente paso")
178
179             self.ui.pasos.setText(self.pasos[self.num_paso])
180             self.num_paso +=1
181         except:
182             self.ui.pasos.setText("Fin de la receta")
183             self.ui.boton_siguiente_paso.setText("Empezar el paso a paso de la receta")
184             self.num_paso = 0
185
186
187 if __name__ == "__main__":
188     mi_aplicacion = QtGui.QApplication(sys.argv)
189     mi_app = MiFormulario()
190     mi_app.show()
191     sys.exit(mi_aplicacion.exec_())
192
```

Comentarios sobre el código

L11: defino el atributo **indices_busqueda** como una lista vacía. En ella guardaré los índices que las recetas que visualizamos en pantalla (al hacer una búsqueda) ocupan en las listas globales de recetas.

L12,L13: creo el atributo **pasos** como una lista donde almacenaré los pasos de una receta en concreto. Para saber en qué paso estamos, creo también el atributo num_paso.

L14: hago que al inicializar el programa el cursor esté sobre la tabla de los ingredientes para poder empezar a teclearlos.

L15: compruebo, mediante la función isfile() del módulo os.path, si el fichero de almacenamiento de las recetas está creado ya. En caso contrario lo inicializo.

L18-L28: conecto cada una de las acciones en la aplicación (signals) con la función que se encargará de manejarlas (slots).

L30-40: defino el método **nueva()**, que se va a encargar de inicializar (borrando todo) tanto el nombre de la receta como las dos tablas (ingredientes y pasos) que tenemos para introducir recetas en nuestro formulario. Para ellos uso los métodos clear(), rowCount() y removeRow() que nos permiten, respectivamente, borrar el contenido, contar el número de filas y eliminar filas.

L42-63: defino el método **guardar()**, empleado para guardar todos los datos de la receta en el fichero de recetas. Para ello creo dos listas locales (ingredientes y pasos) donde almacenaré el contenido de las respectivas tablas del formulario. Posteriormente guardo todos los elementos en el fichero, lo cierro e indico por pantalla (durante tres segundos, haciendo uso del método singleShot() y una función lambda) que todo se ha guardado de forma correcta. Además de rowCount() uso el método item(), que me permite obtener el ítem de la tabla colocado en la fila y la columna que le indiquemos. No he considerado posibles excepciones que impidan que la receta se guarde de forma correcta.

L67-77: defino el método **recoge()**, que he conectado a las señales de cambio en una celda tanto de la tabla de ingredientes como de la de pasos. Para identificar cual de ellas ha generado la señal, uso self.sender(), que me indica el objeto que ha llamado al método. Unido al método objectName() consigo el nombre del citado objeto, que puedo comparar con cada uno de los nombres para actuar sobre una tabla u otra. Cuento el número de filas que tenemos (mediante countRow()), lo comparo con la celda en la que nos encontramos (haciendo uso del método currentRow()) y si estamos en la última celda añado una más mediante el método insertRow(). Posteriormente, mediante setCurrentCell() me coloco en esa nueva celda creada.

L79-90: defino el método **buscar_receta()** que, como su nombre indica, busca la palabra clave que le indicamos en la lista de nombres de recetas. Si la contiene, agrega el índice correspondiente (que lo tenemos almacenado en la variable indice) a la lista indices_busqueda y el nombre de la receta lo añade (mediante el método addItem()) al QListWidget recetas_buscadas.

L93-113: defino el método **ver_receta()**, que representa en el QListWidget datos_receta toda la información que tenemos almacenada sobre ella. Para ello almaceno en la variable sel la fila del ítem seleccionado (con base 0) y mediante ella accedo al índice que ocupa la receta en las listas. Posteriormente saco todos los datos. En este método sí he implementado el manejo de excepciones para indicar por pantalla si se ha representado de forma correcta los datos de le receta o no.

L116-130: defino el método **elimina_receta()**, que borra del fichero la receta que tenemos seleccionada en "Recetas buscadas". Para ello, de forma similar al método ver_receta() consigo el índice que ocupa la receta y mediante el método pop() elimino en las tres listas el elemento que aparece en el citado índice. También implemento manejo de excepciones e indicación por pantalla de operación correcta o errónea.

L133-144: defino el método **inicializar_fichero()** para vaciar los datos que pueda haber en el fichero de datos, o para crearlo si aún no se ha hecho. Implemento manejo de excepciones e información por pantalla. El método está ligado al clic en boton_eliminar_contenido de la pestaña "Fichero". Si el fichero está ya creado, no destruye el fichero físico sino que simplemente lo vacía.

L146-155: defino el método **borrar_fichero()**, que en realidad elimina los tres ficheros físicos (de extensiones .dat, .bak y .dir) creados en la primera ejecución del programa. Lo consigo mediante la función remove() del módulo os. Implemento manejo de excepciones e información de operación por pantalla.

L158-169: defino el método **visualizar_pasos()**, asociado al clic en boton_visualizar_pasos de la pestaña "Buscar". En él, mediante el método setCurrentIndex() de tabWidget (a este elemento no le he cambiado el nombre por defecto), me traslado a la pestaña "Visualizar pasos" y saco mediante el QListWidget ingredientes los datos relativos a ellos. Es el atributo indice el que nos informa sobre la receta en concreto. En el atributo pasos almaceno las instrucciones para realizar la receta. Como curiosidad decir que en este caso en lugar de usar etiquetas u otros elementos he insertado ingredientes dentro de un groupBox. No implemento manejo de excepciones.

L171-184: defino el método **siguiente_paso()**, que irá sacando cada uno de los pasos de la receta en la etiqueta pasos a medida que se haga clic en. Al principio compruebo que el atributo pasos no esté vacío (en ese caso se indica y se sale del método) y si es así voy sacando uno a uno sus elementos. He implementado manejo de excepciones ya que cuando el valor almacenado en num_paso supere el tamaño de la lista se generará una excepción de tipo IndexError. Es entonces cuando inicializamos a 0 num_paso, indicamos que hemos llegado al final de la receta y cambiamos el texto de boton_siguiente_paso, texto que se vuelve a cambiar cuando hacemos clic para ver primer paso de cada receta.

6.7 COMPRAS EN FRUTERÍA

Nivel de dificultad: 5

Descripción: en este ejercicio intentaremos crear una aplicación para simular las compras en una pequeña frutería. Podremos elegir cantidades entre 9 productos que tienen precios ya fijados. Se nos informará en cada momento del importe total de los elementos seleccionados, así como de los parciales de fruta, verdura y legumbre.

Tendremos además la posibilidad de generar una factura con los datos del cliente (incluyendo si tiene tarjeta de descuento y/o paga con tarjeta de crédito), factura que será almacenada (junto al resto de las creadas) en un fichero de texto de nombre **facturas_fruteria.txt**. Mediante los botones correspondientes podremos sacar por la impresora tanto ese fichero general como otro que solo incluya la factura actual (al que he llamado **factura_individual_fruteria.txt**).

Cada factura tendrá su número, que si no se indica lo contrario comenzará en 1. Si queremos cambiar el número de la siguiente factura podemos hacerlo con la casilla de texto que aparece en la parte inferior de la aplicación. Tal y como lo he programado yo es imprescindible que se pulse Enter tras introducir el número para que se haga efectivo. La idea es que el número de factura no se inicialice cada vez que arrancamos la aplicación, sino que se conserve cuando la cerramos de cara a que continúe la numeración en sucesivos usos. En mi código ese número de factura se conservará incluso si eliminamos físicamente el fichero de facturas.

También podremos (mediante sendos botones) tanto vaciar como eliminar físicamente el fichero facturas_fruteria.txt.

Ejemplos del uso de la aplicación en distintos momentos son los siguientes:

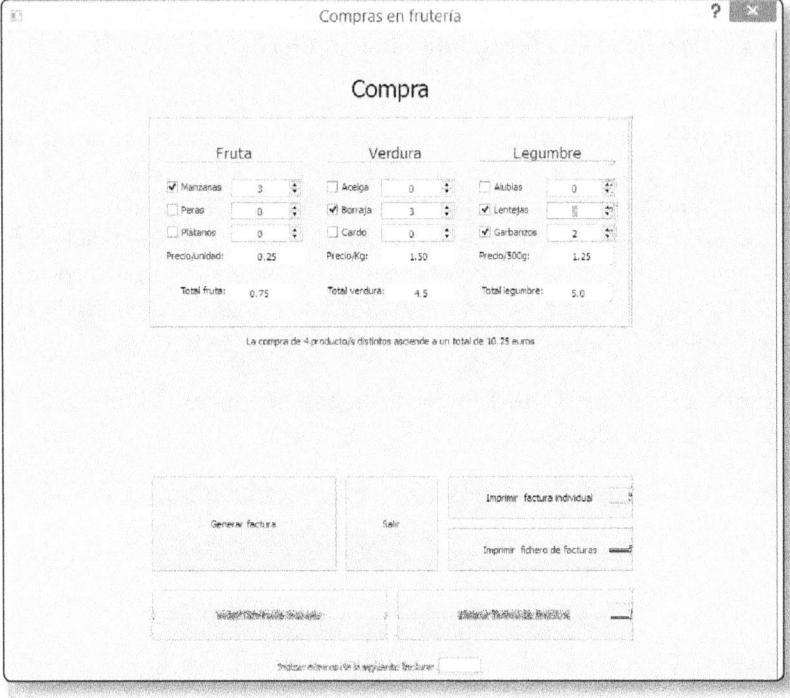

Ejemplos de los ficheros de texto usados para almacenar el total de facturas o una factura individual (la apariencia en la impresora será la misma) son:

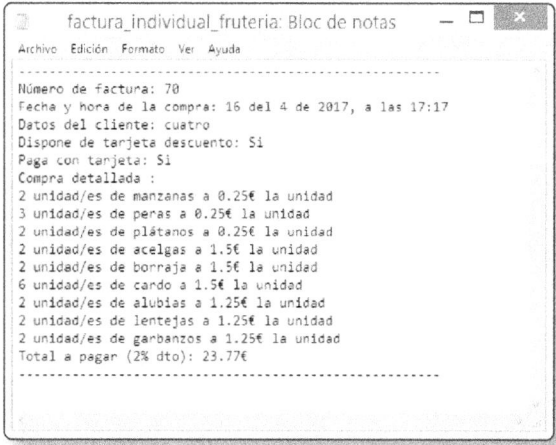

El diseño mediante Qt Designer, **fruteria.ui**, es el siguiente:

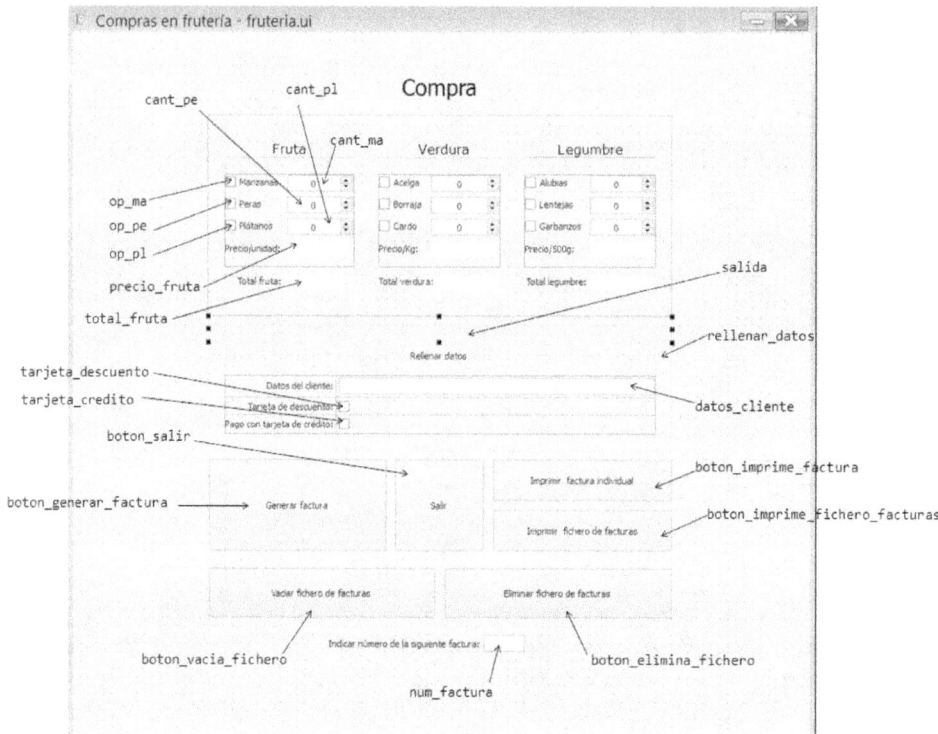

Los tipos de cada uno de sus componenes son:

- **op_ma, op_pe, op_pl, op_ac, op_bo, op_ca, op_al, op_le, op_ga, tarjeta_descuento, tarjeta_credito**: QCheckBox

- **cant_ma, cant_pe, cant_pl, cant_ac, cant_bo, cant_ca, cant_al, cant_le, cant_ga**: QSpinBox

- **precio_fruta, precio_verdura, precio_legumbre, total_fruta, total_verdura, total_legumbre, datos_cliente, num_factura**: QLineEdit

- **rellenar_datos**: QGroupBox

- **boton_generar_factura, boton_salir, boton_imprime_factura, boton_imprime_fichero_facturas, boton_vacia_fichero, boton_elimina_fichero**: QPushButton

Las características que he configurado desde QtDesigner (al margen de las que son obvias a simple vista) variando los valores que aparecen por defecto, son:

- En los QSpinBox: minimum = 0, maximum = 100000, singleStep = 1, value = 0
- En los QLineEdit salvo datos_cliente y num_factura: frame desactivado.
- En salida y rellenar_datos: alignment Horizontal = AlignHCenter
- En los seis botones: autoDefault = False.
- En botón_salir conecté la señal (signal) clicked() con la función (slot) close() de la aplicación.

El código, **fruteria.pyw**, es:

```python
import sys
import os
import time
import shelve
sys.path.append(r"C:\Users\flop\Desktop\Ejercicios_Python_Resueltos")
from fruteria import *

class MiFormulario(QtGui.QDialog):
    def __init__(self, parent=None):
        QtGui.QDialog.__init__(self, parent)
        self.ui = Ui_Dialog()
        self.ui.setupUi(self)

        self.ui.precio_fruta.setText("0.25")
        self.ui.precio_verdura.setText("1.50")
        self.ui.precio_legumbre.setText("1.25")
        self.total_productos = 0
        self.elementos = ['ma', 'pe', 'pl', 'ac', 'bo', 'sa', 'al', 'le', 'ga']
        self.elementos_2 = ['manzanas', 'peras', 'platanos', 'acelgas', 'borraja', 'cardo', 'alubias', 'lentejas', 'garbanzos']
        self.elementos_3 = [('verdura', '(ac+bo+ca)'), ('legumbre', '(al+le+ga)')]

        for elem in self.elementos:
            comando = 'QtCore.QObject.connect(self.ui.cant_' + elem + ', QtCore.SIGNAL("valueChanged(int)"), self.marca)'
            exec(comando)
            comando = 'QtCore.QObject.connect(self.ui.op_' + elem + ', QtCore.SIGNAL("clicked()"), self.marca)'
            exec(comando)

        self.ui.rellenar_datos.setVisible(False)

        self.ui.boton_genera_factura.clicked.connect(self.factura)
        self.ui.boton_imprime_factura.clicked.connect(self.imprime_fichero_factura_individual)
        self.ui.boton_imprime_fichero_facturas.clicked.connect(self.imprime_fichero_facturas)
        self.ui.boton_vacia_fichero.clicked.connect(self.vacia_fichero)
        self.ui.boton_elimina_fichero.clicked.connect(self.borra_fichero)
        self.ui.num_factura.returnPressed.connect(self.recoge_num_factura)

        if os.path.isfile(r"C:\Users\flop\Desktop\Ejercicios_Python_Resueltos\datos_fruteria.dat") == False:
            fichero = shelve.open(r"C:\Users\flop\Desktop\Ejercicios_Python_Resueltos\datos_fruteria", writeback = True)
            fichero['num_facturas'] = 0
            fichero.close()
```

```python
    def marca(self):
        elemento = self.sender().objectName()
        elemento = elemento[-2:]
        comando = '''
        if self.ui.cant_ma.value() != 0:
            self.ui.op_ma.setChecked(True)
        else:
            self.ui.op_ma.setChecked(False)
        '''
        comando = self.formatea_comando(comando, 8)
        comando = comando.replace('ma', elemento)
        exec(comando)
        self.imprime()


    def formatea_comando(self, comando, n):
        comando = comando.splitlines()
        comando_formateado = ''
        for linea in comando:
            if linea != '':
                mi_linea = linea[n:]
                comando_formateado = comando_formateado + mi_linea + '\n'
        return comando_formateado


    def factura(self):
        if self.ui.boton_genera_factura.text() == "Generar factura":
            self.ui.rellenar_datos.setVisible(True)
            self.ui.boton_genera_factura.setText("Guardar en fichero de facturas")
        else:
            donde, modo = r"C:\Users\flop\Desktop\Ejercicios_Python_Resueltos\facturas_fruteria.txt", "a+"
            self.escribir_en(donde, modo)

            fichero = shelve.open(r"C:\Users\flop\Desktop\Ejercicios_Python_Resueltos\datos_fruteria", writeback = True)
            fichero['num_facturas'] +=1
            fichero.close()

            self.ui.salida.setText("Factura guardada en el fichero de facturas")
            self.ui.boton_genera_factura.setEnabled(False)
            self.ui.rellenar_datos.setVisible(False)


            QtCore.QTimer.singleShot(3000, lambda: self.ui.boton_genera_factura.setEnabled(True))
            QtCore.QTimer.singleShot(3000, lambda: self.ui.boton_genera_factura.setText("Generar factura"))
            QtCore.QTimer.singleShot(3000, lambda: self.borra_pedido())
```

```python
        f = open(donde, modo)
        f.write('-' * 55 + '\n')
        f.write("Número de factura: " + str(num_facturas) + '\n')
        f.write("Fecha y hora de la compra: " + str(ahora.tm_mday) + " del "+ str(ahora.tm_mon) +\
            " de "+ str(ahora.tm_year) + ", a las " + format(ahora.tm_hour, "0>2") +\
            ':' + format(ahora.tm_min, "0>2") + '\n')
        f.write("Datos del cliente: " + self.ui.datos_cliente.text() + '\n')
        tar_des = "Si" if self.ui.tarjeta_descuento.isChecked() else "No"
        f.write("Dispone de tarjeta descuento: " + tar_des + '\n')
        tar_cre = "Si" if self.ui.tarjeta_credito.isChecked() else "No"
        f.write("Paga con tarjeta: " + tar_cre + '\n')
        f.write("Compra detallada :\n")
        total_a_pagar = 0
        for i in range(len(self.elementos)):
            nombre = self.elementos_2[i]
            cantidad = datos[self.elementos[i]]
            if cantidad != 0:
                if i//3 == 0:
                    precio = '0.25'
                elif i//3 == 1:
                    precio = '1.5'
                else:
                    precio = '1.25'
                total_a_pagar += cantidad * float(precio)
                f.write(str(int(cantidad)) + " unidades de " + nombre +\
                    " a " + precio + ' € la unidad\n')
        if tar_des == "Si":
            f.write("Total a pagar (2% dto): " + format(0.98*total_a_pagar, ".2f") + '€\n')
        else:
            f.write("Total a pagar (sin dto): " + str(total_a_pagar) + '€\n')
        f.write('-' * 55 + '\n')
        f.close()


    def escanea_datos(self):
        loc = {'self': self}
        glb = {}
        for elem in self.elementos:
            comando = elem + '= float(self.ui.cant_' + elem + '.value())'
            exec(comando, glb, loc)
        return(loc)


    def imprime_fichero_factura_individual(self):
        donde, modo = r"C:\Users\flop\Desktop\Ejercicios_Python_Resueltos\facturas_fruteria.txt", "a+"
        self.escribir_en(donde, modo)
        donde, modo = r"C:\Users\flop\Desktop\Ejercicios_Python_Resueltos\factura_individual_fruteria.txt", "w"
        self.escribir_en(donde, modo)
        os.startfile(r"C:\Users\flop\Desktop\Ejercicios_Python_Resueltos\factura_individual_fruteria.txt", "print")
        self.borra_pedido()


    def imprime_fichero_facturas(self):
        os.startfile(r"C:\Users\flop\Desktop\Ejercicios_Python_Resueltos\facturas_fruteria.txt", "print")


    def borra_pedido(self):
        for dato in self.elementos:
            comando = "self.ui.cant_" + dato + ".setValue(0)"
            exec(comando)
            comando = "self.ui.op_" + dato + ".setChecked(False)"
            exec(comando)
        for dato in ['fruta','verdura','legumbre']:
            comando = 'self.ui.total_' + dato + '.clear()'
            exec(comando)
        self.ui.datos_cliente.clear()    # se podría por qt designer
        self.ui.tarjeta_descuento.setChecked(False)
        self.ui.tarjeta_credito.setChecked(False)
        self.ui.salida.clear()
```

```
217    def borra_fichero(self):
218        try:
219            os.remove(r"C:\Users\flop\Desktop\Ejercicios_Python_Resueltos\facturas_fruteria.txt")
220            self.ui.salida.setText("Fichero borrado correctamente")
221            QtCore.QTimer.singleShot(3000, lambda: self.ui.salida.clear())
222        except:
223            self.ui.salida.setText("El fichero no se borró correctamente")
224            QtCore.QTimer.singleShot(3000, lambda: self.ui.salida.clear())
225
226    def recoge_num_factura(self):
227        try:
228            fichero = shelve.open(r"C:\Users\flop\Desktop\Ejercicios_Python_Resueltos\datos_fruteria", writeback = True)
229            fichero['num_facturas'] = int(self.ui.num_factura.text()) - 1
230            fichero.close()
231            self.ui.salida.setText("Dato almacenado correctamente")
232            QtCore.QTimer.singleShot(3000, lambda: self.ui.salida.clear())
233        except:
234            self.ui.salida.setText("El dato no se almacenó correctamente")
235            QtCore.QTimer.singleShot(3000, lambda: self.ui.salida.clear())
236
237
238 if __name__ == "__main__":
239    mi_aplicacion = QtGui.QApplication(sys.argv)
240    mi_app = MiFormulario()
241    mi_app.show()
242    sys.exit(mi_aplicacion.exec_())
243
```

Una de las dificultades de la aplicación es que tiene muchos elementos (por ejemplo solo los QCheckBox y QSpinBox de los productos ya suman 18 elementos) y que hay mucho código muy similar, con pequeñas variaciones ya que son aplicados a elementos distintos. Para evitarlo usaremos cadenas con código genérico al que le reemplazaremos solo la parte que varía para posteriormente ejecutarlo mediante exec(), para lo cual debemos saber bien cómo es su funcionamiento[289].

Los **atributos** creados dentro de la habitual clase MyForm serán los siguientes:

- ▼ **total_productos**: un entero donde almacenaré el número de productos distintos que hemos seleccionado en nuestra compra.

- ▼ **elementos**: es una lista de cadenas que distinguen a los distintos elementos que tenemos en el programa, y que nos será posteriormente útil de cara a realizar las mismas operaciones sobre ellos.

- ▼ **elementos_2**: similar a elementos pero conteniendo el nombre completo.

- ▼ **elementos_3**: lista que contiene dos tuplas de dos elementos que usaremos para automatizar algunas operaciones mediante exec().

Los **métodos** que crearé serán:

---

289. Ver Apéndice B.

▼ **imprime()**: se realiza el cálculo y representación por pantalla de los parciales de fruta, verdura y legumbre, además de la información en salida del total de artículos distintos y del importe total.

▼ **marca()**: en este método, asociado a la modificación en el valor de cualquier QSpinBox o al clic en los QCheckBox de los productos[290], si los primeros tienen un valor distinto de cero marcará el elemento QCheckBox correspondiente. Si estuviese ya marcado y el valor llegase a cero, lo desmarcaría. Si se hace clic en un QCheckBox de los productos, si la cantidad de su QSpinBox correspondiente es mayor de cero, seguirá marcado. Si no estuviese marcado ya que la cantidad es 0, no lo seleccionaría. En cualquiera de los dos casos, se llama al método imprime().

▼ **formatea_comando()**: este método está creado para poder emplear en el programa cadenas de texto (usadas posteriormente en exec()) con el formato habitual del código. Para ello eliminaremos un número de caracteres en la sangría que nos indica el argumento n. En el primer argumento le pasaremos la cadena con el código.

▼ **factura()**: asociado al clic en boton_generar_factura, habilita la posibilidad de introducir los datos del cliente, y posteriormente nos da la posibilidad (mediante el mismo botón) de guardar, haciendo uso del método escribir_en(), la factura en el fichero general de facturas.

▼ **escribir_en()**: mediante él escaneamos todos los datos de la compra mediante el método escanea_datos(), generamos la factura y la almacenamos en la dirección del fichero indicada por el argumento donde[291], abriéndolo en el modo indicado por el argumento del mismo nombre.

▼ **escanea_datos()**: mediante él recogemos los valores de todos los elementos QSpinBox de la aplicación y los devolvemos en forma de diccionario.

▼ **imprime_fichero_factura_individual()**: asociado al clic en boton_imprime_factura y mediante el uso de escribir_en() guardamos la factura actual tanto en el fichero de facturas generales como el que alberga solo

---

290. En total son 18 elementos con señales que activan el mismo método.

291. En nuestro programa podrán ser la dirección de factura_individual_fruteria.txt o la de facturas_fruteria.txt.

la actual. Posteriormente mandamos éste último a la impresora mediante la función startfile() del módulo os.

- **imprime_fichero_facturas()**: asociado al clic en boton_imprime_fichero_facturas mandamos a la impresora, mediante startfile(), el fichero de facturas totales.

- **borra_pedido()**: reinicia todos los elementos necesarios de la aplicación para poder hacer un nuevo pedido desde cero.

- **vacia_fichero()**: asociado al clic en boton_vacia_fichero, vacía de contenido el fichero total de facturas, sin eliminarlo físicamente del disco.

- **borra_fichero()**: asociado al clic en boton_elimina_fichero, elimina físicamente el fichero total de facturas, indicándonos por pantalla si el proceso se ha realizado correctamente o ha habido algún tipo de error.

- **recoge_num_factura()**: asociado a la pulsacion de Enter dentro de num_factura, el método recoge el valor que tenemos en la casilla y lo almacena como dato en nuestro fichero de datos de la frutería datos_fruteria. Si el proceso se completa correctamente nos lo indica por pantalla, así como si existiese algún tipo de error.

Comentarios sobre el código

L14-16: coloco los precios de fruta, verdura y legumbre en los elementos correspondientes.

L17: inicializo el atributo total_productos a 0.

L18-20: creo los atributos elementos, elementos_2 y elementos_3 con los valores que corresponden.

L22-26: mediante un for recorro los componentes de elementos que me permitirán componer un comando (posteriormente ejecutado mediante exec()) que configure las signals/slots de las QCheckBox y las QSpinBox de cada uno de los productos. En nuestro caso, los clics en los QCheckBox o los cambios de valor en las QSpinBox harán que se ejecute el método marca(). De esta manera evitamos tener que colocar una línea de código para cada uno de esos 19 elementos.

L28: configuro inicialmente rellenar_datos (donde se introducirán los datos para la factura) como no visible.

L30-35: conexión de las signals/slots de la aplicación. Tenemos 5 de los 6 botones (recordemos que boton_salir lo configuramos ya desde Qt Designer) y la pulsación de Enter en num_factura.

L37-40: compruebo si existe el fichero de datos datos_fruteria.dat y de no ser así lo creo[292], inicializando el número de facturas a 0.

L43-75: defino el método imprime(). En la línea L44 inicializo a 0 el atributo total_productos ya que posteriormente voy a escanear todos los elementos. En las líneas L46-52, mediante un for y el uso de exec() obtengo una lista loc con los valores de los distintos elementos QSpinBox que contienen las cantidades elegidas de cada producto. Si la cantidad seleccionada del producto es mayor que cero, incremento total_productos en una unidad. Es interesante ver el funcionamiento de exec()[293]. En las L54-57 tenemos, en forma de cadena almacenada en comando1, el código que emplearíamos para regoger, calcular y representar el total relativo a las frutas. Tal cual lo tengo en el código (con las sangrías pertinentes) no podríamos pasarlo como argumento a exec() ya que nos daría un error. Es por ello que lo mando al método formatea_comando() para que me lo devuelva sin sangrías (en nuestro caso 8 espacios, de ahí el segundo argumento) y ya disponible para mandarlo a exec() sin problemas. Como para el caso de las verduras y las legumbres el código es muy similar al ya ejecutado variando unos pocos elementos (los que tengo almacenados en elementos_3), hago uso del método replace() de cadenas dentro de un for para ejecutar mediante exec() esos dos bloques de código similares al ya ejecutado. En la L67 añado al diccionario el atributo total_productos ya que aparece en la cadena comando que se define a continuación y que posteriormente se ejecuta mediante exec(), logrando representar información de la compra por pantalla en salida.

L80-92: defino el método marca(), asociado a los eventos que indicamos con anterioridad de 18 elementos distintos. Es por ello que lo primero que hacemos (L81) es identificar, mediante el método sender() aplicado a self, el objeto que genera la señal que activa el método. Mediante el método objectName() identificamos su nombre dentro de nuestra aplicación, que tendrá el formato "op_xx" o "cant_xx", siendo xx cualquira de las cadenas contenidas en el atributo elementos. En la L82 extraemos esa cadena de dos caracteres y en la L90 la sustituimos mediante replace() en un código genérico de chequeo que almacenamos en forma de cadena de nombre comando en las líneas L83-88. Posteriormente, tras formatearlo mediante formatea_ comando() lo ejecutamos mediante exec(). Para finalizar, ejecutamos el método imprime().

---

292. Recordar que crea los ficheros .dat, .bak y .dir.

293. Ver Apéndice B.

L96-103: defino el método formatea_comando(). En él divido inicialmente en líneas (mediante splitlines()) el comando recibido como argumento en forma de cadena. Posteriormente (haciendo uso de un for) creo el comando formateado eliminando el número de caracteres en blanco marcados por el argumento n, añadiendo los caracteres de cambio de línea pertinentes. Finalmente devuelvo el comando formateado.

L107-127: defino el método factura(). Mediante un if compruebo el texto en boton_generar_factura. Si es "Generar factura" simplemente habilitamos rellenar_datos para introducir los datos del cliente en la factura y cambiamos el texto del botón a "Guardar en fichero de facturas". Si no, es que el botón tiene este último texto indicado, y procederemos a, mediante el método escribir_en(), generar la factura y almacenarla en el fichero general de facturas (líneas L112-113). Tras ello incrementamos el número de factura en el fichero de datos (líneas L115-117), indicamos que la factura se ha guardado correctamente (línea L119), deshabilitamos temporalmente durante 3 segundos boton_generar_factura (líneas L120 y L124) dándole posteriormente de nuevo su texto inicial (línea L125), ocultamos rellenar_datos (línea 121) y ejecutamos borra_pedido() (línea 126) para comenzar con un posible pedido nuevo.

L130-170: defino el método escribir_en(). En L131-133 recupero del fichero de datos el número de facturas que llevamos y en L136 lo incremento en una unidad. En L135 obtengo la fecha y hora actual mediante el método localtime() del módulo time. En L137 recibo, en la lista datos, los valores de las cantidades de los productos, haciendo uso de escanea_datos(). Posteriormente (L139) abro el fichero indicado en el modo indicado por los dos argumentos y voy escribiendo en él los datos de la factura de compra. Hago uso de los atributos elementos y elementos_2.

L173-179: defino el método escanea_datos(), que mediante un comando genérico en forma de cadena, modificado (y ejecutado posteriormente mediante exec()) en cada caso con los elementos almacenados en elementos, consigue devolver un diccionario con los valores de las cantidades seleccionadas de los productos.

L182-188: defino el método imprime_fichero_factura_individual(), que hace uso dos veces del metodo escribir_en(). La primera en el fichero de facturas generales en modo lectura y escritura para añadir[294], y la segunda en el fichero de factura individual en modo escritura[295]. En L187, mediante la función **startfile()**[296]

---

294. Si el fichero no existe lo crea. Si existe, al abrirlo el apuntador de fichero se coloca al final de este.

295. Hace que borre previamente el contenido del fichero si este existe (de lo contrario lo crea).

296. Su formato y funcionamiento se indica en el Apéndice B.

del módulo os mando el fichero de factura individual a la impresora por defecto que tengamos instalada. Finalmente llamo al método borra_pedido().

L191-192: defino el método imprime_fichero_facturas(), haciendo uso de startfile() para mandar a la impresora facturas_fruteria.txt.

L195-207: defino el método borra_pedido() , donde ayudados de la ejecución con exec() de comandos genéricos modificados por el contenido de elementos o de una lista personalizada, colocamos a 0, deselecionamos o borramos los elementos que componen el pedido, preparándose para otro.

L211-214: defino el método vacia_fichero(), donde simplemente abro en modo escritura facturas_fruteria.txt para posteriormente cerrarlo, lo que hace que si existe borre todo su contenido. En el caso de que no exista, lo crea.

L217-224: defino el método borra_fichero(). En él hago uso de la función remove() del módulo os. Por si hubiese algún problema en la eliminación, el código está dentro de una estructura try-except.

L226-235: defino el método recoge_num_factura(). En él recojo el número colocado en forma de texto en num_factura, lo paso a entero mediante int(), le resto una unidad[297] y lo almaceno en el fichero de datos del programa. Todo incluido en una estructura try-except para indicar tanto si todo funciona correctamente como si no.

Consideraciones finales

Realizaré dos preguntas que serán contestadas en las notas al pie:

▶ ¿La línea L67 es completamente necesaria esta línea para ejecutar correctamente el código?[298]

▶ ¿ Con qué podríamos haber sustituído la línea L46 para que el comportamiento fuese el mismo? ¿Y en L174?[299]

---

297. Debido a como tengo diseñado el programa (ver línea L136).
298. Resp: tal y como está definido comando en las líneas L69-73, si, pero podríamos sustituir en ellas total_productos por self.total_productos (dado que en el diccionario loc tenemos ya incluido self) haciendo entonces innecesaria la L67.
299. Resp: loc = locals()

6.8 DISTANCIA ENTRE PUNTOS

Nivel de dificultad: 1

Descripción: en este ejercicio intentaremos crear una aplicación donde podamos, en un espacio gráfico de 100x100 puntos, marcar varios y visualizar (al hacer clic en el botón correspondiente) la distancia más grande (y la más corta) entre cualquiera de ellos. Lo haremos respectivamente mediante una línea verde y una roja que los una. Un ejemplo de su uso es:

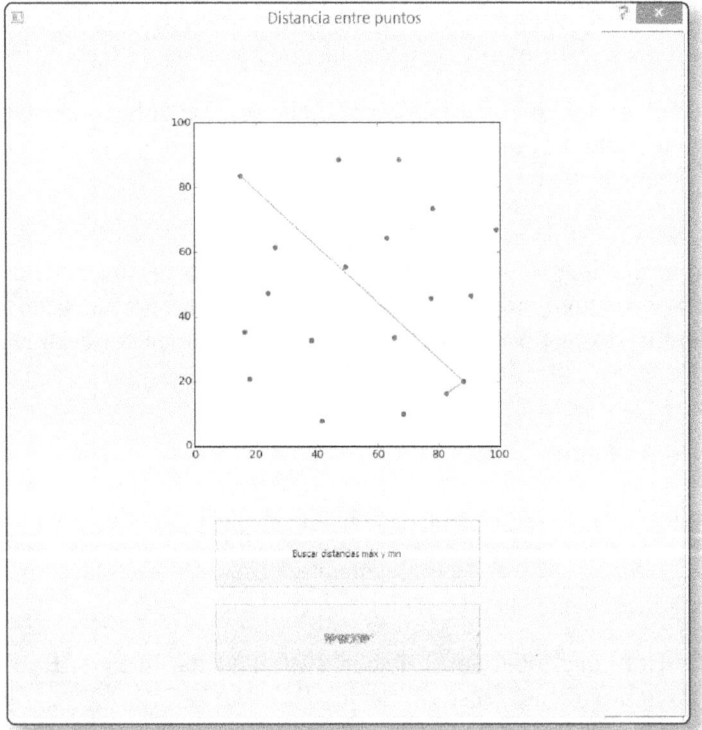

También dispondremos de un botón que nos permita borrar todos los elementos del gráfico.

Para calcular la distancia entre dos puntos P1(x1,y1) y P2(x2,y2) usaremos la fórmula:

El sencillo esquema usado en Qt Designer es el siguiente (**distancia_puntos.ui**):

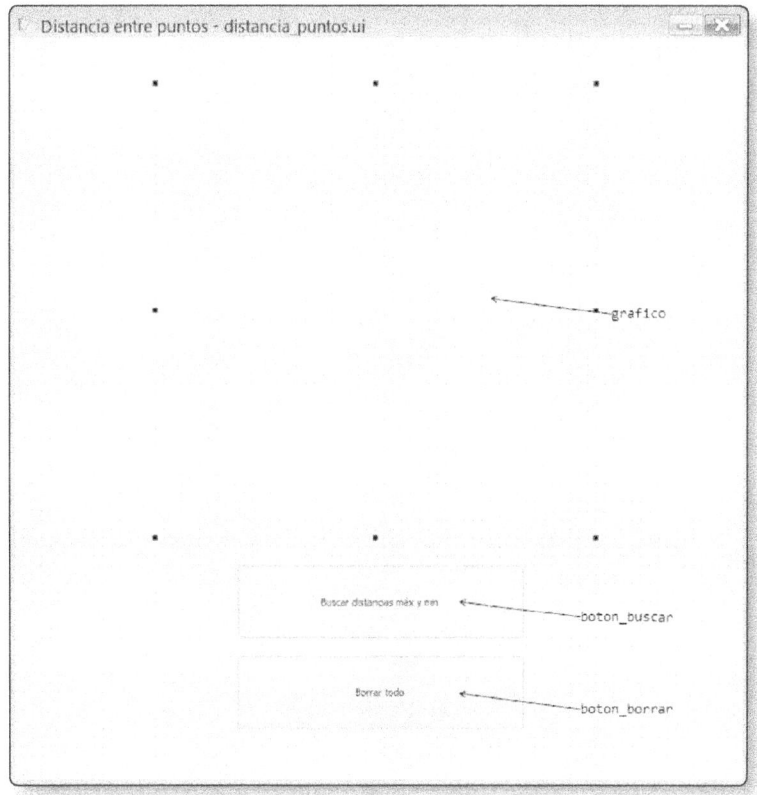

Los tipos de cada uno de sus elementos son:

▼ **grafico**: MatplotlibWidget11_sin
▼ **boton_buscar**, **boton_borrar**: QPushButton

Lo único que he configurado desde QtDesigner, no siendo estrictamente necesario en esta aplicación[300], es autoDefault = False en los dos botones.

---

300. El comportamiento que nos puede generar problemas en algunos casos es cuando introducimos elementos en casillas y pulsamos Enter.

El código, **distancia_puntos.pyw**, es el siguiente:

```python
import sys
sys.path.append(r"C:\Users\flop\Desktop\Ejercicios_Python_Resueltos")
from distancia_puntos import *

class MyForm(QtGui.QDialog):
    def __init__(self, parent=None):
        QtGui.QWidget.__init__(self, parent)
        self.ui = Ui_Dialog()
        self.ui.setupUi(self)

        self.mis_puntos = []
        self.ui.grafico.canvas.ax.axis([0,100,0,100])

        self.ui.grafico.canvas.mpl_connect('button_press_event', self.mi_procesado)
        self.ui.boton_buscar.clicked.connect(self.computar)
        self.ui.boton_borrar.clicked.connect(self.borrar_pantalla)


    def mi_procesado(self, event):
        self.ui.grafico.canvas.ax.scatter(event.xdata, event.ydata, color ='blue')
        mi_punto = [event.xdata, event.ydata]
        self.mis_puntos.append(mi_punto)
        self.ui.grafico.canvas.draw_idle()


    def borrar_pantalla(self):
        self.mis_puntos = []
        self.ui.grafico.canvas.ax.clear()
        self.ui.grafico.canvas.ax.axis([0,100,0,100])
        self.ui.grafico.canvas.draw_idle()


    def distancia(self, x1, y1, x2, y2):
        return ((x2 - x1) * (x2 - x1) + (y2 - y1) * (y2 - y1)) ** 0.5


    def puntos_mas_cercanos(self):
        punto1, punto2 = 0, 1
        distancia_mas_corta= self.distancia(self.mis_puntos[punto1][0], self.mis_puntos[punto1][1],\
                                 self.mis_puntos[punto2][0], self.mis_puntos[punto2][1])
        for i in range(len(self.mis_puntos)):
            for j in range(i + 1, len(self.mis_puntos)):
                d = self.distancia(self.mis_puntos[i][0], self.mis_puntos[i][1],\
                                 self.mis_puntos[j][0], self.mis_puntos[j][1])
                if distancia_mas_corta > d:
                    punto1, punto2 = i, j
                    distancia_mas_corta = d
        return punto1, punto2


    def puntos_mas_lejanos(self):
        punto1, punto2 = 0, 1
        distancia_mas_larga= self.distancia(self.mis_puntos[punto1][0], self.mis_puntos[punto1][1],\
                                 self.mis_puntos[punto2][0], self.mis_puntos[punto2][1])
        for i in range(len(self.mis_puntos)):
            for j in range(i + 1, len(self.mis_puntos)):
                d = self.distancia(self.mis_puntos[i][0], self.mis_puntos[i][1],\
                                 self.mis_puntos[j][0], self.mis_puntos[j][1])
                if distancia_mas_larga < d:
                    punto1, punto2 = i, j
                    distancia_mas_larga = d
        return punto1, punto2


    def computar(self):
        punto1, punto2 = self.puntos_mas_cercanos()
        punto3, punto4 = self.puntos_mas_lejanos()
        if self.ui.grafico.canvas.ax.lines != []:
            self.ui.grafico.canvas.ax.lines[0].remove()
            self.ui.grafico.canvas.ax.lines[0].remove()
        self.ui.grafico.canvas.ax.plot([self.mis_puntos[punto1][0], self.mis_puntos[punto2][0]],\
                                [self.mis_puntos[punto1][1], self.mis_puntos[punto2][1]]\
                                ,color = "red")
        self.ui.grafico.canvas.ax.plot([self.mis_puntos[punto3][0], self.mis_puntos[punto4][0]],\
                                [self.mis_puntos[punto3][1], self.mis_puntos[punto4][1]]\
                                ,color = "green")
```

```
77
78          self.grafico.canvas.draw_idle()
79
80
81   if __name__ == "__main__":
82       app = QtGui.QApplication(sys.argv)
83       myapp = MyForm()
84       myapp.show()
85       sys.exit(app.exec_())
86
```

En él se crea el siguiente **atributo**:

> ▼ **mis_puntos**: es una lista donde almacenaré listas de dos elementos conteniendo las coordenadas de los puntos (en formato números reales) que marcamos sobre el gráfico con el ratón.

Los **métodos** creados hacen lo siguiente:

> ▼ **mi_procesado()**: en él recojo las coordenadas del punto marcado, las almaceno en una lista que posteriormente almaceno en mis_puntos, y represento el punto gráficamente, sin olvidar usar draw_idle() para refrescar el gráfico.

> ▼ **borrar_pantalla()**: mediante él borro todos los elementos del gráfico.

> ▼ **distancia()**: me devuelve la distancia entre los dos puntos que le paso, en forma de 4 argumentos.

> ▼ **puntos_mas_cercanos()**: nos devuelve los índices en mis_puntos de los dos puntos más cercanos.

> ▼ **puntos_mas_lejanos()**: nos devuelve los índices en mis_puntos de los dos puntos más lejanos.

> ▼ **computar()**: calcula los puntos más lejanos y más cercanos, borra (si existen) las dos líneas que nos indicaban las anteriores distancias máximas y mínimas, y vuelve a graficarlas (nuevamente sin olvidar el uso de draw_idle()) con los valores actualizados.

Comentarios sobre el código

L12: creo el atributo mis_puntos.

L13: configuro el gráfico de tamaño 100x100.

L15: conecto la pulsación de cualquier botón del ratón dentro del gráfico con la ejecución del método mi_procesado.

L16-17: concecto la pulsación de boton_buscar con el método computar() y la de boton_borrar con el método borrar_pantalla().

L20-24: defino el método mi_procesado(), donde capturo el objeto event que tendrá información sobre el evento sucedido, en este caso el clic del ratón sobre el gráfico. Posteriormente accedo a sus atributos xdata e ydata, y mediante scatter() represento gráficamente de color azul el punto. Posteriormente creo la lista mi_punto con los valores reales de las coordenadas, que añadiré a mis_puntos.

L27-31: defino el método borrar_pantalla(), donde no solamente borro mediante clear() todo el gráfico, sino que también configuro nuevamente su tamaño e inicializo mis_puntos a una lista vacía.

L24-35: defino el método distancia(), que calcula la distancia entre dos puntos usando la fórmula indicada con anterioridad.

L38-49: defino el método puntos_mas_cercanos(), que buscará, como su nombre indica, cuales son los puntos que están a menos distancia de los que tenemos almacenados en mis_puntos. Mediante dos for anidados iremos recorriendo todas las posibles parejas de puntos, calculando su distancia mediante el método distancia() y comprobando si es menor de la que tenemos almacenada en la variable distancia_mas_corta. Si es así la distancia calculada pasa a ser la más corta (actualizamos distancia_mas_corta) y guardamos los dos índices enteros (en punto1 y punto2) de los puntos para saber qué puntos son. Inicialmente, en las L39-41 he inicializado distancia_mas_corta, punto1 y punto2 comparando los dos primeros puntos de mis_puntos, por lo que la primera iteración de los for sabemos que no actualizará ninguno de los tres valores.

L52-63: defino el método puntos_mas_lejanos(), que es básicamente el mismo que puntos_mas_cercanos() pero aplicado al cálculo de los más alejados.

L66-78: defino el método computar(), donde calculo de nuevo inicialmente los puntos más cercanos y más alejados. Posteriormente compruebo si hay dos líneas en el gráfico (indicativo de que ya ejecutamos con anterioridad computar()) y si es así las borro mediante el método remove(). Posteriormente, con los datos actualizados, vuelvo a dibujar las dos líneas mediante el uso de plot().

6.9 BALONES

Nivel de dificultad: 2

Descripción: queremos crear una aplicación que genere una serie de balones (o pelotas[301]) de distinto tamaño y color (al azar) que se muevan entre cuatro paredes con distintas velocidades (también al azar), rebotando cuando lleguen a ellas. Tendremos la opción de añadir y eliminar balones, además de la de borrar todos los balones y parar/reanudar el movimiento de estos.

La aplicación que he creado tiene el siguiente aspecto:

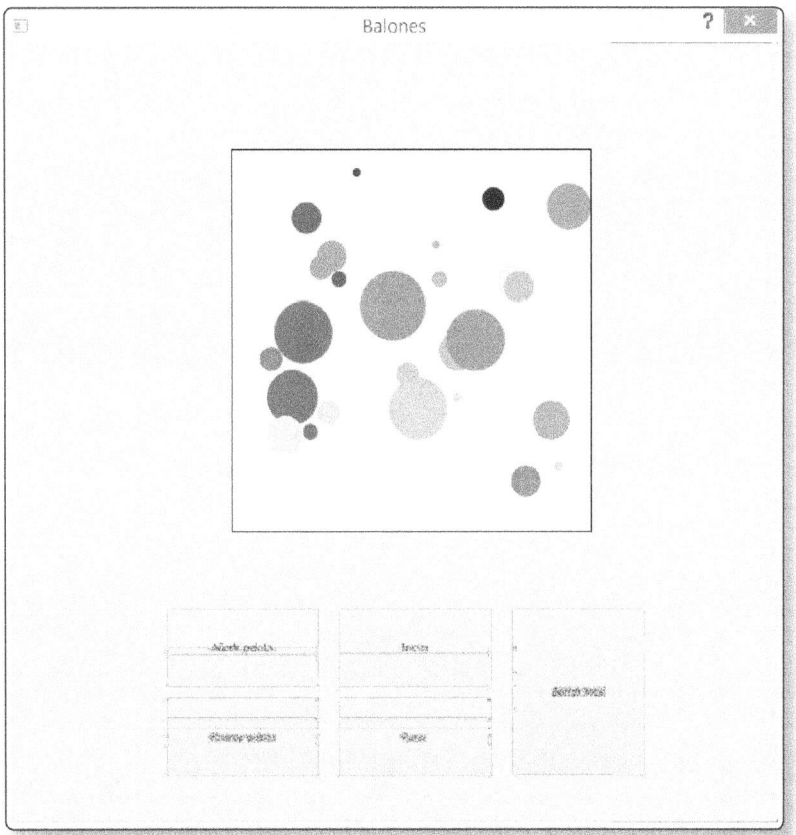

---

301. Usaré los dos nombres para referirme al objeto.

Los balones pueden ser añadidos antes o después de iniciar el movimiento. El nombre de los botones indica claramente la función que se realiza al pulsarlos.

El esquema de Qt Designer usado, **balones.ui**, es:

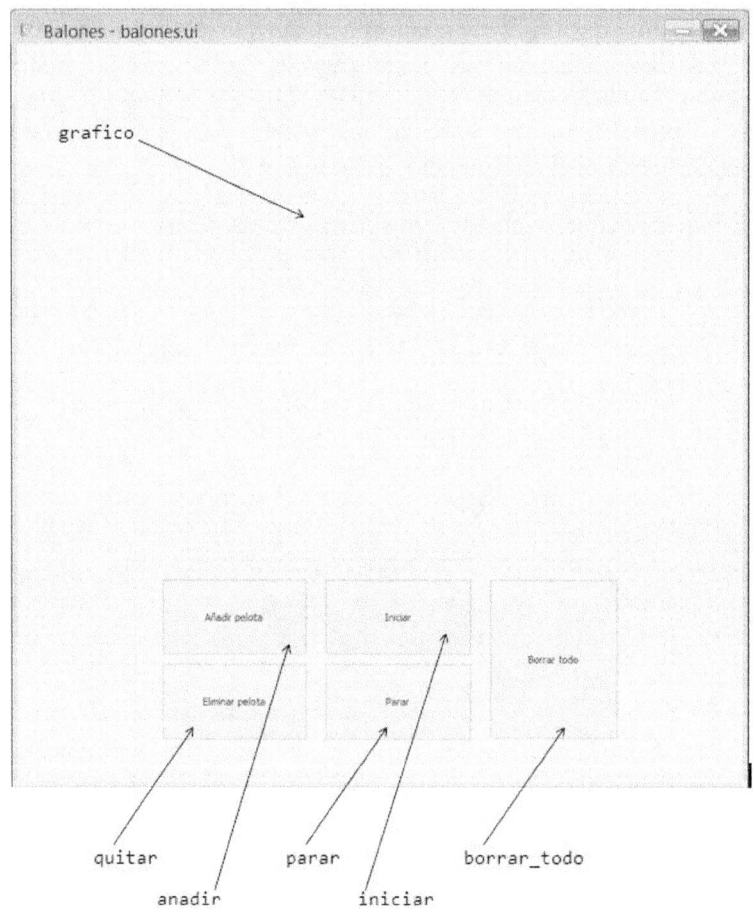

Los tipos de cada uno de sus elementos son:

▼ **grafico**: MatplotlibWidget11_sin
▼ **anadir**, **quitar**, **iniciar**, **parar**, **borrar_todo** : QPushButton

Y las configuraciones hechas desde Qt Designer:

▼ anadir, quitar, iniciar, parar, borrar_todo: desativamos autoDefault, aunque en este caso no sería necesario.

El código está en el fichero **balones.pyw**:

```python
import sys
sys.path.append(r"C:\Users\flop\Desktop\Ejercicios_Python_Resueltos")
import random as r
import matplotlib.patches as patches
from matplotlib import rcParams
from balones import *


class pelota:
    def __init__(self):
        self.x = 5
        self.y = 5
        self.dx = 1
        self.dy = 2
        self.radio = 3
        self.color = (0,0,0)


class MyForm(QtGui.QDialog):
    def __init__(self, parent=None):
        QtGui.QWidget.__init__(self, parent)
        self.ui = Ui_Dialog()
        self.ui.setupUi(self)
        
        self.mi_tiempo = QtCore.QTimer()
        self.mi_tiempo.setInterval(100)
        self.todas_pelotas = []
        self.parado = True
        
        self.ui.grafico.canvas.ax.xaxis.set_visible(False)
        self.ui.grafico.canvas.ax.yaxis.set_visible(False)
        self.ui.grafico.canvas.fig.frameon = False
        self.ui.grafico.canvas.ax.axis([0,100,0,100])
        
        self.ui.iniciar.clicked.connect(self.inicio)
        self.ui.parar.clicked.connect(self.para)
        self.ui.anadir.clicked.connect(self.anade_pelota)
        self.ui.quitar.clicked.connect(self.quita_pelota)
        self.ui.borrar_todo.clicked.connect(self.borra_todo)
        self.mi_tiempo.timeout.connect(self.actualiza_posiciones)
        
    
    def inicio(self):
        self.parado = False
        self.mi_tiempo.start()
    
    
    def para(self):
        self.mi_tiempo.stop()
        self.parado = True
        if self.todas_pelotas == []:
            self.ui.iniciar.setText("Iniciar")
        else:
            self.ui.iniciar.setText("Continuar")
        self.actualiza_posiciones()
    
    
    def anade_pelota(self):
        nueva_pelota = pelota()
        R, G, B = r.uniform(0,1),r.uniform(0,1),r.uniform(0,1)
        x = r.randint(0,100)
        y = r.randint(0,100)
        dx = r.randint(1,10)
        dy = r.randint(1,10)
        radio = r.randint(1,10)
        nueva_pelota.x = x
        nueva_pelota.y = y
        nueva_pelota.dx = dx
        nueva_pelota.dy = dy
        nueva_pelota.radio = radio
        nueva_pelota.color =(R,G,B)
        self.todas_pelotas.append(nueva_pelota)
        self.actualiza_posiciones()
    
    
    def quita_pelota(self):
        if self.todas_pelotas != []:
```

```
 78         self.todas_pelotas.append()
 79
 80         self.actualiza_posiciones()
 81
 82
 83     def actualiza_posiciones(self):
 84         self.ui.grafico.canvas.ax.clear()
 85         for mi_pelota in self.todas_pelotas:
 86             if mi_pelota.x + mi_pelota.radio + mi_pelota.dx > 100:
 87                 mi_pelota.x = 100 - mi_pelota.radio
 88                 mi_pelota.dx = -mi_pelota.dx
 89             elif mi_pelota.x - mi_pelota.radio + mi_pelota.dx < 0:
 90                 mi_pelota.x = mi_pelota.radio
 91                 mi_pelota.dx = -mi_pelota.dx
 92             elif mi_pelota.y + mi_pelota.radio + mi_pelota.dy >= 100:
 93                 mi_pelota.y = 100 - mi_pelota.radio
 94                 mi_pelota.dy = -mi_pelota.dy
 95             elif mi_pelota.y - mi_pelota.radio + mi_pelota.dy < 0:
 96                 mi_pelota.y = mi_pelota.radio
 97                 mi_pelota.dy = -mi_pelota.dy
 98
 99             self.ui.grafico.canvas.ax.add_patch(\
100                 patches.Circle((mi_pelota.x, mi_pelota.y), mi_pelota.radio, ls = 'solid',\
101                 lw = 1, fill = True, color = mi_pelota.color))
102             if self.parado == False:
103                 mi_pelota.x += mi_pelota.dx
104                 mi_pelota.y += mi_pelota.dy
105
106         self.ui.grafico.canvas.draw_idle()
107
108
109     def borra_todo(self):
110         self.todas_pelotas = []
111         if self.parado == True:
112             self.ui.iniciar.setText("Iniciar")
113         self.ui.grafico.canvas.ax.clear()
114         self.ui.grafico.canvas.ax.axis([0,100,0,100])
115         self.ui.grafico.canvas.draw_idle()
116
117
118 if __name__ == "__main__":
119     app = QtGui.QApplication(sys.argv)
120     myapp = MyForm()
121     myapp.show()
122     sys.exit(app.exec_())
```

Comentarios sobre el código

L9-16: defino la clase **pelota**, que tendrá como atributos x e y para almacenar las coordenadas del balón en el cuadrado donde se insertará, dx y dy para los incrementos en ambos ejes que añadiremos a sus coordenadas cuando se mueva, y finalmente radio y color para dotarle de esas características. Notar que el color se lo indicaremos mediante una tupla en la que colocaremos las cantidades RGB con valores reales entre 0 y 1.

L25-28: creo los siguientes **atributos**:

- ▼ **mi_tiempo**: es un QTimer que nos marcará el intervalo de tiempo en el que actualizaremos los valores de los balones. Le doy valor 100, es decir, una décima de segundo.

- ▼ **todas_pelotas**: es una lista donde almacenaré todos los objetos pelota creados.

▶ **parado**: booleano que nos indicará si el movimiento está detenido o no.

L30-33: configuro el gráfico para que solo aparezca la superficie cuadrada en la que se moverán las pelotas. Le doy unas dimensiones de 100x100.

L35-40: conecto las signals/slots de la aplicación. Hacer hincapié en la L40, donde conecto la finalización del intervalo de tiempo marcado por mi_tiempo con la actualización de posiciones que maneja el método actualiza_posiciones().

L43-45: defino el método **inicio()**, asociado al clic en el botón del mismo nombre, que simplemente, tras colocar parado a False activa mediante el método start() el temporizador mi_tiempo.

L48-55: defino el método **para()**, asociado al clic en el botón del mismo nombre, que detiene el temporizador, coloca parado a True, actualiza posiciones y si es necesario cambia el texto del botón iniciar.

L58-73: defino el método **anade_pelotas()**, asociado a la pulsación del botón anadir. En él creamos un nuevo objeto de tipo pelota, le damos unos valores aleatorios entre 0 y 100 a x e y, entre 1 y 10 a dx y dy, entre 1 y 10 a radio, y valores reales entre 0 y 1 a R, G y B. Posteriormente asignamos todos estos valores a los atributos del objeto creado, añadimos este a todas_pelotas y actualizamos las posiciones con el método correspondiente.

L76-80: defino el método **quita_pelota()**, asociado al clic en el botón quitar, donde, si existe alguna pelota en todas_pelotas, elimina mediante el método pop() la última que hemos añadido y actualiza posiciones.

L83-106: defino el método **actualiza_posiciones()**, que se ejecuta (si está activado) al ritmo que marca el temporizador mi_tiempo, en nuestro caso una décima de segundo. Lo que hacemos inicialmente es limpiar grafico de objetos. Entraremos seguidamente en un for que recorrerá todos los objetos que tengamos en todas_pelotas. Mediante una estructura if-elif detectaremos si los balones han llegado a los límites de las paredes, y en tal caso configuramos los atributos x, y, dx, dy correspondientes para adecuarse a la nueva dirección. Con todos esos datos insertamos con el método add_patch() el círculo creado mediante la clase Circle del módulo patches de matplotlib. Tras añadir todos los círculos no debemos olvidar ejecutar draw_idle() para que esos cambios tengan efecto gráficamente, ya que de lo contrario no visualizaríamos nada.

L109-115: defino el método **borra_todo()** asociado a la pulsación del botón borrar_todo, donde inicializo el atributo todas_pelotas, y borro y actualizo el gráfico.

Consideraciones finales

Realizaré dos preguntas que serán contestadas en las notas al pie:

▶ ¿Qué haríamos para que no salga de inicio parte de algún balón fuera de la pantalla?[302].

▶ ¿En el método borra_todo() hay alguna línea que no sería imprescindible de cara al correcto funcionamiento?[303].

6.10 GENERACIÓN DE RUTA AZAROSA

Nivel de dificultad: 2

Descripción: en este ejercicio intentaremos crear una aplicación para generar un trazado aleatorio (con cuatro direcciones) dentro de una cuadrícula de 60x60. Comenzaremos desde el centro de ella y pararemos cuando se alcance alguno de sus cuatro límites. En la aplicación creada una de esas rutas podría ser la siguiente:

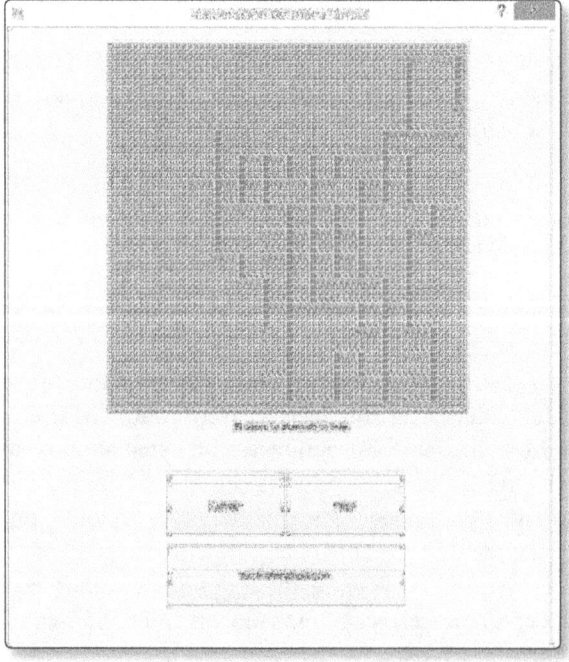

---

302. En anade_pelota() calcular primero el radio del balón y depués configurar los valores máximos de x e y, que serán 100-radio.

303. Si, la L114.

La aplicación dispone de tres botones:

- **Caminar**: para que comience a recorrer la ruta aleatoria.
- **Parar**: para que detenga la marcha, pudiendo seguirla de nuevo al pulsar en caminar.
- **Borrar caminos y reiniciar**: limpia la cuadrícula, nos colocamos nuevamente en su centro y comenzamos a recorrer la ruta.

El esquema creado en Qt Designer, **ruta_azar.ui**, es el siguiente:

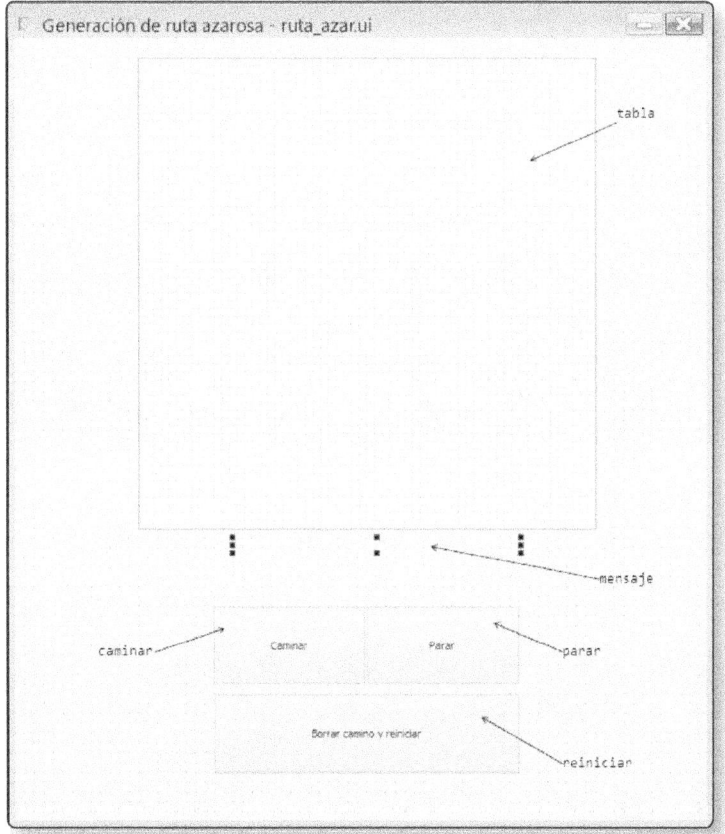

Los tipos de cada uno de sus componentes son:

- **tabla**: QTableWidget
- **mensaje**: QLabel
- **caminar**, **parar**, **reiniciar**: QPushButton

Como elementos que he configurado desde QtDesigner (al margen de los que son obvios a simple vista) tenemos:

- En tabla: geometry = [(130,20), 482x482], rowCount = 60, columnCount = 60, horizontalHeaderVisible = False, horizontalHeaderDefaultSectionSize = 8, verticalHeaderDefaultSectionSize = 8

- En mensaje: alignment Horizontal = AlignHCenter, text = (vacío)

El código, **ruta_azarosa.pyw**, es el siguiente:

```
import sys
sys.path.append(r"C:\Users\flop\Desktop\Ejercicios_Python_Resueltos")
from ruta_azar import *
from PyQt4.QtGui import *
import random

class MyForm(QtGui.QDialog):
    def __init__(self, parent=None):
        QtGui.QWidget.__init__(self, parent)
        self.ui = Ui_Dialog()
        self.ui.setupUi(self)
        self.x = 30
        self.y = 30
        self.finalizado = False
        self.mi_tiempo = QtCore.QTimer()
        self.mi_tiempo.setInterval(100)

        self.configura_tabla(60,60)
        self.marca_casilla(self.x, self.y)

        self.ui.caminar.clicked.connect(self.comienzo)
        self.ui.parar.clicked.connect(self.para)
        self.ui.reiniciar.clicked.connect(self.reinicia)
        self.mi_tiempo.timeout.connect(self.siguiente_paso)


    def configura_tabla(self, n_fil, n_col):
        ancho = self.ui.tabla.width()
        alto = self.ui.tabla.height()
        self.ui.tabla.setRowCount(n_fil)
        self.ui.tabla.setColumnCount(n_col)
        for i in range(n_col):
            self.ui.tabla.setColumnWidth(i, ancho/n_col)
        for i in range(n_fil):
            self.ui.tabla.setRowHeight(i, alto/n_fil)


    def marca_casilla(self, x, y):
        elemento_tabla = QTableWidgetItem()
        elemento_tabla.setBackgroundColor(QtGui.QColor(0,100,255))
        self.ui.tabla.setItem(x, y, elemento_tabla)


    def comienzo(self):
        if self.finalizado == False:
            self.mi_tiempo.start()
            self.ui.mensaje.setText("Caminando...")
        else:
            self.ui.mensaje.setText("Ya finalizó. Debes reiniciar de nuevo.")


    def para(self):
        if self.finalizado == False:
            self.mi_tiempo.stop()
            self.ui.mensaje.setText("Parado.")


    def siguiente_paso(self):
        a = random.randint(1,4)
```

```
 95    def llego_limite(self):
 96        self.mi_tiempo.stop()
 97        self.ui.mensaje.setText("El camino ha alcanzado un límite.")
 98        self.marca_casilla(self.x, self.y)
 99        self.finalizado = True
100
101
102    def reinicia(self):
103        self.mi_tiempo.start()
104        self.ui.tabla.clear()
105        self.finalizado = False
106        self.x = 30
107        self.y = 30
108        self.marca_casilla(30,30)
109        self.ui.mensaje.setText("Caminando...")
110
111
112 if __name__ == "__main__":
113    app = QtGui.QApplication(sys.argv)
114    myapp = MyForm()
115    myapp.show()
116    sys.exit(app.exec_())
117
```

En él se crean los siguientes **atributos**:

▼ x: coordenada x de la celda.

▼ y: coordenada y de la celda.

Los ejes son como como se representan a continuación:

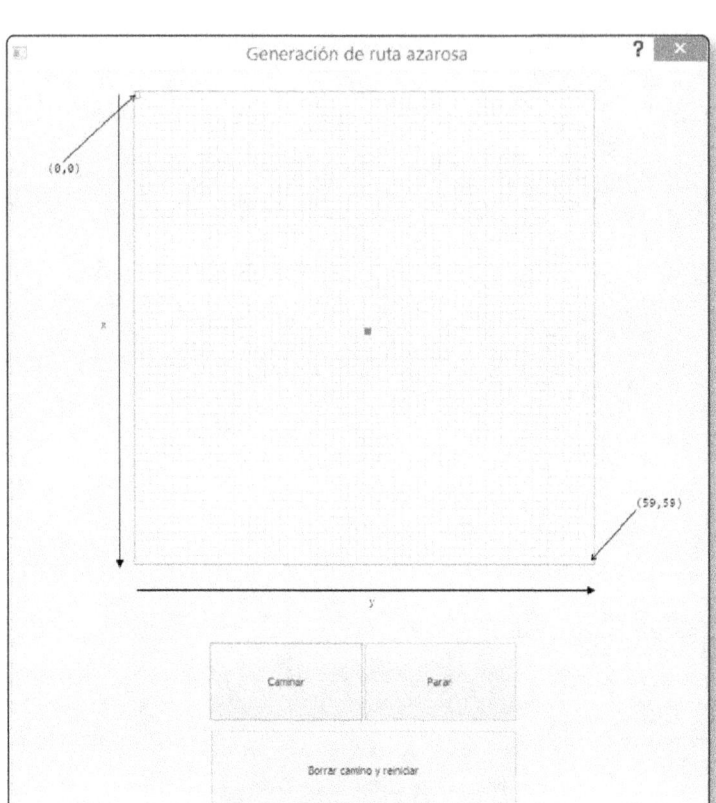

▼ **finalizado**: booleano que nos indica si ya hemos alcanzado alguna de las paredes de la cuadrícula.

▼ **mi_tiempo**: temporizador que nos marcará el ritmo al que se avanza en la ruta. Lo he configurado a una décima de segundo para que el movimiento sea medianamente rápido.

Los **métodos** creados hacen lo siguiente:

▼ **configura_tabla()**: divide la tabla en n_fil filas y n_col columnas, siendo n_fil y n_col los argumentos recibidos.

▼ **marca_casilla()**: da un color azulado a la celda de coordenadas (x,y), siendo x e y los argumentos recibidos.

▼ **comienzo()**: asociado al clic en el botón caminar, da inicio al recorrido de la ruta.

▼ **para()**: asociado al clic en el botón parar, detiene el trayecto.

▼ **siguiente_paso()**: selecciona de forma aleatoria la dirección a seguir en el siguiente paso, comprobando si se ha llegado a alguno de los 4 límites.

▼ **llego_limite()**: se ejecuta si ha llegado al límite de la cuadrícula, actualizando los elementos correspondientes.

▼ **reinicia()**: vuelve a configurar la tabla como al principio y activa el temporizador.

Comentarios sobre el código

L13-14: doy valor 30 (aproximadamente[304] el centro de la tabla) a los atributos x e y.

L15: creo el atributo finalizado y lo inicializo a False.

L16-17: creo el atributo mi_tiempo (un objeto de tipo QTimer) que generará una señal cada décima de segundo.

L19: divido la tabla en 60x60 celdas mediante el método configura_tabla(). Al haberlo hecho ya desde Qt Designer no sería necesario, pero se ha incluido por motivos didácticos y por la posibilidad de ampliar posteriormente la aplicación.

L20: marco la celda (30,30) mediante marca_casilla().

L22-23: conecto las signals/slots de los tres botones.

L24: conecto la generación de señal del timer cada décima de segundo con el método siguiente_paso().

L28-36: divido la tabla en las filas y columnas pasadas como argumentos. En primer lugar calculo mediante width() y height() el ancho y alto de la tabla. Posteriormente, mediante setRowCount() y setColumnCount(), indicamos el número de filas y columnas de la tabla. Para finalizar, mediante dos for, damos valor al tamaño de las filas y las columnas de la tabla, que serán la división del alto de la tabla por el número de filas en el primer caso y la división del ancho de la tabla por el número de columnas en el segundo.

---

304. Tal y como la hemos configurado la tabla no tiene centro exacto.

Debemos tener cuidado con setColumnWidth() y setRowHeight() ya que reciben dos argumentos, el primero es el número entero de la columna o fila y el segundo debe ser un entero con el valor de su anchura o altura. Si, como en nuestro caso, le pasamos un número real lo truncará a entero, y no siempre conseguiremos dividir la tabla de la forma que queremos.

L42-45: defino el método marca_casilla(), que colorea de azul la celda (casilla) cuyas coordenadas x e y le pasamos como argumentos. Creamos inicialmente un objeto de tipo QTableWidgetItem, le damos color de fondo con setBackgroundColor() y mediante setItem() y los dos argumentos lo colocamos adecuadamente en la tabla.

L48-53: defino el método comienzo(), asociado al clic en el botón caminar. Si no ha finalizado el trayecto, activamos el temporizador e indicamos por pantalla que recorremos en camino. De haber finalizado, nos indica que debemos reiniciar.

L56-59: defino el método para(), asociado al clic en el botón parar, donde compruebo si estamos recorriendo el trayecto y, si es así, lo detengo parando el temporizador mi_tiempo.

L62-95: defino el método siguiente_paso(), asociado a la señal del temporizador mi_tiempo que hemos definido en 0,1 segundos. Inicialmente se genera un número entero aleatorio entre 1 y 4 que nos marcará la dirección a seguir. Una estructura if-elif nos identifica el número generando y mediante un for de cuatro iteraciones[305] suma (o resta) la coordenada correspondiente y marca la celda, comprobando en cada iteración si hemos llegado a alguno de los límites de la cuadrícula, en cuyo caso se ejecuta el método llego_limite() y mediante un break salimos del for.

L98-102: defino el método llego_limite(), que se ejecuta al llegar el camino a cualquiera de los cuatro límites de la cuadrícula. En él se detiene el temporizador, indicamos por pantalla que hemos alcanzado uno de los límites, marcamos esa última celda y colocamos finalizado a True.

L105-112: defino el método reinicia(), asociado al clic en el botón reiniciar. En él borramos la cuadrícula, nos colocamos (marcándola) en la celda inicial (30,30), indicamos por pantalla que estamos recorriendo la ruta (ya que hemos activado el temporizador) y ponemos el booleano finalizado a False.

---

305. He considerado que el avance es de 4 celdas pero se podría haber elegido otra cantidad entera positiva.

Consideraciones finales

Una mejora de la aplicación sería poder configurar varias resoluciones para la cuadrícula, además de elegir el paso y la velocidad a la que nos movemos. El código con el que intento lograrlo está en **ruta_azar_plus.pyw**, que se basa en **ruta_azar_plus.ui** y en **ruta_azar_plus.py**. Un ejemplo de su ejecución es el siguiente:

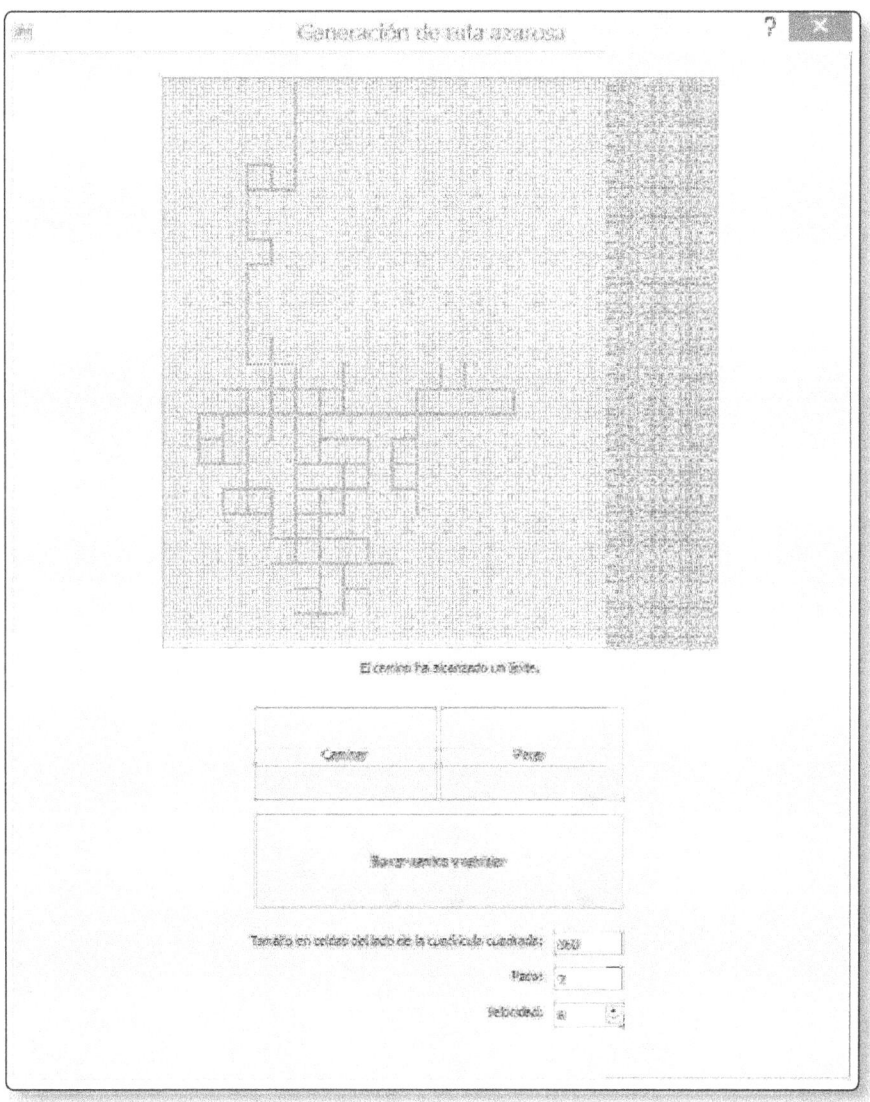

Su análisis queda como ejercicio para el lector.

6.11 PÓKER

Nivel de dificultad: 4

Descripción: intentaremos simular la entrega de cartas en una partida de poker[306] para cuatro personas. Se repartirán inicialmente 5 cartas a cada jugador y posteriormente podremos repartir el número de cartas que cada jugador desee, teniendo este la opción de abandonar la ronda. Cuando la baraja original se agote se usarán todas las cartas descartadas barajadas de nuevo.

La aplicación que he creado tiene el siguiente aspecto:

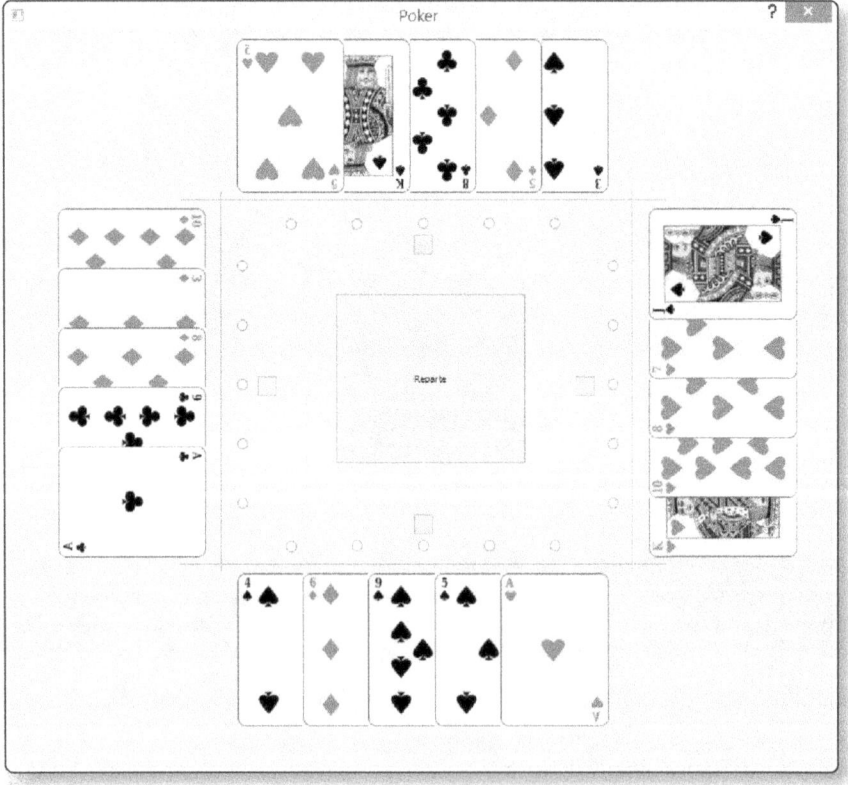

---

306. La palabra inglesa "poker" se ha adaptado al español en las formas "póker" y "póquer", así que lo podremos poner de todas esas formas.

En ella se aprecian las cartas repartidas inicialmente a cada jugador, en la correspondiente orientación. Los círculos pequeños nos permiten marcar las cartas que queremos descartar para que nos den una en su lugar, algo que lograremos haciendo clic en "Reparte". En el caso de que el jugador quisiese abandonar la mano de póker, el cuadrado que se coloca por encima de los círculos nos lo permite, con lo que echaríamos todas nuestras cartas.

Para empezar a crear la aplicación tendremos el problema inicial de conseguir las imágenes de cada una de las cartas de una baraja de póker. Buscando en internet conseguimos una imagen[307] (**baraja-poker.jpg**) que contiene toda la baraja. Tendremos entonces que trocearla en las cartas individuales, para lo cual haré uso de una aplicación online llamada ImageSplitter[308] que nos permite de forma cómoda y gratuita determinadas operaciones con imágenes, entre ellas dividirlas. Accederemos a la web:

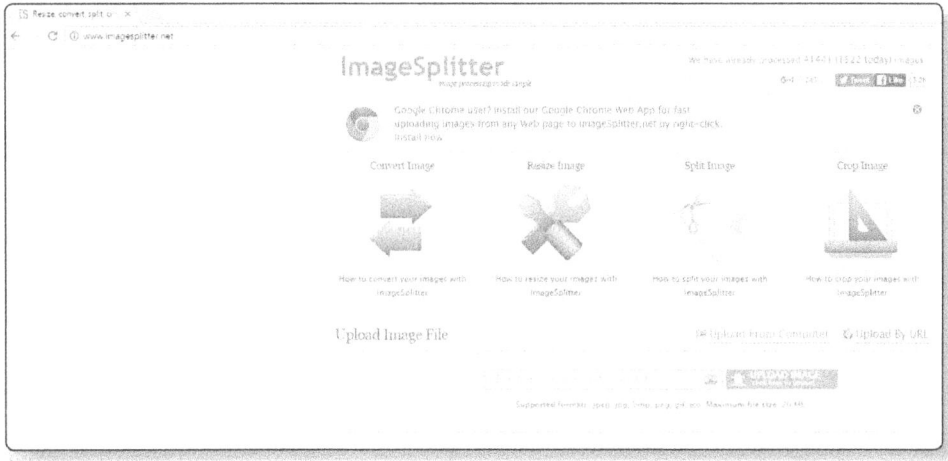

Posteriormente, haciendo clic en la zona indicada, seleccionamos baraja-poker.jpg en nuestra carpeta y la subimos haciendo clic en "upload image". Seleccionaremos a continuación la pestaña "split image" y le indicaremos que queremos dividir la imagen original en 4 filas y 13 columnas:

---

307. La imagen la guardamos en nuestra carpeta de ejercicios.

308. www.imagesplitter.net

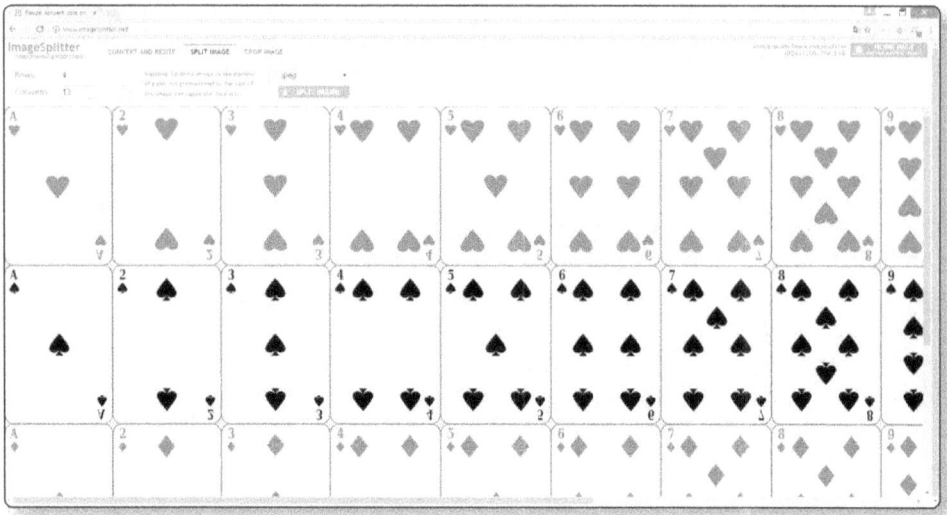

Tras mantener seleccionada la opción de salida en formato jpeg hacemos clic en "split image" y nos descargará un fichero zip de nombre **baraja-poker [www.imagesplitter.net]** que contendrá cada una de las cartas individuales. Crearemos una carpeta en nuestra carpeta de ejercicios llamada **baraja_poker** donde descargaremos el contenido del fichero zip. Inicialmente los ficheros tienen un nombre similar al siguiente:

baraja-poker [www.imagesplitter.net]-2-8.jpeg

En él el 2 hace referencia al palo y el 8 al número de la carta. De cara a su manejo no es cómodo tener nombres así de largos, por lo que querremos acortarlos y dejarlos solo en el código numérico que identifica palo y carta. Por ejemplo, en nuestro caso concreto sería el 28 (palo 2, carta 8). Es por ello que haremos un pequeño programa Python para transformar todos los nombres de los ficheros de las cartas al formato indicado. Es el siguiente, que guardaremos como **cartas.py y cuyo análisis queda como ejercicio para el lector**.

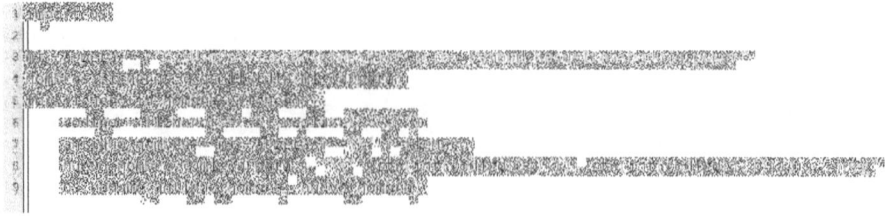

Tras su ejecución los nombres de las cartas serán cosas como 18.jpeg o 212.jpeg, y con ese formato trabajaremos.

El esquema en Qt Designer, de nombre **poker.ui**, es:

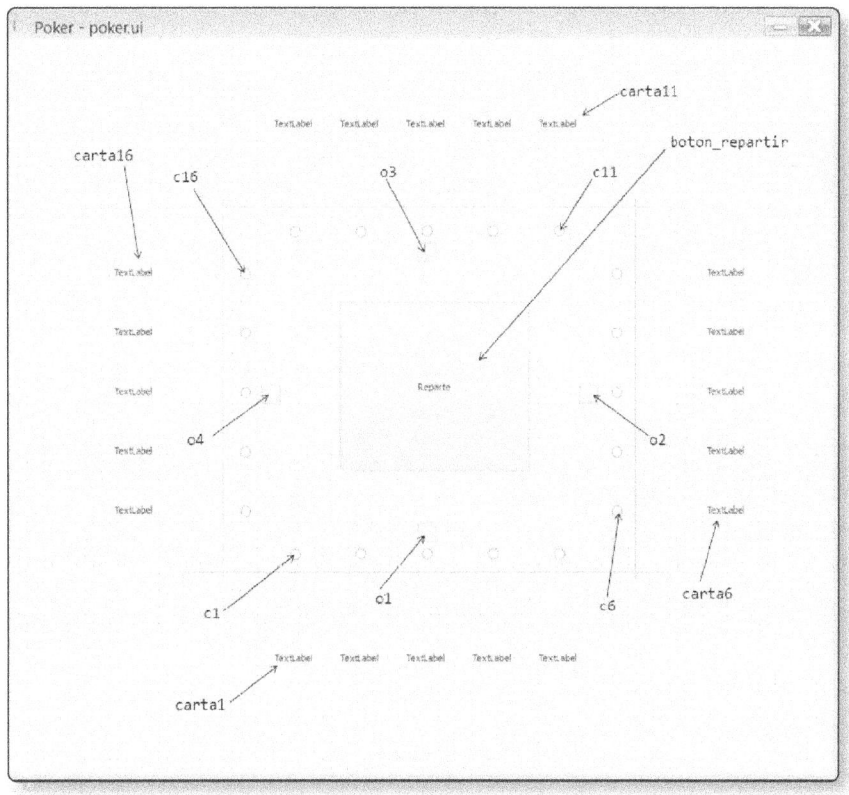

En él no he incluido, por simpliciad, el nombre de todos los elementos que siguen un mismo patrón, como es el caso de c1...c20 o carta1...carta20. Las etiquetas tienen el tamaño que queramos para visualizar la carta, a pesar de solo visualizarse en el esquema el texto por defecto. Los tipos de cada uno de ellos son:

▼ **carta1,...,carta20**: QLabel
▼ **c1,...,c20**: QRadioButton
▼ **boton_repartir, o1,...,o4**: QPushButton

Los elementos que he configurado desde QtDesigner (aparte de los obvios como poner nombre a la ventana principal de la aplicación) son:

▶ carta1,...,carta20: activo en todas la opción scaledContents para que el contenido de la etiqueta se adapte al tamaño de esta y así poder visualizar toda la carta. La alineación vertical y horizontal serán centradas.

▶ c1,...,c20: desactivo en todos la opción autoExclusive para poder tener seleccionados varios de ellos a la vez.

El código, **poker.pyw**, es el siguiente:

```python
import sys
sys.path.append(r"C:\Users\flop\Desktop\Ejercicios_Python_Resueltos")
import random as r
from poker import *
from PyQt4.QtGui import *

class MyForm(QtGui.QDialog):
    def __init__(self, parent=None):
        QtGui.QWidget.__init__(self, parent)
        self.ui = Ui_Dialog()
        self.ui.setupUi(self)

        self.tablero = []
        self.mi_baraja = [0 for i in range(4) for j in range(13)]
        self.cartas_descartadas = []
        self.mi_carpeta = "C:\\Users\\flop\\Desktop\\Ejercicios_Python_Resueltos\\baraja-poker\\"

        self.ui.boton_repartir.clicked.connect(self.reparte)
        self.ui.o1.clicked.connect(self.elimina)
        self.ui.o2.clicked.connect(self.elimina)
        self.ui.o3.clicked.connect(self.elimina)
        self.ui.o4.clicked.connect(self.elimina)
        self.saca_cartas_inicio()


    def saca_cartas_inicio(self):
        self.genera_baraja_desordenada_total()
        for i in range(20):
            mi_palo = self.mi_baraja[0][0]
            mi_carta = self.mi_baraja[0][1:]
            self.mi_baraja.pop(0)
            self.tablero.append(int(mi_palo+mi_carta))
            mi_direccion = self.mi_carpeta +str(mi_palo) + str(mi_carta) + ".jpeg"
            mi_imagen = self.configura_imagenes(mi_direccion, i+1)
            comando = "self.ui.carta" + str(i+1) + ".setPixmap(mi_imagen)"
            exec(comando)


    def reparte(self):
        faltantes, cartas_cambiar = self.cartas_a_cambiar()
        if faltantes == False:
            for carta in cartas_cambiar:
                self.cartas_descartadas.append(self.tablero[carta-1])
                self.tablero[carta-1] = int(self.mi_baraja[0])
                mi_direccion = self.mi_carpeta + str(self.mi_baraja[0]) + ".jpeg"
                mi_imagen = self.configura_imagenes(mi_direccion, carta)
                elemento = "self.ui.carta" + str(carta)
                comando = elemento + ".setPixmap(mi_imagen)"
                exec(comando)
                self.mi_baraja.pop(0)
        else:
            if self.mi_baraja != []:
                for i in range(len(self.mi_baraja)):
                    carta = cartas_cambiar[0]
                    self.cartas_descartadas.append(self.tablero[carta-1])
                    self.tablero[carta-1] = int(self.mi_baraja[0])
                    mi_direccion = self.mi_carpeta + str(self.mi_baraja[0]) + ".jpeg"
                    mi_imagen = self.configura_imagenes(mi_direccion, carta)
                    elemento = "self.ui.carta" + str(carta)
                    comando = elemento + ".setPixmap(mi_imagen)"
                    exec(comando)
                    self.mi_baraja.pop(0)
                    cartas_cambiar.pop(0)
                r.shuffle(self.cartas_descartadas)
                self.mi_baraja = self.cartas_descartadas
```

```
 93    def configura_imagenes(self, mi_direccion, carta):
 94        mi_imagen = QPixmap(mi_direccion)
 95        if carta in range(6,11):
 96            mi_imagen= mi_imagen.transformed(QtGui.QTransform().rotate(-90))
 97        elif carta in range(11,16):
 98            mi_imagen= mi_imagen.transformed(QtGui.QTransform().rotate(180))
 99        elif carta in range(16,21):
100            mi_imagen= mi_imagen.transformed(QtGui.QTransform().rotate(90))
101        return mi_imagen
102
103
104    def cartas_a_cambiar(self):
105        c = []
106        num_cambios = 0
107        loc = locals()
108        for i in range(1,21):
109            elemento = "self.ui.c" + str(i)
110            comando ="if " + elemento + ".isChecked(): num_cambios += 1"
111            exec(comando)
112            num_cambios = loc["num_cambios"]
113        if num_cambios <= len(self.mi_baraja):
114            faltantes = False
115        else:
116            faltantes = True
117        for i in range(1,21):
118            elemento = "self.ui.c" + str(i)
119            comando ="if " + elemento + ".isChecked(): c.append(i)"
120            exec(comando)
121        return faltantes, c
122
123
124    def elimina(self):
125        mi_boton = self.sender().objectName()
126        if mi_boton == "o1":
127            a,b = 1,6
128        elif mi_boton == "o2":
129            a,b = 6,11
130        elif mi_boton == "o3":
131            a,b = 11,16
132        elif mi_boton == "o4":
133            a,b = 16,21
134        for i in range(a,b):
135            self.cartas_descartadas.append(self.tablero[i-1])
136            elemento = "self.ui.carta" + str(i)
137            comando = elemento + ".clear()"
138            exec(comando)
139            elemento = "self.ui.c" + str(i)
140            comando = elemento + ".setEnabled(False)"
141            exec(comando)
142        comando = "self.ui." + mi_boton + ".setEnabled(False)"
143        exec(comando)
144
```

```
145
146    def opciones_a_off(self):
147        for i in range(1,21):
148            comando = "self.ui.c" + str(i) + ".setChecked(False)"
149            exec(comando)
150
151
152 if __name__ == "__main__":
153    app = QtGui.QApplication(sys.argv)
154    myapp = MyForm()
155    myapp.show()
156    sys.exit(app.exec_())
157
```

Comentarios sobre el código

L13-16: defino varios **atributos**:

- ▼ **tablero**: una lista de enteros donde guardaré los códigos numéricos de las cartas que aparecerán en el tablero.

- ▼ **mi_baraja**: una lista de cadenas donde inicialmente los códigos numéricos de todas las cartas de la baraja barajada. A medida que se vayan repartiendo cartas se irán eliminando de ella.

- ▼ **cartas_descartadas**: lista de enteros donde almacenaré las cartas que se van descartando.

- ▼ **mi_carpeta**: cadena donde almaceno la dirección de la carpeta donde están todas las imágenes de las cartas.

L18-22: conecto las signals/slots de los botones de la aplicación. He conectado el clic en los cuatro botones de descarte total con en método elimina(). Posteriormente veremos cómo identificaremos qué botón ha sido el pulsado.

L23: ejecuto el método saca_cartas_inicio(), que repartirá las 20 cartas iniciales a los cuatro jugadores.

L26-36: defino el método **saca_cartas_inicio()**. En la L27 ejecuto el método genera_baraja_desordenada_total() que, de la forma que veremos posteriormente, simula el proceso de barajar la baraja. Posteriormente, en el for de la L28 recorro las 20 primeras cartas almacenadas en el atributo mi_baraja. Tras obtener el palo y la carta de cada una de ellas, elimino de mi_baraja el código de la carta y lo añado a tablero. Para representar la imagen de la carta en la pantalla construyo la dirección del fichero de imagen correspondiente y la almaceno en mi_direccion. Mediante el método configura_imágenes() giro los grados necesarios la carta dependiendo de para qué jugador es (posteriormente veremos cómo funciona). Para finalizar configuro el texto del comando que me permitirá colocar la imagen de las cartas en las etiquetas correspondientes, y lo ejecuto mediante exec().

L39-81: defino el método **reparte()**, que está asociado a la pulsación de boton_repartir. La idea que hay detrás del método es la siguiente: pediremos un número de cartas para cambiar. Lo primero que debemos comprobar es si tenemos suficientes cartas en mi_baraja, que es de donde obtenemos las cartas para repartir. Si es así las cartas marcadas para cambiar se añadirán a cartas_ descartadas. Si no lo es deberemos distinguir entre dos casos: que mi_baraja esté completamente vacía o que no. En este último caso tenemos más cartas pedidas de las que tenemos momentáneamente para repartir, con lo que repartiremos las que tengamos y posteriormente usaremos las cartas descartadas previamente barajadas. En la L40 recogemos del método cartas_a_cambiar() las variables faltantes (que nos indica con un booleano si tenemos suficientes cartas en mi_baraja para suministrar las cartas pedidas) y cartas_cambiar, que es una lista donde guardo las posiciones de las cartas que deben ser cambiadas en el tablero. De la L42-50 recorremos esas posiciones, llevando la carta que teníamos a cartas_descartadas, reemplazándola por la primera que aparece en mi_baraja y posteriormente eliminándola de ella. La forma de cargar las imágenes de las cartas en las etiquetas es similar a lo visto en el método saca_cartas_ inicio(). Notar que restamos una unidad al valor de carta para cuadrar índices. El else de la L51 se ejecuta si no tenemos cartas suficientes en mi_baraja para las peticiones hechas. El if de la L52 nos pregunta si mi_baraja está vacía. Si es así se ejecuta el else de la L78, donde pasamos a mi_baraja el contenido de cartas_ descartadas (previamente desordenado) antes de vaciar ésta última. Si no es así deberemos hacer dos pasos: de L53-66 repartimos las cartas restantes de mi_baraja y hacemos lo mismo comentado del else de la L78, y de L67-77 cambiamos las cartas que quedaban por cambiar, de la forma en la que hemos procedido con anterioridad.

L84-90: defino el método **genera_baraja_desordenada_total()**, que crea una baraja completa con los códigos correspondientes a cada carta y posteriormente la desordena.

L93-101: defino el método **configura_imagenes()**, que en base a la dirección del fichero de la imagen de la carta y a la posición que ocupa en el tablero configura y devuelve una imagen de tipo QPixmap con la rotación correspondiente a cada jugador (0, -90, 180 o 90 grados).

L104-121: defino el método **cartas_a_cambiar()**, que como hemos visto nos devuelve un booleano (faltantes) indicando si se puede o no atender desde mi_ baraja las peticiones de cartas, y la lista de enteros (c) de las posiciones que ocupan las cartas a cambiar en el tablero. Usamos la variable local num_cambios para saber el núnero de peticiones de cambio de cartas que tenemos, que compararemos con el tamaño que tenga en cada momento mi_baraja. El for de la L108 sirve para, mediante el uso de exec()[309], saber el número de botones de opción activados. El for de la L117 nos sirve para, de una forma similar, rellenar c. He separado los dos for por motivos de claridad.

L124-143: defino el método **elimina()**, que está conectado con cualquiera de los cuatro botones de descarte. Para saber qué botón en concreto ha sido pulsado es por lo que usamos el método sender(). Posteriormente, mediante el método objectName() lograremos saber su nombre. De esa manera conocemo el bloque de cartas a eliminar y procedemos a continuación a ello, quitando además las imágenes correspondientes y desactivando los elementos que corresponden al jugador en concreto.

L146: defino el método **opciones_a_off()**, que simplemente (mediante nuevamente el uso de exec()) coloca los 20 botones de opción de los descartes de cartas sin seleccionar.

Consideraciones finales

- ▼ Ciertas situaciones en la aplicación pueden generar excepciones. Identificarlas y poner código para tratarlas.

- ▼ Podemos mejorar la aplicación colocando, por ejemplo, un botón para iniciar nueva mano.

- ▼ Si al ejecutar el programa desde PyScripter no aparecen las cartas, ejecutarlo externamente con el intérprete de nuestro entorno virtual miPython3_3_5, como se indica en el Apéndice A.

6.12 BINGO

Nivel de dificultad: 4

Descripción: en este ejercicio intentaremos crear una aplicación que recree un pequeño bingo.

Ejemplos del aspecto inicial y uso intermedio son los siguientes:

---

309. Para conocer el funcionamiento de las funciones exec() y locals() ver el Apéndice B.

Capítulo 6. **EJEMPLOS DE APLICACIONES GRÁFICAS**

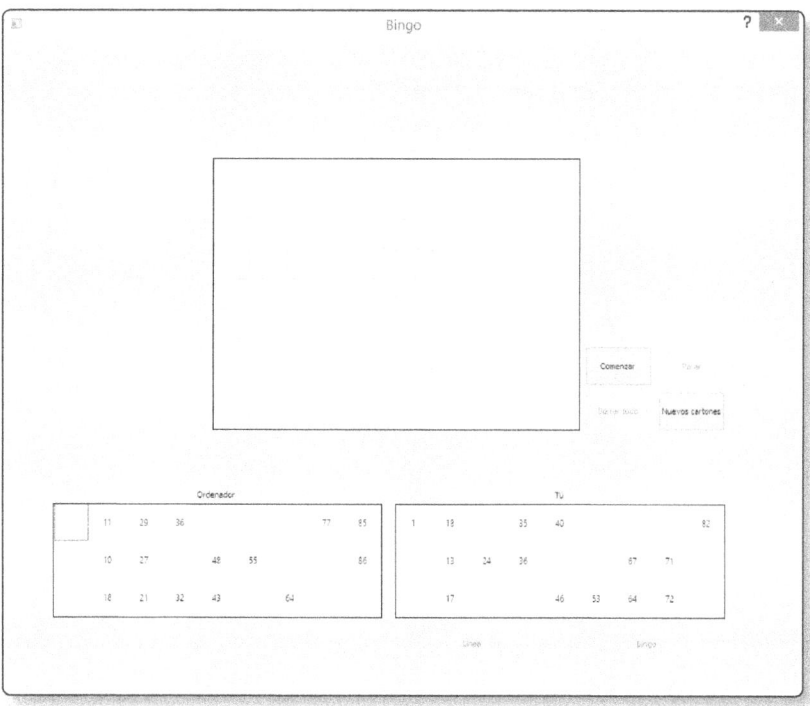

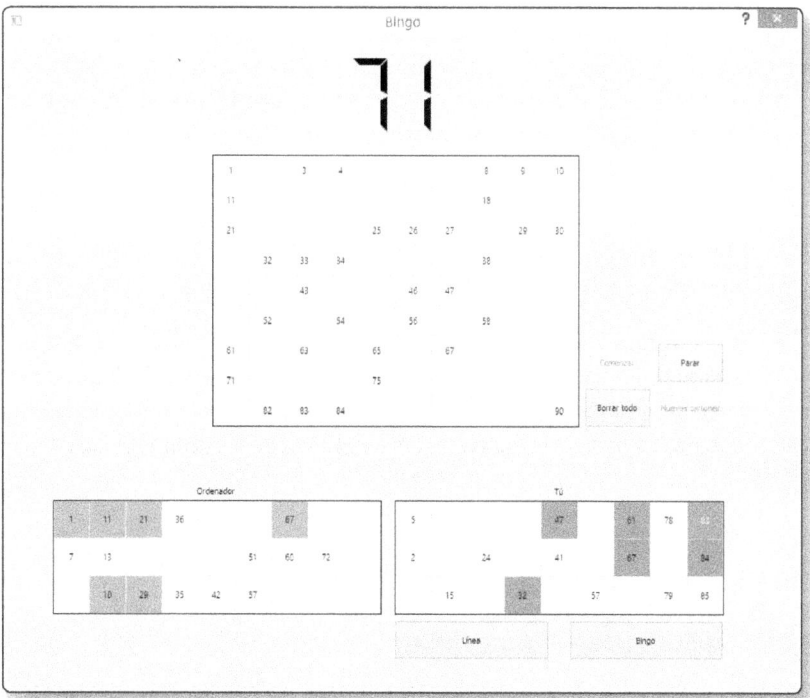

Al inicio podemos pulsar en el botón **Comenzar** para empezar a jugar, o en el botón **Nuevos cartones** para generar dos nuevos cartones (uno es el nuestro y otro el del ordenador). Si pulsamos en el primer botón se irá sacando un número cada dos segundos.

Una vez que está en marcha el bingo, nos aparece el número extraído en la parte superior. Justo debajo tenemos el tablero con los números que han ido saliendo. En la parte inferior vemos el cartón del ordenador y el nuestro. Los elementos deben cumplir las siguientes normas:

- El tablero contendrá números del 1 al 90 inclusive, distribuidos en 9 filas y 10 columnas.

- El cartón debe contener 15 números distrubuidos en 3 filas y 9 columnas. Cada fila debe tener exactamente 5 números. En cada columna tendremos los números de una decena. Por ejemplo, la columna 2 contendrá los números del 10 al 19, la tercera del 20 al 29 y así sucesivamente, salvo la primera columna que contendrá números del 1 al 9 (9 elementos) y la última, que lo hará con los números del 80 al 90 inclusive (11 elementos). Dentro de cada columna no he ordenado los números contenidos en ella[310].

Podremos hacer clic en los números de nuestro cartón, algo que hará cambiar de color el fondo de la celda correspondiente. Disponemos de los botones **línea** y **bingo** para cantarla/o. Si los pulsamos se comprobará si uno u otro es correcto, indicándonoslo por pantalla y actuando consecuentemente.

Tenemos los siguientes botones adicionales:

- **Parar**: se detiene la extracción de números. En el mismo botón se nos ofrecerá la opción de continuar con ella.

- **Borrar todo**: borra el tablero y los cartones. Se nos ofrecerá entonces la única opción de generar nuevos cartones (mediante el botón correspondiente), y si la ejecutamos nos dará la posibilidad de comenzar una nueva partida haciendo clic en el botón "Comenzar".

---

310. Hacerlo supondría mejorar la aplicación realizada. Queda como ejercicio para el lector.

El ordenador marcará de forma automática sus números, cantando línea o bingo si llegase el caso. Si cantase línea, se desactivaría nuestro botón para poder hacer lo propio.

Si el ordenador o nosotros cantamos bingo, se nos indica por pantalla y finaliza esa partida en concreto. Solo se nos mostrará activo el boton de borrar todo de cara a iniciar el proceso para comenzar una nueva partida.

El esquema en Qt Designer, **bingo.ui**, es:

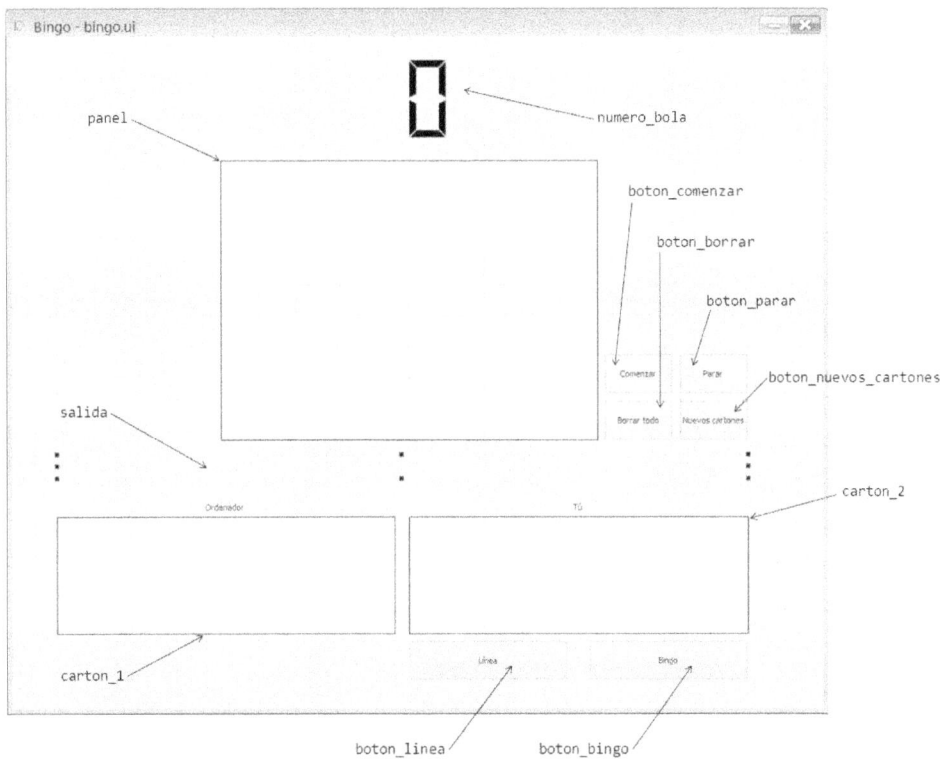

Los tipos de cada uno de sus componentes son:

- **numero_bola**: QLCDNumber
- **panel, carton_1, carton_2**: QTableWidget
- **salida**: QLabel
- **boton_comenzar, boton_parar, boton_borrar, boton_nuevos_cartones, boton_linea, boton_bingo**: QPushButton

Como elementos que he configurado desde QtDesigner (al margen de los que son obvios a simple vista) tenemos:

- En numero_bola:, font → PointSize = 15, frameShape = NoFrame, frameShadow = Plain, numDigits = 2, digitCount = 2
- En panel: geometry → Width = 502, height = 362, rowCount = 9, columnCount = 10, horizontalHeaderDefaultSectionSize = 50, , verticalHeaderDefaultSectionSize = 40
- En carton_1 y carton_2: geometry → Width = 452, height = 152, rowCount = 3, columnCount = 9, horizontalHeaderDefaultSectionSize = 50, , verticalHeaderDefaultSectionSize = 50
- En salida: alignment Horizontal = AlignHCenter, text = (vacío)
- En los seis botones: autoDefault = False

El código, **bingo.pyw**, es el siguiente:

```
import sys
sys.path.append(r"C:\Users\flop\Desktop\Ejercicios_Python_Resueltos")
import random as r
from bingo import *

class MyForm(QtGui.QDialog):
    def __init__(self, parent=None):
        QtGui.QWidget.__init__(self, parent)
        self.ui = Ui_Dialog()
        self.ui.setupUi(self)

        self.mi_tiempo = QtCore.QTimer()
        self.mi_tiempo.setInterval(2000)
        self.mi_tiempo.timeout.connect(self.coloca_numero)

        self.ui.boton_comenzar.clicked.connect(self.comenzar)
        self.ui.boton_parar.clicked.connect(self.parar)
        self.ui.boton_borrar.clicked.connect(self.borrar_todo)
        self.ui.boton_nuevos_cartones.clicked.connect(self.nuevos_cartones)
        self.ui.boton_linea.clicked.connect(self.comprueba_linea)
        self.ui.boton_bingo.clicked.connect(self.comprueba_bingo)
        self.ui.carton_2.cellClicked.connect(self.mi_clic_carton_2)

        self.inicializa_variables()
        self.genera_carton_1()
        self.genera_carton_2()

    def inicializa_variables(self):
        self.bingo = [i for i in range(1, 91)]
        self.carton_1_linea = 3 * [0]
        self.numeros_sacados = []
        self.linea = False
        self.parado = True
        self.ui.numero_bola.setDigitCount(0)
        self.ui.boton_comenzar.setEnabled(True)
        self.ui.boton_parar.setEnabled(False)
        self.ui.boton_linea.setEnabled(False)
        self.ui.boton_bingo.setEnabled(False)
        self.ui.boton_borrar.setEnabled(False)
        self.ui.carton_1.clear()
        self.ui.carton_2.clear()
```

```python
    def comenzar(self):
        self.mi_tiempo.start()
        self.ui.boton_comenzar.setEnabled(False)
        self.ui.boton_parar.setEnabled(True)
        self.ui.boton_linea.setEnabled(True)
        self.ui.boton_bingo.setEnabled(True)
        self.ui.boton_borrar.setEnabled(True)
        self.ui.boton_nuevos_cartones.setEnabled(False)
        self.ui.numero_bola.setVisible(True)
        self.ui.boton_parar.setText("Parar")
        QtCore.QTimer.singleShot(2000, lambda: self.ui.numero_bola.setDigitCount(2))


    def parar(self):
        if self.ui.boton_parar.text() == "Parar":
            self.mi_tiempo.stop()
            self.ui.boton_parar.setText("Continuar")
        else:
            self.mi_tiempo.start()
            self.ui.boton_parar.setText("Parar")


    def borrar_todo(self):
        self.mi_tiempo.stop()
        self.inicializa_variables()
        self.ui.numero_bola.setVisible(False)
        self.ui.panel.clear()
        self.ui.carton_1.clear()
        self.ui.carton_2.clear()
        self.ui.boton_comenzar.setEnabled(False)
        self.ui.boton_nuevos_cartones.setEnabled(True)


    def nuevos_cartones(self):
        self.genera_carton_1()
        self.genera_carton_2()
        self.ui.boton_comenzar.setEnabled(True)


    def mi_clic_carton_2(self, x, y):
        a = self.ui.carton_2.item(x, y)
        if a != None:
            a.setBackgroundColor(QtGui.QColor(0,150,150))
            self.ui.carton_2.setItem(x, y, a)


    def coloca_numero(self):
        if self.bingo != []:
            r.shuffle(self.bingo)
            num = self.bingo[0]
            self.bingo.pop(0)
            self.numeros_sacados.append(num)
            a = QtGui.QTableWidgetItem(str(num))
            a.setTextAlignment(0x0084)
            fila = num // 10
            columna = num % 10 - 1
            self.ui.panel.setItem(fila, columna, a)
            self.ui.numero_bola.display(num)
            self.comprueba_en_carton_1(num)
        else:
            self.ui.salida.setText("Panel finalizado")
            self.mi_tiempo.stop()


    def genera_carton_1(self):
        self.ui.carton_1.clear()
        fila = 0
        num_correctos = 0
        num_fila = 0
        self.carton_1 = []
```

```
137     def genera_carton_2(self):
138         self.ui.carton_2.clear()
139         fila = 0
140         num_correctos = 0
141         num_fila = 0
142         self.carton_2 = []
143         columnas_sacadas =[]
144         while num_correctos < 15:
145             num = r.randint(1,90)
146             if num not in self.carton_2:
147                 if num != 90:
148                     columna = num // 10
149                 else:
150                     columna = 8
151                 if columna not in columnas_sacadas:
152                     a = QtGui.QTableWidgetItem(str(num))
153                     a.setTextAlignment(0x0084)
154                     self.ui.carton_2.setItem(fila, columna, a)
155                     self.carton_2.append(num)
156                     columnas_sacadas.append(columna)
157                     num_correctos += 1
158                     num_fila += 1
159                     if num_correctos % 5 == 0:
160                         fila += 1
161                         num_fila = 0
162                         columnas_sacadas =[]
163
164
165     def comprueba_linea(self):
166         for i in range(3):
167             linea = True
168             for j in range(9):
169                 a = self.ui.carton_2.item(i, j)
170                 if a != None and int(a.text()) not in self.numeros_sacados:
171                     linea = False
172                     break
173             if linea:
174                 self.mi_tiempo.stop()
175                 self.ui.salida.setText("Has cantado línea. Seguimos para bingo.")
176                 QtCore.QTimer.singleShot(1500, lambda: self.ui.salida.clear())
177                 QtCore.QTimer.singleShot(1500, lambda: self.mi_tiempo.start())
178                 self.ui.boton_linea.setEnabled(False)
179                 self.linea = True
180                 break
```

```
181
182
183
184
185
186
187
188
189     def comprueba_bingo(self):
190         bingo = True
191         for i in range(3):
192             if not bingo:
193                 break
194             for j in range(9):
195                 a = self.ui.carton_2.item(i, j)
196                 if a != None and int(a.text()) not in self.numeros_sacados:
197                     bingo = False
198                     break
199         if bingo:
200             self.mi_tiempo.stop()
201             self.ui.salida.setText("Has cantado bingo. Enhorabuena.")
202             QtCore.QTimer.singleShot(1500, lambda: self.ui.salida.clear())
203             self.ui.boton_linea.setEnabled(False)
204             self.ui.boton_bingo.setEnabled(False)
205             self.ui.boton_parar.setEnabled(False)
206             self.ui.numero_bola.setDigitCount(0)
207         else:
208             self.mi_tiempo.stop()
209             self.ui.salida.setText("El bingo no es correcto")
210             QtCore.QTimer.singleShot(2000, lambda: self.ui.salida.setText("Seguimos"))
211             QtCore.QTimer.singleShot(3000, lambda: self.ui.salida.clear())
212             QtCore.QTimer.singleShot(3000, lambda: self.mi_tiempo.start())
213
214
215     def comprueba_en_carton_1(self, num):
216         if num in self.carton_1:
217             for i in range(3):
218                 for j in range(9):
219                     a = self.ui.carton_1.item(i,j)
220                     if a != None:
221                         if a.text() == str(num):
222                             self.carton_1_linea[i] += 1
223                             a.setBackgroundColor(QtGui.QColor(200,150,50))
224                             if 5 in self.carton_1_linea and self.linea == False:
225                                 self.mi_tiempo.stop()
226                                 self.ui.salida.setText("El ordenador ha cantado linea. Seguimos para bingo.")
227                                 QtCore.QTimer.singleShot(3000, lambda: self.ui.salida.clear())
228                                 QtCore.QTimer.singleShot(3000, lambda: self.mi_tiempo.start())
229                                 self.ui.boton_linea.setEnabled(False)
230                                 self.linea = True
231                             if sum(self.carton_1_linea) == 15:
232                                 self.mi_tiempo.stop()
233                                 self.ui.salida.setText("El ordenador ha cantado bingo.")
234                                 QtCore.QTimer.singleShot(3000, lambda: self.ui.salida.clear())
235                                 self.ui.boton_linea.setEnabled(False)
236                                 self.ui.boton_bingo.setEnabled(False)
237                                 self.ui.boton_parar.setEnabled(False)
238                                 self.ui.numero_bola.setDigitCount(0)
239
240
241 if __name__ == "__main__":
242     app = QtGui.QApplication(sys.argv)
243     myapp = MyForm()
244     myapp.show()
245     sys.exit(app.exec_())
246
```

En él se crean los siguientes **atributos**:

- **mi_tiempo**: es un temporizador (clase QTimer del módulo QtCore) que usaremos para marcar el ritmo de salida de los números. Lo he configurado para que mande una señal cada 2 segundos.

- **bingo**: es una lista donde almacenamos inicialmente todos los números (90) del bingo. La desordenaremos, extraeremos su primer elemento (que será el número sacado) y posteriormente lo eliminaremos.

- **carton_1**: lista donde almaceno los elementos que tenemos en el cartón 1.

- **carton_2**: lista donde almaceno los elementos que tenemos en el cartón 2.

- **carton_1_linea**: una lista de tres elementos de tipo entero donde almacenaré el número de elementos que han salido de cada una de las filas del cartón 1, que es el del ordenador.

- **numeros_sacados**: una lista donde almacenaré los números que ya han salido.

- **linea**: booleano que nos indica si se ha cantado ya línea o no.

- **parado**: booleano que nos indica si la extracción de números se ha parado o no.

Los **métodos** son:

- **inicializa_variables()**: da los valores iniciales a atributos y determinadas propiedades de los widgets.

- **comenzar()**: asociado a la pulsación de boton_comenzar, configuramos propiedades de algunos widgets e iniciamos el juego activando el temporizador.

- **parar()**: asociado a la pulsación de boton_parar, controla su comportamiento, parando o reiniciando el temporizador.

- **borrar_todo()**: para el temporizador, llama a inicializa_variables(), borra el contenido de determinados elementos gráficos y activa/desactiva los botones correspondientes.

▼ **nuevos_cartones()**: asociado a la pulsación de boton_nuevos_cartones, genera dos nuevos cartones (uno para nosotros y otro para el ordenador) y habilita boton_comenzar.

▼ **mi_clic_carton_2()**: asociado al clic en cualquier celda de carton_2, cambia su fondo a color verde turquesa si en ella hay un número. En caso contrario no hace nada.

▼ **coloca_numero()**: asociado a la señal que nos envía periódicamente el temporizador mi_tiempo, saca un número, lo visualiza en numero_bola y lo incluye en panel. Llama al método comprueba_en_carton_1() para ver si el ordenador tiene en número sacado.

▼ **genera_carton_1()**: genera los 15 números del cartón 1, los almacena en el atributo carton_1 y los representa gráficamente en el widget carton_1. Tenemos en cuenta las particularidades que debe cumplir un cartón, salvo que no ordeno de menor a mayor las columnas en él.

▼ **genera_carton_2()**: igual que el anterior pero con el cartón 2.

▼ **comprueba_linea()**: asociado a la pulsación de boton_linea, examina si la línea que hemos cantado es o no correcta, indicándonoslo por pantalla.

▼ **comprueba_bingo()**: asociado a la pulsación de boton_bingo, examina si el bingo que hemos cantado es o no correcto, indicándonoslo por pantalla. Si lo es, el juego se para y solo nos mostrará activo boton_borrar.

▼ **comprueba_en_carton_1()**: inspecciona si el número que hemos sacado en el bingo está en el cartón 1. Si es así marca la celda correspondiente con un fondo color butano. Verifica también si se ha conseguido línea o bingo en el cartón 1, en cuyos casos nos lo indica por pantalla y actúa consecuentemente.

El análisis del código queda como ejercicio para el lector.

6.13 AJEDREZ

Nivel de dificultad: 3

Descripción: en este ejercicio crearemos un tablero de ajedrez, con la posibilidad de mover y eliminar cada una de las piezas que contiene.

Mi aplicación tiene el siguiente aspecto:

Podemos arrastrar cualquier pieza mediante el botón izquierdo del ratón, y eliminarla haciendo clic sobre ella con el botón derecho.

Para las piezas he usado una serie de imágenes que tenemos en el directorio **figuras_ajedrez** dentro de nuestra carpeta.

En este caso no he usado Qt Designer ni las librerías PyQt, sino que solo hemos usado matplotlib. El código (**ajedrez_matplotlib.pyw**) es el siguiente:

```
 8
 9  def mi_pick(event, fig):
10      if event.mouseevent.button == 3:
11          event.artist.remove()
12          fig.canvas.draw()
13
14  def main():
15      fig = plt.figure(figsize=(10,10))
16      ax = fig.add_subplot(111, xticks = [], yticks = [])
17      fig.canvas.set_window_title("Ajedrez")
18      fig.canvas.mpl_connect('pick_event', lambda e: mi_pick(e, fig))
19      ax.set_xlim(0, 1.6)
20      ax.set_ylim(0, 1.6)
21
22      for i in range(0, 8):
23          if i % 2 == 0:
24              origen = 0
25          else:
26              origen = 0.2
27          for j in range(0, 4):
28              mi_rectangulo = patches.Rectangle((origen + j*0.4,i*0.2), 0.2, 0.2, color = '0.5')
29              ax.add_patch(mi_rectangulo)
30
31      figuras_b = ['torre_b', 'caballo_b', 'alfil_b', 'reina_b', 'rey_b', 'alfil_b', 'caballo_b', 'torre_b']
32      figuras_n = ['torre_n', 'caballo_n', 'alfil_n', 'reina_n', 'rey_n', 'alfil_n', 'caballo_n', 'torre_n']
33      total_figuras = []
34      total_figuras.append(figuras_b)
35      total_figuras.append(figuras_n)
36      x = 0.1
37      y = 0.1
38      for figuras in total_figuras:
39          for figura in figuras:
40              direccion = "C:\\Users\\flop\\Desktop\\Ejercicios_Python_Resueltos\\figuras_ajedrez\\" + figura + ".png"
41              imagen = mpimg.imread(direccion)
42              if figura.count('rey') > 0:
43                  zoom = 0.29
44              elif figura.count('reina') > 0:
45                  zoom = 0.32
46              elif figura.count('caballo') > 0 or figura.count('torre') > 0:
47                  zoom = 0.48
48              else:
49                  zoom = 0.36
50              mi_imagen = OffsetImage(imagen, zoom)
51
52              mi_caja = AnnotationBbox(mi_imagen, (x,y), frameon = False)
53              mi_caja.set_picker(True)
54              ax.add_artist(mi_caja)
55              mi_caja.draggable()
56              x += 0.2
57          x = 0.1
58          y = 1.5
59
60      x = 0.1
61      y = 0.3
62      for i in range(8):
63          direccion1 = "C:\\Users\\flop\\Desktop\\Ejercicios_Python_Resueltos\\figuras_ajedrez\\peon_b.png"
64          imagen1 = mpimg.imread(direccion1)
65          direccion2 = "C:\\Users\\flop\\Desktop\\Ejercicios_Python_Resueltos\\figuras_ajedrez\\peon_n.png"
66          imagen2 = mpimg.imread(direccion2)
67          zoom = 0.5
68          mi_imagen_1 = OffsetImage(imagen1, zoom)
69          mi_imagen_2 = OffsetImage(imagen2, zoom)
70          mi_caja = AnnotationBbox(mi_imagen_1, (x,y), frameon = False)
71          mi_caja2 = AnnotationBbox(mi_imagen_2, (x, y+1), frameon = False)
72          ax.add_artist(mi_caja)
73          ax.add_artist(mi_caja2)
74          mi_caja.draggable()
75          mi_caja2.draggable()
76          x += 0.2
77      plt.show()
78
79
80  if __name__ == "__main__":
81      main()
82
```

Sobre él comentar lo siguiente:

- He usado el evento **'pick_event'** para eliminar figuras del tablero.

- En la línea L18 he usado la función **lambda** para enviar a la función mi_pick() el objeto que acompaña a la señal y, además, nuestro objeto fig.

- El tablero lo he creado mediante objetos de la clase **Rectangle** del módulo patches de matplotlib.

- En las líneas L41, L64 y L46 he usado la función **imread()** del módulo image de matplotlib para cargar las imágenes de nuestras figuras.

- He usado instancias de las clases **OffsetImage** y **AnnotationBBox** del módulo offsetbox de matplotlib. Las primeras almacenan imágenes de las figuras, y las segundas me permiten, mediante su método draggable()[311], moverlas con el ratón por la pantalla.

El análisis del código queda como ejercicio para el lector.

6.14 NÚMEROS RACIONALES

Nivel de dificultad: 3

Descripción: en este ejercicio intentaremos crear una aplicación para operar completamente con números racionales, pudiendo introducir estos en ciertas variables predefinidas y calcular posteriormente expresiones que las contengan.

Mi aplicación tiene el siguiente aspecto:

---

[311]. Si tenemos la opción de arrastrar (draggable) activada, automáticamente el objeto es seleccionable (pickable).

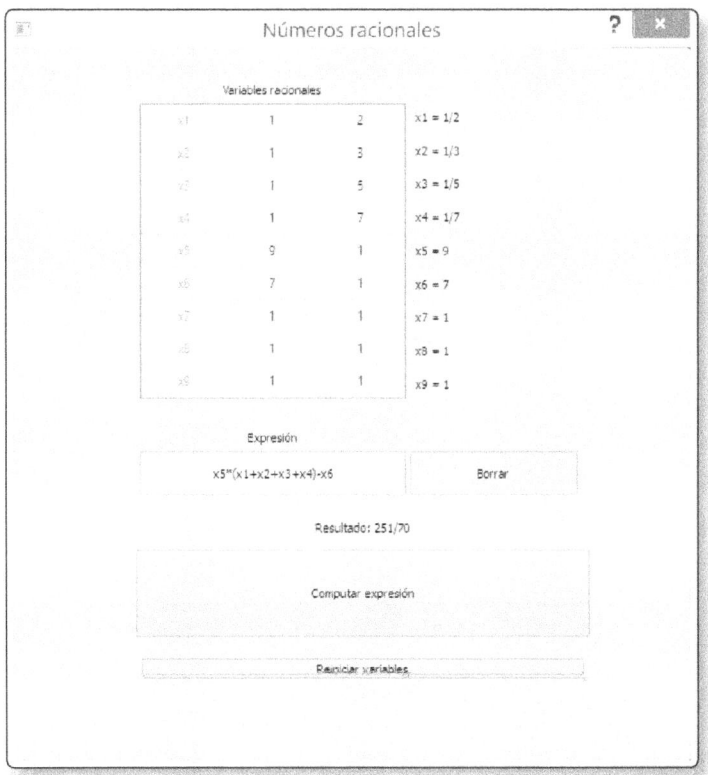

Tenemos 9 variables (x1...x9), pudiendo introducir mediante una tabla tanto el numerador como el denominador (segunda y tercera columna, respectivamente) de cada una de ellas. Tras introducir una expresión en el recuadro coorrespondiente y hacer clic en el botón "Computar expresión" obtendremos por pantalla el resultado como número racional. Tendremos además dos botones adicionales, uno para borrar la expresión y otro para reiniciar todas las variables a 1, su valor original. En el caso de que introduzcamos datos erróneos (incluyendo la división por cero), tanto en las variables como en la expresión a calcular, nos lo indicará por pantalla. Por ejemplo, al introducir de forma incorrecta una variable, mi aplicación lo mostrará así:

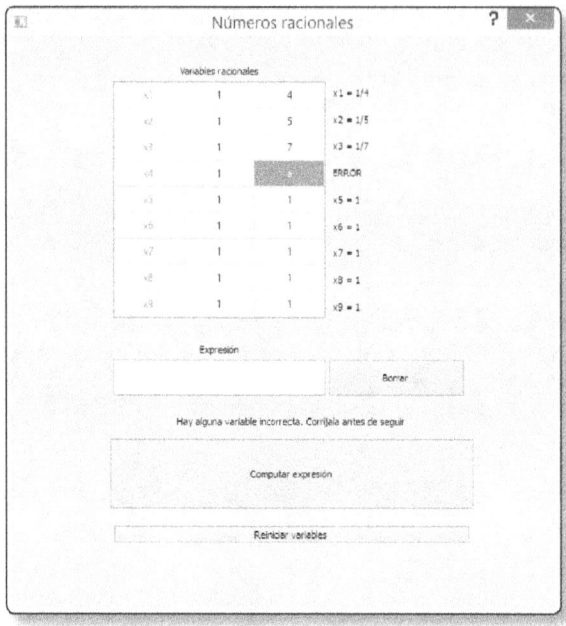

Si no corregimos el error posteriores ediciones de las variables quedarán sin efecto hasta que el valor erróneo se subsane.

Si el error lo cometemos en la expresión, nos aparecerá lo siguiente:

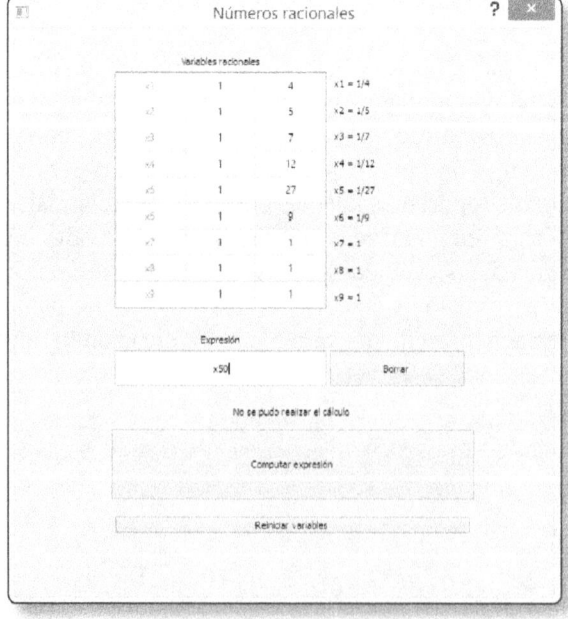

El esquema utilizado en Qt Designer, con el nombre de los elementos empleados (no se incuyen v2,...,v8 por claridad) es el siguiente (**racionales.ui**):

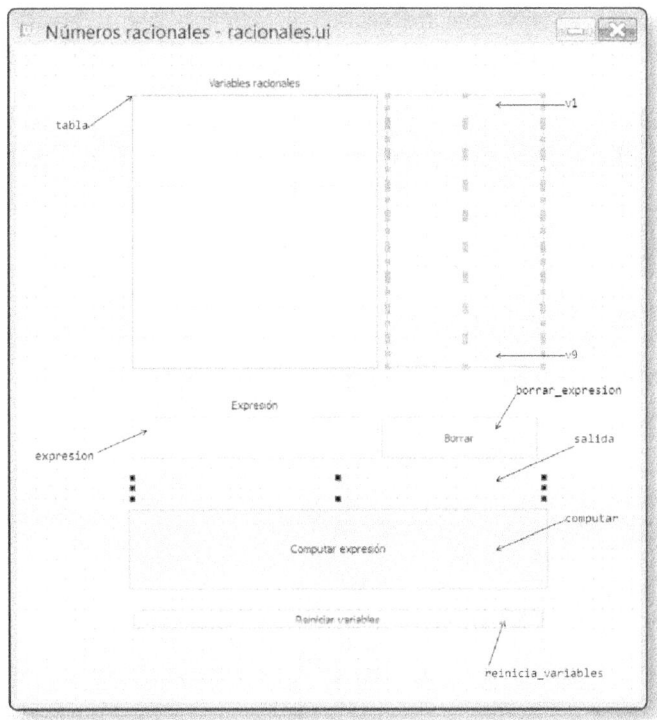

Los tipos de cada uno de ellos son:

- **tabla**: QTableWidget
- **v1,...,v9, salida**: QLabel
- **expresion**: QLineEdit
- **borrar_expresion, computar, reinicia_variables**: QPushButton

Las características que he configurado desde QtDesigner (al margen de las que son obvias a simple vista) variando los valores que aparecen por defecto, son:

- En tabla: he configurado rowCount = 9 y columnCount = 3. Además horizontalHeaderDefaultSectionSize y verticalHeaderDefaultSectionSize con los valores que me permitan que encajen exactamente 3 columnas en tabla. En mi caso son respectivamente 83 y 30, ya que el tamaño de la tabla es de 251x273 puntos.

- En salida y expresion: alignment Horizontal = AlignHCenter.
- En los tres botones: autoDefault = False.

De cara a generar nuestro código lo primero que debemos hacer, antes del desarrollo habitual del programa, es crear una clase que nos permita tratar los números racionales[312]. Para ello crearemos en un fichero (**clase_racional.py**) la citada clase, ayudándonos de los métodos especiales (o mágicos) y la sobrecarga de operadores[313]. El código es el siguiente:

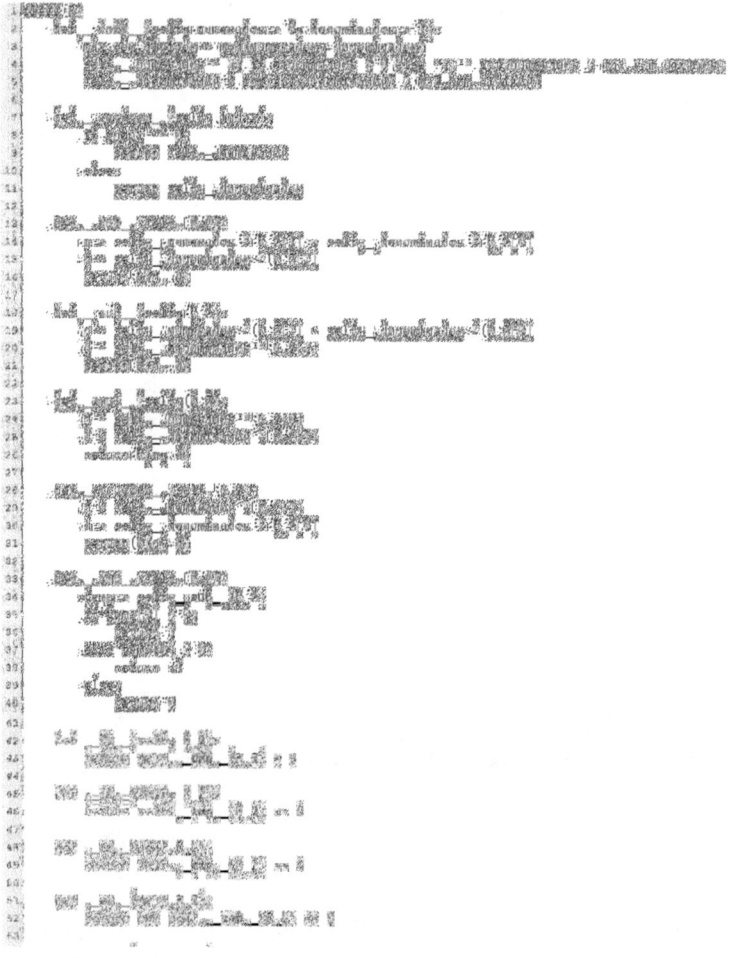

---

312. Pasaremos por alto que ya existe una clase Rational en el módulo numbers de Python. Nuestro objetivo es puramente didáctico.
313. En el Apéndice B se hace una breve referencia a ellos.

```
64      def __gt__(self, R_2):
65          return self.__cmp__(R_2) > 0
66
67      def __ge__(self, R_2):
68          return self.__cmp__(R_2) >= 0
69
70      def __float__(self):
71          return self.__numerador / self.__denominador
72
73      def __int__(self):
74          return int(self.__float__())
75
76      def __str__(self):
77          if self.__denominador == 1:
78              return str(self.__numerador)
79          else:
80              return str(self.__numerador) + '/' + str(self.__denominador)
71
72
73 def mcd(n, d):
74      n1 = abs(n);
75      n2 = abs(d)
76      mcd = 1
77      k = 1
78      while k <= n1 and k <= n2:
79          if n1 % k == 0 and n2 % k == 0:
80              mcd = k
81          k += 1
82      return mcd
83
```

Comentarios sobre el código

L1-70: creo la clase **R**, que es la que me va a permitir trabajar con números racionales. En su inicializador (L2-5) creo dos atributos privados, uno para el numerador y otro para el denominador, que divido por el máximo común divisor de ambos. El posible signo del número racional lo coloco siempre en el numerador.

L7-11: Defino el método mágico __**getitem**__().

L13-16: sobrecargo el operador binario '+' definiendo el método mágico __**add**__(), donde R_2 representa el segundo operando racional. La operación se realiza de la siguiente manera:

$$(a / b) + (c / d) = (a * d + c * b) / (b * d)$$

Tras calcular el numerador y denominador del resultado, creamos un nuevo objeto de tipo R donde, si es posible, se realizará una reducción. Hacer notar que accedo al numerador y denominador del segundo operando mediante el operador índice, que he sobrecargado mediante __getitem__() como veremos más adelante. Repetiré este proceso para las operaciones de resta, multiplicación y división, como veremos seguidamente.

L18-21: sobrecargo el operador binario '-' definiendo el método mágico __**sub**__(). La operación se realiza de la siguiente manera:

$$(a / b) - (c / d) = (a * d - c * b) / (b * d)$$

L23-26: sobrecargo el operador binario '*' definiendo el método mágico __mul__(). La operación se realiza de la siguiente manera:

(a / b) * (c / d) = (a * c) / (b * d)

L28-31: sobrecargo el operador binario '/' definiendo el método mágico __truediv__() La operación se realiza de la siguiente manera:

(a / b) * (c / d) = (a * c) / (b * d)

L33-40: sobrecargo el método mágico __cmp__() para que me devuelva, en la comparación de dos números racionales, un 1 si el primero es mayor que el segundo, 0 en caso de que sean iguales y -1 si el segundo es mayor que el primero. Lo usaré al sobrecargar los seis métodos mágicos de comparación siguientes:

L42-58: sobrecargo los operadores binarios de comparación '<', '<=', '==', '!=', '>' y '>=' con, respectivamente, los métodos mágicos __lt__(), __le__(), __eq__(), __ne__(), __gt__() y __ge__().

L60-61: sobrecargo el operador unario 'float()' definiendo el método mágico __float__() para poder obtener, si lo deseamos, el valor real del número racional.

L63-64: sobrecargo el operador unario 'int()' definiendo el método mágico __int__() para poder obtener, si lo deseamos, el valor entero redondeado del número racional. El posible redondeo se hace hacia el entero inferior más próximo si el valor no es exacto.

L66-70: sobrecargo el método mágico __str__() de cara a representar mediante texto el número, teniendo en cuenta si el denominador es 1 para no representarlo en ese caso.

L73-82: defino la función **mcd()**, que calculará el máximo común divisor de dos números pasados como argumentos.

Una vez que tenemos creada nuestra clase R para trabajar con los números racionales, pasamos a programar el resto de la aplicación. El código creado, **racionales.pyw**, es el siguiente:

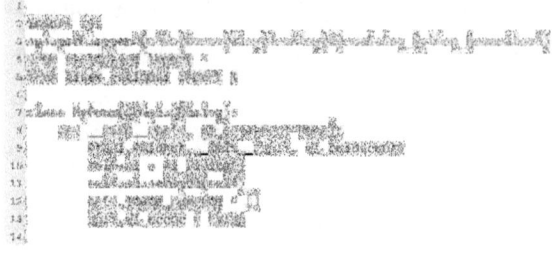

```
 15            self.ui.tabla.itemChanged.connect(self.recoger)
 16            self.ui.expresion.returnPressed.connect(self.recoger)
 17            self.ui.computar.clicked.connect(self.recoger)
 18            self.ui.borrar_expresion.clicked.connect(self.borrar_expresion)
 19            self.ui.reinicio_variables.clicked.connect(self.reinicializa_variables)
 20
 21            self.ui.tabla.itemClicked(fun)
 22            self.computar_todo()
 23            self.inicializa_tabla()
 24            self.ui.tabla.blockSignals(False)
 25
 26
 27       def configura_tabla(self):
 28            for i in range(9):
 29                mi_celda = QtGui.QTableWidgetItem('x')
 30                mi_celda.setText(" "+str(i+1))
 31                mi_celda.setTextAlignment(QtCore.Qt.AlignCenter)
 32                mi_celda.setFlags(QtCore.Qt.NoItemFlags)
 33                self.ui.tabla.setItem(i,0,mi_celda)
 34
 35
 36       def saca_variables(self):
 37            if self.mi_error == False:
 38                for i in range(9):
 39                    num = self.ui.tabla.item(i,1)
 40                    den = self.ui.tabla.item(i,2)
 41                    num = num.text()
 42                    den = den.text()
 43                    if den == '1':
 44                        instruccion = "self.ui.v" + str(i+1) + ".setText(\"x"+ str(i+1) + " = " + num + "\")"
 45                    else:
 46                        instruccion = "self.ui.v" + str(i+1) + ".setText(\"x"+ str(i+1) + " = " + num + "/" + den + "\")"
 47                    eval(instruccion)
 48            else:
 49                instruccion = "self.ui.v" + str(self.var_error + 1) + ".setText(\"ERROR\")"
 50                eval(instruccion)
 51
 52
 53       def inicializa_tabla(self):
 54            for i in range(0,10):
 55                for j in range(1,3):
 56                    mi_celda = QtGui.QTableWidgetItem()
 57                    mi_celda.setTextAlignment(QtCore.Qt.AlignCenter)
 58                    mi_celda.setText('1')
 59                    self.ui.tabla.setItem(i,j,mi_celda)
 60            self.saca_variables()
 61
 62
 63       def recoger(self):
 64            j = 1
 65            self.todos_numeros = []
 66            try:
 67                for i in range(9):
 68                    item_sacado = self.ui.tabla.item(i,j)
 69                    numerador = int(item_sacado.text())
 70                    item_sacado = self.ui.tabla.item(i,j+1)
 71                    denominador = int(item_sacado.text())
 72                    if denominador != 0:
 73                        numero = R(numerador, denominador)
 74                        self.todos_numeros.append(numero)
 75                    else:
 76                        raise ValueError
 77                self.mi_error = False
 78                self.ui.salida.setText("Todas las variables son correctas")
 79                self.saca_variables()
 80                self.computar()
 81            except:
 82                self.mi_error = True
 83                self.var_error = i
 84                self.ui.salida.setText("Hay alguna variable incorrecta. Corríjala antes de seguir")
 85                self.saca_variables()
 86
 87
 88       def transforma_entrada(self):
 89            entrada = self.ui.expresion.text()
 90            salida = ''
 91            for letra in entrada:
 92                if 49 <= ord(letra) <=57:
 93                    salida += '[' + chr(ord(letra)-3) + ']'
```

```
 94
 95
 96
 97
 98
 99
100
101     def computar(self):
102         try:
103             if self.ui.expresion.text() != '':
104                 salida = self.transforma_entrada()
105                 solucion = eval(salida)
106                 if isinstance(solucion, R):
107                     self.ui.salida.setText("Resultado: " + str(solucion))
108                 else:
109                     raise ValueError
110         except:
111             self.ui.salida.setText("No se pudo realizar el cálculo")
112             QtCore.QTimer.singleShot(1500, lambda: self.ui.salida.clear())
113
114
115     def borrar_expresion(self):
116         self.ui.expresion.clear()
117         self.ui.salida.clear()
118
119
120     def reinicializa_variables(self):
121         self.todos_numeros = []
122         self.inicializa_tabla()
123         self.recoger()
124
125
126 if __name__ == "__main__":
127     app = QtGui.QApplication(sys.argv)
128     myapp = MyForm()
129     myapp.show()
130     sys.exit(app.exec_())
131
```

Los **atributos** creados dentro de la habitual clase MyForm serán los siguientes:

- ▼ **todos_numeros**: una lista donde almacenaré todas las variables racionales (instancias de R)

- ▼ **mi_error**: booleano que indicará si existe algún error en la tabla de variables.

- ▼ **var_error**: entero que almacena (en caso de que exista un error en la tabla de variables) el índice (comenzará desde 0) de la variable errónea.

Los **métodos** que crearé serán:

- ▼ **configura_tabla()**: en él coloco en la primera columna de tabla los nombres de las variables (x1...x9) y hago que no sean editables.

- ▼ **saca_variables()**: mediante él represento los valores de las variables de la tabla a la derecha de esta. Si hay algún error en alguna de ellas lo indica justo a su altura.

- **inicializa_tabla()**: doy valor inicial 1 a las celdas de la tabla correspondientes a la segunda y tercera columna (que almacenan respectivamente los numeradores y denominadores de las variables). Se llama dentro de ella al método saca_variables().

- **recoger()**: en él recojo todos los datos de la tabla, saco a su derecha las variables (mediante saca_variables()) y llamo al método computar() para que ejecute la expresión que tengamos. Si hay algún problema lo recojo mediante una excepción y lo indico por pantalla.

- **transforma_entrada()**: transformará la expresión que colocamos en el recuadro correspondiente en otra con nuestras variables internas, para poder operar con ellas.

- **computar()**: ejecuto, en base a las variables que tengamos en nuesta tabla, la expresión indicada en el recuadro correspondiente. Si hay algún tipo de problema nos lo indica por pantalla.

- **borrar_expresion()**: simplemente borra el recuadro reservado para la introducción de la expresión a calcular y el contenido de salida.

- **reinicializa_variables()**: vuelve a colocar todas las variables a 1. Si en ese momento hay alguna expresión correcta en el recuadro, la calcula.

Comentarios sobre el código

L5: importamos la clase R definida en el fichero clase_racional.py que tenemos en nuestra carpeta de ejercicios.

L12-13: creo el atributo todos_numeros, que será una lista donde almacenaré todas las variables (de tipo R) y el booleano mi_error, que indicará si existe algún error en las variables.

L15-19: son las signals/slots de la aplicación. Conecto el cambio en una celda de la tabla, la pulsación de Enter dentro de expresion y el clic en computar con el método recoger(). Finalmente hago lo propio con el clic en los dos botones restantes (borrar_expresion y reinicia_variables) y los métodos del mismo nombre.

L21-24: ejecuto los métodos configura_tabla() e inicializa_tabla() para partir de los valores de las variables por defecto (léase 1) y representarlos visualmente a la derecha de la tabla. Hacerlo sin más nos generaría el problema de que, como hemos conectado la señal de cambio en una celda con la ejecución del método recoger(), este se ejecutaría constantemente ya que en los dos métodos indicados se cambia el valor inicialmente vacío de las celdas. Esto traería consencuencias no deseadas, por lo que para evitarlas desactivamos momentáneamente en la L21 el envío de señales desde tabla mediante el método blockSignals(). Tras ejecutar los dos métodos volvemos a activarlas en la L24 con el mismo método.

L27-33: defino el método configura_tabla(), donde mediante un for configuro y escribo la primera columna de la tabla, donde aparecerán los nombres de las variables, que irán desde x1 a x9. Creo una instancia de la clase QTableWidgetItem de nombre mi_celda, coloco en él el texto de la variable centrado, mediante el método setFlags() le indico que no será editable y tras darle todas esas características la inserto en la tabla en el sitio adecuado.

L36-50: defino el método saca_variables(), donde inicialmente compruebo mediante un if si en la tabla de variables hay algún error (algo que nos lo indica el atributo mi_error). Si no es así recorro el texto alojado en la segunda y tercera columna para sacar en las etiquetas v1,...,v9 los valores de las correspondientes variables. Hago uso de eval() sobre una cadena donde almacenaré la instrucción concreta a ejecutar. Mediante un if identifico si el denominador es 1 para no incluirlo en su representación. En el caso de que sí exista un error en la tabla de variables, y nuevamente mediante el uso de eval(), representamos en la etiqueta correspondiente la palabra "ERROR". Nos ayudamos para ello del atributo var_error[314], que tomará valor en el método recoger().

L53-60: defino el método inicializa_tabla(), en el que mediante dos for anidados coloco (de forma similar a la hecha en configura_tabla()) el valor '1' en todas las celdas de la segunda y tercera columnas, que son las correspondientes a los numeradores y denominadores de las variables. Posteriormente llamo a saca_variables() para representarlas gráficamente.

L63-85: defino el método recoger(), donde, si todo es correcto, rellenaremos el atributo todos_numeros con las 9 instancias de R correspondientes a las 9 variables que aparecen en la tabla. Si ese es el caso recorreremos mediante un for las filas de la tabla, extrayendo el numerador y el denominador en forma de cadena y convirtiéndolo a entero mediante int(). Comprobamos a continuación que el denominador no sea cero. Si es así es todo correcto, creo una instancia de R con los datos que tengo y la añado a la lista todos_numeros. Coloco mi_error como False, indico que todo es correcto, saco las variables y ejecuto computar(). Pero puede que en el camino se genere algún error. Por ello el código está dentro de una estructura try-except que manejará ese caso. Por ejemplo las L69 y L71 nos generará una excepción de tipo ValueError si intentamos convertir a entero un dato erróneo. En la L76 lanzamos por programa una excepción del mismo tipo

---

314. Como nuestras variables empiezan en 1 habrá que añadirle una unidad.

al comprobar que el denominador es 0, algo que nos devolvería como resultado infinito. En ambos casos lo que hacemos es recoger en var_error el índice de la variable errónea, colocar el indicador mi_error a True, indicar por pantalla el error y actualizar la representación de variables mediante saca_variables(). El programa está diseñado para tener que corregir el error antes de seguir y poder cometer otro.

L88-98: defino el método transforma_entrada(), que convierte la expresión que introducimos en el recuadro correspondiente a una con nuestras variables. Por ejemplo, si tenemos "x1" en expresion, nos la convertirá en "self.todos_numeros[0]". Para ello recorremos letra a letra la expresión original, distinguiendo tres casos: cuando nos topamos con un número[315], la letra 'x' o cualquier otro carácter. En cada caso sustituimos (o dejamos la letra como está) para construir la expresión transformada, que será lo que devolvamos.

L101-112: defino el método computar(), que ejecuta la expresión. El código está dentro de una estructura try-except. Si todo transcurre correctamente comprobaremos que existe una expresión, la tranformaremos mediante transforma_entrada(), la ejecutaremos mediante eval() y tras comprobar que la solución es un número racional la representaremos por pantalla. En el caso de que se generase algún tipo de error lo recogería el except genérico y nos indicaría por pantalla durante un segundo y medio que no se ha podido realizar el cálculo.

L115-117: defino el método borrar_expresion(), que elimina el contenido de expresion y de salida.

L120-123: defino el método reinicializa_variables(), que vacía todos_ numeros, inicializa la tabla y llama a recoger(). Por tanto, si hubiese alguna expresión la calcularía con los valores iniciales (1) de las variables.

6.15 COMBINATORIA

Nivel de dificultad: 4

Descripción: sobre el nombre genérico de "combinatoria" intentaremos crear una aplicación que calcule variaciones, permutaciones y combinaciones de elementos. Nos basaremos en una serie de preguntas para saber a cual de ellas corresponde nuestra operación. La aplicación creada tiene el siguiente aspecto en un ejemplo de uso:

---

315. Tal y como tenemos diseñada la aplicación estará entre 1 y 9.

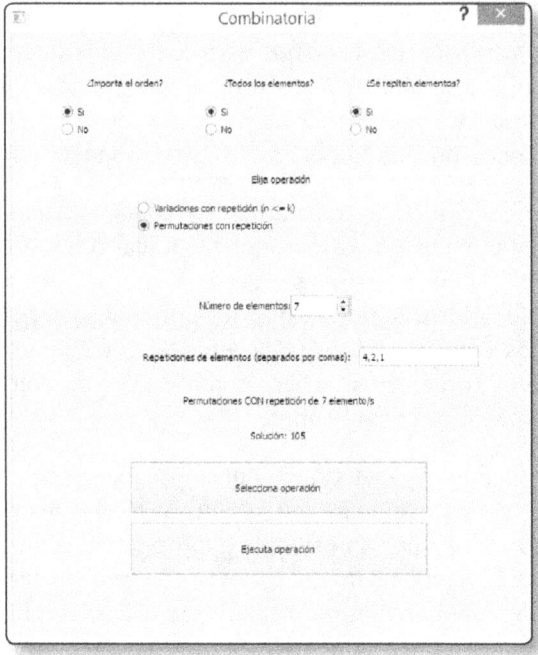

Al inicio nos encontraremos los elementos que muestra la siguiente imagen:

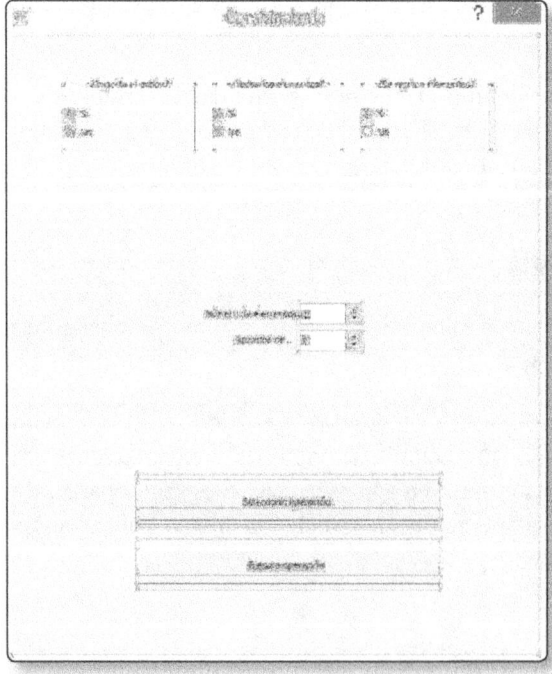

El diagrama de flujo que usaremos para elegir la operación en base a nuestras elecciones será el siguiente:

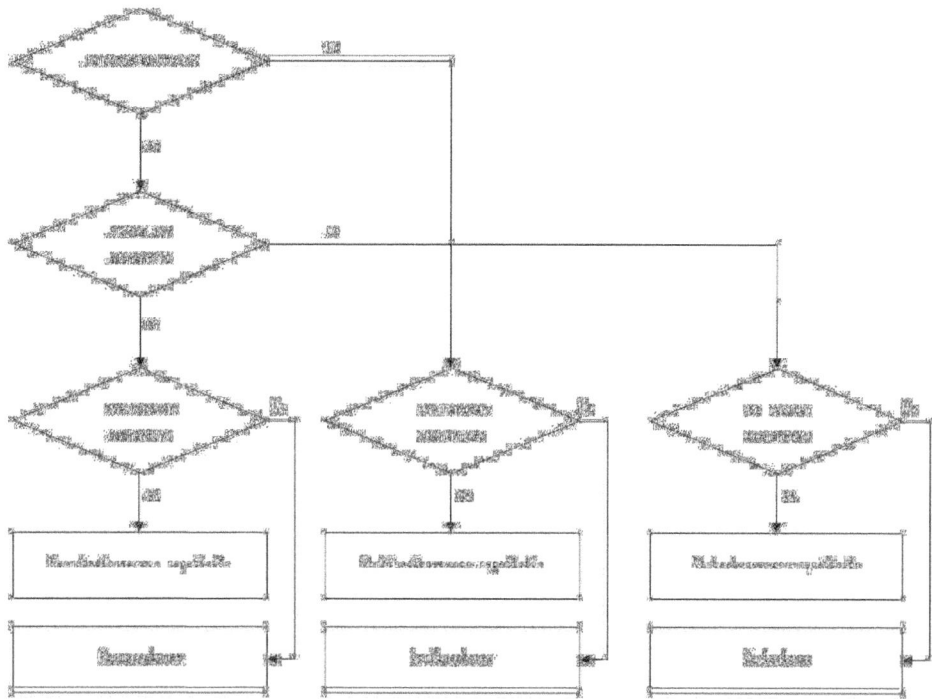

Dependiendo de la operación elegida se mostrarán u ocultarán los elementos correspondientes. Por ejemplo:

▶ Si seleccionamos "No" en "Importa el orden", se desactivará el recuadro "¿Todos lo elementos"?

▶ Si seleccionamos "Si" en las tres opciones superiores (y solo en ese caso) nos aparecerá otro recuadro "Elija operación" para indicar cual de las dos queremos seleccionar.

▶ Si seleccionamos la operación "Permutaciones" solo habrá que indicar el número de elementos, por lo que el recuadro "Tomados de..." no aparecerá.

En la aplicación deberemos proceder de la siguiente manera:

1. Seleccionamos las opciones y rellenamos los datos en las casillas correspondientes.
2. Hacemos clic en el botón "Selecciona operación".
3. Hacemos clic en el botón "Ejecuta operación".

Como datos que debemos saber de cara a crear nuestra aplicación tenemos que las fórmulas usadas son:

▼ Permutaciones de n elementos :

$$P_n = n!$$

▼ Permutaciones con repetición de n elementos:

$$PR_n^{a_1,...,a_k} = \frac{n!}{a_1!\cdot...\cdot a_k!}$$

donde $a_1+...+a_k = n$, siendo $a_1,...,a_k$ la cantidad de cada uno de los elementos indistinguibles que tenemos (por ejemplo dos bolas de igual número). Tendremos por tanto k elementos distintos que se repiten cada uno un número de veces indicado por la "a" correspondiente. La suma de todas las cantidades debe ser igual al total n.

▼ Combinaciones de n elementos tomados de k en k:

$$C_{n,k} = \frac{n!}{(n-k)!\cdot k!}$$

▼ Combinaciones con repetición de n elementos tomados de k en k:

$$CR_{n,k} = C_{n+k-1,k} = \frac{(n+k-1)!}{(n-1)!\cdot k!}$$

▼ Variaciones de n elementos tomados de k en k:

$$V_{n,k} = \frac{n!}{(n-k)!}$$

▼ Varicaciones con repetición de n elementos tomados de k en k:

$$VR_{n,k} = n^k$$

El esquema usado en Qt Designer para crear la aplicación, con el nombre de sus elementos, es el siguiente (**combinatoria.ui**):

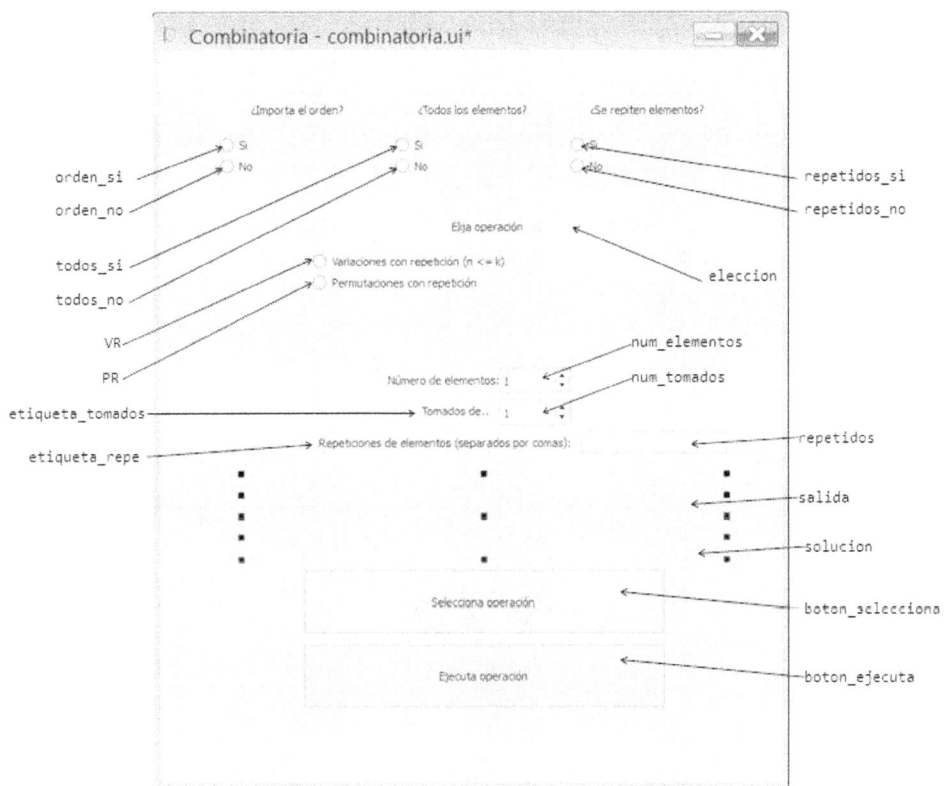

Los tipos de cada uno de ellos son:

▼ **orden_si**, **orden_no**, **todos_si**, **todos_no**, **repetidos_si**, **repetidos_no**, **VR**, **PR**: QRadioButton

▼ **eleccion**: QGroupBox

▼ **num_elementos**, **num_tomados**: QSpinBox

▼ **etiqueta_tomados**, **etiqueta_repe**, **salida**, **solucion**: QLabel

▼ **repetidos**: QLineEdit

▼ **boton_selecciona**, **boton_ejecuta**: QPushButton

Como elementos que he configurado desde Qt Designer (al margen de los que son obvios a simple vista) tenemos simplemente lo siguiente:

- En salida y solucion: alignment Horizontal = AlignHCenter
- En los dos botones: autoDefault = False

La opción AutoExclusive de todos los QRadioButton está activada (su valor por defecto), pero al estar cada pareja dentro de un elemento QGroupBox esa exclusividad se limita al interior de este.

Lo que sí cambia respecto a otras aplicaciones es que vamos a configurar desde Qt Designer muchas de las signals/slots que hagan que se activen/desactiven elementos dependiendo de lo que tengamos seleccionado. Al considerar todos los casos, si pulsamos en el botón Edit Signals/Slots en la barra de herramientas de Qt Designer tendremos algo tan sobrecargado como lo siguiente:

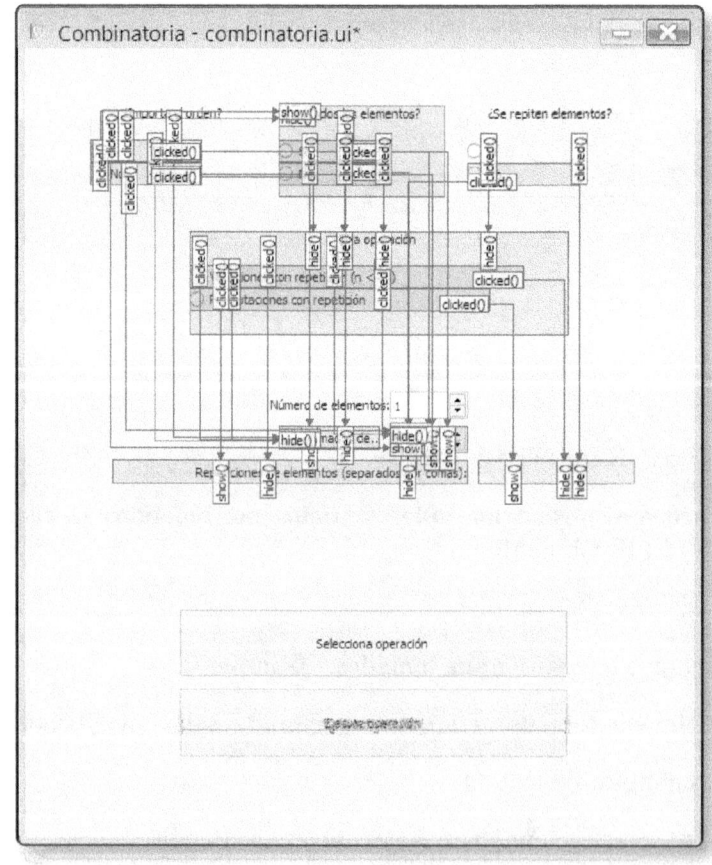

He configurado el clic en los botones de opción con ocultar o mostrar los elementos que corresponden. A pesar de tener una apariencia enmarañada, nos evitará tener que programarlo en nuestro código.

El código, **combinatoria.pyw**, es:

```
import sys
sys.path.append("C:\Users\flop\Desktop\Ejercicios_Python_Resueltos")
from combinatoria import *

class MyForm(QtGui.QDialog):
    def __init__(self, parent=None):
        QtGui.QWidget.__init__(self, parent)
        self.ui = Ui_Dialog()
        self.ui.setupUi(self)

        self.ui.repetidos.setVisible(False)
        self.ui.etiqueta_repe.setVisible(False)
        self.ui.eleccion.setVisible(False)

        self.ui.orden_si.clicked.connect(self.comprueba)
        self.ui.repetidos_si.clicked.connect(self.comprueba2)
        self.ui.todos_si.clicked.connect(self.comprueba2)
        self.ui.orden_si.clicked.connect(self.comprueba2)
        self.ui.orden_no.clicked.connect(self.ui.etiqueta_repe.hide)
        self.ui.orden_no.clicked.connect(self.ui.repetidos.hide)
        self.ui.todos_no.clicked.connect(self.ui.etiqueta_repe.hide)
        self.ui.todos_no.clicked.connect(self.ui.repetidos.hide)

        self.ui.boton_selecciona.clicked.connect(self.selecciona)
        self.ui.boton_ejecuta.clicked.connect(self.ejecuta)

    def comprueba(self):
        if self.ui.todos_si.isChecked():
            self.ui.num_tomados.setVisible(False)
            self.ui.etiqueta_tomados.setVisible(False)

    def comprueba2(self):
        if self.ui.orden_si.isChecked() and self.ui.todos_si.isChecked() and self.ui.repetidos_si.isChecked():
            self.ui.eleccion.setVisible(True)
            if self.ui.VR.isChecked():
                self.ui.etiqueta_tomados.setVisible(True)
                self.ui.num_tomados.setVisible(True)
            elif self.ui.PR.isChecked():
                self.ui.etiqueta_repe.setVisible(True)
                self.ui.repetidos.setVisible(True)
```

```python
def selecciona(self):
    try:
        self.ui.solucion.setVisible(False)
        no_pulsado = False
        if self.ui.orden_no.isChecked() == True:
            self.orden = False
        elif self.ui.orden_si.isChecked() == True:
            self.orden = True
        else:
            no_pulsado = True
        if self.ui.repetidos_no.isChecked() == True:
            self.repe = False
        elif self.ui.repetidos_si.isChecked() == True:
            self.repe = True
        else:
            no_pulsado = True
        if self.ui.todos_no.isChecked() == True:
            self.todos = False
        elif self.ui.todos_si.isChecked() == True:
            self.todos = True
        else:
            no_pulsado = True

        if self.orden and self.todos and self.repe:
            if self.ui.PR.isChecked():
                n = self.ui.num_elementos.text()
                self.n =int(n)
                self.elem_repe = eval(self.ui.repetidos.text())
                if self.comprueba_PR():
                    self.ui.salida.setText("Permutaciones CON repetición de {} elemento/s".format(n))
                else:
                    self.ui.salida.setText("La operación no es válida. Corríjala")
            elif self.ui.VR.isChecked():
                n = self.ui.num_elementos.text()
                k = self.ui.num_tomados.text()
                self.ui.salida.setText("Variaciones CON repetición de {0} elemento/s tomado/s de {1} en {1}".format(n,k))
                self.n = int(n)
                self.k = int(k)
                if self.k < self.n:
                    raise RuntimeError
        if self.orden and self.todos and not self.repe:
            n = self.ui.num_elementos.text()
            self.ui.salida.setText("Permutaciones de {} elementos".format(n))
            self.n =int(n)
        if self.orden and not self.todos and self.repe:
            n = self.ui.num_elementos.text()
            k = self.ui.num_tomados.text()
            self.ui.salida.setText("Variaciones CON repetición de {0} elemento/s tomado/s de {1} en {1}".format(n,k))
            self.n = int(n)
            self.k = int(k)
            if self.k >= self.n:
                raise RuntimeError
        if self.orden and not self.todos and not self.repe:
            n = self.ui.num_elementos.text()
            k = self.ui.num_tomados.text()
            self.ui.salida.setText("Variaciones de {0} elemento/s tomado/s de {1} en {1}".format(n,k))
            self.n = int(n)
            self.k = int(k)
            if self.k >= self.n:
                raise RuntimeError
        if not self.orden and  self.repe:
            n = self.ui.num_elementos.text()
            k = self.ui.num_tomados.text()
            self.ui.salida.setText("Combinaciones CON repetición de {0} elemento/s tomado/s de {1} en {1}".format(n,k))
            self.n = int(n)
            self.k = int(k)
            if self.k >= self.n:
                raise RuntimeError
        if not self.orden and not self.repe:
```

```
    def ejecuta(self):
        try:
            if self.orden and  self.todos and self.repe:
                if self.ui.PR.isChecked():
                    if self.comprueba_PR():
                        sol = self.per_r()
                        self.ui.solucion.setText("Solución: " + str(sol))
                    else:
                        raise RuntimeError
                elif self.ui.VR.isChecked():
                    if self.k < self.n:
                        raise RuntimeError
                    sol = self.var_r()
                    self.ui.solucion.setText("Solución: " + str(sol))

            elif self.orden and self.todos and not self.repe:
                sol = self.per()
                self.ui.solucion.setText("Solución: " + str(sol))

            elif self.orden and not self.todos and self.repe:
                if self.k >= self.n:
                    raise RuntimeError
                sol = self.var_r()
                self.ui.solucion.setText("Solución: " + str(sol))

            elif self.orden and not self.todos and not self.repe:
                if self.k >= self.n:
                    raise RuntimeError
                sol = self.var()
                self.ui.solucion.setText("Solución: " + str(sol))

            elif not self.orden and  self.repe:
                if self.k >= self.n:
                    raise RuntimeError
                sol = self.comb_r()
                self.ui.solucion.setText("Solución: " + str(sol))

            elif not self.orden and not self.repe:
                if self.k >= self.n:
                    raise RuntimeError
                sol = self.comb()
                self.ui.solucion.setText("Solución: " + str(sol))
            self.ui.solucion.setVisible(True)
        except:
            self.ui.solucion.setText("No se calculó la respuesta al no estar bien planteada la operación")
```

En él se crean los siguientes **atributos**:

▶ **n**: un entero donde almaceno el número total de elementos.

▶ **k**: almaceno mediante un entero de cuánto en cuánto tomo los elementos.

▶ **elem_repe**: almacenaré un entero o una tupla conteniendo los elementos $a_1,...,a_k$ en permutaciones con repetición.

- **orden**: booleano para saber si la opción de que importa el orden está activada o no.

- **todos**: booleano para saber si la opción de que se incluyen todos los elementos está activada o no.

- **repe**: : booleano para saber si la opción de que hay elementos repetidos está activada o no.

Los **métodos** que creo hacen lo siguiente:

- **comprueba()**: se ejecuta cuando hacemos clic en orden_si, y comprueba si también está seleccionado todos_si para, en tal caso, dejar de visualizar por pantalla etiqueta_tomados y num_tomados ya que no serán necesarios.

- **comprueba2()**: su ejecución está ligada a la selección de orden_si, todos_si o repetidos_si, y comprueba si todos ellos están seleccionados. En tal caso hacemos visible eleccion y si VR o PR están seleccionados, visualizamos los correspondientes elementos para introducir los datos de la operación.

- **comprueba_PR()**: nos devuelve un booleano indicando si las condiciones que tenemos para el caso de las permutaciones con repetición (es decir, que $a_1+...+a_k = n$ y que hemos introducido $a_1,...,a_k$ de forma correcta como números enteros separados por comas) son o no correctas.

- **factorial(n)**: nos devolverá el factorial del número n que le pasamos como argumento.

- **per()**: nos devolverá las permutaciones de n elementos.

- **per_r()**: nos devolverá las permutaciones con repetición de n elementos.

- **comb()**: nos devolverá las combinaciones de n elementos tomados de k en k.

- **comb_r()**: nos devolverá las combinaciones con repetición de n elementos tomados de k en k.

- **var()**: nos devolverá las variaciones de n elementos tomados de k en k.

- **var_r()**: nos devolverá las variaciones con repetición de n elementos tomados de k en k.

▼ **selecciona()**: se encargará de seleccionar la operación correspondiente, así como los valores asociados a ella de cara a su posterior ejecución. Nos indicará por pantalla la operación exacta a realizar.

▼ **ejecuta()**: ejecutará la operación indicada y la representará por pantalla.

Comentarios sobre el código

L12-14: Inicialmente dejo de visualizar tanto eleccion como etiqueta_repe y repetidos.

L16-19: las signals/slots que ejecutan comprueba() o comprueba2() dependiendo de la selección hecha.

L20-23: varias signals/slots para ocultar tanto etiqueta_repe como repetidos cuando orden_no o todos_no esté seleccionada, ya que en esos casos no hará falta.

L29-32: defino el método comprueba(), que hace uso de isChecked() y setVisible().

L35-43: defino el método comprueba2(), que hace uso de isChecked() y setVisible().

L46-55: defino el método comprueba_PR(). En el if de la L47 compruebo si, en el caso de tener solo un número que se repite, este coincide con n. Si es así devolverá True, y en caso contrario False. En el caso de tener varios números, los recorremos mediante un for comprobando que son números enteros y que no son negativos. Los sumamos y comprobamos si esa suma es igual a n, devolviendo True si es así (False si no). Nos apoyamos en una variable booleana de nombre todo_ok.

L58-62: defino de forma recursiva el método factorial(), donde le pasamos un argumento n y nos devuelve su factorial. En cada ejecución comprobamos si estamos en el caso límite n == 0 y en caso contrario llamamos de nuevo a la función con el argumento decrementado en una unidad.

L64-65: defino el método per(), que nos devolverá (haciendo uso del método factorial) las permutaciones de n elementos que nos marca el atributo de ese nombre.

L67-74: defino el método per_r(), que nos devolverá (haciendo uso del método factorial) las permutaciones de n elementos (indicado por el atributo n) teniendo en cuenta los elementos indistinguibles que nos marca elem_repe. Compruebo inicialmente si en repetidos tenemos solo un número (haciendo uso de isinstance()) o una serie de ellos separados por comas. En el primer caso calculo directamente el factorial, y en el segundo lo hago para la multiplicación del factorial de todos los números indicados. Posteriormente devuelvo mediante return la fórmula entera.

L76-77: defino el método comb(), que nos devolverá (haciendo uso del método factorial) las combinaciones de n elementos tomados de k en k indicados por los atributos de esos nombres.

L79-80: defino el método comb_r(), que nos devolverá (haciendo uso del método factorial) las combinaciones con repetición de n elementos tomados de k en k. Para ello hacemos uso de los atributos de sendos nombres y de comb() definido con anterioridad.

L82-83: defino el método var(), que nos devolverá (haciendo uso del método factorial) las variaciones de n elementos tomados de k en k indicados por los atributos del mismo nombre.

L85-86: defino el método var_r(), que nos devolverá (haciendo uso del método factorial) las variaciones con repetición de n elementos tomados de k en k indicados por los atributos del mismo nombre.

L89-166: defino el método selecciona(). Todo su código está incluido en una estructura try-except por si la operación sobre los valores que indicamos no es correcta. En las líneas L91-110 se da valor a los atributos orden, todos y repe, además de a una variable local no_pulsado que nos indica si alguna de esas tres opciones no está seleccionada. En las líneas L112-128 recojo los valores necesarios en el caso de las permutaciones con repetición y las variaciones con repetición en el caso de que k >= n. Si esto último no se cumple lanzo una excepción de tipo ValueError. En el caso de las permutaciones con repetición hago uso del método comprueba_PR() para verificar que los datos introducidos cumplen con las condiciones impuestas. De forma similar procedo para las permutaciones (L129-131), las variaciones con repetición con k < n (L133-140), las variaciones (L141-148), las combinaciones con repetición (L149-156) y las combinaciones (L157-164). En las L165-166 recojo las posibles excepciones, indicando por pantalla que la operación que propongo no es válida.

L169-213: defino el método ejecuta(). Todo su código está incluido en una estructura try-except por si al intentar ejecutar la operación nos encontrásemos con algún tipo de problema. De forma similar a como hacía con selecciona(), en base a los opciones seleccionadas ejecutaré (previas comprobaciones que de no ser pasadas generarán una excepción) la operación correspondiente, que sacaré por pantalla.

6.16 CÁLCULO DE PI MEDIANTE EL MÉTODO DE MONTE CARLO

Nivel de dificultad: 2

Descripción: en este ejercicio intentaremos crear una aplicación que calcule el valor del área de un círculo de radio 1, es decir, el valor de pi[316]. Para ello usaremos el método de Monte Carlo, muy usado en ciencia e ingeniería, que hace uso de números aleatorios[317] para calcular la solución aproximada de expresiones matemáticas, especialmente las que son muy difíciles (o imposibles) de afrontar por otros métodos.

En nuestro ejemplo tenemos:

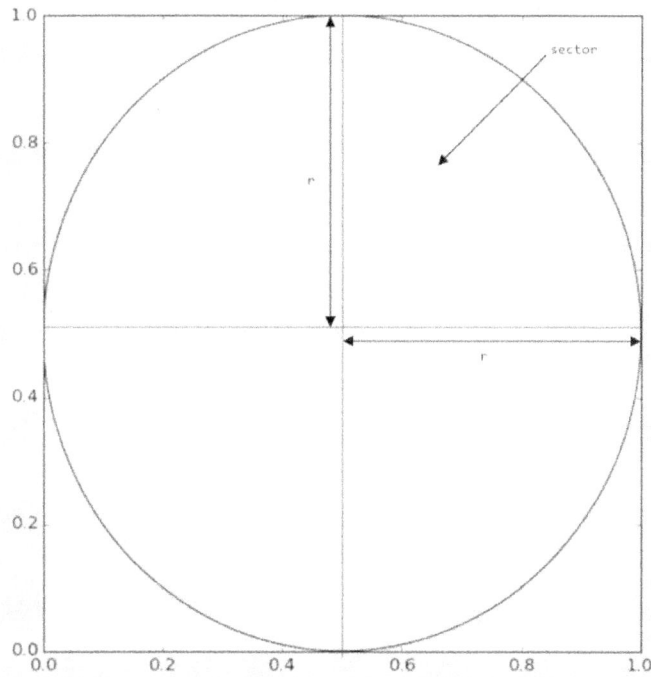

---

316. Recordemos que el área de un círculo es p * r2, siendo r el radio del círculo.
317. De ahí el nombre "Monte Carlo", haciendo referencia al casino icono de los juegos de azar.

Nos fijamos en el sector del círculo que indicamos, que está incluido en un cuadrado de lado r. Las áreas son:

$$A_{cuadrado} = r^2$$

$$A_{sector} = \pi * r^2 / 4$$

Por lo tanto tenemos, al ser r de valor 1, que:

$$A_{sector} / A_{cuadrado} = \pi / 4$$

$$\pi = 4 * (A_{sector} / A_{cuadrado})$$

Si dividimos en área del sector(y del cuadrado donde se incluye) en puntos, obtenemos:

$$\pi \approx 4 * (PUNTOS_{sector} / PUNTOS_{cuadrado})$$

Si generamos una serie de números aleatorios con la mayor homogeneidad posible, podemos considerar:

$$\pi \approx 4 * (PUNTOS_{dentro\ del\ círculo} / PUNTOS_{totales})$$

Para nuestro ejemplo concreto, un buen generador de números aleatorios[318] será aquel que cubra el espacio estudiado de la forma más homogénea posible para que la proporcionalidad de áreas sea lo más similar que se pueda. Nosotros usaremos el método uniform() de la librería estándar random, pero existen otros generadores de números aleatorios más homogéneos en Python por si en algún momento los necesitamos[319] en aras de una mayor precición[320].

Tres ejemplos del uso de la aplicación creada son los siguientes[321]:

---

318. Recordemos también que en los ordenadores los números "aleatorios" generados no lo son de forma estricta, pero los consideramos como tales a efectos prácticos.
319. Por ejemplo: https://pypi.python.org/pypi/sobol/0.9
320. Podemos observar que mediante uniform() la distribución no tiene un grado de uniformidad altísimo.
321. Debemos tener cuidado ya que si activamos la opción de visualizar puntos, un número elevado de ellos por tanda puede hacer que nuestra aplicación se sature.

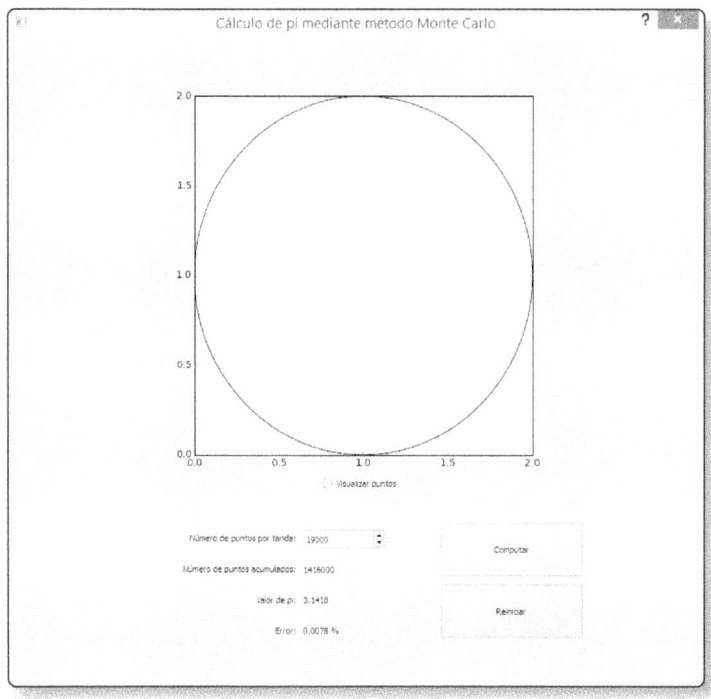

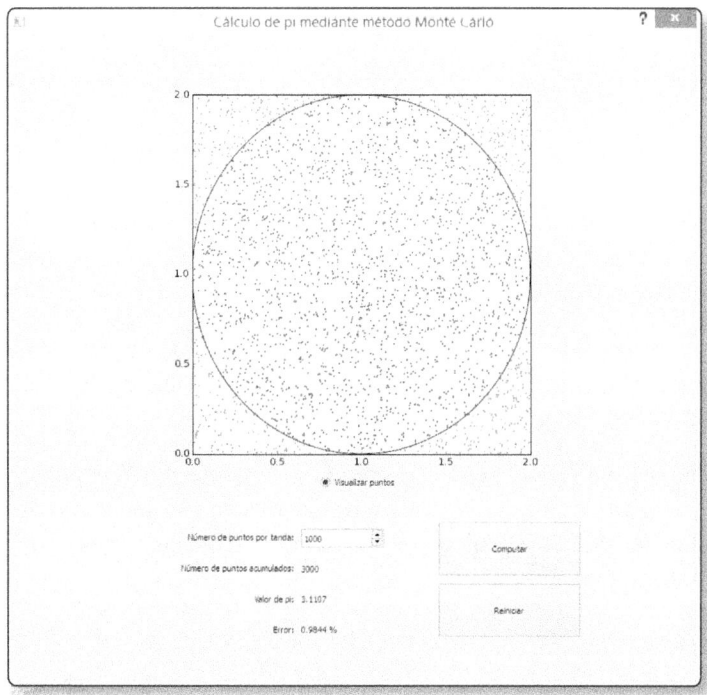

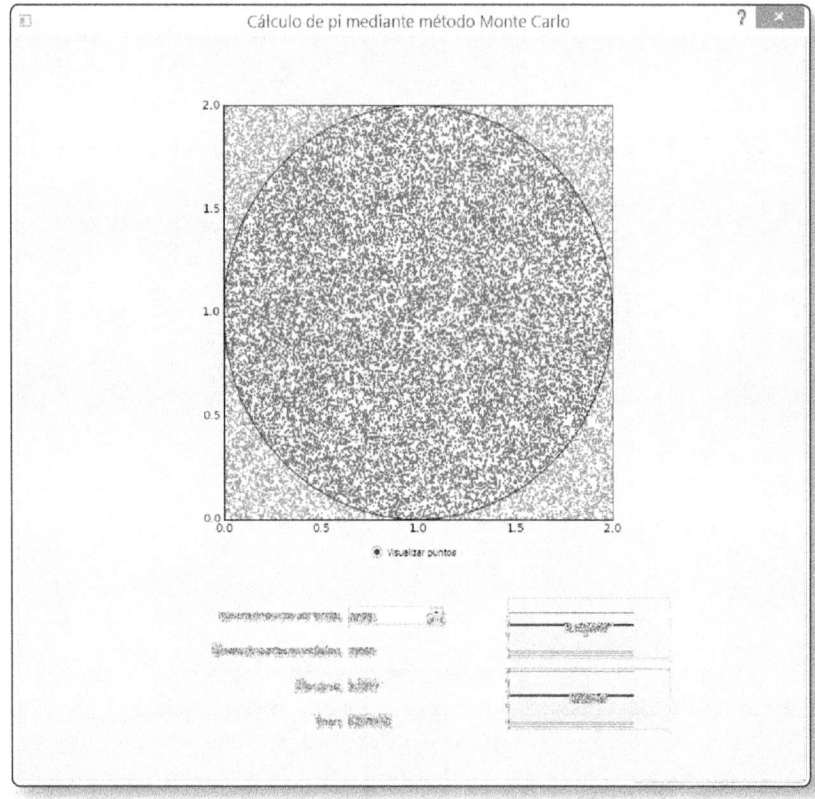

En ella observamos que tenemos la opción de visualizar (o no) los puntos aleatorios generados en cada tanda. También tenemos la posibilidad de indicar el número de estos. Al hacer clic en "Computar" se calcula el valor de pi y su error. También se nos informa sobre los puntos acumulados que llevamos hasta el momento, y tenemos un botón para reiniciar todo el proceso.

En el primero de los casos no hemos representado gráficamente los puntos, lo que ahorra mucho tiempo de cómputo y nos permite probar con un mayor número de ellos, aumentando la precisión.

En el segundo caso hemos generado solamente 3.000 puntos, por lo que en teoría el cálculo de pi no será demasiado exacto. Visualizamos el grado de uniformidad de los puntos calculados y nos damos cuenta de que es correcto pero no extremadamente alto.

En el tercer caso se generan 30.000 puntos[322] en tandas de 5.000 y podemos visualizarlos gráficamente en pantalla. Obtenemos un valor más exacto para pi, como parece lógico[323].

El esquema usado en Qt Designer, **pi_monte_carlo.ui**, es el siguiente:

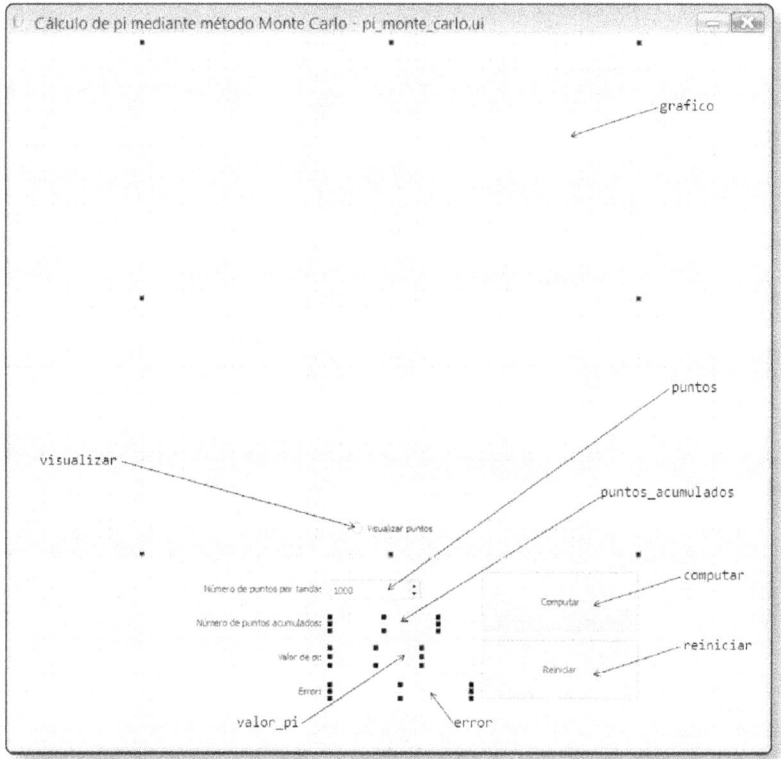

Los tipos de cada uno de sus componentes son:

- **grafico**: MatplotlibWidget11_sin
- **visualizar**: QRadioButton
- **puntos**: QSpinBox
- **puntos_acumulados**, **valor_pi**, **error**: QLabel
- **computar**, **reiniciar**: QPushButton

---

322. Para evitar que la aplicación pueda saturarse y quizá colgarse (dependiendo de la potencia del sistema que tengamos) se recomienda incluso usar menos puntos por tanda cuando tenemos la opción de visualizar puntos activada.

323. A veces, con más puntos generados no obtenemos una valor más exacto, algo derivado de la propia naturaleza del método Monte Carlo.

Como elementos que he configurado desde QtDesigner (al margen de los que son obvios a simple vista) tenemos:

- puntos: value = 1000, singleStep = 1000, minimum = 10, maximum = 1000000000.

- En los dos botones: autoDefault = False

El código, **pi_monte_carlo.pyw**, es:

```python
import sys
sys.path.append(r"C:\Users\flop\Desktop\Ejercicios_Python_Resueltos")
from pi_monte_carlo import *
import matplotlib.patches as patches
import random
import math

class MyForm(QtGui.QDialog):
    def __init__(self, parent=None):
        QtGui.QWidget.__init__(self, parent)
        self.ui = Ui_Dialog()
        self.ui.setupUi(self)

        self.repeticiones = 1000
        self.diametro = 2
        self.centro = [self.diametro/2, self.diametro/2]
        self.cuenta_total = self.cuenta_dentro = 0
        self.ui.grafico.canvas.ax.axis([0,2,0,2])

        self.ui.grafico.canvas.ax.add_patch(patches.Circle((1, 1), 1, fill= False))
        self.ui.computar.clicked.connect(self.computar)
        self.ui.reiniciar.clicked.connect(self.reinicia)


    def dentro_circulo(self,x,y):
        centro_x = self.centro[0]
        centro_y = self.centro[1]
        radio = self.diametro/2
        return (x - centro_x)**2 + (y - centro_y)**2 < radio**2


    def computar(self):
        self.repeticiones = int(self.ui.puntos.text())
        for i in range(self.repeticiones):
            x, y = random.uniform(0,2),random.uniform(0,2)
            if self.dentro_circulo(x, y):
                if self.ui.visualizar.isChecked():
                    self.ui.grafico.canvas.ax.scatter(x, y, s = 1, color = 'blue')
                self.cuenta_dentro += 1
            else:
                if self.ui.visualizar.isChecked():
                    self.ui.grafico.canvas.ax.scatter(x, y, s = 1, color = 'red')
            self.cuenta_total += 1
        pi = 4 * self.cuenta_dentro / self.cuenta_total
        error = abs((pi - math.pi) / math.pi) * 100
        self.ui.puntos_acumulados.setText(str(self.cuenta_total))
        self.ui.valor_pi.setText(format(pi, ".4f"))
        self.ui.error.setText(format(error, ".4f") + ' %')
        self.ui.grafico.canvas.draw_idle()


    def reinicia(self):
        self.ui.grafico.canvas.ax.clear()
        self.ui.grafico.canvas.ax.axis([0,2,0,2])
        self.ui.grafico.canvas.ax.add_patch(patches.Circle((1, 1), 1, fill= False))
        self.ui.grafico.canvas.draw_idle()
        self.cuenta_total = 0
        self.cuenta_dentro = 0
        self.ui.puntos_acumulados.clear()
        self.ui.valor_pi.clear()
        self.ui.error.clear()
        self.ui.puntos.setValue(1000)
```

En él se crean los siguientes **atributos**:

- ▼ **repeticiones**: un entero donde almaceno el número de puntos de cada tanda.
- ▼ **diametro**: en él almaceno el diámetro del círculo, en nuestro caso 2.
- ▼ **centro**: una lista donde almaceno las coordenadas del centro del círculo.
- ▼ **cuenta_total**: entero donde almaceno los puntos totales generados.
- ▼ **cuenta_dentro**: entero donde almaceno los puntos generados que caen dentro del círculo.

Los **métodos** creados hacen lo siguiente:

- ▼ **dentro_circulo()**: nos devuelve un booleano indicando si el punto que le indicamos mediante los argumentos x e y está dentro del círculo o no.
- ▼ **computar()**: es el método central de la aplicación, donde se calcula el valor aproximado de pi (mas el error cometido), además de mostrar estos datos y la potencial representacion gráfica de los puntos por pantalla.
- ▼ **reinicia()**: método que coloca en su estado inicial todos los elementos adecuados de la aplicación.

Comentarios sobre el código

L15: doy valor inicial 1000 al atributo repeticiones.

L16: doy valor inicial 2 al atributo diametro.

L17: calculo las coordenadas del centro del círculo y las almaceno en centro.

L18: inicializo a 0 los atributos cuenta_total y cuenta_dentro.

L19: mediante axis() configuro los ejes x e y del gráfico para albergar en él un círculo de radio 1.

L21: mediante add_patch() añado un círculo (objeto Circle del módulo patches) de radio 1, sin relleno, y en las coordenadas (1,1).

L22-23: conecto los clics en los botones computar y reiniciar con los métodos computar() y reinicia(), respectivamente.

L26-30: defino el método dentro_circulo(), que me devuelve un booleano indicando si el punto que le doy en forma de dos argumentos (representando las coordenadas x e y) está en nuestro círculo. Para ello nos apoyamos en la siguiente desigualdad, cuyo cumplimiento indica que sí está dentro del círculo:

$$(x - x_0)^2 + (y - y_0)^2 \leq r^2$$

En ella x e y representan las coordenadas del punto, x_0 e y_0 las coordenadas del centro del círculo y r su radio.

L33-50: defino el método computar(), asociado al clic en el botón del mismo nombre. Mediante el for de la L35 creo un bucle con el número de iteraciones marcado por puntos. Dentro de él genero dos valores reales aleatorios entre 0 y 2 para las coordenadas del punto. Compruebo mediante if-else si está dentro o no del círculo (ayudado del método dentro_circulo()), en cuyo caso incremento en una unidad cuenta_dentro. Posteriormente mediante un if compruebo si está activada la opción de visualizar puntos, en cuyo caso los represento por pantalla (de color azul si caen dentro del círculo y de color rojo si no) mediante scatter(). Más adelante calculo el valor de pi, el error cometido, y actualizo elementos para visualizarlos por pantalla[324].

L53-63: defino el método reinicia(), asociado al clic en el botón reiniciar. En él borramos o colocamos con sus valores iniciales los distintos elementos variables que componen la aplicación.

Consideraciones finales

▼ Queda como ejercicio para el lector mejorar la velocidad de cómputo del programa mediante el uso de NumPy.

6.17 REPRESENTACIÓN DE SUPERFICIES 3D

Nivel de dificultad: 5

Descripción: queremos crear una aplicación que nos represente superficies en tres dimensiones dadas por una ecuación cartesiana explícita (con la forma z = f(x,y)) o por tres ecuaciones paramétricas. El código que he realizado genera la siguiente salida inicial:

---

[324]. No olvidar el uso de draw_idle().

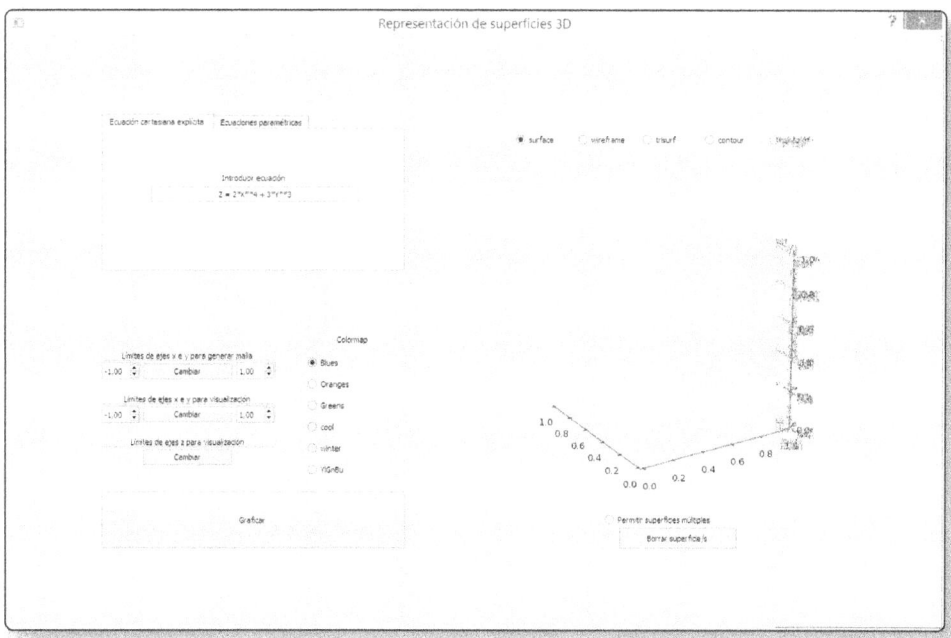

Ejemplos de su uso son:

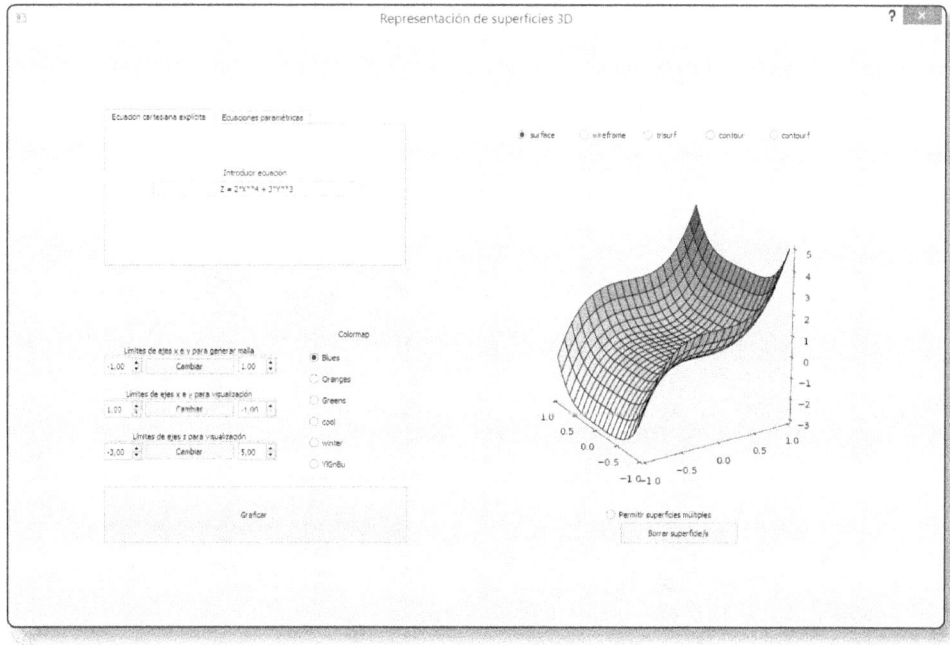

532 APLICACIONES GRÁFICAS CON PYTHON 3

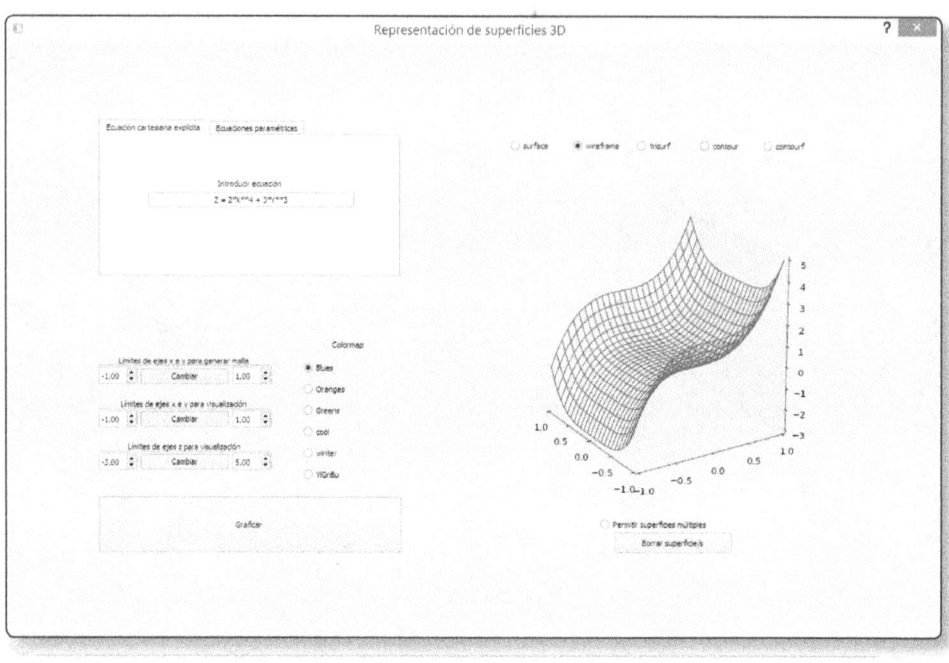

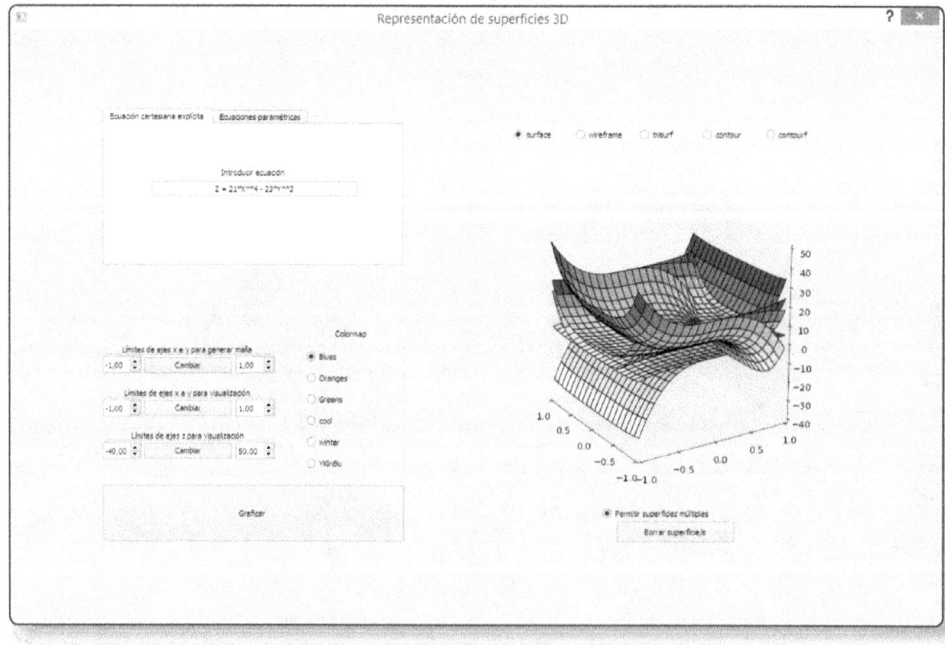

Capítulo 6. **EJEMPLOS DE APLICACIONES GRÁFICAS** 533

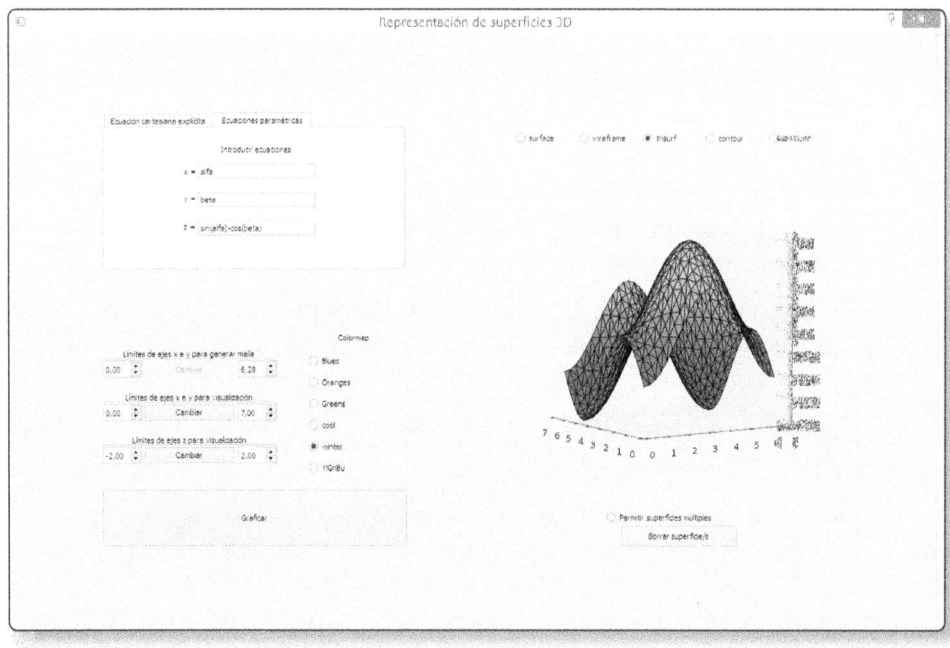

Como **observaciones generales** sobre la aplicación comentaré:

- Tenemos una zona donde introducir las ecuaciones, dividida en dos partes. En caso de tener algún error en ellas nos aparecerá un mensaje indicándolo durante segundo y medio.

- En la ecuación cartesiana explícita las variables (X, Y y Z) deben ir obligatoriamente en mayúscula. En las ecuaciones paramétricas los parámetros son llamados alfa y beta, ambos en minúscula.

- El botón "Graficar" genera, en base a las ecuaciones que tengamos, la superficie.

- Las superficies se generan a partir de mallas en el plano xy. En la ecuación cartesiana explícita permito variar el tamaño de esa malla (inicialmente tiene como límites -1 y 1 tanto en el eje x como en el y) pero en el caso de las ecuaciones paramétricas la malla es fija entre 0 y 2*pi para ambos ejes, motivo por el cual el botón correspondiente "Cambiar" está desactivado.

- Puedo variar los límites de los ejes x e y de cara a visualizar el gráfico. Mediante el botón "Cambiar" asociado se aplica al gráfico. Los valores indicados se configurarán en los dos ejes.

- De forma independiente puedo variar los límites del eje z también para visualizar.

- Tengo una zona para elegir el mapa de color (colormap) del gráfico entre 6 que he elegido entre la multitud de opciones disponibles. Si seleccionamos alguna de ellas el gráfico se actualiza.

- Otra zona está dedicada al tipo de gráfico 3D, donde podremos elegir entre superficie, estructura de alambre, superficie triangular, contorno y contorno con relleno. Al seleccionar cualquiera de ellas el gráfico se actualiza al instante.

- Hay una opción para permitir la visualización simultánea de varias superficies a la vez. Esa opción está pensada para superficies del mismo tipo, principalmente del tipo superficie.

- Tenemos un botón para borrar la superficie (o superficies) que tenemos visualizadas en ese instante.

La aplicación funciona de forma correcta si solo usamos las tres primeras opciones de tipo de superficie y, al seleccionar representar varias superficies a la vez, si mantenemos el tipo.

Al usar las dos opciones de visualizar superfices de contorno, sobre todo si alternamos los dos tipos de ecuaciones disponibles, la aplicación puede presentar alguna desconfiguración o fallos en el renderizado. Queda como ejercicio para el lector, como lo ha sido a lo largo del libro, la mejora del código presentado por mí.

El esquema de Qt Designer que sirve de base a la aplicación, con los nombres de los elementos principales, es el siguiente (**superficies3D.ui**):

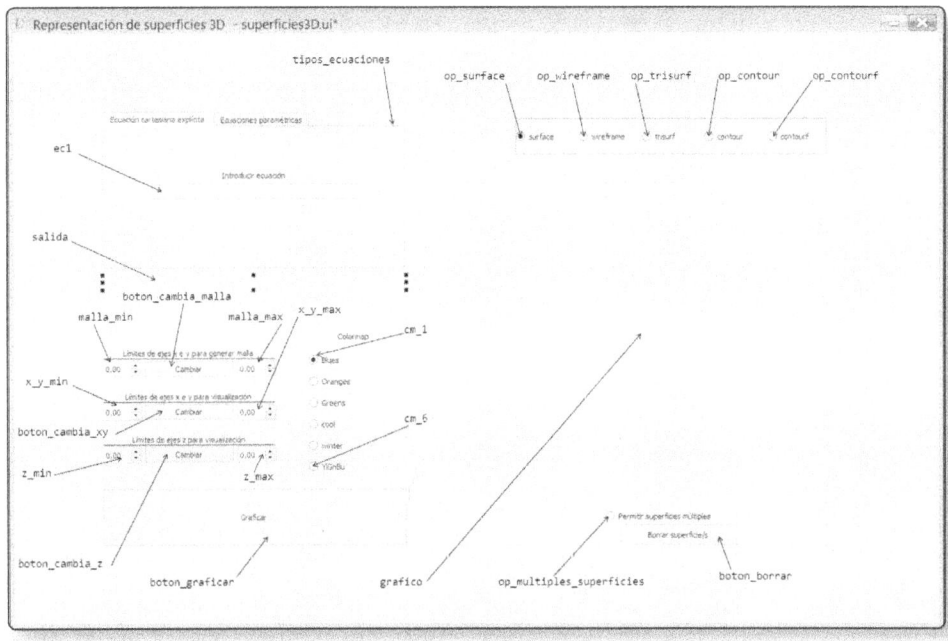

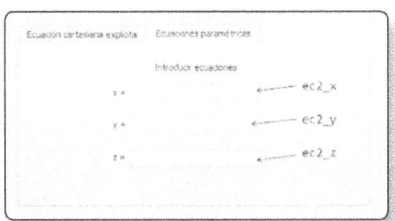

Los tipos de cada uno de ellos son:

- **tipos_ecuaciones**: QTabWidget
- **ec1, ec2_x, ec2_y, ec2_z**: QLineEdit
- **salida**: QLabel
- **malla_min, malla_max, x_y_min, x_y_max, z_min, z_max**: QDoubleSpinBox
- **cm_1,...,cm_6, op_surface, op_wireframe, op_trisurf, op_contour, op_contourf, op_multiples_superficies**: QRadioButton

- **grafico**: MatplotlibWidget11_sin
- **boton_cambia_malla, boton_cambia_xy, boton_cambia_z, boton_graficar, boton_borrar**: QPushButton

Como elementos que he configurado desde QtDesigner (al margen de los que son obvios a simple vista) tenemos:

- En todos los objetos QDoubleSpinBox: valor minimum y maximum los más pequeños y grandes, respectivamente, posibles.
- En salida: alignment Horizontal = AlignHCenter, text = (vacío).
- En los cinco botones: autoDefault = False.
- Configuré las señales/slots para los elementos ec2_x, ec2_y y ec2_z.

El código, **superficies3D.pyw**, es:

```python
import sys
sys.path.append(r"C:\Users\flop\Desktop\Ejercicios_Python_Resueltos")
import matplotlib.pyplot as plt
from numpy import *
from superficies3D import *
from mpl_toolkits.mplot3d import Axes3D
from matplotlib import cm
from matplotlib import contour

class MyForm(QtGui.QDialog):
    def __init__(self, parent=None):
        QtGui.QWidget.__init__(self, parent)
        self.ui = Ui_Dialog()
        self.ui.setupUi(self)
        self.mi_axes = self.ui.grafico.canvas.fig.gca(projection='3d')
        self.mi_axes.view_init(20, -32)
        self.mi_axes.hold(False)
        self.anterior = []
        self.malla_min = -1
        self.malla_max = 1

        self.ui.grafico.canvas.fig.set_facecolor('0.94')
        self.mi_axes.set_axis_bgcolor('0.94')
        self.mi_axes.view_init(20, -32)
        self.mi_axes.invert_xaxis()
        self.ui.malla_min.setValue(-1)
        self.ui.x_y_min.setValue(-1)
        self.ui.malla_max.setValue(1)
        self.ui.x_y_max.setValue(1)
        self.ui.z_min.setVisible(False)
        self.ui.z_max.setVisible(False)

        self.ui.ec1.setText('Z = 2*X**4 + 3*Y**3')
        self.ui.ec2_x.setText('alfa')
        self.ui.ec2_y.setText('beta')
        self.ui.ec2_z.setText('sin(alfa)-cos(beta)')

        elementos = ['op_surface', 'op_wireframe', 'op_trisurf', 'op_contour',
                     'op_contourf', 'cm_1', 'cm_2', 'cm_3', 'cm_4', 'cm_5', 'cm_6']

        self.ui.boton_graficar.clicked.connect(self.graficar)
        self.ui.boton_borrar.clicked.connect(self.limpia_graficos)
        self.ui.boton_cambia_malla.clicked.connect(self.cambia_lim_malla)
        self.ui.boton_cambia_xy.clicked.connect(self.cambia_lim_xy)
        self.ui.boton_cambia_z.clicked.connect(self.cambia_lim_z)
```

```python
49          self.ui.ec1.returnPressed.connect(self.ui.boton_graficar.click)
50          for opcion in elementos:
51              comando = 'self.ui.elemento.clicked.connect(self.ui.boton_graficar.click)'
52              comando = comando.replace('elemento', opcion)
53              exec(comando)
54          self.ui.tipos_ecuaciones.currentChanged.connect(self.comprueba_pestana)
55
56      def cambia_lim_malla(self):
57          self.malla_min = self.ui.malla_min.value()
58          self.malla_max = self.ui.malla_max.value()
59          self.ui.boton_graficar.click()
60          self.ui.grafico.canvas.draw()
61
62      def cambia_lim_xy(self):
63          y1 = self.ui.x_y_min.value()
64          y2 = self.ui.x_y_max.value()
65          self.mi_axes.set_xlim3d(y1, y2)
66          self.mi_axes.invert_xaxis()
67          self.mi_axes.set_ylim3d(y1, y2)
68          self.ui.grafico.canvas.draw()
69
70      def cambia_lim_z(self):
71          z1 = self.ui.z_min.value()
72          z2 = self.ui.z_max.value()
73          self.mi_axes.set_zlim3d(z1, z2)
74          self.ui.grafico.canvas.draw()
75
76      def comprueba_pestana(self):
77          self.ui.z_min.setVisible(False)
78          self.ui.z_max.setVisible(False)
79          if self.ui.tipos_ecuaciones.currentIndex() == 0:
80              self.ui.boton_cambia_malla.setEnabled(True)
81              self.ui.malla_min.setValue(-1)
82              self.ui.malla_max.setValue(1)
83              self.ui.x_y_min.setValue(-1)
84              self.ui.x_y_max.setValue(1)
85              self.mi_axes.set_xlim3d(-1, 1)
86              self.mi_axes.invert_xaxis()
87              self.mi_axes.set_ylim3d(-1, 1)
88          else:
89              self.ui.malla_min.setValue(0)
90              self.ui.malla_max.setValue(2*pi)
91              self.ui.boton_cambia_malla.setEnabled(False)
92              self.ui.x_y_min.setValue(-1)
93              self.ui.x_y_max.setValue(7)
94              self.mi_axes.set_xlim3d(-1, 7)
95              self.mi_axes.invert_xaxis()
96              self.mi_axes.set_ylim3d(-1, 7)
97          if self.anterior != []:
98              self.limpia_graficos()
99
100
101     def graficar(self):
102         try:
103             mi_colormap = self.colormap_seleccionado()
104
105             if self.ui.op_trisurf.isChecked():
106                 tope = 25
107             else:
108                 tope = 200
109
110             if not self.ui.z_min.isVisible() and not self.ui.z_min.isVisible():
111                 self.ui.z_min.setVisible(True)
112                 self.ui.z_max.setVisible(True)
113
114             if self.ui.tipos_ecuaciones.currentIndex() == 0:
115                 m = linspace(self.malla_min, self.malla_max, tope)
116                 X, Y = meshgrid(m, m)
117                 codigo = self.ui.ec1.text()
118                 Z = ndarray(X.shape)
119                 var_locales = {'X':X, 'Y':Y, 'Z':Z}
120                 exec(codigo, {}, var_locales)
121                 Z = var_locales['Z']
```

```
            if self.ui.op_surface.isChecked():
                a = self.mi_axes.plot_surface(X, Y, Z, cmap = mi_colormap)
            elif self.ui.op_wireframe.isChecked():
                a = self.mi_axes.plot_wireframe(X, Y, Z, rstride=8, cstride=8, color = 'blue')
            elif self.ui.op_trisurf.isChecked():
                a = self.mi_axes.plot_trisurf(X.ravel(), Y.ravel(), Z.ravel(), cmap = mi_colormap)
            elif self.ui.op_contour.isChecked():
                a = self.mi_axes.contour(X, Y, Z, cmap = mi_colormap)
            elif self.ui.op_contourf.isChecked():
                a = self.mi_axes.contourf(X, Y, Z, cmap = mi_colormap)

            self.mi_axes.autoscale(True)
            self.mi_axes.set_axisbelow(True)
            self.ui.grafico.canvas.draw()

            limites_x_y = self.mi_axes.get_xlim()
            self.ui.x_y_min.setValue(min(limites_x_y))
            self.ui.x_y_max.setValue(max(limites_x_y))

            limites_z = self.mi_axes.get_zlim()
            self.ui.z_min.setValue(min(limites_z))
            self.ui.z_max.setValue(max(limites_z))

            self.anterior.append(a)

        except:
            self.ui.salida.setText("La ecuación no es válida.")
            QtCore.QTimer.singleShot(1500, lambda: self.ui.salida.clear())
            if self.anterior != []:
                self.limpia_graficos()


    def limpia_graficos(self):
        if isinstance(self.anterior[0], contour.QuadContourSet):
            elementos = self.anterior[0].collections
            for i in range(0, len(elementos)-1):
                elementos[i].remove()
            elementos[-1].set_alpha(0)
        else:
            for i in range(len(self.anterior)):
                self.anterior[i].remove()
        self.anterior = []
        self.ui.grafico.canvas.draw()


    def colormap_seleccionado(self):
        l = locals()
        for numero in (range(1,7)):
            comando = '''
            if self.ui.cm_numero.isChecked():
                s = self.ui.cm_numero.text()
            '''
            comando = comando.replace('numero', str(numero))
            comando = self.formatea_comando(comando, 12)
            exec(comando)
        return(l['s'])


    def formatea_comando(self, comando, n):
        comando = comando.splitlines()
        comando_formateado = ''
        for linea in comando:
```

En él se crean los siguientes **atributos**:

- **mi_axes**: objeto Axes donde se representará la superficie 3D.

- **anterior**: una lista en la que iré almacenando las superficies si tenemos activada la opción que permite visualizar varias de ellas a la vez.

- **malla_min**: valor mínimo para los ejes x e y de cara a generar una malla bidimensional en el plano xy.

- **malla_max**: valor máximo para los ejes x e y de cara a generar una malla bidimensional en el plano xy.

Los **métodos** son:

- **cambia_lim_malla()**: cambia (para el caso de la superficie dada mediante una ecuación cartesiana explícita) los límites de la malla del plano xy a partir de la cual se genera la superficie.

- **cambia_lim_xy()**: cambia los límites de los ejes x e y de cara a la visualización del gráfico.

- **cambia_lim_z()**: cambia los límites del eje z de cara a visualización del gráfico.

- **comprueba_pestana()**: comprueba en qué pestaña está (ello nos indica el tipo de ecuación que tenemos) de cara a configurar determinados elementos con sus valores por defecto.

- **graficar()**: dibuja en la pantalla, en base a todos los elementos de la aplicación, el gráfico que queremos.

- **limpia_graficos()**: elimina el gráfico (o los gráficos) que existan en ese momento en pantalla.

▼ **colormap_seleccionado()**: nos devuelve el tipo de mapa de colores que tenemos seleccionado.

▼ **formatea_comando()**: nos elimina espacios en blanco de un código almacenado como cadena.

Comentarios sobre el código

L16-32: configuro los valores iniciales de atributos y elementos gráficos.

L34-37: coloco las ecuaciones por defecto que aparecerán en la aplicación.

L43-47: conecto el clic en los botones pulsadores con su método correspondiente.

L39-40 y **L50-53**: conecto el clic en todos los botones de opción con el clic en boton_graficar (ejecutará el método graficar()), haciendo uso de la función exec(). Podría haber logrado el mismo efecto desde Qt Designer mediante el editor de señales/slots.

L49: conecto la acción de pulsar Enter estando en la casilla de entrada ec1 con el clic en boton_graficar, que ejecutará a su vez el método graficar(). Para las casillas ec2_x, ec2_y y ec2_z lo realicé directamente en Qt Designer en el proceso de diseño inicial.

L54: conecto la acción de cambiar de pestaña en el objeto tipos_ecuaciones con la ejecución del método comprueba_pestana().

L56-60: método cambia_lim_malla().

L62-68: método cambia_lim_xy().

L70-74: método cambia_lim_z().

L76-98: método compruebo_pestana().

L101-174: método graficar(). Todo él está dentro de una estructura try-except que nos manejará si hay algún tipo de error en la generación del gráfico. La variable tope nos indica el número de elementos por lado que compondrán la rejilla sobre la que generaremos el gráfico. Como en el caso de los gráficos de superficie triangulares estos son menos, en L105-108 configuramos un valor para tope dependiendo de ello. En 110-112 hacemos visibles los elementos z_min y z_max. De L114-139, dependiendo de en qué pestaña estemos, se calculan los arrays de las superficies, haciendo uso de la función exec()[325]. En L141-143, si no está seleccionada la opción de múltiples superficies, se borra la posible superficie anterior. En L145-154 se elige el tipo de gráfico que vamos a representar en base a la opción que tenemos seleccionada. Con L156-158 autoescalamos el gráfico, colocamos los ejes siempre en segundo plano y sacamos el gráfico por pantalla. En L160-162 obtenemos los límites de los ejes x e y (ambos serán iguales) de cara a representarlos en los elementos x_y_min y x_y_max. Con L164-166 hacemos lo propio para el eje z y los elementos z_min y z_max. En L168 añadimos a la lista anterior el gráfico representado, que hemos recogido en la variable a. Finalmente, en L170-174 manejamos la posible excepción generada en graficar(), donde representamos un mensaje de error durante segundo y medio y borramos los posibles gráficos que haya visualizados.

L177-187: método limpia_graficos(), donde eliminamos (mediante el método remove()) los gráficos que pudiese haber en pantalla. Las líneas L178-182 resultan un tanto extrañas, y derivan de la dificultad de eliminar todos los elementos de un gráfico de tipo contorno. El lector puede intentar mejorar mi código, dándose cuenta de que no es una tarea trivial.

L190-200: método colormap_seleccionado(), donde chequeo (con la ayuda de la función exec()) todos los elementos QRadioButton destinados a los distintos tipos de mapas de colores, devolviendo el nombre del seleccionado en forma de cadena.

L203-210: método formatea_comando(), que está creado para poder emplear en el programa cadenas de texto (usadas posteriormente en exec()) con el formato habitual del código, es decir, con sangrías. Para ello eliminaremos un número de caracteres en la sangría que pasaremos como argumento.

Consideración final:

Tal y como he realizado el programa las ecuaciones sólo pueden contener los elementos X,Y,Z en el caso de las cartesianas explícitas y alfa, beta, sin y cos en las paramétricas. ¿Cómo lograríamos poder trabajar con mas funciones matemáticas y elementos como pi o e?. Una solución sería incluir todos los elementos que aparezcan en las ecuaciones en el diccionario var_locales que luego pasamos a las funciones exec() del método graficar(). Otra sería, mediante la función globals(), pasarle todas las variables globales a los citados exec(). Como he importado todos los elementos de NumPy tendríamos sus funciones y elementos disponibles.

---

325. Para saber cómo funciona, consultar el Apéndice B.

Solucionando esa limitación y aumentando el tamaño de la malla podremos representar ecuaciones como las siguientes:

$$z = e^{-(x^2 + y^2)/8}(\operatorname{sen} x^2 + \cos y^2)$$

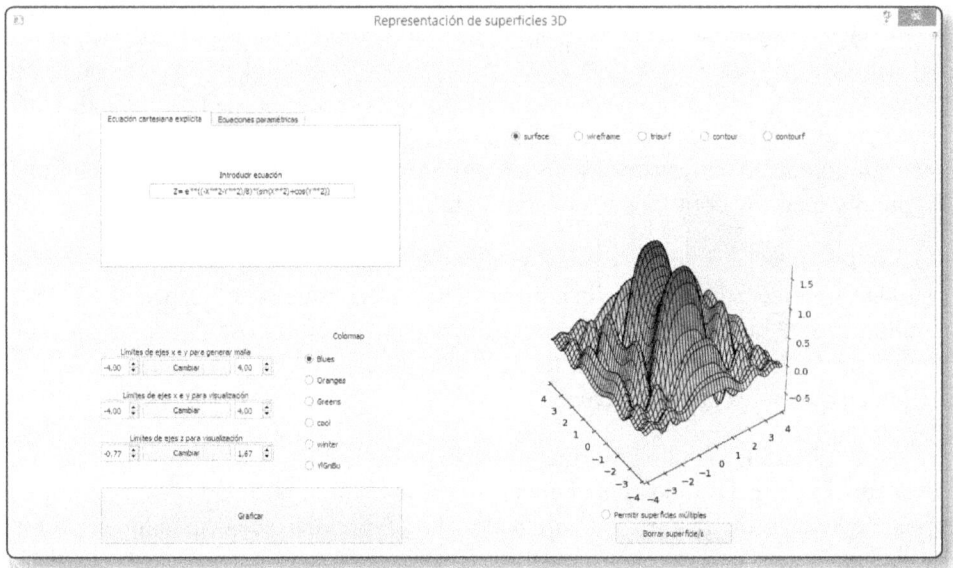

$$z = (4x^2 + y^2)e^{-x^2-y^2}$$

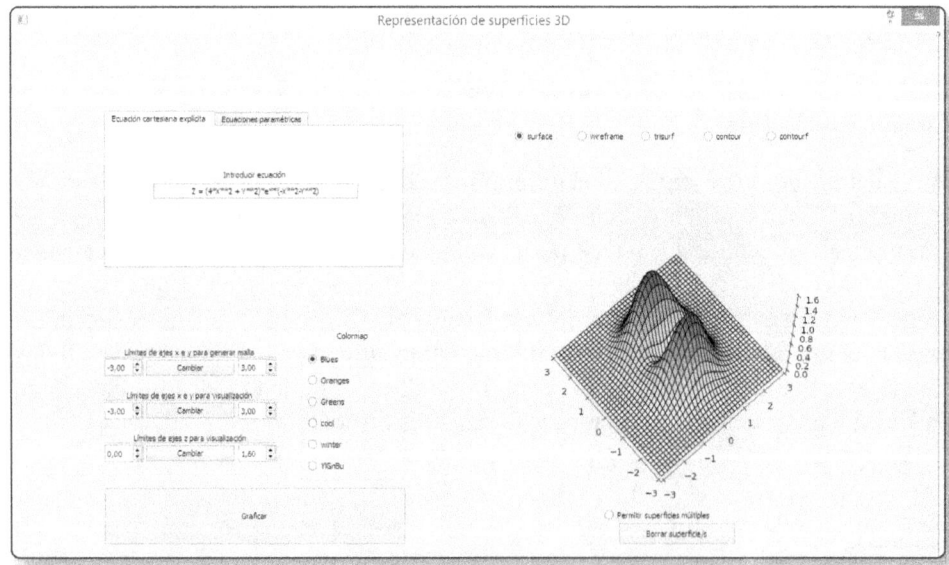

Apéndice A

INSTALACIÓN DE PYTHON Y PYSCRIPTER

En este apéndice veremos cómo instalar Python y el IDE PyScripter en nuestro ordenador, así como configurar nuestro sistema para poder importar librerías y módulos de forma cómoda.

A.1 INSTALAR PYTHON EN NUESTRO ORDENADOR

Accederemos mediante nuestro navegador a la web que tiene la siguiente dirección:

https://www.python.org/

En ella tenemos una sección dedicada a la descarga de las distintas versiones de Python. Colocando el cursor del ratón sobre ésta podemos seleccionar nuestra plataforma:

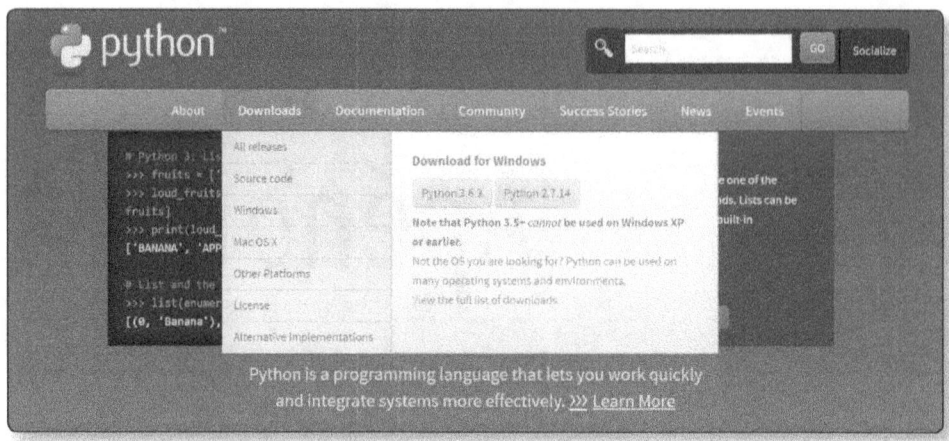

Haremos clic en Windows y buscaremos la versión 3.3.5 (que data del 9 de marzo del 2014 y es la última binaria[326] de Python 3.3) de 32 bits dentro de la lista que nos aparece[327].

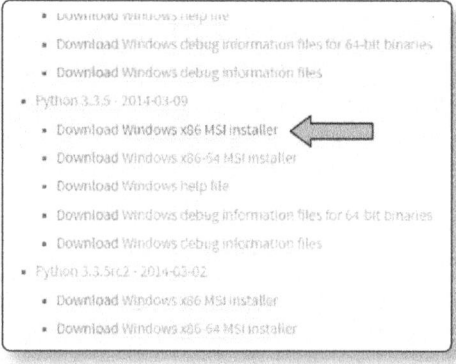

A continuación comenzará la descarga a nuestro ordenador. Al finalizar haremos clic en la flecha que indica la siguiente imagen y seleccionaremos Abrir:

---

326. No tendremos que compilar el código (en otras instalaciones si) y dispone de sistema de instalación cómodo.
327. He usado la versión x86 para una mayor compatibilidad con ordenadores antiguos.

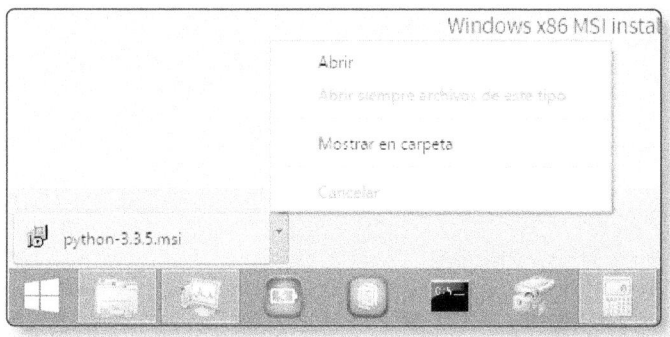

Comienza entonces un asistente de instalación donde haremos clic sobre Next u Ok en los cuadros de diálogo que nos vayan apareciendo. Si todo ha salido bien, al final visualizaremos una ventana indicándonos que el proceso ha sido completado de forma satisfactoria. Se creará la siguiente carpeta en nuestro sistema:

C:\Python33

En ella el instalador ha incluido una serie de elementos. Mediante el explorador de archivos de Windows podemos acceder a su contenido:

Nombre	Fecha de modificación	Tipo	Tamaño
__pycache__	11/03/2016 2:56	Carpeta de archivos	
DLLs	11/05/2016 23:45	Carpeta de archivos	
Doc	11/05/2016 23:45	Carpeta de archivos	
include	11/05/2016 23:45	Carpeta de archivos	
Lib	11/05/2016 23:45	Carpeta de archivos	
libs	11/05/2016 23:45	Carpeta de archivos	
tcl	11/05/2016 23:45	Carpeta de archivos	
Tools	11/05/2016 23:45	Carpeta de archivos	
LICENSE	09/03/2014 9:38	Documento de texto	31 KB
NEWS	09/03/2014 9:27	Documento de texto	258 KB
python	09/03/2014 9:37	Aplicación	26 KB
pythonw	09/03/2014 9:37	Aplicación	27 KB
README	09/03/2014 9:27	Documento de texto	7 KB
w9xpopen	09/03/2014 9:36	Aplicación	42 KB

Ya tenemos por tanto instalado Python 3.3.5 en nuestro ordenador.

A.2 INSTALAR Y CONFIGURAR PYSCRIPTER EN NUESTRO ORDENADOR

Para ello accederemos desde nuestro navegador a la siguiente dirección:
https://sourceforge.net/projects/pyscripter/files/

Aparecerá lo siguiente:

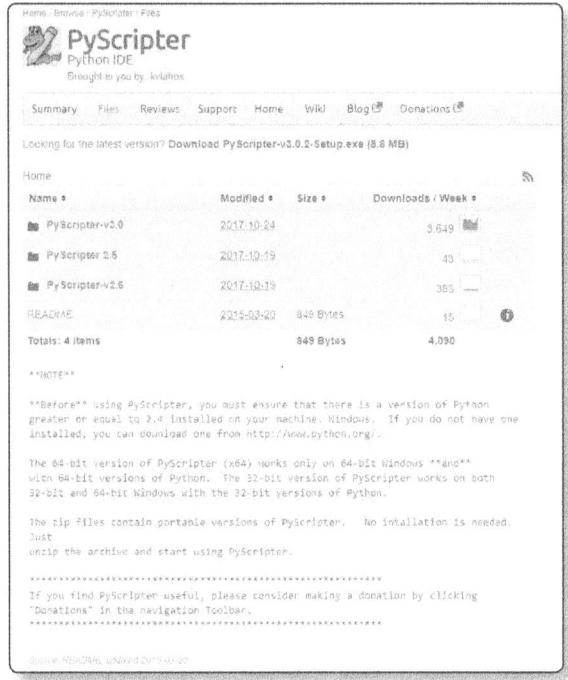

Haremos clic sobre la carpeta PyScripter 2.5 y posteriormente sobre PyScripter-v2.5.3-Setup.exe, que es la versión sobre la que he realizado todos los códigos del libro[328]. Si todo funciona correctamente comenzará a descargar el fichero. Al finalizar, lo abriremos y aparecerá el asistente de instalación. Los pasos a seguir serán simples, limitándonos a hacer clic en Next salvo en el paso 3 donde marcaríamos las tres opciones, que nos permitirán posteriormente ejecutar el IDE desde un icono en el escritorio y que la opción de editar un fichero con PyScripter aparezca en los menús contextuales[329]. Las distintas ventanas que recorreremos serán:

---

328. El lector puede usar si lo desea la última versión, que data de octubre de 2017.

329. Un menú contextual es el que cambia dependiendo del contexto. Por ejemplo cuando hacemos clic con el botón derecho del ratón, el menú es distinto dependiendo del elemento concreto al que estemos apuntando.

Apéndice A. **INSTALACIÓN DE PYTHON Y PYSCRIPTER** 547

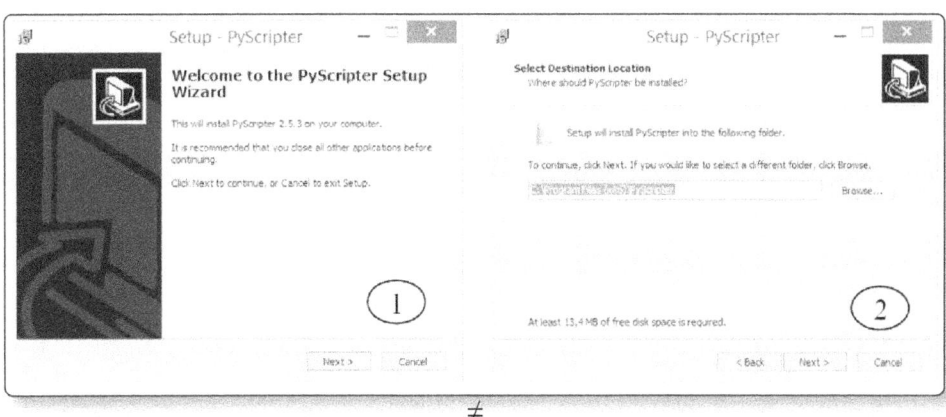

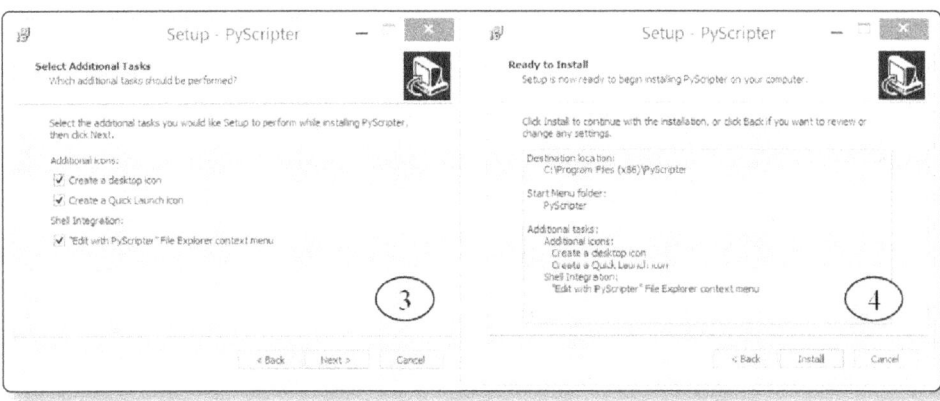

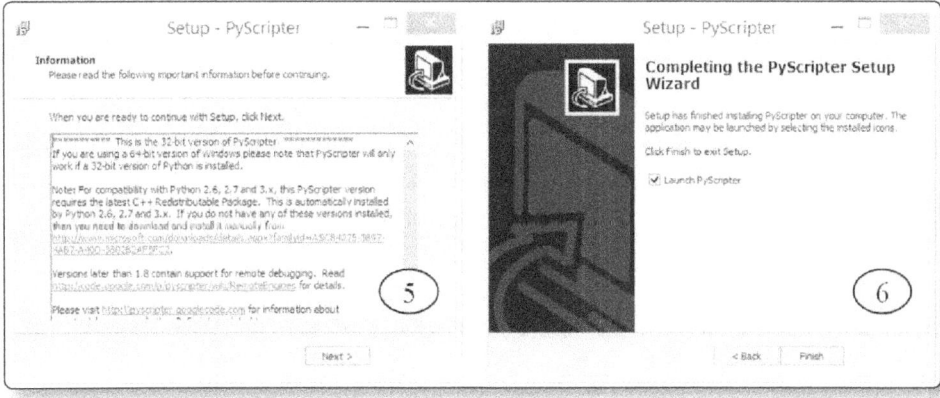

Tras hacer clic en Finish con la opción Launch PyScripter activada, obtendríamos una pantalla como la siguiente[330], donde señalamos los elemenos fundamentales:

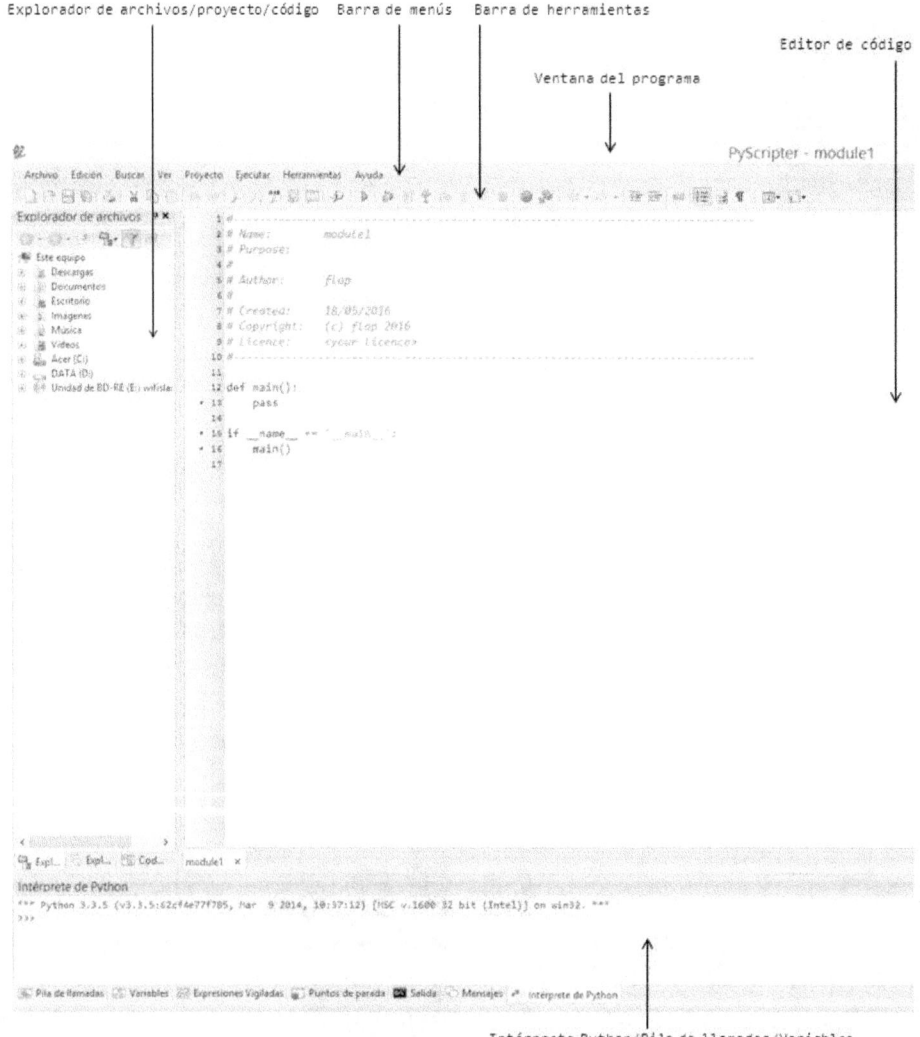

Observamos que una serie de ventanas están agrupadas (por ejemplo en la que está incluida la del intérprete de Python) pero podemos configurarlas a nuestro

---

330. Una vez ejecutado PyScripter podemos anclarlo a la barra de tareas de Windows usando el botón derecho del ratón sobre el icono del programa y seleccionando "Anclar este programa a la barra de tareas".

gusto haciendo clic sobre la pestaña correspondiente y arrastrando hacia la zona de la pantalla que queramos. Al moverla por ella hay determinadas zonas en las que se nos permite anclarlas si soltamos el botón del ratón. También se nos permite modificar la zona dedicada a una y otra ventana, simplemente colocándonos en el límite entre ellas y, cuando la flecha del ratón cambie a un icono con dos líneas verticales paralelas y dos flechas horizontales, hacer clic y arrastrar. Es interesante jugar con ello sin miedo ya que siempre podremos volver a la configuración de ventanas por defecto mediante el menú Ver→Distribución→Default. El lector podrá distribuirlas como desee.

Tenemos dos zonas diferenciadas, integradas en nuestro IDE, para el intérprete de Python y para el editor. Hay otras (Pila de llamadas, Variables, Expresiones Vigiladas, Puntos de parada, Salida y Mensajes) relacionadas de una manera u otra con el depurador. Este nos permitirá cosas como ejecutar el programa paso a paso, ejecutarlo hasta un punto determinado o entrar (o no) en las funciones y métodos, visualizando los elementos que deseemos.

En base a esos tres elementos principales (intérprete, editor y depurador) trabajaremos. Son elementos similares a los encontrados en cualquier IDE, y no entraré a comentar cada uno de ellos de forma minuciosa.

PyScripter puede **ejecutar** scripts de Python mediante la opción "Ejecutar"[331], de dos maneras básicas:

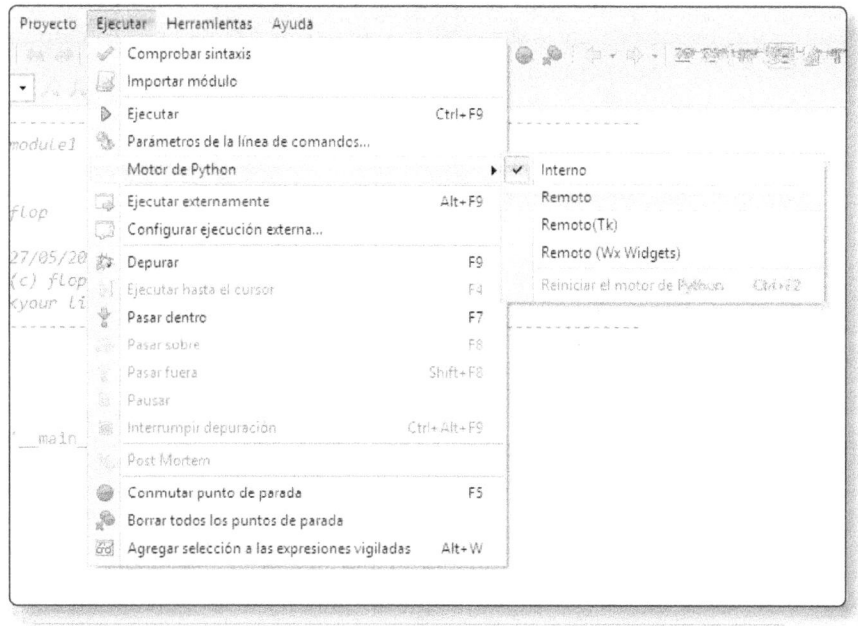

---

331. Asociada al botón de ejecutar usado habitualmente en PyScripter o a las teclas Ctrl+F9.

1. Con un intérprete interno (**motor interno**) que viene con PyScripter. Es la opción por defecto, aunque también la podríamos seleccionar en "Motor de Python→interno" en el menú "Ejecutar".

2. Con el intérprete que tengamos en la instalación Python (**motor remoto**), que está en la carpeta C:\Python33. Lo seleccionaremos mediante "Motor de Python→remoto" en el menú "Ejecutar".

La ventaja del motor interno es que es muy rápido y para usos sencillos no debe darnos ningún problema. Las desventajas son:

- El intérprete no se puede reiniciar sin salir del IDE, cosa que es en muchos casos incómodo.

- A veces problemas con los scripts que estamos ejecutando o depurando influyen en la propia estabilidad de PyScripter.

- Como veremos más adelante, el motor interno no es capaz de ejecutar ni depurar ficheros Python que manejen capacidades gráficas.

Por todo ello PyScripter nos permite usar un motor remoto de Python, que sí nos permite reiniciarlo sin salir del programa, las inestabilidades de los scripts influyen en menor medida en la del IDE (ya que el intérprete es ejecutado en un proceso hijo aparte) y nos permitirá ejecutar/depurar ficheros que manejen elementos gráficos. Su funcionamiento será un poco más lento, pero por defecto usaremos el motor remoto a la hora de ejecutar y depurar nuestros programas.

También podemos **ejecutar externamente** el script mediante la opción "Ejecutar externamente". Antes de ello debemos indicar, en "Configurar ejecución externa" del menú "Ejecutar", con qué intérprete deseamos hacerlo[332]. En nuestro caso si tenemos creado el entorno virtual[333] **miPython3_3_5** colocamos su dirección: C:\Users\flop\Anaconda3\envs\miPython3_3_5\pythonw.exe

Como añadido indico también el directorio de trabajo (nuestra carpeta): C:\Users\flop\Desktop\Ejercicios_Python_Resueltos

---

[332]. También podremos indicar la dirección del directorio de trabajo.

[333]. En el Capítulo 3 se indica qué es y cómo crearlo.

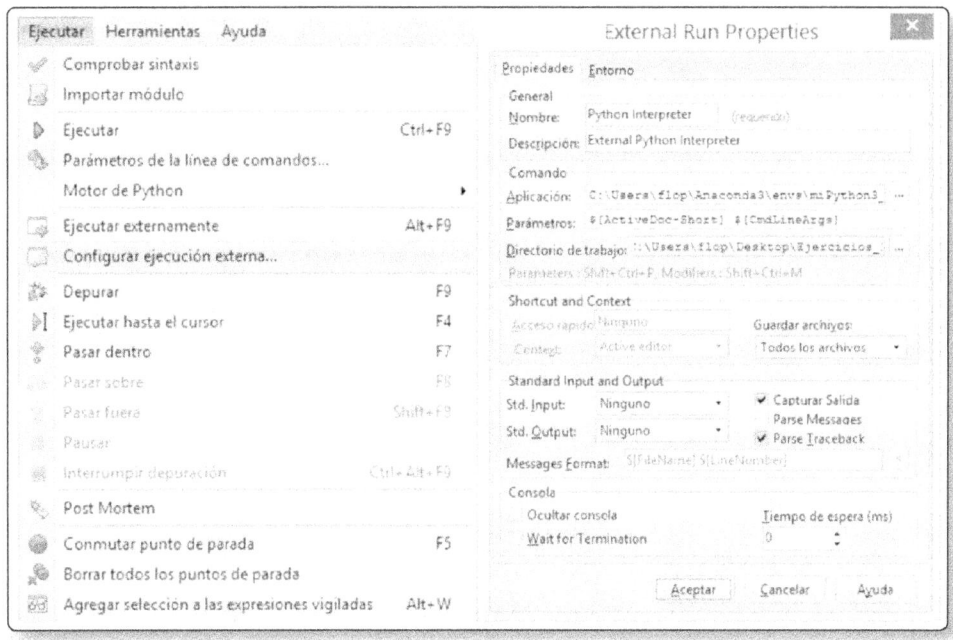

De esa manera, si ejecutamos un script de forma externa lo hará con el intérprete de nuestro entorno virtual, haciendo uso de todas las librerías que contiene, algo que puede sernos de gran utilidad en algunos casos. El ejemplo de la ejecución del fichero **consumo.pyw** de nuestra carpeta de ejercicios de forma externa nos genera la aplicación, y se nos indica en PyScripter el comando ejecutado:

```
Salida
Command line: C:\Users\flop\Anaconda3\envs\miPython3_8_5\pythonw.exe C:\Users\flop\Desktop\EJERCI~1\DISTAN~3.PYW
Directorio de trabajo: C:\Users\flop\Desktop\Ejercicios_Python_Resueltos
Timeout: 0 ms
```

A.3 CONFIGURAR LA VARIABLE DE USUARIO PYTHONPATH

Mediante la variable de usuario PYTHONPATH lograremos incluir la dirección de nuestra carpeta de ejercicios[334] en las rutas de búsqueda de módulos. De esta manera podremos importarlos sin tener que indicar de forma explícita la dirección.

Para crear y configurar PYTHONPATH accederemos al Panel de Control de Windows y posteriormente a la ventana "Sistema". Tras ello haremos clic en "Configuración avanzada del sistema", obteniendo la siguiente ventana emergente:

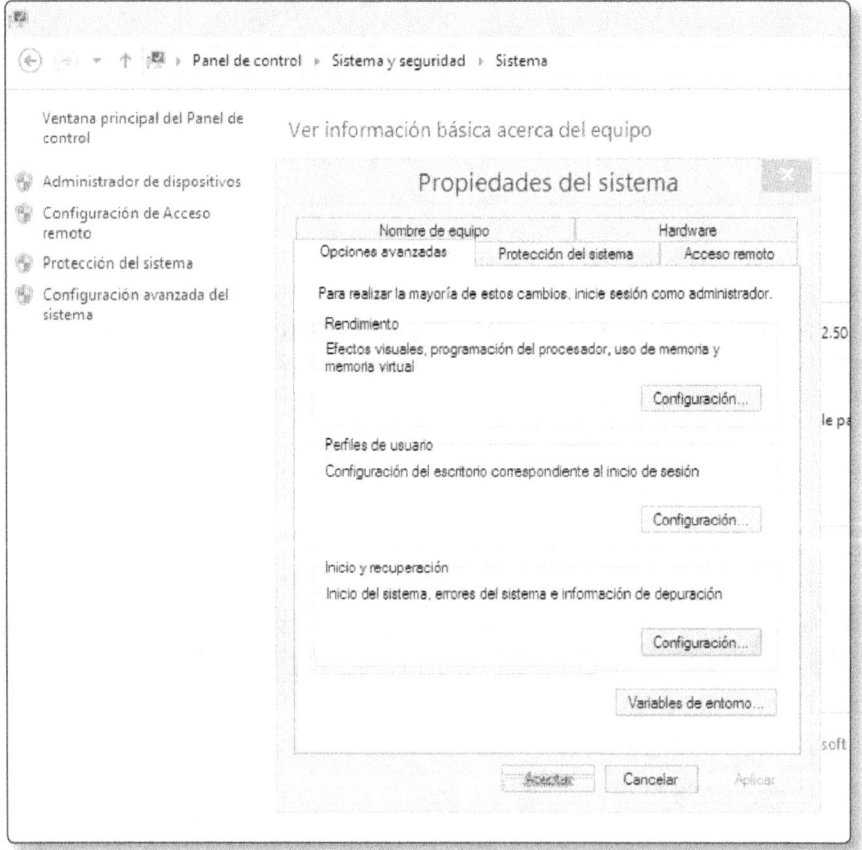

---

334. De nombre Ejercicios_Python_Resueltos, que adjunto en el material descargable del libro, y que debemos tener en el escritorio (o en cualquier otra dirección) de nuestro ordenador.

En ella haremos clic en "Variables de entorno". Aparecerá:

Se nos permitirá cambiar/añadir tanto variables del sistema como de usuario. Nosotros crearemos una variable de usuario (haciendo clic en el botón "Nueva" de la parte superior de la ventana) llamada PYTHONPATH que contenga la dirección de nuestra carpeta[335]:

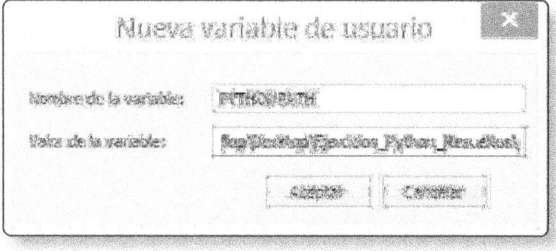

---

335. En mi caso C:\Users\flop\Desktop\Ejercicios_Python_Resueltos\, pero el lector deberá colocar la ruta en la que se encuentre dentro de su ordenador.

Tras tres clics en el botón "Aceptar" ya tendremos configurado nuestro sistema para que el intérprete pueda importar directamente elementos almacenados en nuestra carpeta.

Si con posterioridad queremos incluir otra dirección en la variable PYTHONPATH debemos colocar un punto y coma entra cada una de ellas. El orden en el que tengamos las direcciones (la colocada más a la izquierda será la primera) conformará el orden de búsqueda.

Apéndice B

MISCELÁNEA

En este apéndice veremos lo siguiente:

- Varias herramientas usadas para la realización de las aplicaciones que no incluí en mi libro "Python 3, Curso Práctico" (Editorial Ra-Ma).

- Información sobre clases, funciones y métodos de Python.

- Varias tablas útiles para la consulta de funciones incluidas en la librería estándar de Python.

B.1 FUNCIONES LAMBDA, MAP() Y FILTER()

Las tres funciones forman parte del núcleo de Python. Originalmente también lo hacía la función reduce() que veremos más adelante, pero ahora se ha trasladado al módulo functools.

El uso de lambda, map(), filter() y reduce() está envuelto en polémica, ya que en algunos casos hay alternativas igual de potentes y más sencillas, como las listas de comprensión. Además, choca con uno de los lemas de Python, que insta a que haya solo una forma obvia de solucionar un problema. Incluso Guido van Rossum intentó eliminarlas en favor de otras alternativas, pero la enorme oposición con la que se encontró le hizo desistir. La función lambda fue añadida a Python a petición de los programadores con conocimientos de Lisp.

El operador (o la función) **lambda** es una forma de crear pequeñas funciones anónimas, es decir, funciones sin nombre. Se crean en el momento y lugar donde se necesitan. Se suele usar en combinación (como veremos) con map(), filter() y reduce().

La función lambda tiene el siguiente formato:

```
lambda args : expr
```

En args tenemos los argumentos separados por comas, y expr es una expresión aritmética que hace uso de ellos. Podemos asignar la función a una variable para darle nombre. Dos sencillos ejemplos del uso de lambda son los siguientes:

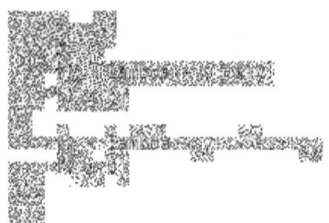

La función **map()** tiene el siguiente formato:

```
map(f, sec)
```

Teniendo la función f y la secuencia sec, map() aplicará f a todos los elementos de sec. Antes de Python 3 se nos devolvía una lista con cada uno de sus componentes siendo la aplicación de f a los integrantes de sec. En Python 3 se nos devuelve un iterador, por lo que si necesitamos la salida en forma de lista deberemos usar list().

La función map() puede ser aplicada a más de una secuencia, teniendo en ese caso que ser estas del mismo tamaño. La función f actuará sobre los elementos de las secuencias que tengan igual índice. Veamos ejemplos del uso de map():

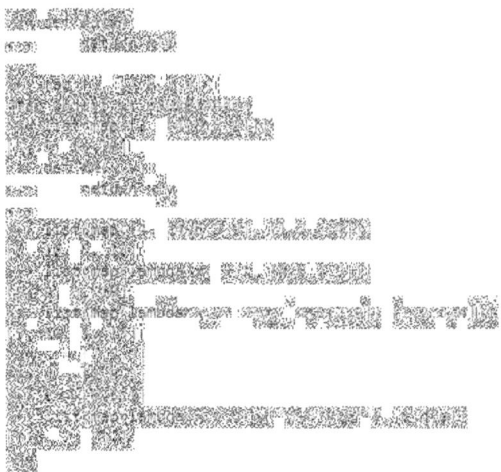

La función **filter()** tiene el siguiente formato:

```
filter(f, sec)
```

Teniendo la función f y la secuencia sec, filter() nos devolverá un iterador con los elementos de sec que pasados a la función f devuelven True. Por lo tanto, f debe devolver un valor booleano. Veamos ejemplos:

B.2 FUNCIONES REDUCE() Y PARTIAL()

Ambas están en el módulo **functools**, que trata sobre funciones de orden superior, es decir, funciones que actúan sobre (o devuelven) otras funciones.

La función **reduce()** tiene el siguiente formato:

```
functools.reduce(f, sec)
```

El parámetro f es una función y sec una secuencia. Inicialmente se aplica la función f a los dos primeros elementos de sec, dando un resultado. Posteriormente se aplicará f con ese resultado y el siguiente valor de sec. Procederemos así consecutivamente hasta finalizar los elementos de la secuencia. Veamos ejemplos:

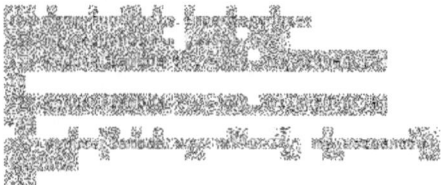

La función **partial()** tiene el siguiente formato:

```
functools.partial(f, *args, **kwargs)
```

Nos devuelve un objeto que al ser llamado se comporta como si ejecutásemos la función f con los argumentos posicionales args y nombrados kargs. Si en la llamada a partial() aportamos más argumentos posicionales de los que tenemos configurados, estos se añaden a args. Si aportamos más argumentos nombrados, estos extienden (o anulan si el nombre coincide) los que ya tenemos. Un ejemplo de todo ello está en **ejemplo_funcion_partial.py**:

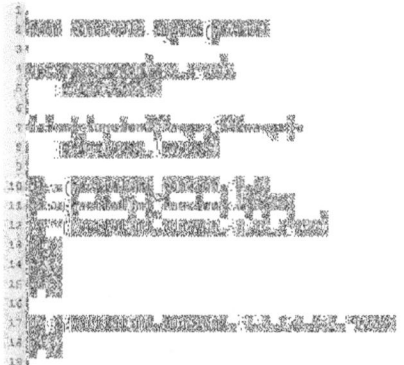

Su salida es:

B.3 EVALUACIÓN Y EJECUCIÓN DE CÓDIGO. FUNCIONES EVAL() Y EXEC()

Python puede evaluar o ejecutar código proporcionado en forma de cadena. Para lo primero usaremos la función eval(), y para lo segundo la función exec().

El formato de **eval()** es el siguiente:

```
eval(expr, globals=None, locals=None)
```

Mediante ella convertimos expresiones (pasadas en forma de cadena[336], representada por expr) en código objeto, lo ejecutamos y se nos devuelve el resultado. Recordemos que una expresión es una combinación de variables, funciones, operadores y valores que tras computarla se llega a un valor.

Los parámetros opcionales globals y locals son diccionarios de variables globales y locales que usaremos para la evaluación de la expresión. Si no se suministran, esta se hará en el entorno que tengamos al llamar a eval().

La función eval() es una herramienta poderosa, pero también muy peligrosa ya que podría ejecutar código erróneo o malicioso, por lo que su uso a veces es cuestionado, sobre todo si tenemos alternativas más convenientes. Por ejemplo, las funciones int() o float() solo convierten a números (enteros y reales, respectivamente), pero eso las hace más rápidas y seguras.

Ejemplos sencillos del uso de eval() son:

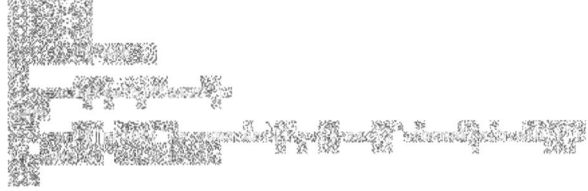

En Python 3 **exec()** es una función que nos va a permitir la ejecución dinámica de código, ya que compila[337] una cadena que lo contiene y la pasa al intérprete para ser ejecutada. Por lo general se ejecuta en el ámbito en el que estemos, pero le podemos pasar diccionarios personalizados de variables para que trabaje con ellas.

---

336. La función eval() también puede trabajar con código objeto, pero no consideraremos esa opción en el libro.

337. En Python el compilador bytecode es accesible en tiempo de ejecución.

A pesar de que el uso de exec() tampoco está libre de polémica, ya que en muchos casos su uso puede ser reemplazado por soluciones más elegantes y menos peligrosas, lo he utilizado en varios de los ejercicios resueltos[338] dado que nos aporta una forma de simplificar enormemente el código en determinadas tareas.

El formato de exec() es el siguiente:

```
exec(object[, globals[, locals]])
```

En él tendremos los siguientes elementos:

▼ object: debe ser un código objeto o una cadena, siendo esta última opción la que hemos usado en el libro.

▼ globals: indica las variables globales que podrá manejar la función exec().

▼ locals: indica las variables locales que podrá manejar la función exec().

Si solo adjuntamos globals, este debe ser obligatoriamente un diccionario que valdrá tanto para las variables globales como para las locales.

Si solo adjuntamos locals, podemos usar para ello cualquier objeto mapeado[339] (mapped).

Si se adjuntan tanto globals como locals, se usarán para las variables globales y locales, respectivamente.

Si ni globals ni locals son adjuntados en la ejecución de exec(), esta se ejecuta en el ámbito de variables (globales y locales) donde nos encontremos. No obstante, si estamos dentro de una función el ámbito será un diccionario con una copia de las variables locales que tengamos en ese momento. Una cosa importantísima a resaltar es que, si en el cógigo que ejecutamos en exec() se produce alguna modificación de estas variables locales, el cambio no quedará reflejado. Por ejemplo:

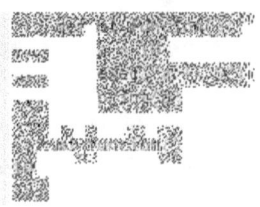

---

338. En los ejercicios nuestras necesidades de seguridad no son altas.

339. Un tipo de objeto especial en Python que incluye (aparte de otros) a los diccionarios.

¿Cómo solucionaríamos esto si nos interesa el valor de esas modificaciones? Tendremos dos opciones:

1. Mediante el uso de la función locals():

2. Creando nuestro propio diccionario y pasándoselo a exec().

En el primer caso, la función **locals()** nos devuelve un diccionario con las variables locales. Los cambios en este diccionario no afectan a las variables locales usadas en el intérprete. Podríamos por tanto conseguir mediante locals() este diccionario antes de la llamada a exec(), y posteriormente extraer de él los valores modificados:

Es importante que trabajemos con el diccionario y no con la variable local definida.

Debemos tener cuidado con la ejecución de locals(), ya que cada vez que lo hacemos toma los valores actuales de las variables locales y sobreescribe el diccionario:

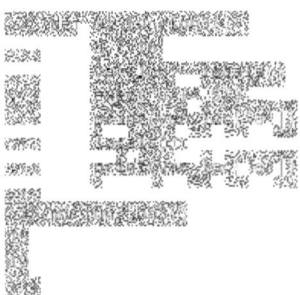

La alternativa a usar locals() es crear nuestro propio diccionario y pasárselo como argumento a la función exec(). Al no haberlo conseguido mediante locals(), su posible ejecución no nos afectará:

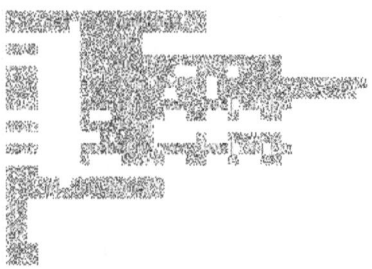

Hacer notar que en la ejecución de exec() hemos pasado un diccionario vacío como argumento de variables globales y nuestro diccionario para el caso de las locales. De no haber incluido estos argumentos, la salida de mi_funcion4() habría sido un doble 10, por los motivos explicados anteriormente.

De la misma forma que hemos conseguido las variables locales mediante la función locals(), la función **globals()** nos devolverá un diccionario con las variables globales que tengamos en ese momento en el módulo (dentro de una función o método, éste es el módulo donde se define, no el módulo desde el que se llama). En ciertas ocasiones podrá ser útil su uso.

Como resumen crearé un pequeño programa (**ejemplo_exec.py**) con tres funciones que hacen uso de lo comentado hasta ahora:

La salida es la siguiente:

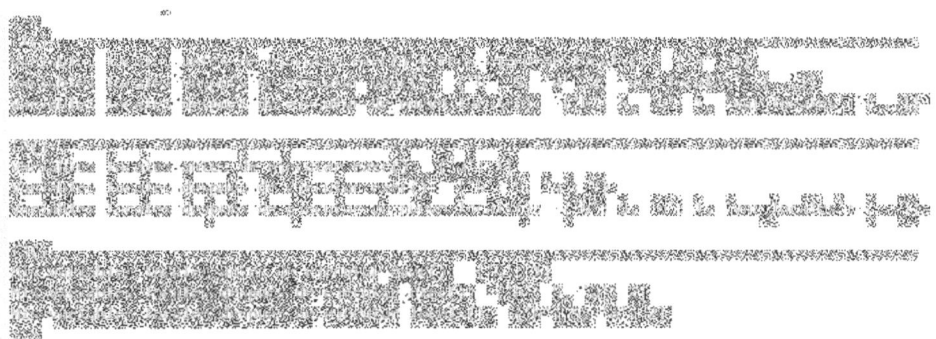

En f1() consigo mediante locals() las variables locales, ejecuto exec() sin argumentos y compruebo los efectos de una segunda llamada a locals(). Además podemos ver cómo analiza la cadena pasada como argumento a exec(), siendo un código de dos líneas donde creo una nueva variable b que se añade sin problemas al diccionario, desde el cual podemos acceder a ella. Recordar que intentarlo directamente por su nombre nos llevará a un error.

En f2() paso a exec() el diccionario conseguido mediante locals(), simplemente para comprobar que de cara a nuestras variables el resultado es el mismo que en f1().

En f3() creo mi propio diccionario, se lo paso a exec() en su ejecución y compruebo que la posterior ejecución de locals(), como es lógico, no le afecta para nada.

El uso de locals(), globals(), o de diccionarios personalizados para acceder a las modificaciones en variables al ejecutar exec() será cuestión de la situación concreta que se nos presente en el programa. En los casos que no importe una u otra elección, el lector elegirá con la que más cómodo se sienta.

B.4 MÉTODOS ESPECIALES O MÁGICOS

En Python podemos definir e implementar métodos (denominados **especiales** o **mágicos**) que serán llamados de forma automática cuando un operador sea aplicado a la instancia de una clase, permitiéndonos un uso más natural que llamando a los métodos por el nombre. Tenemos la posibilidad de **sobrecargar** el operador (redefiniendo el método que le corresponde) para adecuarlo al comportamiento que queramos. Hay un método especial por cada operador, y su nombre está precedido y seguido de dos guiones bajos.

Si tenemos una expresión como a*b y a es una instancia de la clase C, Python chequeará la definición de clase de C y buscará el método __mul__()[340]. Si existe ejecutará a.__mul__(b), y si no generará un error.

Si tenemos a[2], Python buscará en la definición de la clase C el método __getitem__() y lo ejecutará, en caso de encontrarlo, con el argumento 2.

Hay muchos métodos especiales, con distintas funcionalidades. Mostraré una pequeña tabla con algunos de ellos:

Operadores	Métodos	Descripción
Operador índice		
a[key]	__getitem__(self, key)	Evalúa a[key].
a[key]=value	__setitem__(self, key, value)	Asigna valor a a[key].
del a[key]	__delitem__(self, key)	Elimina a[key].
Binarios		
+	__add__(self, other)	Suma.
-	__sub__(self, other)	Resta.
*	__mul__(self, other)	Multiplicación.
//	__floordiv__(self, other)	División entera.
/	__truediv__(self, other)	División real.
%	__mod__(self, other)	Resto entero.
**	__pow__(self, other[, modulo])	Potenciación.
&	__and__(self, other)	Operador lógico Y.
^	__xor__(self, other)	Operador lógico O exclusiva.
|	__or__(self, other)	Operador lógico O.
De comparación		
<	__lt__(self, other)	Menor que.
<=	__le__(self, other)	Menor o igual que.
==	__eq__(self, other)	Igual que.
!=	__ne__(self, other)	Distinto de.
>=	__ge__(self, other)	Mayor o igual que.
>	__gt__(self, other)	Mayor que.

---

340. Método que corresponde con el operador *.

B.5 TIPOS FUNDAMENTALES EN PYTHON 3

A continuación presentaré dos tablas resumen, una sobre los tipos fundamentales de los que disponemos, y otra sobre los métodos principales de sus correspondientes clases:

		Cadenas	Listas	Tuplas	Conjuntos	Diccionarios
Operadores	[i]	Si	Si	Si	No	Si
	:	Si	Si	Si	No	No
	+	Si	Si	Si	No	No
	*	Si	Si	Si	No	No
	in/not in	Si	Si	Si	Si	Si
	|	No	No	No	Si	No
	&	No	No	No	Si	No
	-	No	No	No	Si	No
	^	No	No	No	Si	No
	< <=	Si	Si	Si	Si	No
	> >=	Si	Si	Si	Si	No
	== !=	Si	Si	Si	Si	Si
Funciones	len	Si	Si	Si	Si	Si
	max	Si	Si	Si	Si	Si
	min	Si	Si	Si	Si	Si
	sum	No	Si	Si	Si	Si
Comandos especiales	del	No	No	No	No	Si
Recorrido mediante for		Si (directo y por índice)	Si (directo y por índice)	Si (directo y por índice)	Si (solo directo)	Si (solo mediante llave)

	Cadenas	Listas	Tuplas	Conjuntos	Diccionarios
Métodos	capitalize() center() count() endswith() find() format() isalnum() isalpha() isdigit() isidentifier() islower() isspace() isupper() ljust() lower() lstrip() replace() rfind() rjust() rstrip() startswith() strip() swapcase() tittle() upper() zfill()	append() clear() copy() count() extend() index() insert() pop() remove() reverse() sort()	count() index()	add() clear() copy() difference() difference_update() discard() intersection() intersection_update() isdisjoint() issubset() issuperset() pop() remove() symmetric_difference() symmetric_difference_update() union() update()	clear() copy() fromkeys() get() items() keys() pop() popitem() setdefault() values()

B.5.1 Métodos de la clase str()

- **capitalize()**:str — Devuelve una cadena que es como la original pero con el primer carácter en mayúscula.

- **center**(ancho:int):str — Devuelve una cadena igual a la original pero centrada en un ancho de caracteres que le indicamos mediante ancho.

- **count**(cadena:str):int — Nos devuelve el número de apariciones de la cadena indicada, en el caso de que estuviese en nuestra cadena. En caso contrario devuelve 0.

- **endswith**(cadena:str):bool — Nos devuelve True si nuestra cadena termina con la cadena que le indicamos y False en caso contrario.

- **find**(cadena:str):int — Devuelve el índice[341] en el que aparece la cadena indicada. Si existen varias cadenas nos devuelve la primera que aparece (índice más bajo). Si no existe la cadena devuelve -1.

- **format**(*args,*kwargs) — Formatea la cadena en base a unos determinados argumentos.

- **isalnum()**:bool — Devuelve True si todos los caracteres son numéros o alfabéticos, y False si no.

- **isalpha()**:bool — Devuelve True si todos los caracteres son alfabéticos (caracteres del alfabeto), y False si no.
- **isdigit()**:bool — Devuelve True si todos los caracteres son números, y False si no.
- **isidentifier()**:bool — Devuelve True si la cadena podría ser un identificador en Python, y False si no.
- **islower()**:bool — Devuelve True si la cadena tiene todos los caracteres (es necesario que haya al menos uno) en minúscula, y False en caso contrario. Los caracteres especiales (incluido el espacio en blanco no se consideran ni mayúscula ni minúscula).
- **isspace()**:bool — Devuelve True si la cadena está compuesta solo de espacios en blanco, y False en caso contrario.
- **isupper()**:bool — Devuelve True si la cadena tiene todos los caracteres (es necesario que haya al menos uno) en mayúscula, y False en caso contrario. Los caracteres especiales (incluido el espacio en blanco no se consideran ni mayúscula ni minúscula).
- **ljust**(ancho:int):str — Devuelve una cadena igual a la original pero justificada a la izquierda en un ancho de caracteres que le indicamos mediante ancho.
- **lower()**:str — Devuelve una cadena que es como la original pero con todos los caracteres en minúscula.
- **lstrip()**:str — Devuelve una cadena igual a la original pero sin los posibles espacios en blanco[342] que pueda tener al comienzo.
- **replace**(a:str,d:str):str — Devuelve una cadena que es como la original pero con las posibles apariciones de la cadena a sustituidas por la cadena b.
- **rfind**(cadena:str):int — Devuelve el índice en el que aparece la cadena indicada. Si existen varias cadenas nos devuelve la última que aparece (índice más alto). Si no existe la cadena devuelve -1.
- **rjust**(ancho:int):str — Devuelve una cadena igual a la original pero justificada a la derecha en un ancho de caracteres que le indicamos mediante ancho
- **rstrip()**:str — Devuelve una cadena igual a la original pero sin los posibles espacios en blanco que pueda tener al final.
- **startswith**(cadena:str):bool — Nos devuelve True si nuestra cadena comienza con la cadena que le indicamos y False en caso contrario.
- **strip()**:str — Devuelve una cadena igual a la original pero sin los posibles espacios en blanco que pueda tener al comienzo o al final.
- **swapcase()**:str — Devuelve una cadena que es como la original pero con los caracteres en minúscula pasados a mayúscula y al revés.
- **title()**:str — Devuelve una cadena que es como la original pero con el primer carácter de cada palabra en mayúscula.
- **upper()**:str — Devuelve una cadena que es como la original pero con todos los caracteres en mayúscula.

- **zfill**(ancho:int):str Devuelve una cadena numérica igual a la original pero de anchura de caracteres ancho, rellenando con ceros la parte de la izquierda que sobra. La cadena numérica nunca es truncada y puede incluir valores negativos.

B.5.2 Métodos de la clase list()

- **append**(x:object):None Añade el objeto x al final de la lista con la que estamos trabajando. Devuelve None.
- **clear**():None Elimina todos los elementos de la lista. Devuelve None.
- **copy**():list Devuelve una copia de la lista.
- **count**(x:object):int Devuelve el número de apariciones de un determinado valor en la lista. Si no está, nos devolverá 0.
- **extend**(l:iterable):None Añade un determinado iterable al final de la lista con la que estamos trabajando[343].
- **index**(x:object):int Devuelve el índice de la primera aparición del objeto x en la lista. Si no está en ella nos aparece un error de tipo ValueError.
- **insert**(i:int,x:object):None Inserta el objeto x en el índice i, desplazando los de índice posterior una unidad hacia la derecha. Si el valor de i supera el mayor índice de la lista, coge este último como valor de i.
- **pop**([i:int]):object Elimina y devuelve el objeto colocado en el índice i. Los elementos de índice superior pasan a tener un índice una unidad menor. Si no le pasásemos nada, por defecto elimina y devuelve el último objeto de la lista. En el caso de que el índice estuviese fuera de rango o la lista vacía, nos daría un error de tipo IndexError.
- **remove**(x:object):None Elimina la primera aparición del objeto x en la lista. Si no estuviese en ella obtendríamos un error de tipo IndexError. Devuelve None.
- **reverse**():None Invierte la lista, es decir, el primer valor pasa a ser el último, el segundo el antepenúltimo...y el último el primero. Devuelve None.
- **sort**([reverse=False]):None Ordena los elementos de la lista de forma ascendente por defecto. Si quisiésemos que fuese en orden descendente, colocaríamos reverse = True. Devuelve None.

---

341. El índice recordemos que se inicia en el valor 0 para el primer carácter.
342. Recordemos que lo que denominamos espacios en blanco incluyen no solo al carácter espacio en blanco sino también a los caracteres especiales tabulador('\t'), nueva línea ('\n') o retorno ('\r').
343. El iterable a añadir podría perfectamente ser la misma lista con la que trabajamos, con lo que duplicaría su contenido.

B.5.3 Métodos de la clase tuple()

- **count**(x:object):int Devuelve el número de apariciones del objeto x en la tupla.
- **index**(x:object,[start,[stop]]):int Si el objeto x está en la tupla, devuelve el primer índice en el que aparece. Si no lo está, devuelve un error de tipo ValueError. Opcionalmente se pueden indicar tanto un índice de inicio como de final de la búsqueda.

B.5.4 Métodos de la clase set()[344]

- **add**(x:object):None Añade el objeto x al conjunto. Si ya está no tiene ningún efecto.
- **clear**():None Elimina todos los objetos del conjunto.
- **copy**():set Devuelve una copia del conjunto A.
- **difference**(B:set):set Devuelve la diferencia de A y B.
- **difference_update**(B:set):set Actualiza el conjunto A con la diferencia de A y B.
- **discard**(x:object):None Si el objeto x está en el conjunto, lo elimina de él. Si no lo está, no hace nada.
- **intersection**(B:set):set Devuelve la intersección de A y B.
- **intersection_update**(B:set):set Actualiza el conjunto A con la intersección de A y B.
- **isdisjoint**(B:set):bool Devuelve True si los conjuntos tienen intersección nula. De lo contrario devuelve False.
- **issubset**(B:set):bool Devuelve True si A es un subconjunto[345] de B. De lo contrario devuelve False.
- **issuperset**(B:set):bool Devuelve True si A es un superconjunto[346] de B, de lo contrario devuelve False
- **pop**():object Si el conjunto no está vacío, elimina de forma aleatoria uno de sus elemento, y lo devuelve. Si está vacío, devuelve un error de tipo KeyError.
- **remove**(x:object):None Si el objeto x está en el conjunto, lo elimina de él. Si no lo está, devuelve un error de tipo KeyError.

---

344. Consideraremos que los métodos se aplican a un objeto A de tipo conjunto.
345. Recordemos: Se dice que A es un subconjunto de B si todos los elementos de A están en B.
346. Recordemos: Se dice que A es un superconjunto de B si todos los elementos de B están en A.

- **symmetric_difference**(B:set):set Devuelve la diferencia simétrica (u O exclusiva) de A y B.
- **symmetric_difference_update**(B:set):set Actualiza el conjunto A con la O exclusiva de A y B.
- **union**(B:set):set Devuelve la unión de A y B.
- **update**(B:set):set Actualiza el conjunto A con la unión de A y B.

B.5.5 Métodos de la clase dict()

- **clear**():None Elimina todas las entradas del diccionario.
- **copy**():dict Devuelve una copia de diccionario.
- **fromkeys**(i:object[,d:object]):dict Genera un nuevo diccionario con las llaves que tengamos en i. Los valores los rellena a None por defecto, salvo que tengamos el parámetro d, en cuyo caso los rellena con ese valor.
- **get**(i:object[,d:object]):object Devuelve el objeto diccionario[i] si el índice i está en diccionario. Si no está devuelve None, salvo que tengamos en parámetro opcional d, en cuyo cado devuelve d.
- **items**():set-like Devuelve un objeto parecido a un conjunto donde aparecen las entradas de diccionario en forma de tuplas (llave/dato).
- **keys**():set-like Devuelve un objeto parecido a un conjunto donde aparecen todas las llaves del diccionario.
- **pop**(i:object[,d:object]):object Si el índice i está en diccionario, elimina de él la entrada diccionario[i] y devuelve su valor. Similar al uso de del pero en este caso nos devuelve el valor eliminado. Si no lo está devuelve un error de tipo KeyError salvo que tengamos el parámetro opcional d, que es el que devuelve en ese caso.
- **popitem**():tuple Elimina de forma aleatoria una entrada del diccionario, y la devuelve en forma de tupla.
- **setdefault**(i:object[,d:object]):object Si i está en el diccionario, es equivalente a get. Si no lo está, asigna None a diccionario[i] si no tenemos d. Si lo tenemos, es d el valor asignado.
- **values**():set-like Devuelve un objeto parecido a un conjunto donde aparecen todas los valores del diccionario.

B.6 FUNCIONES INTERNAS DE PYTHON 3

- **abs**(x) Calcula y devuelve el valor absoluto del valor numérico x.

- **all**(iterable) Devuelve True si todos los elementos de iterable son verdaderos, o si éste está vacío.

- **any**(iterable) Devuelve True si algún elemento de iterable es verdadero. Si iterable está vacío devuelve False.

- **ascii**(object) Devuelve una cadena que contiene la representación imprimible del objeto object.

- **bin**(x) Convierte un entero x en una cadena binaria.

- **bool**([x]) Convierte un valor x en booleano. Si x se omite devuelve False.

- **bytearray**([x]) Crea y devuelve un array de bytes a partir del objeto x.

- **bytes**([x]) Crea y devuelve una nueva secuencia de bytes a partir de un entero o secuencia.

- **callable**(object) Devuelve True si el objeto object es llamable, y False si no.

- **chr**(x) Crea y devuelve una cadena conteniendo un carácter cuyo valor Unicode es el entero x.

- **classmethod**(function) Devuelve un método de clase para la función function.

- **compile**(source) Compila source en un código que posteriormente podrá ser ejecutado mediante exec() o eval().

- **complex**([r[,i]]) Crea un número complejo con parte real r e imaginaria i.

- **delattr**(obj, name) Borra el atributo name (dado en forma de cadena) del objeto obj.

- **dict**([cont]) Crea y devuelve un nuevo diccionario. El parámetro cont (de cotanainer, contenedor) puede ser un diccionario o una secuencia de objetos inmutables.

- **dir**([object]) Devuelve la lista de atributos del objeto object. Sin argumentos devuelve la lista de nombres del ámbito en el que nos encontremos.

- **divmod**(a,b) Devuelve tupla con el cociente y el resto de la división entera de los números no complejos a y b.

- **enumerate**(iter,s=0) Devuelve un objeto enumerate a partir del objeto iter (que soporta iteración) y comenzando en el índice s (de valor 0 por defecto).

- **eval**(expr, **kwargs) Se evalúa la expresión expr (generalmente en forma de cadena) usando por defecto las variables locales y globales del entorno en el que estemos. Mediante los argumentos nombrados locals y globals podríamos, opcionalmente, pasar las variables locales y globales en concreto con las que trabajar.

- **exec**(object,**kwargs) Ejecuta dinámicamente el código almacenado en object (generalmente en forma de cadena) usando por defecto las variables locales y globales del entorno en el que estemos. Mediante los argumentos nombrados locals y globals podríamos, opcionalmente, pasar las variables locales y globales en concreto con las que trabajar.

- **filter**(function, iter) Nos devuelve iterador con los elementos del objeto iterable iter que pasados a la función function obtengan True como salida.

- **float**([x]) Convierte una cadena o un entero a un número de punto flotante, que nos devuelve.

- **format**(value[,spec]) Formatea value en base a unas especificaciones indicadas mediante spec.

- **frozenset**([iter]) Devuelve un nuevo objeto frozenset, opcionalmente a partir de un objeto iterable iter.

- **getattr**(obj,n[,def]) Devuelve el atributo n del objeto obj. Si no existiese devuelve def si éste es proporcionado.

- **globals**() Devuelve un diccionario representando las variables globales que tengamos en el ámbito actual.

- **hasattr**(object,name) Devuelve True si la cadena name es un atributo del objeto object, y False en caso contrario.

- **hash**(obj) Crea y nos devuelve un valor hash para el objeto obj dado.

- **help**([object]) Invoca la ayuda, donde object puede ser una cadena con el nombre de algún elemento del intérprete o un objeto. Si no se pasa argumento se activa la ayuda interactiva.

- **hex**(x) Concierte el entero x en una cadena hexadecimal.

- **id**(object) Devuelve en forma de entero la identidad del objeto object.

- **input**([prompt]) Obtiene y devuelve una secuencia de caracteres dados por el usuario a través de la entrada estándar (el teclado).

- **int**(x) Convierte un número a un número entero, que nos devuelve.

- **isinstance**(obj,c) Nos devuelve booleano indicando si el objeto obj es de la clase de nombre (o tupla de nombres de clases) c.

- **issubclass**(c1,c2) Nos devuelve booleano indicando si la clase c1 es una subclase de la clase de nombre (o tupla de nombres de clases) c2.

- **iter**(object) Devuelve un objeto iterator a partir del objeto object.

- **len**(cont) Devuelve el número de elementos del contenedor cont.

- **list**([cont]) Crea y nos devuelve una nueva lista. El parámetro cont es el contenedor cuyos elementos son usados para crear la nueva lista.

- **locals**() Devuelve un diccionario representando las variables locales que tengamos en el ámbito actual.

- **map**(function, iter) Devuelve un iterador que aplica la función function a cada elemento del objeto iterable iter.
- **max**(a1[,a2, ...]) Devuelve el mayor valor de una colección. Si solo damos un argumento (a1) debe ser un contenedor, y se devuelve el mayor elemento que contenga. Si hay varios argumentos se nos devuelve el mayor de ellos.
- **memoryview**(obj) Devuelve un objeto "memory view" creado a partir del objeto obj.
- **min**(a1[,a2, ...]) Devuelve el menor valor de una colección. Si solo damos un argumento (a1) debe ser un contenedor, y se devuelve el menor elemento que contenga. Si hay varios argumentos se nos devuelve el menor de ellos.
- **next**(iter[,default]) Extrae el siguiente ítem del iterador iter, y si hemos llegado a su final devolvería (si existe) default.
- **object**() Devuelve un nuevo objeto de la clase object.
- **oct**(x) Convierte el entero x en una cadena octal.
- **open**(f,m) Abre un fichero de texto o binario de nombre f en el modo m.
- **ord**(c) Devuelve el valor Unicode para el carácter c.
- **pow**(x,y[,z]) Devuelve x elevado a y. Si proporcionamos z, calculamos el módulo z de x elevado a y.
- **print**(*a,**kwa) Imprime los argumentos en la salida (por defecto la salida estándar, la pantalla).
- **property**(*kwargs) Devuelve un atributo propiedad.
- **range**([i,]fin[,p]) Crea y devuelve un contenedor de secuencias de valores enteros que puede ser usado en un for. La secuencia empieza en i hasta fin-1 con paso p.
- **repr**(object) Devuelve una cadena conteniendo una representación imprimible del objeto object.
- **reversed**(obj) Devuelve un iterador inverso a partir del objeto obj.
- **round**(v[,n_d]) Redondea un valor numérico dado por v al entero mas cercano, o (si se proporciona n_d) a un valor con número de decimales dado por n_d. Se nos devuelve el redondeo.
- **set**([cont]) Crea y nos devuelve un nuevo conjunto. El parámetro cont es el contenedor cuyos elementos son usados para crear el nuevo conjunto.
- **setattr**(obj,name,v) Asigna el valor v al atributo name (dado en forma de cadena) del objeto obj. De no existir lo crearía.
- **slice**([i,]fin[,p]) Devuelve un objeto slice representando el conjunto de indices especificados por range(i,fin,p).
- **sorted**(cont) Crea y devuelve una lista ordenada (por defecto en orden ascendente) a partir del contenedor cont.
- **staticmethod**(function) un método estático para la función function.

- **str**(obj)   Convierte un objeto a una cadena, y nos la devuelve.
- **sum**(cont)   Calcula (y nos devuelve) la suma de los elementos del contenedor de números cont.
- **super**()   Nos devuelve un objeto que, al llamar a uno de sus métodos, se llama al método de su superclase.
- **tuple**([cont])   Crea y devuelve una nueva tupla. El parámetro cont es el contenedor cuyos elementos son usados para crear la nueva tupla.
- **type**(object)   Devuelve el tipo del objeto object.
- **vars**([object])   Devuelve el atributo __dict__ del objeto object. Sin argumento actúa como locals().
- **zip**(*iterables)   Devuelve un iterador creado agregando los elementos de varios objetos iterables.
- **__import__**(m,**kwargs) Importa el módulo m. Es invocada por el comando import.

B.7 LIBRERÍA ESTÁNDAR DE PYTHON 3

Se listarán varias funciones de algunos de los módulos que componen la librería estándar de Python.

B.7.1 Módulo os

- os.**chdir**(path)   Cambia el actual directorio de trabajo al indicado mediante path.
- os.**get_exec_path**()   Devuelve la lista de directorios en los que se buscará al ejecutar.
- os.**getcwd**()   Nos devuelve el directorio de trabajo actual (current work directory).
- os.**getpid**()   Nos devuelve el identificador del proceso actual.
- os.**getppid**()   Nos devuelve el identificador del padre del proceso actual.
- os.**listdir**(path='.')   Nos devuelve una lista con los nombres de las entradas del direccorio indicado por path.
- os.**mkdir**(path,*a,**kwa)   Crea un directorio. En path podemos indicar (en forma de cadena) solo el nombre (lo creará en el directorio activo) o la ruta completa.
- os.**name**   Nos indica el sistema operativo. Como posibles valores tendremos 'posix', 'nt', 'mac', 'os2', 'ce' y 'java'.

- os.**remove**(path,*a,**kwa) Elimina un fichero indicado mediante path. En path podemos indicar (en forma de cadena) solo el nombre del fichero o su ruta completa, siempre incluyendo la extensión.
- os.**rename**(e1,e2,*a,**kwa) Renombra el fichero o directorio e1 como e2.
- os.**replace**(e1,e2,*a,**kwa) Renombra el fichero o directorio e1 como e2, sobrescribiendo e2.
- os.**rmdir**(path,*a,**kwa) Elimina el directorio vacío path.
- os.**startfile**(path[, operation]) Arranca un fichero con la aplicación asociada. Si operation no se indica (o es 'open') se abre como si hiciésemos doble clic sobre él desde Windows. El parámetro operation puede tener un valor que indica qué hacer con el fichero o directorio. Puede ser 'print'(imprime) o 'edit' (edita) para ficheros, y 'explore'(explora) y 'find'(busca) para directorios.
- os.**strerror**(code) Nos devuelve el mensaje de error correspondiente al código de error code.
- os.**system**(command) Ejecuta el comando en forma de cadena command.

B.7.2 Módulo os.path[347]

- os.path.**exists**(path) Devuelve booleano indicando si el fichero o directorio indicado por path existe o no.
- os.path.**getsize**(path) Devuelve el tamaño en bytes del fichero indicado por path.
- os.path.**isdir**(path) Devuelve booleano indicando si la dirección indicada por path corresponde a un directorio.
- os.path.**isfile**(path) Devuelve booleano indicando si la dirección indicada por path corresponde a un fichero.
- os.path.**samefile**(p1, p2) Devuelve booleano indicando si p1 y p2 se refieren al mismo fichero o directorio.
- os.path.**sameopenfile**(f1,f2) Devuelve booleano indicado si los descriptores de fichero f1 y f2 se refieren al mismo fichero.
- os.path.**split**(path) Nos devuelve una tupla con la dirección indicada por path dividida en dos. Por una parte el último elemento y por otra el resto.

---

347. El parámetro path, p1, p2 deberá ser una cadena conteniendo la dirección absoluta o relativa del fichero o directorio.

B.7.3 Módulo sys

• sys.**argv**	Variable que referencia la lista de los argumentos en línea de comandos pasados a un script de Python. arg[0] es el nombre (con dirección completa) del script.
• sys.**builtin_module_names**	Variable que referencia una tupla de cadenas conlos nombres de todos los módulos compilados en nuestro intérprete de Python.
• sys.**exc_info**()	Función que nos devuelve una tupla de tres valores que nos dan información sobre la excepción que está siendo manejada en ese momento.
• sys.**exec_prefix**	Es una cadena que nos indica el directorio donde están los ficheros de nuestra instalación Python.
• sys.**executable**	Una cadena que nos indica la dirección absoluta del ejecutable Python que estemos usando.
• sys.**exit**([arg])	Salimos del intérprete Python. El parámetro arg puede ser una cadena o un entero que representa un código de salida. En ambos casos se representa por pantalla.
• sys.**getrefcount**(obj)	Devuelve el número de referencias al objeto obj
• sys.**getsizeof**(obj)	Nos devuelve el tamaño del objeto obj en bytes.
• sys.**getwindowsversion**()	Devuelve un objeto que nos describe la versión de Windows que estamos usando.
• sys.**implementation**	Devuelve un objeto que contiene información sobre la implementación de Python que tengamos.
• sys.**modules**	Es un diccionario con los módulos que han sido cargados en nuestro intérprete de Python.
• sys.**path**	Una lista de cadenas especificando las rutas de búsqueda para módulos. Se inicializa desde la variable de entorno PYTHONPATH.
• sys.**platform**	Nos indica en forma de cadena la plataforma en la que estamos.
• sys.**prefix**	Una cadena que nos indica el nombre del directorio donde se ha instalado Python.
• sys.**version**	Cadena que contiene los números de versión de intérprete Python y alguna información adicional.
• sys.**version_info**	Tupla que contiene los cinco números de versión del intérprete Python.

B.7.4 Módulo random

- random.**choice**(sec)   Devuelve un elemento individual aleatorio incluido en la secuencia sec.
- random.**randint**(a,b)   Devuelve un número entero aleatorio entre los números enteros a y b (ambos inclusive).
- random.**random**()   Devuelve un número real aleatorio en el rango [0.0, 1.0),
- random.**randrange**([c,]f[,p])   Devuelve un número entero aleatorio entre los números enteros c (de "comienzo") y f (de "final") excluyendo este último, con paso opcional p (valor por defecto 1). Si no se proporciona c se comienza en 0.
- random.**sample**(sec, k)   Devuelve una lista de tamaño k de elementos únicos elegidos en la secuencia sec. Usado para muestras aleatorias sin reemplazo.
- random.**seed**(a=None,version=2)   Inicializa el generador aleatorio de números.
- random.**shuffle**(sec)   Desordena la secuencia sec.
- random.**uniform**(a,b)   Devuelve un número real aleatorio entre los números reales a y b.

B.7.5 Módulo math

- math.**acos**(x)   Devuelve el arcocoseno de x, en radianes.
- math.**acosh**(x)   Devuelve el arcocoseno hiperbólico de x, en radianes.
- math.**asin**(x)   Devuelve el arcoseno de x, en radianes.
- math.**asinh**(x)   Devuelve el arcoseno hiperbólico de x, en radianes.
- math.**atan**(x)   Devuelve la arcotangente de x, en radianes.
- math.**atan2**(y,x)   Devuelve la arcotangente de y/x, en radianes. El resultado está entre -pi y pi.
- math.**atanh**(x)   Devuelve la arcotangente hiperbólica de x, en radianes.
- math.**ceil**(x)   Devuelve el techo de x, el menor entero mayor o igual que x.
- math.**cos**(x)   Devuelve el coseno de x, en radianes.
- math.**cosh**(x)   Devuelve el coseno hiperbólico de x, en radianes.
- math.**degrees**(x)   Convierte el ángulo x de radianes a grados.
- math.**e**   La constante matemática e = 2.718281..., con la precisión disponible.
- math.**exp**(x)   Devuelve e**x.
- math.**fabs**(x)   Devuelve el valor absoluto de x.
- math.**factorial**(x)   Devuelve el factorial de x.

- math.**floor**(x)   Devuelve el suelo de x, el mayor entero menor o igual que x.
- math.**fmod**(x,y)   Devuelve fmod(x,y) como está definida en la librería de C.
- math.**frexp**(x)   Devuelve en forma de tupla la mantisa y el exponente de x.
- math.**fsum**(iter) Devuelve una precisa suma de valores en punto flotante del iterable iter.
- math.**hypot**(x,y) Devuelve la distancia ecuclídea (sqrt(x*x + y*y)).
- math.**isfinite**(x) Devuelve True si x no es ni infinito ni NaN[348], y False en caso contrario.
- math.**isinf**(x)   Devuelve True si x es infinito, y False si no.
- math.**isnan**(x)   Devuelve True si x no es un número, y False en caso contrario.
- math.**ldexp**(x, i) Devuelve x*(2**i)
- math.**log**(x[,base]) Devuelve el logaritmo de x en la base dada. Si no se proporciona la base devuelve el logaritmo natural (en base e).
- math.**log10**(x)   Devuelve el logaritmo en base 10 de x.
- math.**modf**(x)   Devuelve tupla con la parte entera y la decimal de x.
- math.**pi**   La constante matemática pi = 3.141592..., con la precisión disponible.
- math.**pow**(x, y)   Devuelve x elevado a y.
- math.**radians**(x) Convierte el ángulo x de grados a radianes.
- math.**sin**(x)   Devuelve el seno de x, en radianes.
- math.**sinh**(x)   Devuelve el seno hiperbólico de x, en radianes.
- math.**sqrt**(x)   Devuelve la raiz cuadrada de x.
- math.**tan**(x)   Devuelve la tangente de x, en radianes.
- math.**tanh**(x)   Devuelve la tangente hiperbólica de x, en radianes.
- math.**trunc**(x)   Devuelve el valor real x truncado a un entero.

B.7.6 Módulo time

- time.**localtime**([seg]) Convierte un tiempo en segundos (seg) desde el epoch[349] en una tupla con información de la fecha y hora a la que equivalen. Si no pasamos seg se indica la fecha y hora actuales.
- time.**sleep**([seg]) Suspende la ejecución durante un número de segundos (puede ser un número real) indicado por seg.
- time.**time**()   Devuelve un número real con el número de segundos transcurridos desde epoch.

---

349. El epoch es el punto donde empezamos a considerar el tiempo, el 1 de enero de 1970 a las 00:00 horas.

B.7.7 Módulo calendar

- calendar.**calendar**(a[,w,l,f,c]) Nos devuelve en forma de cadena un calendario del año a. Con w y l damos la anchura y altura en caracteres para las columnas y filas. Con f y c indicamos las filas y columnas en las que de distribuirán los meses, por defecto 4 y 3 respectivamente.

- calendar.**firstweekday**() Nos devuelve el primer día de la semana que tengamos configurado para que aparezca el primero. Por defecto es el lunes (0).

- calendar.**isleap**(year) Nos devuelve booleano indicando si el año a es o no bisiesto.

- calendar.**leapdays**(a1,a2) Nos devuelve el número de años bisiestos entre los años a1 y a2.

- calendar.**month**(a,m[,w,l]) Nos devuelve en forma de cadena un calendario del mes m del año a. Con w y l damos la anchura y altura en caracteres para las columnas y filas.

- calendar.**monthcalendar**(a,m) Nos devuelve una lista bidimensional con el calendario del mes. Los días fuera de él se representan como 0´s.

- calendar.**monthrange**(a,m) Nos devuelve tupla con el número del primer día y del número total de días que tiene el mes m del año a.

- calendar.**prcal**(a[,w,l,f,c]) Imprime un calendario del año a. Con w y l damos la anchura y altura en caracteres para las columnas y filas. Con f y c indicamos las filas y columnas en las que de distribuirán los meses, por defecto 4 y 3 respectivamente.

- calendar.**prmonth**(a,m[,w,l]) Imprime un calendario del mes m del año a. Con w y l damos la anchura y altura en caracteres para las columnas y filas.

- calendar.**setfirstweekday**(dia) Configura el primer día de la semana con el que se iniciará el calendario. Podrá ser de 0 (lunes) a 6 (domingo).

- calendar.**weekday**(a,m,d) Nos devuelve el día de la semana que es el correspondiente al año a, el mes m y el día d. Se devuelve entero de 0 (lunes) a 6 (domingo).

- calendar.**weekheader**(n) Nos devuelve cadena con la cabecera de los días de la semana. Con n especificamos el número de caracteres que dedicamos al nombre de cada día.

Apéndice C

CLASES PRINCIPALES DE MATPLOTLIB

En este apéndice recopilaremos los atributos y métodos más habituales[349] de las clases principales de matplotlib, que aparecen en el siguiente esquema, donde las clases padre son de las que parten las flechas, y las hijo a las que llegan:

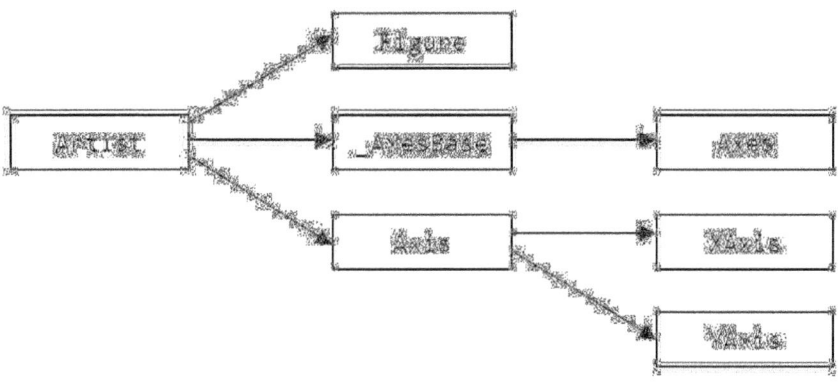

Por lo tanto debemos tener muy en cuenta que las clases hijo heredan atributos y métodos desde las clases padre.

También veremos la clase Axes3D.

---

349. Para conocer todos ellos consultar la documentación oficial de matplotlib.

C.1 LA CLASE ARTIST

Atributo	Descripción
Artist.**axes**	La instancia Axes donde reside el objeto Artist.
Artist.**figure**	La instancia Figure donde reside el objeto Artist.

Método	Descripción
Artist.**add_callback**()	Añade una función callback que será llamada cuando una de las propiedades del objeto Artist cambie.
Artist.**draw**()	Dibuja el objeto Artist.
Artist.**findobj**()	Busca objetos Artist.
Artist.**get**()	Devuelve el valor de una determinada propiedad del objeto Axes.
Artist.**get_alpha**()	Devuelve el valor de alpha, que mide la transparencia del objeto Artist (de 0.0, totalmente transparente, a 1.0, totalmente opaco) (no soportado en todos los backend).
Artist.**get_axes**()	Devuelve la instancia Axes donde el objeto Artist reside, o None si no lo hace en ninguno.
Artist.**get_children**()	Devuelve una lista con los objetos Artist que nuestro objeto Artist contiene.
Artist.**get_figure**()	Devuelve la instancia Figure en la que el objeto Artist está incluido.
Artist.**get_label**()	Devuelve la etiqueta usada para el objeto Artist en la leyenda.
Artist.**get_picker**()	Devuelve el objeto picker usado en nuestro objeto Artist.
Artist.**get_visible**()	Devuelve la visibilidad del nuestro objeto Artist.
Artist.**getp**()	Devuelve el valor de una propiedad del objeto Artist.
Artist.**is_figure_set**()	Devuelve True si el objeto Artist ha sido asignado a un objeto Figure.
Artist.**pick**()	Procesa el evento pick.
Artist.**pickable**()	Devuelve True si el objeto Artist es seleccionable.
Artist.**properties**()	Devuelve un diccionario con las propiedades (nombre y valor) del objeto Artist.
Artist.**remove**()	Elimina, si es posible, el objeto Artist del objeto Figure.
Artist.**remove_callback**()	Elimina una función callback basado en su identificador.
Artist.**set**()	Configura propiedades del objeto Artist.
Artist.**set_alpha**()	Configura el valor de alpha, que mide la transparencia del objeto Artist (de 0.0, totalmente transparente, a 1.0, totalmente opaco) (no soportado en todos los backend).
Artist.**set_axes**()	Configura la instancia Axes donde el objeto Artist reside.
Artist.**set_figure**()	Configura la instancia Figure en la que el objeto Artist está incluido.

Artist.**set_label**()	Configura una etiqueta para el objeto Artist en autoleyenda.
Artist.**set_picker**()	Configura el valor epsilon usado cuando el objeto Artist es seleccionable.
Artist.**set_visible**()	Configura la visibilidad del objeto Artist.
Artist.**setp**()	Configura una propiedad del objeto Artist.
Artist.**update**()	Actualiza las propiedades del objeto Artist.

C.2 LA CLASE FIGURE[350]

Atributo	Descripción
Figure.**axes**	Lista con los objetos Axes que tengamos en nuestro objeto Figure.
Figure.**canvas**	Objeto Canvas en el que está nuestro objeto Figure.
Figure.**frameon**	Indica si el marco de nuestro objeto Figure está activo o no.

Método	Descripción
Figure.**add_axes**()	Añade un objeto Axes a nuestro objeto Figure.
Figure.**add_subplot**()	Añade un objeto Subplot a nuestro objeto Figure.
Figure.**clear**()	Limpia de elementos nuestro objeto Figure.
Figure.**clf**()	Limpia de elementos nuestro objeto Figure.
Figure.**draw**()	Dibuja nuestro objeto Figure.
Figure.**figimage**()	Añade una imagen a nuestro objeto Figure.
Figure.**gca**()	Nos devuelve el objeto Axes actual, creando uno si es necesario.
Figure.**get_axes**()	Nos devuelve una lista con los objetos Axes que tenemos en nuestro objeto Figure.
Figure.**get_children**()	Nos devuelve una lista de los objetos Artist que tenemos en nuestro objeto Figure.
Figure.**get_edgecolor**()	Nos devuelve el color del borde del rectángulo de nuestro objeto Figure.
Figure.**get_facecolor**()	Nos devuelve el color del rectángulo de nuestro objeto Figure.
Figure.**get_figwidth**()	Nos devuelve la anchura (en pulgadas) de nuestro objeto Figure.
Figure.**get_frameon**()	Nos devuelve booleano indicando si está o no activo el marco de nuestro objeto Figure.
Figure.**hold**()	Configura el estado hold (mantenimiento).
Figure.**legend**()	Coloca una leyenda en nuestro objeto Figure.

---

350. No incluyo los atributos o métodos heredados de la clase Artist.

Figure.**savefig**()	Guarda el objeto Figure.
Figure.**sca**()	Configura un objeto Axes que le pasamos como el actual.
Figure.**set_canvas**()	Configura el objeto Canvas que contiene nuestro objeto Figure.
Figure.**set_edgecolor**()	Configura el color del borde del rectángulo de nuestro objeto Figure.
Figure.**set_facecolor**()	Configura el color del rectángulo de nuestro objeto Figure.
Figure.**set_figwidth**()	Configura el ancho (en pulgadas) de nuestro objeto Figure.
Figure.**set_frameon**()	Configura si el marco de nuestro objeto Figure es visible o no.
Figure.**show**()	Representa en pantalla el objeto Figure.
Figure.**suptitle**()	Añade un título centrado a nuestro objeto Figure.
Figure.**text**()	Añade texto nuestro objeto Figure.

C.3 LA CLASE AXES[351]

Atributo	Descripción
Axes.**artists**	Almacena los objetos añadidos al objeto Axes mediante el método add_artist().
Axes.**axes**	Almacena el objeto Axes en el que está nuestro objeto (hereda de Artist).
Axes.**axesPatch**	Almacena el rectángulo (clase patches.Rectangle) que contiene al objeto Axes.
Axes.**axison**	Almacena un booleano indicando si los ejes están activos o no.
Axes.**callbacks**	Almacena las funciones de tipo callback que tenemos en nuestro objeto Axes.
Axes.**collections**	Almacena los objetos de tipo collections que tenemos en nuestro objeto Axes.
Axes.**colNum**	Almacena la columna (empezando desde 0) que ocupa nuestro objeto Axes.
Axes.**containers**	Almacena los objetos contenedores que pueda tener nuestro objeto Axes.
Axes.**figure**	Almacena el objeto Figure en el que está nuestro objeto (hereda de Artist).
Axes.**images**	Almacena las imágenes que contiene nuestro objeto Axes.
Axes.**legend_**	Almacena la posible leyenda incluida en nuestro objeto Axes.
Axes.**lines**	Almacena los objetos Line2D que tenemos en nuestro objeto Axes.
Axes.**numCols**	Almacena el número de columnas en las que se distribuyen los objetos Axes.
Axes.**numRows**	Almacena el número de filas en las que se distribuyen los objetos Axes.

---

351. En algunos casos se hará referencia a la clase Artist, de la que deriva la clase Axes.

Axes.**patch**	Almacena los objetos Patch que contiene nuestro objeto Axes.
Axes.**patches**	Almacena los objetos añadidos al objeto Axes mediante el método add_patches().
Axes.**rowNum**	Almacena la fila (empezando desde 0) que ocupa nuestro objeto Axes.
Axes.**spines**	Almacena los objetos Spines que contiene nuestro objeto Axes.
Axes.**tables**	Almacena los objetos Table que contiene nuestro objeto Axes.
Axes.**texts**	Almacena los objetos Text que contiene nuestro objeto Axes.
Axes.**title**	Almacena el título (objeto de tipo Text) de nuestro objeto Axes.
Axes.**xaxis**	Almacena los objetos XAxis que contiene nuestro objeto Axes.
Axes.**yaxis**	Almacena los objetos YAxis que contiene nuestro objeto Axes.
Axes.**_autoscaleXon**	Almacena un booleano indicando si el eje x tiene autoescala.
Axes.**_autoscaleYon**	Almacena un booleano indicando si el eje y tiene autoescala.
Axes.**_axisbelow**	Almacena un booleano indicando si los ejes se colocan por detrás de otros elementos de nuestro objeto Axes.
Axes.**_axisbg**	Almacena el color de fondo del rectángulo que contiene el objeto Axes.
Axes.**_current_image**	Almacena la imagen actual que tengamos en nuestro objeto Axes.
Axes.**_frameon**	Almacena un booleano indicando si el marco de nuestro objeto Axes está o no activo.
Axes.**_gridOn**	Almacena un booleano indicando si está activada la rejilla.
Axes.**_hold**	Almacena un booleano indicando si el estado hold está o no activado.
Axes.**_label**	Almacena las etiquetas que tenga nuestro objeto Axes.
Axcs.**_visible**	Almacena un booleano indicando si nuestro objeto Axes es o no visible.

Método	Descripción
Axes.**add_artist**()	Añade un objeto Artist al objeto Axes.
Axes.**add_callback**()	Añade una función de tipo callback que se llamará cuando una propiedad de un objeto Artist cambia.
Axes.**add_collection**()	Añade un objeto Collection al objeto Axes.
Axes.**add_container**()	Añade un objeto Container al objeto Axes.
Axes.**add_image**()	Añade un objeto AxesImage al objeto Axes.
Axes.**add_line**()	Añade un objeto Line2D al objeto Axes.
Axes.**add_patch**()	Añade un objeto Patch al objeto Axes.
Axes.**add_table**()	Añade un objeto Table al objeto Axes.
Axes.**annotate**()	Anota mediante una flecha y con un determinado texto un punto del gráfico.
Axes.**arrow**()	Añade una flecha al objeto Axes.
Axes.**autoscale**()	Indicamos si queremos autoescalado o no.
Axes.**axhline**()	Añade línea horizontal a través del objeto Axes.
Axes.**axhspan**()	Añade rectángulo horizontal a través del objeto Axes.

Axes.**axis**()	Configura las propiedades de un objeto Axis.
Axes.**axvline**()	Añade línea vertical a través del objeto Axes.
Axes.**axvspan**()	Añade rectángulo vertical a través del objeto Axes.
Axes.**bar**()	Crea un gráfico de barras.
Axes.**barh**()	Crea un gráfico de barras horizontal.
Axes.**cla**()	Borra el contenido del objeto Axes con el que trabajemos.
Axes.**clabel**()	Etiqueta un gráfico de contorno.
Axes.**clear**()	Borra el contenido del objeto Axes con el que trabajemos.
Axes.**contour**()	Dibuja gráfico de contorno.
Axes.**contourf**()	Dibuja gráfico de contorno con relleno.
Axes.**draw**()	Dibuja todos los elementos que componen en objeto Axes.
Axes.**eventplot**()	Dibuja líneas paralelas.
Axes.**fill**()	Rellena superficies.
Axes.**fill_between**()	Rellena la superficie entre dos curvas.
Axes.**fill_betweenx**()	Rellena la superficie entre dos curvas horizontales.
Axes.**findobj**()	Busca objetos Artist contenidos en el objeto Axes tratado.
Axes.**get_autoscale_on**()	Obtenemos si tenemos configurado el autoescalado en ambos ejes al usar comandos de dibujo.
Axes.**get_autoscalex_on**()	Obtenemos si tenemos configurado el autoescalado en el eje x al usar comandos de dibujo.
Axes.**get_autoscaley_on**()	Obtenemos si tenemos configurado el autoescalado en el eje y al usar comandos de dibujo.
Axes.**get_axes**()	Nos devuelve el objeto Axes donde el objeto Artist reside (si no reside en ninguno devuelve None). Hereda de la clase Artist.
Axes.**get_axis_bgcolor**()[353]	Nos devuelve el color de fondo del objeto Axes.
Axes.**get_axisbelow**()	Nos devuelve si tenemos configurado que marcas de ejes y malla aparezcan por encima o por debajo de otros elementos del gráfico.
Axes.**get_children**()	Nos devuelve una lista de los objetos Artist que contiene el objeto Axes tratado.
Axes.**get_cursor_data**()	Obtenemos los datos del cursor para un evento dado.
Axes.**get_cursor_props**()	Obtenemos las propiedades del cursor.
Axes.**get_figure**()	Devuelve el objeto Figure al que pertenece el objeto Artist. Heredado de la clase Artist.
Axes.**get_frame_on**()	Obtenemos si el el rectángulo del objeto Axes está dibujado o no.
Axes.**get_images**()	Nos devuelve una lista de los objetos AxesImage contenidos en el objeto Axes.
Axes.**get_legend**()	Devuelve la posible leyenda colocada en el objeto Axes.
Axes.**get_lines**()	Nos devuelve una lista de los objetos Line2D contenidos en el objeto Axes.
Axes.**get_picker**()	Devuelve el objeto picker usado por el objeto Artist.

Axes.get_title()	Obtenemos el posible título del objeto Axes.
Axes.get_visible()	Obtenemos si el objeto Axes es o no visible.
Axes.get_xaxis()	Devuelve la instancia XAxis del objeto Axes tratado.
Axes.get_xgridlines()	Obtenemos las líneas de la cuadrícula sobre el eje x en forma de lista de objetos Line2D.
Axes.get_xlabel()	Obtenemos la posible etiqueta colocada en el eje x.
Axes.get_xlim()	Obtenemos los límites configurados para el eje y.
Axes.get_xmajorticklabels()	Obtenemos las etiquetas de las marcas principales del eje x en forma de lista de objetos de la clase matplotlib.text.Text.
Axes.get_xminorticklabels()	Obtenemos las etiquetas de las marcas secundarias del eje x en forma de lista de objetos de la clase matplotlib.text.Text.
Axes.get_xscale()	Devuelve la escala del eje x.
Axes.get_xticklabels()	Obtenemos las etiquetas de todas las marcas del eje x en forma de lista de objetos de la clase matplotlib.text.Text.
Axes.get_xticklines()	Obtenemos las líneas de las marcas del eje x en forma de lista de objetos Line2D.
Axes.get_xticks()	Obtenemos las localizaciones de las marcas del eje x en forma de lista.
Axes.get_yaxis()	Devuelve la instancia YAxis del objeto Axes tratado.
Axes.get_ygridlines()	Obtenemos las líneas de la cuadrícula sobre el eje y en forma de lista de objetos Line2D.
Axes.get_ylabel()	Obtenemos la posible etiqueta colocada en el eje y.
Axes.get_ylim()	Obtenemos los límites configurados para el eje y.
Axes.get_ymajorticklabels()	Obtenemos las etiquetas de las marcas principales del eje y en forma de lista de objetos de la clase matplotlib.text.Text.
Axes.get_yminorticklabels()	Obtenemos las etiquetas de las marcas secundarias del eje y en forma de lista de objetos de la clase matplotlib.text.Text.
Axes.get_yscale()	Devuelve la escala del eje y.
Axes.get_yticklabels()	Obtenemos las etiquetas de todas las marcas del eje y en forma de lista de objetos de la clase matplotlib.text.Text.
Axes.get_yticklines()	Obtenemos las líneas de las marcas del eje y en forma de lista de objetos Line2D.
Axes.get_yticks()	Obtenemos las localizaciones de las marcas del eje y en forma de lista.
Axes.grid()	Pone o quita la rejilla del objeto Axes.
Axes.hist()	Dibuja un histograma.
Axes.hlines()	Dibuja líneas horizontales.
Axes.hold()[354]	Configura el estado de mantenimiento (hold), que deja o borra, al ejecutar un comando que dibuja, los elementos representados con anterioridad.
Axes.imshow()	Representa una imagen en el objeto Axes.
Axes.invert_xaxis()	Invierte el eje x del objeto Axes tratado.

Axes.**invert_yaxis**()	Invierte el eje y del objeto Axes tratado.
Axes.**ishold**()[355]	Nos devuelve el valor del estado de mantenimiento que tenemos actualmente.
Axes.**legend**()	Coloca leyendas en el objeto Axes.
Axes.**locator_params**()	Controla el comportamiento de los localizadores de marcas.
Axes.**loglog**()	Dibuja un gráfico con escala logarítmica en ambos ejes.
Axes.**margins**()	Configura o devuelve los márgenes autoescalados.
Axes.**matshow**()	Dibuja un array o una matriz como imagen.
Axes.**minorticks_off**()	Elimina las marcas secundarias de los ejes.
Axes.**minorticks_on**()	Coloca las marcas secundarias de los ejes.
Axes.**pick**()	Procesa un evento de tipo pick_event.
Axes.**pickable**()	Devuelve True si el objeto Artist es seleccionable.
Axes.**pie**()	Dibuja gráfico de tarta.
Axes.**plot**()	Dibuja líneas y/o marcadores en el objeto Axes.
Axes.**properties**()	Nos devuelve un diccionario con todas las propiedades del objeto Axes.
Axes.**quiver**()	Dibuja un campo 2D de flechas.
Axes.**remove**()	Elimina (si es posible) el objeto Artist del objeto Figure.
Axes.**remove_callback**()	Elimina una función de tipo callback mediante su identificador.
Axes.**scatter**()	Dibuja un gráfico de dispersión.
Axes.**semilogx**()	Dibuja un gráfico con escala logarítmica en el eje x.
Axes.**semilogy**()	Dibuja un gráfico con escala logarítmica en el eje y.
Axes.**set_alpha**()[356]	Configura el valor de alpha, que mide la transparencia del objeto Artist (de 0.0, totalmente transparente, a 1.0, totalmente opaco).
Axes.**set_autoscale_on**()	Configuramos si queremos autoescalado en ambos ejes al usar comandos de dibujo.
Axes.**set_autoscalex_on**()	Configuramos si queremos autoescalado en el eje x al usar comandos de dibujo.
Axes.**set_autoscaley_on**()	Configuramos si queremos autoescalado en el eje y al usar comandos de dibujo.
Axes.**set_axes**()	Configura el objeto Axes.
Axes.**set_axis_bgcolor**()[357]	Configuramos el color de fondo del objeto Axes.
Axes.**set_axis_off**()	Elimina los ejes del objeto Axes con el que trabajemos.
Axes.**set_axis_on**()	Coloca los ejes al objeto Axes con el que trabajemos.
Axes.**set_axisbelow**()	Configura si las marcas de los ejes y la malla aparecen por encima o por debajo de otros elementos del gráfico.
Axes.**set_figure**()	Configura el objeto Figure donde el objeto Axes está insertado.
Axes.**set_frame_on**()	Configura si el rectángulo del objeto Axes se dibuja o no.
Axes.**set_picker**()	Configura si el objeto Artist es pickable y su holgura (epsilon).

Axes.**set_title**()	Configura un título para el objeto Axes.
Axes.**set_visible**()	Configura si el objeto Axes es visible o no.
Axes.**set_xlabel**()	Configuramos etiquetas para el eje x.
Axes.**set_xlim**()	Configura los límites para el eje x.
Axes.**set_xscale**()	Configura la escala del eje x.
Axes.**set_xticklabels**()	Coloca las etiquetas de las marcas del eje x mediante una lista de cadenas.
Axes.**set_xticks**()	Coloca las marcas en el eje x mediante una lista de número reales.
Axes.**set_ylabel**()	Configuramos etiquetas para el eje y.
Axes.**set_ylim**()	Configura los límites para el eje y.
Axes.**set_yscale**()	Configura la escala del eje y.
Axes.**set_yticklabels**()	Coloca las etiquetas de las marcas del eje x mediante una lista de cadenas.
Axes.**set_yticks**()	Coloca las marcas en el eje y mediante una lista de números reales.
Axes.**specgram**()	Dibuja un espectrograma.
Axes.**table**()	Añade una tabla al objeto Axes.
Axes.**text**()	Añade texto al objeto Axes.
Axes.**tick_params**()	Configura la apariencia de las marcas y de sus etiquetas.
Axes.**ticklabel_format**()	Cambia el formato usado por defecto para las etiquetas de las marcas.
Axes.**tricontour**()	Dibuja contorno de malla triangular.
Axes.**tricontourf**()	Dibuja contorno de malla triangular con relleno.
Axes.**triplot**()	Dibuja una malla triangular con líneas o marcadores.
Axes.**twinx**()	Crea un objeto Axes gemelo al actual, y que comparte su eje x.
Axes.**twiny**()	Crea un objeto Axes gemelo al actual, y que comparte su eje y.
Axes.**violinplot**()	Dibuja un gráfico de violín.
Axes.**vlines**()	Dibuja líneas verticales.
Axes.**xaxis_inverted**()	Devuelve booleano indicando si hemos invertido o no el eje x.
Axes.**yaxis_inverted**()	Devuelve booleano indicando si hemos invertido o no el eje y.

---

353. Obsoleto a partir de la versión 2.0 de matplotlib.
354. Obsoleto a partir de la versión 2.0 de matplotlib.
355. Obsoleto a partir de la versión 2.0 de matplotlib.
356. No es soportado por todos los backend.
357. Obsoleto a partir de la versión 2.0 de matplotlib.

C.4 LA CLASE AXIS[357]

Atributo	Descripción
Axis.**axes**	La instancia Axes donde reside el objeto Artist.
Axis.**figure**	La instancia Figure donde reside el objeto Artist.

Método	Descripción
Axis.**add_callback**()	Añade una función callback que será llamada cuando una de las propiedades del objeto Artist cambie.
Axis.**cla**()	Limpia el objeto Axis actual.
Axis.**draw**()	Dibuja el objeto Artist.
Axis.**findobj**()	Busca objetos Artist.
Axis.**get**()	Devuelve el valor de una determinada propiedad del objeto Axes.
Axis.**get_alpha**()	Devuelve el valor de alpha, que mide la transparencia del objeto Artist (de 0.0, totalmente transparente, a 1.0, totalmente opaco) (no soportado en todos los backend).
Axis.**get_axes**()	Devuelve la instancia Axes donde el objeto Artist reside, o None si no lo hace en ninguno.
Axis.**get_children**()	Devuelve una lista con los objetos Artist que nuestro objeto Artist contiene.
Axis.**get_data_interval**()	Devuelve el intervalo de datos representado en el objeto Axis.
Axis.**get_figure**()	Devuelve la instancia Figure en la que el objeto Artist está incluido.
Axis.**get_gridlines**()	Devuelve las líneas de la rejilla como una lista de instancias Line2D.
Axis.**get_label**()	Devuelve la etiqueta usada para el objeto Artist en la leyenda.
Axis.**get_label_position**()	Devuelve la posición (arriba o abajo) de las etiquetas del objeto Axis.
Axis.**get_label_text**()	Devuelve el texto de las etiquetas del objeto Axis.
Axis.**get_major_locator**()	Devuelve las localizaciones de las marcas principales del objeto Axis.
Axis.**get_major_ticks**()	Devuelve las marcas principales del objeto Axis en forma de lista de instancias derivadas de Axis.Tick.
Axis.**get_majorticklabels**()	Devuelve una lista de objetos Text con las etiquetas de las marcas principales del objeto Axis.
Axis.**get_majorticklines**()	Devuelve las líneas de las marcas principales del objeto Axis en forma de lista de objetos Line2D.
Axis.**get_majorticklocs**()	Devuelve las localizaciones de las marcas principales del objeto Axis en forma de array de NumPy.

---

357. En algunos casos se hará referencia a la clase Artist, de la que deriva la clase Axis.

Axis.get_minor_locator()	Devuelve las localizaciones de las marcas secundarias del objeto Axis.
Axis.get_minor_ticks()	Devuelve las marcas secundarias del objeto Axis en forma de lista de instancias derivadas de Axis.Tick.
Axis.get_minorticklabels()	Devuelve una lista de objetos Text con las etiquetas de las marcas secundarias del objeto Axis.
Axis.get_minorticklines()	Devuelve las líneas de las marcas secundarias del objeto Axis en forma de lista de objetos Line2D.
Axis.get_minorticklocs()	Devuelve las localizaciones de las marcas secundarias del objeto Axis en forma de array de NumPy.
Axis.get_picker()	Devuelve el objeto picker usado en nuestro objeto Artist.
Axis.get_pickradius()	Devuelve la holgura con la que las marcas podrán ser seleccionadas.
Axis.get_scale()	Nos devuelve la escala usada en el objeto Axis.
Axis.get_ticklabels()	Devuelve una lista de objetos Text con las etiquetas de las marcas del objeto Axis.
Axis.get_ticklines()	Devuelve las líneas de las marcas del objeto Axis en forma de lista de objetos Line2D.
Axis.get_ticklocs()	Devuelve las localizaciones de las marcas del objeto Axis en forma de array de NumPy.
Axis.get_tightbbox()	Devuelve la caja que contiene al objeto Axis.
Axis.get_view_interval()	Devuelve el intervalo representado en el objeto Axis.
Axis.get_visible()	Devuelve la visibilidad del nuestro objeto Artist.
Axis.getp()	Devuelve el valor de una propiedad del objeto Artist.
Axis.grid()	Configura la rejilla.
Axis.is_figure_set()	Devuelve True si el objeto Artist ha sido asignado a un objeto Figure.
Axis.iter_ticks()	Devuelve iterador de las marcas (principales y secundarias) del objeto Axis.
Axis.pick()	Procesa el evento pick.
Axis.pickable()	Devuelve True si el objeto Artist es seleccionable.
Axis.properties()	Devuelve un diccionario con las propiedades (nombre y valor) del objeto Artist.
Axis.remove()	Elimina, si es posible, el objeto Artist del objeto Figure.
Axis.remove_callback()	Elimina una función callback basado en su identificador.
Axis.set()	Configura propiedades del objeto Artist.
Axis.set_alpha()	Configura el valor de alpha, que mide la transparencia del objeto Artist (de 0.0, totalmente transparente, a 1.0, totalmente opaco) (no soportado en todos los backend).
Axis.set_axes()	Configura la instancia Axes donde el objeto Artist reside.
Axis.set_data_interval()	Configura los datos límite del objeto Axis.

Axis.set_figure()	Configura la instancia Figure en la que el objeto Artist está incluido.
Axis.set_label()	Configura una etiqueta para el objeto Artist en autoleyenda.
Axis.set_label_coords()	Configura las coordenadas de la etiqueta del objeto Axis.
Axis.set_label_position()	Configura la posición (arriba o abajo) de la etiqueta del objeto Axis.
Axis.set_label_text()	Configura el texto de la etiqueta del objeto Axis.
Axis.set_major_locator()	Configura la localización de las marcas principales del objeto Axis.
Axis.set_minor_locator()	Configura la localización de las marcas secundarias del objeto Axis.
Axis.set_picker()	Configura el valor epsilon usado cuando el objeto Artist es seleccionable.
Axis.set_pickradius()	Configura la holgura con la que las marcas podrán ser seleccionadas.
Axis.set_tick_params()	Configura la apariencia para las marcas y las etiquetas de las marcas del objeto Axis.
Axis.set_ticklabels()	Configura el texto de las etiquetas de las marcas del objeto Axis.
Axis.set_ticks()	Configura las localizaciones de las marcas.
Axis.set_view_interval()	Configura el intervalo representado en el objeto Axis.
Axis.set_visible()	Configura la visibilidad del objeto Artist.
Axis.setp()	Configura una propiedad del objeto Artist.
Axis.update()	Actualiza las propiedades del objeto Artist.

Específicos de XAxis	
Atributo	Descripción
XAxis.axis_name	Nombre del eje x.
Método	
XAxis.get_ticks_position()	Devuelve la posición de las marcas (arriba, abajo, por defecto o desconocida).
XAxis.set_ticks_position()	Configura las posición de las marcas (arriba, abajo, ambas, por defecto o ninguna).
XAxis.tick_bottom()	Configura las marcas para que aparezcan solo en la parte inferior.
XAxis.tick_top()	Configura las marcas para que aparezcan solo en la parte superior.

Específicos de YAxis	
Atributo	Descripción
YAxis.axis_name	Nombre del eje y.

	Método
YAxis.get_ticks_position()	Devuelve la posición de las marcas (izquierda, derecha, ambas o desconocida).
YAxis.set_ticks_position()	Configura las posición de las marcas (izquierda, derecha, ambas, por defecto o ninguna).
YAxis.tick_left()	Configura las marcas para que aparezcan solo en la izquierda.
YAxis.tick_right()	Configura las marcas para que aparezcan solo en la derecha.

C.5 LA CLASE AXES3D

Atributo	Descripción
Axes3D._autoscaleXon	Almacena un booleano indicando si el eje x tiene autoescala.
Axes3D._autoscaleYon	Almacena un booleano indicando si el eje y tiene autoescala.
Axes3D._autoscaleZon	Almacena un booleano indicando si el eje z tiene autoescala.
Axes3D._axis3don	Almacena si los ejes tridimensionales están activos o no.
Axes3D._axisbelow	Almacena un booleano indicando si los ejes se colocan por detrás de otros elementos de nuestro objeto Axes3D.
Axes3D._axisbg	Almacena el color de fondo del rectángulo que contiene el objeto Axes3D.
Axes3D._current_image	Almacena la imagen actual que tengamos en nuestro objeto Axes3D.
Axes3D._draw_grid	Almacena booleano indicando si la rejilla está representada o no.
Axes3D._frameon	Almacena un booleano indicando si el marco de nuestro objeto Axes está o no activo.
Axes3D._gridOn	Almacena un booleano indicando si está activada la rejilla.
Axes3D._hold	Almacena un booleano indicando si el estado hold está o no activado.
Axes3D._label	Almacena las etiquetas que tenga nuestro objeto Axes3D.
Axes3D._visible	Almacena un booleano indicando si nuestro objeto Axes es o no visible.
Axes3D.artists	Almacena los objetos añadidos al objeto Axes mediante el método add_artist()
Axes3D.axes	Almacena el objeto Axes en el que está nuestro objeto (hereda de Artist).
Axes3D.axesPatch	Almacena el rectángulo (clase patches.Rectangle) que contiene al objeto Axes3D.
Axes3D.axison	Almacena un booleano indicando si los ejes están activos o no.
Axes3D.azim	Almacena el acimut del gráfico 3D.

Axes3D.**callbacks**	Almacena las funciones de tipo callback que tenemos en nuestro objeto Axes3D.
Axes3D.**collections**	Almacena los objetos de tipo collections que tenemos en nuestro objeto Axes3D.
Axes3D.**colNum**	Almacena la columna (empezando desde 0) que ocupa nuestro objeto Axes3D.
Axes3D.**containers**	Almacena los objetos contenedores que pueda tener nuestro objeto Axes3D.
Axes3D.**elev**	Almacena la elevación del gráfico 3D.
Axes3D.**figure**	Almacena el objeto Figure en el que está nuestro objeto (hereda de Artist).
Axes3D.**images**	Almacena las imágenes que contiene nuestro objeto Axes.
Axes3D.**initial.elev**	Almacena la elevación inicial del gráfico 3D.
Axes3D.**initial_azim**	Almacena el acimut inicial del gráfico 3D.
Axes3D.**legend_**	Almacena la posible leyenda incluida en nuestro objeto Axes3D.
Axes3D.**lines**	Almacena los objetos Line2D que tenemos en nuestro objeto Axes3D.
Axes3D.**numCols**	Almacena el número de columnas en las que se distribuyen los objetos Axes3D.
Axes3D.**numRows**	Almacena el número de filas en las que se distribuyen los objetos Axes3D.
Axes3D.**patch**	Almacena los objetos Patch que contiene nuestro objeto Axes3D.
Axes3D.**patches**	Almacena los objetos añadidos al objeto Axes mediante el método add_patches().
Axes3D.**rowNum**	Almacena la fila (empezando desde 0) que ocupa nuestro objeto Axes3D.
Axes3D.**spines**	Almacena los objetos Spines que contiene nuestro objeto Axes3D.
Axes3D.**tables**	Almacena los objetos Table que contiene nuestro objeto Axes3D.
Axes3D.**texts**	Almacena los objetos Text que contiene nuestro objeto Axes3D.
Axes3D.**title**	Almacena el título (objeto de tipo Text) de nuestro objeto Axes3D.
Axes3D.**xaxis**	Almacena los objetos XAxis que contiene nuestro objeto Axes3D.
Axes3D.**yaxis**	Almacena los objetos YAxis que contiene nuestro objeto Axes3D.
Axes3D.**zaxis**	Almacena los objetos ZAxis que contiene nuestro objeto Axes3D.

Método	Descripción
Axes3D.**add_artist**()	Añade un objeto Artist al objeto Axes3D.
Axes3D.**add_callback**()	Añade una función de tipo callback que se llamará cuando una propiedad de un objeto Artist cambia.
Axes3D.**add_collection**()	Añade un objeto Collection al objeto Axes3D.

Axes3D.add_container()	Añade un objeto Container al objeto Axes3D.
Axes3D.add_image()	Añade un objeto AxesImage al objeto Axes3D.
Axes3D.add_line()	Añade un objeto Line2D al objeto Axes3D.
Axes3D.add_patch()	Añade un objeto Patch al objeto Axes3D.
Axes3D.add_table()	Añade un objeto Table al objeto Axes3D.
Axes3D.annotate()	Anota mediante una flecha y con un determinado texto un punto del gráfico.
Axes3D.arrow()	Añade una flecha al objeto Axes3D.
Axes3D.autoscale()	Indicamos si queremos autoescalado o no.
Axes3D.axhline()	Añade línea horizontal a través del objeto Axes3D.
Axes3D.axhspan()	Añade rectángulo horizontal a través del objeto Axes3D.
Axes3D.axis()	Configura las propiedades de un objeto Axis.
Axes3D.axvline()	Añade línea vertical a través del objeto Axes3D.
Axes3D.axvspan()	Añade rectángulo vertical a través del objeto Axes3D.
Axes3D.bar()	Crea un gráfico de barras en 2D.
Axes3D.bar3d()	Crea un gráfico de barras en 3D.
Axes3D.barh()	Crea un gráfico de barras horizontal.
Axes3D.cla()	Borra el contenido del objeto Axes con el que trabajemos.
Axes3D.clabel()	Etiqueta un gráfico de contorno.
Axes3D.clear()	Borra el contenido del objeto Axes con el que trabajemos.
Axes3D.contour()	Dibuja gráfico de contorno. Equivalente a contour3D.
Axes3D.contourf()	Dibuja gráfico de contorno con relleno. Equivalente a contourf3D.
Axes3D.disable_mouse_rotation()	Desactiva la opción de rotar el gráfico mediante el ratón.
Axes3D.draw()	Dibuja todos los elementos que componen en objeto Axes3D.
Axes3D.eventplot()	Dibuja líneas paralelas.
Axes3D.fill()	Rellena superficies.
Axes3D.fill_between()	Rellena la superficie entre dos curvas.
Axes3D.fill_betweenx()	Rellena la superficie entre dos curvas horizontales.
Axes3D.findobj()	Busca objetos Artist contenidos en el objeto Axes tratado.
Axes3D.get_autoscale_on()	Obtenemos si tenemos configurado el autoescalado en ambos ejes al usar comandos de dibujo.
Axes3D.get_autoscalex_on()	Obtenemos si tenemos configurado el autoescalado en el eje x al usar comandos de dibujo.
Axes3D.get_autoscaley_on()	Obtenemos si tenemos configurado el autoescalado en el eje y al usar comandos de dibujo.
Axes3D.get_autoscalez_on()	Obtenemos si tenemos configurado el autoescalado en el eje z al usar comandos de dibujo.

Axes3D.**get_axes**()	Nos devuelve el objeto Axes donde el objeto Artist reside (si no reside en ninguno devuelve None). Hereda de la clase Artist.
Axes3D.**get_axis_bgcolor**()[359]	Nos devuelve el color de fondo del objeto Axes3D.
Axes3D.**get_axisbelow**()	Nos devuelve si tenemos configurado que marcas de ejes y malla aparezcan por encima o por debajo de otros elementos del gráfico.
Axes3D.**get_children**()	Nos devuelve una lista de los objetos Artist que contiene el objeto Axes tratado.
Axes3D.**get_cursor_data**()	Obtenemos los datos del cursor para un evento dado.
Axes3D.**get_cursor_props**()	Obtenemos las propiedades del cursor.
Axes3D.**get_figure**()	Devuelve el objeto Figure al que pertenece el objeto Artist. Heredado de la clase Artist.
Axes3D.**get_frame_on**()	Obtenemos si el el rectángulo del objeto Axes está dibujado o no.
Axes3D.**get_images**()	Nos devuelve una lista de los objetos AxesImage contenidos en el objeto Axes3D.
Axes3D.**get_legend**()	Devuelve la posible leyenda colocada en el objeto Axes3D.
Axes3D.**get_lines**()	Nos devuelve una lista de los objetos Line2D contenidos en el objeto Axes3D.
Axes3D.**get_visible**()	Nos devuelve si el objeto Axes es visible o no.
Axes3D.**get_picker**()	Devuelve el objeto picker usado por el objeto Artist.
Axes3D.**get_proj**()	crea una matriz de proyección a partir de la vista 3D que tengamos.
Axes3D.**get_title**()	Obtenemos el posible título del objeto Axes3D.
Axes3D.**get_xaxis**()	Devuelve la instancia XAxis del objeto Axes tratado.
Axes3D.**get_xgridlines**()	Obtenemos las líneas de la cuadrícula sobre el eje x en forma de lista de objetos Line2D.
Axes3D.**get_xlabel**()	Obtenemos la posible etiqueta colocada en el eje x.
Axes3D.**get_xlim**()	Obtenemos los límites configurados para el eje y. Equivalente a get_xlim3d.
Axes3D.**get_xmajorticklabels**()	Obtenemos las etiquetas de las marcas principales del eje x en forma de lista de objetos de la clase matplotlib.text.Text
Axes3D.**get_xminorticklabels**()	Obtenemos las etiquetas de las marcas secundarias del eje x en forma de lista de objetos de la clase matplotlib.text.Text
Axes3D.**get_xscale**()	Devuelve la escala del eje x.
Axes3D.**get_xticklabels**()	Obtenemos las etiquetas de todas las marcas del eje x en forma de lista de objetos de la clase matplotlib.text.Text
Axes3D.**get_xticklines**()	Obtenemos las líneas de las marcas del eje x en forma de lista de objetos Line2D.
Axes3D.**get_xticks**()	Obtenemos las localizaciones de las marcas del eje x en forma de lista.

Axes3D.**get_yaxis**()	Devuelve la instancia YAxis del objeto Axes tratado.
Axes3D.**get_ygridlines**()	Obtenemos las líneas de la cuadrícula sobre el eje y en forma de lista de objetos Line2D.
Axes3D.**get_ylabel**()	Obtenemos la posible etiqueta colocada en el eje y.
Axes3D.**get_ylim**()	Obtenemos los límites configurados para el eje y. Equivalente a get_ylim3d.
Axes3D.**get_ymajorticklabels**()	Obtenemos las etiquetas de las marcas principales del eje y en forma de lista de objetos de la clase matplotlib.text.Text
Axes3D.**get_yminorticklabels**()	Obtenemos las etiquetas de las marcas secundarias del eje y en forma de lista de objetos de la clase matplotlib.text.Text
Axes3D.**get_yscale**()	Devuelve la escala del eje y.
Axes3D.**get_yticklabels**()	Obtenemos las etiquetas de todas las marcas del eje y en forma de lista de objetos de la clase matplotlib.text.Text
Axes3D.**get_yticklines**()	Obtenemos las líneas de las marcas del eje y en forma de lista de objetos Line2D.
Axes3D.**get_yticks**()	Obtenemos las localizaciones de las marcas del eje y en forma de lista.
Axes3D.**get_zlabel**()	Obtenemos la posible etiqueta colocada en el eje z.
Axes3D.**get_zlim**()	Obtenemos los límites configurados para el eje z. Equivalente a get_zlim3d.
Axes3D.**get_zmajorticklabels**()	Obtenemos las etiquetas de las marcas principales del eje z en forma de lista de objetos de la clase matplotlib.text.Text
Axes3D.**get_zminorticklabels**()	Obtenemos las etiquetas de las marcas secundarias del eje z en forma de lista de objetos de la clase matplotlib.text.Text
Axes3D.**get_zscale**()	Devuelve la escala del eje z.
Axes3D.**get_zticklabels**()	Obtenemos las etiquetas de todas las marcas del eje z en forma de lista de objetos de la clase matplotlib.text.Text
Axes3D.**get_zticklines**()	Obtenemos las líneas de las marcas del eje z en forma de lista de objetos Line2D.
Axes3D.**get_zticks**()	Obtenemos las localizaciones de las marcas del eje z en forma de lista.
Axes3D.**grid**()	Pone o quita la rejilla del objeto Axes3D.
Axes3D.**has_data**()	Nos devuelve si hay datos en nuestro objeto Axes3D.
Axes3D.**hist**()	Dibuja un histograma. Equivalente a hist2d.
Axes3D.**hlines**()	Dibuja líneas horizontales.
Axes3D.**hold**()[360]	Configura el estado de mantenimiento (hold), que deja o borra, al ejecutar un comando que dibuja, los elementos representados con anterioridad.
Axes3D.**imshow**()	Representa una imagen en el objeto Axes3D.
Axes3D.**invert_xaxis**()	Invierte el eje x del objeto Axes tratado.
Axes3D.**invert_yaxis**()	Invierte el eje y del objeto Axes tratado.

Axes3D.**invert_zaxis**()	Invierte el eje z del objeto Axes tratado.
Axes3D.**is_first_col**()	Indica si nuestro objeto Axes está en la primera columna.
Axes3D.**is_first_row**()	Indica si nuestro objeto Axes está en la primera fila.
Axes3D.**is_last_col**()	Indica si nuestro objeto Axes está en la última columna.
Axes3D.**is_last_row**()	Indica si nuestro objeto Axes está en la última columna.
Axes3D.**ishold**()[361]	Nos devuelve el valor del estado de mantenimiento que tenemos actualmente.
Axes3D.**legend**()	Coloca leyendas en el objeto Axes3D.
Axes3D.**locator_params**()	Controla el comportamiento de los localizadores de marcas.
Axes3D.**loglog**()	Dibuja un gráfico con escala logarítmica en ambos ejes.
Axes3D.**margins**()	Configura o devuelve los márgenes autoescalados.
Axes3D.**matshow**()	Dibuja un array o una matriz como imagen.
Axes3D.**minorticks_off**()	Elimina las marcas secundarias de los ejes.
Axes3D.**minorticks_on**()	Coloca las marcas secundarias de los ejes.
Axes3D.**pick**()	Procesa un evento de tipo pick_event.
Axes3D.**pickable**()	Devuelve True si el objeto Artist es seleccionable.
Axes3D.**pie**()	Dibuja gráfico de tarta.
Axes3D.**plot**()	Dibuja líneas y/o marcadores en 3D en el objeto Axes3D. Equivalente a plot3D.
plot_surface()	Dibuja superficies en 3D en el objeto Axes, usando rectángulos.
plot_trisurf()	Dibuja superficies en 3D en el objeto Axes, usando triángulos.
plot_wireframe()	Dibuja superficies en 3D en el objeto Axes, en estructura de alambre.
Axes3D.**quiver**()	Dibuja un campo 3D de flechas. Equivalente a quiver3D.
Axes3D.**remove**()	Elimina (si es posible) el objeto Artist del objeto Figure.
Axes3D.**remove_callback**()	Elimina una función de tipo callback mediante su identificador.
Axes3D.**scatter**()	Dibuja un gráfico de dispersión en 3D. Equivalente a scatter3D.
Axes3D.**semilogx**()	Dibuja un gráfico con escala logarítmica en el eje x.
Axes3D.**semilogy**()	Dibuja un gráfico con escala logarítmica en el eje y.
Axes3D.**set_alpha**()[362]	Configura el valor de alpha, que mide la transparencia del objeto Artist (de 0.0,totalmente transparente, a 1.0, totalmente opaco).
Axes3D.**set_autoscale_on**()	Configuramos si queremos autoescalado en ambos ejes al usar comandos de dibujo.
Axes3D.**set_autoscalex_on**()	Configuramos si queremos autoescalado en el eje x al usar comandos de dibujo.

Axes3D.set_autoscaley_on()	Configuramos si queremos autoescalado en el eje y al usar comandos de dibujo.
Axes3D.set_autoscalez_on()	Configuramos si queremos autoescalado en el eje z al usar comandos de dibujo.
Axes3D.set_axes()	Configura el objeto Axes3D.
Axes3D.set_axis_bgcolor()[363]	Configuramos el color de fondo del objeto Axes3D.
Axes3D.set_axis_off()	Elimina los ejes del objeto Axes con el que trabajemos.
Axes3D.set_axis_on()	Coloca los ejes al objeto Axes con el que trabajemos.
Axes3D.set_axisbelow()	Configura si las marcas de los ejes y la malla aparecen por encima o por debajo de otros elementos del gráfico.
Axes3D.set_figure()	Configura el objeto Figure donde el objeto Axes está insertado.
Axes3D.set_frame_on()	Configura si el rectángulo del objeto Axes se dibuja o no.
Axes3D.set_picker()	Configura si el objeto Artist es pickable y su holgura (epsilon).
Axes3D.set_title()	Configura un título para el objeto Axes3D.
Axes3D.set_xlabel()	Configuramos etiquetas para el eje x.
Axes3D.set_xlim()	Configura los límites para el eje x. Equivalente a set_xlim3d.
Axes3D.set_xscale()	Configura la escala del eje x.
Axes3D.set_xticklabels()	Coloca las etiquetas de las marcas del eje x mediante una lista de cadenas.
Axes3D.set_xticks()	Coloca las marcas en el eje x mediante una lista de número reales.
Axes3D.set_ylabel()	Configuramos etiquetas para el eje y.
Axes3D.set_ylim()	Configura los límites para el eje y. Equivalente a set_ylim3d.
Axes3D.set_yscale()	Configura la escala del eje y.
Axes3D.set_yticklabels()	Coloca las etiquetas de las marcas del eje x mediante una lista de cadenas.
Axes3D.set_zlabel()	Configuramos etiquetas para el eje z.
Axes3D.set_zlim()	Configura los límites para el eje z. Equivalente a set_zlim3d.
Axes3D.set_zscale()	Configura la escala del eje z.
Axes3D.set_zticks()	Coloca las marcas en el eje z mediante una lista de números reales.
Axes3D.set_zticklabels()	Coloca las etiquetas de las marcas del eje z mediante una lista de cadenas.
Axes3D.specgram()	Dibuja un espectrograma.
Axes3D.table()	Añade una tabla al objeto Axes3D.
Axes3D.text()	Añade texto al objeto Axes3D.

Axes3D.**tick_params**()	Configura la apariencia de las marcas y de sus etiquetas.
Axes3D.**ticklabel_format**()	Cambia el formato usado por defecto para las etiquetas de las marcas.
Axes3D.**tricontour**()	Dibuja contorno de malla triangular.
Axes3D.**tricontourf**()	Dibuja contorno de malla triangular con relleno.
Axes3D.**triplot**()	Dibuja una malla triangular con líneas o marcadores.
Axes3D.**twinx**()	Crea un objeto Axes gemelo al actual, y que comparte su eje x.
Axes3D.**twiny**()	Crea un objeto Axes gemelo al actual, y que comparte su eje y.
Axes3D.**view_init**()	Configura la orientación inicial del gráfico mediante la elevación y el acimut.
Axes3D.**violinplot**()	Dibuja un gráfico de violín.
Axes3D.**vlines**()	Dibuja líneas verticales.
Axes3D.**xaxis_inverted**()	Devuelve booleano indicando si hemos invertido o no el eje x.
Axes3D.**yaxis_inverted**()	Devuelve booleano indicando si hemos invertido o no el eje y.
Axes3D.**zaxis_inverted**()	Devuelve booleano indicando si hemos invertido o no el eje z.

---

359. Obsoleto a partir de la versión 2.0 de matplotlib.

360. Obsoleto a partir de la versión 2.0 de matplotlib.

361. Obsoleto a partir de la versión 2.0 de matplotlib.

362. No es soportado por todos los backend.

363. Obsoleto a partir de la versión 2.0 de matplotlib.

Apéndice D

PRIMITIVAS EN EL NIVEL ARTIST DE MATPLOTLIB

Las **primitivas** de matplotlib son clases que representan los elementos que se pueden dibujar en un objeto Figure. El **nivel artist** es donde tratamos con elementos como líneas, figuras geométricas, texto o ejes de coordenadas. Todos ellos derivan de la clase **Artist**, que es una clase abstracta que constituye la base de cualquier elemento que podamos renderizar en un FigureCanvas. Varios diagramas de jerarquía de clases (en ellos las clases padre son de las que surgen las flechas, y las clase hijo a las que llegan) para algunas derivadas de Artist son los siguientes[363]:

---

363. Tomados de la documentación oficial de matplotlib. En el esquema inferior he eliminado algún elemento para visualizar mejor el resto.

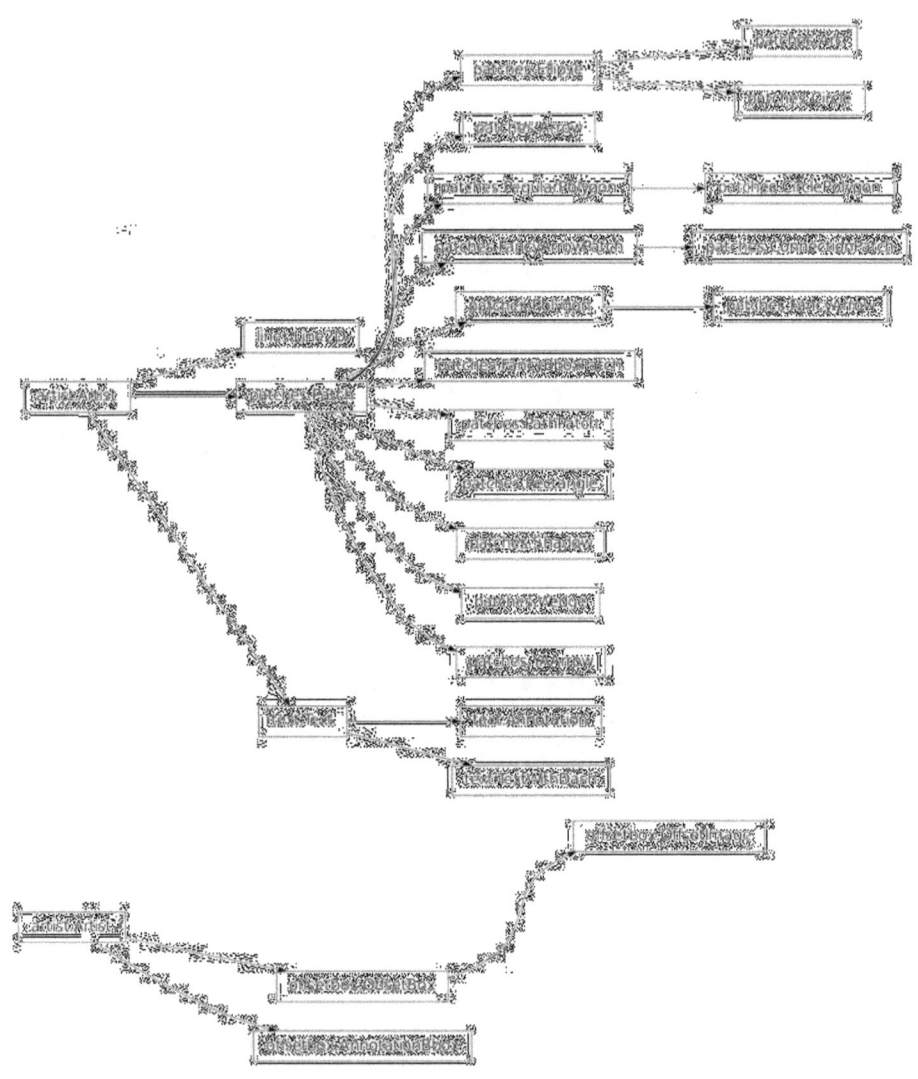

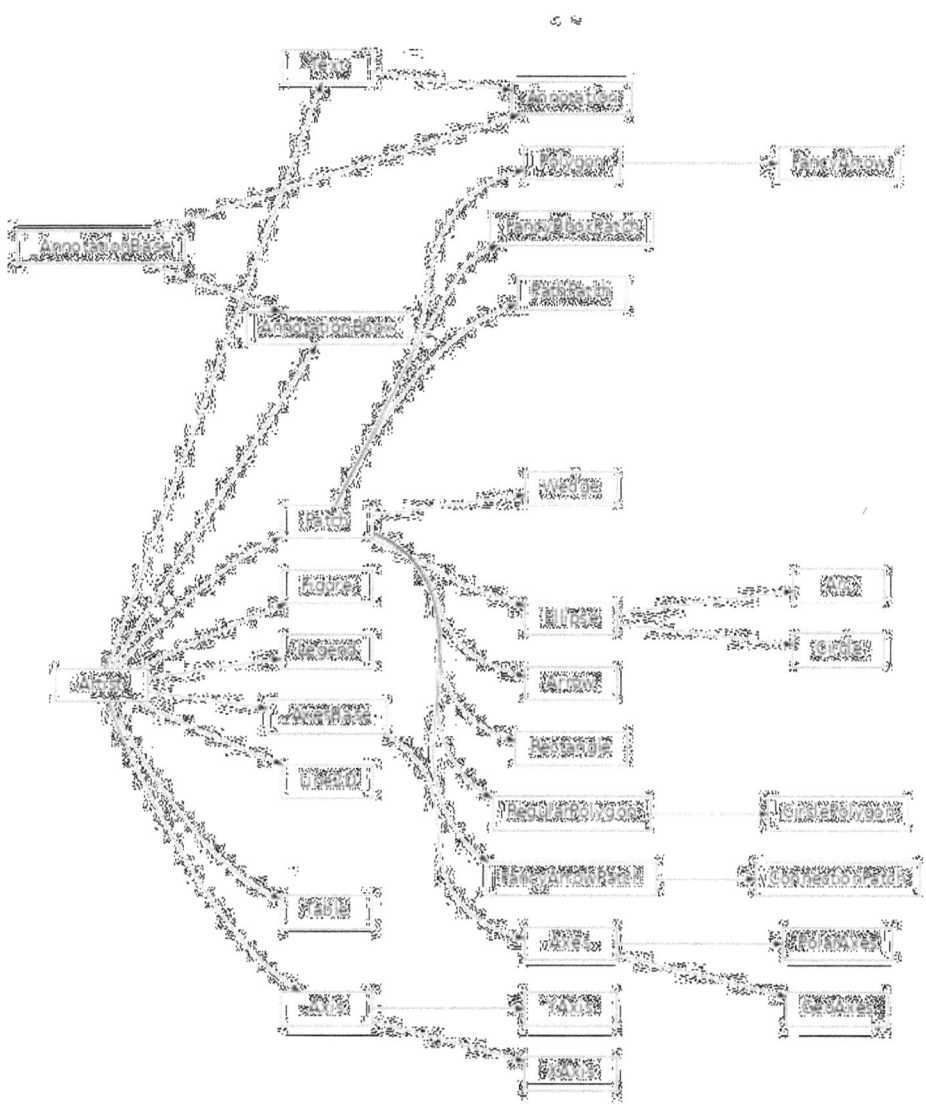

Podemos distinguir clases para líneas (lines.Line2D), círculos (patches.Circle), flechas (patches.Arrow) y más elementos. Comentaremos el formato para crear instancias de las más usadas[364], siendo la siguiente imagen una primera representación gráfica de ellas, que nos permitirá distinguirlas en un vistazo:

---

364. Para el resto de elementos consultar la documentación oficial de matplotlib.

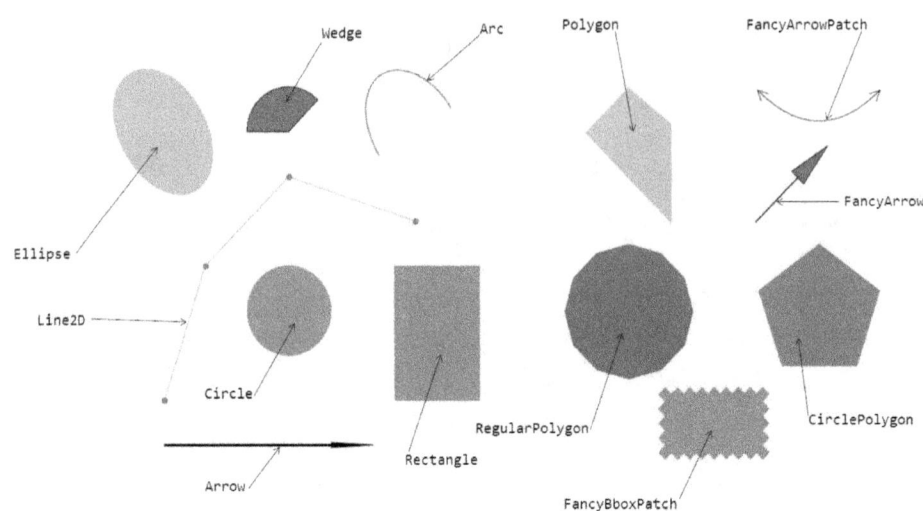

Incorporaremos estos objetos al objeto Axes mediante los métodos **add_artist()** y **add_patch()**[365]. El uso de add_artist() se recomienda solamente cuando no existe un método más específico para el elemento, como ocurre por ejemplo con Line2D.

Veamos a continuación las clases usadas más habitualmente:

D.1 LINE2D

Dibuja líneas en dos dimensiones. El formato es el siguiente:

```
matplotlib.lines.Line2D(xdata, ydata[, **kwargs])
```

Se crean una serie de líneas en base a los datos almacenados en las secuencias xdata e ydata, que nos indicarán las coordenadas de los puntos en cada uno de los dos ejes. Posteriormente podremos configurar una serie de parámetros, entre los que destacamos:

- ▼ linewidth (o lw): indicamos mediante un número real el ancho de la línea en puntos.

---

365. Ambos métodos simplemente reciben un argumento con el objeto a añadir.

- color: indicamos uno de los colores válidos en matplotlib.
- linestyle (o ls): con él indicamos el estilo de la línea, pudiendo elegir entre '-' (línea contínua), '--' (linea discontinua), '-.' (línea de guiones y puntos), ':' (línea de puntos) y 'None', ' ' o '' (sin línea).
- marker: indicamos un marcador válido de matplotlib que ser representará en cada uno de los puntos definidos por xdata e ydata.
- picker: podremos indicar varias cosas:
  - si el objeto es seleccionable[366] mediante el ratón, algo que haremos con un booleano.
  - un número real que nos da la tolerancia en puntos para su selección, de cara a no tener que hacer clic exactamente en el objeto.
  - la función asociada a la selección.

D.2 RECTANGLE

Dibuja un rectángulo. El formato es el siguiente:

```
matplotlib.patches.Rectangle(xy,width,height, angle=0.0[, **kwargs])
```

Las coordenadas de la esquina inferior izquierda del rectángulo están dadas por xy, que puede ser una tupla, una lista o un array de NumPy. Los parámetros width y height nos marcan, respectivamente, la anchura y altura del rectángulo, mientras que angle indica el ángulo de rotación (en grados y en sentido contrario a las agujas del reloj) que tiene este.

Tenemos también multitud de posibles parámetros, entre los que destacamos:

- color: color de borde y de relleno, dado como color válido de matplotlib.
- edgecolor (o ec): color del borde, dado como color válido de matplotlib.
- facecolor (o fc): color de relleno, dado como color válido de matplotlib.
- fill: booleano que indica si queremos rellenar o no el rectángulo.

---

366. Determinados objetos de matplotlib se pueden seleccionar. Lo vimos en el capítulo 4 al hablar del manejo de eventos.

- linewidth (o lw): indicamos mediante un número real el ancho en puntos de la línea que traza el rectángulo.

- linestyle (o ls): estilo de línea, pudiendo elegir entre 'solid' (línea continua), 'dashed' (línea discontinua), 'dashdot' (línea de guiones y puntos) o 'dotted' (línea de puntos).

- picker: parámetro de selección del objeto Rectangle.

D.3 ELLIPSE

Dibuja una elipse. El formato es el siguiente:

```
matplotlib.patches.Ellipse(xy,width,height, angle=0.0[, **kwargs])
```

En él xy es una tupla o lista que proporciona el centro de la elipse, con width y height marcamos mediante un número entero el tamaño en puntos del eje horizontal y vertical respectivamente. Mediante angle indicamos el ángulo de giro que tiene la elipse. Los restantes parámetros a destacar son los que tenemos para Rectangle.

D.4 ARC

Dibuja el arco de una elipse. Hereda de la clase Ellipse. El formato es el siguiente:

```
matplotlib.patches.Arc(xy,width,height, angle=0.0, Theta1=0.0 , Theta2=360.0[, **kwargs])
```

Se añaden a los ya conocidos de Rectangle o Ellipse los parámetros Theta1 y Theta2, mediante los cuales indicamos los ángulos[367] que delimitan el arco. El arco no puede ser rellenado, por lo que no usaremos el parámetro fill.

---

367. Los ángulos son medidos en sentido contrario a las agujas del reloj.

D.5 CIRCLE

Dibuja un círculo. Su formato es:

```
matplotlib.patches.Circle(xy, radius=5[, **kwargs])
```

Mediante radius indicamos el radio del círculo. Los restamtes parámetros a destacar son los que tenemos para Rectangle.

D.6 WEDGE

Dibuja una porción (o cuña) de un círculo. El formato es el siguiente:

```
matplotlib.patches.Wedge(center,r, Theta1=0.0 , Theta2=360.0, width=None [, **kwargs])
```

El centro y el radio del círculo están indicados, respectivamente, por center y r. Los ángulos (en grados y en sentido antihorario) que delimitan la porcion están dados por Theha1 y Theta2. Si damos un valor al argumento width la cuña se dibuja con un radio desde r-width (que podría ser un valor negativo, apareciendo entonces dos cuñas) hasta r. Como parámetros adicionales a destacar tendremos los indicados en Rectangle.

D.7 ARROW

Dibuja una flecha. Hereda de la clase Ellipse. El formato es el siguiente:

```
matplotlib.patches.Arrow(x, y, dx, dy, width=1.0[, **kwargs])
```

La flecha se dibuja desde el punto marcado por la coordenada x,y hasta el punto x+dx,y+dy. Podemos cambiar la escala de la flecha mediante width. Los parámetros adicionales a destacar son los que ya conocemos de Rectangle.

D.8 REGULARPOLYGON

Dibuja un polígono regular. El formato es el siguiente:

```
matplotlib.patches.RegularPolygon(xy, numVertices, radius=1.0, orientation=0[, **kwargs])
```

La tupla[368] xy nos indica las coordenadas del centro del polígono, numVertices es el número de vértices, radius es la distancia al centro de cada uno de los vértices, y orientation marca en radianes la rotación[369] que damos al polígono. Los parámetros adicionales a destacar son los que ya conocemos de Rectangle.

D.9 CIRCLEPOLYGON

Dibuja una aproximación a un círculo mediante un polígono regular. Hereda de RegularPolygon. El formato es el siguiente:

```
matplotlib.patches.CirclePolygon(xy, radius=5, resolution=20[, **kwargs])
```

La tupla xy nos indica las coordenadas del centro del círculo, radius es el radio del círculo, y resolution marca el número de caras que tendrá en polígono. Los parámetros adicionales a destacar son los que ya conocemos de Rectangle.

D.10 POLYGON

Dibuja un polígono. El formato es el siguiente:

```
matplotlib.patches.Polygon(xy, closed=True[, **kwargs])
```

En este caso xy es una matriz[370] de dimensión nx2 que identifica los n puntos del polígono. Con closed indicamos si el polígono es cerrado, es decir, que el primer y último punto es el mismo. Los parámetros adicionales a destacar son los que ya conocemos de Rectangle.

D.11 FANCYARROW

Dibuja una flecha, como ocurría con Arrow, con la salvedad de que ahora podemos configurar la altura y la anchura de la cabeza de la flecha de forma independiente. Hereda de Polygon. El formato es el siguiente:

```
matplotlib.patches.FancyArrow(x, y, dx, dy, width=0.001, length_includes_head=False,
                    head_width=None, head_length=None, shape=u'full',
                    overhang=0, head_starts_at_zero=False[,**kwargs])
```

---

368. También es válido dar una lista de dos elementos. Ocurrirá lo mismo en el polígono circular.

369. La rotación se realiza en el sentido contrario a las agujas del reloj.

370. Podemos usar para ello listas, tuplas o arrays de NumPy.

Los argumentos más interesantes son:

- length_includes_head: Booleano que nos indica si en la longitud incluimos la cabeza de la flecha.

- head_width: nos indica la anchura de la cabeza de la flecha. Puede ser un número real o None (en cuyo caso su valor es 3*width).

- head_length: nos indica la altura de la cabeza de la flecha. Puede ser un número real o None (en cuyo caso su valor es 1.5*head_width).

- shape: nos indica la forma de la flecha, pudiendo tener los valores 'full' (flecha entera), 'left' (mitad izquierda de la flecha) o 'right' (mitad derecha de la flecha).

- overhang: es un valor real que nos cambiará la forma de la flecha. Si es 0 la flecha es triangular, si es 1 la cabeza de la flecha la forman dos líneas. Tenemos la opción de dar valores mayores que 1 (en cuyo caso la cabeza se extiende hacia adelante), o incluso negativos (la cabeza se extendería hacia atrás).

D.12 FANCYARROWPATCH

Dibuja una flecha, como ocurría con Arrow, pero ahora podremos cambiar muchas de sus características. El formato es el siguiente:

```
matplotlib.patches.FancyArrowPatch(posA=None,posB=None,path=None,
                                   arrowstyle=u'simple',arrow_transmuter=None,
                                   connectionstyle=u'arc3',connector=None,
                                   patchA=None,patchB=None,shrinkA=2.0,
                                   shrinkB=2.0,mutation_scale=1.0,
                                   mutation_aspect=None, dpi_cor=1.0[, **kwargs])
```

Tenemos muchos parámetros, por lo que solo comentaremos algunos de ellos:

- Mediante posA y posB indicamos las coordenadas de los dos puntos que queremos unir con nuestra flecha.

- Con connectionstyle indicamos cómo se conectan esos dos puntos. Puede ser una instancia de la clase matplotlib.patches.ConnectionStyle[371] o una

---

371. Es una clase contenedora de varios tipos de conexiones.

cadena con el nombre del estilo de conexión y una serie de posibles atributos opcionales.

▼ arrowstyle nos permite elegir un estilo de flecha. Puede ser una instancia de la clase matplotlib.patches.ArrowStyle[372] o una cadena con el nombre del estilo de flecha y una serie de posibles atributos opcionales (que serán luego escalados con el parámetro mutation_scale).

Representamos a continuación información sobre ArrowStyle sacada de la documentación oficial de matplotlib:

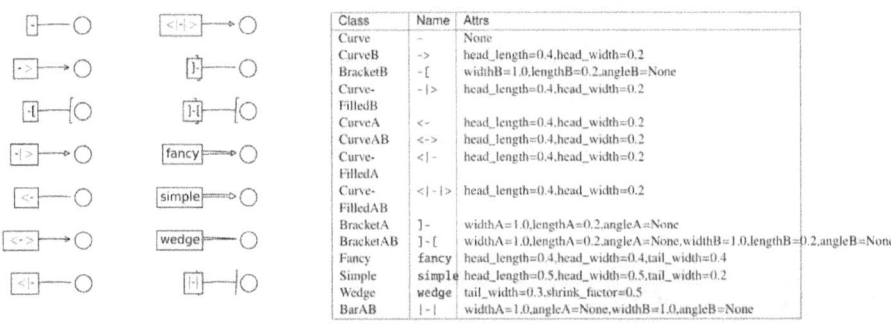

De igual manera y de la misma fuente lo hacemos con ConnectionsStyle:

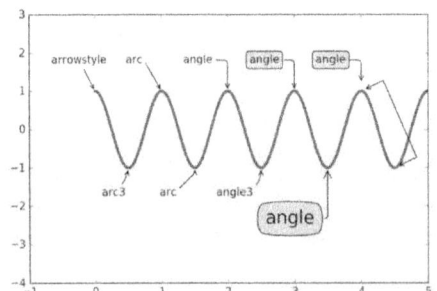

---

372. Es una clase contenedora de varios tipos de flechas.

D.13 FANCYBBOXPATCH

Dibuja una caja elegante sobre la base de un rectángulo. Es similar a la clase Rectangle pero teniendo la posibilidad de distintas formas en sus trazados. El formato es el siguiente:

```
matplotlib.patches.FancyBboxPatch(xy, width, height, boxstyle=u'round',
                    bbox_transmuter=None,
                    mutation_scale=1.0, mutation_aspect=None[,
                    **kwargs])
```

Las coordenadas de la esquina inferior izquierda del rectángulo están dadas por xy, que puede ser una tupla, una lista o un array de NumPy. Los parámetros width y height nos marcan, respectivamente, la anchura y altura del rectángulo. El estilo del rectángulo lo indica boxstyle, pudiendo ser una instancia de matplotlib.patches.BoxStyle[373] o una cadena con el nombre del estilo. Mediante mutation_scale configuramos la escala de los elementos de boxstyle. Con mutation_aspect podemos variar la escala de la altura del rectángulo por si queremos ajustar la apariencia.

Sobre BoxStyle mostramos la siguiente información obtenida de la documentación oficial de matplotlib:

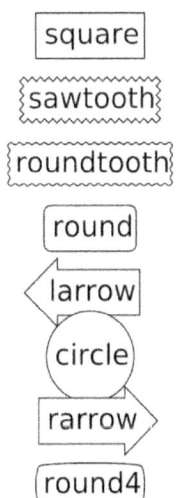

Class	Name	Attrs
Circle	circle	pad=0.3
LArrow	larrow	pad=0.3
RArrow	rarrow	pad=0.3
Round	round	pad=0.3,rounding_size=None
Round4	round4	pad=0.3,rounding_size=None
Roundtooth	roundtooth	pad=0.3,tooth_size=None
Sawtooth	sawtooth	pad=0.3,tooth_size=None
Square	square	pad=0.3

---

373. Es una clase contenedora de varios tipos de cajas.

D.14 CONNECTIONPATCH

Crea una línea de conexión entre dos puntos, que están posiblemente en dos objetos Axes distintos. El formato es:

```
matplotlib.patches.ConnectionPatch(xyA,xyB,coordsA, coordsB=None, axesA=None,
                                   axesB=None, arrowstyle=u'-', arrow_transmuter=None,
                                   connectionstyle=u'arc3', connector=None,
                                   patchA=None, patchB=None, shrinkA=0.0, shrinkB=0.0,
                                   mutation_scale=10.0,
                                   mutation_aspect=None,clip_on=False, dpi_cor=1.0 [,
                                   **kwargs])
```

Tenemos muchos parámetros, por lo que solo comentaremos algunos de ellos:

- Mediante xyA y xyB indicamos las coordenadas de los dos puntos que queremos unir con nuestra flecha.

- coordsA y coordsB son dos cadenas que indican el sistema de coordendas de, respectivamente, xyA y xyB. Para usar el sistema de coordenadas del objeto que está siendo anotado usaremos la cadena "data"[374].

- Mediante axesA y axesB indicamos los objetos Axes en los que están los puntos xyA y xyB, respectivamente.

- arrowstyle nos permite elegir un estilo de flecha. Puede ser una instancia de la clase matplotlib.patches.ArrowStyle o una cadena con el nombre del estilo de flecha y una serie de posibles atributos opcionales (que serán luego escalados con el parámetro mutation_scale).

- Con connectionstyle indicamos cómo se conectan esos dos puntos. Puede ser una instancia de la clase matplotlib.patches.ConnectionStyle o una cadena con el nombre del estilo de conexión y una serie de posibles atributos opcionales.

---

[374]. Para ver todas las opciones ir a la página 1340 de la documentación oficial de matplotlib.

D.15 OFFSETIMAGE

Hereda de matplotlib.offsetbox.OffsetBox, que es una clase contenedora para instancias de la clase Artist, por lo que la usaremos para contener una imagen. El formato es el siguiente:

```
matplotlib.offsetbox.OffsetImage(arr,zoom=1,cmap=None, norm=None, interpolation=None,
                                origin=None, filternorm=1,filterrad=4.0[, **kwargs])
```

En arr colocaremos la imagen (que es un array de puntos) y con zoom la escalamos de la forma que queramos. Para conocer mas sobre el resto de parámetros consultar la documentación oficial de matplotlib.

D.16 ANNOTATIONBBOX

Caja de anotación. Realiza una anotación pero con un elemento offsetbox en lugar de un texto. El formato es el siguiente:

```
class matplotlib.offsetbox.AnnotationBbox(offsetbox, xy, xybox=None,
                                xycoords=u'data', boxcoords=None,
                                frameon=True, pad=0.4, annotation_clip=None,
                                box_alignment=(0.5, 0.5), bboxprops=None,
                                arrowprops=None,fontsize=None[, **kwargs])
```

Los principales parámetros son:

- ▼ offsetbox: es una instancia de OffsetBox.

- ▼ xy: coordenadas del punto al que apuntamos. Puede ser una tupla de dos cadenas que se interpretan como las coordenadas x e y del punto.

- ▼ xybox: son las coordenadas del objeto offsetbox. Puede ser una tupla de dos cadenas que se interpretan como sus coordenadas x e y.

Para conocer mas sobre el resto de parámetros consultar la documentación oficial de matplotlib.

Una vez listadas las 16 clases que deseábamos, vamos a ver ejemplos de su uso[375]. El primero de ellos es **ejemplo_artist_1.pyw**, que visualiza una instancia de las 7 primeras clases vistas. El código es:

---

[375]. El análisis del código queda como ejercicio para el lector.

```python
import matplotlib.pyplot as plt
import matplotlib.patches as patches
import matplotlib.lines as lines

fig = plt.figure(figsize=(8,8))
fig.canvas.set_window_title("Ejemplo 1 de objetos Artist")
ax = fig.add_subplot(111)
ax.set_xlim(0,10)
ax.set_ylim(0,10)

obj_1 = lines.Line2D([2, 3, 5, 8], [2, 5, 7, 6], ls = '-',
                     lw = 0.5, marker = 'o', color ='m')
obj_2 = patches.Rectangle((7.5, 2), 2, 3, color = 'g')
obj_3 = patches.Ellipse((2, 8), width =2, height=3,
                        angle=32.0,lw = 3, color ='c')
obj_4 = patches.Arc((8, 8), 2, 3, angle = 32, theta1 = 0,
                    theta2 = 180,color = 'b')
obj_5 = patches.Circle((5, 4), 1, color = 'r')
obj_6 = patches.Wedge((5,8 ), 1, theta1=45 , theta2=180, width=None)
obj_7 = patches.Arrow(2, 1, 5, 0, width = 0.2, color = 'k')

ax.add_artist(obj_1)
for i in range(2,8):
    ax.add_patch(eval("obj_"+str(i)))

plt.show()
```

Generará la siguiente salida:

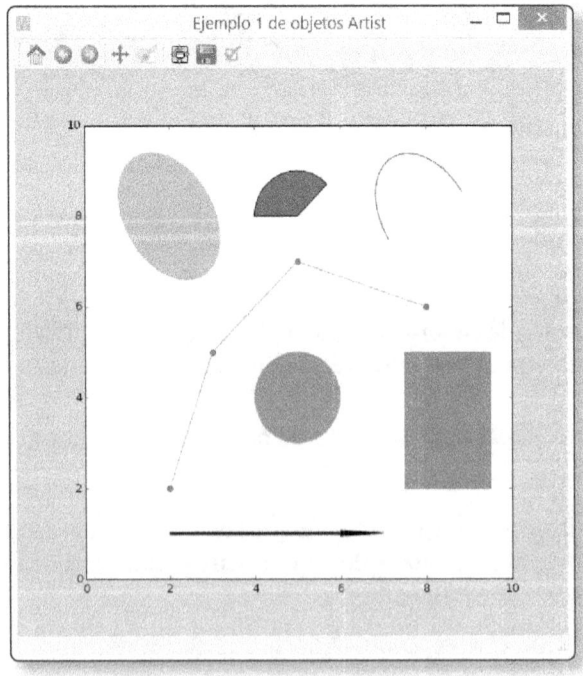

Con **ejemplo_artist_2.pyw** representaremos las 6 siguientes clases que hemos visto:

```python
import numpy as np
import matplotlib.pyplot as plt
import matplotlib.patches as patches
import matplotlib.lines as lines

fig = plt.figure(figsize=(8,8))
fig.canvas.set_window_title("Ejemplo 2 de objetos Artist")
ax = fig.add_subplot(111)
ax.set_xlim(0,10)
ax.set_ylim(0,10)

xy = np.array([[2,   8],
               [3,   9],
               [4, 8.2],
               [4,   6]])

obj_1 = patches.RegularPolygon((3, 4), 12, 1.5, color = 'b')
obj_2 = patches.CirclePolygon((7.5, 4), 1.5, 5,color = 'm')
obj_3 = patches.Polygon(xy, color = 'c')
obj_4 = patches.FancyArrow(6, 6, 1, 1, width=0.001, length_includes_head=False,
                           head_width=0.4, head_length=1, shape=u'full')
obj_5 = patches.FancyArrowPatch((6,9),(9,9), arrowstyle = '<->',
                                connectionstyle="arc3,rad=.5", mutation_scale=30)
obj_6 = patches.FancyBboxPatch((4,1), 2, 1, boxstyle='sawtooth', color ='g')

for i in range(1,7):
    ax.add_patch(eval("obj_"+str(i)))

plt.show()
```

Su salida será:

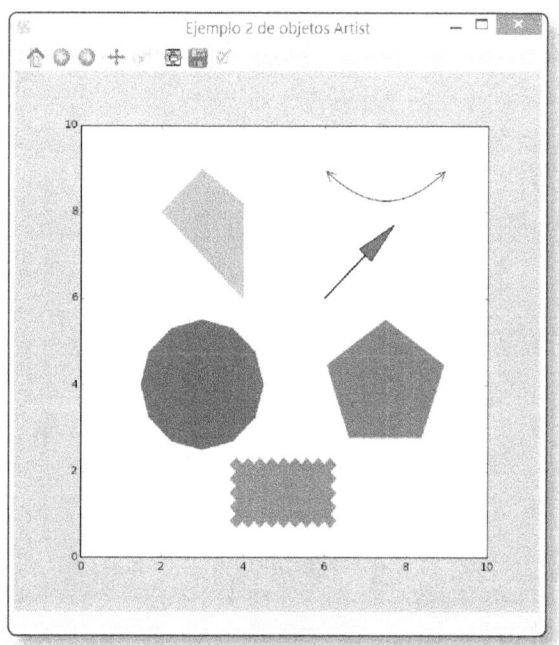

El código de **ejemplo_ConnectionPatch.pyw** hace uso de la clase que indica su nombre:

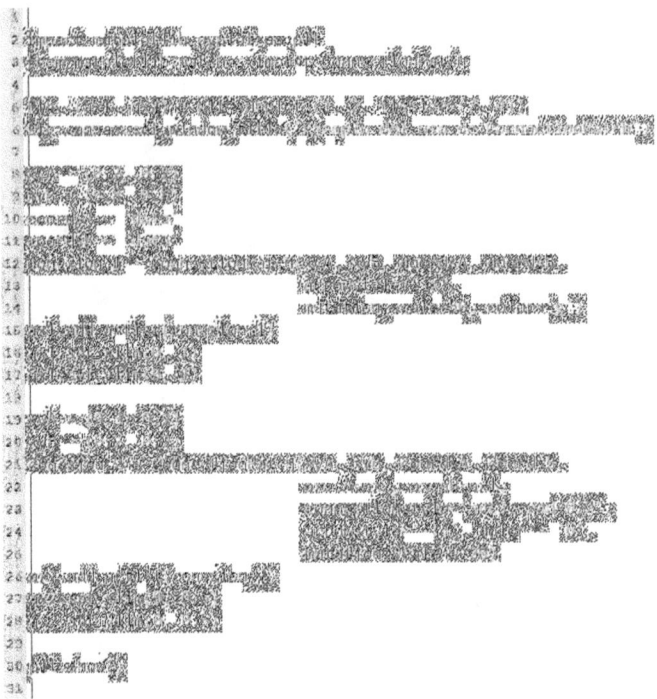

Genera la salida:

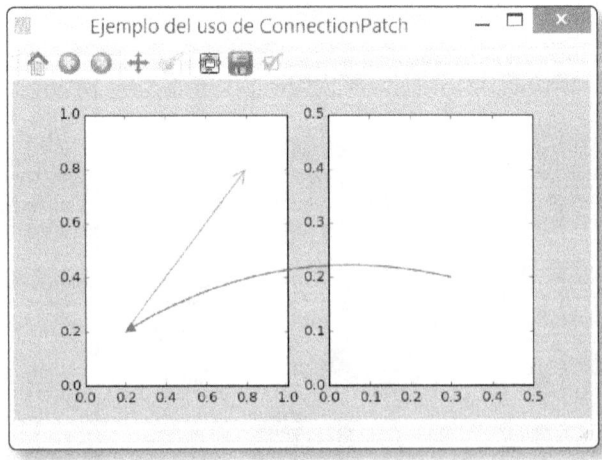

En **ejemplo_caja_anotacion_mpl.pyw** podremos ver el uso de las clases AnnotationBbox y OffsetImage:

```python
import numpy as np
import matplotlib.pyplot as plt
import matplotlib.image as mpimg
from matplotlib.offsetbox import OffsetImage, AnnotationBbox

fig, ax = plt.subplots(figsize=(8,8))
fig.canvas.set_window_title("Ejemplo de uso de AnnotationBbox y OffsetImage")

X = np.linspace(0,2*np.pi,100)
Y = np.sin(X)

ax.set_xlim(0, 2*np.pi)
ax.set_ylim(-2, 2)
ax.plot(X, Y, label="y = sen(x)")
ax.set_xticks([0, np.pi, 2*np.pi])
ax.set_xticklabels(['0','Pi', '2*pi'])
ax.legend().draggable()

ruta_lapiz =r"C:\Users\flop\Desktop\Ejercicios_Python_Resueltos\Imágenes\Lápiz.png"
mi_lapiz = mpimg.imread(ruta_lapiz)
mi_imagen = OffsetImage(mi_lapiz, zoom=0.7)
xy = np.pi/2, np.sin(np.pi/2)
ab = AnnotationBbox(mi_imagen, xy,
                    xybox=(np.pi, 1.5),
                    xycoords='data',
                    pad=0.5,
                    arrowprops=dict(arrowstyle="->",
                                    connectionstyle="angle,angleA=0,angleB=90,rad=3"))
ax.add_artist(ab)

ab.draggable()

plt.show()
```

Su salida es:

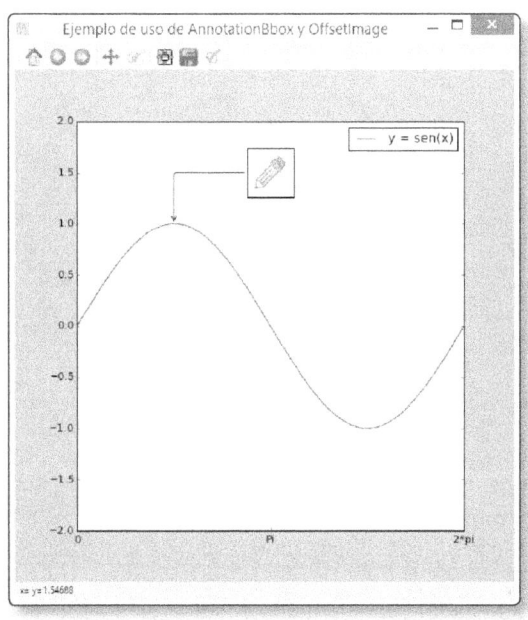

Podremos desplazar por todo el objeto Figure tanto la caja de anotación (que contiene el icono del lapicero) como la leyenda.

BIBLIOGRAFÍA

- Python for everyone. Cay Horstmann y Rance D. Necaise. 2014, Wiley.

- Learning Python. Mark Lutz. 4ª Ed (2009), O´Reilly.

- Python Cookbook. David Beazley y Brian K.Jones, 3ª Ed (2013), O´Reilly,

- Introduction to Python programming and developing GUI applications with PyQt. B.M. Harwani. 2012, Course Tecnology.

- Matplotlib plottig cookbook. Alexandre Devert. 2014, PACKT publishing.

- Matplotlib for Python Developers. Sandro Tosi. 2009, PACKT publishing.

- Mastering matplotlib. Duncan M. McGreggor. 2015, PACKT publishing.

- Learning NumPy arrays. Ivan Idris. 2014, PACKT publishing

- Documentación oficial Python 3.3.5.

- Documentación oficial PyQt 4.10.4.

- Documentación oficial matplotlib 1.4.3.

- Documentación oficial NumPy 1.9.2.

MATERIAL ADICIONAL

El material adicional de este libro puede descargarlo en nuestro portal web: *http://www.ra-ma.es*.

Debe dirigirse a la ficha correspondiente a esta obra, dentro de la ficha encontrará el enlace para poder realizar la descarga. Dicha descarga consiste en un fichero ZIP con una contraseña de este tipo: XXX-XX-XXXX-XXX-X la cual se corresponde con el ISBN de este libro.

Podrá localizar el número de ISBN en la página IV (página de créditos). Para su correcta descompresión deberá introducir los dígitos y los guiones.

Cuando descomprima el fichero obtendrá los archivos que complementan al libro para que pueda continuar con su aprendizaje.

INFORMACIÓN ADICIONAL Y GARANTÍA

- ▼ RA-MA EDITORIAL garantiza que estos contenidos han sido sometidos a un riguroso control de calidad.

- ▼ Los archivos están libres de virus, para comprobarlo se han utilizado las últimas versiones de los antivirus líderes en el mercado.

- ▼ RA-MA EDITORIAL no se hace responsable de cualquier pérdida, daño o costes provocados por el uso incorrecto del contenido descargable.

- ▼ Este material es gratuito y se distribuye como contenido complementario al libro que ha adquirido, por lo que queda terminantemente prohibida su venta o distribución.

ÍNDICE ALFABÉTICO

A

acción, 28, 113, 163, 164, 166, 167, 169, 176, 193, 194, 195, 196, 540
add, 256, 257, 259, 263, 268, 315, 345, 471, 499, 505, 529, 564, 566, 569, 580, 581, 582, 583, 588, 591, 592, 593, 602
Anaconda3, 216, 217, 218, 219, 221, 262, 550
annotate, 235, 237, 254, 259, 312, 583, 593
arange, 350, 352, 353, 379, 380
array, 269, 273, 275, 277, 282, 313, 347, 348, 349, 350, 351, 352, 356, 357, 358, 359, 360, 361, 363, 364, 365, 366, 367, 369, 370, 371, 372, 373, 374, 375, 376, 377, 378, 379, 380, 381, 382, 383, 384, 385, 386, 387, 388, 389, 390, 391, 392, 586, 588, 589, 596,603, 609, 611
Artist, 308, 310, 313, 322, 580, 581, 582, 583, 584, 586, 588, 589, 590, 591, 592, 593, 594, 596, 597, 599, 600, 611
astype, 359
Axes, 255, 256, 257, 259, 260, 263, 266, 268, 309, 310, 311, 312, 313, 314, 315, 316, 319, 324, 333, 334, 539, 580, 581, 582, 583, 584, 585, 586, 587, 588, 589, 591, 592, 593, 594, 595, 596, 597, 598, 602, 604, 610
Axes3D, 268, 270, 273, 275, 282, 287, 289, 292, 295, 298, 301, 303, 315, 332, 579, 591, 592, 593, 594, 595, 596, 597, 598
AxesImage, 309, 583, 584, 593, 594
axis, 233, 234, 235, 254, 312, 340, 362, 371, 372, 373, 375, 376, 377, 381, 382, 384, 387, 388, 389, 390, 391, 392, 529, 584, 586, 590, 593, 594, 597
Axis, 309, 310, 312, 313, 584, 588, 589, 590, 593

B

backend, 14, 306, 307, 310, 311, 313, 314, 315, 319, 320, 580, 587, 589, 598
bar, 159, 240, 241, 242, 243, 246, 254, 256, 259, 275, 303, 311, 312, 584, 593
bar3d, 14, 275, 277, 593

barh, 240, 241, 242, 243, 245, 254, 312, 584, 593
broadcasting, 367, 368, 369, 370

C
choice, 378, 379, 574
collections, 308, 310, 582, 592
concatenate, 374, 375, 376, 377
conda, 219, 220
containers, 308, 582, 592
contour, 14, 291, 292, 294, 312, 535, 538, 584, 593
contourf, 14, 291, 292, 295, 296, 312, 535, 538, 584, 593

D
dock, 161, 170, 172, 173, 176, 178, 182, 185, 186
DrawEvent, 308, 319, 322

E
ecuación explícita, 282
ecuaciones paramétricas, 282, 284, 285, 287, 530, 534
emit, 100, 101
Event, 13, 102, 307, 308, 320, 321, 322
event handler, 24, 85, 103, 104
eventFilter, 104, 109, 112, 113, 115
evento, 31, 32, 84, 85, 103, 104, 105, 106, 108, 109, 112, 113, 318, 319, 320, 322, 332, 344, 345, 466, 500, 580, 584, 586, 589, 594, 596
exec, 25, 84, 104, 115, 177, 184, 340, 454, 455, 456, 457, 458, 459, 460, 461, 485, 486, 488, 495, 537, 538, 540, 541, 559, 560, 561, 562, 563, 572, 574

F
figure, 252, 253, 254, 256, 259, 260, 263, 268, 311, 313, 315, 319, 345, 499, 580, 582, 584, 586, 588, 589, 590, 592, 594, 597
Figure, 255, 256, 257, 259, 260, 263, 268, 278, 285, 305, 306, 307, 308, 309, 310, 311, 312, 313, 314, 315, 316, 319, 324, 325, 345, 580, 581, 582, 584, 586, 588, 589, 590, 592, 594, 596, 597, 599, 604, 616
FigureCanvas, 255, 259, 315, 316, 318, 320, 333, 334, 599
FigureCanvasBase, 307, 308, 315, 319, 320, 344
FigureCanvasQTAgg, 315, 316
FigureImage, 309
flatten, 359, 362
frontend, 218, 306
full, 277, 350, 352, 356, 606, 607

G
grid, 235, 237, 254, 259, 263, 313, 340, 537, 585, 589, 591, 595

I
imread, 313, 499, 500
IPython, 218
ix, 367

J
Jupyter, 218

K
KeyEvent, 308, 319, 322

L
lambda, 96, 97, 98, 114, 115, 399, 405, 413, 414, 437, 444, 445, 447, 454, 493, 494, 495, 499, 500, 538, 555, 556
layouts, 38, 116, 179, 204
legend, 235, 254, 313, 581, 582, 584, 586, 592, 594, 596

Line2D, 309, 310, 582, 583, 584, 585, 588, 589, 592, 593, 594, 595, 601, 602, 604
linspace, 273, 277, 350, 352, 353, 354, 537
LocationEvent, 319, 321, 322

M

manejador, 85, 105, 106, 108, 319, 320
MATLAB, 215, 218, 222, 223, 305, 309
matplotlib, 14, 17, 18, 122, 215, 216, 218, 220, 221, 222, 223, 226, 230, 237, 238, 240, 247, 249, 250, 254, 255, 256, 258, 260, 262, 263, 266, 267, 268, 275, 276, 292, 305, 306, 307, 308, 310, 312, 314, 315, 316, 318, 319, 320, 323, 329, 332, 333, 335, 341, 346, 347, 471, 498, 500, 579, 585, 587, 594, 595, 598, 599, 601, 602, 603, 604, 605, 606, 607, 608, 609, 610, 611, 617
matriz, 316, 332, 333, 347, 353, 354, 357, 586, 594, 596
MDI, 185, 186, 189, 190, 201, 202
meshgrid, 277, 284, 350, 353, 354, 355, 537
MouseEvent, 308, 319, 321, 322

N

ndarray, 348, 349, 357, 358, 359, 360, 361, 362, 382, 537, 538
NumPy, 17, 18, 19, 222, 223, 244, 270, 273, 275, 284, 305, 347, 348, 349, 350, 354, 355, 358, 363, 368, 369, 530, 588, 589, 603, 606, 609, 617

O

ones, 350, 351, 356

P

partial, 98, 558
patches, 329, 345, 471, 499, 500, 582, 583, 591, 592, 600, 601, 603, 604, 605, 606, 607, 608, 609, 610
PickEvent, 319, 322
pie, 247, 248, 254, 256, 259, 313, 340, 461, 472, 586, 596
plot, 14, 226, 229, 230, 231, 232, 237, 238, 239, 254, 256, 258, 268, 270, 271, 273, 282, 284, 285, 287, 289, 290, 303, 311, 313, 316, 340, 344, 466, 538, 586, 596
plot_surface, 282, 284, 285, 289, 290, 538, 596
primitives, 308
promocionar, 212
pylab, 222, 223, 255, 310
pyplot, 14, 223, 226, 250, 252, 254, 255, 256, 259, 260, 262, 268, 308, 310, 312
PyQt, 13, 21, 17, 18, 19, 20, 24, 25, 30, 47, 84, 85, 86, 89, 103, 121, 123, 133, 176, 182, 210, 215, 220, 221, 223, 305, 315, 316, 318, 332, 335, 346, 498, 617
PyQt4, 13, 17, 18, 17, 18, 19, 22, 57, 85, 88, 89, 90, 99, 102, 103, 105, 159, 165, 169, 177, 216, 221
pyqtSignal, 99, 100, 101
pyrcc4, 167, 183
PyScripter, 18, 19, 21, 33, 221, 323, 324, 326, 488, 543, 546, 548, 549, 550, 551
PYTHONPATH, 15, 221, 552, 553, 554, 574
pyuic4, 33, 35, 81, 82, 107, 111, 151, 167, 168, 174, 176, 183, 204, 206, 210, 212, 337, 342

Q

QAction, 163, 169, 191, 194, 195, 196

QApplication, 25, 36, 184, 340, 495
QAudioInput, 210
QAudioOutput, 210
QBrush, 201, 210
QCalendarWidget, 58, 59, 60, 87, 117
QCheckBox, 51, 52, 53, 86, 116, 122, 452, 456, 457, 458
QColor, 130, 136, 143, 210, 414, 423, 493, 495
QComboBox, 66, 67, 68, 86, 87, 117, 152, 433
QDate, 60, 76, 211
QDateEdit, 74, 433, 437
QDateTime, 211
QDateTimeEdit, 74, 75, 76, 88, 118
QDial, 77, 78, 79, 86, 119
QDialog, 26, 35, 108, 115, 121, 159
QDialogButtonBox, 54, 88, 117
QDockWidget, 175, 191, 192
QDoubleSpinBox, 71, 73, 74, 535, 536
QEvent, 103, 104, 105, 108, 109, 112
QFileDialog, 177
QFont, 130, 211
QFontComboBox, 68, 87, 118
QFrame, 55, 56, 61, 64, 110, 121, 125, 126, 129, 133, 139, 153, 155, 186
QGroupBox, 121, 122, 127, 128, 452, 515, 516
QIcon, 124, 125, 136, 143, 193, 195, 211
QImage, 211
QInputDialog, 138, 139
QLabel, 55, 56, 57, 58, 92, 110, 129, 133, 180, 181, 395, 402, 412, 422, 433, 473, 483, 491, 503, 515, 527, 535
QLCDNumber, 61, 62, 87, 117, 491
QLineEdit, 68, 70, 86, 88, 92, 110, 118, 395, 402, 433, 452, 453, 503, 515, 535
QListWidget, 133, 134, 152, 175, 177, 180, 181, 402, 433, 447, 448
QListWidgetItem, 133, 134, 136
QMainWindow, 26, 121, 144, 159, 169, 170, 191
QMdiArea, 186, 187, 188, 189, 190, 191, 201, 202
QMdiSubWindow, 186, 189, 191, 200, 201, 202
QMenu, 163, 189, 194, 195
QMenuBar, 162, 169, 191, 192
QObject, 44, 49, 51, 52, 54, 55, 58, 61, 63, 64, 66, 68, 71, 72, 75, 77, 85, 89, 90, 95, 99, 104, 109, 121, 129, 133, 139
QPalette, 211
QPixmap, 169, 175, 177, 184, 211, 485, 487
QPlainText, 133
QPrinter, 130, 211
QProgressBar, 63, 64, 87, 117, 395, 402
QPushButton, 23, 32, 43, 44, 86, 88, 92, 110, 116, 395, 402, 412, 422, 433, 452, 463, 468, 473, 483, 491, 503, 515, 527, 536
QRadioButton, 49, 86, 116, 122, 157, 422, 433, 483, 515, 516, 527, 535, 541
QSlider, 77, 78, 79, 86, 119
QSpinBox, 71, 72, 73, 85, 87, 92, 94, 110, 118, 152, 157, 452, 453, 456, 457, 458, 459, 515, 527
QSplitter, 178, 179, 191
QStackedWidget, 152, 153
QStatusBar, 162, 169, 191, 192
QString, 88, 124, 125, 130, 134, 193, 194, 195, 198, 199, 211
Qt, 13, 17, 18, 16, 17, 19, 20, 25, 26,

27, 28, 29, 33, 36, 38, 44, 57, 66, 79, 81, 82, 84, 89, 92, 107, 108, 110, 112, 122, 123, 125, 127, 130, 134, 136, 142, 143, 147, 152, 154, 157, 159, 160, 167, 170, 177, 179, 183, 184, 187, 189, 190, 191, 192, 195, 196, 197, 198, 199, 200, 202, 204, 206, 208, 209, 211, 307, 308, 315, 318, 332, 334, 335, 341, 342, 394, 398, 401, 411, 421, 423, 425, 426, 432, 434, 441, 452, 459, 463, 468, 473, 477, 483, 491, 498, 503, 507, 515, 516, 527, 535, 540

QTableWidget, 87, 88, 92, 94, 110, 139, 140, 142, 412, 422, 427, 473, 491, 503

QTableWidgetItem, 136, 142, 478, 510

QTabWidget, 147, 148, 149, 150, 188, 201, 433, 535

QtCore, 22, 34, 89, 90, 99, 103, 115, 177, 405, 413, 414, 423, 426, 444, 445, 454, 493, 494, 495, 496, 507, 538

QTextBrowser, 133

QTextEdit, 129, 130, 131, 133, 190, 342

QtGui, 22, 23, 25, 34, 36, 90, 103, 115, 169, 177, 316, 318, 340, 414, 423, 485, 493, 494, 495, 507

QTime, 76, 211

QTimeEdit, 74

QTimer, 115, 211, 399, 405, 406, 413, 414, 426, 444, 445, 454, 470, 477, 493, 494, 495, 496, 538

QToolBar, 191, 192

QToolBox, 155, 156

quiver, 14, 298, 299, 313, 586, 596

QWebPage, 211

QWebView, 211, 212

QWidget, 23, 26, 27, 30, 32, 38, 44, 49, 51, 52, 54, 55, 58, 61, 63, 64, 66, 68, 70, 71, 72, 73, 75, 76, 77, 78, 79, 85, 104, 115, 121, 122, 123, 126, 127, 129, 133, 139, 149, 159, 162, 169, 173, 191, 192, 195, 197, 198, 199, 200, 201, 202, 203, 318

R

rand, 275, 378, 405, 413, 494
randint, 277, 378, 379, 405, 413, 426, 494, 574
ravel, 277, 359, 362, 538
rcParams, 260, 262
recurso, 57, 167
reshape, 359, 360
resize, 319, 345, 359, 360
ResizeEvent, 319, 322

S

scatter, 14, 238, 239, 254, 256, 259, 263, 273, 275, 311, 313, 340, 466, 530, 586, 596
scripting, 14, 306, 307, 310
SDI, 185
sender, 95, 96, 99, 205, 444, 447, 454, 459, 485, 488
set_color, 259
set_tick_params, 259, 590
set_title, 259, 587, 597
set_window_title, 260, 499
set_xlabel, 259, 271, 587, 597
set_xlim, 259, 340, 499, 587, 597
set_xticklabels, 259, 263, 277, 340, 587, 597
set_xticks, 260, 277, 340, 587, 597
set_ylabel, 260, 271, 587, 597
set_ylim, 260, 263, 340, 499, 587, 597
set_yticklabels, 260, 277, 587, 597
set_yticks, 260, 277, 587

shuffle, 380, 485, 575
signals/slots, 79, 80, 82, 84, 85, 96, 398, 434, 437, 458, 459, 471, 477, 486, 509, 516, 521
singleShot, 115, 399, 405, 413, 414, 423, 426, 444, 445, 447, 454, 493, 494, 495, 538
sort, 381, 382, 566, 568
spines, 266, 583, 592
split, 371, 372, 373, 481, 482, 538, 573
splitter, 179, 181, 183, 199, 200, 482
Spyder, 218
startfile, 455, 458, 461, 573
Subplot, 256, 309, 310, 314, 581
subplot2grid, 226, 228, 235, 237, 254, 256, 314
subplots, 268, 314
suptitle, 231, 254, 260, 263, 314, 582

T

text, 14, 44, 45, 49, 52, 56, 69, 70, 73, 76, 80, 106, 111, 115, 136, 143, 193, 194, 205, 235, 237, 254, 301, 309, 314, 340, 344, 402, 405, 412, 422, 423, 444, 454, 455, 474, 492, 493, 494, 495, 507, 518, 536, 537, 538, 582, 585, 587, 588, 590, 594, 595, 597, 600

tick_params, 260, 314, 587, 598
timer, 308, 477
title, 127, 128, 195, 231, 254, 263, 311, 314, 567, 583, 585, 592, 594
tolist, 358
toolbar, 170, 173, 191, 192, 318
triggered, 169, 177, 184, 194, 195
twinx, 260, 264, 314, 587, 598
twiny, 260, 314, 587, 598

V

vector, 268, 298, 300, 301, 307, 347, 379
vectorización, 348, 354

X

xlabel, 231, 254, 314, 585, 594
xlim, 232, 246, 254, 263, 314, 538, 585, 594
xticks, 250, 251, 252, 254, 314, 499, 585, 594

Y

ylabel, 231, 254, 314, 585, 595
ylim, 232, 246, 254, 314, 585, 595
yticks, 250, 251, 252, 254, 314, 499, 585, 595

Z

zeros, 1, 277, 350, 351, 356,

www.ingramcontent.com/pod-product-compliance
Lightning Source LLC
Chambersburg PA
CBHW081752300426
44116CB00014B/2097